Geschichte kompakt (FOS/BOS)

Berufliche Oberschule in Bayern

C.C. Buchner

Geschichte kompakt (FOS/BOS)

Berufliche Oberschule in Bayern

Unterrichtswerk für die Fachoberschule (Klasse 11) und die Berufsoberschule (Klasse 12)

Herausgegeben von
Thomas Ott

Bearbeitet von
Manuela Focken, Thomas Ott, Markus Sanke und Cornelia Stenschke
unter Mitarbeit der Verlagsredaktion

Dieses Werk folgt der reformierten Rechtschreibung und Zeichensetzung
Ausnahmen bilden Texte, bei denen künstlerische, philologische oder lizenzrechtliche Gründe einer Änderung entgegenstehen

1. Auflage 4 3 2 1 2015 2014 2013 2012
Die letzte Zahl bedeutet das Jahr dieses Druckes.
Alle Drucke dieser Auflage sind, weil untereinander unverändert, nebeneinander benutzbar.

www.ccbuchner.de

Lektorat: Markus Sanke
Assistenz: Kerstin Schulbert

Satz und Grafik: Artbox Grafik & Satz GmbH, Bremen
Einband: creo Druck & Medienservice GmbH, Bamberg
Druck- und Bindearbeiten: Stürtz GmbH, Würzburg

ISBN 978-3-7661-**4587**-1

DÄNEMARK
SCHWEDEN
Nordsee
Ostsee
SCHLESWIG-HOLSTEIN
Kiel
MECKLENBURG-VORPOMMERN
HAMBURG
Hamburg
Schwerin
BREMEN
Bremen
NIEDERLANDE
NIEDERSACHSEN
BRANDENBURG
Berlin
BERLIN
Hannover
Magdeburg
Potsdam
NORDRHEIN-WESTFALEN
SACHSEN-ANHALT
Düsseldorf
BELGIEN
Erfurt
Dresden
THÜRINGEN
SACHSEN
HESSEN
RHEINLAND-PFALZ
Wiesbaden
Mainz
LUXEMBURG
TSCHECHIEN
SAARLAND
Saarbrücken
FRANKREICH
Stuttgart
BAYERN
BADEN-WÜRTTEMBERG
München
LIECHTENSTEIN
ÖSTERREICH
SCHWEIZ
ITALIEN
Kartografie: C.C.Buchner

Lernen und arbeiten mit „Geschichte kompakt“

Geschichte kompakt ist Lern- und Arbeitsbuch zugleich. Es enthält einerseits Material für den Unterricht und ist andererseits für die selbstständige Wiederholung des Unterrichtsstoffs geeignet.

Die **Einführungsseiten** leiten problemorientiert in jedes der fünf Großkapitel ein. Sie informieren darüber, welche geschichlichen Themen jeweils betrachtet werden und welche Fragen dabei im Mittelpunkt stehen.

Die meisten Großkapitel sind in mehrere Unterkapitel eingeteilt. Diese beginnen immer mit einer **Orientierungsdoppelseite**. Ein Zeitstrahl stellt die wichtigsten Daten zum jeweiligen Thema zusammen und erläutert sie kurz. Zusammenstellungen von Bildern, Gegenständen und Daten führen in das jeweilige Thema ein. Sie beleuchten einen Aspekt des Themas oder erinnern an bereits Bekanntes und regen so zu einer ersten Beschäftigung an. Unterkapitel, die verpflichtend sind, haben im Inhaltsverzeichnis das Symbol ■, Wahlthemen sind mit ◘ gekennzeichnet.

In den Kapiteln wechseln **Darstellungs- und Materialteile**. Die *Darstellung* ist in überschaubare Abschnitte gegliedert und vermittelt ein Verständnis für die historischen Bedingungen und Zusammenhänge. Wichtige Begriffe und Personen werden bei der ersten Nennung farbig hervorgehoben und in der Randspalte neben dem Text kurz erläutert.
Die *Materialien* veranschaulichen und vertiefen einzelne Aspekte, stellen abweichende Sichtweisen vor oder behandeln weiterführende Fragen. Sie decken alle wichtigen Quellengattungen ab. Darstellungen und Materialien sind durch Verweise miteinander vernetzt.

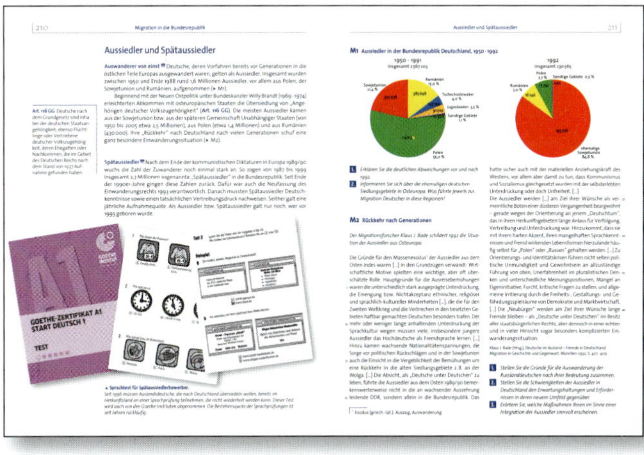

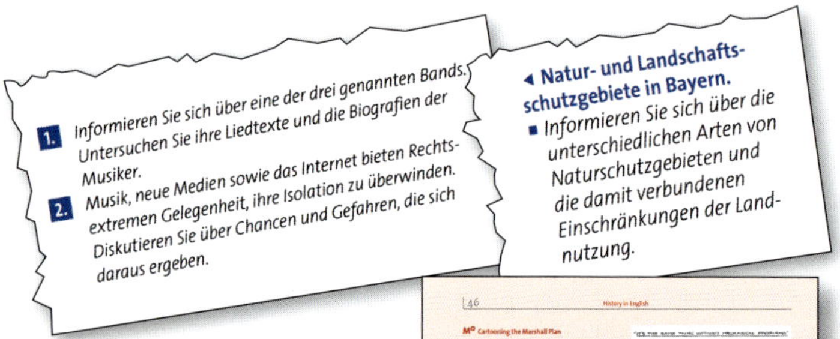

Arbeitsaufträge gibt es zu den Orientierungsdoppelseiten, zu manchen Abbildungen im Darstellungsteil und zu allen Materialien. Sie helfen bei der Erschließung der Texte, Statistiken, Diagramme, Karten, Grafiken und Bilder.

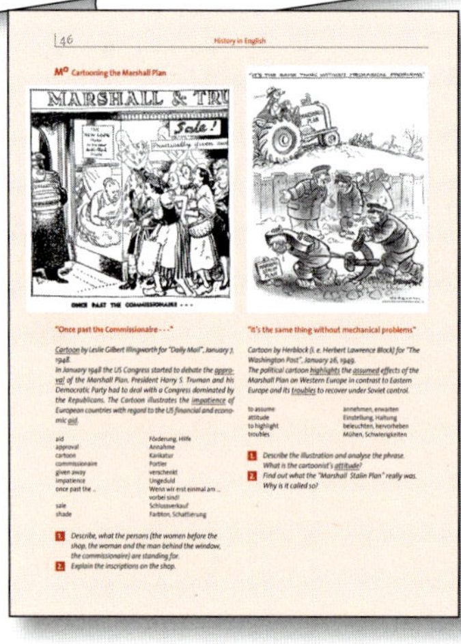

Farbig abgesetzt finden Sie Materialien in englischer Sprache. Die Seiten „**History in English**" enthalten Texte und Bilder, die den Blick von Briten oder US-Amerikanern auf die behandelten Themen darstellen. Die Seiten bieten einen oft überraschenden Perspektivenwechsel und eignen sich zur Behandlung im bilingualen Unterricht. Im Darstellungstext sind die englischsprachigen Materialien mit dem Hinweis ▸ **M⁺** versehen.

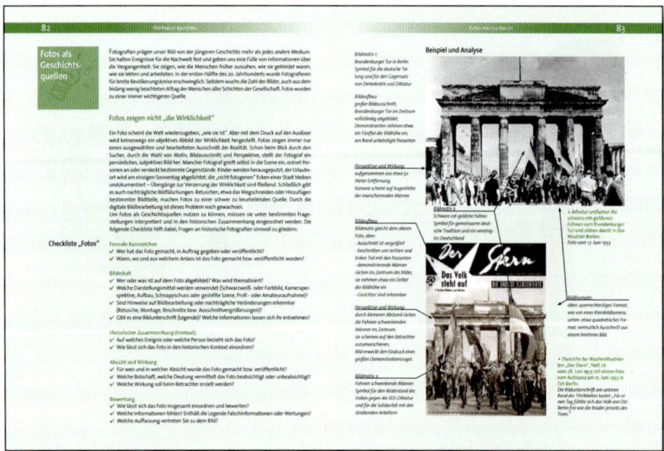

Die Kompetenz zur Bearbeitung von geschichtlichen Materialien können Sie mit den **Methoden-Bausteinen** trainieren. Sie sind in die einzelnen Kapitel integriert und behandeln an thematisch passendem Material jeweils eine wichtige Methode. In Beispielen wird erläutert, wie Sie selbst die Methoden anwenden können. Ein Methoden-Baustein zu schriftlichen Quellen findet sich hinten im Buch.

Auf unserer Homepage bieten wir Filmausschnitte zu Ereignissen, die in diesem Buch behandelt werden („**Geschichte in Clips**"). Geben Sie dazu in das Suchfeld der Internetseite *www.ccbuchner.de/medien* den im Buch genannten Clip-Code ein.

▸ **Geschichte In Clips:**
Zur Gründung der SED siehe Clip-Code 4587-01

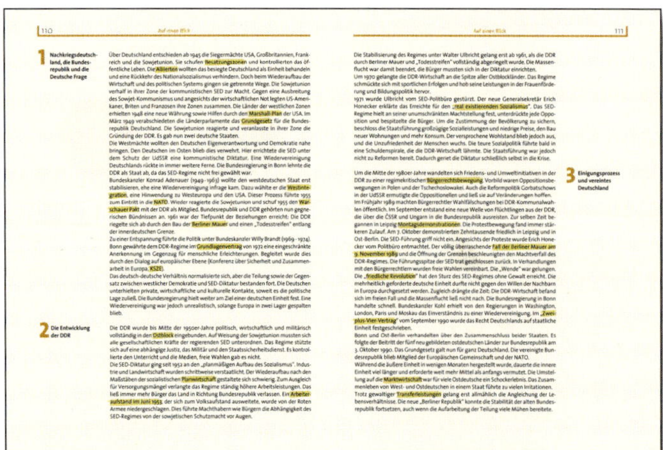

Die Seiten „**Auf einen Blick**" enthalten in konzentrierter Form die wesentlichen Inhalte der Großkapitel. Wichtige Begriffe, die Sie kennen und verwenden sollten, sind farblich hervorgehoben.

Inhalt

1 Im Laufe der Zeit ... Grundlagen der Geschichte

2 Deutschland: Teilung, getrennte Wege und Wiedervereinigung

3 Umgang mit Demokratie und Diktatur in Deutschland nach 1945

4 Gesellschaftlicher Wandel von 1949 bis in die Gegenwart

FOS 11: min. 2
BOS 12: min. 1

5 Internationale Entwicklungen nach 1945

FOS 11: min. 1
BOS 12: min. 1

Geschichte bewegt

Verstaubt, alt, überholt, uninteressant – das könnten Gedanken sein, die Sie mit Geschichte als Schulfach verbinden. Aber: Geschichte lebt, irritiert und fordert heraus. Geschichte hat mit dem zu tun, wer Sie sind, wie Sie denken, wie Sie handeln.
Sie sind Kinder der zweiten Generation in Deutschland, die keinen Krieg erleben musste. Ihre Großeltern werden als „68er-Generation" bezeichnet. Diese war von Menschen erzogen worden, die die Gräuel des Zweiten Weltkrieges miterlebt hatten. Dieser Krieg war die Folge von Entwicklungen in den zwanziger und dreißiger Jahren des 20. Jahrhunderts, nicht nur in Deutschland, sondern weltweit. Ihre Wurzeln lagen in der „Urkatastrophe des 20. Jahrhunderts", dem Ersten Weltkrieg. Er war eine gewaltsame Entladung von Konflikten unter den europäischen Großmächten, die sich bereits im 19. Jahrhundert angestaut hatten. In diesem Zeitabschnitt zog man Lehren aus den Gedanken der Aufklärung und der Erfahrung von gescheiterten Revolutionen. Aufklärerische Ideen waren eine Reaktion auf das starre und sozial undurchlässige Herrschaftssystem des Absolutismus. Es hatte sich entwickelt, als einzelne Herrscher ...
So könnte man „rückwärts" in die Vergangenheit eintauchen. Stets würde man feststellen, dass Ereignisse niemals „aus heiterem Himmel" geschehen, sondern immer geschichtliche Voraussetzungen haben.

John Locke (englischer Philosoph, 1632-1704) *Alles, was man von der Geschichte sagt, kommt aufs Schlachten und Morden hinaus. Die Ehre und den Ruhm, den sie den Eroberern beilegt, welche meistenteils nur die Henker des Menschengeschlechtes waren, bringt den heranwachsenden Jüngling vollends auf den Gedanken, dass Menschenmord das rühmlichste Geschäft und die größte Heldentugend seien.*

Livius (römischer Geschichtsschreiber, um 59 v. Chr.-17 n. Chr.) *In der Geschichte hat man ein Verzeichnis der unendlichen Vielfalt der menschlichen Erfahrung, das offen für alle einsehbar ist, und in diesem Verzeichnis kann man für sich selber und sein Land sowohl Beispiele als auch Warnungen finden: schöne Sachen, die man sich zum Vorbild nehmen kann, niederträchtige Dinge, durch und durch verdorben, die man meiden soll.*

Golo Mann (deutscher Geschichtsschreiber, 1909-1994) *Immer hat Geschichte zwei Komponenten: das, was geschehen ist, und den, der das Geschehene von seinem Orte in der Zeit sieht und zu verstehen sucht. Die Vergangenheit lebt; sie schwankt im Lichte neuer Erfahrungen und Fragestellungen.*

Paul Valéry (französischer Philosoph, 1871 - 1945) *Die Geschichte ist das gefährlichste Erzeugnis, das der Verstand produziert hat. Es bringt Völker ins Träumen, versetzt sie in Rausch, gaukelt ihnen eine Vergangenheit vor, hält ihre alten Wunden am Schwären, stört sie in ihrer Ruhe auf, treibt sie zu Größenwahn oder zu Verfolgungswahn und macht, dass die Nationen verbittert, auftrumpfend, unausstehlich und eitel werden. Die Geschichte rechtfertigt, was immer man will. Sie lehrt gar nichts, denn es gibt nichts, was sich mit ihr nicht belegen ließe.*

Pierre Nora (französischer Historiker, geb. 1931) *Gedächtnis und Geschichte sind [...] in jeder Hinsicht Gegensätze. Das Gedächtnis ist ein stets aktuelles Phänomen, eine in ewiger Gegenwart erlebte Bindung, die Geschichte hingegen eine Repräsentation der Vergangenheit. Das Gedächtnis rückt die Erinnerung ins Sakrale, die Geschichte vertreibt sie daraus, ihre Sache ist die Entzauberung. Das Gedächtnis entwächst einer Gruppe, deren Zusammenhang es stiftet. Die Geschichte dagegen gehört allen und niemandem.*

Richard von Weizsäcker (Bundespräsident 1984 - 1994, geb. 1920) *Wir lernen aus der Geschichte nicht, was wir tun müssen. Aber wir können aus ihr lernen, was wir bedenken müssen. Das ist unendlich wichtig.*

Elie Wiesel (Schriftsteller und Friedensnobelpreisträger, geb. 1928) *Was also ist es, was wir den Holocaust nennen? War er eine Konsequenz der Geschichte, eine Verirrung der Geschichte? Dies ist nicht die Zeit und der Ort, darüber zu sprechen. Dafür gibt es andere Zeiten, in der Schule zum Beispiel, denn Erziehung ist wichtig. [...] Nehmt Euch die Zeit, bewilligt die Gelder, tut, was immer Ihr könnt, damit die Kinder, Ihre Kinder, die wissen wollen, auch wissen können.*

Kurt Tucholsky (deutscher Journalist und Schriftsteller, 1890 - 1935) *Wer die Enge seiner Heimat begreifen will, der reise. Wer die Enge seiner Zeit ermessen will, studiere Geschichte.*

- Vergleichen Sie die Gedanken über Geschichte, die in den Zitaten ausgedrückt werden.
- Diskutieren Sie, ob sich aus den Positionen eine Begründung für das Unterrichtsfach Geschichte ableiten lässt.
- Nehmen Sie Stellung zu der Frage, ob wir Menschen aus der Geschichte lernen.

Geschehen und Geschichte

Niemand würde heute behaupten, man könne das Vergangene „zeigen, wie es eigentlich gewesen“ – wie noch der Historiker Leopold von Ranke im 19. Jahrhundert. Ganz offensichtlich kann Geschichtsschreibung immer nur einen Ausschnitt des Vergangenen in den Blick nehmen. Sie ist angewiesen auf Quellen, etwa schriftliche Zeugnisse, archäologische Funde, Bilder oder Denkmäler. Diese müssen immer erst gedeutet oder übersetzt, Fehlendes muss ergänzt oder rekonstruiert werden. Wie wir Geschehenes darstellen, hängt aber nicht nur vom Wissen über Fakten und Hintergründe ab. Jeder Zugang zur Vergangenheit ist auch geprägt vom jeweiligen Blickwinkel, von Überzeugungen, Moden und Interessen. Unter diesen Voraussetzungen wird aus Geschehenem Geschichte.

Raum und Geschichte

Raum kann zum einen die Naturgegebenheiten menschlicher Geschichte meinen (z. B. „die Mittelmeerwelt“), zum anderen auch die Räume, die der Mensch sich selbst schafft (z. B. „Osteuropa“, „das Abendland“).

Der Blick über vertraute Räume wie Landschaften, Staaten, Bündnissysteme oder Kontinente hinaus erweitert den Wissenshorizont. Er kann gemeinsame Wurzeln von Völkern offenlegen oder den Blick dafür schärfen, warum historische Prozesse in Regionen unterschiedlich verlaufen.

Angesichts der zunehmenden Globalisierung hat sich der Blick hin zu einer Globalgeschichte geweitet: Die Sicht auf weit entfernte Regionen fördert das Verständnis für Menschen in anderen Gegenden der Erde. Sie erfordert auch, die Entwicklung des eigenen Kulturraums in weltweite Zusammenhänge einzuordnen.

Epochen der Geschichte

Geschichte deutet und ordnet Vergangenes nicht nur, sondern bewertet es auch. Das wird schon aus der Einteilung der Epochen deutlich: Die in unserem Kulturkreis gängige Einteilung Antike, Mittelalter und Neuzeit berücksichtigt nur die europäische Geschichte – für andere Regionen der Welt sind diese Zeitgrenzen unbrauchbar. Als „Mittelalter“ wurde ursprünglich der Zeitraum bezeichnet, in dem die kulturellen Leistungen der alten Griechen und Römer angeblich missachtet wurden, bis die Renaissance sie wiederentdeckte. Mittlerweile hat sich das Bild dieser Zeit gewandelt.

1 Im Laufe der Zeit ... Grundlagen der Geschichte

Die Antike

ca. 500 v. Chr. bis ca. 500 n. Chr.

Gerade heute, da wir einerseits mit rapiden Veränderungen globalen Ausmaßes konfrontiert und die historischen Voraussetzungen unseres Handelns nahezu völlig in Vergessenheit geraten sind, ist der Versuch einer Rechenschaft dringend erforderlich. Dabei kann es nicht allein um die unmittelbare Erklärung unserer aktuellen Situation gehen – so wichtig deren Kenntnis auch ist. Der Blick muss sich weiter zurück richten, auf vormoderne Zustände und Entwicklungen, in Epochen, die uns zunächst völlig fremd sind, aber in die Traditionen und Vorstellungen zurückreichen, die uns prägen, auch wenn wir gar nicht mehr wissen, wie und warum.

Hans-Joachim Gehrke, Althistoriker (geb. 1945)

◂ **Die „Venus von Arles".**
Römische Kopie einer griechischen Statue des 3. Jahrhunderts vor Christus.

Die Demokratie in Athen	**594 v. Chr.**	Im Stadtstaat Athen beendet Solon die alleinige Herrschaft des Adels.
	507 v. Chr.	Reformen des Kleisthenes: Athen und das ländliche Umland werden demokratisiert.
	490 v. Chr.	Schlacht von Marathon: Niederlage eines persischen Heeres gegen die Athener.
	480 v. Chr.	Seeschlacht von Salamis: Der Versuch der persischen Unterwerfung Griechenlands scheitert endgültig.
	ab 462	Höhepunkt der Athener Demokratie unter Perikles: großzügiges Bauprogramm (Akropolis, Stadtmauern), Kampf um die Vorherrschaft auf der Peloponnes.
	336 - 323	Alexander der Große schafft ein griechisches Großreich bis nach Asien.
Die Römische Republik	**um 500 v. Chr.**	Roms Adel beendet die Königsherrschaft und errichtet eine Republik.
	3./2. Jh. v. Chr.	Rom erobert zunächst Italien, dann die gesamte Mittelmeerwelt.
	44 v. Chr.	Gaius Julius Cäsar, der an der Schwelle zur Alleinherrschaft steht, wird von einer republikanischen Oppositionsgruppe ermordet („Iden des März").
Die Römische Kaiserzeit	**27 v. Chr. - 14 n. Chr.**	Octavian (Augustus) beendet die Bürgerkriege rivalisierender Feldherren und erhält vom Senat umfassende Vollmachten: Beginn des Prinzipats (Kaiserzeit).
	285	Kaiser Diokletian stabilisiert den spätantiken Verwaltungsstaat: Einführung einer „Vierkaiserherrschaft" (Tetrarchie). Verstärkte Christenverfolgungen.
	313	Kaiser Konstantin der Große erlaubt die freie Ausübung aller Religionen (Toleranzedikt von Mailand). Er selbst fördert das Christentum.
	ab ca. 375	Einfall der Hunnen nach Europa, Beginn der „Völkerwanderung".
	395	Teilung des Römisches Reichs in eine Ost- und eine Westhälfte.
	476	Mit der Absetzung des letzten weströmischen Kaisers endet das Römische Reich im Westen. Seine Nachfolge treten verschiedene germanische Königreiche an.

▲ Erfindungen und Einrichtungen der Antike, die noch heute wirksam sind.

- *Benennen Sie die abgebildeten Beispiele und erläutern Sie ihren Bezug zur Epoche der Antike.*
- *Erläutern Sie, wo Ihnen im Alltag das Erbe der Antike begegnet.*
- *Nenne Sie Errungenschaften des Altertums, die sich nicht in Bildern wiedergeben lassen.*

Alexander III., der Große (356-323 v. Chr.): König von Makedonien, eroberte seit 336 v. Chr. das Perserreich und dehnte die griechische Macht von Ägypten bis Indien aus.

Octavianus Augustus („der Erhabene", 63 v.-14 n. Chr.): erster römischer Kaiser, beendete die Bürgerkriege und wurde seit 28 v. Chr. vom Senat als Alleinherrscher bestätigt.

Konstantin I. (270/88-337): 306-337 römischer Kaiser, reformierte den römischen Staatsaufbau und förderte als erster Kaiser das Christentum.

Polis und Großreich Mit dem Entstehen griechischer Stadtstaaten im 8. Jahrhundert v. Chr. beginnt das europäische Altertum: Die Bewohner einer Stadt bildeten mit ihrem Umland eine rechtliche und wirtschaftliche Einheit, die Polis. Dieses Konzept wurde von Griechen im Mittelmeerraum verbreitet und bewirkte eine langlebige Stadtkultur.

In der klassischen Periode, im 5. Jahrhundert v. Chr., schafften griechische Künstler und Philosophen Werke, die bis in die Moderne hinein Vorbildcharakter besitzen. Die bedeutendste Stadt dieser Zeit war Athen, wo die Bürger sich als Demokratie, als Herrschaft des Volkes, organisierten. Das Nachdenken über die Natur, den gerechten Staat, Schönheit und Erkenntnis hat seine Wurzeln in dieser Epoche.

Ein die einzelnen Stadtstaaten übergreifendes Reich schuf der Makedonierkönig **Alexander**. Sein Großmachtstreben leitete den Hellenismus ein: Durch Expansion gelangten die griechische Sprache und Kultur in weite Räume, und das Griechentum ging vielfältige Verbindungen mit der Lebensweise anderer Völker ein, vor allem in Asien. Das hellenistische Großreich zerfiel nach einer Generation in Nachfolgestaaten, aber Griechisch blieb die Sprache der Mächtigen und Gebildeten.

Die Römische Republik Im Tibertal war es um 500 v. Chr. einflussreichen Familien gelungen, die Macht der etruskischen Könige abzuschütteln. Sie gründeten in Rom eine auf Wahl, Befristung und Kontrolle beruhende Republik. Durch Städtebündnisse und Kriege wurde Rom zur Vormacht in Italien. Im 3. und 2. Jahrhundert v. Chr. eroberte es große Gebiete und hatte am Mittelmeer keinen ernsthaften Rivalen mehr.

Grundlagen der römischen Republik waren das Stimmrecht aller Vollbürger, jährlich wechselnde Beamte und eine Ämterlaufbahn, die den Angehörigen der begüterten Familien den Aufstieg bis ins höchste Staatsamt, das Konsulat, ermöglichte. Aber auch die „kleinen Leute" hatten Gehör und konnten über die Volkstribunen Einfluss nehmen.

Das Reich der Cäsaren Der rasante Aufstieg Roms hatte auch negative Folgen: Von Rom aus konnten die fernen Provinzen nur schwer kontrolliert werden, und viele Bauern waren durch jahrelangen Militärdienst verarmt. Nach blutigen Bürgerkriegen gelang es **Octavianus Augustus**, alle Macht auf sich zu vereinen. Die kriegsmüde Republik stimmte zu, und mit Augustus begann die Zeit der Cäsaren. Der römische Staat wurde von nun an von einem erblichen Kaiser regiert.

Die Provinzen erlebten im 1. und 2. Jahrhundert n. Chr. Frieden und wirtschaftliche Blüte. Der Wohlstand im Imperium Romanum wirkte auf viele Völker anziehend und führte zur Ausbreitung römischer Kultur und Lebensweise, zur Romanisierung.

Von den Göttern zu Gott Die Lehre des Juden Jesus von Nazareth, der um das Jahr 30 hingerichtet worden war, wurde von seinen Anhängern im gesamten Imperium verbreitet. Immer mehr Menschen wandten sich vom Götterkult ab und ließen sich taufen, besonders in den Städten. Sie wurden zu einer bedeutenden Gruppe. Als sich um 325 auch Kaiser **Konstantin I.** zum Christentum bekannte, folgen bald die Eliten des Reichs. Drei Generationen später, unter Kaiser Theodosius, wurde das Christentum zur Staatsreligion erhoben.

Untergang des Römischen Reichs Seit dem 3. Jahrhundert geriet das Imperium in Bedrängnis, weil immer neue Völker aus Nord und Ost die Grenzen bedrohten. 395 wurde das Reich in eine West- und eine Osthälfte geteilt. Die aus Asien vordringenden Hunnen trieben Schutz suchende Gruppen in das Reich. Diese übernahmen z.T. die Verteidigung und stellten bald höchste Staatsämter. Im 5. Jahrhundert zerfiel das Weströmische Reich in selbstständige Nachfolgestaaten.

M1 Auf der Suche nach den europäischen Wurzeln

Der Frankfurter Althistoriker Hartmut Leppin nennt in einem Aufsatz drei grundlegende Konzepte, die aus der Antike stammen und bis heute wirksam sind:

1. Wirkmächtige Freiheit

[In Griechenland] entstand jenes Freiheitskonzept, mit dem die Griechen sich vom Orient absetzten – und das durchaus zu Recht. Es ist nicht zu erkennen, dass diesem Freiheitskonzept aus irgendeiner der großen altorientalischen Kulturen, sei es Ägyptens, Mesopotamiens[1] oder Kleinasiens[2], etwas Vergleichbares entgegengestellt werden kann. Bei aller Problematik bleibt seine Entdeckung eine der großen Leistungen der Griechen. [...]
Ursprünglich wurde Freiheit lediglich im Unterschied zu Sklaverei gedacht, eine Vorstellung, die auch außerhalb Griechenlands gut bekannt war. Einen entscheidenden Einschnitt bedeuteten die Perserkriege zu Beginn des 5. Jahrhunderts. Sie sensibilisierten zunächst für die Bedeutung der Freiheit im außenpolitischen Sinne, konkret der Freiheit von persischer Herrschaft [...]. Der außenpolitisch-militärische Freiheitsbegriff aber verknüpfte sich, und das war die entscheidende Leistung, mit einem Freiheitsbegriff, der als Inbegriff einer guten inneren Politik galt. [...] Es war ein aktiver Freiheitsbegriff [...]. Es ging nicht primär um die Bewahrung eines privaten Schutzraums, sondern um die politische Beteiligung durch unmittelbare Mitwirkung bei Abstimmungen und durch die Bekleidung von Ämtern. Diese Freiheit war nicht universal, allgemeinmenschlich gedacht, sondern war ein Gut des jeweiligen Bürgers einer Polis; die Existenz von Sklaverei und der Ausschluss der Frauen konnten daher unreflektiert mit der Betonung von Freiheit einhergehen.
Obwohl antiker und moderner Freiheitsbegriff somit durchaus unterschiedlich waren, stellt [...] die Idee, dass Freiheit dem Menschen ermögliche, sich zu verwirklichen [...], ein besonders wichtiges und – das sollte man auch betonen dürfen – wertvolles Erbe der Antike dar.

2. Ein einheitliches Reich?

Aus der Antike sind verschiedene Formen der Reiche bekannt und gleichsam zwei Idealtypen: Zunächst ist das Alexanderreich zu nennen, das schnell entstand und noch schneller verfiel. [...] Im Gegensatz dazu ist das Römische Reich Sinnbild eines stabilen Reiches geworden, dessen Untergang [...] umso größeres Erstaunen erregte. So wurde das Römische Reich zum Inbegriff der Dauer, aber auch der Gefährdung von Reichen und Vorbild, teils auch Legitimationsspender[3] für spätere Reichsbildungen.
[...] Das Römische Reich, das hierzulande auch in archäologischen Funden sehr präsent ist, [gilt] weithin als Verkörperung eines wohlorganisierten Reiches, mit einer einheitlichen Verwaltung, die ein gewaltiges Gebiet erfasst [...], mit einem Heer, das an allen Grenzen steht, mit einer in vielen Dingen ähnlichen Bauweise in den verschiedensten Teilen des Reiches [...], hinzu kommt eine ausgeprägte Vereinheitlichung des Rechts. [...]
Doch diese Perspektive, die die Uniformität[4] des Reiches betont, hat sich schon seit geraumer Zeit als unzureichend erwiesen. Die moderne Forschung rückt [...] stärker regionale Besonderheiten und lokale Identitäten ins Zentrum.

3. Eine neue Idee: der wahre Glaube

[...] Es [geht] bei der Frage des [...] wahren Glaubens nicht nur um das Christentum, sondern um die drei sogenannten abrahamitischen Religionen Judentum, Christentum und Islam. Alle drei haben ihre Wurzeln im Mittelmeerraum und sind monotheistisch ausgerichtet [...].
Christen konnten, gerade weil der Alltag so stark religiös durchdrungen war, an vielen alltäglichen Dingen gar nicht teilhaben. Das erregte Anstoß und Unwillen. Aber der Alltag scheint über viele Jahrzehnte durch ein friedliches, jedenfalls gewaltfreies Nebeneinander geprägt gewesen zu sein.
Trotz oder gerade wegen seiner Fremdartigkeit breitete das Christentum sich allmählich aus. Als im 3. Jahrhundert systematische Verfolgungen einsetzten, vermochten diese das Christentum nicht entscheidend zu schwächen. [...]
Die Geschichte des spätantiken Christentums steht in einem unmittelbaren Zusammenhang mit der Entstehung des Islam: Der Koran nahm viele christliche Texte auf und wurde von christlichen Zeitgenossen zunächst auch als christliche Häresie[5] interpretiert, nicht als neue Religion. [...] Damit wird auch eines deutlich, was durchaus von Gegenwartsrelevanz ist: Die Antike stellt nicht nur eine europäische Tradition dar, sondern eine mediterrane. Nicht nur die Wurzeln eines christlich-aufgeklärten Europas reichen in die Antike zurück, sondern auch die des Islam.

Hartmut Leppin, Die Antike und Europa. Auf der Suche nach den europäischen Wurzeln, in: Geschichte für heute 1 (2012), S. 18-39, stark gekürzt

1. *Zeigen Sie die drei genannten „Konzepte" der Antike an Beispielen auf.*

2. *Diskutieren Sie den Stellenwert der Konzepte in der heutigen Gesellschaft. Können Sie eine Rangfolge aufstellen?*

[1] Mesopotamien: das „Zweistromland" zwischen Euphrat und Tigris im heutigen Irak
[2] Kleinasien (lat. Asia minor): westlicher Teil der heutigen Türkei

[3] Legitimation: Rechtsgrundlage, Rechtfertigung
[4] Uniformität: Einförmigkeit, Einheitlichkeit
[5] Häresie (altgriechisch: Wahl, Anschauung): Irrglaube, Ketzerei

Das Mittelalter

ca. 500 bis 1500

Wer die Sehnsüchte und Ängste mittelalterlicher Menschen nicht wahrnimmt oder sie nicht ernst nimmt, wird kaum Verständnis aufbringen für eine Epoche, deren Hinterlassenschaft in unvernünftig großen Kathedralen, nicht benutzbaren Weltkarten und entpersönlichten Porträts besteht, und deren Menschen, durchdrungen von dem Gefühl der Sündhaftigkeit und der Hoffnung auf Gnade, vielfach ein ebenso hingebungs- wie entsagungsvolles Leben geführt haben. Ein Sich-öffnen zu häufig Fremdem und ein geduldiges Hinhören sind hier nötig.

Horst Fuhrmann, Mittelalterhistoriker (1926-2011)

◂ **„Uta von Naumburg."**
Statue eines unbekannten Meisters im Chor der Stiftskirche zu Naumburg, um 1250.

Das frühe Mittelalter	**622**	Mohammed flieht von Mekka nach Medina: Beginn der islamischen Zeitrechnung.
	bis 751	Unter dem Königsgeschlecht der Merowinger entsteht das Frankenreich.
	732	Die Franken siegen in der Schlacht von Tours und Poitiers gegen ein arabisches Heer.
	754	Die „Pippinische Schenkung" des Frankenkönigs wird Grundlage des Kirchenstaates.
	800	Karl der Große wird in Rom zum Kaiser gekrönt.
Das hohe Mittelalter	**936-973**	Otto der Große organisiert die weltliche und geistliche Macht im Reich.
	1099-1291	In den Kreuzzügen erobern christliche Ritterheere das Heilige Land von den Muslimen.
	1122	Das „Wormser Konkordat" legt den Investiturstreit zwischen König und Papst bei.
	1170-1230	Walther von der Vogelweide ist der bedeutendste Minnesänger.
	um 1130/40	In Bologna wird die erste Universität gegründet.
	1180	Das Herzogtum Bayern wird von Kaiser Friedrich Barbarossa an die Familie der Wittelsbacher vergeben. Sie regieren bis 1918.
Das späte Mittelalter	**1250**	Tod Kaiser Friedrichs II. Die Fürsten erlangen in der Folgezeit immer mehr Macht.
	1271-1295	Der Venezianer Kaufmannssohn Marco Polo reist bis nach China und berichtet nach seiner Rückkehr über die märchenhaften Schätze des Landes.
	13.-15. Jh.	Aufstieg der Städte und Entstehen einer bürgerlichen Kultur („Stadtluft macht frei").
	1347-1354	Pestepidemie: Ein Drittel der Bevölkerung Europas erliegt dem „Schwarzen Tod".
	1356	Die „Goldene Bulle" Karls IV. regelt das Verfahren der Königswahl.
	um 1450	Johannes Gutenberg aus Mainz erfindet den Buchdruck mit beweglichen Lettern. Bücher und Flugblätter kommen in großer Zahl in Umlauf.

▲ Die abgebildeten Elemente stehen für Lebensräume, Vorstellungswelten und Verhaltensweisen im Mittelalter.

- *Benennen Sie die abgebildeten Beispiele und erläutern Sie ihren Bezug zur Epoche des Mittelalters.*
- *Erläutern Sie, wo Ihnen im Alltag das Erbe des Mittelalters begegnet.*
- *Überprüfen Sie, welche Vorstellungen des Mittelalters unserer Zeit fremd geworden und welche uns dagegen noch vertraut sind.*

Benedikt von Nursia (um 480-560): Gründer einer Mönchsgemeinschaft, der er um 540 eine schriftliche Regel gab. Sie ist bis heute Vorbild für Klöster in ganz Europa.

Karl der Große (748-814): König der Franken. Unter ihm hatte das Frankenreich die größte Ausdehnung. Er wurde um 800 vom Papst zum Kaiser gekrönt und war Vorbild aller mittelalterlichen Kaiser.

Gregor VII. (um 1020/25-1085): Als Mönch Hildebrand 1073 zum Papst gewählt, vertrat den absoluten Vorrang der Kirche vor der weltlichen Macht des Kaisers.

Epochengrenze Nach der Völkerwanderung im 5./6. Jahrhundert entstanden in den ehemaligen Provinzen des Römischen Reichs neue Herrschaften. Die Bevölkerung in den Städten nahm rapide ab, viele Errungenschaften der Antike waren nur noch Spezialisten bekannt. Die Menschen verstanden sich nicht mehr als Bürger eines Reiches; ihre Stellung war nur bestimmt durch persönliche Bindungen und Verpflichtungen.

Soziale Gliederung Die Menschen wurden in ihre gesellschaftliche Gruppe hineingeboren. Die große Mehrheit gehörte dem Bauernstand an, der die Versorgung aller übrigen Gruppen mittrug. Bauern konnten durchaus wohlhabend sein, waren aber zu Abgaben und Dienstleistungen für ihre Herren verpflichtet.

Das Ackerland wurde den Bauern vom Adel überlassen. Er war im frühen Mittelalter aus Dienstleuten des Königs entstanden und hatte im Laufe der Zeit Rechte und Besitz erworben. Der Adelsstand war abgestuft vom einfachen Landadel bis hinauf zu Fürsten, die große Territorien beherrschten.

Die Geistlichen bildeten einen eigenen Stand, den Klerus. Er war wie der Adel nach Rängen gegliedert: Bischöfe leiteten die kirchlichen Verwaltungsbezirke, die Bistümer. Äbte und Äbtissinnen standen Klöstern vor, in denen Mönche und Nonnen arbeiteten. Grundlage für deren Leben war lange die Regel des **Benedikt von Nursia**, bis sich weitere Ordensgemeinschaften gründeten. In kirchlichem Besitz waren oft große Ländereien.

Die Spitze der Gesellschaft bildete das Königtum. König wurde anfangs der mächtigste Adlige. Er konnte sein Amt an einen Sohn vererben, war aber auf die Unterstützung des Adels angewiesen. Die Adligen waren bestrebt, die Macht des Königtums zu begrenzen und ihre Rechte auszubauen. Im späten Mittelalter konnte der hohe Adel die Wahl des Königs durchsetzen. Der Monarch mit der höchsten Stellung war der Kaiser. Der erste Kaiser des westlichen Europa war **Karl der Große**.

Religion Für alle Stände verbindlich war die Religion, im Westen Europas das katholische Christentum. Oberhaupt der Kirche war der Papst. Das Denken der Menschen war ganz auf das Jenseits ausgerichtet: Nach dem Tod erwartet den Einzelnen entweder das göttliche Paradies oder die ewige Verdammnis. Der Islam, der sich von Osten her in den Mittelmeerraum ausbreitete, wurde als Irrlehre empfunden. Seitdem im 11. Jahrhundert Muslime die Stätten des Christentums in Palästina erobert hatten, wurde mehrfach zu Kreuzzügen aufgerufen. Diese Kriege dauerten jeweils viele Jahre und entarteten oft zu brutalen Massakern und Plünderungen.

Die Minderheit der Juden war als Kaufleute geschätzt. Seit den Kreuzzügen gab es immer wieder Verfolgungen, bei denen ganze jüdische Gemeinden vernichtet wurden.

Im 11. Jahrhundert entbrannte zwischen Kaiser und Papst ein Streit um die Vormachtstellung im Abendland (Investiturstreit). Papst **Gregor VII.** und seine Nachfolger sprachen den weltlichen Herrschern das Recht ab, Einfluss auf die Kirche auszuüben und geistliche Ämter zu besetzen.

Städte Neben dem Kloster war die Stadt eine Neuerung der mittelalterlichen Gesellschaft. Nach dem Niedergang der antiken Stadtkultur dauerte es bis zum hohen Mittelalter, als neue Städte gegründet und alte ausgebaut wurden. Landesherren vergrößerten so ihren Einfluss, denn in Städten siedelten sich Handwerker und Händler an. Diese waren ihrerseits bestrebt, die Herrschaft ihrer Stadtherren abzuschütteln. In Städten, wo das gelang, gaben sich die Bewohner ein eigenes Stadtrecht und konnten viele Angelegenheiten untereinander regeln. Dadurch entstand eine neue Gesellschaftsschicht, die Bürger. Sie entwickelten eigene Lebensweisen, Werte und Vorstellungen.

M1 Europa um das Jahr 1000

Der französische Historiker Georges Duby stellt sich Europa um das Jahr 1000 so vor:

Sehr wenig Menschen – einsame Gegenden, die sich nach Westen, nach Norden und nach Osten erstrecken, unüberschaubar werden und schließlich alles bedecken – Brachland, Sümpfe, unstete Flussläufe, die Heide, das Dickicht und die Weiden, alle Arten verkümmerten Waldes als Hinterlassenschaft von Buschbränden und den flüchtigen Einsaaten der Brandroder – hier und dort Lichtungen, einmal erobertes, doch nur halbwegs gezähmtes Land, leicht kümmerliche Furchen, die die von mageren Ochsen gezogenen Holzgeräte auf dem widerspenstigen Boden hinterlassen haben; innerhalb dieses nahrungspendenden Raumes noch riesige Leerstellen, all die Felder, die man ein Jahr, zwei Jahre, drei und manchmal gar zehn Jahre brachliegen lässt, damit sich die Bedingungen ihrer Fruchtbarkeit im Ruhezustand auf natürliche Weise wiederherstellen – bescheidene, zu Weilern versammelte Wohnstätten aus Stein, Lehm oder Zweigwerk, umgeben von dornigen Hecken und einem Ring aus Gärten – gelegentlich inmitten schützender Palisaden der Wohnsitz eines Oberhaupts, ein offener Holzbau, Kornspeicher, Verschläge für die Sklaven und, etwas abseits, die Feuerstelle der Küchen – ab und an, auf große Entfernungen, eine städtische Siedlung, die in Wirklichkeit nur noch ein von der ländlichen Natur durchdrungenes, verblichenes Skelett der römischen Stadt ist; von Pflugland umgebene Ruinenviertel, eine recht und schlecht ausgebesserte Einfriedung, Steinbauten aus der Zeit des Imperiums, die in Kirchen oder Zitadellen verwandelt worden sind; in der Nähe ein paar Dutzend Hütten, in denen Weinbauern, Weber und Schmiede wohnen, jene Handwerker, die als Dienstmannen Schmuck und Waffen für den hochwürdigen Bischof und die Garnison fabrizieren; und schließlich zwei oder drei jüdische Familien, die gegen Pfand etwas Geld verleihen – schmale Pfade, die langen Züge frondienstleistender Lastenträger und kleine Barkenverbände auf allen Wasserläufen: Das ist das Abendland im Jahre tausend. In seiner Ländlichkeit wirkt es gegen Byzanz oder Cordoba sehr arm, sehr mittellos. Eine wilde Welt, eine Welt in den Fängen des Hungers.

Georges Duby, Die Zeit der Kathedralen, Frankfurt am Main 2006, S. 11 f.

1. *Vergleichen Sie das hier entwickelte Zeitbild mit Ihrer Kenntnis über a) die römische Epoche, b) die Neuzeit.*

2. *Erläutern Sie, warum diese Welt nach Dubys Meinung „in den Fängen des Hungers" war. Ziehen Sie dazu auch M2 heran.*

3. *Diskutieren Sie, was zur Fortentwicklung einer solchen frühmittelalterlichen Gesellschaft beitragen konnte.*

M2 Geschichten vom Wetter: das 14. Jahrhundert

Der Schweizer Klimaforscher Christian Pfister hat aus Chroniken das Klima im 14. Jahrhundert herausgearbeitet:

Im April 1315 begann der unendliche Regen. Bis Mitte November setzten täglich neue Güsse ein, oft von heftigen Winden und Gewittern begleitet. Vom Pariser Becken bis ins Baltikum traten die Flüsse über die Ufer, zahlreiche Menschen ertranken in den reißenden Fluten.
Das Getreide wuchs aus, das Heu verfaulte, die Traubenbeeren fielen von den Stöcken. Dem „Jahr ohne Sommer" folgte 1316 ein ebensolches. Europaweit, bis nach Russland, wütete der Hunger. Da und dort ließen sich Verzweifelte zum Kannibalismus hinreißen. Zwischen 1340 und 1380 litt Mitteleuropa erneut unter kühlen und feuchten Sommern. Am schrecklichsten waren die 1340er-Jahre. Im August 1342 wurde Deutschland von einer Flut heimgesucht, die in diesem Jahrtausend nicht mehr übertroffen werden sollte.
In Konstanz drang das Wasser über die Stadtmauer herein, im Dom zu Mainz stand es drei Meter hoch. Völlig aus dem Rahmen fielen die Sommer 1345 bis 1347. Es sind die kältesten in diesem Jahrtausend. 1346 stand der Wein in Lindau Anfang August, 1347 sogar Anfang September noch in Blüte. Der extreme sommerliche Wärmemangel in drei aufeinanderfolgenden Jahren könnte durch einen gewaltigen Vulkanausbruch in den Tropen verursacht worden sein, den es noch zu entdecken gilt. Die Zungen der Alpengletscher stießen in der Folge rasch zum ersten Hochstand der „Kleinen Eiszeit" vor. Nach 1380 dehnte sich das sommerliche Azorenhoch wieder häufiger nach Mitteleuropa aus, der Wein floss reichlicher und schmeckte kräftig.
Die „Kleine Eiszeit" begann um 1300 mit einem Sturz der mittleren Wintertemperaturen von zehn Grad gegenüber der „Mittelalterlichen Warmzeit". Gegen die Mitte des vierzehnten Jahrhunderts hin wurden die Winter deutlich wärmer. Um 1900 endete die „Kleine Eiszeit". Sie trug nicht den Charakter einer einheitlichen Kaltzeit. Vielmehr schoben sich zwischen kalte und feuchte Phasen immer wieder wärmere Abschnitte ein, und innerhalb der Jahreszeiten zeigten sich, wie in der Mitte des vierzehnten Jahrhunderts, oft gegenläufige Tendenzen.

Christian Pfister, Jahrhundertwetter, in: Michael Jeismann (Hrsg.), Das 14. Jahrhundert. Abschied vom Mittelalter, München 2000, S. 24 f.

1. *Beschreiben Sie die Abhängigkeit des mittelalterlichen Menschen von der Natur. Wie verhält es sich heute?*

2. *Nach der Mitte des 14. Jahrhunderts verlor Europa durch die Pest etwa ein Drittel seiner Einwohner. Diskutieren Sie mögliche Auswirkungen dieser Katastrophe.*

Die Frühe Neuzeit

ca. 1500 bis 1800

Die Frühe Neuzeit ist als „Musterbuch der Moderne“ bezeichnet worden, da sich hier die Strukturen entwickelt haben, die unsere heutige Welt noch immer prägen. Andererseits ist unübersehbar, dass uns inzwischen wiederum tief greifende Umbrüche von der Epoche des 19./20 Jh. trennen (elektronische Medien, Untergang der sozialistischen Regime, Globalisierung etc.) und der historische Wandel sich erneut beschleunigt hat. Die Frühe Neuzeit wird daher zunehmend fremder und exotischer wahrgenommen und kann geradezu wie eine fremde Kultur mit völkerkundlichem Blick betrachtet werden. Dabei zeigt sich: Die Wahrnehmung von Epochengrenzen verschiebt sich mit der Perspektive des Historikers und ist nicht „objektiv“ festlegbar.

Barbara Stollberg-Rilinger, Frühneuzeithistorikerin (geb. 1955)

◂ **Mädchen mit Rosenstrauß.**
Ölgemälde von François Boucher (1703-1770), um 1750.

Renaissance und konfessionelles Zeitalter	**1517**	Martin Luther veröffentlicht 95 Thesen gegen den Ablasshandel und das Papsttum.
	1555	Der Augsburger Religionsfriede sichert den Fürsten die freie Wahl der Konfession für sich und ihre Untertanen zu. Renaissance in Deutschland.
	1618-1648	Der Dreißigjährige Krieg wird um Macht und Konfession in Europa geführt.
	1616	Erstes Verfahren gegen Galileo Galilei. Tod William Shakespeares.
	1648	Der Westfälische Friede beendet den Dreißigjährigen Krieg.
Absolutismus und Aufklärung	**1651**	Thomas Hobbes entwickelt im Buch „Leviathan“ die Idee vom Gesellschaftsvertrag.
	1661-1715	König Ludwig XIV., der „Sonnenkönig“, herrscht absolutistisch über Frankreich.
	1748	Montesquieu entwickelt die Idee von der Gewaltenteilung.
	1780-1790	Immanuel Kant erforscht die Grenzen der Erkenntnis („Kritische Philosophie“).
	1787	Die Amerikanische Verfassung setzt die politischen Ideen der Aufklärung um.
Revolution und napoleonische Herrschaft	**1789**	Französische Revolution, Erklärung der Menschen- und Bürgerrechte.
	1791	Frankreich wird eine konstitutionelle Monarchie.
	1799-1814	Napoleon Bonaparte regiert Frankreich als Alleinherrscher.
	1804	Der französische „Code Civil“ ist das erste Bürgerliche Gesetzbuch Europas.
	1806	Das „Heilige Römische Reich Deutscher Nation“ wird durch Napoleon aufgelöst.

▲ Die Abbildungen zeigen wichtige Personen, Errungenschaften und Ereignisse der Frühen Neuzeit.

- *Benennen Sie die Personen und Szenen und erklären Sie ihre Bedeutung für ihre Zeit.*
- *Erläutern Sie, ob und inwiefern die Abbildungen einen Fortschritt gegenüber der Epoche des Mittelalters anzeigen.*
- *Untersuchen Sie, wie sich bestimmte Ideen der Frühen Neuzeit in die Gegenwart fortentwickelt haben.*

Christoph Kolumbus (um 1451 -1506): Seefahrer aus Genua, versucht 1492 im Dienst der Spanischen Krone, auf westlichem Seeweg nach Indien zu kommen. Er gelangt dabei nach Amerika, das er so für eine europäische Kolonisation wiederentdeckt.

Ludwig XIV. („Sonnenkönig"), (1638-1715): König von Frankreich seit 1643, herrscht als absolutistischer Monarch ohne Beteiligung des Adels. Sein Hof in Versailles ist Vorbild der Herrscher seiner Zeit.

Napoleon Bonaparte (1769-1821): Militärführer in der Französischen Revolution, krönt sich 1804 zum Kaiser der Franzosen, erobert die Herrschaft über große Teile Europas, wird 1814/15 gestürzt und verbannt.

Epochengrenzen ■ Die Frühe Neuzeit begann mit einschneidenden gesellschaftlichen Veränderungen um 1500 (Entdeckung Amerikas durch **Kolumbus**, Erfindung des Buchdrucks, Renaissance, Humanismus, Reformation). Sie endete mit einem tiefen sozialen Wandel um 1800 (Französische Revolution, Beginn der Industriellen Revolution).

Politische Ereignisse und Entwicklungen ■ Die Reformation beendete die Einheit des Christentums im Westen. Seither gab es neben dem katholischen Glauben noch weitere Bekenntnisse. Da sich viele Herrscher dem neuen, evangelischen Glauben anschlossen, wurde die Konfessionsfrage zugleich eine politische Frage. Im Dreißigjährigen Krieg kämpften die Hauptmächte Europas um die Vorherrschaft. Dabei trafen im Westen Frankreich und Spanien, im Norden Schweden, Polen und Dänemark aufeinander. Deutschland war Hauptkriegsschauplatz; Hungersnöte und Seuchen entvölkerten ganze Landstriche. Aus dem Krieg gingen die Konfessionen sowie die Fürstenherrschaften stabilisiert hervor, das Kaisertum dagegen war geschwächt. Im Heiligen Römischen Reich Deutscher Nation profitierte v. a. Brandenburg-Preußen davon.

Hauptmacht Europas wurde Frankreich. Hier entwickelte sich die Herrschaftsform des Absolutismus: Die Könige, v. a. **Ludwig XIV.**, regierten losgelöst von den Gesetzen und den Ständen (Klerus, Adel, Bürger). Andere Herrscher Europas übernahmen dieses System. In England wurde dagegen 1688 in der „Glorious Revolution" die Macht vom König auf das Parlament übertragen.

Soziale Ordnung ■ Kern der vormodernen Gesellschaft war der Hausverband (das „ganze Haus"), in dem ein Ehepaar, seine unverheirateten Kinder und weitere an der Hauswirtschaft Beteiligte (Gesinde, Alte, unverheiratete Verwandte) zusammenlebten. Im Haus waren sämtliche Lebensfunktionen gebündelt: Produktion, Fortpflanzung, Kindererziehung, Versorgung von Alten und Kranken und Vermittlung von Normen. An der Spitze stand der Hausherr. Im späten 18. Jahrhundert traten Familie und Betrieb auseinander: Die Erwerbstätigkeit verlagerte sich an getrennte Orte (Manufaktur, Amt, Fabrik), im Haus bildete sich eine familiäre Privatsphäre.

Wissenskultur ■ In der Frühen Neuzeit verbreiterte sich das Wissen. Die Vervielfältigung von Texten durch Buchdruck sowie die Einführung einer modernen Post führten zum schnellen Informationsaustausch. Ein Buchmarkt entstand, einzelne Autoren wurden berühmt. Neue Erkenntnisse führten zur immer schnelleren Weiterentwicklung des Weltbildes. Die biblische Überlieferung verlor gegenüber der Naturwissenschaft an Erklärungskraft. Expertenwissen entfernte sich auch von der Alltagserfahrung. Theoretische Kenntnisse wurden als Grundlage für wirtschaftlichen Wohlstand erkannt, deshalb gründeten Fürsten in ihren Ländern wissenschaftliche Akademien. Ein gebildetes Bürgertum entstand und entwickelte die Ideen der Aufklärung: Kritische Vernunft wurde zur Voraussetzung für Gerechtigkeit, Toleranz und Wohlstand.

Herrschaftswandel ■ Herrscher außerhalb Frankreichs (z. B. in Preußen und Österreich) übernahmen aufgeklärte Ideen und förderten Reformen in ihren Ländern („aufgeklärter Absolutismus"). Die Weigerung des französischen Königs, die Stände seines Landes an der Herrschaft zu beteiligen, führte zu wachsender Unzufriedenheit, die sich seit 1789 in der Französischen Revolution entlud. Sie schuf zuerst eine konstitutionelle Monarchie, dann eine Republik. Das Bürgertum gewann die politische Macht. Die Revolution bedrohte auch die Herrschaft der benachbarten Fürsten. **Napoleon Bonaparte** ließ sich zum Kaiser der Franzosen krönen und unterwarf halb Europa. 1814/15 brachte ihn ein Bündnis europäischer Mächte zu Fall.

M1 Die Medienrevolution um 1500

Der Medienhistoriker Michael Giesecke beschreibt das Ausmaß und die Bedeutung, die der Medienmarkt um 1500 – wenige Jahrzehnte nach Erfindung des Buchdrucks – erreicht hat:

Gegen Ende des 15. Jahrhunderts wird an mehr als zweihundertundfünfzig Orten in Europa gedruckt. In vielen Städten arbeiteten nebeneinander zahlreiche Druckereien, sodass man mehr als 1100 Offizinen[1] mit wiederum oftmals mehreren Pressen gezählt hat. Abgesehen von wenigen Ausnahmen, konnten sich in allen Städten Deutschlands Institutionen und natürlich auch Einzelpersonen der neuen Kommunikationsmedien bedienen. Die Zahl der im 15. Jahrhundert gedruckten Bücher, der sogenannten „Inkunabeln"[2], ist kaum überschaubar – von Druckerzeugnissen wie Formularen oder Handzetteln ganz zu schweigen. Ob man nun zwanzig oder vierzigtausend verschiedene Drucke mit einer durchschnittlichen Auflage von einhundert oder dreihundert Exemplaren annimmt – in jedem Fall breiteten sich die Druckerzeugnisse von Jahr zu Jahr aus und gehörten bald zur alltäglichen Umwelt der Stadtbevölkerung. Wer wollte, konnte die neuen Medien an den Marktständen, Anschlagbrettern oder in der Kirche bestaunen. Eingesetzt wurde die neue Informations- und Nachrichtentechnologie von Anfang an auch zu ideologischen, politischen und religiösen Zwecken. Diejenigen Kräfte, die sich für die Reformation der Papstkirche und die politische Autonomie einer deutschen Nation einsetzten, benutzten das neue Medium, um sich untereinander zu verständigen, ihre Ziele abzusprechen. Es ist kaum umstritten, dass die Flugschriften in den zwanziger und dreißiger Jahren des 16. Jahrhunderts zu „Massenmedien" wurden. Luthers Flugschrift „An den christlichen Adel deutscher Nation", mit einer ersten Auflage von viertausend Exemplaren am 18. August 1520 erschienen, war in fünf Tagen vergriffen (und erlebte vierzehn hochdeutsche sowie eine niederdeutsche, insgesamt also fünfzehn Ausgaben). Von Luthers Neuem Testament erschienen in kurzer Zeit mehr als hunderttausend Exemplare und selbst die Luthersche Vollbibel wurde zwischen 1534 und 1626 vierundachtzigmal aufgelegt. Nicht nur die Kirche, die Gelehrten, die Städtebürger, Handwerker und Kaufleute, auch der gemeine Mann auf dem flachen Lande waren von der neuen Technologie umgeben.

Michael Giesecke, Der Buchdruck in der frühen Neuzeit, Frankfurt am Main ^{4}2006, S. 64 f.

1. *Fassen Sie die Bedeutung des neuen Mediums um 1500 zusammen.*
2. *Vergleichen Sie mit der Gegenwart: Welche Bedeutung haben heute noch gedruckte Medien? Welche wichtigen Funktionen erfüllen Sie, welche Funktion leisten andere Medien besser?*
3. *Der reiche Renaissancefürst und Humanist Federigo von Urbino meinte, er würde sich schämen, ein gedrucktes Buch zu besitzen. Er zog die Handschrift vor, wie heute immer noch viele Leser das Buch dem Internet vorziehen. Erörtern Sie die beiden Verhaltensweisen.*

M2 Der Zweck einer Enzyklopädie

Die Philosophen Denis Diderot und Jean-Baptiste le Rond d'Alembert bringen zwischen 1751 und 1772 eine französischsprachige Enzyklopädie heraus, die alle möglichen Themen und Probleme der Zeit in alphabetisch geordneten Artikeln systematisch zusammenfasst. Sie gilt als wichtigstes Sammelwerk der Aufklärung. In dem Artikel „Enzyklopädie" erläutert Diderot den Begriff:

Dieses Wort bedeutet „Verknüpfung der Wissenschaften". [...] Tatsächlich zielt eine Enzyklopädie darauf ab, die auf der Erdoberfläche verstreuten Kenntnisse zu sammeln, das allgemeine System dieser Kenntnisse den Menschen darzulegen, mit denen wir zusammenleben, und es den nach uns kommenden Menschen zu überliefern, damit die Arbeit der vergangenen Jahrhunderte nicht nutzlos für die kommenden Jahrhunderte gewesen sei; damit unsere Enkel nicht nur gebildeter, sondern gleichzeitig auch tugendhafter und glücklicher werden, und damit wir nicht sterben, ohne uns um die Menschheit verdient gemacht zu haben. Schwerlich hätte man sich eine umfangreichere Aufgabe stellen können als die, alles zu behandeln, was sich auf die Wissbegierde des Menschen, seine Pflichten, seine Bedürfnisse und seine Vergnügen bezieht.

Nach: Anette Selg, Rainer Wieland (Hrsg.), Die Welt der Encyclopédie, Frankfurt am Main 2001, S. 68

1. *Definieren Sie mit eigenen Worten den Begriff „Enzyklopädie".*
2. *Erläutern Sie den Zusammenhang, den Diderot zwischen Bildung, Tugendhaftigkeit und Glück herstellt.*

[1] Offizin: alte Bezeichnung für eine Buchdruckerei
[2] Inkunabeln: Drucke aus der Zeit bis um 1500

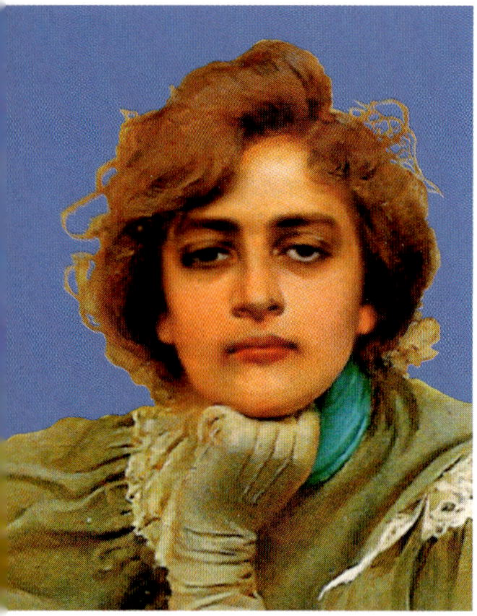

Die Neuere Zeit

ca. 1800 bis 1945

Zu Beginn des 21. Jahrhunderts [...] lassen sich die Langzeitfolgen des 19. Jahrhunderts umfassender erkennen und würdigen als jemals zuvor: nicht nur die Kriege und Krisen, in die es in der ersten Hälfte des 20. Jahrhunderts führte, auch die vergleichsweise friedliche, aufbauende und innovative Periode, die jedenfalls in großen Teilen der westlichen Welt in der zweiten Hälfte des 20. Jahrhunderts folgte. Nicht nur den Aufstieg der großen diktatorischen Bewegungen und Systeme des 20. Jahrhunderts, auch ihren teils blutigen, teils friedlichen Niedergang bis hin zur großen Wende von 1989 - 91.

Jürgen Kocka, Historiker (geb. 1941)

◂ **Träume.**
Ölgemälde von Vittorio Matteo Corcos (1859 - 1933), 1896.

Das 19. Jahrhundert

1806	Mit Frankreich verbündete deutsche Fürsten werden von Napoleon zu Königen erhoben.
1814 / 15	Der Wiener Kongress ordnet Europa neu. Der „Deutsche Bund“ wird als loser Zusammenschluss von 38 Staaten gegründet.
1832	Hambacher Fest: Bürger vertreten öffentlich Ideen von Nationalismus und Liberalismus.
1848 / 49	Kommunistisches Manifest, Märzrevolution, Frankfurter Paulskirchenversammlung. Der Versuch einer deutschen Einigung und Liberalisierung scheitert.
um 1850	Durchbruch der Industrialisierung in Deutschland. Die Verelendung vieler Arbeiter schreitet fort. Dadurch entsteht die Soziale Frage.
1864 - 1871	Preußen wächst durch die Deutschen Einigungskriege zum mächtigsten Bundesstaat.
1871 - 1918	Deutsches Kaiserreich: Der König von Preußen ist zugleich Deutscher Kaiser.
ab 1880	Im Imperialismus streben Staaten nach dem Erwerb von Kolonien und Machtzuwachs.

Die erste Hälfte des 20. Jahrhunderts

1914 - 1918	Erster Weltkrieg: Er endet mit der Niederlage Deutschlands und seiner Verbündeten. Im Versailler Vertrag (1919) werden den Verlierern harte Friedensbedingungen diktiert.
1917	Durch die Russische Revolution erringen erstmals Sozialisten die Macht in einem Staat.
1918 - 1933	Die Weimarer Republik ist die erste Demokratie in Deutschland.
1929	Der „Schwarze Freitag“ an der New Yorker Börse löst eine Weltwirtschaftskrise aus.
1933	Ernennung Adolf Hitlers zum Reichskanzler. Die Nationalsozialisten verwandeln Deutschland in eine Diktatur. Beginn der Judenverfolgung, die im Holocaust endet.
1935	Die „Nürnberger Rassengesetze“ machen Rechte von der Abstammung abhängig.
1939	Mit dem deutschen Überfall auf Polen beginnt der Zweite Weltkrieg.
Anfang 1943	Die Vernichtung der 6. deutschen Armee in Stalingrad ist Wendepunkt des Krieges.
20. Juli 1944	Ein Attentat auf Hitler mit nachfolgendem Umsturzplan deutscher Offiziere scheitert.
8. Mai 1945	Bedingungslose Kapitulation der Deutschen Wehrmacht.

▲ **Aspekte der Geschichte des 19. und der ersten Hälfte des 20. Jahrhunderts.**

- *Benennen Sie die Szenen oder Gegenstände und erklären Sie ihre historische Bedeutung.*
- *Finden Sie Oberbegriffe für die jeweils dargestellten Neuerungen.*
- *Diskutieren Sie, welche weiteren Ereignisse und Entwicklungen der Neueren Zeit Sie im Bild festhalten würden. Gestalten Sie mit Ihren Ideen in Gruppenarbeit ein Plakat.*

Otto von Bismarck (1815-1898): preußisch-deutscher Staatsmann, 1862-1890 preußischer Ministerpräsident, 1871-1890 Reichskanzler des Deutschen Kaiserreiches, dessen Gründung er maßgeblich vorbereitet hatte

Wladimir Iljitsch Uljanow, genannt Lenin (1870-1924): russischer Revolutionär, eroberte mit seiner Partei, den Bolschewiki, in der Oktoberrevolution 1917 die Macht und gründete den ersten kommunistischen Staat, die Sowjetunion

Adolf Hitler (1889-1945): antidemokratischer und antisemitischer Politiker, seit 1933 diktatorischer „Führer", entfesselte 1939 den Zweiten Weltkrieg, verantwortlich für Vernichtungskrieg und Massenmord an den Juden

Epochengrenzen Die Neuere Geschichte umfasst etwa die Zeit zwischen der Französischen Revolution und dem Ende des Konflikts zwischen den USA und der UdSSR und ihrer Machtblöcke im Jahr 1989/90. Der jüngste Abschnitt ab 1945 soll hier jedoch gesondert betrachtet werden, denn für ihn gibt es noch Zeitzeugen.

Industrialisierung Gewaltige Fortschritte werden in Wissenschaft und Technik erzielt. Sie werden erstmals im Großmaßstab in der Arbeitswelt eingesetzt. Energiemaschinen liefern zuvor undenkbare Kräfte. Die Fabrik wird Ort industrieller Güterproduktion und Arbeitsplatz von Millionen. Unternehmer verfügen über Produktionsmittel und Kapital, Arbeiter nur über ihre Arbeitskraft. Aus der Verelendung immer größerer Massen erwächst die Soziale Frage.

Ideologien Die wohlhabenden Bürger wollen die Vorrechte des Adels beseitigen und sich politisch und wirtschaftlich frei entfalten. Der Liberalismus fordert gleiche Rechte für alle und eine verfassungsmäßige Beschränkung von Macht. Die besitzlosen Arbeiter wollen gegenüber den Unternehmern eine angemessene Bezahlung und menschenwürdige Arbeitsbedingungen durchsetzen. Der Sozialismus wird zur Ideologie der Arbeiterklasse. Ebenfalls revolutionär ist anfangs das Bestreben, die deutschen Fürstenstaaten zu einem einheitlichen Deutschland zu vereinen. Der Nationalismus fordert die Schaffung von Nationalstaaten, die alle Angehörigen eines Volkes versammeln. Er trägt bereits den Keim zur Geringschätzung anderer Nationen in sich.

Politische Geschichte Während in Europa bereits einige Nationalstaaten existieren, leben die Deutschen auf Dutzende Territorien verteilt. Die Fürsten versuchen, die Beschränkung ihrer Macht und die Bildung eines Nationalstaats mit Repressionen zu verhindern. Einer bürgerlichen Revolution 1848/49 misslingt die Einigung „von unten". Erst auf Betreiben des mächtigsten Bundesstaates Preußen gelingt – nach mehreren Kriegen – **Otto von Bismarck** 1871 die Schaffung eines Deutschen Reiches „von oben". Der König von Preußen wird dadurch zugleich Deutscher Kaiser.

Dieser „verspätete" Nationalstaat war eine wirtschaftliche und politische Großmacht, die von den anderen Mächten, v.a. Frankreich und Großbritannien, misstrauisch beobachtet wurde. Die Großmachtpolitik unter Kaiser Wilhelm II. isolierte das Deutsche Reich zunehmend. Interessenkonflikte, Aufrüstung und Militarismus ließen im August 1914 aus einem lokalen Konflikt den „Großen Krieg" erwachsen. Mit dem Eintritt der USA 1917 wurde er zum Ersten Weltkrieg, der „Urkatastrophe" des 20. Jahrhunderts.

Totalitarismus Der Weltkrieg entfesselt die extremsten politischen Ideen: Im rückständigen Russland wird im Februar 1917 die autoritäre Zarenherrschaft durch eine bügerliche Revolution gestürzt. Diese Krise nutzen sozialistische Revolutionäre aus und erobern durch einen Staatsstreich die Macht. Die von **Lenin** gelenkte „Oktoberrevolution" führt nach hartem Bürgerkrieg zur Errichtung der Sowjetunion, die bis 1989 von einer „Partei der Arbeiterklasse" diktatorisch regiert wird.

In Deutschland hat der verlorene Weltkrieg zur Einführung der Demokratie geführt. Sie wird von vielen abgelehnt. Zu ihren radikalsten Bekämpfern gehört der Rassist und Militarist **Adolf Hitler**, der nach einem gescheiterten Putsch 1923 die Macht auf parlamentarischem Wege erringen will. Als er 1933 zum Reichskanzler ernannt wird, schafft er mithilfe seiner Partei, der NSDAP, alle demokratischen Rechte ab, unterdrückt jede Opposition und regiert als uneingeschränkter „Führer". Sein Regime entfesselt 1939 den Zweiten Weltkrieg, in dem unvorstellbare Menschheitsverbrechen verübt werden. Nach der totalen Niederlage Deutschlands 1945 liegt Europa in Trümmern.

M1 Bürgerliche und soziale Revolutionen

Über revolutionäre Forderungen der Untertanen im 19. Jahrhundert schreibt die Kulturhistorikerin Ulrike Müller-Kaspar:

Zunächst ging es im Juli 1830 in Paris los. Dort waren die absolutistisch regierenden Bourbonen[1] wieder eingesetzt worden. Ihr Versuch, jede liberale Opposition auszuschalten, misslang. Der König dankte ab und wurde vom „Bürgerkönig" Louis Philippe ersetzt. Die Bürger erhielten mehr politische Freiheiten. Die Situation der Bauern und der Fabrikarbeiter freilich besserte sich nicht. Es handelte sich um eine „liberale" Revolution. Diese hatte auch eine gewisse Ausstrahlung auf Deutschland, doch nach einigen Erhebungen in den Kleinstaaten legte sich die Aufregung wieder. Im Gegenteil: Die politische Unterdrückung und Einengung wurde als Reaktion auf die Erhebungen noch weiter verschärft.
Liberalismus wurde nur im wirtschaftlichen Bereich toleriert. 1834 gründeten die deutschen Staaten den Deutschen Zollverein. Bis dahin hatten Zölle zwischen den deutschen Kleinstaaten den Handel erheblich behindert und verteuert.
Nach einer Periode, in der die Unterdrückung funktionierte, flammte 1848 erneut eine Revolution auf. Wieder gab es Aufstände, zuerst im Februar in Paris. Diesmal lösten vor allem Studenten und Arbeiter die Unruhen aus. Louis Philippe floh nach England, und die Revolutionäre riefen die Republik aus. Die soziale Lage der Arbeiter sollte verbessert werden. Das Militär schlug den Aufstand nieder.
Im März 1848 erhob sich das Bürgertum in den deutschen Kleinstaaten und in Österreich. Die Revolutionäre forderten die allgemeine Volksbewaffnung und freie Wahl der Offiziere. Daneben sollte es ein vom Volk frei gewähltes Parlament geben. Presse-, Religions- und Lehrfreiheit sollte eingeführt werden. Schutz und Gewährleistung der Arbeit, ein allgemeines deutsches Staatsbürgerschaftsrecht und gerechte Besteuerung der Einkommen waren weitere Forderungen (ja, das alles gab es damals nicht!).
Nach Kämpfen in Berlin zog König Friedrich Wilhelm IV. seine Truppen aus der Stadt ab und versprach die Abhaltung einer Nationalversammlung, um eine neue Verfassung auszuarbeiten. Die Versammlung wurde am 11. Mai 1848 in der Frankfurter Paulskirche eröffnet. [...] Es wurden verschiedene demokratische Grundrechte diskutiert. Die Meinungen schieden sich vor allem bei der Frage, ob das (künftige) Deutsche Reich eine Republik oder ein Erbkaisertum sein sollte. Auch um die Stellung Österreichs und Preußens kam es zu heftigen Auseinandersetzungen. Bei der „großdeutschen" Lösung wären Österreich und die deutschen Teilstaaten zu einem Bundesstaat zusammengeschlossen worden, bei der „kleindeutschen" Lösung nur die deutschen Territorien. Im März 1849 kam es zur Abstimmung über die Verfassung. Die kleindeutsche Lösung gewann. Daraufhin sollte logischerweise der preußische König zum Kaiser der Deutschen werden. Doch der lehnte dankend ab. [...] Die Vereinigung der deutschen Staaten zu einem Reich hatte nicht funktioniert, und die bürgerliche Revolution war politisch gescheitert.

Nach: Ulrike Müller-Kaspar (Hrsg.), Das 19. Jahrhundert, Wien 2001, S. 68-72

1. *Arbeiten Sie die Forderungen der Bürger in den genannten Revolutionen heraus.*
2. *Erläutern Sie die Unterschiede zwischen den revolutionären Erhebungen von 1830 und 1848.*

[1] Bourbonen: Familie der französischen Könige vor der Französischen Revolution

M2 Das „Epochenjahr" 1917

Zum Jahr 1917 heißt es in einem Lexikon:

Das Jahr 1917 ist von den internationalen Ereignissen bestimmt, die sich vor dem prägenden Hintergrund des Ersten Weltkrieges ereigneten. Der Kriegseintritt der Vereinigten Staaten [...] begründete deren langsamen Aufstieg von einer industriellen Großmacht zu einer Weltmacht. Die verstärkte Panzerkriegsführung der Entente[2] sowie ihr Überhang an Material und Truppen lässt die strategische Initiative auf sie übergehen. In Russland führen die sozialen und politischen Spannungen zum Sturz der herrschenden Romanow in der Februarrevolution, die ihrerseits von der Oktoberrevolution und dem anschließenden Bürgerkrieg abgelöst wurde. Die Errichtung des Sowjetsystems legte den Keim für den Ost-West-Konflikt und ließ das ehemalige Russische Reich bis 1989 zu einer Weltmacht kommunistischen Entwurfs wachsen. Die Umwälzungen, die das Kriegsgeschehen den beteiligten Ländern abverlangte, markierten das Ende des „langen 19. Jahrhunderts", den Bruch monarchischer Tradition hin zur Politisierung der Massen. Aufgrund dieser vielschichtigen Erscheinungen, die dem Jahr 1917 den Charakter eines tiefen Einschnitts verliehen, wird es als Epochenjahr bezeichnet.

Nach: Stw. „1917" in der deutschen Wikipedia (de.wikipedia.org/wiki/1917)

1. *Arbeiten Sie heraus, welche Ereignisse das Jahr 1917 zu einem „Epochenjahr" machten.*
2. *Diskutieren Sie, ob nach 1917 weitere Jahre die Bezeichnung „Epochenjahr" verdienen.*

[2] Entente: die im Ersten Weltkrieg gegen Deutschland und Österreich-Ungarn verbündeten Mächte

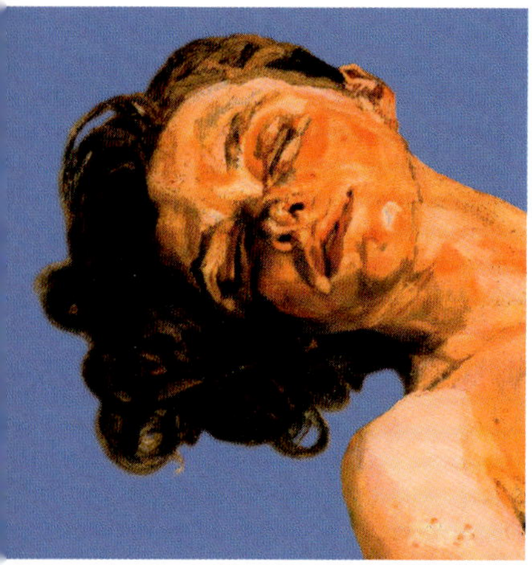

Zeitgeschichte

1945 bis heute

Wer heute in Deutschland auf den wissenschaftlichen Buchmarkt blickt, wird feststellen, dass mehr Veröffentlichungen zur Zeitgeschichte erscheinen als zu allen übrigen Epochen der Geschichte zusammen. [...] Ohne Übertreibung kann man daher sagen, dass die Geschichtswissenschaft in der öffentlichen Wahrnehmung wesentlich durch die Zeitgeschichte repräsentiert wird.

Anselm Doering-Manteuffel, Zeithistoriker (geb. 1949)

◂ **„Girl with closed Eyes."**
Ölgemälde von Lucian Freud (1922-2011), 1987.

Als „Zeitgeschichte" wird diejenige historische Epoche betrachtet, zu der lebende Zeugen befragt werden können. Als man in den 1950er-Jahren in Deutschland diese junge Periode als eigenes Thema der Geschichtsforschung erkannte, wurden die Epochengrenzen deshalb anders gezogen als heutzutage.

Wer den Nationalsozialismus und den Zweiten Weltkrieg bewusst miterlebt hat, wurde spätestens in den 1920er-Jahren geboren. Diese Generation stirbt nach und nach aus. Für die Nachkriegszeit leben dagegen heute noch viele Zeugen, deren Erinnerung als Quelle dienen kann. Daher wird heute das Epochenjahr 1945 als Grenze zur Zeitgeschichte angesehen.

In diesem Jahr waren Deutschland und seine Verbündeten vollständig besiegt und die verbrecherische Herrschaft der Nationalsozialisten beendet worden. Unter dem Krieg, der von Deutschland angezettelt worden war, hatten viele Länder blutig gelitten. Die Sieger des Krieges hatten aber völlig unterschiedliche Vorstellungen über die Gestaltung der Welt. Zwei Modelle standen sich verfeindet und bald auch schwer bewaffnet gegenüber: Länder, die sich die Vereinigten Staaten von Amerika zum Vorbild nahmen, und Staaten, die an der Sowjetunion oder an China orientiert waren. Deutschland wurde durch diese Konfrontation geteilt; die Grenze zwischen den Machtblöcken lief mitten durch unser Land. Die Entwicklung der Gesellschaften beiderseits der Grenze verlief in völlig anderen Bahnen.

Erst 1989/90 setzte sich das demokratische Gesellschaftssystem der USA und ihrer Verbündeten gegenüber dem sozialistischen Modell des Ostblocks durch. Entscheidend war der Mut vieler Menschen in Ländern des sowjetischen Machtbereichs, ihre Freiheit einzufordern. Deutschland, Europa und die Welt müssen seither zu einer neuen Politik finden. In Deutschland sind die Folgen der Teilung des Landes zu überwinden. Die Europäische Union muss aus Ländern mit unterschiedlicher Geschichte eine Gemeinschaft bilden. Die Welt steht vor Herausforderungen wie dem internationalen Terrorismus, globalen Umweltbedrohungen, Hunger, Flüchtlingsströmen und Wirtschaftskrisen.

In den folgenden vier Kapitel erfahren Sie, welche Ideen, Ereignisse und Personen die Zeitgeschichte geprägt haben. Sie werden untersuchen, welche Erscheinungen in unserem heutigen Leben auf Entwicklungen zurückgehen, die sich in dieser Epoche vollzogen.

Eine Zeitleiste für die Epoche nach 1945 würde aus allen Nähten platzen. Sie müsste nicht nur politische Ereignisse, Krisen oder Verträge berücksichtigen, sondern auch Entwicklungen in Wirtschaft und Kultur, neue Gesetze und Normen der Gesellschaft, technische Errungenschaften, Naturkatastrophen usw. In den folgenden Kapiteln finden Sie daher spezielle Zeitleisten, die eine zeitliche Orientierung zu den behandelten Gebieten ermöglichen.

M1 Personen der Zeitgeschichte

Zum 60. Jahrestag seines Bestehens erschien das deutsche Nachrichtenmagazin „Der Spiegel" 2007 mit diesem Titelbild. Die abgebildeten 60 Personen haben in diesem Zeitraum, der etwa der „Zeitgeschichte" entspricht, eine mehr oder weniger bedeutende Rolle auf unterschiedlichen Gebieten gespielt (Ernie und Bert wollen wir unberücksichtigt lassen). Natürlich zeigt dieses Mosaik nur eine kleine Auswahl der Menschen, die seit 1947 wichtig waren.

1. *Nennen Sie die Personen, die Sie ohne weitere Hilfsmittel identifizieren können.*

2. *Führen Sie aus, auf welchem Gebiet diese Personen Spuren in der Geschichte der vergangenen Jahrzehnte hinterlassen haben?*

3. *Ermitteln Sie auch die Personen auf den anderen Bildern und ihr Wirken. Nutzen Sie dazu geeignete Hilfsmittel (Lexikon, Internet, Befragung von Älteren). Nicht alle Personen sind leicht zu benennen!*

4. *Die abgebildeten „Personen der Zeitgeschichte" stehen für verschiedene Bereiche des gesellschaftlichen Lebens. Werten Sie aus: Wie viele Personen entfallen auf die folgenden Bereiche: Politik (Deutschland) – Politik (international) – Wirtschaft – Kultur – Medien – Sport – Wissenschaft – Society. Nicht immer ist die Zuordnung eindeutig – warum?*

5. *Zählen Sie aus, wie viele Frauen, wie viele Männer von der Redaktion ausgewählt wurden. Diskutieren Sie, ob das Ergebnis einen Rückschluss auf die Zeit nach 1945 erlaubt.*

6. *Erläutern Sie, welche Personen Sie selbst für ein solches Mosaik ausgewählt hätten und warum. Sind vielleicht seit 2007 weitere bedeutende Personen hinzugekommen? Oder sind Ihre Kriterien für die Bedeutung einer Person andere als die der Zeitschriften-Redaktion?*

Besiegt und besetzt

Die staatliche Ordnung in Deutschland war nach dem Zweiten Weltkrieg (1939-1945) vollständig zusammengebrochen. Es stand nun unter der Hoheit der alliierten Siegermächte USA, Großbritannien, Frankreich und der Sowjetunion. Während die Westmächte ihren Teil Deutschlands zu einem freien und demokratischen Bundesstaat aufbauten, wurde aus dem östlichen Teil unter sowjetischem Einfluss eine kommunistische Diktatur. 1949 kam es zur doppelten Staatsgründung: erst die Bundesrepublik Deutschland im Westen, danach die DDR im Osten. Deutschland war geteilt – niemand ahnte, für wie lange.

Geteilt und entzweit

Die deutsche Teilung war eine Folge des Zweiten Weltkrieges. Sie verschärfte sich, seit die Bundesrepublik den Weg der Westintegration wählte, bis hin zum Beitritt in die NATO, dem westlichen Militärbündnis unter Führung der USA. Die Sowjetunion band unterdessen die DDR in ihren Machtbereich ein. Zwischen beiden deutschen Staaten herrschte Feindschaft: Die Bundesrepublik erkannte die DDR nicht an, solange dort keine freien Wahlen für Demokratie sorgten.
Das deutsch-deutsche Verhältnis erreichte seinen Tiefpunkt, als die DDR 1961 die Mauer in Berlin baute und die Grenze nach Westen abriegelte. Die Deutsche Frage, die Frage einer nationalen Einigung, geriet nun in den Hintergrund. Es ging stattdessen um den Frieden in Europa und um erträgliche Verhältnisse für die Menschen. 1972 gab der Grundlagenvertrag den innerdeutschen Beziehungen eine neue Basis. Weiterhin suchte die Bundesrepublik die Deutsche Frage offenzuhalten, während die DDR das Thema deutsche Einheit für beendet hielt. Bis 1989 änderte sich daran nichts.
Das DDR-Regime war von der deutschen Teilung abhängig, weil es den Bürgern weder die Freiheit noch den Lebensstandard der Bundesrepublik bot. Eine Öffnung zum Westen hätte die SED-Diktatur ernsthaft gefährdet. Daher sicherte das Regime seine Herrschaft durch Abgrenzung, Überwachung und Unterdrückung – sowie durch sowjetisches Militär. Aus dem Ziel der Machthaber, mithilfe des Sozialismus eine gerechtere Gesellschaft und eine funktionierende Wirtschaft herzustellen, wurde nichts. Die staatliche Planung und Lenkung führte das Land seit Ende der 1970er-Jahre in eine gewaltige Krise. Zuletzt kündigten die Menschen dem Regime die Gefolgschaft.

In Freiheit vereint

Die friedliche Revolution vom Herbst 1989 brachte das SED-Regime zu Fall: Bürgerinnen und Bürger erhoben sich, ermutigt durch die Reformen in Polen, Ungarn, der Tschechoslowakei und der Sowjetunion. Die DDR war jedoch nicht mehr zu retten, auch nicht als freier und demokratischer Staat. Die Mehrheit des Volkes wollte die Vereinigung mit der Bundesrepublik. Dieser Schritt fand schon 1990 statt, dank der Zustimmung der ehemaligen Siegermächte, die den Deutschen inzwischen vertrauten. Auf die deutsche Einheit folgte auch das Ende der Spaltung Europas in Ost und West.
Deutschlands staatliche Einheit gelang rasch. Die Angleichung der Lebensverhältnisse in Ost und West und die Überwindung der Trennung in den Köpfen bleibt dagegen eine dauerhafte Aufgabe.

2 Deutschland: Teilung, getrennte Wege und Wiedervereinigung

Nachkriegsdeutschland, die Bundesrepublik und die Deutsche Frage

◄ **„Ja, der hat's gut, der lebt unter einem besseren Himmel."**
Karikatur von Karl Holtz, 1946.

Deutschland unter alliierter Besatzung

- **7./9.5.1945** – Die deutsche Wehrmacht kapituliert. Damit endet der Zweite Weltkrieg in Europa.
- **Juli/Aug. 1945** – Potsdamer Konferenz der alliierten Siegermächte über Deutschland.
- **1945/46** – Die Siegermächte bilden in ihren Besatzungszonen Länder und setzen Regierungen ein.
- **1946/47** – In den Ländern der drei Westzonen finden freie Wahlen statt.
- **21./22.4.1946** – KPD und SPD in der Sowjetischen Besatzungszone vereinigen sich zur SED.

Der Weg in die Teilung

- **20.6.1948** – Währungsreform: Einführung der D-Mark in den Westzonen.
- **1948/49** – Die Sowjetunion blockiert den Zugang nach Berlin. Die Stadt wird politisch geteilt.
- **1948-1952** – Die USA leisten im Rahmen des Marshall-Plans Aufbauhilfe.
- **1948/49** – Die Länder der Westzonen beraten über einen Bundesstaat.
- **23.5.1949** – Gründung der Bundesrepublik Deutschland durch Unterzeichnung des Grundgesetzes.
- **Aug. 1949** – Erste Wahlen zum Deutschen Bundestag. Konrad Adenauer (CDU) wird Bundeskanzler.
- **7.10.1949** – Gründung der Deutschen Demokratischen Republik (DDR).

Die Teilung wird vertieft

- **17.6.1953** – Sowjetisches Militär schlägt einen Arbeiter- und Volksaufstand in der DDR nieder.
- **1954** – Pariser Verträge: Westintegration der Bundesrepublik, Aufhebung des Besatzungsstatuts.
- **5./6.5.1955** – Die Bundesrepublik Deutschland tritt der NATO bei und erlangt ihre Selbstständigkeit.
- **14.5.1955** – Die DDR tritt dem neugegründeten Militärbündnis des Warschauer Pakts bei.
- **1958-1961** – Berlin-Krise; Ost-Berlin wird zur Hauptstadt der DDR erklärt.
- **13.8.1961** – Die DDR-Regierung beginnt mit dem Bau einer Mauer durch Berlin.

Annäherung und Entspannung

- **1963** – Passierscheinabkommen: Besuchserlaubnis für West-Berliner nach Ost-Berlin.
- **1969** – Willy Brandt (SPD) wird Bundeskanzler und verkündet eine Neue Ostpolitik.
- **1970/73** – Ostverträge der Bundesregierung mit der Sowjetunion, Polen und der Tschechoslowakei.
- **1972** – Der Grundlagenvertrag regelt erstmals die Beziehungen beider deutscher Staaten.
- **1973** – Bundesrepublik und DDR werden Vollmitglieder der Vereinten Nationen.
- **1975** – In Helsinki unterzeichnen 35 Staaten die KSZE-Schlussakte.

Die Deutsche Frage bleibt offen

- **1982/83** – Die Bundesrepublik gewährt zinslose Milliardenkredite zur Stützung der DDR-Wirtschaft.
- **1987** – DDR-Staatschef Erich Honecker besucht erstmals offiziell die Bundesrepublik.

„Was ist die wichtigste politische Aufgabe in der Bundesrepublik Deutschland?"
(Angaben: Prozent der Befragten, die die jeweilige Aufgabe nannten)

	Wiedervereinigung	Wirtschaftliche Probleme	Friedenssicherung; Lösung des Ost-West- Konflikts	Rüstung, Abrüstung	Keine Angabe
1960	38	27	21	5	9
1970	13	41	24	–	22
1980	-	61	30	1	8

1: *Nachttopf, 1945 aus einem Stahlhelm hergestellt.* – **2**: *Auf einem Münchener Volksfest, 1947.* –
3: *Paketsendungen aus dem Westen halfen DDR-Bürgern über Versorgungsmängel hinweg. Sie wurden von DDR-Behörden scharf kontrolliert und mussten mit einer bestimmten Aufschrift versehen sein.* –
4: *Denkmal zur Erinnerung an die Luftbrücke, über die West-Berlin während der Blockade 1948 versorgt wurde.* – **5**: *Grenzübergangsstelle von der Bundesrepublik zur DDR, Beginn der „Transitstrecke" nach Berlin.* – **6**: *US-Präsident John F. Kennedy zu Besuch in West-Berlin, 26. Juni 1963.*

- *Informieren Sie sich über den geschichtlichen Hintergrund der Materialien und ordnen Sie sie in den Ablauf der deutsch-deutschen Geschichte ein.*
- *Interpretieren Sie die Daten in der Tabelle in Hinblick auf die Verbundenheit zwischen Deutschen in Ost und West.*

Neubeginn unter alliierter Besatzung (1945-1947)

Kriegsende 1945: Zusammenbruch und Neubeginn Nach dem von Deutschland begonnenen und bis zum Schluss grausam geführten Weltkrieg war das Deutsche Reich im Mai 1945 vollständig zusammengebrochen. Mit der bedingungslosen Kapitulation der Wehrmacht ging die Regierungsgewalt in Deutschland auf die alliierten Siegermächte USA, Großbritannien und Sowjetunion über. Im Juli 1945 kam auch Frankreich dazu. Es gab vorerst keinen Friedensvertrag mit Deutschland, sondern nur Abkommen der Siegermächte über die Regelung des öffentlichen Lebens.

▲ **CARE-Pakete.**
*Die Hilfsorganisation CARE (**C**ooperative for **A**merican **R**emittances to **E**urope) sandte Hilfsgüter nach Europa. Fast zehn Millionen CARE-Pakete wurden in die Westzonen bzw. die Bundesrepublik geschickt. Sie enthielten v. a. Fleischkonserven, Fett, Zucker, Kaffee und Schokolade. In einem Paket steckten Lebensmittel mit 40 000 Kalorien.*

Menschen ohne Versorgung Der Zweite Weltkrieg hatte weite Teile Europas in ein Trümmerfeld verwandelt. Not und Hunger bestimmten den Alltag. Das besiegte Deutschland stand vor dem Nichts. In den Städten waren mehr als drei Viertel der Wohnungen vernichtet, ein Großteil der Bevölkerung war vor den Bombenangriffen aufs Land geflüchtet. Die Versorgung mit Gas, Wasser und Strom, der Post- und Telefonverkehr waren zusammengebrochen. Straßen, Schienen und Flüsse mussten erst wieder benutzbar gemacht werden. Die Lebensmittelversorgung in den Städten war besonders kritisch. Für eine Person gab es im Durchschnitt 1 000 Kalorien pro Tag: zwei Scheiben Brot, etwas Margarine, ein Löffel Milchsuppe, zwei Kartoffeln. Krankheiten wie Typhus, Diphterie, Keuchhusten breiteten sich aus. Erst Mitte 1946 besserte sich die Lage etwas. Statt einer geordneten Wirtschaft blühte der Schwarzmarkt: Geld war nichts wert, Waren wurden getauscht (▸ M1).

Menschen ohne Heimat Zahllose Familien waren auseinandergerissen. Frauen suchten ihre Männer, Eltern ihre Kinder, Ausgebombte ein Dach über dem Kopf, Flüchtlinge und Vertriebene ein neues Zuhause. Etwa zwölf Millionen Flüchtlinge und Vertriebene aus den deutschen Ostgebieten und aus Osteuropa mussten aufgenommen werden.*

▸ **Hoffen auf Heimkehr.**
Foto aus Würzburg, 1945. Ausgebombte hinterließen an den Wänden der Ruinen Nachrichten für die erwarteten Kriegsheimkehrer.

Außerdem befanden sich in Deutschland zahllose Opfer des nationalsozialistischen Regimes: Etwa neun bis zehn Millionen ausländische Kriegsgefangene, zivile Zwangsarbeiter sowie befreite Häftlinge der Konzentrationslager (Displaced Persons, „DPs"). Die meisten von ihnen wollten Deutschland schnell verlassen.

Etwa elf Millionen deutsche Soldaten waren in alliierter Gefangenschaft. Die Westmächte entließen die meisten von ihnen bald nach Kriegsende, die letzten 1948. Die drei Millionen Gefangenen in sowjetischer Hand mussten dagegen meist jahrelang

* siehe S. 196 ff.

Schwerstarbeit unter harten äußeren Bedingungen leisten. Über eine Million Männer verloren ihr Leben. Erst 1955 sagte die Regierung in Moskau die Entlassung der letzten deutschen Gefangenen aus den Straflagern zu.

Politischer Neuanfang Auf der Konferenz von Potsdam im Sommer 1945 berieten die Siegermächte über die Neuordnung Deutschlands. Die Gebiete östlich der Flüsse Oder und Neiße wurden in alleinige polnische bzw. sowjetische Verwaltung gegeben. Die Gebiete westlich davon blieben unter gemeinsamer Besatzungshoheit der Alliierten. Die Siegermächte legten als gemeinsame Ziele für das besetzte Deutschland fest:

- Entwaffnung und Entmilitarisierung,
- Demontage (Abbau) kriegswichtiger Industrieanlagen,
- politische Säuberung (Entnazifizierung),
- Demokratisierung des politischen Lebens und Wiederaufbau der örtlichen Selbstverwaltung „nach demokratischen Grundsätzen",
- Dezentralisierung der staatlichen Ordnung und der Wirtschaft.

Die Umsetzung dieser Ziele nahm jede Siegermacht selbst vor. Dazu richteten die Alliierten vier Besatzungszonen in Deutschland ein, für die Sowjetunion, die USA, Großbritannien und Frankreich. Die ehemalige Hauptstadt Berlin wurde ebenfalls in vier Sektoren getrennt. Sie lag wie eine Insel inmitten der Sowjetischen Besatzungszone (SBZ). Als oberste Regierungsinstanz für ganz Deutschland tagte der Alliierte Kontrollrat in Berlin. Hier sollten die vier Mächte ihr Vorgehen abstimmen. Da bindende Regelungen aber einstimmig getroffen werden mussten, brachte der Rat angesichts der Differenzen unter den Siegermächten bald keine Beschlüsse mehr zustande. Nach dem 20. März 1948 trat er überhaupt nicht mehr zusammen.

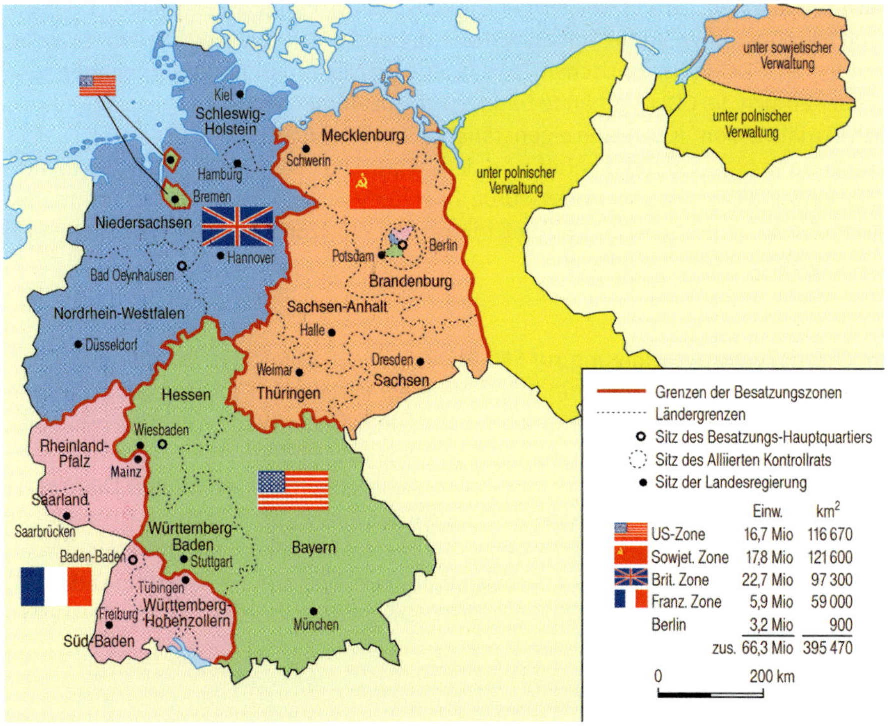

◂ **Die Besatzungszonen in Deutschland seit 1945.**

Josef Stalin (eigentlich. J. W. Dschugaschwili, 1878-1953): seit 1927 sowjetischer Diktator, erhob den Führungsanspruch der Sowjetunion im sozialistischen Lager, verfolgte Gegner mit brutalen Mitteln

Konrad Adenauer (1876-1967): 1917-1933 Oberbürgermeister von Köln, 1945 Mitbegründer der CDU, 1950-1966 deren Bundesvorsitzender, 1949-1963 Bundeskanzler, setzte sich für die Einbindung der Bundesrepublik in die westliche Staatengemeinschaft ein

Walter Ulbricht (1893-1973): deutscher Kommunist, 1938 Emigration nach Moskau, kam 1945 mit der Roten Armee nach Berlin zurück, 1950-1971 Generalsekretär der SED, 1960-1971 DDR-Staatsratsvorsitzender, 1971 abgesetzt

Getrennte Wege der Besatzungsmächte Die gemeinsamen Ziele der Besatzungsmächte standen lediglich auf dem Papier. Die Westmächte legten die Vereinbarungen völlig anders aus als die Sowjetunion.

Amerikaner, Briten und Franzosen versuchten, in ihren Zonen eine „Demokratie von unten" aufzubauen. Unter Führung der USA wollten sie den Deutschen Menschenrechte, Rechtsstaatlichkeit, Freiheit und Gleichheit nahe bringen – demokratische Werte, die der Nationalsozialismus völlig missachtet hatte. Die Westmächte wollten die deutsche Bevölkerung nicht pauschal bestrafen, sondern „umerziehen" (*re-education*). Das Land sollte politisch und wirtschaftlich ein Teil der westlichen Welt werden. Ansprüche auf Entschädigung (Reparationen) machten die Westmächte davon abhängig, ob die Wirtschaft dazu in der Lage war.

Die Sowjetunion unter **Josef Stalin** hatte im Krieg mehr Zerstörungen erlitten und mehr Tote zu beklagen als alle übrigen Staaten. Sie forderte daher den Zugriff auf ganz Deutschland und seine Wirtschaft. In der eigenen Besatzungszone duldete sie jedoch keine Mitsprache der Westmächte. Hier sollte keine Demokratie nach westlichem Muster entstehen. Stalin wollte ein kommunistisches Herrschafts- und Gesellschaftssystem als Vorbild für Gesamtdeutschland errichten.

Neugründung politischer Parteien in den Westzonen Demokratisierung setzt Parteien voraus. Die Nationalsozialisten hatten alle anderen Parteien verboten, nun wurden sie von den westlichen Besatzungsmächten wieder zugelassen. Im August 1945 genehmigten die USA und Großbritannien die „Sozialdemokratische Partei Deutschlands" (SPD). Die SPD, älteste Partei Deutschlands, knüpfte unter ihrem Vorsitzenden Kurt Schumacher in Programm und Organisation an die Zeit vor 1933 an. Sie war die erste Massenpartei nach dem Krieg, Ende 1947 zählte sie schon 875 000 Mitglieder.

Im Herbst 1945 wurde auch die neu gegründete „Christlich-Demokratische Union" (CDU) zugelassen. Sie war eine bürgerlich-konservative Partei, die erstmals in Deutschland alle christlichen Konfessionen vertrat – daher der Name „Union", Bündnis. Vorsitzender der CDU in der britischen Zone wurde im März 1946 **Konrad Adenauer**. 1950 schlossen sich die CDU-Verbände bundesweit zusammen. In Bayern blieb die „Christlich-Soziale Union" (CSU) eine eigenständige Schwesterpartei der CDU.

Ende 1948 gründeten liberale und demokratische Politiker die „Freie Demokratische Partei" (FDP). Theodor Heuss wurde ihr erster Vorsitzender. Auch die „Kommunistische Partei Deutschlands" (KPD) ließ man in den Westzonen wieder zu, wo sie jedoch ohne größere Wahlerfolge blieb.

Im Osten: Zwangsvereinigung zur SED Die Sowjets gestatteten in ihrem Machtbereich sogar noch früher die Gründung politischer Parteien (10. Juni 1945). Von Anfang an förderte die Sowjetische Militäradministration in Deutschland (SMAD) einseitig die Kommunistische Partei. Anfang Mai 1945 war eine Gruppe deutscher Exilkommunisten aus Moskau in die SBZ eingeflogen worden. An ihrer Spitze stand **Walter Ulbricht**. Er und andere Spitzenfunktionäre der KPD verfolgten eine radikale wirtschaftlich-soziale Umgestaltung des Landes. Dazu musste aber der starke Einfluss der Sozialdemokraten und der „bürgerlichen" Parteien zurückgedrängt werden. Um die Konkurrenz der SPD auszuschalten, betrieb die KPD den Zusammenschluss mit den Sozialdemokraten zu einer „Einheitspartei".*

* siehe S. 69

◀ **Fotomontage zum Vereinigungsparteitag von KPD und SPD am 21./22. April 1946.**
Abgebildet sind Wilhelm Pieck (KPD, links) und Otto Grotewohl (SPD, rechts).
- *Beschreiben Sie die verschiedenen Bildelemente und ihre jeweilige Funktion.*

◀ **Parteiemblem der SED.**
Werbeschild, Pappe.

In der SPD gab es anfangs großen Widerstand. Die SPD der Westzonen warnte vor einer Verschmelzung. Im Osten Deutschlands war die Partei jedoch dem Druck der sowjetischen Besatzungsmacht ausgeliefert. Zuletzt stimmten Otto Grotewohl und die Spitze der Ost-SPD auf dem „Vereinigungsparteitag" in Berlin am 21./22. April 1946 für die Vereinigung mit der KPD zur „Sozialistischen Einheitspartei Deutschlands" (SED).

Doch auch nach dieser erzwungenen Maßnahme blieb die SED von einer politischen Mehrheit weit entfernt. Die Sowjets benachteiligten daraufhin die übrigen Parteien massiv. Die SED wurde zur einer „Partei neuen Typus" nach sowjetischem Modell umgebildet und von Kritikern und Abweichlern im Innern „gesäubert". Etwa 6000 Sozialdemokraten wurden von sowjetischen Militärgerichten als „Agenten" verurteilt und in Arbeitslager gebracht. Rund 100000 Sozialdemokraten flohen in den Westen.

▶ **Geschichte In Clips:**
Zur Gründung der SED siehe Clip-Code 4587-01

Politischer Neuaufbau in den Westzonen Wenige Wochen nach Kriegsende begannen die Westmächte mit dem Aufbau von Kommunalverwaltungen, also Behörden für die Regelung des Lebens in den Gemeinden und Städten. Sie beriefen dazu deutsche Bürgermeister und Landräte. In ihren Zonen setzten die Alliierten auch vorläufige Länderregierungen ein, die für größere Teile Deutschlands zuständig sein sollten.

Die US-Amerikaner legten das größte Tempo vor. Im Herbst 1945 gründeten sie in ihrer Zone die Länder Bayern, Groß-Hessen und Württemberg-Baden. General Lucius D. Clay veranlasste im Oktober 1945 die Gründung eines Länderrates mit Sitz in Stuttgart, eine Art ständiger Konferenz der Ministerpräsidenten (Länderchefs) der US-Zone. Anfang 1946 fanden Wahlen in Gemeinden und Landkreisen statt. Im Sommer 1946 entwarfen in den neuen Ländern Verfassunggebende Versammlungen die künftigen Länderverfassungen, die die Besatzungsmacht genehmigte. Im November und Dezember 1946 traten diese Verfassungen jeweils durch Volksabstimmung und erste Landtagswahlen in den Ländern der US-Zone in Kraft. Großbritannien und Frankreich folgten dem Beispiel der Amerikaner (▶ M2). Dadurch war politische Verantwortung in deutsche Hände zurückgelegt worden. Die Militärregierungen verlegten sich auf die Kontrolle der deutschen Behörden.

M1 Querschnitt durch eine Münchener Schulklasse

In einer Münchener Tageszeitung erscheint am 12. April 1946 ein Bericht, der die alltäglichen Probleme von Schülerinnen und Schülern in Elternhaus und Schule beschreibt.

Die Volksschule in der Herrnstraße kam nicht besser und nicht schlechter durch den Krieg als viele andere. Das Dach ist beschädigt, die Fenster fehlen, in den wenigen brauchbaren Räumen sitzen irgendwelche städtischen Ämter. Übrig bleibt ein Klassenraum für den Unterricht von acht Klassen, für die fünf Lehrer einschließlich des Direktors zur Verfügung stehen. Alle zwei Tage haben hier die Schüler jeder Klasse zwei Stunden Unterricht. Was die Schule nicht bieten kann, muss das Elternhaus ersetzen.

Wie sieht dieses aus? Vor uns sitzt eine Klasse von 52 Buben zwischen zehn und zwölf Jahren. Drei erzählen, dass ihre Väter gefallen sind. Zehn Väter sind in Gefangenschaft, davon fünf in Russland, nur zwei haben geschrieben. Sieben Väter sind vermisst, und es fehlt jede Nachricht von ihnen. Einer sagt, dass Vater und Bruder gefallen sind und ein weiterer Bruder vermisst ist. Die Mutter wohnt mit vier Kindern in einem Zimmer, das andere muss sie vermieten, weil sie keine Unterstützung bekommt. Vier Familien mit drei und mehr Personen teilen einen Raum. 28 sind total bombengeschädigt. Von den 52 Kindern tragen 38 völlig unbrauchbare Schuhe, 19 haben Schuhe von den Eltern oder Geschwistern geliehen. Drei Väter sind wegen NSDAP-Zugehörigkeit entlassen worden. Nur sechs Kinder hatten keinen Hunger. 14 erklärten, dass ihre Eltern nicht genug Geld zum Leben hätten. In ihrer Freizeit müssen fast alle Kinder kleine Arbeiten verrichten, Holz hacken, Besorgungen erledigen. Sonntags gehen sie bis auf einen in die Kirche. Ihre Lieblingsfächer sind Erdkunde und Geschichte des Weltkrieges. Alle kommen gern zur Schule.

Karl Jering, Überleben und Neubeginn, München/Wien 1979, S. 157

1. *Arbeiten Sie die verschiedenen Probleme heraus, die das Leben der Menschen in der Nachkriegszeit belasteten.*

2. *Versetzen Sie sich in die Situation einer Schülerin oder eines Schülers im Jahr 1946. Welches der angesprochenen Probleme würde Sie am härtesten treffen und warum?*

M2 Erstmals wieder freie Wahlen

Die westlichen Alliierten genehmigten Parteien erst auf Orts-, später auch auf Länderebene. 1946 fanden in den meisten Ländern der Westzonen erste Landtagswahlen statt. Die Parteien warben mit Plakaten um die Deutschen, die zuletzt im Jahr 1933 zwischen verschiedenen Parteien wählen durften.

1. *Beurteilen Sie, an welche Personen sich die Plakate v.a. richten und auf welche Weise sie überzeugen wollen.*

2. *Nennen Sie Gemeinsamkeiten und Unterschiede zu heutigen Wahlplakaten und begründen Sie sie.*

▲ **Wahlplakate der neu zugelassenen Parteien KPD, SPD und CSU zu Landtagswahlen 1946/47.**

Deutschland wird geteilt (1947-1949)

Die Alliierten entzweien sich ■ Ende März 1946 hatten sich die vier Siegermächte auf eine drastische Reduzierung der Industrie in Deutschland geeinigt. Die Westmächte beließen es bei einem Abbau von insgesamt 668 Werken, ehe sie die Demontagen 1951 ganz beendeten. Die Wirtschaft in Westdeutschland büßte dadurch kaum mehr als fünf Prozent ihrer Vorkriegsleistung ein. Dagegen demontierten die Sowjets in ihrer Zone bis 1948 etwa 3000 Betriebe, eine Kapazitätsminderung von ca. 30 Prozent.*

Die Sowjetunion bezog zunächst, wie in Potsdam vereinbart, auch Reparationen aus den Westzonen. Sie verweigerte aber die verabredeten Gegenleistungen aus ihrer Zone, die v.a. aus Nahrungsmitteln bestehen sollten. Im Mai 1946 stoppten deshalb die USA den Austausch. Die Versorgung im besetzten Deutschland blieb kritisch, doch die Siegermächte konnten sich nicht auf eine gemeinsame Wirtschaftspolitik einigen.

Bildung der Bizone im Westen ■ Die USA änderten nun ihren Kurs. Das Misstrauen gegenüber der Sowjetunion war inzwischen größer als die Furcht vor einem neu erstarkenden Deutschland. Im Sommer 1946 drängten die USA auf die Zusammenlegung aller Besatzungszonen zur wirtschaftlichen Kooperation. Großbritannien stimmte zu, Frankreich und die Sowjetunion lehnten ab. Im September 1946 kündigte US-Außenminister James F. Byrnes die Errichtung einer vereinten amerikanisch-britischen Zone an. Diese „Rede der Hoffnung" (*speech of hope*) sprach von Wiederaufbau und stellte einen demokratischen, nichtkommunistischen deutschen Staat in Aussicht (▸ M1).

Seit dem 1. Januar 1947 gab es ein vereinigtes Wirtschaftsgebiet aus amerikanischer und britischer Zone (Bizone). Die zugehörigen deutschen Länderregierungen bildeten u.a. einen gemeinsamen Wirtschaftsrat in Frankfurt am Main. Die Entscheidungen genehmigten weiterhin Amerikaner und Briten. Mit der Bizone war die Basis für einen späteren westdeutschen Staat gelegt. Im April 1949 schloss Frankreich seine Zone an (Trizone).

Hilfe aus den USA: der Marshall-Plan ■ Außerdem wurden die Westzonen in ein umfassendes Wiederaufbauprogramm der US-Regierung einbezogen. Es kam nicht nur den Deutschen zugute, sondern Menschen in weiten Teilen Europas. Seit Kriegsende benötigten viele Länder, selbst Großbritannien und Frankreich, dringend finanzielle und wirtschaftliche Hilfe. Zugleich breitete sich der Kommunismus in Ost- und Mitteleuropa aus, auf Druck der Sowjetunion, aber auch bedingt durch die allgemeine Notlage. Die USA fürchteten um die Stabilität der europäischen Staaten als wirtschaftliche und politische Partner. Auch sollte der Einfluss der Sowjetunion eingedämmt werden.

Der neue US-Außenminister **George C. Marshall** entwickelte einen Hilfsplan, den die USA im April 1948 als *European Recovery Program* (ERP, Europäisches Wiederaufbauprogramm) beschlossen. Er bot den kriegszerstörten Ländern Europas günstige Kredite, Rohstoffe, Waren und Lebensmittel. Von 1948 bis 1952 wurden knapp 14 Milliarden Dollar an Hilfen gewährt. Die 16 Empfängerstaaten gründeten 1948 die OEEC (*Organization for European Economic Cooperation*), um die Verteilung der Mittel zu überwachen. Daraus entstand ein neuartiges System wirtschaftlicher Zusammenarbeit in Europa.

George C. Marshall (1880-1959): General im Zweiten Weltkrieg, 1947-1951 US-Außenminister, schuf 1947 ein Programm zur Wiederherstellung des kriegsgeschädigten Europa, erhielt dafür 1953 den Friedensnobelpreis

* siehe S. 74

Westdeutschland erhielt seit 1948 1,4 Milliarden Dollar an Unterstützung. Damit konnte der Wiederaufbau erheblich beschleunigt werden. Außerdem fiel eine Vorentscheidung für die Einbindung in die westliche Staatengemeinschaft.

Der Marshall-Plan förderte jedoch auch die Teilung zwischen Ost- und Westdeutschland. Die Sowjetunion unter Stalin lehnte den Marshall-Plan ab und verbot allen Ländern des eigenen Machtbereichs, die US-Hilfen anzunehmen. Das galt auch für die SBZ, die immer mehr von Westdeutschland abgekoppelt wurde (▸ M°).

Soziale Marktwirtschaft: Wirtschaftsordnung, die soziale Gerechtigkeit auf der Grundlage einer leistungsfähigen Wettbewerbswirtschaft vorsieht

Wirtschafts- und Währungsreform Anfang 1948 beschlossen in Frankfurt am Main Vertreter aller Landtage der Westzonen eine Neuorientierung der westdeutschen Wirtschaft. Die Initiative ging von Ludwig Erhard* aus, der für eine **Soziale Marktwirtschaft** warb. Die staatliche Planung der Güterproduktion und der Preise sollte entfallen. Stattdessen sollten die Kräfte des Marktes (Angebot und Nachfrage) in Gang gesetzt werden.

Dazu bedurfte es einer Reform des zerrütteten Geldwesens. Um 1947 war viel zu viel deutsches Geld in Umlauf, für das es nicht genügend Sachwerte gab. Dies war u. a. eine Spätfolge der Wirtschaftspolitik des Nationalsozialismus, der sich und den Weltkrieg durch das Drucken von Banknoten finanziert hatte.

▲ **Metzgerei nach der Währungsreform.**
Foto vom 20. Juni 1948. Seit dem Krieg waren die wichtigsten Artikel des täglichen Bedarfs rationiert und nur gegen Lebensmittelkarten erhältlich gewesen. Mit der Währungsreform kehrte in Westdeutschland die Normalität von Angebot und Konsum zurück.

Während die *Wirtschafts*reform von den Deutschen ausging, war die *Währungs*reform ein Anliegen der Westmächte, v. a. der Amerikaner. Die neuen Banknoten wurden in den USA gedruckt und nach Bremerhaven gebracht. Die Umstellung des Geldes trat am 20. Juni 1948 in Kraft. Jeder Bürger im Westen erhielt zunächst 40 „Deutsche Mark" als „Kopfgeld" (später noch einmal 20 DM).** Löhne, Gehälter, Renten und Mieten wurden im Verhältnis 1:1 umgestellt, Schulden auf ein Zehntel in DM-Beträge abgewertet. Wer Geld gespart hatte, wurde praktisch enteignet, denn Guthaben wurden nur zu einem Bruchteil in DM umgewandelt.

Die Währungsreform von 1948 war einer der radikalsten Einschnitte der Nachkriegszeit. Sie war aber auch ein Startsignal: Buchstäblich über Nacht waren die Läden mit den Waren gefüllt, die wegen der Geldentwertung bis dahin zurückgehalten wurden.

Es dauerte eine Weile, bis die Reformen die westdeutsche Wirtschaft belebten und für Arbeitsplätze sorgten. Erst der sogenannte „Korea-Boom" ab 1950 brachte den Durchbruch. Angesichts des Koreakrieges*** (1950 - 1953) verlagerten sich die USA und viele westliche Industrien auf die Produktion von Rüstungsgütern. Die westdeutsche Industrie nutzte die Gelegenheit, um den Weltmarkt mit modernen Gütern (Maschinen, Fahrzeuge, elektrische und chemische Erzeugnisse) zu beliefern. Seither nahm der westdeutsche Export ständig zu.

* siehe S. 162 ff.

** Zum Vergleich: 1949 kosteten 1 kg Brot 0,30 - 0,60 DM, 1 Liter Vollmilch 0,36 DM, 1 Glas Bier (0,25 l) 0,30 DM, 1 Zigarette 0,10 DM, 1 Arbeitsanzug 28 DM. Monatsmiete einer neuen Wohnung (50 m²): ca. 60 DM. – Ein Facharbeiter verdiente im Durchschnitt 1,40 DM/Stunde, ein mittlerer Beamter 290 DM im Monat, ein kaufmännischer Angestellter 350 DM im Monat.

*** siehe S. 256

◀ **US-Transportflugzeug im Anflug auf den Flughafen Berlin-Tempelhof.**
Foto, September/Oktober 1948. Die Flugzeuge der Westmächte („Rosinenbomber") flogen bei rund 280 000 Einsätzen insgesamt 2,3 Millionen Tonnen Lebensmittel, Kohle und Maschinen nach West-Berlin ein und stellten die Versorgung sicher. 39 Briten, 31 US-Amerikaner und 13 Deutsche kamen bei den Hilfsaktionen ums Leben. Deutsche und Westalliierte verstanden sich erstmals als Verbündete. Amerikanische und britische Flugzeuge über Deutschland bedeuteten nicht mehr Schrecken und Zerstörung wie während des Bombenkrieges, sondern sorgten für Beistand und Hilfe.

Die Berlin-Blockade 1948/49 Die Wirtschafts- und Währungsreform war ein wesentlicher Schritt auf dem Weg zu einem westdeutschen Staat. Als Antwort führte die Sowjetunion in ihrer Zone im Juni 1948 ebenfalls eine neue Währung ein. Außerdem verhängte Stalin eine Blockade über Berlin: Ab dem 24. Juni 1948 unterbrach die UdSSR die Stromversorgung für die Berliner Westsektoren und sperrte den gesamten Personen- und Güterverkehr und damit auch die Lieferung von Lebensmitteln.

Die Blockade war ein widerrechtlicher Akt. Über zwei Millionen West-Berliner gerieten in eine Art Geiselhaft, damit die Westmächte ihre Pläne für einen westdeutschen Staat aufgaben. Diesen blieb zur Versorgung der eigenen Truppen und der Zivilbevölkerung nur der Luftweg. Die von den USA und Großbritannien errichtete „Berliner Luftbrücke" konnte die Blockade überwinden. Die Sowjetunion erreichte keines ihrer Ziele. Sie lenkte zuletzt ein und hob die Sperre nach 322 Tagen im Mai 1949 auf.

Während der Blockade war Berlin zu einer gespaltenen Stadt geworden. Der Ost- und der Westteil setzten eigene Bürgermeister und getrennte Verwaltungen ein.

Trizone und Beratungen über eine Bundesverfassung Amerikaner und Briten waren entschlossen, ihre Besatzungszonen in einen westdeutschen Teilstaat umzuwandeln, der wirtschaftlich nicht mehr von den Alliierten abhängig wäre. Frankreich stimmte diesen Plänen erst nach langem Zögern zu.

Aus dem einheitlichen Wirtschaftsgebiet sollte ein **Bundesstaat** werden. Die Vertreter der elf westdeutschen Länder legten dazu im Juli 1948 in den „Frankfurter Dokumenten" das Vorgehen fest, das die Westmächte genehmigten: Eine Verfassunggebende Versammlung (Parlamentarischer Rat) sollte eine demokratische Verfassung (Grundgesetz) für einen föderalistischen Staat erarbeiten, der die Grund- und Menschenrechte garantierte. Nach einer Volksabstimmung würde dann das Grundgesetz in Kraft treten. Die Begriffe „Parlamentarischer Rat" und „Grundgesetz" wiesen auf den vorläufigen Charakter hin: Der neue Staat wollte sich die Chance zur Wiedervereinigung ganz Deutschlands offenhalten.

Bundesstaat: Staat, der aus einzelnen Teilstaaten besteht. Diese haben eigene Befugnisse, nach außen tritt der Gesamtstaat einheitlich auf. Beispiele: USA, Schweiz, Bundesrepublik Deutschland.

Die Entwicklung des Grundgesetzes Der Parlamentarische Rat tagte in Bonn seit September 1948. Als Präsident amtierte Konrad Adenauer (CDU), den Vorsitz im Hauptausschuss für die wichtigsten Inhaltsfragen führte Carlo Schmid (SPD). Bei der Formulierung des Grundgesetzes zog man Lehren aus dem Scheitern der Weimarer Republik und versuchte, die Rechtsgrundlage für eine starke und handlungsfähige Demokratie herzustellen.* Dazu gehörten die unbedingte Geltung der Grundrechte, die starke Stellung des Regierungschefs (Bundeskanzler), das **konstruktive Misstrauensvotum**, die Machtbeschränkung des Staatsoberhaupts (Bundespräsident) und die Errichtung eines rein parlamentarisch-repräsentativen Regierungssystems (▸ M2).

Konstruktives Misstrauensvotum: Nach Art. 67 GG kann der amtierende Kanzler vom Parlament nur dann abgewählt werden, wenn eine Mehrheit „konstruktiv“ für einen neuen Kandidaten stimmt.

Heftig wurde um die bundesstaatliche Ordnung gerungen, die Gewichtsverteilung zwischen Bund und Ländern. Das Ergebnis war ein Kompromiss. Einerseits erhielten die Länder Mitsprache bei der Gesetzgebung; hierzu entstand ein Bundesrat als Ländervertretung, der eigene Gesetze einbringen konnte und solche des Parlaments (Bundestag) bestätigte. Andererseits sah das Grundgesetz eine starke Bundesfinanzverwaltung, umfassende Kompetenzen zur Steuererhebung des Bundes und einen Finanzausgleich zwischen wirtschaftsstarken und schwächeren Ländern vor.

▸ **Mütter des Grundgesetzes.** *Foto von 1949. Vor allem dem Einsatz dieser vier Frauen ist es zu verdanken, dass die Gleichberechtigung von Mann und Frau (Art. 3) in das Grundgesetz aufgenommen wurde. Im Parlamentarischen Rat war dies vorher mehrheitlich abgelehnt worden. Das Bild zeigt (v. li.) Helene Wessel (Zentrum), Helene Weber (CDU), Friederike Nadig (SPD) und Elisabeth Selbert (SPD).*

Die Gründung der Bundesrepublik Deutschland Am 8. Mai 1949, genau vier Jahre nach der deutschen Kapitulation, verabschiedete der Parlamentarische Rat das Grundgesetz. Vier Tage später billigten die Militärregierungen der Westalliierten den Beschluss. Daraufhin wurde das Grundgesetz in zehn von elf Ländern angenommen. Der bayerische Landtag lehnte mit Mehrheit ab, beschloss aber, das Grundgesetz anzunehmen, sobald zwei Drittel der Länder ihre Zustimmung gaben. Daher war das anfängliche „Nein“ Bayerns gegenstandslos.

Am 23. Mai 1949 unterzeichneten die Ministerpräsidenten der Länder und die Landtagspräsidenten in Bonn das Grundgesetz. Aus den westlichen Besatzungszonen war ein Staat unter alliierter Aufsicht entstanden. Er trug den Namen „Bundesrepublik Deutschland“.

Das Grundgesetz formulierte auch ein Gebot zur Herstellung der deutschen Einheit. In der Präambel (Vorrede) hieß es: „Das gesamte Deutsche Volk bleibt aufgefordert, in freier Selbstbestimmung die Einheit und Freiheit Deutschlands zu vollenden.“

* siehe S. 138-140

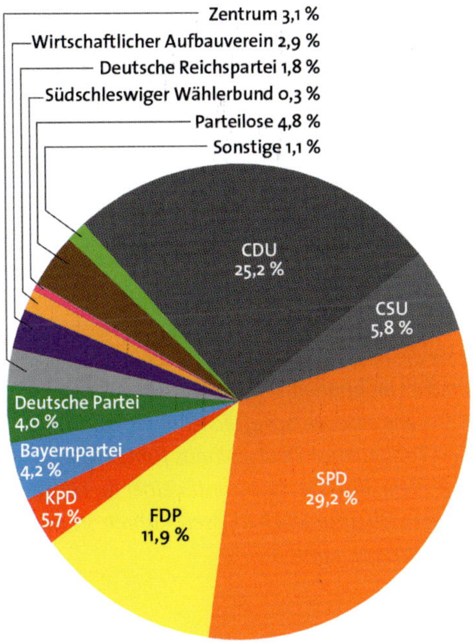

▲ **Ergebnis der ersten Bundestagswahl 1949.**
Bei den Wahlen zum ersten Deutschen Bundestag galt noch nicht die 5 %-Sperrklausel. Daher zogen Abgeordnete von zehn Parteien sowie vier Einzelkandidaten in das Parlament.

Am 14. August 1949 fanden die ersten Wahlen zum Deutschen Bundestag statt. Der CDU-Vorsitzende Adenauer bildete eine Koalition aus CDU/CSU, FDP und „Deutscher Partei" (DP). Am 7. September 1949 trat der Bundestag in Bonn erstmals zusammen. Er wählte am 15. September Konrad Adenauer mit einer Stimme Mehrheit zum Bundeskanzler. Kurt Schumacher (SPD) wurde Oppositionsführer. **Theodor Heuss** (FDP) war bereits am 12. September von der **Bundesversammlung** zum Bundespräsidenten gewählt worden.

Die Gründung der DDR ■ Die Sowjetunion hatte die Staatsgründung im Westen nicht verhindern können. Sie ließ daher, gegen ihre urspüngliche Absicht, einen kommunistisch regierten Teilstaat in Ostdeutschland zu. Bei den Wahlen zum **Volkskongress** im Mai 1949 sicherte sich die SED die Mehrheit der Mandate. Sie dominierte auch den daraus hervorgehenden Deutschen Volksrat.

Die sowjetische Regierung wartete ab, bis sich die westdeutsche Bundesregierung gebildet hatte. Ende September 1949 stimmte Stalin einem ostdeutschen Staat zu. Am 7. Oktober 1949 nahm der Deutsche Volksrat einen 1948 ausgearbeiteten Verfassungsentwurf an und erklärte sich selbst zur Provisorischen Volkskammer. Damit war die „Deutsche Demokratische Republik" (DDR) gegründet worden. Wenige Tage später wurde Otto Grotewohl (SED) zum Regierungschef, **Wilhelm Pieck** (SED) zum Präsidenten der DDR gewählt. Die SED übernahm auch die wichtigsten Ministerien.

Die Spaltung Deutschlands und Europas ■ Die doppelte Staatsgründung bedeutete einen wesentlichen Schritt zur Teilung Deutschlands. Diese Entwicklung hatte niemand gewollt, aber auch niemand verhindert. Sie war das Ergebnis eines wachsenden Gegensatzes der Siegermächte, vor allem der USA und der Sowjetunion, mit ihren unterschiedlichen Interessen und Weltanschauungen. Diese Konfrontation spaltete ganz Europa, aber in Deutschland verlief die Spaltung mitten durch das Land.

Die Hoheit der Alliierten blieb auch nach der Gründung von Bundesrepublik und DDR bestehen. Über Deutschlands Zukunft entschieden weiterhin die Siegermächte und ihre Beziehungen zueinander. Doch innerhalb dieses Rahmens bestimmten nun auch die Regierungen in Bonn und Ost-Berlin das Verhältnis beider Teile Deutschlands. Dabei überwogen zunächst Misstrauen und Feindschaft (▸ M3).

Theodor Heuss (1884-1963): Politiker, 1945-1946 Kultusminister von Württemberg-Baden, 1947 Mitbegründer der FDP und deren erster Vorsitzender, 1949-1959 erster Bundespräsident

Bundesversammlung: Gremium zur Wahl des Bundespräsidenten, das sich aus den Mitgliedern des Bundestages und einer gleichen Anzahl von Vertretern der Landtage zusammensetzt

Volkskongresse 1947/48 sollten ein „gesamtdeutsches Vorparlament" sein. Auf Einladung der SED nahmen ausgewählte gesellschaftliche Vertreter aller Besatzungszonen teil, die meisten jedoch aus der SBZ. Aus dem zweiten Volkskongress ging 1948 der „Deutsche Volksrat" hervor.

Wilhelm Pieck (1876-1960): Kommunist, 1933 vor den Nazis geflohen, kam 1945 mit der Roten Armee nach Berlin zurück, 1946-1960 Vorsitzender der SED (neben Otto Grotewohl), 1949-1960 Präsident der DDR

M1 A Speech of Hope

Am 6. September 1946 hält US-Außenminister James F. Byrnes eine Rede in Stuttgart. Sie entwirft die Vision von einem wieder aufgebauten Deutschland, das Mitglied der westlichen Staatengemeinschaft sein wird.

Ich bin nach Deutschland gekommen, um mich an Ort und Stelle über die mit dem Wiederaufbau Deutschlands verbundenen Probleme zu orientieren [...]. Wir Amerikaner haben diesen Problemen beträchtliche Zeit und Aufmerksamkeit gewidmet, weil von ihrer erfolgreichen Lösung nicht nur das künftige Wohlergehen Deutschlands, sondern auch das Europas abhängt.
Die Durchführung der Potsdamer Beschlüsse ist [...] dadurch behindert worden, dass der Alliierte Kontrollrat nicht die notwendigen Maßnahmen getroffen hat, um es der deutschen Wirtschaft zu ermöglichen, als Wirtschaftseinheit zu arbeiten [...]. Wir treten für die wirtschaftliche Vereinigung Deutschlands ein. Wenn eine völlige Vereinigung nicht erreicht werden kann, werden wir alles tun, was in unseren Kräften steht, um eine größtmögliche Vereinigung zu sichern.
Nachdem die rücksichtslose Nazidiktatur zur bedingungslosen Kapitulation gezwungen worden war, gab es keine deutsche Regierung, mit der die Alliierten hätten verhandeln können. Die Alliierten mussten vorübergehend die Aufgaben des zertrümmerten deutschen Staates übernehmen [...].
Es war jedoch niemals die Absicht der amerikanischen Regierung, dem deutschen Volk das Recht zu versagen, seine eigenen inneren Angelegenheiten wahrzunehmen, sobald es in der Lage sein würde, dies auf demokratische Art und unter aufrichtiger Achtung der Menschenrechte und grundsätzlichen Freiheiten zu tun. [...]
Die Potsdamer Beschlüsse sahen nicht vor, dass Deutschland niemals eine zentrale Regierung haben sollte. Sie bestimmten lediglich, dass es einstweilen noch keine zentrale deutsche Regierung geben sollte. Dies war nur so zu verstehen, dass keine deutsche Regierung gebildet werden sollte, ehe eine gewisse Form von Demokratie in Deutschland Wurzel gefasst und sich ein örtliches Verantwortungsbewusstsein entwickelt hätte. [...] Die amerikanische Regierung steht auf dem Standpunkt, dass jetzt dem deutschen Volk innerhalb ganz Deutschlands die Hauptverantwortung für die Behandlung seiner eigenen Angelegenheit bei geeigneten Sicherungen übertragen werden sollte. [...]
Während wir darauf bestehen werden, dass Deutschland die Grundsätze des Friedens, der gutnachbarlichen Beziehungen und der Menschlichkeit befolgt, wollen wir nicht, dass es der Vasall irgendeiner Macht oder irgendwelcher Mächte wird oder unter einer in- oder ausländischen Diktatur lebt. Das amerikanische Volk hofft, ein friedliches und demokratisches Deutschland zu sehen, das seine Freiheit und Unabhängigkeit erlangt und behält. [...]
Das amerikanische Volk wünscht, dem deutschen Volk die Regierung Deutschlands zurückzugeben. Das amerikanische Volk will dem deutschen Volk helfen, seinen Weg zurückzufinden zu einem ehrenvollen Platz unter den freien und friedliebenden Nationen der Welt.

www.byrnes-rede.de [aufgerufen am 1.12.2011]

1. *Nennen Sie die Bedingungen, die Deutschland erfüllen muss, um die Unabhängigkeit wiederzuerlangen.*
2. *Erklären Sie, wie eine wirtschaftliche Vereinigung zum künftigen Wohlergehen Deutschlands führen kann.*
3. *Byrnes will nicht, dass Deutsche unter einer in- oder ausländischen Diktatur leben müssen. Führen Sie aus, welche Gefahren er damit meint.*

M2 Lehren aus Weimar

Der Historiker Hans-Ulrich Wehler beschreibt die Lehren, die die „Mütter und Väter des Grundgesetzes" aus dem Scheitern der Weimarer Republik gezogen haben:

Beim Aufbau der Verfassungsordnung der neuen Republik zogen die verantwortlichen politischen Kräfte die antitotalitäre Lehre aus dem Untergang der Weimarer Republik und der nationalsozialistischen Diktatur. Die Verfassung, das Grundgesetz, wurde daher als sorgfältig durchdachtes Organisationsstatut für einen föderalistischen Staat mit dezentralisierter Machtverteilung entwickelt, in dem das Verhältnis von Bundesländern und Zentralgewalt austariert wurde. Das wahlberechtigte Volk wurde [...] als Souverän anerkannt, der alle vier Jahre das gesetzgebende Parlament, den Bundestag, wählte.
Beim Wahlrecht entschied man sich für einen Kompromiss zwischen Machteffizienz und Gerechtigkeit, mithin zwischen dem Mehrheits- und dem Verhältniswahlrecht, sodass der Abgeordnete durch die Direktwahl in seinem Stimmbezirk ein Mandat gewinnen oder über eine Landesliste seiner Partei gewählt werden konnte.
Wie im Kaiserreich und in der Weimarer Republik wurde eine zweite Kammer, der Bundesrat, als Vertretung der Länder eingerichtet, die dort durch ernannte Repräsentanten ihre Interessen wahrnehmen konnten. Nach den schlechten Erfahrungen mit dem Reichspräsidenten v. Hindenburg in der Weimarer Zeit, der als mächtiger „Ersatzkaiser" fungiert hatte, wurde ein schwacher Bundespräsident installiert, der nicht mehr durch unmittelbare Volkswahl, sondern von einer

nur für diesen Zweck eigens konstituierten Versammlung gewählt wurde. Obwohl generell auf Repräsentationsaufgaben beschränkt, besaß doch er allein die souveräne Vollmacht, das Parlament unter bestimmten Bedingungen auflösen zu dürfen.
Zur Schlüsselfigur des Verfassungssystems wurde der von der Parlamentsmehrheit bestellte Bundeskanzler gemacht. Seine Machtstellung ließ sich an drei Bastionen ablesen: Nur durch die Mehrheit für ein Misstrauensvotum der Opposition konnte er gestürzt werden. Die Richtlinienkompetenz übertrug ihm in Streitfragen das Entscheidungsmonopol, das sich des straff geführten Bundeskanzleramts als Instrument bedienen konnte. Mit dem Recht der Ministerernennung gewann er die Vollmacht, sein Kabinett nach eigenem Gutdünken zusammenstellen zu können. Durchaus zutreffend tauchte daher für diese Privilegienbündelung alsbald der Begriff der „Kanzlerdemokratie" auf.
Doch die eigentliche Innovation im politischen System verkörperte das nach dem Vorbild des amerikanischen „Supreme Court" eingerichtete Bundesverfassungsgericht, das als unabhängiger Schiedsrichter [...] den politischen Streit durch sein Urteil schlichten und unanfechtbar beenden sollte.

Hans-Ulrich Wehler, Deutsche Gesellschaftsgeschichte, Bd. 4: Bundesrepublik und DDR 1949-1990, München 2008, S. 5-7

1. *Listen Sie die „Korrekturen" auf, mit denen der Parlamentarische Rat den Erhalt der Demokratie sichern wollte.*

2. *Die Annahme des Grundgesetzes erfolgte durch die Länderparlamente. Ermitteln Sie, warum es nicht der Bevölkerung zur Abstimmung vorgelegt wurde.*

3. *Diskutieren Sie, welche Faktoren neben einer Verfassung die Stabilität einer Demokratie sichern.*

M3 Gegenseitige Vorwürfe

Zur Gründung der DDR hält Ministerpräsident Otto Grotewohl (SED) am 12. Oktober 1949 eine Ansprache:

Der westdeutsche Sonderstaat ist nicht in Bonn, sondern in London entstanden. Bonn hat nur die Londoner Empfehlungen[1], die in Wahrheit Befehle der westlichen Alliierten waren, ausgeführt. [...] Statt der im Potsdamer Abkommen vorgesehenen Demokratisierung, Entmilitarisierung und Entnazifizierung Deutschlands sind sie bestrebt, die von ihnen besetzten Teile Deutschlands in eine Kolonie zu verwandeln, die mit den traditionellen Methoden imperialistischer Kolonialherrschaft regiert und ausgebeutet wird. Von Demokratisierung, Entmilitarisierung und Entnazifizierung ist keine Rede.
Wir wissen, dass wir in unserem Kampf um die Einheit Deutschlands, der ein Bestandteil des Kampfes um den Frieden ist, nicht allein stehen. Wir haben das Glück, uns in diesem Kampf auf das große Lager des Friedens in der Welt stützen zu können [...]. Diese Kräfte des Friedens in der ganzen Welt werden geführt von der Sowjetunion, die eine andere Politik als die Politik des Friedens weder kennt noch kennen kann.

[1] Londoner Empfehlungen: Ergebnis einer Konferenz der drei westlichen Alliierten mit Belgien, den Niederlanden und Luxemburg in London 1948. Dort wurde die Grundlage zur Schaffung eines demokratischen westdeutschen Staates gelegt.

Am 15. Oktober 1949 antwortet der SPD-Vorsitzende Kurt Schumacher im Deutschen Bundestag auf die Rede Grotewohls:

Man kann erfolgreich bestreiten, dass der neue Oststaat überhaupt ein Staat ist. Dazu fehlt ihm auch der Ansatz zur Bildung einer eigenen Souveränität, er ist eine Äußerungsform der russischen Außenpolitik. [...]
Jetzt ist der Oststaat ein Versuch, die magnetischen Kräfte des Westens mithilfe staatlicher Machtmittel [...] abzuwehren. Er bedeutet die Anerkennung der Tatsache, dass bis auf Weiteres das große russische Unternehmen, ganz Deutschland in die politischen, gesellschaftlichen, wirtschaftlichen und kulturellen Formen der Sowjets hineinzuzwingen, gescheitert ist. Die Loslösung der Ostzone durch die Russen, wie sie 1945 radikal und erfolgreich eingeleitet wurde, bedeutet das Hinausdrängen der westalliierten Einflüsse und der internationalen Kritik. Es war aber zur gleichen Zeit das Ende jeder demokratischen Freiheit der Deutschen in dieser Zone. Die westlichen Alliierten tragen an dieser Entwicklung viel Schuld. Das darf nicht darüber hinwegtäuschen, dass die Etablierung dieses sogenannten Oststaates eine Erschwerung der deutschen Einheit ist. Die Verhinderung dieser Einheit aber kann dieses Provisorium im Osten nicht bedeuten, weil das deutsche Volk und besonders die Bevölkerung der Ostzone Gebilde russischer Machtpolitik auf deutschem Boden ablehnt.

Erster Text: Otto Grotewohl, Im Kampf um die einige Deutsche Demokratische Republik. Reden und Aufsätze, Bd. 1, Berlin 1959, S. 489 ff.
Zweiter Text: Wolfgang Benz, Die Gründung der Bundesrepublik. Von der Bizone bis zum souveränen Staat, München 1984, S. 160 f.

1. *Weisen Sie nach, wie bestimmte Begriffe unterschiedliche inhaltliche Bedeutung gewinnen, je nachdem, ob sie im Osten oder im Westen verwendet werden.*

2. *Erläutern Sie, was Schumacher unter den „magnetischen Kräften des Westens" versteht.*

3. *Diskutieren Sie Schumachers Aussage über die „Schuld" der Westmächte.*

M+ Cartooning the Marshall Plan

"Once past the Commissionaire - - -"

Cartoon by Leslie Gilbert Illingworth for "Daily Mail", January 7, 1948.
In January 1948 the US Congress started to debate the approval of the Marshall Plan. President Harry S. Truman and his Democratic Party had to deal with a Congress dominated by the Republicans. The Cartoon illustrates the impatience of European countries with regard to the US financial and economic aid.

aid	Förderung, Hilfe
approval	Annahme
cartoon	Karikatur
commissionaire	Portier
given away	verschenkt
impatience	Ungeduld
once past the ...	Wenn wir erst einmal am ... vorbei sind!
sale	Schlussverkauf
shade	Farbton, Schattierung

1. *Describe, what the persons (the women before the shop, the woman and the man behind the window, the commissionaire) are standing for.*

2. *Explain the inscriptions on the shop.*

"It's the same thing without mechanical problems"

Cartoon by Herblock (i. e. Herbert Lawrence Block) for "The Washington Post", January 26, 1949.
The political cartoon highlights the assumed effects of the Marshall Plan on Western Europe in contrast to Eastern Europe and its troubles to recover under Soviet control.

to assume	annehmen, erwarten
attitude	Einstellung, Haltung
to highlight	beleuchten, hervorheben
troubles	Mühen, Schwierigkeiten

1. *Describe the illustration and analyse the phrase. What is the cartoonist's attitude?*

2. *Find out what the "Marshall Stalin Plan" really was. Why is it called so?*

Westintegration und Konkurrenz der Systeme (1949 - 1955)

Eingeschränktes Handeln: das Besatzungsstatut ■ Die Bundesrepublik war vorerst nicht souverän, ein Besatzungsstatut schränkte ihr Handeln ein. Die Bundesregierung war in ihren äußeren Schritten von der Zustimmung der drei Alliierten Hochkommissare abhängig. Der neue Staat verstand sich als Übergangslösung zu einem wiedervereinigten Deutschland. Daher wurde die Bonner Politik von zwei Fragen geleitet: der Frage nach der Souveränität (Wie und wann wird die Bundesrepublik selbstständig?) sowie der Deutschen Frage (Wie und wann kann die deutsche Einheit wiederhergestellt werden?).

▲ **Antrittsbesuch.**
Foto vom 21. September 1949. Bundeskanzler Adenauer stellt sein Kabinett den Vertretern der Westalliierten vor. Selbstbewusst tritt er dabei auf den Teppich, vor dem er eigentlich „in gemessenem Abstand haltmachen" sollte.
(Vgl. die Abbildung auf S. 77.)

Westorientierung der Bundesrepublik ■ Bundeskanzler Adenauer und seine Anhänger trafen zur Beantwortung dieser Fragen eine Grundsatzentscheidung: Die Bundesrepublik sollte keine neutrale Mittelstellung einnehmen, sondern sich politisch, wirtschaftlich und kulturell dem Westen anschließen. Eine fest im Westen verankerte, wirtschaftsstarke Bundesrepublik würde genug Anziehungskraft auf die DDR ausüben, um dort freie Wahlen herbeizuführen und eine deutsche Einigung anzubahnen.

Die Westbindung fand in der Bundesrepublik großen Zuspruch angesichts der Hilfe und Partnerschaft, die die Westmächte gewährten. Entscheidend war auch die weitverbreitete Furcht vor dem Sowjet-Kommunismus. Kritik an der einseitigen Westorientierung übte die SPD, v. a. wegen der absehbaren Vertiefung der deutschen Teilung. Kurt Schumacher warf Adenauer vor, mit der Westbindung die Deutschen in der DDR ihrem Schicksal zu überlassen. Er nannte Adenauer den „Kanzler der Alliierten".

Alleinvertretungsanspruch ■ Einig waren sich die westdeutschen Politiker hingegen, die DDR nicht als Staat anzuerkennen. „Die Bundesrepublik Deutschland ist allein befugt, für das deutsche Volk zu sprechen", formulierte Adenauer im Oktober 1949, unmittelbar nach Gründung der DDR. Das DDR-Regime sei nicht frei gewählt, daher könne nur die Bundesrepublik das deutsche Volk repräsentieren. Die Bundesrepublik hielt diesen Alleinvertretungsanspruch für die nächsten zwei Jahrzehnte aufrecht (▶ M1).

Bonn vertrat auch den Grundsatz, die Bundesrepublik könne keine Beziehungen zu Staaten unterhalten, die ihrerseits die DDR anerkannten („Hallstein-Doktrin" *). Eine Ausnahme blieben die Sowjetunion und Polen, mit denen die Bundesregierung dennoch diplomatische Beziehungen pflegte. Die Politik der Hallstein-Doktrin hatte Erfolg. Von 1955 bis zum Ende der 1960er-Jahre konnte die Bundesregierung damit die internationale Anerkennung der DDR weitgehend verhindern.

Bündnis statt Besatzungsstatut ■ Die Bundesrepublik besaß bei ihrer Gründung 1949 keine Streitkräfte. Eine Bewaffnung hing von der Billigung durch die Westalliierten ab und stand wenige Jahre nach Kriegsende nicht zur Debatte. Der Koreakrieg (1950 - 1953) schuf eine neue Situation. Er führte die Gefahr einer sowjetischen Invasion Mittel-

* Hallstein-Doktrin: benannt nach dem CDU-Politiker Walter Hallstein (1901-1982), 1951-1957 Staatssekretär im Auswärtigen Amt, 1958-1967 Präsident der Kommission der Europäischen Wirtschaftsgemeinschaft (EWG) in Brüssel

▲ **SED-Plakat gegen Adenauers Politik der Westintegration, 1951; Plakat des CDU-Pressedienstes, um 1950; Plakat für die Bundeswehr in der NATO, um 1956 (von links nach rechts).**
■ *Benennen Sie die Bildmotive der drei Plakate und erläutern Sie ihre Funktion.*

und Westeuropas vor Augen. Die USA machten ihren Verbleib in Europa als militärische Schutzmacht von der Bereitschaft der Europäer abhängig, ihre eigenen Armeen zu verstärken und eine Bewaffnung der Bundesrepublik zu akzeptieren. Dies war damals, wenige Jahre nach Ende des Krieges, keineswegs populär, weder in der deutschen Bevölkerung noch bei den Nachbarn in Westeuropa.

Die Bundesrepublik sollte unter Kontrolle gehalten, zugleich aber als militärischer Bündnispartner aufgebaut werden. Frankreich schlug dazu im Oktober 1950 eine westeuropäische Armee vor, in der die deutschen Truppen voll eingebunden wären. Bundeskanzler Adenauer begrüßte den Vorschlag. Er sah die Chance, das Besatzungsstatut zu beenden und einem westlichen Verteidigungsbündnis beizutreten – als weiterer Schritt zur Westintegration.

Stalins Angebot zur Wiedervereinigung Bis ins Frühjahr 1952 verhandelten Bonn und die Westmächte über eine Militärallianz. Plötzlich trat die Sowjetunion mit einem überraschenden Vorschlag auf:

In mehreren Noten vom März und April 1952 unterbreitete Stalin den Entwurf eines Friedensvertrages mit Deutschland, das als Gesamtstaat wiederhergestellt werden und über nationale Streitkräfte verfügen sollte. Voraussetzung dafür war die Neutralität dieses Staates. Die Sowjetunion erklärte sich sogar bereit, über gesamtdeutsche Wahlen zu verhandeln, nicht aber, diese unter Aufsicht der **UNO** zuzulassen (▸ M2).

Deutschland vereint, aber ohne Bündnis und ohne Garantie einer demokratischen Verfassung? Die Westmächte lehnten ab. Sie hielten das Angebot aus Moskau für einen Bluff, um die Einbeziehung der Bundesrepublik in das westliche Bündnis zu verhindern. Die Bundesregierung teilte diese Einschätzung. Adenauer sah keine Alternative zur Westintegration, um die Freiheit und Stabilität der Bundesrepublik zu sichern (▸ M3).

UNO (United Nations Organization): 1945 gegründete Organisation von Staaten zur Wahrung des Weltfriedens und der Menschenrechte sowie zur internationalen Zusammenarbeit

Die Pariser Verträge Am 26. Mai 1952 wurde in Bonn der „Vertrag über die Beziehungen der Bundesrepublik Deutschland und den Drei Mächten" (Deutschlandvertrag) unterzeichnet. Er sollte das Ende der Besatzungszeit in Westdeutschland herbeiführen. Ebenso kam in Paris der Vertrag über eine „Europäische Verteidigungsgemeinschaft" (EVG-Vertrag) zum Abschluss. Der EVG-Vertrag sah einen Verbund der Streitkräfte Frankreichs, Italiens, der **Beneluxstaaten** und der neu bewaffneten Bundesrepublik vor.

Doch der EVG-Vertrag scheiterte 1954 am Nein des französischen Parlaments. Als Alternative einigten sich die Staaten auf die Schaffung einer „Westeuropäischen Union" (WEU). Zugleich würde die Bundesrepublik der **NATO** beitreten. Die Streitkräfte der „Bundeswehr" verzichteten dabei auf eigene Atom-, Bio- und Chemiewaffen (ABC-Waffen). In den Pariser Verträgen vom Oktober 1954 einigten sich neun Staaten – Frankreich, Großbritannien, USA, Beneluxstaaten, Italien, Bundesrepublik und Kanada – auf diese Regelung.

Zugleich erhielt der Deutschlandvertrag eine neue Fassung. Er verschaffte der Bundesrepublik – zehn Jahre nach Kriegsende – den Status eines souveränen Landes. Er hob das Besatzungsstatut auf, wobei die USA, Großbritannien und Frankreich gewisse Vorbehaltsrechte behielten. Sie betrafen das Recht, Truppen in Westdeutschland zu stationieren, Befugnisse für den Fall eines inneren Notstands, die Hoheit über Berlin sowie über „Deutschland als Ganzes" bei einem späteren Friedensvertrag. Die Westmächte erklärten sich bereit, „mit friedlichen Mitteln ihr gemeinsames Ziel zu verwirklichen, ein wiedervereinigtes Deutschland, das eine freiheitlich-demokratische Verfassung, ähnlich wie die Bundesrepublik, besitzt, und das in die europäische Gemeinschaft integriert ist". Diese Übereinkunft blieb bis 1990 gültig und wurde schließlich im Zuge der Wiedervereinigung Deutschlands verwirklicht.*

Beneluxstaaten: Kurzformel für Belgien, Niederlande und Luxemburg

NATO (North Atlantic Treaty Organization): 1949 gegründetes Verteidigungsbündnis zwischen den USA, Kanada und ihren westeuropäischen Partnerländern. Die NATO hat heute 28 Mitgliedstaaten, ihr Hauptquartier ist in Brüssel.

Bundeswehr und NATO-Beitritt Trotz großer Proteste in der Bevölkerung, bei SPD, Gewerkschaften und Kirchen gegen eine Wiederbewaffnung,** stimmte der Bundestag der Schaffung der Bundeswehr und den Pariser Verträgen zu. Sie traten am 5. Mai 1955 in Kraft. Am Tag darauf trat die Bundesrepublik der NATO bei. Dies war eine zentrale Weichenstellung der Nachkriegszeit. Die USA gewannen einen wichtigen Bündnispartner an der Grenze zum sowjetischen Machtbereich.

Die Blockbildung teilt Deutschland vollends Während die Wiederbewaffnung in der Bundesrepublik nur gegen heftige Proteste und Demonstrationen durchgesetzt werden konnte, kam es in der DDR zu keiner öffentlichen Diskussion. Bereits 1948 hatte in der SBZ die Aufstellung bewaffneter Einheiten begonnen.

1954 hatte die Sowjetunion eine Bestandsgarantie für die DDR formuliert. Sie sah die DDR als eigenständigen deutschen Staat an

▲ **Demonstration gegen die Wiederbewaffnung.**
Foto aus Bonn von Josef Darchinger, 1. Mai 1955.
„Barras" ist ein umgangssprachlicher Begriff für Armee und Militär.

* siehe S. 102 f.
** siehe S. 143 und 222

Warschauer Pakt (offiziell: Warschauer Vertragsorganisation): 1955 gegründeter militärischer Beistandspakt sozialistischer Staaten unter Führung der Sowjetunion, löste sich 1991 auf.

(„Zwei-Staaten-Theorie"). Die Bundesrepublik hielt dagegen am Fortbestand Deutschlands als Ganzes und an ihrem Alleinvertretungsanspruch fest. Auf den NATO-Beitritt der Bundesrepublik reagierte Moskau mit der Gründung des **Warschauer Paktes**. Dieser Verteidigungsorganisation trat auch die DDR bei. Nach geheimen Vorbereitungen wurde 1956 offiziell die Nationale Volksarmee (NVA) gegründet, die ihre Ausrüstung überwiegend von der Sowjetunion erhielt. Ost- und Westdeutschland gehörten nun gegnerischen Militärbündnissen an.

Getreu der Zwei-Staaten-Theorie trat die UdSSR im Herbst 1955 mit beiden deutschen Regierungen offiziell in Kontakt. Bundeskanzler Adenauer reiste in die Sowjetunion, wo diplomatische Beziehungen vereinbart wurden. Auch erreichte der Kanzler die Freilassung der letzten deutschen Kriegsgefangenen, darunter viele, die nach Ostdeutschland zurückkehrten. Unmittelbar nach dem Besuch Adenauers bekräftigte die sowjetische Führung in dem „Vertrag über die Beziehungen zwischen der DDR und der UdSSR" die Souveränität des ostdeutschen Staates. An die Stelle der sowjetischen Kontrollkommission in Ost-Berlin trat ein Botschafter. Die DDR war nun formal selbstständig, blieb jedoch in den Ostblock vollkommen eingebunden. Die herrschende Partei, die SED, war weiterhin von der Führung in Moskau abhängig.

Charles de Gaulle (1890-1970): französischer General im Zweiten Weltkrieg; 1944-1946 Chef der Regierung des befreiten Frankreich. Entwirft 1958 als Ministerpräsident eine neue Verfassung, die dem Präsidenten große Macht verleiht und in einer Volksabstimmung angenommen wird. 1959-1969 französischer Staatspräsident.

Bilanz der Westintegration Der Preis für die Westintegration der Bundesrepublik bis Mitte der 1950er-Jahre schien die endgültige Teilung Deutschlands zu sein. Dafür fand die Bonner Republik neue Partner, sogar Freunde. Adenauer legte den Akzent seiner Außenpolitik auf die europäische Integration und die Aussöhnung mit dem ehemaligen Kriegsgegner Frankreich. Diesen Zielen dienten die Gründung der „Europäischen Wirtschaftsgemeinschaft" (EWG) 1957 sowie das Vertrauensverhältnis mit dem französischen Staatspräsidenten **Charles de Gaulle**, das 1963 zum Abschluss eines Deutsch-Französischen Freundschaftsvertrages führte.

Fritz Behrendt/Baaske Cartoons

▸ **„Wer hätte das gedacht!"**
Karikatur von Fritz Behrendt, Juli 1962.
Am 8. Juli 1962 nahmen Bundeskanzler Adenauer und Staatspräsident de Gaulle in der Kathedrale von Reims am Gottesdienst teil. Der Staatsbesuch des Bundeskanzlers verhalf der deutsch-französischen Aussöhnung zum Durchbruch.

- *Interpretieren Sie die Karikatur. Dazu müssen Sie die drei Personen im oberen Bildteil identifizieren und ihre Rolle in den deutsch-französischen Beziehungen ermitteln. Was bedeutet das Gebäude hinter den beiden Staatsmännern?*

M1 Alleinvertretungsanspruch

Nach der Gründung der DDR erklärt Bundeskanzler Adenauer am 21. Oktober 1949 vor dem Deutschen Bundestag:

Ich stelle Folgendes fest: In der Sowjetzone gibt es keinen freien Willen der deutschen Bevölkerung. Das, was jetzt dort geschieht, wird nicht von der Bevölkerung getragen und damit legitimiert. Die Bundesrepublik Deutschland stützt sich dagegen auf die Anerkennung durch den frei bekundeten Willen von rund 23 Millionen stimmberechtigter Deutscher. Die Bundesrepublik Deutschland ist somit bis zur Erreichung der deutschen Einheit insgesamt die alleinige legitimierte staatliche Organisation des deutschen Volkes. [...] Die Bundesrepublik Deutschland fühlt sich auch verantwortlich für das Schicksal der 18 Millionen Deutschen, die in der Sowjetzone leben. Sie versichert sich ihrer Treue und ihrer Sorge. Die Bundesrepublik Deutschland ist allein befugt, für das deutsche Volk zu sprechen. Sie erkennt Erklärungen der Sowjetzone nicht als verbindlich für das deutsche Volk an.

Merith Niehuss und Ulrike Lindner, Besatzungszeit, Bundesrepublik und DDR 1945-1969 (Deutsche Geschichte in Quellen, Bd. 10), Stuttgart 2007, S. 202-205

1. *Arbeiten Sie heraus, wie Adenauer die höhere Legitimität der Bundesrepublik im Vergleich zur DDR begründet.*

2. *Diskutieren Sie die Probleme, die damit auf künftige Bundesregierungen zukamen.*

M2 Die Stalin-Note vom 10. März 1952

Die Sowjetregierung unterbreitet mit diesem diplomatischen Schriftstück (Note) den drei Westmächten den Entwurf eines Friedensvertrages mit Deutschland:

Politische Leitsätze

1. Deutschland wird als einheitlicher Staat wiederhergestellt. Damit wird der Spaltung Deutschlands ein Ende gemacht, und das geeinte Deutschland gewinnt die Möglichkeit, sich als unabhängiger, demokratischer, friedliebender Staat zu entwickeln.

2. Sämtliche Streitkräfte der Besatzungsmächte müssen spätestens ein Jahr nach Inkrafttreten des Friedensvertrages aus Deutschland abgezogen werden. Gleichzeitig werden sämtliche ausländischen Militärstützpunkte auf dem Territorium Deutschlands liquidiert.

3. Dem deutschen Volk müssen die demokratischen Rechte gewährleistet sein, [...] einschließlich der Redefreiheit, der Pressefreiheit, des Rechts der freien Religionsausübung, der Freiheit der politischen Überzeugung und der Versammlungsfreiheit.

4. In Deutschland muss den demokratischen Parteien und Organisationen freie Betätigung gewährleistet sein [...].

5. Auf dem Territorium Deutschlands dürfen Organisationen, die der Demokratie und der Sache der Erhaltung des Friedens feindlich sind, nicht bestehen.

6. Allen ehemaligen Angehörigen der deutschen Armee, einschließlich der Offiziere und Generale, allen ehemaligen Nazis, mit Ausnahme derer, die nach Gerichtsurteil eine Strafe für von ihnen begangene Verbrechen verbüßen, müssen die gleichen bürgerlichen und politischen Rechte wie allen anderen deutschen Bürgern gewährt werden zur Teilnahme am Aufbau eines friedliebenden, demokratischen Deutschland.

7. Deutschland verpflichtet sich, keinerlei Koalitionen oder Militärbündnisse einzugehen, die sich gegen irgendeinen Staat richten, der mit seinen Streitkräften am Krieg gegen Deutschland teilgenommen hat.

Das Territorium

Das Territorium Deutschlands ist durch die Grenzen bestimmt, die durch die Beschlüsse der Potsdamer Konferenz der Großmächte festgelegt wurden. [...]

Militärische Leitsätze

1. Es wird Deutschland gestattet sein, eigene nationale Streitkräfte (Land-, Luft- und Seestreitkräfte) zu besitzen, die für die Verteidigung des Landes notwendig sind.

2. Deutschland wird die Erzeugung von Kriegsmaterial und -ausrüstung gestattet werden, deren Menge oder Typen nicht über die Grenzen dessen hinausgehen dürfen, was für die Streitkräfte erforderlich ist, die für Deutschland durch den Friedensvertrag festgesetzt sind.

Helmut Krause und Karlheinz Reif (Bearb.), Die Welt seit 1945 (Geschichte in Quellen), München 1980, S. 391 f.

1. *Nennen und erläutern Sie die wichtigsten Aussagen dieser diplomatischen Note. Zeigen Sie die Vieldeutigkeit mancher Formulierungen.*

2. *Adenauer sah in der Note Stalins die Gefahr einer Rückkehr zum System von Potsdam angelegt, also einer Einigung der vier Siegermächte über Deutschland ohne dessen Mitwirkung. Zeigen Sie, worauf sich diese Interpretation bezog.*

M3 Streit um Stalins Angebot

Der Historiker Edgar Wolfrum blickt 2005 auf den Streit um die Stalin-Noten zurück:

Wie aufgeladen die Atmosphäre noch jahrelang blieb, zeigte sich vor allem in der Bundestagssitzung vom 23. Januar 1958, als es zu einer Generalabrechnung mit Adenauers Deutschlandpolitik kam. In einer ungemein scharfen Rede [...] griff Thomas Dehler[1] Adenauer an, indem er ihm vorwarf, die Wiedervereinigung nicht nur nicht gewollt, sondern vielmehr alles getan zu haben, „um die Wiedervereinigung zu verhindern". Auch Gustav Heinemann[2], mittlerweile SPD-Abgeordneter, ließ in seiner anschließenden Rede keinen Zweifel daran, dass er Adenauer für historisch schuldig hielt, weil er 1952 Chancen leichtfertig verspielt habe.
Seit dieser legendären nächtlichen Bundestagssitzung vom 23. Januar 1958 ist die Debatte um die Stalin-Noten immer wieder einmal aufgeflammt, und sie hat sich dann ab den 80er-Jahren zu einer wissenschaftlichen Kontroverse entwickelt, die massiv von geschichtspolitischen Dimensionen dominiert wird, steht im Zentrum doch die Frage, ob 1952 eine Chance für die Wiedervereinigung vorschnell vertan wurde oder ob diese Chance überhaupt nicht bestand, sondern nur eine „Legende von der verpassten Gelegenheit" wucherte. [...] Die Antwort hängt vor allem von den unterstellten Intentionen Stalins ab. Bis heute jedoch kann man nicht mit letzter Sicherheit sagen, welches seine wirklichen deutschlandpolitischen Ziele waren [...]. Immerhin scheint es einsichtig, dass Stalin nicht bereit war, die sich abzeichnende Westintegration der Bundesrepublik tatenlos hinzunehmen, und ihm daran lag, eine dauerhafte amerikanische Truppenpräsenz in Europa zu verhindern. War ihm dies nicht wichtiger als der Fortbestand der Ulbricht-Diktatur? Weiterhin ungeklärt müssen aber die Fragen nach seinem beabsichtigten Weg zur Wiedervereinigung und der intendierten „demokratischen" Struktur eines vereinten Deutschlands bleiben. Ob somit Adenauer 1952 den westlichen Teil Deutschlands vor dem langfristigen Zugriff der Sowjetunion rettete und so ein Sowjetdeutschland verhinderte, lässt sich nicht entscheiden. Glücklicherweise ist den Westdeutschen ein sowjetisches Experiment erspart geblieben. Aber die Ostdeutschen hatten an diesem Glück nicht teil. Deutlich wurde 1952, dass die Westpolitik einen Preis kostete, der moralisch anfechtbar war, weil ihn fast 40 Jahre lang allein die 18 Millionen Deutschen in der DDR zahlen mussten. Forschung und Politik werden sich weiterhin streiten, ob Adenauers Westintegration den Ostdeutschen die Hypothek eines Lebens in der Diktatur aufbürdete und er somit einen Teil der deutschen Schicksalsgemeinschaft im Stich gelassen hat, oder ob seine Politik im Gegenteil im Westen ein Bollwerk der Freiheit schuf, welches die Wiedervereinigung unter westlichen Bedingungen 1989/90 erst ermöglichte.

Edgar Wolfrum, Die Bundesrepublik Deutschland 1949 - 1990 (Gebhardt, Handbuch der deutschen Geschichte, 10. Aufl., Bd. 23), Stuttgart 2005, S. 166 - 169

■ *Vergleichen Sie den Handlungsspielraum Adenauers in der Deutschlandpolitik mit demjenigen Stalins.*

▲ Karikatur aus „Der deutsche Eisenbahner" vom 20. Mai 1952.
Die Karikatur spielt auf die Loreley an. Die Zeilen rechts unten sind der Beginn eines Gedichtes von Heinrich Heine über diese Sagengestalt, die Reisende auf dem Rhein so in ihren Bann zog, dass ihre Schiffe an dem Felsen zerschellten.

[1] Thomas Dehler (1897 - 1967): Jurist und Politiker, Mitglied der FDP. 1949 - 1953 Bundesminister der Justiz. Schied wegen Differenzen mit Bundeskanzler Adenauer 1953 aus der Regierung aus.

[2] Gustav Heinemann (1899-1976): Trat 1950 aus dem Kabinett Adenauer sowie 1952 aus der CDU wegen der deutschen Wiederbewaffnung aus und gründete die Gesamtdeutsche Volkspartei (GVP). Seit 1957 Mitglied der SPD. 1966 - 1969 Bundesminister der Justiz in der Großen Koalition. 1969 - 1974 Bundespräsident.

Politische Feindschaft und Mauerbau (1955-1961)

Zwei deutsche Staaten Die Bundesrepublik und die DDR waren seit 1955 in ihren jeweiligen Machtblöcken als souveräne Staaten anerkannt. Waren sie daher ganz voneinander losgelöst? Noch bis 1959 führten beide deutsche Staaten die gleiche schwarz-rot-goldene Staatsflagge. Bis Anfang der 1960er-Jahre gab es regen Austausch zwischen ost- und westdeutschen Schriftstellern und Künstlern und gesamtdeutsche Jugendtreffen. Bis 1968 trat eine gemeinsame deutsche Mannschaft zu den Olympischen Spielen an.

Auch politisch gab es noch formale Gemeinsamkeiten: Im Grundgesetz wie in der DDR-Verfassung von 1949 stand jeweils das Ziel einer deutschen Einheit. Der innerdeutsche Handel lief auf Hochtouren. In Berlin pendelten Beschäftigte und Ausflügler zwischen Ost und West. Die stärkste Klammer bildeten die Verwandtschaftsbeziehungen auf beiden Seiten.

Dennoch bestimmte die Teilung immer mehr das Leben der Deutschen. Bundesrepublik und DDR waren das mutmaßliche Schlachtfeld im Falle eines künftigen Krieges. Bundeswehr oder **NVA**, Truppen der NATO bzw. des Warschauer Paktes prägten das Alltagsbild. Die Grenzen wurden scharf bewacht, Feindbilder bestimmten die öffentliche Meinung auf beiden Seiten. Die politischen und wirtschaftlichen Systeme beider Staaten schienen inzwischen unvereinbar.

NVA: Nationale Volksarmee, Streitkräfte der DDR, gegründet am 18. Januar 1956, hervorgegangen aus den seit 1952 aufgestellten Verbänden der sogenannten „Kasernierten Volkspolizei"

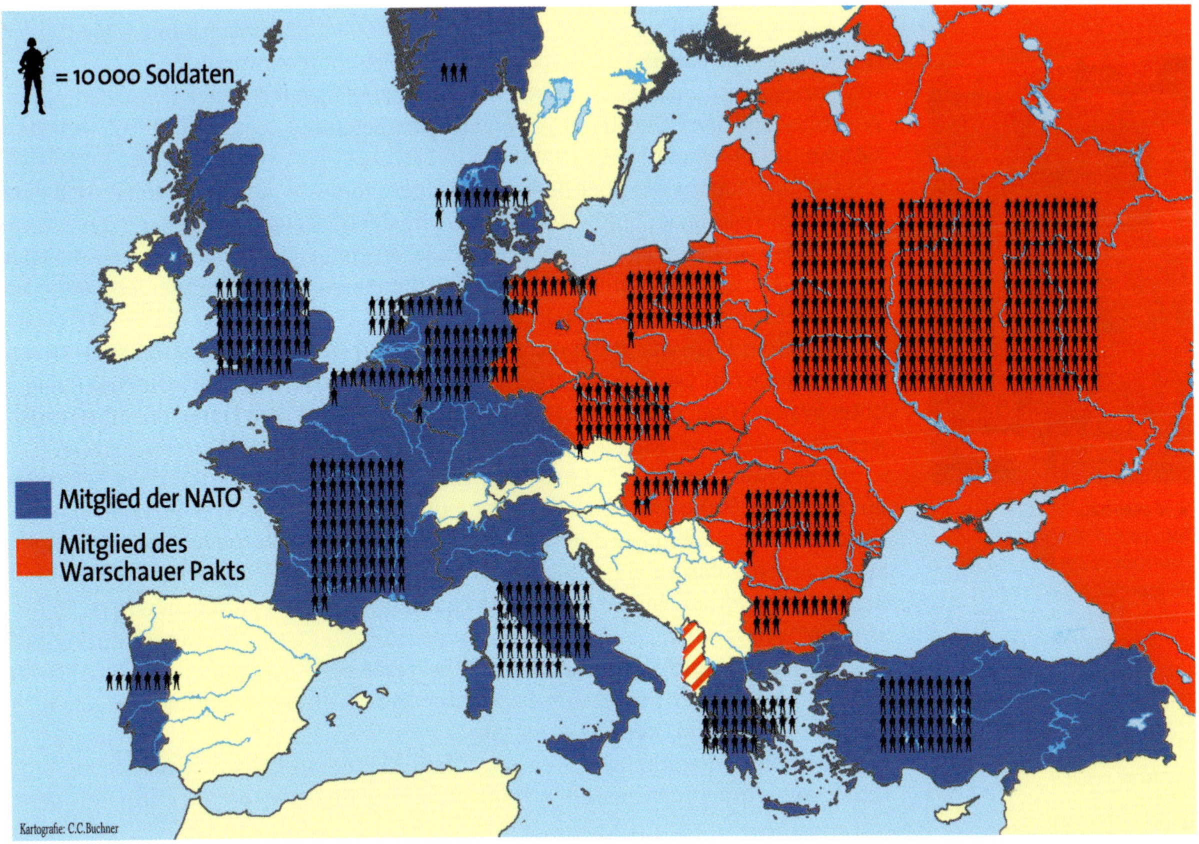

▲ **Armeen der Militärbündnisse in Europa.**
Truppenstärken der einzelnen nationalen Streitkräfte um das Jahr 1965.

Erich Honecker (1912 - 1994): Politiker, seit 1930 Mitglied der KPD, 1935 - 1945 von den Nazis inhaftiert, seit 1958 Mitglied der SED-Führung, 1971 - 1989 Generalsekretär der SED, 1976 - 1989 DDR-Staatsratsvorsitzender

Planwirtschaft: Wirtschaftsordnung, in der eine zentrale Behörde über die Produktion von Gütern, den Einsatz von Arbeit und Ressourcen entscheidet, nicht der Markt.

Politische Feindschaft zwischen West und Ost Die Regierungen beider Staaten attackierten sich in den 1950er-Jahren ständig. In politischen Reden und Wahlkämpfen warnten die Parteien im Westen vor der kommunistischen Diktatur der DDR. Die staatliche Propaganda der DDR bezeichnete die Bundesrepublik als „faschistischen Staat", der aus den Verbrechen des Nationalsozialismus nichts gelernt habe. Hierzu gab die SED-Führung Enthüllungen über die NS-Vergangenheit von Bundespolitikern bekannt. Beide Regierungen warfen einander vor, Erfüllungsgehilfen der jeweiligen Supermacht (USA bzw. Sowjetunion) zu sein. Die Geheimdienste beider Staaten spionierten vornehmlich im jeweils anderen Teil Deutschlands.

Nach dem Volksaufstand in der DDR am 17. Juni 1953, den die Rote Armee blutig niederschlug* erklärte der Bundestag den 17. Juni zum Nationalfeiertag („Tag der Deutschen Einheit"). Für die SED-Führung war dies ein Beleg, die Bundesrepublik wolle sich mit der Existenz eines sozialistischen Staates in Ostdeutschland nicht abfinden.

Zudem herrschte in den 50er- und 60er-Jahren ein Wetteifern um den erfolgreicheren Wiederaufbau der Wirtschaft. Obwohl die DDR-Regierung davon sprach, die Bundesrepublik bald ökonomisch zu „überholen" (Walter Ulbricht), blieb ihre **Planwirtschaft** deutlich hinter der Sozialen Marktwirtschaft des Westens zurück.**

Fluchtbewegung und Mauerbau Da die Bundesrepublik die DDR nicht als Ausland ansah, konnten DDR-Bürger in Westdeutschland automatisch eingebürgert werden. Angesichts von Diktatur und Mangelwirtschaft nutzten jährlich Hunderttausende die Gelegenheit, die DDR zu verlassen. Dass Land verlor hauptsächlich jüngere Menschen. Der Schwund an Arbeitskräften belastete die Wirtschaft enorm.

Anziehungspunkt war v.a. Berlin unter der gemeinsamen Hoheit der Alliierten. Der Westteil stand den DDR-Bürgern offen. Hier, im „Schaufenster des Westens", erhielten sie Einblick in Freiheit und Wohlstand.

Um die Fluchtwelle über Berlin zu stoppen, forderte die Sowjetunion 1958 eine endgültige Teilung der Stadt. Der Ostteil sollte der DDR zugeschlagen werden, West-Berlin eine eigenständige Einheit bilden. Die Westmächte lehnten ab, und die USA erklärten ihre Garantie für West-Berlin. Um aber einen Krieg zu vermeiden, ließen sie die Sowjetunion im Ostteil gewähren.

Die Berlin-Krise war damit nicht beigelegt, denn der Flüchtlingsstrom hielt unvermindert an (▸ M1). Die DDR näherte sich dem wirtschaftlichen Kollaps. Das SED-Regime unter Walter Ulbricht entschied sich schließlich 1961, auf dem Höhepunkt der Fluchtwelle, zum Bau einer Mauer. Das Vorgehen wurde von der Sowjetunion gedeckt.

In der Nacht zum 13. August 1961 ließ die DDR-Regierung entlang der Sektorengrenze durch Berlin Stacheldrahtverhaue und Steinwälle hochziehen. Bautrupps errichteten eine Mauer quer durch die Stadt. In der Folgezeit wurden die Sperranlagen an der innerdeutschen Grenze (1400 km) und um West-Berlin herum (166 km) mit Beton, Stacheldraht, Minen und Selbstschussanlagen in einen regelrechten „Todesstreifen" verwandelt. Verantwortlich für die Vorbereitung und Durchführung des Mauerbaus war **Erich Honecker**, damals Sekretär des Zentralkomitees der SED für Sicherheitsfragen. Er ordnete im September 1961 auch den Schusswaffengebrauch „gegen Verräter und Grenzverletzer" an.

Allein in den ersten Monaten nach dem Mauerbau kamen 32 Menschen ums Leben. Sie wurden erschossen, ertranken bei Fluchtversuchen oder stürzten beim

▲ **Mauerbau.**
Foto vom 13. August 1961. Bautruppen der Nationalen Volksarmee riegelten mit Mauer, Stacheldraht und Panzersperren die Grenze nach West-Berlin ab. Die DDR-Regierung richtete während des Mauerbaus Drohungen und feindliche Parolen in Richtung Westen.

▸ **Geschichte In Clips:**
Zum Bau der Berliner Mauer siehe Clip-Code 4587-02

* siehe S. 75 und 82-84.
** siehe S. 74, 76, 78 f.

Sprung aus grenznahen Häusern zu Tode. Im Herbst 1961 wurden zur Sicherung der Grenzen und zur Einschüchterung der DDR-Bevölkerung über 3000 Menschen aus ihren grenznahen Heimatorten zwangsausgesiedelt („Aktion Festung“).

Reaktionen des Westens ▀ Die Bundesregierung konnte dem Bau von Mauer und Grenzsperren nur hilflos zusehen. Das Konzept einer „magnetischen“ Anziehung durch die Bundesrepublik war gescheitert, die DDR verschwand endgültig hinter dem „Eisernen Vorhang“. Auch die Westmächte sicherten lediglich ihren Teil Berlins und legten formalen Protest gegen den Mauerbau ein.

Als langfristige Maßnahme richtete die Bundesregierung im November 1961 die „Zentrale Erfassungsstelle der Justizverwaltungen“ in Salzgitter ein. Diese Behörde dokumentierte sämtliche Fälle, in denen die DDR Unrecht gegen Flüchtlinge und politische Gefangene beging. Vergeblich verlangte die SED-Regierung die Abschaffung der Behörde, um die eigenen Staatsverbrechen zu vertuschen.

Schießbefehl ▀ Das DDR-Regime hat in der Öffentlichkeit stets geleugnet, dass es einen Schießbefehl gab. Die erhalten gebliebenen Dokumente belegen jedoch, dass führende Politiker und ranghohe Militärs der DDR Anweisungen erteilten, auf Flüchtige zu schießen und sie zu töten. Die Zahl der Todesopfer an Mauer und Grenze ist noch nicht abschließend ermittelt. Der Leiter des „Forschungsverbundes SED-Staat“ der Freien Universität Berlin schätzte 2010, dass bis 1989 etwa 1000 Menschen bei der Flucht ihr Leben ließen, mehrere Tausend Personen wurden verletzt. Grenzsoldaten der DDR, die den Schießbefehl verweigerten, drohten schwere Strafen (▸ M2).

▲ **Flucht von Ost- nach West-Berlin.**
Foto von Peter Leibing vom 15. August 1961. Das Bild des Unteroffiziers Conrad Schumann ging um die Welt als Symbol der Sehnsucht nach Freiheit. Als Grund seiner Flucht gab er an, er wollte nicht in eine Situation kommen, in der er gezwungen wäre, auf Menschen zu schießen.

▸ **DDR-Grenzsperranlagen.**
Schematische Darstellung für den Bundesgrenzschutz aus den 1980er-Jahren.
1 *Grenzverlauf mit Grenzsteinen,* **2** *Grenzhinweisschild,* **3** *DDR-Grenzsäule,* **4** *abgeholzter Geländestreifen,* **5** *Gitterzaun (3,2 m hoch),* **6** *Durchlass im Gitterzaun,* **7** *Kfz-Sperrgraben,* **8** *Kontrollstreifen,* **9** *Kolonnenweg mit Fahrspurplatten,* **10** *Lichtsperre,* **11** *Anschlusssäule für das Grenzmeldenetz,* **12-14** *Beobachtungstürme,* **15** *Beobachtungsbunker,* **16** *Hundelaufanlage,* **17** *Schutzstreifenzaun mit Signalanlagen,* **18** *Stromverteilungs- und Schalteinrichtungen am Schutzstreifenzaun,* **19** *Hundelaufanlage,* **20** *Durchlasstor,* **21** *Betonsperrmauer,* **22** *Kontrollpassierpunkt.*

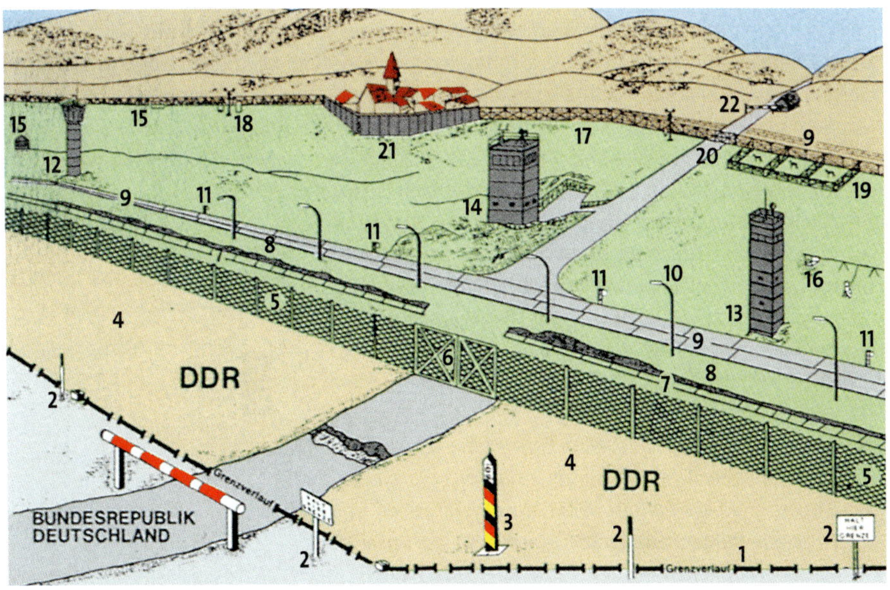

M1 Vor dem Mauerbau – ein Flüchtling berichtet

In einem Notaufnahmelager in West-Berlin berichtet ein 36-jähriger Automateneinrichter, der in seiner Firma Vorsitzender der Betriebsgewerkschaftsleitung (BGL) war, über seine Flucht:

Ich fuhr am 6. Mai 1960 zum Todestag meiner Schwiegermutter nach Berlin-Schöneberg. Als ich zurückkam, bekam ich ein Parteiverfahren. Ich erhielt eine Rüge und eine Bewährungsfrist von einem Jahr. Ich musste nun laufend fast jeden Sonnabend und Sonntag hinaus aufs Land und Landarbeit zur Bewährung verrichten.
In einer Belegschaftsversammlung, am 26.10.1960, musste ich vor allen Kollegen des Betriebes Stellung nehmen zu meinem Verhalten (Fahrt nach West-Berlin zum Todestag meiner Schwiegermutter).
Jeder Betriebsangehörige wurde aufgefordert, an mich Fragen zu stellen, [...] und ich musste sie alle beantworten. Diese Tortur dauerte zweieinhalb Stunden. [...]
Da meine Frau und die Kinder katholisch sind, trat die Betriebsparteileitung im November 1960 an mich heran mit der Aufforderung, meine Frau und die Kinder zu veranlassen, aus der katholischen Kirche auszutreten. Ich teilte der SED mit, dass meine Frau ein Austreten aus der Kirche ablehnt. Daraufhin wurde mir gesagt, dass ich mich von meiner Frau scheiden lassen solle. [...]
Seit Oktober 1960 wurde nicht nur ich laufend von der Betriebsparteileitung schikaniert, sondern auch mein Sohn. Er wurde laufend in der Schule von anderen Kindern beschimpft, weil er ständig zum katholischen Unterricht ging. Das ging soweit, dass man meinem Sohn immer nachrief: „Seht her, da geht der junge Pfaffe." Mein Junge wurde auch durch den Klassenlehrer schikaniert. Wenn er einmal frei haben wollte, wurde von dem Klassenlehrer gesagt: „Wie oft feiert ihr Katholiken denn noch? Du bekommst nicht frei."
Nachdem ich diesen Terror der SED monatelang über mich habe ergehen lassen müssen und meine Frau vor einem Nervenzusammenbruch stand, haben wir uns schweren Herzens entschlossen, am 24. März 1961 die Ostzone zu verlassen und nach West-Berlin zu flüchten. Ich bin froh, dass ich mit meiner Frau und meinen beiden Kindern West-Berlin erreicht habe.

Bundesministerium für Gesamtdeutsche Fragen (Hrsg.), Der Bau der Mauer durch Berlin. Die Flucht aus der Sowjetzone und die Sperrmaßnahmen des kommunistischen Regimes vom 13. August 1961, Bonn 1986, S. 63 ff.

1. *Arbeiten Sie die verschiedenen Formen der Schikanen heraus, denen viele DDR-Bürger ausgesetzt waren.*
2. *Bewerten Sie den Einfluss der Politik auf das Leben jedes einzelnen Bürgers. Stellen Sie Gründe fest, warum sich Millionen für einen Verbleib in der DDR entschieden.*

M2 Ein Grenzsoldat verweigert den Schießbefehl

Ein 1944 geborener ehemaliger DDR-Grenzsoldat gibt am 14. April 1975 zu Protokoll:

1962 habe ich mich freiwillig zur NVA gemeldet [...]. Nach zwei Jahren Dienstzeit war ich Unterleutnant und wurde 1964 an der Zonengrenze zur Bewachung eingesetzt [...]. Am 24.05.1964 war ich zusammen mit dem Hauptmann N. in dem Grenzbereich Friedrichroda/Heuberg zur Bewachung der Zonengrenze eingesetzt, als wir gegen 22.00 Uhr eine männliche Person bemerkten, die von der DDR aus in die Bundesrepublik flüchten wollte. Nachdem ich den Flüchtenden angerufen hatte [...], erhielt ich von Hauptmann N. den dienstlichen Befehl, auf den Flüchtenden zu schießen. Ich habe diesen Befehl verweigert, worauf Hauptmann N. mit der Pistole auf den Flüchtenden drei Schüsse abgab, wovon offensichtlich einer den Flüchtenden ins Bein getroffen hat. Der Flüchtende blieb auf dem sogenannten Todesstreifen vor dem Grenzzaun liegen und wurde etwa 10 Minuten später von zwei anderen NVA-Angehörigen zurückgezogen und [...] ins Krankenhaus gebracht. Ich wurde noch an Ort und Stelle von Hauptmann N. dienstenthoben, und er nahm mir meine Waffe und das Soldbuch ab. Man brachte mich nach Friedrichroda, wo ich etwa 4 Stunden später von drei MfS-Angehörigen[1] in Empfang genommen wurde. Man brachte mich nach Löbau in die Militär-U-Haftanstalt. Ich wurde dort einem Militärrichter vorgeführt, der gegen mich Haftbefehl erließ. Ich blieb drei Tage in Löbau und wurde von vier MfS-Angehörigen und anschließend von einem Staatsanwalt vernommen. Ich wurde korrekt behandelt. Am vierten Tage fand gegen mich vor einem Militärobergericht, das von Berlin nach Löbau gekommen war, die Verhandlung statt. Ich war alleiniger Angeklagter, die Gerichtsbeteiligten sind mir nicht bekannt. Als Verteidiger hatte ich einen Major aus meiner Einheit. Vom Gericht wurde ich zu 10 Jahren Zuchthaus verurteilt und kam gleich nach der Verhandlung nach Bautzen II.

Hans-Jürgen Grasemann: „Grenzverletzer sind zu vernichten!" Tötungsdelikte an der innerdeutschen Grenze, in: Jürgen Weber und Michael Piazolo (Hrsg.), Eine Diktatur vor Gericht. Aufarbeitung von SED-Unrecht durch die Justiz, München 1995, S. 74

1. *Schildern Sie die Konsequenzen der Befehlsverweigerung.*
2. *Beurteilen Sie den Ablauf des Verfahrens gegen den Unterleutnant.*

[1] MfS: Ministerium für Staatssicherheit, siehe S. 70 f. und 93

Entspannung, Annäherung, Zweistaatlichkeit (1961-1975)

Vollendete Tatsachen Die Berliner Mauer und der Ausbau der innerdeutschen Grenze 1961 waren der vorläufige Endpunkt der deutschen Teilung. Die DDR hatte das Fluchtproblem gewaltsam beseitigt. Auch nach 1961 gab es keine offiziellen Kontakte zwischen der Bundesrepublik und der DDR. Doch die Bundesregierung konnte ihre Ablehnung nicht einfach fortsetzen. Sie musste sich um menschliche Erleichterungen im deutsch-deutschen Alltag und eine Entspannung des Verhältnisses zur DDR bemühen.

Das Passierscheinabkommen von 1963 Ein erster Erfolg gelang im Dezember 1963 mit dem „Passierscheinabkommen", das der Berliner Senat mit der DDR-Regierung aushandelte. Seither konnten West-Berliner ihre Angehörigen im Ostteil der Stadt besuchen. Seit Ende 1964 durften DDR-Bürger im Rentenalter auch ihre Verwandten im Westen besuchen. Die innerdeutsche Grenze war ein wenig durchlässiger geworden.

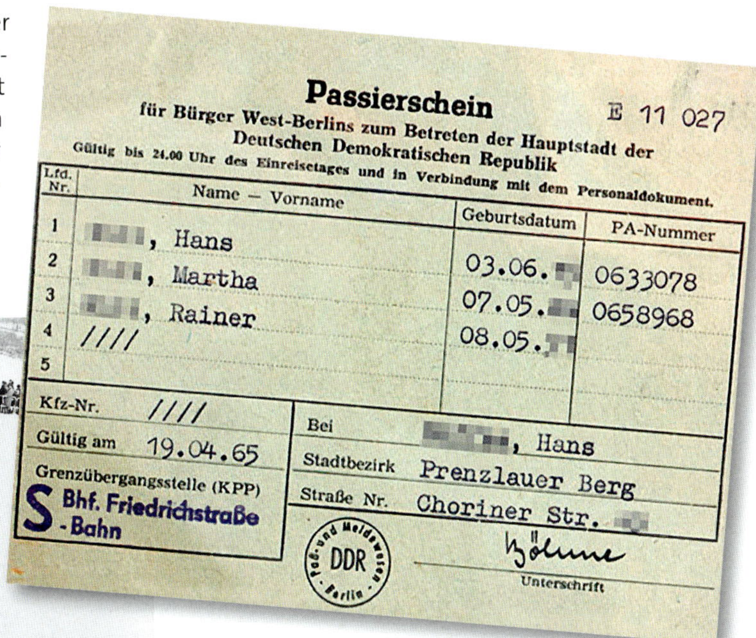

Passierschein E 11 027

für Bürger West-Berlins zum Betreten der Hauptstadt der Deutschen Demokratischen Republik

Gültig bis 24.00 Uhr des Einreisetages und in Verbindung mit dem Personaldokument.

Lfd. Nr.	Name – Vorname	Geburtsdatum	PA-Nummer
1	[redacted], Hans		
2	[redacted], Martha	03.06.[redacted]	0633078
3	[redacted], Rainer	07.05.[redacted]	0658968
4	////	08.05.[redacted]	
5			

Kfz-Nr. ////

Gültig am 19.04.65

Grenzübergangsstelle (KPP) S Bhf. Friedrichstraße - Bahn

Bei [redacted], Hans

Stadtbezirk Prenzlauer Berg

Straße Nr. Choriner Str. [redacted]

Pol. und Meldewesen DDR Berlin

Unterschrift

▲ **Passierschein für eine West-Berliner Familie, April 1965.**
Mit dem Passierscheinabkommen zwischen West-Berlin und der DDR vom 17. Dezember 1963 konnten erstmals nach dem Mauerbau über 1,2 Millionen West-Berliner ihre Verwandten in Ost-Berlin besuchen. Dieses erste Passierscheinabkommen war Ausgangspunkt einer neuen Deutschlandpolitik. Grundlegende Verbesserungen für Reisemöglichkeiten brachte allerdings erst das Berlin-Abkommen von 1971.

▲ **Warteschlange vor der Antragstelle für Passierscheine in West-Berlin.**
Foto vom 19. Dezember 1963.

Veränderung der internationalen Lage Seit Anfang der 1960er-Jahre verlor das Problem der deutschen Teilung seine weltpolitische Bedeutung. Die Supermächte USA und Sowjetunion legten sich nach den Krisen um Berlin (1958-1961) und Kuba (1962)* auf eine Politik des Gleichgewichts und des **Status quo** in Europa fest. Die Westmächte übten keinen Druck mehr auf die Sowjetunion aus, Schritte zur Lösung der deutschen Frage zu unternehmen.

Status quo (lat.): gegenwärtiger Zustand

* siehe S. 257 f.

Willy Brandt (1913-1992): Politiker (SPD), 1933-1945 im Exil, 1957-1966 Regierender Bürgermeister von West-Berlin, 1964-1987 SPD-Vorsitzender, 1966-1969 Außenminister, 1969-1974 Bundeskanzler. Erhielt 1971 den Friedensnobelpreis. Trat als Bundeskanzler zurück, nachdem ein enger Mitarbeiter als DDR-Spion enttarnt worden war.

„Wandel durch Annäherung" Unter westdeutschen Politikern wuchs der Wunsch, das Verhältnis zur DDR und zu Osteuropa zu normalisieren. Bereits 1963 formulierte Egon Bahr (SPD) das Konzept „Wandel durch Annäherung". Die Bundesrepublik, so der Vorschlag, sollte durch intensive politische, wirtschaftliche und kulturelle Beziehungen mit den Ostblockländern deren Öffnung gegenüber dem Westen erreichen. Das schloss auch Beziehungen mit der DDR ein. Damit würde Bonn seinen Beitrag für eine internationale wie auch deutsch-deutsche Entspannung leisten (▸ M1).

Es dauerte jedoch bis 1969, als nach dem Wahlsieg von SPD und FDP eine neue Bundesregierung unter Kanzler **Willy Brandt** zu einer veränderten Politik überging.

Die Neue Ostpolitik Bundeskanzler Willy Brandt (SPD) und Außenminister Walter Scheel (FDP) kündigten eine „Neue Ostpolitik" unter Rückgriff auf das Konzept „Wandel durch Annäherung" an. Im Mittelpunkt standen menschliche Erleichterungen, gegenseitiges Vertrauen, Rüstungskontrolle und Gewaltverzicht.

Die Bundesregierung schloss hierzu eine Reihe von Verträgen („Ostverträge") mit der Sowjetunion (Moskauer Vertrag, 1970), Polen (1970) und der Tschechoslowakei (1973). Diese Abkommen erklärten jeweils den gegenseitigen Verzicht auf Gewalt sowie die Anerkennung der Unverletzlichkeit, nicht Unveränderbarkeit, der Grenzen in Europa.

Gegenüber der Sowjetunion betonte die Bundesregierung das Recht des deutschen Volkes auf freie Selbstbestimmung und nationale Einheit.

Bonn gab auch Hilfestellung beim Abkommen der Alliierten über Berlin (Vier-Mächte-Abkommen) von 1971. Die ehemaligen Siegermächte legten fest, West-Berlin sei zwar nicht Bestandteil der Bundesrepublik, dürfe aber enge „Bindungen" mit ihr pflegen und werde von Bonn diplomatisch vertreten.

Der Grundlagenvertrag von 1972 Damit waren die Voraussetzungen für neue innerdeutsche Beziehungen gegeben. Um die deutsche Teilung erträglicher zu machen, war Bundeskanzler Brandt bereit, die DDR als zweiten deutschen Staat anzuerkennen. Gleichzeitig hielt die Bundesregierung am Grundsatz der deutschen Einheit fest. Bundesrepublik und DDR seien „füreinander nicht Ausland", erklärte Brandt 1969.

Die Gespräche begannen 1970. Ost-Berlin wollte eine völkerrechtliche Anerkennung und den Austausch von Botschaftern, was Bonn verweigerte. Die SED-Führung unter Walter Ulbricht war zuletzt bereit, ihre Forderungen zurückzunehmen. Zugleich wünschte Ulbricht enge wirtschaftliche Beziehungen zwischen beiden deutschen Staaten. Doch er hatte inzwischen den Rückhalt der Sowjetunion verloren und wurde im Mai 1971 durch Erich Honecker ersetzt. Dieser genoss die Gunst der Sowjetunion, und die deutsch-deutschen Verhandlungen kamen danach zum Abschluss.

1972 wurde ein Verkehrsvertrag unterzeichnet, der den Austausch von Personen und Gütern vereinfachte. In dringenden Familienangelegenheiten durften nun auch DDR-Bürger unterhalb des Rentenalters in die Bundesrepublik reisen. Umgekehrt wurden Touristenreisen in die DDR erleichtert. Bundesbürger konnten künftig Aufenthaltsgenehmigungen für die gesamte DDR erhalten und nicht mehr nur Verwandte, sondern auch Freunde und Bekannte besuchen.

Noch im selben Jahr einigte man sich auf den Grundlagenvertrag. Er bildete die Basis für die deutsch-deutschen Beziehungen der kommenden Jahrzehnte. Die Bundesregierung gab ihren Alleinvertretungsanspruch auf. Sie erkannte die DDR als gleichberechtigten deutschen Staat an. Ihrerseits gab die DDR die Zusage, „praktische und humanitäre Fragen zu regeln" (▸ M2).

Der Grundlagenvertrag enthielt jedoch keine völkerrechtliche Anerkennung der DDR. Statt Botschaften richteten beide Staaten „Ständige Vertretungen" ein und unterhielten „besondere Beziehungen". Ebenso wenig kam es zu einer Anerkennung der DDR-Staatsbürgerschaft. Am Ziel einer deutschen Einheit hielt die Bundesregierung ausdrücklich fest (▸ M3).

„Zwei Staaten in Deutschland" ■ Die DDR-Führung hatte mit dem Grundlagenvertrag die erhoffte Anerkennung großenteils erreicht. Das SED-Regime erhielt dadurch außenpolitische Legitimation, zum Ersatz für die fehlende demokratische Legitimation im Innern.

Die Bundesregierung konnte menschliche Erleichterungen einfordern, ohne dabei das Gebot der Wiedervereinigung Deutschlands zu missachten, das das Grundgesetz vorschrieb. Bonn berief sich auf die Formel von den „zwei Staaten in Deutschland", wie zuvor mit den USA vereinbart. Damit wurde die neue Deutschlandpolitik auch von den Westalliierten gutgeheißen.

Nach dem Grundlagenvertrag wurden beide deutschen Staaten 1973 in die UNO aufgenommen. Die Welt ging davon aus, dass die deutsche Teilung damit endgültig war. „Europa tut das nicht allzu leid", schrieb die Londoner „Times".

Das Echo in Westdeutschland ■ Die Ostverträge sowie die Annäherung an die DDR fanden in der Bundesrepublik anfangs viele Kritiker (▸ M4). Doch der Wahlerfolg der Regierung Brandt/Scheel 1973 bestätigte deren Politik. Bis zum Ende der 1970er-Jahre entstand über alle Parteien hinweg ein breiter Konsens über die Notwendigkeit der Neuen Ostpolitik. Die Menschen verstanden sie als friedensstiftende Ergänzung zur Westintegration der Bundesrepublik.

▲ Verkehrsverbindungen zwischen Westdeutschland und West-Berlin.
1972 willigte die DDR ein, den Straßenverkehr von und nach West-Berlin reibungsloser und schneller abzuwickeln. Sie erhielt dafür jährlich anfangs 230 Millionen DM, bis 1989 gesteigert auf 525 Millionen DM. Dieses „Transitabkommen" war die erste vertragliche Regelung zwischen der Bundesrepublik Deutschland und der DDR auf Regierungsebene.

◂ Flaggen der Bundesrepublik Deutschland und der DDR vor dem UN-Gebäude in New York.

M1 Wandel durch Annäherung

Egon Bahr (SPD), später Mitglied der Bundesregierung, hält 1963 in der Evangelischen Akademie Tutzing einen Vortrag:

Die Änderung des Ost-West-Verhältnisses, die die USA versuchen wollen, [...] eröffnet Aussichten, nachdem die bisherige Politik des Drucks und Gegendrucks nur zu einer Erstarrung des Status quo geführt hat. Das Vertrauen darauf, dass unsere Welt die bessere ist, die im friedlichen Sinn stärkere, die sich durchsetzen wird, macht den Versuch denkbar, sich selbst und die andere Seite zu öffnen und die bisherigen Befreiungsvorstellungen zurückzustellen. [...]

Die erste Folgerung, die sich aus einer Übertragung der Strategie des Friedens auf Deutschland ergibt, ist, dass die Politik des Alles oder Nichts ausscheidet. Entweder freie Wahlen oder gar nicht, entweder gesamtdeutsche Entscheidungsfreiheit oder ein hartes Nein, [...] das alles ist nicht nur hoffnungslos antiquiert und unwirklich, sondern in einer Strategie des Friedens auch sinnlos. Heute ist klar, dass die Wiedervereinigung nicht ein einmaliger Akt ist, [...] sondern ein Prozess mit vielen Schritten und vielen Stationen. Wenn es richtig ist, was Kennedy sagte, dass man auch die Interessen der anderen Seite anerkennen und berücksichtigen müsse, so ist es sicher für die Sowjetunion unmöglich, sich die Zone[1] zum Zwecke einer Verstärkung des westlichen Potenzials entreißen zu lassen. Die Zone muss mit Zustimmung der Sowjets transformiert werden. [...]

Man könnte sagen, [die Mauer] war ein Zeichen der Angst und des Selbsterhaltungstriebes des kommunistischen Regimes. Die Frage ist, ob es nicht Möglichkeiten gibt, diese durchaus berechtigten Sorgen dem Regime graduell so weit zu nehmen, dass auch die Auflockerung der Grenzen und der Mauer praktikabel wird, weil das Risiko erträglich ist. Das ist eine Politik, die man auf die Formel bringen könnte: Wandel durch Annäherung. Ich bin fest davon überzeugt, dass wir Selbstbewusstsein genug haben können, um eine solche Politik ohne Illusion zu verfolgen, die sich außerdem nahtlos in das westliche Konzept der Strategie des Friedens einpasst, denn sonst müssten wir auf Wunder warten, und das ist keine Politik.

Rolf Steininger, Deutsche Geschichte. Darstellung und Dokumente in vier Bänden, Bd. 3: 1955-1974, Frankfurt am Main 2002, S. 290

1. *Schildern Sie, was Egon Bahr dem Westen als politische Haltung empfiehlt.*

2. *Arbeiten Sie heraus, was sich laut Bahr an der bisherigen Politik ändern muss, damit eine Wiedervereinigung möglich wird. Welcher Zeitrahmen schwebt Bahr dabei vor?*

[1] Zone: kurz für „Ostzone", wie man die DDR im Westen oft nannte

M2 Deutsch-deutscher Grundlagenvertrag

Am 21. Dezember 1972 wird in Ost-Berlin der „Vertrag über die Grundlagen der Beziehungen zwischen der Bundesrepublik Deutschland und der Deutschen Demokratischen Republik" abgeschlossen.

Artikel 1

[Sie] entwickeln normale gutnachbarschaftliche Beziehungen zueinander auf der Grundlage der Gleichberechtigung. [...]

Artikel 3

[Sie] bekräftigen die Unverletzlichkeit der zwischen ihnen bestehenden Grenze jetzt und in der Zukunft und verpflichten sich zur uneingeschränkten Achtung ihrer territorialen Integrität.

Artikel 4

[Sie] gehen davon aus, dass keiner der beiden Staaten den anderen international vertreten oder in seinem Namen handeln kann. [...]

Artikel 6

[Sie] respektieren die Unabhängigkeit und Selbstständigkeit jedes der beiden Staaten in seinen inneren und äußeren Angelegenheiten. [...]

Artikel 7

[Sie] erklären ihre Bereitschaft, im Zuge der Normalisierung ihrer Beziehungen praktische und humanitäre Fragen zu regeln. Sie werden Abkommen schließen, um auf der Grundlage dieses Vertrages und zum beiderseitigen Vorteil die Zusammenarbeit auf dem Gebiet der Wirtschaft, der Wissenschaft und Technik, des Verkehrs, des Rechtsverkehrs, des Post- und Fernmeldewesens, des Gesundheitswesens, der Kultur, des Sports, des Umweltschutzes und auf anderen Gebieten zu entwickeln und zu fördern.

Dieter Blumenwitz, Denk ich Deutschland – Antworten auf die Deutsche Frage. Dokumentenband, München 1989, S. 103 f.

1. *Beschreiben Sie das Verhältnis der beiden deutschen Staaten, wie es in dem Vertrag anklingt.*

2. *Der Vertrag nennt „Staaten", nicht aber das deutsche Volk. Erklären Sie, warum nicht.*

3. *Arbeiten Sie heraus, worin der Wandel bestand, den die Bonner Politik gegenüber der DDR mit diesem Vertrag vollzog.*

M3 Brief zur Deutschen Einheit

Am 21. Dezember 1972 sendet Bundesminister Egon Bahr einen offiziellen Brief an die Regierung der DDR. Darin wird die Haltung der Bundesregierung zum soeben vereinbarten Grundlagenvertrag erläutert.

Im Zusammenhang mit der heutigen Unterzeichnung des Vertrages über die Grundlagen der Beziehungen zwischen der Bundesrepublik Deutschland und der Deutschen Demokratischen Republik beehrt sich die Regierung der Bundesrepublik Deutschland festzustellen, dass dieser Vertrag nicht im Widerspruch zu dem politischen Ziel der Bundesrepublik Deutschland steht, auf einen Zustand des Friedens in Europa hinzuwirken, in dem das deutsche Volk in freier Selbstbestimmung seine Einheit wiedererlangt.
Mit vorzüglicher Hochachtung
Bahr

Bulletin des Presse- und Informationsamtes der Bundesregierung vom 22. Dezember 1972, Nr. 171, S. 2012

1. *Erläutern Sie, weshalb dieses Dokument als „Brief zur Deutschen Einheit" bezeichnet wird.*

2. *Der Brief wurde von Bonn sofort veröffentlicht. Überlegen Sie, welche anderen Möglichkeiten eine Regierung besitzt, um die eigene Politik klarzustellen.*

M4 Kritische Anmerkungen

Rainer Barzel (CDU), Oppositionsführer im Deutschen Bundestag, erklärt 1972 zur Unterzeichnung des Grundlagenvertrages:

Dieser Vertrag legitimiert ein Unrechtssystem und eine unmenschliche Grenze mit automatischen Tötungsanlagen. [...] Dieser Vertrag lässt unsere Landsleute in der DDR im Stich, hilft aber dem Regime dort, um die jahrelang vergeblich erstrebte internationale Anerkennung zu erreichen. So geht von deutschem Boden Unrecht aus, bestätigt von einer frei gewählten Regierung. Das wollen wir nicht mitmachen.

Der Tagesspiegel vom 22. Dezember 1972

1. *Stellen Sie dar, weshalb nach Barzel durch den Grundlagenvertrag Unrecht geschieht.*

2. *Veranstalten Sie in Ihrer Klasse eine Diskussionsrunde zum Thema: „Sollen Diktaturen international anerkannt werden?" Führen Sie dazu Beispiele aus Geschichte und Gegenwart an.*

▸ **Kniefall Willy Brandts am Mahnmal für die Opfer des Warschauer Ghettos.**
Foto vom 7. Dezember 1970. Mit dieser spontanen Geste während seines Staatsbesuches gedachte Brandt der polnischen Juden, die 1943 beim Aufstand im Warschauer Ghetto von Deutschen ermordet worden waren. Am selben Tag unterzeichnete Brandt den Warschauer Vertrag, in dem die Bundesrepublik die Oder-Neiße-Linie als Westgrenze Polens anerkannte.

- *Brandts Geste löste in der Bundesrepublik heftige Reaktionen aus. Eine Zeitschrift fragte auf der Titelseite: „Durfte Brandt knien?". Versetzen Sie sich in das Jahr 1970 zurück. Bilden Sie eine „Pro-" und eine „Kontra-Gruppe" und führen Sie eine Podiumsdiskussion durch.*

Dialog und Stillstand (1975-1989)

Dialog in Europa: die KSZE Die Ostverträge und der Grundlagenvertrag leiteten zu einem noch größeren politischen Projekt über, der „Konferenz über Sicherheit und Zusammenarbeit in Europa" (KSZE). In den Jahren 1973 bis 1975 tagten Vertreter von 33 europäischen Ländern sowie der USA und Kanadas im finnischen Helsinki. In der Schlussakte vom 1. August 1975 (KSZE-Schlussakte) bekannten sich die Staaten zur Unverletzlichkeit der Grenzen, zur friedlichen Regelung internationaler Streitfälle, zur Nichteinmischung in innere Angelegenheiten und zur Anerkennung der Menschenrechte.*

▲ **KSZE-Schlusskonferenz in Helsinki.**
Foto vom 1. August 1975. Bundeskanzler Helmut Schmidt (vorne rechts) spricht mit dem DDR-Staatsratsvorsitzenden Erich Honecker.

Menschliche Erleichterungen? Auch die DDR unterzeichnete 1975 die KSZE-Schlussakte. Sie erhoffte sich dadurch weitere internationale Aufwertung. Dagegen dachte das SED-Regime gar nicht daran, die Menschenrechte einzuhalten. SED-Mitgliedern, Schulleitern, Polizisten und Wehrpflichtigen war der Kontakt mit Bundesbürgern weiterhin verboten. Westdeutsche Journalisten wurden vom DDR-Staatssicherheitsdienst beschattet, in ihrer Berichterstattung behindert oder ausgewiesen. Der „Todesstreifen" an der Grenze zu Westdeutschland blieb bestehen (▸ M1).

Deutsch-deutsches Nebeneinander Der Entspannungsprozess hatte für Frieden gesorgt, nicht aber für Reformen in den Ostblockländern. Die deutsch-deutschen Beziehungen stagnierten seither, auch, weil sich die weltpolitischen Spannungen zwischen Ost und West Ende der 1970er-Jahre wieder verschärften. Bundesrepublik und DDR richteten sich in der Zweistaatlichkeit ein, von der fast alle annahmen, sie dauere unbegrenzt fort.

Die Haltung der DDR 1974 strich die DDR alle Hinweise auf eine deutsche Einheit aus der neuen Verfassung. Inzwischen glaubte die SED-Führung nicht mehr daran, den Sozialismus auf die Bundesrepublik übertragen zu können. Die deutsche Teilung sicherte dagegen den Fortbestand der SED-Diktatur.

In seiner Deutschlandpolitik verfolgte SED-Chef Honecker zwei Ziele: Zum einen sollte die Bundesrepublik ihre letzten Anerkennungsvorbehalte aufgeben, zum anderen sollte jeder Fortschritt in den innerdeutschen Beziehungen vom Westen so teuer wie möglich bezahlt werden. Die Schuldenkrise der DDR seit Ende der 1970er-Jahre zeigte die Abhängigkeit von westlicher Finanzhilfe. Gleichzeitig war Ost-Berlin von den Weisungen der Sowjetunion abhängig. Die Politik gegenüber der Bundesrepublik schwankte daher zwischen Abgrenzung und Annäherung.

* siehe S. 92 und 266 f.

Die Haltung der Bundesrepublik Die Bundesregierungen unter **Helmut Schmidt** (SPD) und seit 1982 unter **Helmut Kohl** (CDU) verfolgten eine weitgehend gleichbleibende Deutschlandpolitik. In der Frage der Anerkennung der DDR gab es keine Zugeständnisse. Bonn forderte humanitäre Erleichterungen und versuchte, durch direkte Begegnungen das Bewusstsein der Zusammengehörigkeit der Deutschen zu bewahren (▸ M2).

Das SED-Regime kooperierte, weil es auf die wirtschaftliche Zusammenarbeit mit dem Westen angewiesen war. So wurde die Altersgrenze bei Ost-West-Reisen herabgesetzt oder der Freikauf politischer Gefangener gewährt.

Bis 1989 schlossen Bonn und Ost-Berlin insgesamt 70 Abkommen. Auf den Gebieten der Familienzusammenführung, der Reiseerleichterungen im grenznahen Verkehr, der Sport- und Jugendreisen, der Städtepartnerschaften, des Austauschs in Kultur, Kunst, Wissenschaft und Wirtschaft entstanden Freiräume für die DDR-Bürger. Mit diesen Kontakten wurde die Abgrenzungspolitik der SED-Führung unterlaufen (▸ M3, M4).

Helmut Schmidt (geb. 1918): Politiker (SPD), 1961-1965 Innensenator von Hamburg, 1967-1969 Vorsitzender der SPD-Bundestagsfraktion, 1969-1972 Verteidigungsminister, 1972-1974 Bundesfinanzminister, 1974-1982 Bundeskanzler

Perspektiven in den 1980er-Jahren Das Thema „deutsche Einheit" war in der DDR seit den 70er-Jahren tabu. Doch auch in der Bundesrepublik nahm das Interesse stark ab. Westdeutsche Politiker sprachen immer seltener vom Unrecht des SED-Regimes, allenfalls noch vom Unrecht der deutschen Teilung. „Die deutsche Frage ist offen, solange das Brandenburger Tor geschlossen ist." Dieser Satz von Richard von Weizsäcker Anfang der 80er-Jahre war zwar weitsichtig, zeigte aber keine Lösung auf.

Die Bevölkerung in Ost und West hatte sich an die deutsche Teilung gewöhnt. Immer mehr Menschen waren mit der Trennung in zwei Staaten aufgewachsen. Da die Teilung ein Ergebnis des Zweiten Weltkrieges und des weltweiten Ost-West-Gegensatzes war, erschien eine Änderung weder realistisch noch wünschenswert. Den Deutschen waren Frieden und Sicherheit in Europa wichtiger als ein geeinter Nationalstaat.

Helmut Kohl (geb. 1930): Politiker (CDU), 1969-1976 Ministerpräsident von Rheinland-Pfalz, 1973-1998 Bundesvorsitzender der CDU, 1982-1998 Bundeskanzler

◂ **Udo Lindenberg im Palast der Republik (Ost-Berlin).**
Foto vom 25. Oktober 1983.
Ein Beispiel für die erfolgreiche Verbindung von internationaler Popmusik und deutschen Texten war Udo Lindenberg (geb. 1946). Ihm gelang 1983 mit dem Titel „Sonderzug nach Pankow" ein Hit, der die DDR und Erich Honecker frech und humorvoll auf die Schippe nahm. Auf einer Ost-Berliner Veranstaltung durfte er vier seiner Lieder singen (nicht den „Sonderzug"). Er stand dabei unter strenger Überwachung der DDR-Behörden. Lindenbergs Musik war nicht betont politisch, doch fand er einen Weg, mit origineller Unterhaltung den Eisernen Vorhang zu überwinden.

M1 „Helsinki und die Folgen“

Am 19. Oktober 1975, zweieinhalb Monate nach Unterzeichnung der Schlussakte von Helsinki, veröffentlicht das „Deutsche Allgemeine Sonntagsblatt“ diese Zeichnung des tschechischen, in die Bundesrepublik emigrierten Karikaturisten Ivan Steiger.

1. *Interpretieren Sie die Karikatur.*

2. *Ermitteln Sie, ob Steigers Einschätzung der KSZE und ihrer Folgen zutreffend gewesen ist oder nicht. Ziehen Sie dazu M4 heran, ebenso das folgende Kapitel „Die Entwicklung der DDR“.*

▲ **Staatsbesuch Erich Honeckers in der Bundeshauptstadt Bonn.**
Foto vom 7. September 1987.
Mit Bundeskanzler Helmut Kohl schreitet Erich Honecker eine Ehrenformation der Bundeswehr ab. Honecker wurde wie ein ausländischer Staatsgast behandelt. Die DDR sah dies als weiteren Schritt zur vollständigen Anerkennung durch die Bundesrepublik.

M2 Zwei Stellungnahmen zu Deutschland

1987 gelingt Erich Honecker, was die SED-Führung seit Ulbricht gefordert hat: in Bonn offiziell empfangen zu werden. Anlässlich des Empfangs der DDR-Führung nimmt Bundeskanzler Kohl am 7. September zur Frage der deutschen Einheit Stellung:

Das Bewusstsein für die Einheit der Nation ist wach wie eh und je, und ungebrochen ist der Wille, sie zu bewahren. Diese Einheit findet Ausdruck in gemeinsamer Sprache, im gemeinsamen kulturellen Erbe, in einer langen, fortdauernden gemeinsamen Geschichte. [...] Unser Zusammentreffen in Bonn ist ein Schritt auf dem Weg einer schon lange währenden Entwicklung. Sie ist gekennzeichnet durch das Bemühen um ein geregeltes Miteinander.

Vor fast fünfzehn Jahren haben die Bundesrepublik Deutschland und die Deutsche Demokratische Republik den Vertrag über die Grundlagen ihrer Beziehungen unterzeichnet. Dieser Vertrag zeigt Grenzen und Möglichkeiten auf. Möglichkeiten eröffnen sich dort, wo praktische Fragen zum Wohle der Menschen in beiden Staaten gelöst werden können, damit es zu einem Verhältnis guter Nachbarschaft kommt. [...]

An den unterschiedlichen Auffassungen der beiden Staaten zu grundsätzlichen Fragen, darunter zur nationalen Frage, kann und wird dieser Besuch nichts ändern. [...]

Wir achten die bestehenden Grenzen, doch die Teilung wollen wir überwinden: auf dem Weg friedlicher Verständigung und in Freiheit. Die deutsche Frage bleibt offen, doch ihre Lösung steht zurzeit nicht auf der Tagesordnung der Weltgeschichte, und wir werden dazu auch das Einverständnis unserer Nachbarn brauchen. [...]

Die Menschen in Deutschland leiden unter der Trennung. Sie leiden an einer Mauer, die ihnen buchstäblich im Wege steht und die sie abstößt. Wenn wir abbauen, was Menschen trennt, tragen wir dem unüberhörbaren Verlangen der Deutschen Rechnung: Sie wollen zueinanderkommen können, weil sie zusammengehören.

Generalsekretär Honecker entgegnet in seiner Tischrede:

Die Entwicklung unserer Beziehungen, der Beziehungen zwischen der Deutschen Demokratischen Republik und der Bundesrepublik Deutschland, dessen sind wir bewusst, ist von den Realitäten dieser Welt gekennzeichnet, und sie bedeuten, dass Sozialismus und Kapitalismus sich ebenso wenig vereinigen lassen wie Feuer und Wasser.

Bei alledem gehen wir davon aus, dass beiden deutschen Staaten, fest eingefügt in die mächtigsten Militärkoalitionen dieser Zeit, die Verpflichtung zukommt, besonders aktiv zu Frieden, Abrüstung und Entspannung beizutragen. [...]

Angesichts der unverändert komplizierten internationalen Lage ist die Deutsche Demokratische Republik bestrebt, dazu beizutragen, dass Vernunft und guter Wille zu bestimmenden Faktoren der Weltpolitik werden, Kooperation an die Stelle von Konfrontation tritt und mehr Vertrauen in den internationalen Beziehungen geschaffen wird. [...]
Dabei messen wir den humanitären Fragen und den Menschenrechten, die in ihrer Gesamtheit von politischen, zivilen, ökonomischen und sozialen Rechten in der Deutschen Demokratischen Republik im praktischen Leben ihre tägliche Verwirklichung finden, keine geringe Bedeutung bei. [...]
Ausgangspunkt für eine konstruktive, nicht nur beiden Staaten nützliche Politik können nur die Realitäten sein, die Existenz von zwei voneinander unabhängigen souveränen deutschen Staaten mit unterschiedlicher sozialer Ordnung und Bündniszugehörigkeit.

Bundesministerium für innerdeutsche Beziehungen (Hrsg.), Texte zur Deutschlandpolitik, Reihe III/Bd. 5, Coburg 1988, S. 194 ff.

1. *Stellen Sie die Positionen beider Redner gegenüber. Wo gibt es Berührungspunkte, wo Meinungsunterschiede?*
2. *Arbeiten Sie heraus, wovon beide Staatsmänner die weitere Entwicklung in Deutschland abhängig sehen.*
3. *Bewerten Sie die Stellungnahmen aus heutiger Sicht.*

M3 Entwicklung des innerdeutschen Handels

Lieferungen und Bezüge der Bundesrepublik Deutschland				
Jahr	Lieferungen	Bezüge *in Millionen VE*[1]	Umsatz	Veränderung der Umsätze *in % zum Vorjahr*
1950	329	342	671	
1955	563	588	1151	
1960	960	1122	2082	
1965	1206	1260	2466	
1970	2416	1996	4412	+12,3
1975	3922	3342	7264	+4,9
1980	5293	5580	10873	+16,8
1985	7901	7636	15537	+9,8
1987	7367	6647	14014	+2,0
1988	7234	6789	14023	+0,1
1989	8101	7205	15306	+9,1

Nach: Dieter Grosser, Stephan Bierling und Beate Neuss (Hrsg.), Bundesrepublik und DDR 1969 - 1990, Stuttgart 1996, S. 282

M4 Entwicklung des innerdeutschen Reiseverkehrs

	Reisen aus der DDR in die Bundesrepublik (in 1000)		Reisen in die DDR und nach Ost-Berlin (in 1000)	
	Rentner	Personen unter dem Rentenalter	gesamt	davon West-Berliner
1957	2720	-	2700	-
1962	27	-	ca. 2000	-
1967	1072	-	1424	60
1972	1079	11	6260	3320
1973	1298	41	7499	3820
1975	1370	40	7734	3210
1980	1594	40	6746	2600
1981	1601	37	5020	1800
1982	1600	46	5068	1730
1983	1527	64	5059	1720
1984	1607	61	5219	1600
1985	1666	66	5620	ca. 1900
1986	1760	573	5700	ca. 1900
1987	3800	1290	5500	ca. 1900
1988	6750	-	5552	1972

Nach: Dieter Grosser et al. (Hrsg.), a. a. O., S. 283

Stellen Sie die Auswirkungen wichtiger Daten der DDR-Geschichte (Aufstand am 17. Juni, Mauerbau, Abschluss des Grundlagenvertrages mit der Bundesrepublik) in den Statistiken M3 und M4 fest.

[1] Als Währung galt nicht die DM, sondern der innerdeutsche Handel wurde in „Verrechnungseinheiten" (VE) abgewickelt.

Die Entwicklung der DDR

◂ **Staatsflagge der DDR.**
Foto von 1987.
Ährenkranz, Hammer und Zirkel als Symbole des „Arbeiter- und Bauernstaates" wurden erst 1959 offiziell eingeführt. Bis dahin waren die Flaggen der Bundesrepublik und der DDR identisch gewesen.

Aufbau der SED-Diktatur

1950 – Walter Ulbricht wird Generalsekretär der SED. Das Ministerium für Staatssicherheit (MfS, „Stasi") wird gegründet. Am 15. Oktober finden die ersten Volkskammerwahlen statt, ihr Ergebnis war von den Machthabern zuvor festgelegt worden.

1950 – Die DDR wird Mitglied im Rat für Gegenseitige Wirtschaftshilfe (RGW).

Sozialismus und Einbindung in den Ostblock

1952 – Die Länder der DDR werden aufgelöst, die Kommunen verlieren ihre Selbstverwaltung.

1952 – Ulbricht verkündet den „planmäßigen Aufbau des Sozialismus".

17.6.1953 – Ein Arbeiteraufstand in Ost-Berlin weitet sich zu einem landesweiten Aufstand gegen das SED-Regime aus. Sowjetisches Militär schlägt ihn nieder.

1955 – Die Sowjetunion erkennt die Souveränität der DDR an. Die DDR wird Mitglied des Warschauer Pakts.

1956 – Die Nationale Volksarmee (NVA) wird gegründet.

1958-1961 – Die Zahl der Flüchtlinge in den Westen steigt erneut drastisch an.

Abgrenzung und Stabilisierung

13.8.1961 – Die DDR-Regierung beginnt in Berlin mit dem Bau der Mauer. An der innerdeutschen Grenze entsteht durch Sperranlagen ein „Todesstreifen".

1962 – Einführung der allgemeinen Wehrpflicht.

1968 – Die DDR erhält per Volksabstimmung eine neue Verfassung und bezeichnet sich als „sozialistischer Staat deutscher Nation".

Real existierender Sozialismus

Mai 1971 – Das Politbüro der SED stürzt Walter Ulbricht. Erich Honecker wird erster Mann in Staat und Partei.

1971 – Die SED verkündet das Programm einer „Einheit von Wirtschafts- und Sozialpolitik".

1972 – Grundlagenvertrag mit der Bundesrepublik Deutschland.

1974 – Die DDR-Regierung streicht alle Bezüge auf die Deutsche Nation aus der Verfassung.

1975 – Die DDR unterzeichnet die KSZE-Schlussakte, in der Menschen- und Bürgerrechte nach westlichem Maßstab festgelegt sind.

um 1975/80 – Die DDR-Wirtschaft erfährt einen rasanten Niedergang, während sich der Staat immer weiter verschuldet.

1: Bezugsmarke, die beim Kauf zusätzlich zum Kaufpreis abgegeben werden musste. – **2**: Kinder der DDR-Jugendorganisation „Junge Pioniere" in Uniform; Aufnäher für ein Pionierhemd mit Losung der Jungpioniere. – **3**: „Knopflochkamera", mit der die Stasi heimlich Personen fotografierte. 1950er-Jahre. – **4**: In der DDR stationierte sowjetische Soldaten treffen sich mit Deutschen. Foto, 1983. – **5**: Die Parteizeitung der SED vom Tag des Baus der Berliner Mauer.

- *Informieren Sie sich über den geschichtlichen Hintergrund der Materialien und ordnen Sie sie in den Ablauf der DDR-Geschichte ein.*
- *Die auf der Karte schwarz eingetragenen Gebiete hießen im Volksmund „Tal der Ahnungslosen". Ermitteln Sie, warum der Empfang von Fernsehsendern der Bundesrepublik Deutschland für Bürger der DDR wichtig war. Diskutieren Sie den Standort der Sendeantennen. Welche Informationsquellen aus dem Ausland können Sie heute nutzen?*

Einbindung in den Ostblock, Errichtung einer Diktatur

Rat für Gegenseitige Wirtschaftshilfe (RGW, engl. COMECON, Abkürzung für *Council for Mutual Economic Assistance*): wirtschaftlicher Zusammenschluss der sozialistischen Staaten unter Führung der Sowjetunion

Wirtschaftliche Verflechtung Anfang 1950 wurde die DDR Mitglied im **Rat für Gegenseitige Wirtschaftshilfe**, den die Sowjetunion im Jahr zuvor gegründet hatte. Damit wurde das Land in ein System eingebunden, das die Ostblockstaaten unter der Regie der Sowjetunion wirtschaftlich miteinander verkoppelte. Die Wirtschaftskontakte der DDR zum Westen und zur Bundesrepublik (innerdeutscher Handel) gingen daraufhin zurück. Der RGW stellte keine Mittel für den Wiederaufbau nach dem Krieg bereit. Stattdessen erhielt die DDR strenge Auflagen, was sie produzieren, an ihre östlichen Nachbarn abführen oder von ihnen importieren sollte.

▲ **„Klassenbrüder – Waffenbrüder."**
DDR-Werbeplakat für den Warschauer Pakt, um 1965.

Grenzfragen und Militärwesen 1950 schloss die DDR mit Polen das Görlitzer Abkommen. Darin erkannte sie die Oder-Neiße-Linie als Ostgrenze an (in der DDR künftig „Oder-Neiße-Friedensgrenze" genannt). Im selben Jahr verzichteten DDR und ČSSR in der Prager Deklaration auf gegenseitige Gebietsansprüche. Zugleich wurden die „Umsiedlungen" Deutscher aus der Tschechoslowakei seit dem Ende des Zweiten Weltkrieges für „endgültig" und „gerecht" erklärt. Beide Verträge entstanden auf Druck der Sowjetunion. Diese verfügte in einem „Grenzabkommen" mit der DDR vom September 1950 auch die Stationierung von Truppen der Roten Armee in Ostdeutschland.

Die DDR sollte auch ihren eigenen Beitrag zur Bewaffnung des Landes leisten. Daher entschied das SED-Regime im Juli 1952, „nationale Streitkräfte" zu gründen. Daraufhin wurden Verbände einer „Kasernierten Volkspolizei" (KVP) aufgestellt. Mitte 1953 zählten diese Truppen bereits 130 000 Mann. Die Bildung von DDR-Streitkräften wurde beschleunigt, als sich auch die Bundesrepublik Deutschland zur Wiederbewaffnung entschieden hatte. Als Reaktion auf die Gründung der Bundeswehr und den Beitritt der Bundesrepublik zur NATO* rief die Sowjetunion am 14. Mai 1955 den Warschauer Pakt ins Leben. Dem Militärbündnis gehörten die UdSSR, Albanien (bis 1968), Bulgarien, die DDR, Polen, Rumänien, die Tschechoslowakei und Ungarn an. Aus den bislang bilateralen, d. h. zwischen zwei Vertragspartnern geschlossenen Bündnissen der Sowjetunion mit ihren Satellitenstaaten wurde nun eine gemeinsame Militärorganisation.

Als Mitglied des Warschauer Paktes gründete die DDR 1956 ein Verteidigungsministerium sowie die Nationale Volksarmee (NVA). Sie bestand zunächst nur aus Freiwilligen. Die allgemeine Wehrpflicht wurde erst 1962 eingeführt, nach dem Bau der Mauer. Daneben unterhielt die DDR starke Verbände einer Grenzpolizei, die seit 1961 als DDR-Grenztruppen ebenfalls dem Ministerium für Nationale Verteidigung unterstanden.

* siehe S. 49

Alle Macht in den Händen der Einheitspartei In der DDR gab es keine freien Wahlen, die die Herrschaft der SED demokratisch bestätigt hätten. Stattdessen errichtete die Führung der SED eine Diktatur, um ihr Machtmonopol durchzusetzen und zu sichern. Gestützt auf das Vorbild und die Zustimmung der Sowjetunion, ergriff die SED folgende Maßnahmen:

- Die SED gab sich eine neue innere Ordnung als „Partei neuen Typus",
- alle Parteien, Gewerkschaften und Verbände mussten sich der SED unterordnen,
- bei Wahlen wurde das Ergebnis vorher festgelegt,
- die Justiz geriet unter die Kontrolle der SED,
- eine Geheimpolizei (Ministerium für Staatssicherheit, MfS) wurde zur Überwachung der Bevölkerung und zur Unterdrückung jeder Opposition eingeführt,
- Medien, Schulwesen und Bildungsinhalte gelangten in die Hand der SED-Führung.

Die SED als „Partei neuen Typus" Um als einheitlicher Machtapparat wirksam zu sein, verordnete sich die SED 1949 Richtlinien für eine „Partei neuen Typus". Dazu zählte das Verbot abweichender Meinungen und Gruppierungen (Fraktionen) in der Partei. Alle Mitglieder wurden streng auf die Ideologie des **Marxismus-Leninismus** verpflichtet, deren Auslegung der Parteispitze vorbehalten blieb. Beschlüsse wurden in der Führungsgruppe gefällt, von oben nach unten weitergegeben und durch untergeordnete Parteistellen umgesetzt. Die Politik Stalins und der Sowjetunion wurde ohne Vorbehalt gutgeheißen und galt als einziges Leitbild.

Walter Ulbricht, der Erste Sekretär und mächtigste Mann der SED, schloss massenhaft „Abweichler" aus der Partei aus – allein 1950/51 waren es 150000 Mitglieder. Selbst Kritiker in der Führungsriege der SED wurden abgesetzt und verhaftet. Die Zwangsvereinigung von Sozialdemokraten und Kommunisten* war damit vollendet. Die SED wurde seither von einer kleinen Gruppe von Spitzenfunktionären gelenkt.

Marxismus-Leninismus: Gesellschaftslehre nach den Theorien von Karl Marx (1818-1883), die Lenin (1870-1924) in politische Praxis umsetzte. Ihr zufolge soll eine revolutionäre Partei alle fortschrittlichen Kräfte vereinen und der Arbeiterklasse zur Herrschaft im Staat verhelfen, notfalls mit Gewalt und Terror.

Führungsanspruch der SED Die SED war ihrem Ursprung nach eine Partei der Arbeiterschaft. Neben ihr wurden die ostdeutsche CDU (Christlich-Demokratische Union Deutschlands) und die LDPD (Liberal-Demokratische Partei Deutschlands) geduldet, um demokratische Verhältnisse vorzutäuschen. 1948 rief die SED mit sowjetischer Zustimmung die „Demokratische Bauernpartei Deutschlands" (DBD) und die „National-Demokratische Partei Deutschlands" (NDPD) ins Leben. Sie sollten Bauern und Konservative (z. B. Frontsoldaten) einbinden, gehorchten aber ganz den Weisungen der SED.

Neben den Parteien gab es die großen Massenorganisationen, die zwischen 1945 und 1947 gegründet worden waren. Hierzu zählten v. a. der „Freie Deutsche Gewerkschaftsbund" (FDGB), die „Freie Deutsche Jugend" (FDJ), der „Demokratische Frauenbund Deutschlands" (DFD), der „Kulturbund" (KB) sowie die „Vereinigung der gegenseitigen Bauernhilfe" (VdgB). Die SED-Spitze benutzte diese Organisationen, um die Bevölkerung zu lenken und zu kontrollieren.

Die Massenorganisationen und die fünf zugelassenen Parteien bildeten gemeinsam den „Demokratischen Block". Der Demokratische Block sowie weitere Organisationen wurden in der Nationalen Front zusammengeschlossen. Da die maßgeblichen Stellen der Nationalen Front von SED-Funktionären besetzt waren, konnte die SED alle Parteien und Verbände steuern. Außerhalb der staatlich gelenkten Parteien, Gewerkschaften und Organisationen waren keine Vereine oder Verbände erlaubt.

▲ **„Stalin, das ist der Frieden."**
DDR-Propagandaplakat von 1952, herausgegeben vom „Amt für Informationen".

* siehe S. 36 f.

▲ **Aufmarsch von Mitgliedern der Freien Deutschen Jugend, der Volkspolizei und der SED anlässlich der II. Parteikonferenz der SED in Berlin.**
Foto vom 11. Juli 1952.
- *Erklären Sie, weshalb Vertreter eines Jugendverbandes, der Polizei und einer politischen Partei gemeinsam einen Demonstrationszug bildeten.*

Unfreie Wahlen Die Nationale Front bestimmte die Kandidaten zu den Landtagswahlen und zur Wahl der Volkskammer, dem Parlament der DDR. Im Oktober 1950 fanden die ersten Volkskammerwahlen statt. Die Bürger hatten keine Möglichkeit zur Auswahl, sondern konnten nur eine einzige Einheitsliste bestätigen. Obwohl das Ergebnis zuvor festgelegt war (98 Prozent Wahlbeteiligung, 99,7 Prozent Zustimmung), übten die SED und ihre Geheimpolizei Druck und Gewalt auf die Bevölkerung aus und nahmen Fälschungen vor (▸ M1).

Zuletzt ordneten sich CDU-Ost und LDPD der Führung durch die SED unter. Kritiker waren bis dahin oft mit Zuchthaus*, Zwangsarbeit oder Verschleppung in sowjetische Arbeitslager bestraft worden. In der Bevölkerung galten alle von der SED abhängigen Parteien als „Blockparteien". Damit war nicht nur die Zugehörigkeit zum „Demokratischen Block" gemeint, sondern zumal der Umstand, dass echte Parteienvielfalt in der DDR ausgeschlossen blieb.

Justiz und Verfolgung Die DDR war kein Rechtsstaat mit unabhängiger Justiz. Die SED kontrollierte das Personal sowie die Praxis der gesamten Rechtsprechung. Im Gegensatz zur Verfassung waren die Richter („Volksrichter") nicht unabhängig, sondern politische Funktionäre. Sie wurden angeleitet und gelenkt vom Obersten Gericht und der SED-Spitze. Die Öffentlichkeit von Gerichtsverfahren beschränkte sich darauf, dass meist nur ausgewählte Personen an Prozessen teilnehmen durften. Die Haftbedingungen in den Gefängnissen waren unmenschlich.

Das Strafrecht diente als Instrument zur Bekämpfung politischer Gegner. Bereits kritische Meinungsäußerungen über das Regime wurden mit hohen Freiheitsstrafen geahndet. Auch die Todesstrafe wurde, besonders in den 1950er-Jahren, gegen politische Gegner verhängt. Die letzte Hinrichtung fand 1981 statt.

Heute wird die Zahl der politisch Verfolgten in 40 Jahren DDR auf 150 000 bis 200 000 geschätzt. Nicht weniger als 33 755 „politische Häftlinge" kaufte die Bundesregierung zwischen 1963 und 1989 für umgerechnet 1,74 Milliarden Euro frei. Seit dem Untergang des SED-Regimes können die Opfer der DDR-Justiz ihre gerichtliche Rehabilitierung** beantragen. Etwa 160 000 solcher Anträge sind bis 2001, der gesetzlichen Frist, gestellt worden; den meisten Klägern wurde bestätigt, Unrecht erlitten zu haben.

Auch die Gesetze des Zivil-, Familien- und Arbeitsrechts erlaubten es dem SED-Staat, Andersdenkende, Kritiker oder Systemgegner einzuschüchtern. So wurden Schulabschlüsse, die Berufsausbildung, der berufliche Aufstieg von Menschen, die unliebsam auffielen, verhindert, sie erhielten keine eigene Wohnung zugeteilt oder blieben ohne Reiseerlaubnis, der Personalausweis konnte entzogen oder der Arbeitsplatz gekündigt werden. Für die Bürger gab es keine Rechtssicherheit. Das staatliche Handeln blieb unberechenbar.

▲ **Die JVA „Bautzen II", als „Stasi-Knast" berüchtigt.**
Das Gefängnis wurde von 1956 bis 1989 vom MfS kontrolliert. Hier saßen v. a. „politische Gefangene" in Haft – verurteilte Spione, Fluchthelfer sowie Kritiker der SED-Diktatur. Für die Bevölkerung war „Bautzen II" der Inbegriff des DDR-Unrechtsstaates. Im ehemaligen Gefängnis ist heute eine Gedenkstätte eingerichtet.

* Haftstrafe in Verbindung mit schwerer körperlicher Arbeit, in der DDR 1968 abgeschafft
** Ehrenrettung, Wiedereinsetzung eines Verurteilten in seine ursprünglichen Rechte

„Schild und Schwert der Partei": die Stasi Neben der Roten Armee sorgte insbesondere der Staatssicherheitsdienst für den Machterhalt der SED. Er war eine Kopie des sowjetischen Geheimdienstes und mit diesem lange Zeit eng verflochten. Im Februar 1950 wurde das Ministerium für Staatssicherheit (MfS) gegründet. Der Staatssicherheitsdienst war politische Geheimpolizei, Auslandsgeheimdienst und Organ strafrechtlicher Untersuchungen, besonders gegen politisch Verdächtige. **Erich Mielke**, der Leiter des Staatssicherheitsdienstes, bezeichnete ihn als „Schild und Schwert der Partei". Die Stasi – so die Kurzbezeichnung – unterstand nur dem Vorsitzenden des Verteidigungsrates und damit dem Generalsekretär der SED. Kein Gesetz, keine parlamentarische Kontrolle schränkte sie ein. Mit der Zeit entwickelte sich das MfS zu einem riesigen Überwachungsapparat. Anfangs zählte es 1000 hauptamtliche Mitarbeiter, Mitte der 1950er-Jahre bereits 13000, 1989 waren es etwa 91000. Zum Vergleich: Die Deutsche Volkspolizei beschäftigte 1989 etwa 80000 hauptamtliche Polizisten.

Neben hauptberuflichen Agenten unterhielt die Stasi ein Netz von verdeckt arbeitenden Spitzeln. Die Überwachung von Bürgerinnen und Bürgern durch sogenannte „Inoffizielle Mitarbeiter" (IM) begann bereits in den 50er-Jahren. Am Ende der SED-Diktatur verfügte das MfS über rund 189000 Zuträger. Damals kam auf 88 Einwohner ein Inoffizieller Mitarbeiter. Sie fanden sich unter Angehörigen, Bekannten, Berufskollegen oder Nachbarn. Dies erzeugte eine Atmosphäre ständigen Misstrauens in der Bevölkerung. Die Stasi schien überall, konnte jederzeit zugreifen. Verdächtige wurden willkürlich festgenommen und unter grausamen Bedingungen inhaftiert und verhört. Anstatt die Bürger nach ihrer Meinung zu fragen, ließ das SED-Regime sie durch die Stasi kontrollieren und einschüchtern (▸ M2).

Erst nach dem Ende der DDR wurde bekannt, dass in den 1980er-Jahren auch 1553 Bundesbürger als Inoffizielle Mitarbeiter beim Auslandsgeheimdienst des MfS registriert waren. Weitere 1500 Bundesdeutsche hatten für andere Abteilungen des MfS spioniert. In den 40 Jahren des Bestehens der DDR arbeiteten rund 12000 Westdeutsche für den Staatssicherheitsdienst.

Erich Mielke (1907-2000): Kommunist, in der DDR 1957-1989 Minister für Staatssicherheit, wurde 1993 wegen eines 1931 verübten Mordes zu sechs Jahren Haft verurteilt.

Zensur und Bildungsmonopol Der Staat wachte seit Anfang der 1950er-Jahre über alle Zeitungen, Zeitschriften und Bücher, die in der DDR gedruckt und verlegt wurden. Radio, Fernsehen und die Filmproduktion lagen ebenso in staatlicher Hand. Gleichwohl sickerten Nachrichten und Meinungen aus dem Westen in die DDR, v.a. durch den Empfang von westdeutschem Radio und TV, den die Regierung vergeblich zu verhindern suchte.

Auch das Bildungswesen war für die SED ein Schlüssel zur Festigung ihrer Macht. Schulen und Hochschulen sollten auf die Weltanschauung des Marxismus-Leninismus einschwören und der Wirtschaft qualifizierte Arbeitskräfte liefern.

Die Staatsführung errichtete ein Bildungsmonopol: Privatschulen wurden abgeschafft, der Religionsunterricht aus den Lehrplänen entfernt. Dabei überwogen anfangs reformpädagogische Ansätze – das Schulgeld entfiel, Angehörige sozial schwächerer Schichten wurden gezielt gefördert und erhielten Zugang zu einem Hochschulstudium. Bildung sollte kein „bürgerliches" Vorrecht mehr sein. Auch die Förderung von Frauen war ein vorrangiges Ziel.*

Zwischen 1959 und 1965 fand ein umfassender Bildungsausbau statt. Seither hatten alle Schulpflichtigen die 10-klassige „polytechnische Oberschule" zu besuchen. Dort lagen die Schwerpunkte auf technischen und mathematisch-naturwissenschaft-

* siehe S. 85 f.

▲ **Schulbeginn in der „Wilhelm-Pieck-Schule".**
Foto aus Ost-Berlin von 1951.

lichen Fächern, auf der Staatsbürgerkunde („Marxismus-Leninismus") sowie auf intensiver Sportausbildung. Der Staat errichtete zudem ein dichtes Netz an Kindertagesstätten zur Vorschulerziehung. Für die berufliche Bildung gab es Ingenieur- und Fachschulen, Hochschulen, Akademien und Universitäten sowie Einrichtungen zur Weiterbildung. Eine großangelegte „Qualifizierungsoffensive" sorgte dafür, dass 1971 bereits 71 Prozent der Männer sowie 49 Prozent der Frauen eine abgeschlossene Berufsausbildung besaßen.

Das im ganzen Land einheitliche Schulsystem erlaubte dem Staat die dauernde Aufsicht über die Jugendlichen. Sie wurde ergänzt durch die Organisation der Heranwachsenden in der Freien Deutschen Jugend (FDJ). Bei der Förderung von Frauen in Bildung und Berufsleben ging es weniger um Gleichstellung, sondern um mehr Arbeitskräfte. Die Bildungsinhalte folgten streng den Anforderungen der Wirtschaft, die ihrerseits staatlicher Planung unterlag. Jugendliche erhielten selten den Studienplatz oder die Lehrstelle ihrer Wahl, sondern wurden nach Bedarf ausgebildet.

▲ **Wehrerziehung.**
Foto aus Ost-Berlin von 1984. Schießübungen auf dem Nationalen Jugendfestival der FDJ.

Die Staatsführung förderte eine neue Schicht: Zur „sozialistischen Intelligenz" konnten Fachkräfte und Akademiker aufsteigen, die das Regime zuverlässig unterstützten. Dazu gehörten besonders die „Kader", hochqualifizierte Mitarbeiter von Betrieben, Verwaltung, Justiz, Militär und Partei, die unabhängig von ihrer sozialen Herkunft eine neue, staatstragende Elite bildeten.

Das Bildungswesen war stark militarisiert. Schon in den Kindergärten begann die Verherrlichung der Roten Armee und der NVA. „Wehrunterricht" wurde 1978 für Schülerinnen und Schüler der 9. und 10. Jahrgangsstufe Pflicht. Darin lernte man den Umgang mit Waffen, wurde auf den späteren Wehrdienst vorbereitet und mit antiwestlichen Feindbildern vertraut gemacht.

Schlüssel zur Herrschaft: die Mauer ■ Trotz aller Vorkehrungen war sich die SED ihrer Herrschaft nie ganz sicher. Wesentlich für die Stabilisierung des SED-Regimes war der Bau der Berliner Mauer und die Errichtung eines „Todesstreifens" an der innerdeutschen Grenze im August 1961.* Eine „Abstimmung mit den Füßen", die Flucht in den Westen, wurde damit praktisch unmöglich. Die Menschen fanden sich seither mit dem System ab. Die Staatsführung nahm danach die schlimmsten Zwangsmaßnahmen zurück.

* siehe S. 54 f.

M1 Freie Wahlen?

1957 gibt die SED eine geheime Anweisung zur Gültigkeit der Stimmzettel bei Wahlen heraus. Die Endergebnisse werden zudem in der Regel nach Vorgaben der Führung geschönt. Die Bevölkerung ahnt dies: Wenn sie ihrer Wahlpflicht nachgehen muss, nennt das der Volksmund „falten gehen".

Für die Auszählung der Stimmzettel soll folgende Instruktion mündlich an die Wahlvorsteher gegeben werden:

1. Die Abstimmung über den Wahlvorschlag der Nationalen Front geschieht durch Einwerfen des amtlichen Stimmzettels in die Wahlurne.

Weist der Stimmzettel weder Veränderungen noch Zusätze auf, so ist damit der Stimmzettel gültig und zugleich eine Entscheidung für den Wahlvorschlag der Nationalen Front.

2. Der Stimmzettel ist gültig und gilt als für den Wahlvorschlag der Nationalen Front abgegeben, wenn folgende Änderungen vorgenommen wurden:

a) wenn Kandidaten und Nachfolgekandidaten auf dem Stimmzettel gestrichen sind;

b) wenn auf dem Stimmzettel Zustimmungserklärungen für die Kandidaten und Nachfolgekandidaten enthalten sind, wie ja, einverstanden, Frieden u. Ä.;

c) wenn sich ein Kreuz hinter dem Namen eines Kandidaten oder Nachfolgekandidaten befindet oder die Namen einzelner Kandidaten [...] einzeln unterstrichen sind.

3. Als ungültig sind Stimmzettel anzusehen, die

a) nicht amtlich hergestellt sind;

b) die Aufschrift „ungültig" enthalten;

c) staatsfeindliche Äußerungen enthalten.

4. Als Stimmen gegen den Vorschlag der Nationalen Front sind zu betrachten:

a) Stimmzettel, auf denen alle Kandidaten und Nachfolgekandidaten einzeln gestrichen sind;

b) Stimmzettel, auf denen ein Kreuz quer über dem gesamten Stimmzettel angebracht ist;

c) Stimmzettel, auf denen Äußerungen des Wählers aufgezeichnet sind, die seine Gegenstimme klar zum Ausdruck bringen.

5. Die Veröffentlichung der Wahlergebnisse nach der Auszählung in Presse und Rundfunk erfolgt nur auf besondere Anweisung des Wahlleiters der Republik oder seines Stellvertreters.

Matthias Judt (Hrsg.), DDR-Geschichte in Dokumenten, Berlin 1997, S. 67 f.

1. *Prüfen Sie die Absicht hinter diesen Anweisungen.*
2. *Diskutieren Sie ihre praktischen Auswirkungen.*
3. *Vergleichen Sie die Anweisungen mit denjenigen, die in der Bundesrepublik gelten.*

M2 Richtlinien für „Operative Vorgänge"

1976 werden im Ministerium für Staatssicherheit (MfS) Richtlinien für „Operative Vorgänge" (OV) in Umlauf gebracht. Damit bezeichnet die Stasi das Vorgehen gegen missliebige Personen oder Gruppen.

2.3.4 Das Herausbrechen von Personen [...]
Das Herausbrechen ist darauf zu richten, Personen aus feindlichen Gruppen für eine inoffizielle Zusammenarbeit zu werben, um dadurch in die Konspiration der Gruppe einzudringen und Informationen und Beweise über geplante, vorbereitete oder durchgeführte Handlungen sowie Mittel und Methoden ihres Vorgehens zu erarbeiten, Anknüpfungspunkte und Voraussetzungen für eine notwendige Paralysierung[1] und Einschränkung der feindlichen Handlungen bzw. zur Auflösung der Gruppen zu schaffen. [...]

2.6.1 Zielstellung und Anwendungsbereiche [...]
Maßnahmen der Zersetzung sind auf das Hervorrufen sowie die Ausnutzung und Verstärkung solcher Widersprüche bzw. Differenzen zwischen feindlich-negativen Kräften zu richten, durch die sie zersplittert, gelähmt, desorganisiert und isoliert und ihre Handlungen einschließlich deren Auswirkungen vorbeugend verhindert, wesentlich eingeschränkt oder gänzlich unterbunden werden. [...]

2.6.2 Formen, Mittel und Methoden [...]
Bewährte Formen sind:

- systematische Diskreditierung des öffentlichen Rufes, des Ansehens und des Prestiges [...];
- systematische Organisierung beruflicher und gesellschaftlicher Misserfolge zur Untergrabung des Selbstvertrauens einzelner Personen;
- zielstrebige Untergrabung von Überzeugungen [...];
- Erzeugen von Misstrauen und gegenseitigen Verdächtigungen innerhalb von Gruppen [...].

Matthias Judt (Hrsg.), a. a. O., S. 471

1. *Beschreiben Sie das Verhältnis zwischen der Staatssicherheit und den DDR-Bürgern, wie es in den Richtlinien anklingt.*
2. *Überlegen Sie, wie die in Zeile 21-28 genannten Maßnahmen heutzutage realisiert werden könnten. Welche Folgen hätte dies für die Betroffenen?*
3. *Diskutieren Sie allgemein die Vor- und Nachteile staatlicher Überwachung. Welche rechtlichen und moralischen Grenzen muss es Ihrer Meinung nach geben?*

[1] Paralysierung: Lähmung

Sozialismus und Planwirtschaft

▲ **Demonstrationszug zur Bodenreform.**
Foto vom September 1945. Nach der Enteignung nahm die Dorfbevölkerung von Pappritz symbolisch Besitz von einem ehemaligen Rittergut.

Radikaler Neubeginn nach 1945 ■ Der Wiederaufbau der ostdeutschen Wirtschaft nach dem Zweiten Weltkrieg gestaltete sich schwierig. Es gab keinen Marshall-Plan wie für die westdeutsche Wirtschaft.* Stattdessen nahm die Sowjetunion als Besatzungsmacht bis 1952 umfangreiche Demontagen der noch intakten Industrieanlagen vor. Viele Fachkräfte flohen in den Westen oder mussten zunächst jahrelang in der Sowjetunion arbeiten. Ganze Industriezweige gingen in das Eigentum der UdSSR über. In der Landwirtschaft führte die Besatzungsmacht eine radikale Bodenreform durch. Unter der Parole „Junkerland in Bauernhand" wurde 7000 Großgrundbesitzern ihr Land entschädigungslos entzogen und zum größten Teil an 500 000 Landarbeiter, landlose Bauern, Flüchtlinge und Vertriebene verteilt; ein Drittel blieb im öffentlichen Besitz (Volkseigene Güter). Die meisten Höfe erhielten nach der Bodenreform jedoch so wenig Land zugewiesen, dass keine funktionsfähigen Betriebe entstehen konnten. Versorgungskrisen waren die Folge (▸ M1).

„Planmäßiger Aufbau des Sozialismus" ■ Schon unter sowjetischer Besatzung wurden somit die Weichen für eine völlig neue, sozialistische Wirtschafts- und Gesellschaftsordnung gestellt, in der es theoretisch keine Klassenunterschiede gab und Privatbesitz keine Rolle spielte. Nach der Gründung der DDR setzte das SED-Regime unter Walter Ulbricht die Umgestaltung fort. Als die deutsche Teilung sich verfestigte und die Bundesrepublik den Weg der Westintegration ging, stimmte die Sowjetunion im Gegenzug 1952 dem „planmäßigen Aufbau des Sozialismus" in der DDR zu. Das Programm sah vor:

- die weitere Zentralisierung der Staatsmacht (die Länder wurden 1952 aufgelöst, die Kommunen verloren ihre Selbstverwaltung),
- den Ausbau der **Volkseigenen Betriebe** (VEB; mittelständische Unternehmer mussten unter Druck ihre berufliche Existenz aufgeben, wurden enteignet oder verfolgt);
- die einseitige Förderung der Schwer- und Rüstungsindustrie ohne Rücksicht auf die Versorgung der Bevölkerung, dazu eine Erhöhung der geforderten Arbeitsleistung;
- eine verschärfte Kollektivierung der Landwirtschaft (durch extrem hohe Abgaben wurden selbstständige Bauern in Landwirtschaftliche Produktionsgenossenschaften (LPG) gezwungen).

Im Zuge der Kollektivierungen und Verstaatlichungen gelangten Industrie, Landwirtschaft und Finanzwesen unter staatliche Kontrolle; Handwerk und Dienstleistungen waren davon weniger betroffen. Das SED-Regime hatte 1951 nach sowjetischem Vorbild den ersten Fünfjahresplan eingeführt. Eine zentrale Planbehörde verteilte Personal, Maschinen und Rohstoffe an die Betriebe, machte Vorgaben für die Produktion, bestimmte die Höhe der Leistung (Arbeitsnormen) und legte Löhne und Preise fest. Diese Regelungen galten nicht nur einstweilen, um die Versorgung zu sichern. Systematisch und auf Dauer versuchte der Staat, die Wirtschaft seinen Vorstellungen unterzuordnen.

Volkseigener Betrieb (VEB): Industrie- oder Dienstleistungsbetrieb, der aus Enteignung oder Verstaatlichung hervorging und formal im Besitz des Volkes war. VEBs wurden im Rahmen der Planwirtschaft von der Staats- und Parteiführung zentral gesteuert.

* siehe S. 39 f.

Krise und Aufstand: der 17. Juni 1953 Bei der Einführung der Planwirtschaft beging die Regierung schwere Fehler, die auf Kosten der Bevölkerung gingen. Die Konzentration auf die Schwerindustrie und den Rüstungssektor führte seit Herbst 1952 zu einer massiven Versorgungskrise. Energie und Grundnahrungsmittel wurden knapp. Während immer mehr Menschen in den Westen flohen (im ersten Halbjahr 1953 allein 226 000), suchte die Regierung nach Sündenböcken (vermeintliche „Wirtschaftsverbrecher"), verschärfte die Gesetze und erhöhte die Arbeitsnormen bei gleichem Lohn um zehn Prozent. Es kam zu Warnstreiks und Protesten. Im Juni 1953 wies die Sowjetunion die DDR-Regierung an, die Zwangsmaßnahmen zurückzunehmen. Doch ausgerechnet die erhöhten Arbeitsnormen blieben bestehen.

Die Streiks und Demonstrationen hielten an. In Ost-Berlin fand am 16. Juni ein Protestmarsch von Bauarbeitern statt, dem sich fast alle übrigen Arbeiter anschlossen. Sie verlangten den Rücktritt der Regierung sowie freie Wahlen und kündigten einen Generalstreik an. Erst jetzt nahm die SED-Führung die Normenerhöhung zurück, doch es war zu spät. Am 17. Juni kam es zu einem landesweiten Aufstand der Bevölkerung gegen die SED. In über 700 Städten und Ortschaften beteiligten sich rund eine halbe Million Menschen an Demonstrationen, besetzten öffentliche Gebäude, Parteibüros und Dienststellen der Staatssicherheit, auch Gefängnisse wurden gestürmt und über 1300 Häftlinge befreit (▸ M2).

Nun schritt die Sowjetunion ein. Die Rote Armee verhängte im Laufe des 17. Juni den Ausnahmezustand über Ost-Berlin und weite Teile der DDR. Sowjetische Militärgerichte fällten 18 Todesurteile gegen Aufständische, darunter mehrere Jugendliche. Hunderte wurden in Zwangsarbeitslager nach Sibirien verbracht. Sowjetische Panzer schlugen den Aufstand schnell nieder. Etwa 1300 Mitglieder der SED traten aus Protest gegen die Führung aus der Partei aus. In den Wochen und Monaten nach dem 17. Juni wurden rund 13 000 Menschen verhaftet, etwa 3 000 verurteilt, die meisten zu teilweise hohen Zuchthausstrafen, in zwei Fällen zum Tode.

Die SED-Führung unter Ulbricht hatte ihre Lektion gelernt – der Aufbau des Sozialismus war zu radikal erfolgt. Die Kritiker in den eigenen Reihen ließ Ulbricht gleichwohl entfernen, mehr als die Hälfte der höheren Parteifunktionäre verloren ihre Ämter.

▸ **Geschichte In Clips:**
Zum Volksaufstand in der DDR siehe Clip-Code 4587-03

▲ **„Erfolge des ersten Fünfjahresplans."**
Plakat, Mitte der 1950er-Jahre.
Mit dem Fünfjahresplan von 1951 sollten die Industrieproduktion verdoppelt und die Folgen von Kriegszerstörung und Demontage beseitigt werden. Die Planziele wurden – anders als bei späteren Plänen – erreicht und der Erfolg von der Staatspropaganda gefeiert.
- *Analysieren Sie das Plakat und berücksichtigen Sie dabei, was die abgebildeten Personen tun und wie sie dargestellt sind.*

▲ **Sowjetische Panzer in der Innenstadt von Jena.**
Foto vom 17. Juni 1953.
Die UdSSR übernahm faktisch die Regierungsgewalt in der DDR. Morgens rückten sowjetische Truppen in Berlin ein, gegen Mittag auch in der Provinz. Mit den Panzern wurde der Aufstand erstickt.

Beruhigung der Lage Seit 1954 verbesserten sich die Lebensverhältnisse in der DDR spürbar. Das SED-Regime nahm Korrekturen in der Wirtschaftspolitik vor. So investierte die Industrie in chemische Grundstoffe, Kunststoff- und Aluminiumerzeugnisse („Plaste und Elaste"). Metallverarbeitung und Hochseeschiffbau wurden zu neuen Industriezweigen, die zumal im strukturschwachen Norden des Landes Arbeitsplätze schufen. Die Versorgung der Bevölkerung mit Konsumgütern verbesserte sich, es gab Lohnerhöhungen, die Rationierung von Lebensmitteln wurde 1958 beendet.

Mit einer konsumfreundlicheren Wirtschaftspolitik erreichte die SED mehr Zuspruch, die Zahl der Flüchtlinge in den Westen nahm ab. 1957 lag sie über 260 000, 1959 ging sie auf 144 000 zurück, den niedrigsten Stand seit Gründung der DDR.

Neue Experimente Um 1959 kehrte das SED-Regime zu seiner Politik der Enteignung und Zentralisierung zurück. Seither wurden auch die restlichen bäuerlichen Betriebe in Landwirtschaftliche Produktionsgenossenschaften (LPG) gezwungen. Bei der Kollektivierung von Handels- und Handwerksbetrieben ging man nicht ganz so radikal vor, weshalb ein geringer Prozentsatz in privater Hand blieb.

Als Folge der Kollektivierungen traten 1960 wiederum Versorgungsprobleme auf, und die Mittel zur Stützung des Verbrauchs fehlten für weitere Investitionen. Die Wirtschaft stagnierte. Erneut kam es zu Streiks, erneut kehrten immer mehr Menschen der DDR den Rücken. Erst der Bau der Mauer im August 1961 beendete den neuen Flüchtlingsstrom.

Jahr	Anteil von LPG an der gesamten landwirtschaftlichen Nutzfläche	LPG Typ I und II	LPG Typ III
1952	3,3	86,7	13,3
1953	11,6	41,3	58,7
1954	14,3	20,2	79,8
1955	19,7	10,0	90,0
1956	23,2	5,8	94,2
1957	25,2	5,3	94,7
1958	37,0	12,8	87,2
1959	43,5	12,7	87,3
1960	83,6	37,3	62,7
1961	84,4	34,9	65,1

▸ **Kollektivierung der Landwirtschaft 1952 bis 1961.**
In einer LPG vom Typ I wurde nur das Ackerland gemeinsam bewirtschaft. Beim Typ II waren auch Maschinen, Geräte und Zugvieh Eigentum der Genossenschaft. Den höchsten Grad der Kollektivierung erreichten LPG vom Typ III, bei denen auch das Zucht- und Nutzvieh sowie das gesamte Weideland Kollektivbesitz darstellten.

André Steiner, Von Plan zu Plan. Eine Wirtschaftsgeschichte der DDR, München 2004, S. 92

Als Reaktion auf den nachlassenden Aufschwung ordnete die SED-Führung 1963 das „Neue Ökonomische System der Planung und Leitung" (NÖSPL) an. Es sah vor, Subventionen abzubauen und den Betrieben mehr Eigenverantwortung zu übertragen. Günstig hergestellte Produkte sollten sich auf dem Weltmarkt behaupten und **Devisen** ins Land bringen. Doch die DDR-Führung drohte ihre Lenkungsgewalt über die Wirtschaft zu verlieren. Daher wurde 1965 das abgewandelte „Neue Ökonomische System" (NÖS) auch auf Druck der Sowjetunion beschlossen, das die Wirtschaft der DDR wieder der strikten Planung durch die Staatsspitze unterwarf. Erich Apel, der Ideengeber der Reformen, nahm sich daraufhin das Leben.

Devisen: Zahlungsmittel in ausländischer Währung. Die DDR brauchte fremde Währungen aus dem Westen, da sie für ihr eigenes Geld im westlichen Ausland keine gleichwertigen Waren und Dienstleistungen erhielt.

Recht auf Arbeit Im Februar 1968 legte die Regierung den Entwurf zu einer neuen Verfassung vor. Nach einer „Volksaussprache", in der die Bevölkerung Ergänzungen und Änderungen vorschlagen konnte, billigte ein Volksentscheid am 6. April 1968 die Vorlage. Sie hielt erstmals den Führungsanspruch der SED fest und beschrieb die DDR als „sozialistischen Staat deutscher Nation". Besonderen Wert legte die Verfassung auf soziale Schutzrechte. Sie garantierte die Freiheit von „Ausbeutung, Unterdrückung und wirtschaftlicher Abhängigkeit" ebenso wie ein „Recht auf Arbeit".

Selbstbewusst hob die DDR-Führung unter Walter Ulbricht ihre Errungenschaften hervor. Erst die DDR habe den Nachweis erbracht, dass der Sozialismus in einem hochindustrialisierten Land verwirklicht werden könne. Mehr und mehr stellte Ost-Berlin das Vorbild und die Führungsrolle der Sowjetunion infrage.

Ulbricht wird gestürzt Zum Bruch zwischen Ulbricht und der Sowjetführung kam es in der Frage der Deutschlandpolitik. Als Moskau ihm das Vertrauen entzog, standen seine Nachfolger bereit. In Absprache mit der Sowjetunion zwang die SED-Führung Ulbricht zum Rücktritt. Die treibende Kraft dieses Machtwechsels war Erich Honecker, der im Mai 1971 zum Ersten Sekretär (seit 1976 Generalsekretär) der SED gewählt wurde. Honecker war nun der mächtigste Mann im Staat.

Honecker revidierte die Politik seines Vorgängers und suchte die Absicherung nach außen und innen. Vorbehaltlos erkannte Ost-Berlin die Führungsrolle der Sowjetunion wieder an. Gestützt auf Erich Mielke (Leiter der Staatssicherheit) und Günter Mittag (Sekretär für Wirtschaftsfragen) sowie den bürokratischen Apparat an der Spitze der SED, behielt Honecker die alleinige Kontrolle über Partei, Staat und Verwaltung. Es blieb bei der weltanschaulichen Abgrenzung vom Westen und von der Bundesrepublik. Der „real existierende Sozialismus" sei nach Ansicht der DDR das bessere Gesellschaftssystem. Er sei gerechter und menschlicher als der Kapitalismus.

◂ **Glückwünsche zum Geburtstag eines „Kranken".** *Foto vom 30. Juni 1971. Nachdem Erich Honecker (erste Reihe, zweiter von rechts) Ulbrichts Sturz im Politbüro durchgesetzt hatte, wurde Ulbricht vor die Wahl gestellt, sich entweder anlässlich seines Geburtstages als Kranker in Bademantel und Hausschuhen zu präsentieren oder aber noch seine letzte Funktion als Staatsratsvorsitzender zu verlieren. Ulbricht ließ sich demütigen und spielte bis zu seinem Tod am 1. August 1973 nur noch eine Nebenrolle. (Vgl. die Abbildung auf S. 47.)*

„Einheit von Wirtschafts- und Sozialpolitik" Dem SED-Regime war inzwischen klar, dass sich der Rückhalt der Bevölkerung nicht allein durch Überwachung, Unterdrückung und Propaganda erzwingen ließ. Die Regierung setzte auf Sozialleistungen und Konsum. Schon 1971 erklärte Honecker den Wohnungsbau, die Anhebung von Löhnen und Renten und eine bessere Versorgung mit Waren und Dienstleistungen zu Hauptzielen der Politik.

Seither galt die „Einheit von Wirtschafts- und Sozialpolitik" als Programm: Ökonomisches Wachstum und technischer Fortschritt sollten den Ausbau des Sozialstaats ermöglichen, was wiederum die Wirtschaftsleistung steigern würde.

Anfangs schien das Konzept aufzugehen. Die Industrieproduktion stieg zwischen 1970 und 1974 um etwa 30 Prozent, die durchschnittlichen Löhne in der gleichen Zeit von 755 auf 860 Mark. Eine Reihe von sozialen Vergünstigungen kamen Frauen und Jugendlichen (nicht dagegen den Senioren) zugute, Mieten und die Kosten für Grundnahrungsmittel sowie Gebrauchsgüter für das tägliche Leben blieben stabil.

Recht im Sozialismus Die Umwandlung der Gesellschaft schritt weiter voran. Ab 1972 wurden die meisten verbliebenen Privatbetriebe verstaatlicht. Inzwischen waren der bäuerliche Mittelstand und das Wirtschaftsbürgertum aus der ostdeutschen Gesellschaft verschwunden.

Neue Gesetzeswerke bildeten die veränderten Verhältnisse ab. Das Zivilgesetzbuch der DDR, eingeführt 1975, erklärte den Vorrang von Volkseigentum vor persönlichem Eigentum. Es billigte auch die Enteignungen seit 1945. Das neue Arbeitsgesetzbuch der DDR von 1977 beseitigte das Streikrecht für Beschäftigte und hob die **Tarifautonomie** auf – beides hatte bis dahin ohnehin nur formal bestanden. Dagegen gab es fast völligen Schutz vor Kündigung. Einerseits sollte das Arbeitsrecht dem sozialen Frieden dienen (etwa durch Arbeitsplatzgarantie), andererseits hemmte es die Wirtschaft, da es weder Leistungsanreize bot noch betriebliche Mitbestimmung vorsah.

Tarifautonomie: Freiheit von Interessengruppen zum Abschluss gültiger Regelungen über Löhne und Einkommen.

Krise und Niedergang der Wirtschaft Schon Mitte der 1970er-Jahre brach die DDR-Wirtschaft ein. Das entsprach zwar einer weltweiten Entwicklung. Doch während sich die westlichen Industrieländer davon wieder erholten, gelang das der DDR und den übrigen Ostblockstaaten nicht. Der Niedergang der DDR-Wirtschaft während der 1980er-Jahre war das Ergebnis kurz- und langfristiger Ursachen:

- Rohstoffknappheit
- unzureichende Modernisierung
- mangelnde Güterversorgung, daher geringe Kaufbereitschaft und hohe Sparquote
- Exportschwäche, Devisenmangel und Verschuldung
- Verpflichtungen gegenüber den Ostblockstaaten statt Anpassung an den Weltmarkt
- Fachkräftemangel und Überalterung der Bevölkerung

Zu Beginn der 1980er-Jahre versuchte die Regierung, die Ausfuhren massiv zu erhöhen. Die DDR setzte angesichts des hohen Weltmarktpreises für Erdöl auf die Verarbeitung von sowjetischem Öl und den Export von Treibstoffen, Heizmitteln, Chemiefasern und Kunstdünger (Erdölderivate). Eine Zeitlang wurden damit Gewinne erzielt und Schulden abgebaut. Als sich der Ölpreis Ende 1985 plötzlich halbierte, ging der Absatz der Produkte drastisch zurück. Der Aufschwung brach erneut zusammen.

1982 hatten Polen und Rumänien, die Schulden bei der DDR hatten, ihre Zahlungsunfähigkeit erklärt. Der DDR drohte der Staatsbankrott. 1983 und 1984 gewährte die Bundesrepublik zinslose Milliardenkredite zur Stützung der DDR. Im Gegenzug wurden

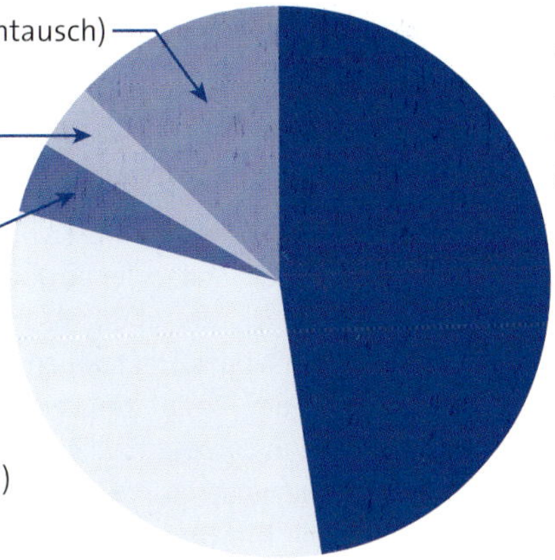

◂ **Zahlungen der Bundesrepublik an die DDR um 1980 (Schätzung).**

Nach: Die Fischer Chronik Deutschland '49-'99, Sp. 711

Mindestumtausch („Zwangsumtausch"): Besucher der DDR und Ost-Berlins mussten täglich einen bestimmten Betrag in DDR-Mark umtauschen. Dies trug der Regierung Devisen ein.

die Minenfelder und Selbstschussanlagen an der innerdeutschen Grenze entfernt, die DDR ließ politische Häftlinge frei und gewährte Reiseerleichterungen. Aber diese Transferleistungen reichten ebenso wenig wie der **Mindestumtausch** aus, um die rasante Verschuldung der DDR aufzuhalten.

Lügen statt Reformen Schon 1976 hatte sich die DDR mit umgerechnet 2,6 Milliarden Euro verschuldet, damals ein Staatsgeheimnis, das nur Honecker und einigen Vertrauten bekannt war. 1989 entsprach die Auslandsverschuldung von 25 Milliarden Euro bereits dem volkswirtschaftlichen Nettoprodukt eines Jahres. Der wirtschaftliche Zusammenbruch war nur eine Frage der Zeit. Die Regierung war mit ihrer „Einheit von Wirtschafts- und Sozialpolitik" gescheitert, änderte jedoch nichts an der Planwirtschaft, den künstlich verbilligten Preisen und den viel zu hohen Ausgaben für den Sozialstaat.*

Die Staats- und Parteispitze wiegte die breite Bevölkerung mit gefälschten Bilanzen und Durchhalteparolen in Sicherheit. So verkündete die SED-Führung 1988 feierlich das Erreichen ihres Zieles, drei Millionen neue Wohnungen seit 1976 gebaut zu haben. Tatsächlich waren erst 1,9 Millionen Wohnungen fertiggestellt – mitgezählt wurden auch Wohnheimplätze für Senioren und Studierende.

Die SED-Führung redete sich ein, dass Sozialismus und Planwirtschaft in der DDR funktionierten und dem System die Zukunft gehöre (Honecker: „Vorwärts immer, rückwärts nimmer"). In Wirklichkeit war der Aufbau einer sozialistischen Wirtschafts- und Gesellschaftsordnung ein gigantisches Experiment gewesen, das sich mehr als 40 Jahre hinzog und am Ende misslang.

▴ **Der „Silbersee" in Bitterfeld.**
Foto vom Juni 1990.
Der See war biologisch tot und glänzte silbern. In ihn wurden vor allem Abfälle einer Filmfabrik eingeleitet. Umweltdaten waren in der DDR jedoch Staatsgeheimnis.

* siehe S. 96

M1 Zwangswirtschaft

Der Wirtschaftshistoriker und Journalist Wolfgang Zank beschreibt die Kennzeichen der seit 1945 in Ostdeutschland eingeführten Wirtschaftsordnung.

Eine der fundamentalen Schwächen der neuen Wirtschaftsordnung bestand in der niedrigen Arbeitsmoral, denn für den Einzelnen bestand nur ein geringer Zusammenhang zwischen eigener Leistung und Lebenslage. Durch die Ausbreitung der Leistungslöhne konnte der Einzelne zwar sein Geldeinkommen erhöhen, dieses hatte aber angesichts der Warenknappheit nur eine vergleichsweise geringe Bedeutung. Außerdem war das klassische kapitalistische Druckmittel der Arbeitslosigkeit entfallen. Die Betriebe hatten wegen der strikten Menschenplanung ein Interesse, so viele Personen wie möglich einzustellen. Höhere Lohnkosten stellten kein Hindernis dar, Geld hatte auch für Betriebe nur eine untergeordnete Funktion. Ein VEB konnte nicht pleitegehen. Hier, und nicht etwa in geglückter Planung, ist die Hauptursache für einen der größten Erfolge der neuen Ordnung zu sehen: der raschen Überwindung der offenen Arbeitslosigkeit. Es ist bezeichnend, dass die SED auf das strukturelle Problem der niedrigen Arbeitsanreize, sieht man von den wenig wirksamen Leistungslöhnen ab, nur mit Appellen, Wettbewerben u. Ä. zu antworten wusste, für die der Hauer[1] Adolf Hennencke, der am 13. Oktober 1948 seine Norm nach gezielter Vorbereitung mit 387 Prozent erfüllt hatte, das bekannteste Beispiel ist. [...]

Die SED-Führung betrachtete die augenfälligen Schwächen der SBZ-Realität nicht als Folge eigener Fehler, sondern vornehmlich als „Erblast“ der neuen Ordnung. Außerdem wurden die auftretenden Schwierigkeiten als das Ergebnis bewusster Sabotage durch feindliche Elemente erklärt. Zentralisierung, Kontrolle und Repression[2] waren die entsprechenden Antworten. Dass gerade die neue Ordnung massive Probleme selbst erzeugt hatte, wurde von der SED-Führung verdrängt.

Wolfgang Zank, Die Gesellschaftspolitik der KPD/SED 1945-1949, in: Aus Politik und Zeitgeschichte, B 11/1990, S. 61 f.

1. *Erläutern Sie die wichtigsten Merkmale der Wirtschaftsordnung und bewerten Sie sie.*

2. *Erklären Sie, weshalb die SED Wettbewerbe in den Betrieben organisierte.*

3. *Vergleichen Sie die Funktion des Wettbewerbs in der Planwirtschaft der DDR mit derjenigen von Wettbewerb und Konkurrenz in einer Marktwirtschaft.*

[1] Hauer: Bergmann, Arbeiter in einem Bergwerk
[2] Repression: Unterdrückung

M2 Ein Augenzeuge über den 17. Juni 1953

Friedrich Schorn, ein 39-jähriger Rechnungsprüfer aus Halle, berichtet:

Während das Streikkomitee seine Beschlüsse fasste, setzte ich mich an die Spitze der 20 000 Betriebsangehörigen, und wir zogen nach Merseburg. Bauarbeiter, Straßenbahner, Fabrikarbeiter, Vopos, Hausfrauen und andere Zivilisten reihten sich noch ein. Voran ging eine Malerkolonne der Leuna-Werke, die in Blitzesschnelle die alten Parolen abriss und die Wände mit unseren Freiheitslosungen bestrich. Mehrfach wurden alle drei Strophen des Deutschlandliedes [...] gesungen. Als gerade die letzten Demonstranten der Buna-Werke den Uhlandplatz erreicht hatten, traf unser Zug mit seiner Spitze ein. Ein ungeheuerlicher Jubel setzte ein. Fremde Menschen, jung und alt, fielen einander in die Arme, und viele weinten. Es war ein Begrüßungstaumel, der nicht enden wollte. Wir hatten auf dem Uhlandplatz drei Lautsprecherwagen und konnten verständlich zur ganzen Menge sprechen. Es waren etwa 100 000 Menschen. Zunächst sprach ein Mann von den Buna-Werken gegen die SED-Tyrannei. Anschließend gaben wir unter großem Beifall unsere Freiheitslosungen bekannt. [...] Zahllose Bürger traten an uns heran und baten um „Einsätze“. Sie sagten dem Sinne nach: Ich bin zu allem bereit, sei es noch so gefährlich und koste es, was es wolle. Der Buna-Streikleiter schickte 200 ausgesuchte Männer zur Papierfabrik Königs-Mühle mit dem Auftrag, dort die von Vopos bewachten Arbeiter zu befreien. Kommandos zur Besetzung der Stadt- und der Kreisverwaltung wurden fortgeschickt. Später wurde uns gemeldet, dass alles gelang. [...] Ich fuhr voraus in die Leuna-Werke [...]. Da kamen auch schon die ersten sowjetischen Lastwagen mit Fliegern in Infanterieausrüstung im Werk an. Die empörte Menge beschrie die Soldaten mit Pfuirufen. „Was wollt ihr hier, macht, dass ihr fortkommt!“ „Nennt ihr das Demokratie?“ Andere Betriebsangehörige riefen: „Lasst die armen Kerle, die wollen genauso frei sein wie wir. Was können die dafür, dass sie hier sein müssen.“ Die Soldaten waren zum Teil noch Kinder, waren ängstlich und eingeschüchtert. [...] Ein Offizier schien die Situation besser zu durchschauen und sagte: „Gut so, weitermachen, in einem Jahr sind wir in Russland auch soweit.“

Ilse Spittmann und Karl Wilhelm Fricke (Hrsg.), 17. Juni 1953. Arbeiteraufstand in der DDR, Köln ²1988, S. 141

1. *Nennen Sie die Forderungen der Aufständischen.*

2. *Beschreiben Sie das Verhältnis zwischen Arbeitern und sowjetischem Militär.*

3. *Finden Sie Gründe, weshalb die sowjetische Führung den Aufstand gewaltsam niederschlagen ließ.*

M⁺ Self-portrayal of a socialist dictatorship

In 1985, a book with statements from 26 people living in East Germany was published by a British company. The reports are written by a locomotive driver, an architect, an athlete, a schoolteacher, a pastor, a rock group vocalist etc. They all write about their work, their daily lives and their opinions. Remarkably, there are almost no critical notes in all of the texts. Today we know: The book was completely shaped by GDR state officials. Its aim was to promote a positive attitude in the West towards the socialist ruled part of Germany. The book is thus a valuable piece of historical propaganda.

'A faulty machine can cost me money'

Irmgard Peter, 39, is a computer assembly worker at a factory in Sömmerda. She is on the top grade in her line of work, responsible for assembling all the units and testing the completed machines.

I started working here when I left school, because there are not many jobs to choose from in a small town like this. When the first computers were introduced in the sixties, we all had to be retrained. I found it very difficult, having never seen anything so complicated in all my life. But there were bonuses offered, for those who could improve their qualifications, and better wage scales. So, as I was newly married and needed the money, I stuck at it and eventually reached the top grade for this kind of work.

My job is to finally assemble the computer from units sent from other parts of the factory. I also check all the circuits, and test each machine before it goes to a final inspection department. My monthly bonus depends upon the quality and the quantity of the work I do, and a faulty machine can cost me money.

We still have a conveyor belt system here, with each person in the group assembling a certain part of the machine. But, more and more, we are changing to what we call 'nest' production, where a small team is responsible for the whole assembly process. This makes the work far more interesting, and a lot less repetitive. This system was developed after discussion with the union, which is very involved with everything in the factory.

There is no compulsion to join the union, but most people do. There are so many advantages, the main one being very cheap holidays. It also organizes all the sports, hobby and social clubs here, which are paid for by the factory.

This plant is the biggest one operated by our company, Robotron, although they have many others in the country, producing electrical goods such as radios, hi-fis and typewriters. This factory has 13,000 workers, who come from all around the district. It produces computers and printers, calculators and radios.

Our most important product today is the computer printer. Most go for export to the Soviet Union and West Germany, although I have seen consignments marked for the United Kingdom. And now we are making the first East German home computer, especially to celebrate the 35th anniversary of the founding of the state. I think it is going to be very popular.

Irmgard assembles a computer on the production line at the Robotron factory.

This notice board outside the factory displays production figures and the pictures of top workers.

Our flat in the town was built by a workers' co-operative which is partly financed by the factory. They also make craftsmen available for housing repairs and maintenance, which can be very useful. The powerplant in the works also makes steam, which is piped to the blocks of flats for heating. So, you see we cannot forget our dependence on the factory in a small place like Sömmerda.

Some people build their own houses and they get free help with things like foundations, as well as favourable loans, but I am happy in a flat and don't want the extra work of a house. I do love our garden plot though – the standard 500 square metres (600 square yards) – which is just outside the town. We spend a lot of time there in the summer, even sleeping in the little summer house that my husband built.

assembly worker	Monteur, -in
bonus (pl. bonuses)	Gehaltszulage, Prämie
circuit	Schaltkreis
compulsion	Zwang
consignment	Warensendung
conveyor belt system	Fließbandanlage
garden plot	Schrebergarten
GDR (German Democratic Republic)	DDR (Deutsche Demokratische Republik)
loan	Darlehen, Kredit
maintenance	Instandhaltung
plant	Fabrik
repetitive	sich (ständig) wiederholend
to shape	hier: formulieren
to stick at sth.	umgangssprachlich: sich bei einer Sache durchbeißen
union	Gewerkschaft
wage scale	Lohnstufe

1. *Explain why the Robotron plant is so important for the small town of Sömmerda.*
2. *Find out which parts of the text are drawing too rosy a picture and don't fit the social und economical reality in the GDR. Explain the purpose of this kind of propaganda.*
3. *Describe the relationship between the union and the workers according to Irmgard Peter. Consider what the union, controlled by the state, might expect from its members.*

Fotos als Geschichtsquellen

Fotografien prägen unser Bild von der jüngeren Geschichte mehr als jedes andere Medium. Sie halten Ereignisse für die Nachwelt fest und geben uns eine Fülle von Informationen über die Vergangenheit: Sie zeigen, wie die Menschen früher aussahen, wie sie gekleidet waren, wie sie lebten und arbeiteten. In der ersten Hälfte des 20. Jahrhunderts wurde Fotografieren für breite Bevölkerungskreise erschwinglich. Seitdem wuchs die Zahl der Bilder, auch aus dem bislang wenig beachteten Alltag der Menschen aller Schichten der Gesellschaft. Fotos wurden zu einer immer wichtigeren Quelle.

Fotos zeigen nicht „die Wirklichkeit"

Ein Foto scheint die Welt wiederzugeben, „wie sie ist". Aber mit dem Druck auf den Auslöser wird keineswegs ein *objektives* Abbild der Wirklichkeit hergestellt. Fotos zeigen immer nur einen ausgewählten und bearbeiteten Ausschnitt der Realität. Schon beim Blick durch den Sucher, durch die Wahl von Motiv, Bildausschnitt und Perspektive, stellt der Fotograf ein persönliches, *subjektives* Bild her. Mancher Fotograf greift selbst in die Szene ein, ordnet Personen an oder verdeckt bestimmte Gegenstände. Kinder werden herausgeputzt, der Urlaubsort wird am einzigen Sonnentag abgelichtet, die „nicht fotogenen" Ecken einer Stadt bleiben undokumentiert – Übergänge zur Verzerrung der Wirklichkeit sind fließend. Schließlich gibt es auch nachträgliche Bildfälschungen: Retuschen, etwa das Wegschneiden oder Hinzufügen bestimmter Bildtteile, machen Fotos zu einer schwer zu beurteilenden Quelle. Durch die digitale Bildbearbeitung ist dieses Problem noch gewachsen.
Um Fotos als Geschichtsquellen nutzen zu können, müssen sie unter bestimmten Fragestellungen interpretiert und in den historischen Zusammenhang eingeordnet werden. Die folgende Checkliste hilft dabei, Fragen an historische Fotografien sinnvoll zu gliedern:

Checkliste „Fotos"

Formale Kennzeichen
- ✔ Wer hat das Foto gemacht, in Auftrag gegeben oder veröffentlicht?
- ✔ Wann, wo und aus welchem Anlass ist das Foto gemacht bzw. veröffentlicht worden?

Bildinhalt
- ✔ Wer oder was ist auf dem Foto abgebildet? Was wird thematisiert?
- ✔ Welche Darstellungsmittel werden verwendet (Schwarzweiß- oder Farbbild, Kameraperspektive, Aufbau, Schnappschuss oder gestellte Szene, Profi - oder Amateuraufnahme)?
- ✔ Sind Hinweise auf Bildbearbeitung oder nachträgliche Veränderungen erkennbar (Retusche, Montage, Beschnitte bzw. Ausschnittvergrößerungen)?
- ✔ Gibt es eine Bildunterschrift (Legende)? Welche Informationen lassen sich ihr entnehmen?

Historischer Zusammenhang (Kontext)
- ✔ Auf welches Ereignis oder welche Person bezieht sich das Foto?
- ✔ Wie lässt sich das Foto in den historischen Kontext einordnen?

Absicht und Wirkung
- ✔ Für wen und in welcher Absicht wurde das Foto gemacht bzw. veröffentlicht?
- ✔ Welche Botschaft, welche Deutung vermittelt das Foto beabsichtigt oder unbeabsichtigt?
- ✔ Welche Wirkung soll beim Betrachter erzielt werden?

Bewertung
- ✔ Wie lässt sich das Foto insgesamt einordnen und bewerten?
- ✔ Welche Informationen fehlen? Enthält die Legende Falschinformationen oder Wertungen?
- ✔ Welche Auffassung vertreten Sie zu dem Bild?

Beispiel und Analyse

Bildmotiv 1:
Brandenburger Tor in Berlin: Symbol für die deutsche Teilung und für den Gegensatz von Demokratie und Diktatur

Bildaufbau
großer Bildausschnitt, Brandenburger Tor im Zentrum vollständig abgebildet, Demonstranten nehmen etwa ein Fünftel der Bildhöhe ein, am Rand unbeteiligte Passanten

Perspektive und Wirkung:
aufgenommen aus etwa 50 Meter Entfernung, Kamera scheint auf Augenhöhe der marschierenden Männer

▲ Arbeiter entfernen die schwarz-rot-goldenen Fahnen vom Brandenburger Tor und ziehen damit in den Westteil Berlins.
Foto vom 17. Juni 1953.

Bildmotiv 3:
Schwarz-rot-goldene Fahne: Symbol für gemeinsame deutsche Tradition und ein vereinigtes Deutschland

Bildaufbau:
Bildmotiv gleicht dem oberen Foto, aber:
- Ausschnitt ist vergrößert
- beschnitten um rechten und linken Teil mit den Passanten
- demonstrierende Männer rücken ins Zentrum des Bildes, sie nehmen etwa ein Drittel der Bildhöhe ein
- Gesichter sind erkennbar

Perspektive und Wirkung:
durch kleineren Abstand rücken die Fahnen schwenkenden Männer ins Zentrum, sie scheinen auf den Betrachter zuzumarschieren; Bild erweckt den Eindruck eines großen Demonstrationszuges

Bildmotiv 2:
Fahnen schwenkende Männer: Symbol für den Widerstand des Volkes gegen die SED-Diktatur und für die Solidarität mit den streikenden Arbeitern

Bildformate:
oben: querrechteckiges Format, wie von einer Kleinbildkamera; unten: etwa quadratisches Format, vermutlich Ausschnitt aus einem breiteren Bild.

◄ Titelseite der Wochenillustrierten „Der Stern", Heft 26 vom 28. Juni 1953 mit einem Foto vom Aufstand am 17. Juni 1953 in Ost-Berlin.
Die Bildunterschrift am unteren Rand des Titelblattes lautet: „Für einen Tag fühlte sich das Volk von Ost-Berlin frei wie die Brüder jenseits des Tores."

Formale Kennzeichen Die Fotos wurden von einem unbekannten Fotografen während des Volksaufstandes in der DDR am 17. Juni 1953 in Berlin vor dem Brandenburger Tor gemacht. Die westdeutsche Illustrierte „Der Stern" veröffentlichte eines der Fotos als Titelbild ihrer Ausgabe vom 28. Juni 1953, in der sie über die Ereignisse berichtete.

Bildinhalt Beide Fotos sind Schwarzweiß-Aufnahmen und zeigen das gleiche Motiv von etwa demselben Standort: Eine Gruppe von Demonstranten zieht mit einer roten und zwei schwarz-rot-goldenen Fahnen durch das Brandenburger Tor in Richtung Westteil der Stadt. Die Bilder weisen jedoch unterschiedliche Darstellungsmittel auf: Der große Bildausschnitt des oberen Fotos rückt das Brandenburger Tor ins Zentrum, davor marschiert eine Gruppe auf den etwa 50 Meter entfernten Fotografen zu, vorbei an unbeteiligten Passanten im rechten und linken vorderen Bildbereich, die das Geschehen beobachten. Während die Demonstranten im oberen Bild kaum ein Fünftel der Bildhöhe ausmachen, rücken sie im Titelbild der Illustrierten „Der Stern" ins Zentrum. Der Bildausschnitt ist vergrößert, die rechten und linken Bildbereiche mit den Passanten wurden weggeschnitten.

Dadurch rückt die Fahnen schwenkende Gruppe nah an den Betrachter heran. Die geringe Entfernung und die leicht von unten nach oben verlaufende Blickrichtung dramatisieren das Geschehen und erwecken den Eindruck, als sei der Platz voller Demonstranten und die Männer Teil eines großen, unaufhaltsam aus der Tiefe des Bildraumes auf den Betrachter zumarschierenden Demonstrationszuges, der ihn mitreißen will.

Historischer Zusammenhang Am 17. Juni 1953 entstand in der DDR aus spontanen Arbeiterstreiks ein überregionaler Volksaufstand. Die auf den Fotos abgebildeten Demonstranten hatten kurz vor der Aufnahme die rote Fahne vom Brandenburger Tor geholt und zogen mit schwarz-rot-goldenen Fahnen in den Westteil der Stadt. Protestaktionen gegen die SED-Diktatur gab es am 16./17. Juni nicht nur in Berlin, sondern in über 600 Orten in der DDR. Allein die Bilder aus Berlin gingen jedoch um die Welt.

Absicht und Wirkung Während es sich bei dem oberen Foto mit Sicherheit um eine unbearbeitete Originalaufnahme handelt, wurden Format, Bildausschnitt und Perspektive für den Bildtitel des „Stern" mit einer bestimmten Wirkungsabsicht verändert: Der auf die demonstrierenden Arbeiter und die schwarz-rot-goldenen Fahnen verengte Blickwinkel erweckt den Eindruck eines geschlossen gegen die SED-Diktatur und für Freiheit und deutsche Einheit kämpfenden Volkes. Das Durchschreiten des Tores in Richtung Westen steht für den Willen zur Freiheit und die Überwindung der deutschen Teilung. Diese Wirkung wird durch die Schlagzeile „Das Volk steht auf" und den Bilduntertitel „Für einen Tag fühlte sich das Volk von Ost-Berlin frei wie die Brüder jenseits des Tores" noch zusätzlich unterstrichen.

Bewertung Die Verwendung des Bildes in der Fassung des Stern-Titelbildes passt zur westdeutschen Einschätzung des Arbeiteraufstandes in der DDR. Dort galt der Aufstand als gescheiterter Versuch zur Wiederherstellung der staatlichen Einheit. Der 17. Juni wurde bereits 1954, ein Jahr nach dem Aufstand, als „Tag der deutschen Einheit" ein gesetzlicher Feiertag in der Bundesrepublik Deutschland. Durch die Bedeutung, die dem Volksaufstand damit verliehen wurde, bekam auch das Foto eine hohe Bekanntheit und wurde geradezu zum Symbol. Nach dem Mauerfall von 1989 sah man im Bild sogar ein Vorwegnahme der Wiedervereinigung.

Gesellschaft und Alltag

Rückgang der Bevölkerung ■ Seit Gründung der DDR sank die Einwohnerzahl kontinuierlich, von 18,8 auf 16,7 Millionen im Jahr 1989. Die DDR verlor insgesamt 5,2 Millionen Menschen durch Flucht oder Ausreise in die Bundesrepublik. Zudem ging die Geburtenrate ständig zurück. Das Fehlen von Arbeitskräften wurde zum Dauerproblem. Die Staatsführung setzte daher auf die Förderung von Frauen und Jugendlichen, um sie als Arbeitskräfte zu behalten und als Anhänger des Sozialismus zu gewinnen.

Frauenförderung und „Muttipolitik" ■ Der Staat verordnete eine „Emanzipation von oben". Viel früher als in der Bundesrepublik wurde Erwerbsarbeit auch für Ehefrauen und Mütter zum Normalfall. 1990 übten rund 80 Prozent der Mütter einen außerhäuslichen Beruf aus, selbst bei Müttern mit vier Kindern betrug der Anteil noch 66 Prozent.

Die Frauen schätzten die durch Erwerbsarbeit erlangte Selbstständigkeit. Sie profitierten von einem breiten Bildungsangebot sowie von staatlichen Hilfen für Mütter. Im Zentrum dieser „Muttipolitik" lag eine umfassende staatliche Kinderbetreuung. Seit den 1970er-Jahren gab es flächendeckend Krippenplätze für Kinder bis zu drei Jahren, Kindergärten für Vorschulkinder und Kinderhorte zur außerschulischen Betreuung. In diesen Einrichtungen wurden die Kinder nach sozialistischen Maßstäben erzogen.

Der Anteil berufstätiger Frauen war in der DDR insgesamt höher als in der damaligen Bundesrepublik. Dennoch blieben Frauen in der DDR in Berufen mit niedrigen Löhnen überrepräsentiert. In Politik, Verwaltung und Wirtschaft sowie im Hochschulwesen fanden sie noch weniger Zugang zu Spitzenpositionen als in der Bundesrepublik.* Auch die Doppelbelastung für Mütter blieb bestehen, zumal sich die Geschlechterrollen im Privaten nicht änderten: Für Haushalt und Kindererziehung war weiterhin die Frau und nur selten der Ehemann zuständig (▸ M1).

* siehe S. 182 f.

▲ Fischwerkerin Anni Paaz.
Bronzestatue von 1971 (Höhe: 98 cm).
Anni Paaz gehörte zu den Erfolgreichsten im VEB Fischkombinat Rostock. Solche Denkmale im Stil des Realismus sollten Frauen im Arbeitsleben motivieren und das angestrebte Ideal werktätiger Frauen vermitteln.

◂ „Die Partei – das werden wir!"
Plakat zum IX. Parteitag der SED 1976. Die SED gab vor, eine Partei der Jugend zu sein. In Wirklichkeit wurde die Parteispitze immer älter. Das Durchschnittsalter der Mitglieder des Politbüros lag in den 1980er-Jahren stets über 60 Jahre.

◂ **Feier der Jugendweihe.**
Foto vom 15. April 1979.
Die Jugendweihe wurde ab 1955 für 14-jährige Jungen und Mädchen üblich. Sie galt als Schritt in das Erwachsenenleben. Die Jugendlichen nahmen im Klassenverband an einem öffentlichen Festakt teil, bei dem sie dem Staat Treue und Gefolgschaft gelobten.
Rund 98 Prozent der Jugendlichen begingen seit den 70er-Jahren die Jugendweihe. Das Fest gibt es in den ostdeutschen Bundesländern bis heute.

Jugend im Sozialismus ■ Jugendliche wurden mehr als jede andere gesellschaftliche Gruppe vom Staat umworben. Sie sollte zum Sozialismus „mit Wort und Tat und, wenn nötig, mit der Waffe in der Hand" erzogen werden – so die Ministerin für Volksbildung, **Margot Honecker**, noch im Juni 1989.

Kaum einer konnte sich dem staatlichen Einfluss entziehen. Mit sechs Jahren kam man zu den Jungen Pionieren (rund 98 Prozent aller Schulkinder) und ab dem 14. Lebensjahr in die Freie Deutsche Jugend (FDJ). Ihr gehörten 1986 2,3 Millionen Mitglieder an, fast 75 Prozent der Jugendlichen im Alter von 14 bis 25 Jahren. Wer nicht mitmachte, konnte sich seine berufliche Zukunft verbauen.

Eine besondere Rolle spielte der Sport. Jugendliche Nachwuchstalente wurden eigens gefördert und genossen bei Erfolg viele Vorzüge. Der Staat schmückte sich mit seinen Spitzenathleten, die weltweit herausragten. Bei Olympischen Spielen zwischen 1956 und 1988 gewannen ostdeutsche Sportlerinnen und Sportler 578 Medaillen, davon 203-mal Gold. Das diente der SED-Führung als Ausweis für die Überlegenheit des sozialistischen Systems. Der Staat investierte in modernste Trainings- und Betreuungsstätten. Dort mussten sich viele Sportler allerdings auch den Dopingprogrammen der DDR-Sportmedizin unterziehen.

Margot Honecker (geb. 1927): SED-Politikerin, 1963-1989 Ministerin für Volksbildung, dritte Ehefrau Erich Honeckers

Unterhaltung in der DDR ■ Literatur, Theater, Film, Radio und Fernsehen unterstanden staatlicher Kontrolle. Für Konzerte oder Radiosendungen galt die sogenannte 60/40-Regelung. Danach waren nur 40 Prozent ausländische Musiktitel erlaubt, die vorher genehmigt werden mussten. Musiker aus dem Westen durften in der Regel nicht auftreten. Trotzdem wurde Rock- und Popmusik in der DDR seit den 1960er-Jahren populär. Auch eigene Gruppen wie die „Puhdys", „Silly", „Lift" oder „Karat" entstanden.

◂ **Besucher des Bruce-Springsteen-Konzerts in Ost-Berlin.**
Foto vom 19. Juli 1988.
SED und FDJ versuchten, Jugendliche mit Konzerten westlicher Bands zu gewinnen. Nicht ohne Risiko: Auf dem von 160 000 Menschen besuchten Konzert rief Bruce Springsteen auf Deutsch: „Ich bin nicht für oder gegen eine Regierung, ich bin gekommen, um Rock 'n' Roll für euch zu spielen, in der Hoffnung, dass eines Tages alle Barrieren abgerissen werden." Bei der Radioübertragung auf dem Jugendsender „DT 64" wurde dieser Satz herausgeschnitten.

Alter in Ostdeutschland ■ Wer in der DDR in Ruhestand ging, geriet ins Abseits. Die Altersversorgung fiel sehr gering aus. Viele Rentner mussten noch im hohen Alter arbeiten, um der Armut zu entgehen. Anfang der 1970er-Jahre war fast jeder fünfte Rentner – Frauen wie Männer – in Vollzeitbeschäftigung. Menschen über 65 durften auch ohne Weiteres in den Westen reisen. Dem Staat schien es gleichgültig, wenn Rentner nicht mehr in die DDR zurückkehrten.

Waren, Wohnen, Reisen ■ Die DDR hob erst 1958 die Rationierung von Lebensmitteln, Kohle und Heizöl auf. Die Nahrungsmittelpreise blieben hoch, sie verschlangen fast die Hälfte eines durchschnittlichen Einkommens. Erst seit Ende der 60er-Jahre gab es Kühlschränke, Waschmaschinen, Radios oder Fernseher allgemein zu kaufen. Vergeblich versuchte die Regierung, den Menschen Modebewusstsein und Kauflust auszureden. Die Bevölkerung orientierte sich lieber am Westen, wo ein deutlich höherer Lebensstandard herrschte.*

Der Konsum schuf neue Unterschiede in der Gesellschaft. Menschen mit Angehörigen oder Freunden im Westen erhielten von diesen oft Unterstützung durch Warensendungen oder Geldgeschenke. Für Westgeld bekam man Produkte von wesentlich höherer Qualität als für die einheimische Währung. Südfrüchte, hochwertiger Kaffee, Tee oder Frischfleisch blieben Mangelware. Wenn es sie gab, bildeten sich Schlangen vor den Läden. Die eigene Jeans, womöglich im Westen hergestellt, war für Jugendliche die Erfüllung eines Traums.

Eine Wohnung oder ein eigenes Auto erhielten zunächst diejenigen, die von der SED-Führung bevorzugt wurden. Alle anderen mussten oft jahrelang warten. Als Reaktion auf die Knappheit entstanden ein Schwarzmarkt für Kfz sowie eine inoffizielle Tauschwirtschaft. In den 1980er-Jahren wurden Baustoffe, Ersatzteile, Reparaturen und Installationen zum „Zahlungsmittel“ für Konsumgüter aus dem Westen. Viele Produkte und Dienstleistungen waren nur über Beziehungen zu haben. „Sozialismus ohne Beziehungen ist wie Kapitalismus ohne Geld“, lautete eine Redensart.

Wohnraum blieb in der DDR ein ständiges Problem. Die per Gesetz niedrigen Mieten hielten die Eigentümer davon ab, ihre Häuser instand zu halten oder zu renovieren. Die Altbauten in den Städten verfielen immer mehr. Dafür wurden in den Vororten riesige Wohnkomplexe hochgezogen, die zu reinen Schlafstädten mit geringer Lebensqualität verkamen. Der Volksmund sprach von „Arbeiterschließfächern“, „Schnarchsilos“ oder vom Wohnen in der „Platte“.

▲ **Intershop mit Westwaren.**
Foto aus Leipzig, 1980er-Jahre.
Hier gab es sogar die begehrte „Levi's Jeans“ – aber nur gegen Westgeld. Die Läden waren ein Armutszeugnis für den SED-Staat, der aus ihnen Devisenerlöse in Milliardenhöhe bezog. Hier konnten DDR-Bürger aber auch einen direkten Warenvergleich zwischen Ost und West anstellen, der stets zuungunsten des Ostens ausfiel.

▲ **Sonntagsausflug im eigenen Auto.**
Foto, um 1978.
Die Wartezeit bis zur Auslieferung eines bestellten Autos lag – je nach Modell und Versorgungslage – zwischen zwölf und 17 Jahren. Nahezu jeder Erwachsene DDR-Bürger hatte ein Fahrzeug bestellt, was die Wartezeit zusätzlich erhöhte. Selbst alte Gebrauchtfahrzeuge konnten zum Neupreis weiterverkauft werden.

* siehe S. 172, M1

Reiseziel	1970	1980	1988
ČSSR	77419	602142	651630
UdSSR	113780	215817	228304
Ungarn	28798	61245	109637
Bulgarien	81665	52951	63548
Rumänien	8516	13899	20967

◄ **Reisen von DDR-Bürgern in Ostblockländer.**
Vermittelt vom Reisebüro der DDR.

Quelle: Statistisches Jahrbuch der DDR

Auch Auslandsreisen waren für die DDR-Bürger seit den 1970er-Jahren erschwinglich, aber nur eingeschränkt erlaubt. Reisen in Ostblockländer wurden gestattet, solche ins westliche Ausland in der Regel nur für ältere Menschen oder linientreue Anhänger des Regimes.

Nischengesellschaft Nach außen passten sich die Bürger an, innerlich aber blieb ihnen der Staat der DDR fremd. In der Öffentlichkeit redeten die Menschen anders als im Privaten. Man schaute Westfernsehen, durfte jedoch nicht darüber sprechen. Viele zogen sich in Freiräume zurück. Dazu zählten die Familie, der Freundeskreis, die Kirchen oder auch der eigene Schrebergarten, die „Datsche“. In diesen Nischen gab es keine Bevormundung durch den Staat. Doch selbst hier musste man Bespitzelung und Überwachung fürchten (▸ M2).

Der DDR-Alltag und seine Widersprüche Unter der Regie der SED-Führung entstand keine klassenlose Gesellschaft, sondern neue Ungleichheit

- zwischen Anhängern und Gegnern des Regimes,
- zwischen arbeitender Bevölkerung und älteren Menschen im Ruhestand,
- zwischen denen, die der Staat förderte und privilegierte, und solchen, die ohne Vergünstigung blieben.

Der Sozialismus war nach Ansicht der SED gerechter als der Kapitalismus des Westens. Dennoch glaubte der Staat, die Bürger durch Propaganda, Mauer, Reiseverbote und ständige Überwachung an sich binden zu müssen. Frauen und jüngere Menschen wurden zwar gefördert, hatten aber kaum Aufstiegschancen in Staat und Partei. Als offizielles Vorbild galt die Sowjetunion, obwohl die DDR schon Ende der 60er-Jahre deren Lebensstandard übertraf. Für die Menschen blieb die Bundesrepublik das eigentliche Vorbild an Wohlstand und Freiheit, das jedoch unerreichbar schien. Während die Bevölkerung den Kontakt mit Westdeutschland wünschte, grenzte sich der Staat vom „Klassenfeind“ ab.

Das SED-Regime löste diese Widersprüche nicht auf, sondern suchte die Zustimmung der Bevölkerung in den 1970er- und 80er-Jahren durch soziale Sicherheiten („soziale Geborgenheit“) und künstlich verbilligte Verbraucherpreise zu gewinnen. Das gelang zwar vorübergehend, führte aber zu immer höheren Schulden. Die Staatsführung misstraute ihren Bürgern und verheimlichte die Krise.

M1 Alltag berufstätiger Mütter in der DDR

Der Historiker Stefan Wolle schildert die Belastungen, mit denen berufstätige Mütter in der DDR zu leben hatten.

Soziologische Untersuchungen der Nachwende-Zeit weisen aus, dass die allgemeinen Anschauungen über Rolle und Funktion der Frau in der Gesellschaft in der DDR noch konservativer und paternalistischer[1] waren als in der damaligen Bundesrepublik. Zwar akzeptierte die Umwelt grundsätzlich die Berufstätigkeit der Frau, doch folgte daraus keine wirkliche Gleichstellung. Obwohl die Propaganda ihre hohe Erwerbsquote als Erfolg feierte, sah der Alltag ganz anders aus. Die wirtschaftliche Ineffizienz[2] des Systems ging vor allem auf Kosten der Frauen, speziell derjenigen mit Haushalt und Kindern. Der typische Arbeitstag einer berufstätigen Mutter sah etwa so aus: Um fünf Uhr morgens weckte sie die Kinder, machte sie für den Kindergarten oder die Schule fertig und brachte sie dorthin. Die Einrichtungen der Volksbildung hatten einen speziellen Frühhort eingerichtet, wo man die Kinder schon ab sechs Uhr abgeben konnte. Dann ging es mit einer ungeheizten und überfüllten Straßen- oder S-Bahn zur Arbeit. Nach Feierabend, also gegen 17 Uhr, holten die Mütter die übermüdeten und nervösen Kinder aus den „Einrichtungen“ ab, erledigten auf dem Nachhauseweg die oft mit „Rennereien“ und langem Anstehen verbundenen Einkäufe und hatten dann gerade noch Zeit für das Abendbrot. Nach dem „Sandmännchen“ steckten sie die Kinder ins Bett und erledigten die wichtigsten Arbeiten im Haushalt. Entgegen allen anderslautenden Bekundungen beteiligten sich die Ehemänner an dieser Alltagsmühle nur am Rande. Eine Untersuchung aus dem Jahre 1988 machte deutlich, dass in 54 Prozent der Ehen die Haushaltsführung allein und in weiteren 34,5 Prozent überwiegend der Frau oblag. Bei den Männern betrug das entsprechende Verhältnis 0,4 und ein Prozent. Danach blieben noch 10,1 Prozent übrig, welche die Arbeit offenbar gerecht aufteilten. Im Hinblick auf die Kindererziehung sahen die Zahlen ganz ähnlich aus. In 43,3 Prozent der Fälle lag sie allein und in weiteren 41,8 Prozent überwiegend bei der Mutter. Lediglich 12,7 Prozent der Familien gaben an, die Kinder gemeinsam zu erziehen. Erst gegen Ende der achtziger Jahre schien sich diese traditionelle Arbeitsteilung zu verschieben.

Stefan Wolle, Die heile Welt der Diktatur. Alltag und Herrschaft in der DDR 1971-1989. Berlin 1998, S. 175 f.

1. *Nehmen Sie Stellung zu der Aussage, die „wirtschaftliche Ineffizienz des Systems ging vor allem auf Kosten der Frauen“ (Z. 9 f.).*

[1] paternalistisch: väterlich bevormundend
[2] Ineffizienz: Mangel an Wirkung oder Leistung

▲ **Sandmännchen.**
Das „Sandmännchen“, seit 1959 täglich im Fernsehprogramm der DDR, war eine der beliebtesten TV-Sendungen für Kinder in beiden Teilen Deutschlands. Sie gibt es noch heute. Die Puppentrickszenen waren ursprünglich als Gegenakzent zu den Comic-Serien aus den USA gedacht. Solche antiamerikanischen oder antiwestlichen Untertöne waren den Zuschauern jedoch gleichgültig. Insgesamt gab es 50 Puppen des DDR-Sandmännchens. Das Bild zeigt das erste (rechts) und das letzte.

2. *Vergleichen Sie mit dem Alltag in der Bundesrepublik. Entwickeln Sie dazu stichhaltige Fragen an Ihre Eltern sowie Großeltern.*

M2 Anpassung als Überlebensstrategie

Joachim Gauck ist Pfarrer in Rostock. Im Herbst 1980 schließt er sich der Bürgerrechtsbewegung an und wird Abgeordneter der ersten und einzigen frei gewählten Volkskammer. Bis Oktober 2000 ist er Bundesbeauftragter für die Stasi-Unterlagen. Bei der Wahl zum Bundespräsidenten 2010 unterliegt er Christian Wulff (CDU). Nach dessen Rücktritt 2012 wird er parteiübergreifend erneut vorgeschlagen und zum elften Präsidenten der Bundesrepublik Deutschland gewählt.

Mit dem Bau der Mauer wurde gleichsam die Leibeigenschaft zur Staatsdoktrin[1] erhoben, denn von da an konnte nur derjenige diesem System noch entgehen, der bereit war, sein eigenes Leben aufs Spiel zu setzen. Das Gefühl, wehrlos in der Falle zu sitzen, veränderte das Verhältnis zu diesem Staat

[1] Staatsdoktrin: unabänderlicher Grundsatz für den Staat

◂ FDJ-Parade zum 1. Mai.
Foto aus Ost-Berlin von 1987.
Zu Massenveranstaltungen und Aufmärschen wurden Mitglieder der FDJ abgeordnet. Ob sie die Porträts der Politbüro-Mitglieder gern trugen oder nur aus Anpassung, blieb dem Staat verborgen.

[...]. Der Bürger dachte sich zwar immer noch seinen Teil, aber er konnte es nicht mehr wagen, dies auch auszusprechen, denn es gab ja kein Entrinnen mehr. Hinter der Formel vom „gelernten DDR-Bürger" verbirgt sich vor allem diese Grunderfahrung. [...]

Wer fortan nicht als Märtyrer kämpfen wollte, musste sich ohne diese letzte Möglichkeit der Selbstverteidigung arrangieren. Für alle, die auch im real existierenden Sozialismus das Leben, das einem schließlich nur einmal geschenkt wird, genießen wollten, die fröhlich sein und Kinder haben wollten – für die wurde Anpassung von nun an zu einer Strategie des Überlebens. [...]

Die Vorstellung der SED, im Besitz der absoluten Wahrheit zu sein, ihr Anspruch auf die absolute Macht bestimmten von nun an das Leben der DDR-Bürger buchstäblich von der Wiege bis zur Bahre. Das Ministerium für Staatssicherheit drang immer umfassender in das gesamte gesellschaftliche Leben der DDR ein und war als Angstapparat der SED ungeheuer wirkungsvoll. [...]

In dieser Situation wirkte die Angst gleichsam als ein Signalsystem, das ein unauffälliges Alltagsleben durch Anpassung gewährleistete. Sie wurde für mehrere Generationen [...] zum Motor, der vieles in Gang setzte: Angst bewirkte Anpassung oder sogar Überanpassung bei denen, die ihre Ellenbogen einzusetzen vermochten, sie bewirkte Depression und Rückzug in die viel beschriebenen Nischen der DDR-Gesellschaft. Sehr selten bewirkte die Angst auch Protest – bezeichnenderweise vor allem bei den Jüngeren, die noch nicht jahrzehntelang das Gefühl permanenter Bedrohung verinnerlicht hatten. In der Regel war die Angst jedenfalls so wirksam, dass ein gewisses Maß an Überanpassung zur DDR-Normalität gehörte. [...]

Die Erziehung zur Anpassung begann bereits in der Kinderkrippe und im Kindergarten. Rigoros wurde hier das oberste sozialistische Erziehungsziel „Individualität hemmen und den eigenen Willen brechen" durchgesetzt. Schon ein Erstklässler bekam mitunter zu spüren, wie unverzichtbar Anpassung war, weil die Lehrer häufig eher die staatstreue Gesinnung als die fachliche Leistung bewerteten. [...] Die in der Volksbildung vorherrschende Pädagogik, die den Schülern antrainierte, anders zu reden als zu denken, setzte sich auch in vielen Familien fort. Manche Eltern haben ihre Kinder sogar gegen die eigene Überzeugung zu angepasstem Verhalten erzogen, um ihnen eine reibungslose Entwicklung zu ermöglichen. [...] Wichtig war nicht so sehr, wirtschaftlich erfolgreich zu sein, sondern der Nachweis, dass der Einzelne funktionierte, indem er das, was von ihm gefordert wurde, akzeptierte und bereit war, die von anderen formulierten Gesellschaftsziele „schöpferisch" mitzugestalten. [...]

Diese fast pathologische[2] Spaltung der Persönlichkeit finden wir nicht nur bei vielen Inoffiziellen Mitarbeitern der Stasi – sie ist, wenn man so will, geradezu ein Kennzeichen des Menschen in der sozialistischen Gesellschaft gewesen. Denn obwohl viele Menschen anders redeten und auch anders handelten, waren sie doch insgeheim Gegner des Systems. Für sie war es eine Strategie des Überlebens oder auch des Erfolges, so zu tun, als ob sie für das System seien [...].

Joachim Gauck, Die Stasi-Akten. Das unheimliche Erbe der DDR, Reinbek 1991, S. 45 ff.

1. *Erläutern Sie anhand des Textes, wie die SED-Führung ihre Macht zu sichern suchte.*

2. *Beschreiben Sie, welche Funktion die Nischen in der DDR-Gesellschaft nach Gauck für den „gelernten DDR-Bürger" erfüllten. Diskutieren Sie, ob es noch andere Möglichkeiten gab, mit dem Anpassungsdruck umzugehen.*

[2] pathologisch: krankhaft (verändert)

Opposition in der DDR

Protest und seine Folgen ■ Das Scheitern des Arbeiter- und Volksaufstands vom 17. Juni 1953 und der Mauerbau von 1961 hatten die Hoffnung auf Freiheit und Demokratie in der DDR zunichte gemacht. Die Sowjetunion duldete auch nach dem Tod des Diktators Stalin keine Rebellion in einem der Ostblockländer. Bis 1989 regte sich in der DDR kein größerer öffentlicher Protest. Widerstandsgruppen mussten in den Untergrund gehen und wurden vom Staatssicherheitsdienst verfolgt. Für die Menschen blieben nur wenige Möglichkeiten, sich von der Diktatur zu distanzieren:

- Formen der Nichtanpassung: der Austritt aus der SED oder einer Blockpartei, das Fernbleiben von Massen- und Jugendorganisationen, die Nichtteilnahme an staatlichen Kundgebungen,
- Wehrdienstverweigerung (seit 1964 gab es die Möglichkeit, als „Bausoldat" Ersatzdienst zu leisten),
- Stellen eines „Antrags zur ständigen Ausreise aus der DDR",
- Flucht in den Westen,
- Teilnahme an Bürgerinitiativen für Abrüstung, Umweltschutz oder für die Freilassung von Verfolgten des SED-Regimes,
- Regimekritik durch öffentliche Stellungnahmen in westlichen Medien gegen die Zustände in der DDR.

Bürger, die solche Schritte wagten, gingen jeweils ein hohes Risiko ein. Wer sich oder seine Kinder von den staatlichen Organisationen fernhielt oder den Wehrdienst ablehnte, dem konnte der Staat eine gute Ausbildung oder eine erfolgreiche Karriere verweigern. Ausreisewillige mussten alle möglichen Schikanen ertragen, oft um zuletzt abgewiesen zu werden. Ein Fluchtversuch in den Westen („Republikflucht") bedeutete Lebensgefahr sowie langjährige Haft, falls man gefasst wurde. Bürgerinitiativen und Friedensgruppen wurden von der Staatssicherheit unterwandert. Regimekritikern drohte Berufsverbot, Gefängnis oder Zwangsausbürgerung (▸ M1).

▲ **Geruchskonserve.**
Das MfS sammelte heimlich Geruchsproben Oppositioneller, um gegebenenfalls mit Spürhunden nach ihnen zu suchen.

Prominente Kritiker ■ Viele Künstler, Schriftsteller und Musiker, Wissenschaftler und Intellektuelle wehrten sich gegen die Bevormundung durch den Staat. In den meisten Fällen ging es ihnen nicht um einen Sturz des Systems, sondern um mehr Freiheit und Offenheit in einem „menschlichen Sozialismus".

◂ **Robert Havemann und Wolf Biermann.**
Foto vom 21. Januar 1972.
Der überzeugte Kommunist Robert Havemann (links), geboren 1910, war Widerstandskämpfer gegen das „Dritte Reich" gewesen. Havemann trat in die SED ein und wurde Inoffizieller Mitarbeiter der Stasi. Nach kritischen Äußerungen gegen das SED-Regime wurde er 1964 aus der Partei ausgeschlossen und erhielt ein Jahr später Berufsverbot. Nach weiteren öffentlichen Protesten stand er von 1976 bis 1979 unter Hausarrest. Havemann blieb in der DDR. Er starb 1982.

◂ **Wolf Biermann bei seinem Auftritt in der Kölner Sporthalle am 13. November 1976.**
Mit der Begründung, er habe die DDR kritisiert, wurde Biermann nach seinem Köln-Konzert am 16. November 1976 ausgebürgert. Zu diesem Zeitpunkt hatte er in der DDR bereits elf Jahre Berufsverbot. Seine Ausbürgerung löste eine Protestwelle aus: Zwölf bekannte Schriftsteller unterschrieben eine Petition, 400 weitere DDR-Bürger solidarisierten sich mit ihnen. Die SED-Führung reagierte mit Festnahmen, Partei-ausschlüssen und Berufsverboten. In Scharen verließen daraufhin prominente Künstler und Schriftsteller die DDR.

Der Fall des Schriftstellers und Liedermachers Wolf Biermann erregte großes Aufsehen. Biermanns kritische Texte erschienen in der Bundesrepublik, wofür er in der DDR Auftrittsverbot erhielt. Im November 1976 wurde ihm nach einem Konzert in Köln die Rückkehr in die DDR verweigert. Dagegen protestierten viele ostdeutsche Schriftsteller und Intellektuelle, die daraufhin selbst verhaftet oder ausgewiesen wurden. Zu diesem Zeitpunkt hatte die DDR-Regierung bereits die KSZE-Schlussakte zur Einhaltung der Menschenrechte unterschrieben, und damit auch die Freiheit der Meinungsäußerung formell anerkannt.* Mit seinem Vorgehen verstieß das SED-Regime gegen das internationale Abkommen. Bis zuletzt blieben prominente Kritiker der Willkür des Staates ausgesetzt, der sie entweder unbehelligt ließ oder hart gegen sie vorging.

▴ **Plastik des Symbols „Schwerter zu Pflugscharen".**
Viele der meist jugendlichen Friedensaktivisten trugen das Protestsymbol als Aufnäher an der Kleidung.
- *Finden Sie heraus, was als Vorbild für das Symbol diente.*

Kirche, Umweltschutz und Pazifismus Eine besondere Rolle kam den Kirchen in der DDR zu. Sie fanden eine Übereinkunft mit der SED-Diktatur. Die katholische Kirche hielt sich konsequent aus allen öffentlichen Angelegenheiten heraus, während die evangelische Kirche seit 1978 offiziell als „Kirche im Sozialismus" auftrat, was die SED als Anerkennung ihres Führungsanspruchs deutete. Dafür konnten die Kirchen weiterbestehen und für die Gläubigen einen Freiraum an geistiger Unabhängigkeit bieten.

Die christlichen Gemeinden waren auch der Ort, von der die Friedens- und Umweltbewegung der DDR seit Anfang der 1980er-Jahre ausging. 1982 formulierten der Pfarrer Rainer Eppelmann sowie der Regimekritiker Robert Havemann den „Berliner Appell – Frieden schaffen ohne Waffen". Tausende schlossen sich dem Aufruf an, der Toleranz und das Recht auf freie Meinungsäußerung forderte.

In vielen Orten der DDR bildeten sich in den 1980er-Jahren Friedensseminare, Umweltschutz- und Menschenrechtsinitiativen mit zumeist jugendlichen Teilnehmern. Die Regierung erklärte diese Gruppen zu „Staatsfeinden" und nahm Verhaftungen und Zwangsausbürgerungen vor.

◂ **Aktion „Schwerter zu Pflugscharen".**
Foto aus Wittenberg, 1983.
Unter diesem Motto forderte die christliche Friedensbewegung zur Abrüstung auf. Trotz Betonung ihrer Friedensliebe verbot die SED-Führung alle Friedenssymbole und forderte die Bischöfe auf, die Friedensaktivisten zu bremsen. Sie erreichte damit das Gegenteil: Auf dem Kirchentag in Wittenberg 1983 wurde symbolisch ein Schwert in eine Pflugschar umgeschmiedet.

* siehe S. 62 und 266 f.

M1 Opposition in Rostock: aus den Stasi-Akten

Am 3. September 1985 stellt die Rostocker Polizei die folgenden, in signalroter Farbe geschriebenen Losungen auf Plakatwänden, Mauern, Schaufenstern und an Straßenbahnhaltestellen fest. Nach der Spurensicherung werden sie umgehend beseitigt. Gleichzeitig beginnen umfangreiche Ermittlungen.

Frieden schaffen ohne Waffen
DDR – eingesperrt
DDR – KZ
Wir sind mündig, doch wir haben nichts zu sagen
Das Leben hat doch keinen Sinn, wenn ich Kanonenfutter bin

In einem Bericht des Staatssicherheitsdienstes vom 22. Oktober 1985 heißt es zu dem Vorfall:

Die seit dem 3. September 1985 durchgeführten Ermittlungen der Kriminalpolizei im Zusammenwirken mit der KD Rostock [Kreisdienststelle des MfS] und der Abt. XX konzentrierten sich vorwiegend auf den Personenkreis, der am 1.9.1985 am Ehrenmal beim HdA [Haus der Armee] eine Demonstration durchführte. Durch die DVP [Deutsche Volkspolizei] wurden ca. 90 Befragungen durchgeführt. Den befragten Personen wurden grundsätzlich Schriftproben abverlangt. Weiterhin wurden von 16 verdächtigen Personen Geruchskonserven angefertigt. Die Vergleichsarbeit des Schriftsachverständigen der DVP erbrachte keine Hinweise auf einen möglichen Täter. Die Auswertung der Geruchskonserven ist noch nicht abgeschlossen.

Um die Täter zu identifizieren, werden mehr als zehn Inoffizielle Mitarbeiter (IM) eingesetzt. Der Verdacht richtet sich bald gegen die Bauzeichnerin Ute (geb. 1966), die Studentin Dörte (geb. 1968) und den Tankwart Gunnar (geb. 1966) aus dem Kreis der Evangelischen Andreas-Kirchengemeinde Rostock-Evershagen. Ute erhält eine Freiheitsstrafe von einem Jahr und sechs Monaten, ihre beiden „Komplizen" Bewährungsstrafen; Dörte wird außerdem von der Medizinischen Fachschule ausgeschlossen. Ausschlaggebend für das Strafmaß von Ute ist ihr Antrag auf Ausreise, den sie bereits am 6. Juni 1985 gestellt hat. In einer Vernehmung antwortet sie auf die Frage „Wie stehen Sie zu den gesellschaftlichen Verhältnissen in der DDR?":

Den gesellschaftlichen Verhältnissen der DDR stehe ich negativ gegenüber. Mit der Politik bin ich nicht einverstanden. Ich meine hier insbesondere die Innenpolitik. Bestimmte Berufe kann man nicht ergreifen, weil man nicht entsprechend ist. Weiterhin gefällt mir nicht, dass man in der DDR eingesperrt ist oder dass vonseiten der DDR andauernd gegen die BRD gehetzt wird. Der Kulturaustausch zwischen DDR und BRD wird genau abgewogen. Weiterhin gibt es in der DDR keine Möglichkeit im zivilen Bereich zur Ableistung eines Wehrersatzdienstes.[1] Von Baby an wird in der DDR der Weg genau bestimmt, den man zu gehen hat.

▲ Aus der Stasi-Akte über die oppositionellen Parolen in Rostock.
Das MfS fotografierte alle Losungen vor ihrer Beseitigung.

Während der U-Haft nimmt das MfS Kontakt zu Gunnar auf, um ihn als IM im Bereich der Andreas-Kirchengemeinde einzusetzen. Gunnar verweigert sich jedoch dem MfS und den „Erziehungsmaßnahmen" und lehnt eine angepasste Lebensweise ab. Er stellt einen Übersiedlungsantrag in die Bundesrepublik. Im Dezember 1986 kommt er zum zweiten Mal in Haft und wird wegen „staatsfeindlicher Hetze" zu einer Strafe von drei Jahren verurteilt. Am 12. August 1987 wird er in den Westen entlassen.

Zitiert nach: Die Bundesbeauftragte für die Unterlagen des Staatssicherheitsdienstes der ehemaligen Deutschen Demokratischen Republik (Hrsg.), „DDR – eingesperrt". Jugendliche im Stasi-Visier am Beispiel des Operativen Vorgangs (OV) „Signal". Auszug aus einer Akte des MfS, Berlin 2005, S. 5 f., 15 und 30

1. *Erläutern Sie die Inhalte der einzelnen Losungen und erörtern Sie die Problematik.*

2. *Das MfS legte allein für diesen „Operativen Vorgang" 16 Aktenbände mit 2 727 Seiten unter dem Titel „Signal" an. Nehmen Sie Stellung zu diesem Vorgehen des MfS, den Strafmaßen und den betroffenen Personen.*

3. *Suchen Sie nach weiteren Beispielen von Verfolgungen Jugendlicher durch das MfS und verfassen Sie entsprechende Berichte.*

[1] Seit 1964 gab es einen Dienst ohne Waffen in der Nationalen Volksarmee. Bis 1989 leisteten mehr als 20 000 junge Männer in ihr einen Dienst als sogenannte „Bausoldaten". Durch besonders harte Bedingungen sowie weitere Schwierigkeiten in Studium und Beruf hielt man die Zahl der Wehrdienstverweigerer gering.

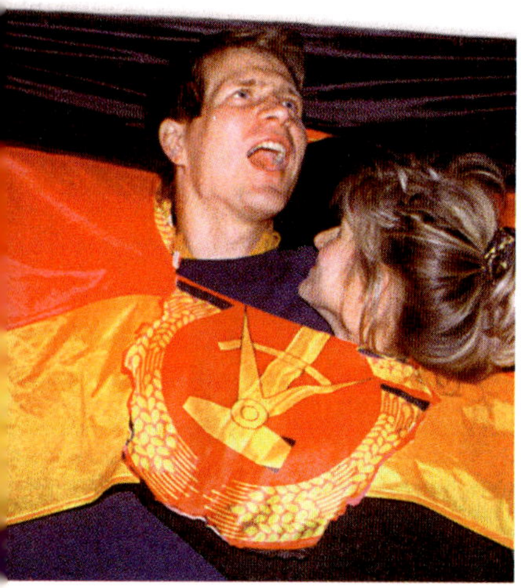

Einigungsprozess und vereintes Deutschland

◂ **Jubelndes Paar am Tag der deutschen Einheit in Berlin.**
Foto vom 3. Oktober 1990.
1990 hatten die Deutschen Grund zum Feiern: Die staatliche Einheit war gelungen, im Frieden und in Freiheit. Danach begann die eigentliche Überwindung von 40 Jahren Teilung. Das schwierige Zusammenwachsen von Ost und West prägt den deutschen Alltag bis heute.

Eine Opposition entsteht	**1985**	Die „Initiative Frieden und Menschenrechte" (IFM) wird in der DDR gegründet.
	Mai / Juni 1989	Proteste gegen die Fälschung der Wahlergebnisse bei den Kommunalwahlen.
	Aug. - Okt. 1989	Bürgerrechtler gründen in der DDR das Neue Forum, Demokratie Jetzt, den Demokratischen Aufbruch und die Sozialdemokratische Partei (SDP).
Massenproteste, Massenflucht	**4.9.1989**	In Leipzig findet die erste „Montagsdemonstration" statt.
	Sept. 1989	Die ungarische Regierung erlaubt DDR-Bürgern die Ausreise über ihre Grenzen. DDR-Bürger, die in die diplomatische Vertretung der Bundesrepublik in Prag geflüchtet sind, dürfen in den Westen ausreisen.
	9.10.1989	Etwa 70 000 Menschen demonstrieren in Leipzig für demokratische Reformen. Erstmals greifen die Sicherheitskräfte nicht ein.
Das SED-Regime zerfällt	**18.10.1989**	Honecker wird vom Politbüro zum Rücktritt gezwungen.
	4.11.1989	Über 500 000 Menschen fordern auf dem Berliner Alexanderplatz einen „eigenständigen Weg" der DDR.
	7.11.1989	Die Regierung der DDR tritt zurück, am Tag darauf auch das Politbüro der SED.
Ende der DDR	**9.11.1989**	Die Grenzübergänge nach West-Berlin und in die Bundesrepublik werden geöffnet.
	Dez. 1989	Auflösung des Ministeriums für Staatssicherheit. Bürgerrechtler verhindern die Beseitigung der Stasi-Unterlagen.
	10.2.1990	Die Sowjetunion stimmt der Schaffung eines gemeinsamen deutschen Staates zu.
	18.3.1990	Freie Wahlen zur DDR-Volkskammer.
	März 1990	Die Treuhandanstalt übernimmt ca. 8 000 Volkseigene Betriebe, um sie zu privatisieren oder stillzulegen.
Deutsche Einheit	**1.7.1990**	Der Erste Staatsvertrag zur deutschen Einheit tritt in Kraft: Wirtschafts-, Währungs- und Sozialunion zwischen der Bundesrepublik und der DDR.
	31.8.1990	Zweiter Staatsvertrag zur deutschen Einheit (Einigungsvertrag). Berlin wird Hauptstadt des künftigen vereinten Deutschland.
	12.9.1990	Durch den Zwei-plus-Vier-Vertrag erhält Deutschland die volle staatliche Souveränität. Die Grenze zu Polen wird als endgültig anerkannt.
	3.10.1990	Mit dem Beitritt der fünf ostdeutschen Länder und Ost-Berlins zur Bundesrepublik wird die deutsche Einheit hergestellt.
	2.12.1990	Erste gesamtdeutsche Bundestagswahlen.

Meinungsumfrage:
„Ich habe in der DDR (ab 1992: in Ostdeutschland) eine gesicherte Zukunft" – trifft dieser Satz für Sie zu?

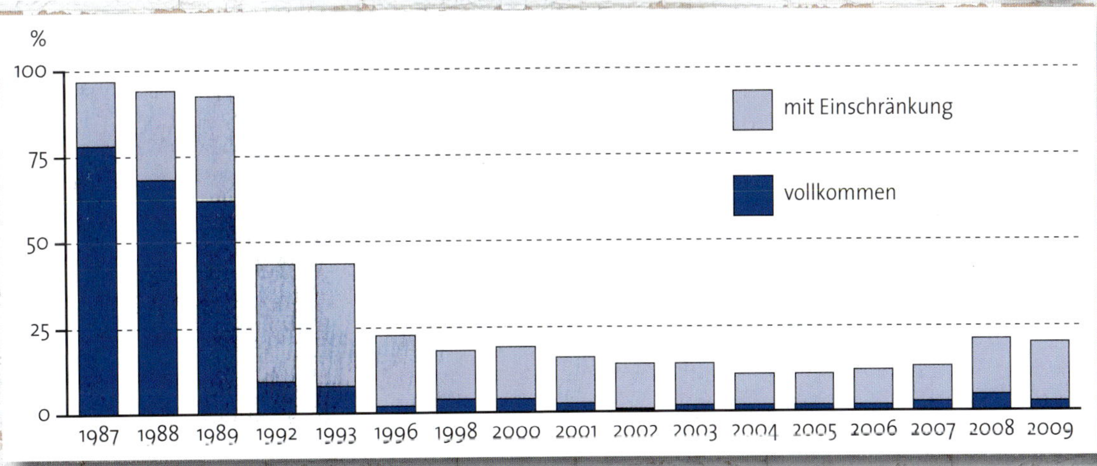

1: Militärparade der Nationalen Volksarmee in Ost-Berlin zur Feier des 40. Jahrestages der Gründung der DDR. Foto vom 7. Oktober 1989. – 2: Tausende von Demonstranten versammeln sich auf dem Karl-Marx-Platz in Leipzig zu einer friedlichen Demonstration gegen die Herrschaft der SED und für freie Wahlen. Foto vom 13. November 1989.

- *Die Fotos entstanden im Abstand von 37 Tagen. Erläutern Sie, welche Absicht hinter den beiden Großveranstaltungen stand und welche Hoffnung die Veranstalter jeweils ausdrücken wollten.*
- *Das Diagramm zeigt, wie sich die Einstellung von Bürgern in der DDR bzw. in den neuen Bundesländern geändert hat. Fassen Sie die Entwicklung zusammen und diskutieren Sie mögliche Gründe.*

Bürgerprotest und das Ende der DDR

Wachsende Kritik von Friedens- und Umweltgruppen in der DDR Seit Beginn der 1980er-Jahre führte das Versagen der Planwirtschaft zu wachsendem Unmut in der Bevölkerung. Es half nichts mehr, wenn die Regierung Konsum und sichere Arbeitsplätze versprach, um über die tatsächlichen Mängel hinwegzutäuschen. Die Staatsmacht leugnete die Zerstörung der Umwelt und den Zerfall der Städte, obwohl sie für jedermann sichtbar waren. Anstatt die Wirtschaft zu reformieren, investierte der Staat in die Aufrüstung der Armee.

Während sich die meisten Menschen innerlich von der DDR abwandten, entstand Mitte der 1980er-Jahre eine ostdeutsche Protestbewegung. Sie zählte anfangs nur wenige hundert Aktive. Durch im Untergrund gedruckte Zeitschriften und Flugblätter, Treffen und Protestaktionen entstand allmählich ein landesweites Netzwerk.

Eine Bürgerrechtsbewegung entsteht 1985 gründeten Bürgerrechtler in Ost-Berlin – unter ihnen Bärbel Bohley, Ralph Hirsch, Gerd Poppe, Wolfgang Templin, Vera Wollenberger – die „Initiative Frieden und Menschenrechte" (IFM). Mit dieser stark christlich-pazifistisch ausgerichteten Gruppe gewann die Protestbewegung eine neue Qualität. Erstmals wurde nicht mehr nur Kritik an gesellschaftlichen Teilbereichen wie Umweltschutz und Rüstung geübt. Jetzt erhoben Oppositionelle in der DDR die grundsätzliche Forderung nach freiheitlicher Demokratie.

▸ Protest gegen den Wahlbetrug.
Foto vom 7. Juni 1989.
Seit dem 7. Juni 1989 demonstrierten Bürgerrechtler vor der Ost-Berliner Sophienkirche für die Offenlegung der Wahlfälschungen im Zusammenhang mit den Kommunalwahlen.

Bei den Kommunalwahlen vom Mai 1989 setzten Bürgerrechtler die Beobachtung der Stimmenauszählung durch. In mehreren Städten entdeckten sie massive Wahlfälschungen, gegen die sie öffentlich protestierten. Dieser Schritt verschaffte der Oppositionsbewegung weiteren Zuspruch in der Bevölkerung. Zwischen August und Oktober 1989 schlossen sich die Bürgerrechtler in vier erstmals öffentlich auftretenden Vereinigungen zusammen (Neues Forum, Demokratie Jetzt, Demokratischer Aufbruch, Sozialdemokratische Partei). Sie forderten umfassende politische Reformen für die DDR.

▲ **Transparent bei einer Demonstration in Leipzig.**
Foto vom 30. Oktober 1989.

Lech Walesa (geb. 1943): polnischer Arbeiterführer und Bürgerrechtler, erhielt 1983 den Friedensnobelpreis, 1990-1995 Staatspräsident Polens

Václav Havel (1936-2011): tschechischer Schriftsteller und Bürgerrechtler, 1993-2003 Präsident der Tschechischen Republik

Michail Gorbatschow (geb. 1931): russischer Politiker, 1985-1991 letzter sowjetischer Staats- und Parteichef; seine Reformpolitik ermöglichte den demokratischen Wandel im Ostblock. Erhielt 1990 den Friedensnobelpreis.

Reformen in Osteuropa Ermutigt wurde die Protestbewegung in der DDR auch von internationalen Vorbildern. In Polen hatte sich seit 1980 die Gewerkschaft „Solidarność“ (Solidarität) unter **Lech Walesa** gegen das Verbot durch die Staatsmacht behauptet und erreichte im Juni 1989 halbwegs freie Wahlen. In Ungarn leitete die kommunistische Regierung seit 1988 selbst Reformen ein. In der Tschechoslowakei hatten Regimekritiker wie **Václav Havel** 1977 eine Erklärung zugunsten der Menschenrechte unterzeichnet („Charta 77“). Daraus ging eine Bewegung hervor, die die Regierung zu politischen Veränderungen aufrief. Besonders der Reformkurs in der Sowjetunion unter **Michail Gorbatschow** machte Hoffnung auf mehr Freiheit und Gerechtigkeit. Bei einem Treffen in Ost-Berlin im Herbst 1989 mahnte der sowjetische Staatschef: „Wer zu spät kommt, den bestraft das Leben“ – im Klartext: ohne Reformen keine Zukunft. Das SED-Regime geriet damit in eine Zwangslage. Denn die DDR war kein Nationalstaat, und eine Öffnung gegenüber dem Westen warf auch die Frage nach der deutschen Einheit auf.

Flucht vor der Staatsmacht Die Regierung wollte die unzufriedenen Bürger loswerden, indem sie sie in den Westen ziehen ließ. Im ersten Halbjahr 1989 gestattete sie rund 46 000 Personen die Übersiedlung in die Bundesrepublik. Damit kehrte jedoch keine Ruhe ein. Im Sommer lagen erneut über eine Viertelmillion Ausreiseanträge vor.

Am 10./11. September 1989 erlaubte die Regierung Ungarns fluchtwilligen Urlaubern aus der DDR die Ausreise nach Österreich. Über 25 000 Menschen nutzten dies und setzten sich in den Westen ab. Andere fanden Zuflucht in den diplomatischen Vertretungen der Bundesrepublik in Prag, Warschau und Ost-Berlin. Nach langen Verhandlungen gab die DDR-Regierung nach und erlaubte die Ausreise der Flüchtlinge.

Massenprotest und friedliche Revolution Seit Anfang September 1989 demonstrierten in Leipzig an jedem Montag nach Friedensgebeten in der Nikolaikirche immer mehr Menschen für Reisefreiheit statt Massenflucht. Rief die Menge anfangs noch „Wir wollen raus!“, so hieß es bald „Wir bleiben hier!“. In Ost-Berlin, Leipzig und Potsdam hielten Bürgerrechtler Mahnwachen für politische Gefangene. Das alles geschah unter den Augen der Staatssicherheit, die die Proteste mit Verhaftungen auflösen wollte.

In den ersten Oktobertagen spitzte sich die Situation gefährlich zu. Die Machthaber begingen den 40. Jahrestag der DDR am 6. und 7. Oktober mit Pomp und Militärparaden. Die Medien aus aller Welt sahen zu. Zugleich sollte ein Riesenaufgebot bewaffneter Sicherheitskräfte die Demonstranten einschüchtern.

Die große Montagsdemonstration in Leipzig am 9. Oktober brachte den Umschwung. 70 000 Menschen demonstrierten friedlich, im klaren Bewusstsein, dass es dabei zu einem Blutbad kommen könne. Auch in Ost-Berlin fand eine Massendemonstration statt. Die Regierung wagte es am Ende nicht, mit bewaffneten Kräften gegen die Demonstranten vorzugehen (▸ M1).

DDR-Staatschef Honecker wollte die Bürgerproteste notfalls gewaltsam beenden. Damit stand er inzwischen jedoch allein da. Am 18. Oktober 1989 wurde er von einer Gruppe im Politbüro um Egon Krenz abgesetzt. Krenz übernahm seine Ämter. Die politische Führung versuchte jetzt, durch Gesprächsangebote an die Bevölkerung die Situation wieder in den Griff zu bekommen. Doch die Menschen erwarteten keine kleinen Zugeständnisse mehr. „Wir sind das Volk!“, riefen sie den Machthabern selbstbewusst zu. Im November mischte sich darunter immer häufiger der Ruf „Wir sind *ein* Volk!“.

▲ **Umjubelter Grenzübertritt.**
Foto vom 9./10. November 1989.
In Berlin nutzten mehr als eine halbe Million Menschen die Grenzöffnung zu einem Kurzbesuch im Westteil der Stadt.

Die Mauer fällt, die SED-Diktatur endet Die anhaltende Massenflucht und der zunehmende Massenprotest im ganzen Land untergruben innerhalb weniger Wochen die Machtbasis der SED. Der Zerfall ihrer Herrschaft beschleunigte die Öffnung der Mauer und der Grenzübergänge nach West-Berlin und in die Bundesrepublik am 9. November 1989. Die SED-Führung hatte gehofft, mit der Gewährung von Reisefreiheit ihre Herrschaft noch in letzter Minute stabilisieren zu können. Aber dies erwies sich als Illusion.

Unter dem Druck der Bevölkerung gab die SED ihre Vormachtstellung schrittweise auf. Im Dezember 1989 wurde ihre „führende Rolle“ aus der Verfassung gestrichen, das Ministerium für Staatssicherheit aufgelöst, Politbüro und Zentralkomitee traten geschlossen zurück, Staats- und Parteichef Krenz legte seine Ämter nieder. Die friedliche Revolution in der DDR hatte gesiegt, die SED-Diktatur war zusammengebrochen.

Nach der Wende: Freiheit und Krisenmanagement Seit Mitte November 1989 amtierte eine SED-Regierung unter Ministerpräsident Hans Modrow. Sie stand von Beginn an unter Erfolgszwang. Die Probleme der Wirtschaft, über die jetzt öffentlich berichtet und diskutiert wurde, ließen sich von der DDR allein nicht mehr bewältigen. Zugleich hielt die Ausreisewelle an. Im November und Dezember 1989 kehrten 176 650 Menschen der DDR den Rücken.

Anfang Dezember wurde ein „Runder Tisch“ eingeführt, wie ihn auch die Reformer in Polen durchgesetzt hatten. Die Vertreter der SED und die wichtigsten Bürgerrechtsgruppen traten zu Gesprächen zusammen. Diskutiert wurde nun auch, ob die DDR als eigener Staat erhalten werden könne oder ob sie sich mit der Bundesrepublik vereinigen solle (▸ M2).

▸ **Geschichte In Clips:**
Zum Mauerfall siehe
Clip-Code 4587-04

▲ Großdemonstration in Ost-Berlin.
Foto vom 4. November 1989.
Mehrere Hunderttausend Menschen strömten auf dem Alexanderplatz zusammen. Die Ansprachen der oppositionellen Schauspieler, Künstler und Politiker sowie einiger reformwilliger Vertreter des Systems wurden live im DDR-Fernsehen übertragen.

Lasst uns den ersten Weg gehen. Noch haben wir die Chance, in gleichberechtigter Nachbarschaft zu allen Staaten Europas eine sozialistische Alternative zur Bundesrepublik zu entwickeln. Noch können wir uns besinnen auf die antifaschistischen und humanistischen Ideale, von denen wir einst ausgegangen sind. Alle Bürgerinnen und Bürger, die unsere Hoffnung und unsere Sorge teilen, rufen wir auf, sich diesem Appell durch ihre Unterschrift anzuschließen.

Blätter für deutsche und internationale Politik, Januar 1990, S. 124 f.

1. *Beschreiben Sie die beiden Wege für die weitere Entwicklung, die sich nach Ansicht der Verfasser für die DDR boten.*

2. *Diskutieren Sie die Einstellung zum alten System der DDR, die in dem Aufruf anklingt.*

Der Weg zur staatlichen Einheit Deutschlands

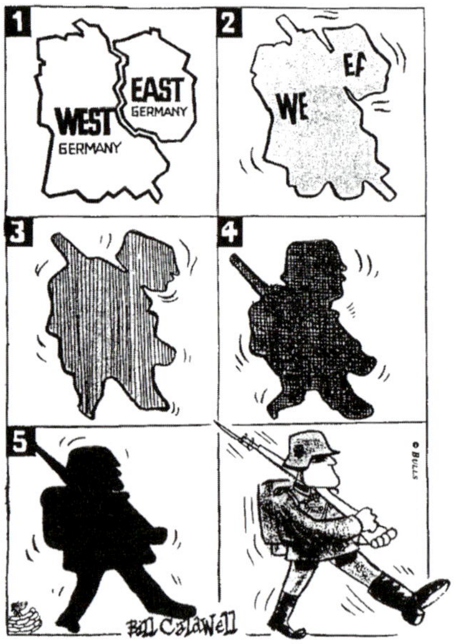

▲ **„March of the Fourth Reich."**
Karikatur von Bill Caldwell aus der britischen Zeitung „Daily Star" vom Februar 1990. In Großbritannien gab es anfangs große Vorbehalte gegen eine deutsche Wiedervereinigung.

- *Erläutern Sie, auf welche historischen Tatsachen die Zeichnung anspielt und was sie aussagen will.*

▲ **Montagsdemonstration vom 12. Februar 1990 in Leipzig.**

Der internationale Rahmen der deutschen Einheit ▬ Noch immer galt das Potsdamer Abkommen von 1945, das die Frage einer deutschen Wiedervereinigung an die Zustimmung der vier Siegermächte des Zweiten Weltkrieges band. Zugleich mussten die Interessen der übrigen europäischen Staaten, insbesondere Polens, berücksichtigt und Ängste vor einem größer und mächtiger werdenden Deutschland beseitigt werden.

Im Februar 1990 begannen die sogenannten „Zwei-plus-Vier-Gespräche". Dabei verhandelten die Regierungen Frankreichs, Großbritanniens, der Sowjetunion, der USA sowie der DDR und der Bundesrepublik Deutschland über die endgültigen Grenzen, die Bündniszugehörigkeit Deutschlands und die deutsche Souveränität.

Der Bundesrepublik half dabei das große Vertrauen, das sie sich durch die jahrzehntelange Zusammenarbeit mit den USA, in der NATO und in der Europäischen Gemeinschaft, aber auch durch die Neue Ostpolitik seit den 1970er-Jahren erworben hatte.

Im Juni 1990 verständigten sich die Supermächte USA und UdSSR darüber, dass Deutschland auch nach der Vereinigung in der NATO bleiben dürfe. In den folgenden Wochen einigten sich Bundeskanzler Kohl und Michail Gorbatschow auf den Abzug der Roten Armee aus der DDR und auf deutsche Wirtschaftshilfen für die Sowjetunion. Mit dem Vertrag über die abschließende Regelung in Bezug auf Deutschland vom 12. September 1990 (Zwei-plus-Vier-Vertrag), der die Funktion eines Friedensvertrages hatte, erhielt das wiedervereinigte Deutschland die volle staatliche Souveränität. In einem weiteren Vertrag zwischen Deutschland und der Sowjetunion vom 9. November 1990 vereinbarten beide Staaten ihre umfassende Zusammenarbeit. Den Abschluss bildete der deutsch-polnische Grenzvertrag vom 14. November 1990, worin Deutschland die Grenze zu Polen definitiv anerkannte. 45 Jahre nach dem Ende des Zweiten Weltkrieges war damit die „Nachkriegszeit" für Deutschland und Europa abgeschlossen.

Wirtschafts-, Währungs- und Sozialunion ▬ Um die Übersiedlerzahlen und den Einigungsprozess insgesamt unter Kontrolle zu bringen, beschloss die Bundesregierung schon im Februar 1990 eine rasche Wirtschafts- und Währungsunion. Löhne, Renten und Mieten wurden im Verhältnis 1:1 umgestellt, ebenso Sparguthaben bis 6000 Mark, für Beträge darüber galt der Umtausch 2:1. Viele Fachleute und Politiker warnten davor, diese Wechselkurse gefährdeten die Wirtschaft. Doch die Bundesregierung und eine Mehrheit des Bundestages wollten im Interesse der DDR-Bürger handeln.

Der Staatsvertrag zur Wirtschafts-, Währungs- und Sozialunion trat am 1. Juli 1990 in Kraft. Am Tag darauf wurde die D-Mark als offizielle Währung in der DDR eingeführt. Damit war die deutsche Einheit praktisch unumkehrbar. Sozusagen über Nacht wurde auch die gesamte Wirtschaft der DDR dem internationalen Wettbewerb ausgesetzt, dem die meisten Betriebe nicht gewachsen waren. Ein gewaltiger Modernisierungsschock erfasste die ostdeutsche Wirtschaft und Gesellschaft.

Der Einigungsvertrag Anfang Juli 1990 begannen in Ost-Berlin die Verhandlungen der beiden deutschen Regierungen über den zweiten Staatsvertrag zur deutschen Einheit (Einigungsvertrag) unter der Leitung von Bundesinnenminister **Wolfgang Schäuble** und DDR-Staatssekretär Günther Krause.

Die Übernahme der bundesdeutschen Rechtsordnung in Ostdeutschland erforderte komplizierte Regelungen. Zu klären waren die Frage der Finanzierung der Einheit und die Regelung der Rechtsansprüche all derer, die in der DDR enteignet worden waren (Grundsatz „Rückgabe vor Entschädigung"). Darüber hinaus war zu entscheiden, welche Verfassung im wiedervereinigten Deutschland gelten sollte. Das Grundgesetz sah zwei Möglichkeiten vor: Artikel 23 ermöglichte den Beitritt „weiterer Teile Deutschlands" zum Geltungsbereich des Grundgesetzes. Nach der (ursprünglichen) Präambel sowie laut Artikel 146 sollten die politischen Vertreter Deutschlands eine neue Verfassung erarbeiten, sobald die „Einheit und Freiheit Deutschlands" vollendet seien. Die DDR-Volkskammer entschied sich am 23. August 1990 mit über zwei Dritteln der Abgeordneten für den Beitritt nach Artikel 23 des Grundgesetzes.

Am 31. August 1990 wurde der Einigungsvertrag in Ost-Berlin unterzeichnet und am 20. September von beiden Parlamenten, Volkskammer und Bundestag, mit großer Mehrheit verabschiedet. Die im Juli wieder ins Leben gerufenen (seit 1952 aufgelösten) Länder Brandenburg, Mecklenburg-Vorpommern, Sachsen, Sachsen-Anhalt und Thüringen sollten am 3. Oktober 1990 der Bundesrepublik beitreten. Auch Berlin würde nicht länger geteilt sein.

Der Einigungsvertrag erklärte Berlin zur Hauptstadt. Er ließ jedoch offen, ob Parlament und Regierung in Bonn bleiben oder nach Berlin ziehen sollten. Das Thema wurde in der Öffentlichkeit breit diskutiert. Am 20. Juni 1991 entschied sich der Bundestag nach einer leidenschaftlichen Debatte mit knapper Mehrheit für Berlin als Regierungs- und Parlamentssitz.

Wolfgang Schäuble (geb. 1942): Politiker (CDU), 1989-1991 und 2005-2009 Bundesminister des Innern, 1991-2000 Vorsitzender der CDU-Bundestagsfraktion, 1998-2000 Vorsitzender der CDU, seit 2009 Bundesminister der Finanzen

Wiedervereinigung und gesamtdeutsche Wahlen Am 3. Oktober 1990, um 0 Uhr, war die Wiedervereinigung Deutschlands durch den Beitritt der fünf ostdeutschen Länder zur Bundesrepublik Deutschland vollzogen. Viele DDR-Bürgerrechtler hatten sich mit ihrer Forderung nach einem eigenständigen Weg der DDR nicht durchsetzen

◂ **Feier der Deutschen Einheit in Berlin.**
Foto vom 3. Oktober 1990. Der Einigungsvertrag zwischen der Bundesrepublik Deutschland und der Deutschen Demokratischen Republik legte fest, dass die neuen Länder Ostdeutschlands zum 3. Oktober dem Geltungsbereich des Grundgesetzes beitraten. Dieser Tag wird seither als nationaler Feiertag („Tag der Deutschen Einheit") begangen.

Oskar Lafontaine (geb. 1943): Politiker, 1985-1998 Ministerpräsident des Saarlandes, 1995-1999 Vorsitzender der SPD, 2007-2010 Vorsitzender der Partei „Die Linke“

können. Die überwiegende Mehrheit der Bevölkerung in ganz Deutschland glaubte an eine rasche Angleichung der Lebensverhältnisse des Ostens an den Standard des Westens. Diese Stimmung führte auch zum Wahlerfolg der regierenden Parteien CDU/CSU und FDP bei den ersten gesamtdeutschen Bundestagswahlen am 2. Dezember 1990. Die Regierung Kohl/Genscher wurde in ihrer Politik bestätigt. Die Haltung der Sozialdemokraten zur Wiedervereinigung war gespalten: Während ein Teil der SPD um Willy Brandt und Hans-Jochen Vogel die Einheit vorbehaltlos befürwortete, warnte der SPD-Kanzlerkandidat **Oskar Lafontaine** vor den Kosten und Problemen einer raschen Vereinigung.

Wirtschaftlicher Umbau ■ Die Folgen von 40 Jahren kommunistischer Herrschaft in Ostdeutschland waren schwerer zu bewältigen und benötigten mehr Zeit, als Politiker und Experten ursprünglich vermutet hatten (▶ M1). Die Umwandlung der ostdeutschen Planwirtschaft in eine Wettbewerbswirtschaft war eine Aufgabe, für die es kein Vorbild gab. Die meisten ehemaligen Staatsbetriebe erwiesen sich als nicht konkurrenzfähig. Die Bevölkerung kaufte zunächst nur Produkte aus dem Westen. Auch waren seit 1991 die bisherigen Märkte in Osteuropa völlig weggebrochen.

Stilllegung, Sanierung und Privatisierung der Betriebe nach marktwirtschaftlichen Gesichtspunkten verschlangen riesige Gelder und führten zunächst zu Massenentlassungen. Mit der Abwicklung der DDR-Betriebe hatte die Volkskammer die Treuhandanstalt beauftragt. Sie übernahm im Sommer 1990 etwa 8500 Staatsunternehmen mit etwa 45000 Einzelbetrieben und 4,1 Millionen Beschäftigten sowie rund 60 Prozent der Fläche der DDR. Als die Treuhandanstalt, das zeitweilig größte Unternehmen der Welt, im Winter 1994 ihre Tätigkeit beendete, hatte sie 3700 Betriebe als nicht sanierungsfähig stillgelegt und über 15000 Firmen mit 1,5 Millionen Arbeitsplätzen privatisiert. Durch die Übernahme der Schulden der früheren DDR-Betriebe und Finanzhilfen aller Art für private Investoren hinterließ die Treuhandanstalt umgerechnet 140 Milliarden Euro Schulden, die den Bundeshaushalt seither jährlich mit etwa 8,7 Milliarden Euro belasten. Trotz der Ungleichheiten, die es noch immer gibt, ist der Strukturwandel der ostdeutschen Wirtschaft bereits ein gutes Stück vorangekommen (▶ M2).

▶ Sanierungsarbeiten bei der Chemie AG Bitterfeld.
Foto vom 19. April 1993.
Viele DDR-Großbetriebe waren international nicht wettbewerbsfähig. Auch das große Chemiekombinat Bitterfeld ließ sich nach der Wiedervereinigung Deutschlands nicht erhalten. Der Zustand vieler Betriebsteile war zu schlecht, und nur wenige der hergestellten Produkte konnten auf dem freien Markt bestehen. Lediglich Teile des Großbetriebs konnten herausgelöst und in private Hand überführt werden. Von ehemals 18000 Arbeitsplätzen gingen zwischen 1990 und 1994 12000 verloren.

Kosten der Einheit Der wirtschaftliche Umbau und die schrittweise Angleichung der Lebensverhältnisse an das westliche Niveau erforderten die Modernisierung der gesamten Infrastruktur in Ostdeutschland – Straßen, Autobahnen, Wohnungen und öffentliche Gebäude, Telekommunikation, Eisenbahn, Energieversorgung, Gesundheitswesen, Schulen, Hochschulen. Auch die Umweltschäden in Ostdeutschland konnten weitgehend beseitigt werden. Die notwendigen Mittel wurden ganz überwiegend aus dem Bundeshaushalt aufgebracht.

An direkten Aufbauhilfen stellte zunächst der „Fonds Deutsche Einheit" von 1990 bis 1994 umgerechnet rund 82 Milliarden Euro für die ostdeutschen Länder und Kommunen zur Verfügung. Der „Solidarpakt I" von 1995 sorgte für die Aufnahme der neuen Bundesländer in den regulären **Länderfinanzausgleich**. Weiter erhielten die neuen Länder von 1995 bis 2001 Sonderleistungen des Bundes über umgerechnet 105 Milliarden Euro. Der „Solidarpakt II" sieht bis 2019 nochmals Sonderzahlungen von 105 Milliarden Euro für Infrastruktur und Unternehmensförderung vor. Hinzu kommen 51 Milliarden Euro an Investitionshilfen des Bundes und der EU.

Länderfinanzausgleich: im Grundgesetz verankerte Regelung. Danach leisten Bundesländer mit höheren Steuereinnahmen (Geberländer) Ausgleichszahlungen an Länder mit geringerem Steueraufkommen (Nehmerländer).

Man schätzt, dass zwischen 1990 und 2009 etwa 1,6 Billionen Euro an öffentlichen Finanztransfers in die neuen Länder stattfanden. Hierbei wurden Steuerzahlungen und Sozialbeiträge aus dem Osten abgezogen. Der weitaus größte Teil floss in Sozialausgaben (Renten, Arbeitslosenunterstützung, Maßnahmen zur Arbeitsbeschaffung).

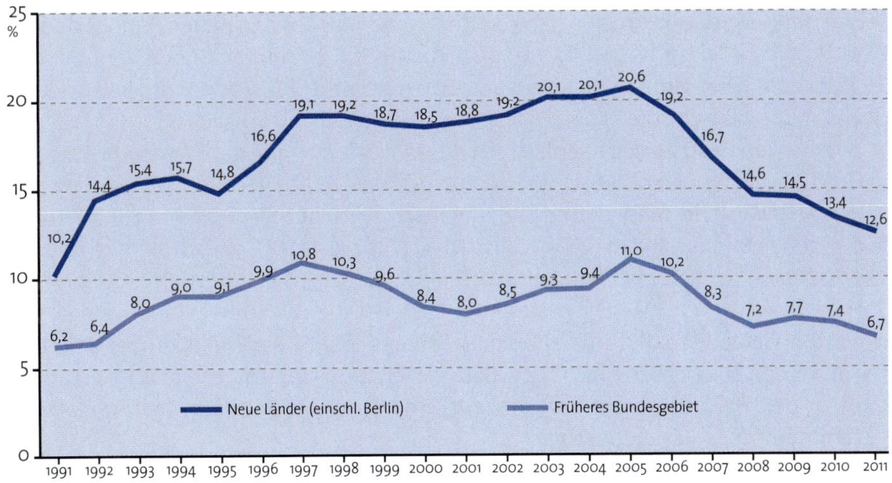

◂ **Arbeitslosenquote in Ost- und Westdeutschland (in Prozent).**

Daten: Statistisches Bundesamt (www.destatis.de)

Lebensgefühl im Umbruch Für die neuen Bundesbürger bedeutete die Übernahme der westdeutschen Gesellschaftsordnung eine gewaltige Umstellung des gesamten Alltagslebens. Vom Kindergarten bis zur Altersversorgung änderte sich alles. Viele Bürger im Osten fühlten sich deklassiert und von den „Wessis" überrollt. Andererseits sahen sich viele Bürger in der alten Bundesrepublik von den Erwartungen ihrer Landsleute im Osten überfordert. Beobachter sprachen von einer „Mauer in den Köpfen", die das Ende der Teilung überdauert habe. Die Unterschiede in der Lebenserfahrung und im Lebensgefühl zwischen den Deutschen in Ost und West reichten tiefer, als man in der anfänglichen Begeisterung 1989/90 angenommen hatte. Manche reagierten auf den extrem hohen Anpassungsdruck mit einer Verklärung der DDR-Vergangenheit, was in Westdeutschland oft Unverständnis hervorrief (▸ M3).

Die Angleichung der Lebensverhältnisse an den Standard des Westens wurde erst allmählich erreicht. Der Preis dieser Entwicklung waren eine oft empfundene Bevormundung durch Westdeutsche sowie eine anhaltend hohe Arbeitslosigkeit – Erfah-

Gerhard Schröder (geb. 1944): Politiker (SPD), 1990-1998 Ministerpräsident von Niedersachsen, 1998-2005 Bundeskanzler, 1999-2004 Vorsitzender der SPD

Joschka (Joseph Martin) Fischer (geb. 1948): Politiker (Die Grünen), 1985-1987 Umwelt- und Energieminister von Hessen, 1998-2005 Bundesaußenminister und Vizekanzler

Angela Merkel (geb. 1954): 1990 Mitglied des DA, dann der CDU, 1991-1994 Bundesministerin für Frauen und Jugend, 1994-1998 Bundesumweltministerin, 1998-2000 Generalsekretärin der CDU, seit 2000 CDU-Vorsitzende, seit 2005 Bundeskanzlerin

rungen, die es in der DDR nicht gegeben hatte. Weiterhin besteht ein Gefälle zwischen Ost und West. 2010 war die Arbeitslosigkeit in den neuen Ländern prozentual noch immer doppelt so hoch wie in den alten. Der Aufholprozess Ostdeutschlands hält an. Die Menschen haben mittlerweile auch eine neue regionale Identität gewonnen: Ähnlich wie im Westen wächst das Zugehörigkeitsgefühl zum eigenen Bundesland (▸ M4).

Veränderte Parteienlandschaft Die deutsche Einheit führte auch zu einer Vereinigung von politischen Parteien. Bereits im August 1990 traten die liberalen Parteien der DDR den bundesdeutschen Freien Demokraten (FDP) bei. Die SDP, gegründet im Oktober 1989 und dansch umbenannt in SPD (Ost), vereinigte sich mit den westdeutschen Sozialdemokraten im September 1990. Im Oktober 1990 fand die Vereinigung von CDU-Ost und -West statt. Die Grünen wurden 1993 zu einer gesamtdeutschen Partei „Bündnis 90/Die Grünen“, nachdem beide Gruppierungen seit 1990 gemeinsam zu Wahlen angetreten waren.

1998 unterlag die Koalition aus CDU/CSU und FDP unter Bundeskanzler Kohl bei den Wahlen zum Bundestag. Der neue Bundeskanzler **Gerhard Schröder** (SPD) schloss eine Koalition seiner Partei mit Bündnis 90/Die Grünen. Bundesaußenminister und Vizekanzler wurde der Grünen-Politiker **Joschka Fischer**. Das rot-grüne Bündnis regierte im Bund bis 2005. Mit **Angela Merkel**, geboren in Hamburg, aufgewachsen in Templin in Brandenburg, wurde im Jahr 2000 erstmals eine Frau aus den neuen Bundesländern CDU-Vorsitzende. 2005 übernahm sie als erste Kanzlerin der Bundesrepublik die Regierung in einer Großen Koalition aus CDU/CSU und SPD. 2009 wurde sie wiedergewählt und bildete eine Koalition aus Unionsparteien und FDP.

Am linken Rand der Parteienlandschaft etablierte sich seit der Wiedervereinigung die PDS (Partei des demokratischen Sozialismus), die Nachfolgerin der SED. Sie gewann in den neuen Bundesländern und in Berlin rasch an Zulauf. Die PDS war zunächst nur in den neuen Bundesländern als sozialistische „Stimme des Ostens“ erfolgreich. Im Juni 2007 schloss sie sich mit der „Linkspartei“ sowie der „Wahlalternative Arbeit und Soziale Gerechtigkeit“ (WASG) zusammen, Parteien, die sich aus westdeutschen Kommunisten, Gewerkschaftsfunktionären und ehemaligen SPD-Mitgliedern rekrutierten. Die durch den Zusammenschluss gebildete Partei „Die Linke“ zog 2009 als viertstärkste Kraft in den Bundestag ein (11,9 Prozent) und strebt nach einem festen Platz im gesamtdeutschen Parteiengefüge.

M1 „Rote Zahlen vom roten Sozialismus“

Der Wirtschaftswissenschaftler Karl-Hans Hartwig fasst zwei Monate nach der Schaffung der Wirtschafts-, Währungs- und Sozialunion die wirtschaftlichen Probleme der DDR zusammen:

Die DDR-Wirtschaft befindet sich gegenwärtig in einer tiefen Krise [...]. Auch die weiteren Aussichten sind zunächst düster. Arbeitslosenzahlen von 1,5 bis zwei Millionen oder 15 Prozent werden selbst von Optimisten nicht mehr als unrealistisch angesehen. [...] Die Marktwirtschaft und der mit ihr notwendig verbundene freie Informationsfluss bringen diese Altlasten der planwirtschaftlichen Vergangenheit an den Tag. Sie machen deutlich, dass vom roten Sozialismus vorwiegend rote Zahlen bleiben. Experten ist nicht erst seit dem 9. November bekannt, dass etwa 30 bis 40 Prozent der DDR-Betriebe nicht konkurrenzfähig sind und in Wirtschaft und Verwaltung schon immer eine große Anzahl von Arbeitskräften mitgeschleppt wurde, die ökonomisch nicht gerechtfertigt war. Produktivitätsrückstände bis zu 60 Prozent gegenüber westlichen Betrieben kommen ja nicht von ungefähr. D.h. aber, dass von den vorhandenen 9,3 Millionen Arbeitsplätzen in den ersten Jahren nach Einführung der Marktwirtschaft mehr als drei Millionen wahrscheinlich sowieso nicht zu halten wären. Sie durch neue wettbewerbsfähige Arbeitsplätze zu ersetzen, ist die vordringliche Aufgabe, und nicht irgendwelche Beschäftigungsgarantien zu geben. Das in den Köpfen der Menschen noch immer verankerte Recht auf Arbeit hat es ja faktisch auch in der DDR nie gegeben. Praktiziert wurden vielmehr ein Recht auf Lohn und der Zwang zur Beschäftigung an den falschen Stellen.

Das Parlament, 14. September 1990

1. *Arbeiten Sie heraus, welche Probleme bei der Umwandlung der Planwirtschaft der DDR in eine Soziale Marktwirtschaft auftraten.*

2. *Erläutern Sie, welche Aufgaben demokratisch gewählte Politiker in diesem Prozess haben.*

M2 Der Osten holt auf

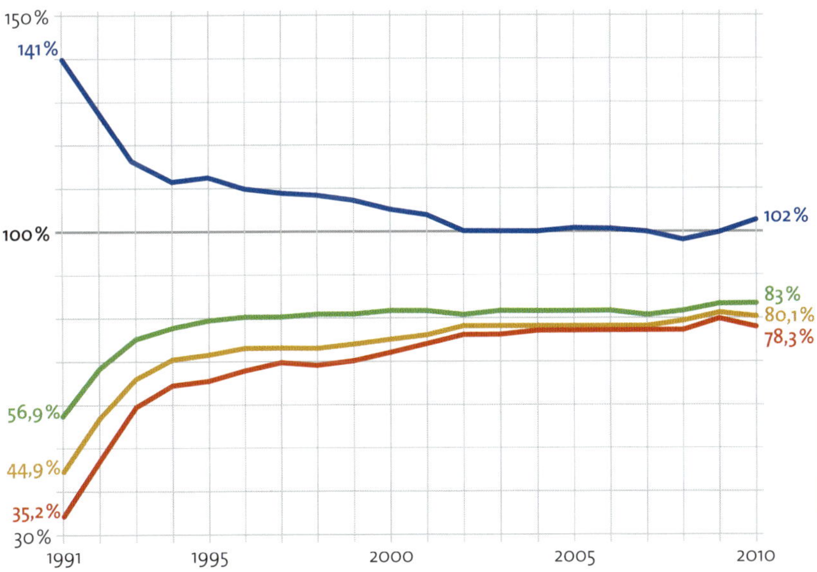

Wirtschaftsleistung Ostdeutschlands, gemessen am Westen

Westdeutschland und Berlin: 100 %

- Lohnstückkosten
- Arbeitnehmerentgelt
- Arbeitsproduktivität[1]
- Wirtschaftsleistung (BIP je Arbeitnehmer)

Quelle: Frühjahrsgutachten der Wirtschaftsforschungsinstitute 2011

Lesehilfe:

Im Jahr 2000 betrug das Arbeitsentgelt im Osten durchschnittlich 81 Prozent des Lohns im Westen.

Im Jahr 1996 lagen die Lohnstückkosten in den ostdeutschen Ländern zehn Prozent über den Lohnstückkosten in den westlichen Ländern (= 110 %).

1. *Ostdeutsche Arbeitnehmer fordern die 1:1-Angleichung der Löhne und Gehälter an das Westniveau. Wirtschaftswissenschaftler und Politiker warnen vor einer schnellen Angleichung. Sammeln Sie Argumente dafür und dagegen und begründen Sie Ihre eigene Meinung, indem Sie die Daten aus der Grafik berücksichtigen.*

2. *Nach einer anfänglich schnellen Steigerung hat sich die ostdeutsche Entwicklung seit Mitte der 1990er-Jahre verlangsamt. Nennen Sie Gründe dafür.*

[1] Arbeitsproduktivität: Messgröße für die Entwicklung der Produktion im Verhältnis zum Arbeitseinsatz (Anzahl der Beschäftigten und deren Arbeitsstunden)

▲ **Demonstrant in Berlin.**
Foto vom Oktober 2004.

M3 DDR-Nostalgie

Der ostdeutsche Historiker Stefan Wolle schreibt 2009 über Gründe für die verbreitete Verklärung der ehemaligen DDR:

Die zentrale Kategorie zur Erklärung der DDR ist der Begriff der Sicherheit. [...] Zum einen meinte Sicherheit den Frieden, der von der Sowjetunion und den bewaffneten Organen der DDR beschützt wurde [...]. Sicherheit meinte aber auch soziale Sicherheit, vor allem die Sicherheit des Arbeitsplatzes. Aufgrund des niedrigen technologischen Niveaus der Wirtschaft sowie der Republikflucht bis 1961 herrschte in der DDR ein akuter Arbeitskräftemangel. Es gab sogar eine reguläre Arbeitspflicht. [...]

Man wechselte seltener den Wohnort und den Arbeitsplatz als in der westlichen Gesellschaft. Zwischen dem Betrieb und den Werktätigen gab es oft eine feste Bindung. Es war nicht ungewöhnlich, dass Belegschaftsmitglieder schon im Betrieb gelernt hatten, später zum Studium delegiert wurden, dann vom Betrieb eine Wohnung erhielten, ihre Kinder in die Obhut der betrieblichen Einrichtungen gaben und ihren Urlaub im Betriebsferienheim verbrachten. Man muss dies wissen, um zu begreifen, welch schwerer Schlag für viele Menschen nach 1990 der Verlust des Arbeitsplatzes war. [...]

Sicherheit im Alltag bot vor allem das Kollektiv. Das ist das zweite Schlüsselwort zum Verständnis der Alltagsrealität der DDR. [...] Das Kollektiv war – ganz wie die Mauer – Schutzraum und Gehäuse der Hörigkeit, sei es nun das Klassenkollektiv, das FDJ-Kollektiv, das Arbeitskollektiv oder die Hausgemeinschaft. Es war [...] Instrument der Sozialkontrolle und ideologische Kontrollinstanz – aber auch eine Hilfe bei der Bewältigung von Alltagsproblemen: Bei Umzügen und Wohnungsrenovierungen sprangen die Kollegen ein, denn Möbelwagen und Malerfirmen waren schwer zu bekommen. [...]

Das dritte Grundelement des Alltagslebens war der ständige Mangel. [...] Die DDR-Bewohner entwickelten sich zu einem Volk der Jäger und Sammler, immer auf der Pirsch. So wie die Jäger in der Wildnis waren sie gute Fährtensucher, kannten die Lieferzeiten oder bekamen Tipps von den Angehörigen des Verkaufsstellenkollektivs. Man sah eine Schlange, stellte sich an und fragte dann, was es denn gebe. [...] Nicht dass in der DDR Hunger geherrscht hätte: Im Gegenteil, es wurde mehr gefuttert und getrunken, als der Gesundheit zuträglich war. Was fehlte, waren Qualität und Auswahl, vor allem aber Kontinuität. [...]

Als die eiserne Klammer des Zwangssystems fiel, wurden die eingeübten Überlebensstrategien der Mangelgesellschaft gegenstandslos. Die relative Gleichheit der sozialistischen Einheitsgesellschaft wich schnell einer neuen Ungleichheit zwischen den Verlierern und den Gewinnern der „Wende". Es waren vor allem die Schattenseiten der Marktwirtschaft, mit denen die Bewohner der neuen Länder nun in Berührung kamen. Die politischen Parolen und Symbole der SED-Herrschaft wurden ersetzt durch eine grelle und allgegenwärtige Werbung. Die alte Verlogenheit war durch eine neue abgelöst worden. Diese Gesellschaft sonderte einen beträchtlichen Prozentsatz der erwerbsfähigen Bevölkerung als nicht brauchbar aus. Menschen, deren Selbstwertgefühl sich aus ihrer beruflichen Tätigkeit ergab, fühlten sich plötzlich nutzlos. In der DDR war das Leben des Einzelnen eingebunden gewesen in eine Art kollektive Sinnerfüllung. [...] Dieses Wertesystem brach 1989/90 zusammen, ohne dass die traditionellen Werte der Zivilgesellschaft automatisch wieder ihren Platz einnahmen. [...] Das machte Teile der Bevölkerung anfällig für die rückwärtsgewandte Utopie vom Arbeiter- und-Bauern-Paradies, das es so niemals gegeben hat.

Stefan Wolle, Es war einmal die DDR, in: 1989. Die geglückte Revolution. Die ZEIT Geschichte, Hamburg 2009, Heft 2, S. 78-84

1. *Fassen Sie die zentralen Thesen des Autors zusammen und beurteilen Sie, ob sie Ihnen einleuchten.*

2. *Erörtern Sie, ob die DDR-Nostalgie ein zeitbedingtes Phänomen ist, und diskutieren Sie deren Folgen.*

M4 Die DDR im Spiegel von Umfragen

Das Meinungsforschungsinstitut Emnid führte im April 2009 in den neuen und alten Bundesländern folgende repräsentative Befragung durch (Angaben in Prozent):

Können die Ostdeutschen stolz sein auf die friedliche Überwindung der SED-Herrschaft?

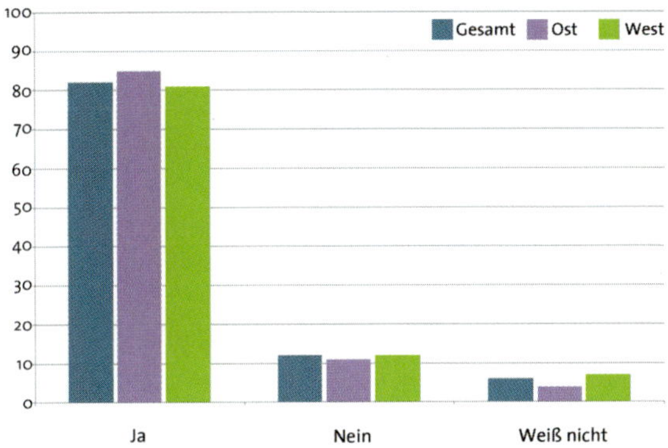

Wie beurteilen Sie rückblickend das Leben in der DDR? Welcher These stimmen Sie am ehesten zu?

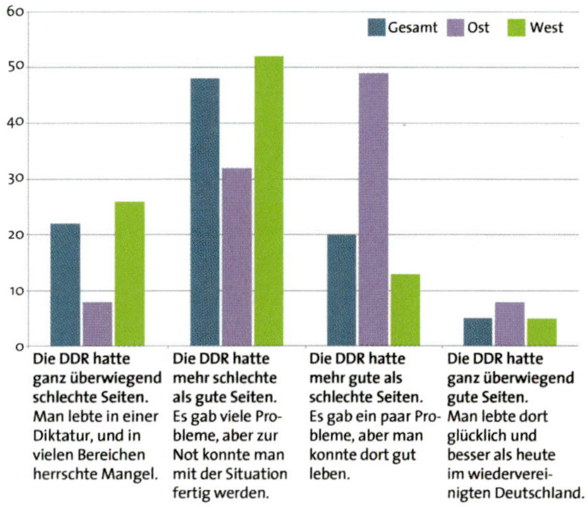

Welcher der folgenden Faktoren war Ihrer Meinung nach für das Ende der SED-Herrschaft der ausschlaggebende? (Nur eine Antwort möglich)

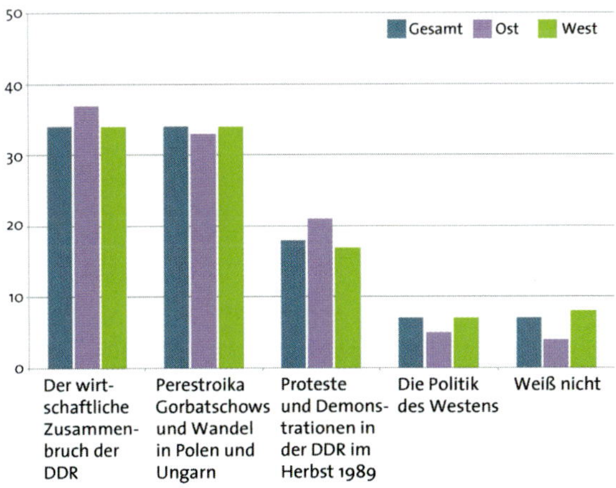

Welche Hoffnungen aus der Zeit 1989/90 sind heute verwirklicht? (Mehrfachnennungen möglich)

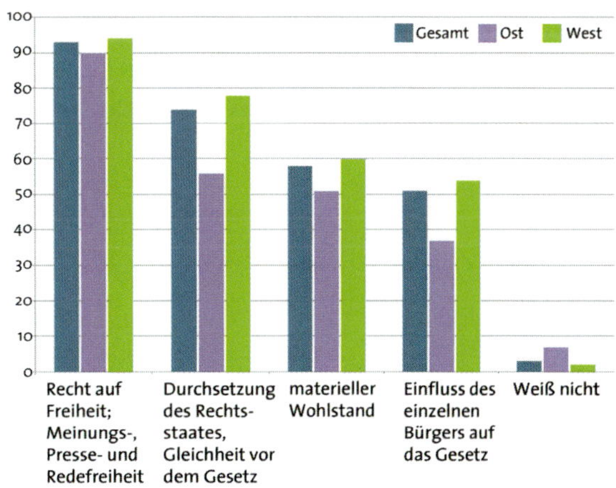

Nach: Stefan Wolle, 20 Jahre nach der friedlichen Revolution in der DDR, Berlin 2009, S. 13-18

1. *Erläutern Sie die Gründe für die Unterschiede in den Antworten zwischen Ost- und Westdeutschen.*

2. *Interpretieren Sie die in der Umfrage erkennbare Einschätzung der Ostdeutschen.*

3. *Überlegen Sie, welche politischen Konsequenzen aus den Umfrageergebnissen gezogen werden können.*

1 Nachkriegsdeutschland, die Bundesrepublik und die Deutsche Frage

Über Deutschland entschieden ab 1945 die Siegermächte USA, Großbritannien, Frankreich und die Sowjetunion. Sie schufen Besatzungszonen und kontrollierten das öffentliche Leben. Die Alliierten wollten das besiegte Deutschland als Einheit behandeln und eine Rückkehr des Nationalsozialismus verhindern. Doch beim Wiederaufbau der Wirtschaft und des politischen Systems gingen sie getrennte Wege. Die Sowjetunion verhalf in ihrer Zone der kommunistischen SED zur Macht. Gegen eine Ausbreitung des Sowjet-Kommunismus und angesichts der wirtschaftlichen Not legten US-Amerikaner, Briten und Franzosen ihre Zonen zusammen. Die Länder der westlichen Zonen erhielten 1948 eine neue Währung sowie Hilfen durch den Marshall-Plan der USA. Im März 1949 verabschiedeten die Länderparlamente das Grundgesetz für die Bundesrepublik Deutschland. Die Sowjetunion reagierte und veranlasste in ihrer Zone die Gründung der DDR. Es gab nun zwei deutsche Staaten.
Die Westmächte wollten den Deutschen Eigenverantwortung und Demokratie nahe bringen. Den Deutschen im Osten blieb dies verwehrt. Hier errichtete die SED unter dem Schutz der UdSSR eine kommunistische Diktatur. Eine Wiedervereinigung Deutschlands rückte in immer weitere Ferne. Die Bundesregierung in Bonn lehnte die DDR als Staat ab, da das SED-Regime nicht frei gewählt war.
Bundeskanzler Konrad Adenauer (1949-1963) wollte den westdeutschen Staat erst stabilisieren, ehe eine Wiedervereinigung infrage kam. Dazu wählte er die Westintegration, eine Hinwendung zu Westeuropa und den USA. Dieser Prozess führte 1955 zum Eintritt in die NATO. Wieder reagierte die Sowjetunion und schuf 1955 den Warschauer Pakt mit der DDR als Mitglied. Bundesrepublik und DDR gehörten nun gegnerischen Bündnissen an. 1961 war der Tiefpunkt der Beziehungen erreicht: Die DDR riegelte sich ab durch den Bau der Berliner Mauer und einen „Todesstreifen" entlang der innerdeutschen Grenze.
Zu einer Entspannung führte die Politik unter Bundeskanzler Willy Brandt (1969-1974). Bonn gewährte dem DDR-Regime im Grundlagenvertrag von 1972 eine eingeschränkte Anerkennung im Gegenzug für menschliche Erleichterungen. Begleitet wurde dies durch den Dialog auf europäischer Ebene (Konferenz über Sicherheit und Zusammenarbeit in Europa, KSZE).
Das deutsch-deutsche Verhältnis normalisierte sich, aber die Teilung sowie der Gegensatz zwischen westlicher Demokratie und SED-Diktatur bestanden fort. Die Deutschen unterhielten private, wirtschaftliche und kulturelle Kontakte, soweit es die politische Lage zuließ. Die Bundesregierung hielt weiter am Ziel einer deutschen Einheit fest. Eine Wiedervereinigung war jedoch unrealistisch, solange Europa in zwei Lager gespalten blieb.

2 Die Entwicklung der DDR

Die DDR wurde bis Mitte der 1950er-Jahre politisch, wirtschaftlich und militärisch vollständig in den Ostblock eingebunden. Auf Weisung der Sowjetunion mussten sich alle gesellschaftlichen Kräfte der regierenden SED unterordnen. Das Regime stützte sich auf eine abhängige Justiz, das Militär und den Staatssicherheitsdienst. Es kontrollierte den Unterricht und die Medien, freie Wahlen gab es nicht.
Die SED-Diktatur ging seit 1952 an den „planmäßigen Aufbau des Sozialismus". Industrie und Landwirtschaft wurden schrittweise verstaatlicht. Der Wiederaufbau nach den Maßstäben der sozialistischen Planwirtschaft gestaltete sich schwierig. Zum Ausgleich für Versorgungsmängel verlangte das Regime ständig höhere Arbeitsleistungen. Das ließ immer mehr Bürger das Land in Richtung Bundesrepublik verlassen. Ein Arbeiteraufstand im Juni 1953, der sich zum Volksaufstand ausweitete, wurde von der Roten Armee niedergeschlagen. Dies führte Machthabern wie Bürgern die Abhängigkeit des SED-Regimes von der sowjetischen Schutzmacht vor Augen.

Die Stabilisierung des Regimes unter Walter Ulbricht gelang erst ab 1961, als die DDR durch Berliner Mauer und „Todesstreifen" vollständig abgeriegelt wurde. Die Massenflucht war damit beendet, die Bürger mussten sich in der Diktatur einrichten.
Um 1970 gelangte die DDR-Wirtschaft an die Spitze aller Ostblockländer. Das Regime schmückte sich mit sportlichen Erfolgen und hob seine Leistungen in der Frauenförderung und Bildungspolitik hervor.
1971 wurde Ulbricht vom SED-Politbüro gestürzt. Der neue Generalsekretär Erich Honecker erklärte das Erreichte für den „real existierenden Sozialismus". Das SED-Regime hielt an seiner unumschränkten Machtstellung fest, unterdrückte jede Opposition und bespitzelte die Bürger. Um die Zustimmung der Bevölkerung zu sichern, beschloss die Staatsführung großzügige Sozialleistungen und niedrige Preise, den Bau neuer Wohnungen und mehr Konsum. Der versprochene Wohlstand blieb jedoch aus, und die Unzufriedenheit der Menschen wuchs. Die teure Sozialpolitik führte bald in eine Schuldenspirale, die die DDR-Wirtschaft lähmte. Die Staatsführung war jedoch nicht zu Reformen bereit. Dadurch geriet die Diktatur schließlich selbst in die Krise.

3 Einigungsprozess und vereintes Deutschland

Um die Mitte der 1980er-Jahre wandelten sich Friedens- und Umweltinitiativen in der DDR zu einer regimekritischen Bürgerrechtsbewegung. Vorbild waren Oppositionsbewegungen in Polen und der Tschechoslowakei. Auch die Reformpolitik Gorbatschows in der UdSSR ermutigte die Oppositionellen und ließ sie auf Veränderungen hoffen.
Im Frühjahr 1989 machten Bürgerrechtler Wahlfälschungen bei DDR-Kommunalwahlen öffentlich. Im September entstand eine neue Welle von Flüchtlingen aus der DDR, die über die ČSSR und Ungarn in die Bundesrepublik ausreisten. Zur selben Zeit begannen in Leipzig Montagsdemonstrationen. Die Protestbewegung fand immer stärkeren Zulauf. Am 7. Oktober demonstrierten Zehntausende friedlich in Leipzig und in Ost-Berlin. Die SED-Führung griff nicht ein. Angesichts der Proteste wurde Erich Honecker vom Politbüro entmachtet. Der völlig überraschende Fall der Berliner Mauer am 9. November 1989 und die Öffnung der Grenzen beschleunigten den Machtverfall des DDR-Regimes. Die Führungsspitze der SED trat geschlossen zurück. In Verhandlungen mit den Bürgerrechtlern wurden freie Wahlen vereinbart. Die „Wende" war gelungen. Die „friedliche Revolution" hat den Sturz des SED-Regimes ohne Gewalt erreicht. Die mehrheitlich geforderte deutsche Einheit durfte nicht gegen den Willen der Nachbarn in Europa durchgesetzt werden. Zugleich drängte die Zeit: Die DDR-Wirtschaft befand sich im freien Fall und die Massenflucht ließ nicht nach. Die Bundesregierung in Bonn handelte schnell. Bundeskanzler Kohl erhielt von den Regierungen in Washington, London, Paris und Moskau das Einverständnis zu einer Wiedervereinigung. Im „Zwei-plus-Vier-Vertrag" vom September 1990 wurde das Recht Deutschlands auf staatliche Einheit festgeschrieben.
Bonn und Ost-Berlin verhandelten über den Zusammenschluss beider Staaten. Es folgte der Beitritt der fünf neu gebildeten ostdeutschen Länder zur Bundesrepublik am 3. Oktober 1990. Das Grundgesetz galt nun für ganz Deutschland. Die vereinigte Bundesrepublik blieb Mitglied der Europäischen Gemeinschaft und der NATO.
Während die äußere Einheit in wenigen Monaten hergestellt wurde, dauerte die innere Einheit viel länger und erforderte weit mehr Mittel als anfangs vermutet. Die Umstellung auf die Marktwirtschaft war für viele Ostdeutsche ein Schockerlebnis. Das Zusammenleben von West- und Ostdeutschen in einem Staat führte zu vielen Irritationen.
Trotz gewaltiger Transferleistungen gelang erst allmählich die Angleichung der Lebensverhältnisse. Die neue „Berliner Republik" konnte die Stabilität der alten Bundesrepublik fortsetzen, auch wenn die Aufarbeitung der Teilung viele Mühen bereitete.

Das Erbe zweier Diktaturen

Deutschland hat im 20. Jahrhundert zwei totalitäre Unrechtssysteme erlebt: Während der Herrschaft des Nationalsozialismus (1933-1945) wurden Rasse und Nation zu den entscheidenden Maßstäben erhoben. In einem Vernichtungskrieg sollten „minderwertige" Völker erobert, versklavt oder ausgerottet werden. Nach dem Ende der NS-Diktatur folgte für den östlichen Teil Deutschlands die Herrschaft des Kommunismus (1945-1989). Im Namen des Aufbaus einer gerechten Gesellschaft verbot eine einzelne Partei jede Opposition und unterdrückte die freie Diskussion. Um eine Auswanderung der Bürger zu verhindern, wurde das Land völlig abgeriegelt. Innen herrschte ein System von Bevormundung und Bespitzelung.

Das Ausmaß an Gewalt und Leid in beiden Systemen war unterschiedlich. Nach dem Untergang der Diktaturen wurde jedoch gleichermaßen eine Auseinandersetzung mit der Vergangenheit notwendig. In einem demokratischen Prozess, der keineswegs abgeschlossen ist, wurde und wird das historische Erbe von Nationalsozialismus und SED-Herrschaft aufgearbeitet. Dies geschieht zur Wiedergutmachung von erlittenem Unrecht, zum Gedenken an die Opfer, zur Mahnung vor Wiederholung, zur seelischen Bewältigung und zum besseren Verständnis unserer Gegenwart. Die Bemühungen schärfen das Bewusstsein für den Wert des demokratischen Rechtsstaats.

Extremismus als Bedrohung

Anhänger totalitärer Ideologien gibt es auch in der Demokratie. Trotz der verheerenden Bilanz hängen Menschen offen oder versteckt dem Nationalsozialismus oder dem Kommunismus an. Andere totalitäre Ideen kamen hinzu, etwa der religiöse Fundamentalismus. Ihnen allen gemeinsam ist die Ablehnung von Meinungsvielfalt, ein einfaches Freund-Feind-Schema, Intoleranz und die Verachtung des gegenwärtigen politischen Systems. In ihrer extremen Form steigert sich diese Haltung zur kriminellen Tat und führt zum Terrorismus.

Die Bundesrepublik hatte von Anfang an mit radikalen politischen Strömungen zu tun. Sie forderten den Rechtsstaat auf unterschiedliche Weise heraus. Republikfeindliche Parteien von rechts und links zogen in die Parlamente ein. Bürgerproteste gingen so weit, die öffentliche Ordnung zu gefährden. Terroristen griffen Menschen an Leib und Leben an, um Angst zu verbreiten. Der Staat reagierte jeweils mit Härte. Die „wehrhafte Demokratie" verfügt über viele Mittel, sich zu schützen – von der Beobachtung radikaler Gruppierungen bis zum Parteienverbot.

Demokratie ist bewahrenswert

In der Bundesrepublik Deutschland gilt die freiheitlich-demokratische Grundordnung. Sie ermöglicht eine gleichberechtigte Vielfalt von Meinungen und Lebensstilen. Damit dieser Pluralismus Bestand hat, sind menschenverachtende Strömungen abzulehnen. Deswegen ist das Erinnern an vergangene Diktaturen ebenso notwendig wie Wachsamkeit gegenüber Extremismus in der Gegenwart.

3 Umgang mit Demokratie und Diktatur in Deutschland nach 1945

Aufarbeitung zweier deutscher Diktaturen

◂ **Umbenennungen.**
Fotos von 1945 und 1990.
Zu den sichtbarsten Folgen des Untergangs von Diktaturen gehört die schnelle Tilgung der alten, verhasst gewordenen Namen.

Aufarbeitung des Nationalsozialismus

Aug./Okt. 1945	Schuldbekenntnisse der katholischen und der evangelischen Kirche in Deutschland.
Nov. 1945 - Okt. 1946	Nürnberger Prozess gegen die Hauptkriegsverbrecher des Zweiten Weltkrieges.
1945-1950	Entnazifizierung in Deutschland (in der Sowjetischen Besatzungszone nur bis 1948).
1949	Der Deutsche Bundestag verabschiedet ein Amnestiegesetz (nochmals 1954).
1952	Luxemburger Abkommen der Bundesrepublik zur Wiedergutmachung an Israel und den verfolgten Juden.
1958	Einrichtung der Zentralstelle zur Aufklärung von NS-Gewaltverbrechen in Ludwigsburg.
1961	Prozess gegen Adolf Eichmann in Jerusalem.
1963-1965	Auschwitz-Prozess in Frankfurt am Main.
1965	Der Bundestag beschließt eine Verlängerung der Verjährungsfrist für Völkermord.
1969	Der Bundestag hebt jede Verjährungsfrist für Völkermord auf.
1970	Besuch von Bundeskanzler Willy Brandt in Warschau.
1979	Die US-Serie „Holocaust“ wird im westdeutschen Fernsehen gezeigt.
8. Mai 1985	Bundespräsident Richard von Weizsäcker spricht vom Kriegsende als „Befreiung“.
1987/88	„Historikerstreit“: Presse und Fachwelt streiten um die Rolle des Holocaust für das deutsche Geschichtsverständnis.
1990	Die Regierung der DDR bekennt sich erstmals zur „Verantwortung des gesamten deutschen Volkes für die Vergangenheit“.
1994	Bundespräsident Herzog entschuldigt sich für die Verbrechen Deutscher an Polen.
1996	Der 27. Januar wird zum Tag des Gedenkens an die Opfer des Nationalsozialismus.
2000	Die Stiftung „Erinnerung, Verantwortung und Zukunft“ zur Entschädigung von NS-Zwangsarbeitern wird gegründet.
2005	In Berlin wird das Denkmal für die ermordeten Juden in Europa eingeweiht.

Aufarbeitung der SED-Diktatur

Dez. 1989 - Jan. 1990	Bürgerrechtler bewahren Akten des DDR-Staatssicherheitsdienstes vor der Vernichtung.
1990/91	Die Bundesbehörde für die Stasi-Unterlagen (BStU) wird geschaffen. Ein Gesetz regelt die Nutzung der Dokumente.
1994	Der Prozess gegen Erich Honecker wird aus Gesundheitsgründen abgebrochen.
1997	Urteil gegen SED-Funktionäre wegen des Schießbefehls an der innerdeutschen Grenze.
1998	Die Gedenkstätte für die Opfer des Mauerbaus in Berlin wird eingerichtet.
2007	Der Bundestag bewilligt eine geringe Opferrente für Verfolgte des SED-Regimes.

1

2

3

Stasi-Unterlagen

BIRTHLER-BEHÖRDE

Aufarbeitung mit Zukunft

Im Bundestag deutet sich eine ganz große Koalition für den Fortbestand der Stasi-Unterlagenbehörde an. Nachdem die SPD bereits in der vergangenen Legislaturperiode dafür plädiert hatte, die sogenannte Birthler-Behörde bis 2019 zu erhalten, haben sich nun offenbar auch die Regierungsfraktionen auf dieses Datum verständigt. Laut dem CDU-Bundestagsabgeordneten Wolfgang Börnsen, dem Vorsitzenden der zuständigen Arbeitsgruppe Kultur und Medien, soll die Stasi-Aktenbehörde „mindestens bis 2019 erhalten werden“. Der Koalitionsvertrag sah ursprünglich vor, in dieser Legislatur eine Arbeitsgruppe zu bilden, die eine mögliche Überführung der Stasi-Unterlagen ins Bundesarchiv prüfen sollte. Diese Idee ist nun offenbar vom Tisch. Ob eine Arbeitsgruppe noch nötig ist, bleibt unklar. Es gebe „kein Ende der Aufklärung“, so Börnsen. Damit ist auch gewiss, dass 2011 ein neuer Bundesbeauftragter gewählt werden muss, wenn die zweite Amtszeit von Marianne Birthler endet. Laut Stasi-Unterlagen-Gesetz darf der Behörden-Chef nur einmal wiedergewählt werden. Aus Regierungskreisen heißt es, man sei bereits auf der Suche nach einem Nachfolger für Birthler.

Damit böte sich auch die Chance, einen neuen Direktor zu installieren. Birthlers Amtsleiter, Hans Altendorf, war jüngst seine frühere Tätigkeit im Sozialistischen Hochschulbund vorgeworfen worden. Da der Direktor schon 2001 eine Klarstellung zu seiner politischen Biografie abgegeben habe, erklärte Börnsen dazu, folge man der Entscheidung des von Richard Schröder geführten Beirats der Birthler-Behörde – dieser hatte die Vorwürfe gegen Altendorf zurückgewiesen.

Birthler

1: Ein Überlebender des KZ Auschwitz sagt in einem der letzten Kriegsverbrecherprozesse gegen einen KZ-Wachmann aus. Im Bild zeigt er seine tätowierte Häftlingsnummer. Foto, 2011. – 2: Das Buch von Annegret Schüle aus dem Jahr 2011 beschäftigt sich mit der Beteiligung der Erfurter Firma „Topf und Söhne“ an den staatlich organisierten Massenverbrechen der Nationalsozialisten. – 3: Versetzung des 1986 in Ost-Berlin eingeweihten Denkmals für Karl Marx. Foto, 2010.

- *Die Materialien verdeutlichen unterschiedliche Arten von „Aufarbeitung“ der Vergangenheit. Nennen Sie die jeweiligen Bereiche.*
- *Der Zeitschriftenartikel von 2010 behandelt die Stasi-Unterlagenbehörde. Informieren Sie sich über diese Einrichtung und ihre Aufgaben.*

▲ **Diese Schandtaten: Eure Schuld!“**
Foto aus Bad Mergentheim, Juli 1945.
Bilder und Berichte aus den Konzentrationslagern konfrontierten die deutsche Bevölkerung mit den nationalsozialistischen Verbrechen.

Der Nationalsozialismus zwischen Anklage und Verdrängung

Die Alliierten klagen an ▀ Die überlebenden Opfer und die Alliierten sprachen anfangs davon, das gesamte deutsche Volk trage die Schuld an den NS-Verbrechen (Kollektivschuld). Viele Menschen reagierten, indem sie ihr Verhalten im Nationalsozialismus einfach verdrängten. Erst die Schuldbekenntnisse der beiden großen Kirchen vom August und Oktober 1945 brachten die Schuldfrage wieder auf (▸ M1). Man erkannte, dass es eine juristische Schuld eines ganzen Volkes nicht geben könne. Wohl aber trage ein Volk die Verantwortung dafür, was Regierung und Justiz in seinem Namen tun.

Zunächst verfolgten die Siegermächte NS-Verbrecher und klagten sie an. Von November 1945 bis Oktober 1946 wurden die Hauptkriegsverbrecher – führende Politiker, Beamte und Funktionäre der NSDAP sowie Generäle – in Nürnberg vor ein internationales Militärgericht gestellt. Die vielen tausend Dokumente und Zeugenaussagen ließen keinen Zweifel mehr an den nationalsozialistischen Verbrechen. Allerdings hatte der Nürnberger Prozess für viele Deutsche auch eine Entlastungsfunktion: Während die Hauptverantwortlichen vor Gericht standen, wurde die eigene Mitverantwortung verdrängt. Bis 1949 führten die Alliierten weitere Prozesse gegen NS-Täter. Die westlichen Besatzungsmächte verurteilten über 5 000 Angeklagte, darunter 806 zum Tode. 486 wurden hingerichtet, die übrigen Verurteilten bis 1958 wieder entlassen. Sowjetische Militärgerichte verurteilten rund 45 000 Personen und deportierten etwa ein Drittel von ihnen in Arbeitslager.

In Nürnberg und anderswo

▲ **„Er hat mir's doch befohlen!“**
Karikatur von 1946.
▪ *Erörtern Sie die Aussagen der Karikatur.*

Entnazifizierung in Westdeutschland ▀ Neben der Aburteilung der Kriegsverbrecher gingen die Alliierten an eine umfassende politische Säuberung (Entnazifizierung). Ehemalige NS-Aktivisten sollten aus ihren Ämtern entfernt und bestraft werden. Vor allem die Amerikaner nahmen diese Aufgabe sehr ernst. Von 18 000 Volksschullehrern in Bayern verloren 10 000 ihre Stellen. In Hessen traf es im Durchschnitt jeden zweiten

Entnazifizierung nach Besatzungszonen 1945-1950

	Amerikanische Zone	*Britische Zone*	*Französische Zone*	*Westzonen insgesamt*
Zahl der bearbeiteten Fälle	950 126	2 041 454	669 068	3 660 648
Hauptschuldige	1 654	–	13	1 667
Schuldige, Belastete	22 122	–	938	23 060
Minderbelastete	106 422	27 177	16 826	150 425
Mitläufer	485 057	222 028	298 789	1 005 874
Entlastete	18 454	1 191 930	3 489	1 213 873
Verfahren eingestellt:				
- Jugendamnestie	89 772	–	71 899	161 671
- Heimkehrer, Weihnachtsamnestie	194 738	–	1 908	196 646
- unbelastet	–	512 651	270 152	782 803

▸ **Entnazifizierungsverfahren in den westlichen Besatzungszonen.**
Die Fischer Chronik. Deutschland '49 - '99, Sp. 74
▪ *Finden Sie heraus, ob in den drei Besatzungszonen ähnliche oder unterschiedliche Anteile an „Belastungsgraden“ ermittelt wurden.*

▸ Am 20. November 1945 begann vor dem Internationalen Militärgerichtshof in Nürnberg der Prozess gegen die Hauptkriegsverbrecher.
Hinter der Absperrung sitzen in der ersten Reihe (von links): Hermann Göring (Reichsminister für Luftfahrt), Rudolf Heß (stellvertretender Parteiführer der NSDAP bis 1941), Joachim von Ribbentrop (Reichsminister des Auswärtigen), Wilhelm Keitel (Chef des Oberkommandos der Wehrmacht), Ernst Kaltenbrunner (ab 1943 Chef des Reichssicherheitshauptamtes), Alfred Rosenberg (ab 1941 Reichsminister für die besetzten Gebiete), Hans Frank (Generalgouverneur von Polen), Wilhelm Frick (1933-1943 Reichsinnenminister, ab 1943 Reichsprotektor in Böhmen und Mähren), Walter Funk (ab 1938 Reichswirtschaftsminister), Julius Streicher (1924-1940 Gauleiter der NSDAP in Franken, Herausgeber des „Stürmer") und Hjalmar Schacht (1935-1937 Reichswirtschaftsminister).

Beamten und jeden dritten Angestellten. Insgesamt wurden in den Westzonen über 500 000 Männer und Frauen entlassen; etwa 200 000 kamen in Internierungslager, die meisten ließ man bis 1948 wieder frei.

Fragebogen und Spruchkammer ■ 1946/47 wurde die Entnazifizierung in den westlichen Besatzungszonen in deutsche Hände gelegt. Jeder Bürger über 18 Jahre musste einen Fragebogen mit 131 Fragen über seine berufliche und politische Vergangenheit ausfüllen. Kollegien von deutschen Laienrichtern (Spruchkammern) stuften die Personen in fünf Kategorien ein: Hauptschuldige, Belastete, Minderbelastete, Mitläufer und Entlastete. Nur Entlastete und Mitläufer sollten straffrei bleiben. Den übrigen drohten Gefängnis oder Straflager, Geldstrafe oder Berufsverbot.

Von den 13 Millionen Befragten verurteilten die Spruchkammern zehn Prozent, bestraft wurde jedoch nur knapp ein Prozent. Täter schafften es oft, durch Fälschungen oder „**Persilscheine**" als unschuldig eingestuft zu werden. Belastete Fachleute aus Industrie, Wirtschaft und Verwaltung blieben ungestraft, weil man sie für den Wiederaufbau benötigte. Die Entnazifizierung wurde in Westdeutschland um 1950 abgebrochen. Sie war als Vorhaben zu groß, in der Praxis ungerecht und wurde von der Bevölkerung mehrheitlich abgelehnt (▸ M2).

Persilschein: im Volksmund Bestätigung, wonach jemand Gegner oder zumindest nicht Anhänger des Nationalsozialismus war

Umerziehung ■ Viel nachhaltiger als die Entnazifizierung war die Umerziehung der Bevölkerung zu Rechtsstaat und Demokratie. Auch hier waren die US-Amerikaner vorbildlich. Sie hielten politische Kurse in Kriegsgefangenenlagern ab, richteten Amerikahäuser als kulturelle Begegnungsstätten ein und gewährten später Austauschprogramme für Studierende und Führungskräfte aus Wirtschaft, Parteien und Verbänden. Die Lehrpläne und das Erziehungswesen, der öffentliche Dienst, die Rundfunkprogramme, der Buchmarkt und das Pressewesen wurden nach demokratischen Grundsätzen umgestaltet. Kinder und Jugendliche sollten mit westlichen Werten aufwachsen. Diese Generation war es, die später ihre Eltern und Großeltern nach deren Vergangenheit befragte.

▾ Rückgabe von Büchern mit nationalsozialistischen Inhalten.
Foto um 1945.
Alles, was diese Schüler im Unterricht gelesen hatten, war vom nationalsozialistischen Regime bestimmt gewesen. Viele Lehrbücher der NS-Zeit konnten für den Schulunterricht in einer demokratischen Gesellschaft nicht verwendet werden.

Entnazifizierung in Ostdeutschland In der Sowjetischen Besatzungszone dauerte die Entnazifizierung bis Anfang 1948. Sie verlief nicht nach rechtlichen Maßstäben, sondern diente als Instrument der Besatzungsmacht. Die Kommunisten gingen gezielt gegen gesellschaftliche Gruppen vor, die ihnen beim Aufbau des Sozialismus im Weg standen. Das betraf hauptsächlich Großgrundbesitzer und Industrielle. Sie wurden pauschal als Nazis verurteilt und enteignet. Radikal gesäubert wurden auch bestimmte Berufszweige in Justiz, Bildung, Verwaltung und Polizei. Etwa 80 Prozent aller Richter und über die Hälfte aller Lehrer verloren ihren Posten.

Die Haltung der DDR Auch die Sowjets führten eine Umerziehung durch. In der kommunistischen Weltanschauung war der Nationalsozialismus („Faschismus“) die letzte Stufe einer kranken kapitalistischen Gesellschaft. Da man in der UdSSR den Kapitalismus überwunden habe, sei auch die NS-Geschichte erledigt. Das SED-Regime übernahm dieses Geschichtsbild und erklärte, man habe mit dem Faschismus nichts mehr zu tun. Die DDR lehnte seit ihrer Gründung 1949 jede Verantwortung für die NS-Verbrechen ab. Sie überließ es der Bundesrepublik, die deutsche Vergangenheit aufzuarbeiten.

▲ **Denkmal vor der Gedenkstätte im ehemaligen Konzentrationslager Buchenwald.** *Die Figurengruppe von Fritz Cremer wurde 1958 aufgestellt. Sie erinnert an die Widerstandsbewegung unter den KZ-Häftlingen.*

Blick nach vorne, nicht zurück Staat und Parteien in der frühen Bundesrepublik gaben den ehemaligen NS-Anhängern eine „zweite Chance“. 1949 und 1954 verabschiedete der Bundestag einstimmig Amnestiegesetze,* die viele verurteilte NS-Täter begnadigten. Seit 1951 durften Beamte und Berufssoldaten, die die Alliierten aus politischen Gründen entlassen hatten, in den öffentlichen Dienst zurückkehren. Die Bundesregierung versuchte, die ehemaligen Anhänger Hitlers für den neuen Staat zu gewinnen. Integration und Aufbau schienen wichtiger als Gerechtigkeit.

▶ **Adenauer besucht Yad Vashem in Jerusalem.** *Foto vom 4. Mai 1966. Die Holocaust-Gedenkstätte Yad Vashem (hebräisch: „Denkmal und Name“) in Jerusalem besteht seit 1953. Alt-Bundeskanzler Konrad Adenauer nahm hier als erster deutscher Politiker an einem jüdischen Gottesdienst teil. Die Reise nach Israel konnte stattfinden, nachdem die Bundesrepublik diplomatische Beziehungen mit Israel aufgenommen und das Wiedergutmachungsabkommen von 1952 erfüllt hatte.*

* Amnestie: Straferlass

Das war auch die Haltung der Gesellschaft der 1950er-Jahre. Ihr ging es um die Normalisierung des Alltags, um wirtschaftliches Wachstum, eine neue Heimat für Flüchtlinge, Vertriebene und Kriegsheimkehrer. Das Kapitel der NS-Zeit schien abgeschlossen. Es wurde verdrängt und verschwiegen. Politik und Bevölkerung sahen in den 1950er-Jahren keine aktuelle Gefahr mehr von „rechts“, sondern fühlten sich von „links“ bedroht, vom Kommunismus der DDR und der Sowjetunion (▸ M3).

Politik der Wiedergutmachung In der Bundesrepublik begann die Regierung Adenauer mit einer Wiedergutmachung für die jüdischen Opfer des Nationalsozialismus. Dies geschah auf Druck der USA und gegen den Willen großer Teile der Bevölkerung. 1952 verpflichtete sich Bonn im Luxemburger Abkommen zu umfangreichen Entschädigungszahlungen. Ähnliche Verträge wurden mit zwölf europäischen Staaten zugunsten von NS-Opfern abgeschlossen. Vergleichbare Entschädigungen leistete die DDR nicht.

Adolf Eichmann (1906-1962): SS-Offizier, Leiter der Deportation der Juden aus Osteuropa, 1960 vom israelischen Geheimdienst in Argentinien aufgespürt, 1962 in Jerusalem zum Tode verurteilt und hingerichtet

Gegen Verjährung 1958 wurde in Ludwigsburg die Zentralstelle zur Aufklärung nationalsozialistischer Gewaltverbrechen gegründet. Ihre Recherchen waren Voraussetzung für die großen NS-Prozesse der 1960er-Jahre. 1961 wurde **Adolf Eichmann**, dem Organisator der jüdischen Deportationen, in Jerusalem der Prozess gemacht. 1963-1965 folgte in Frankfurt am Main der Auschwitz-Prozess. Vor Gericht standen ehemalige Aufseher des Konzentrations- und Vernichtungslagers Auschwitz. Sechs Angeklagte erhielten lebenslängliche Haftstrafen, zehn wurden zu Zuchthaus (dreieinhalb bis 14 Jahre) verurteilt, drei Angeklagte sprach man frei. Während des Verfahrens vernahm das Gericht 359 Zeugen aus 19 Ländern.

Weitere Gerichtsprozesse schlossen sich an. Sie förderten das ganze Ausmaß der Massenvernichtung zutage. Die Medien sorgten dafür, dass die Auseinandersetzung mit den nationalsozialistischen Verbrechen zu einer öffentlichen Angelegenheit wurde.

Für die weitere juristische Aufarbeitung gab der Deutsche Bundestag den Weg frei. Die NS-Verbrechen drohten nach damaligem Recht 20 Jahre nach Kriegsende zu verjähren. Das Parlament durfte kein rückwirkendes Gesetz schaffen, fand jedoch 1965 eine Regelung, die die Verjährungsfrist verlängerte. 1969 beschloss der Bundestag, Völkermord von jeder Verjährungsfrist auszunehmen. Seit 1979 gilt das auch für gewöhnlichen Mord.

▲ **„Rosen für den Staatsanwalt.“**
Filmplakat von 1959.
Der Film kam 1959 in die bundesdeutschen Kinos. Thema ist die Verdrängung der NS-Vergangenheit eines Kriegsrichters in der Bundesrepublik. Der Regisseur Wolfgang Staudte erhielt für sein Werk 1960 den Bundesfilmpreis, lehnte ihn aber ab.

Neues Geschichtsbild In den 1960er-Jahren fand ein Umdenken in der Gesellschaft statt. Die Menschen sahen die NS-Herrschaft nicht mehr nur als verhängnisvollen „Betriebsunfall“ an oder hielten allein einen kleinen Kreis um Hitler für das „Dritte Reich“ verantwortlich. Nun wurde der Nationalsozialismus als Massenphänomen begriffen und seine lange Vorgeschichte erkannt: die Traditionen des Militarismus, der sozialen Ungleichheit und des obrigkeitsstaatlichen Denkens in Deutschland seit dem 19. Jahrhundert.

Während die Demokratie der Bundesrepublik immer mehr akzeptiert wurde, wuchs die Kritik an Deutschlands undemokratischer Vergangenheit. Zugleich forderten die Jüngeren die ältere Generation dazu auf, ihr Schweigen zu brechen.

M1 Schuldbekenntnisse der Kirchen

Am 23. August 1945 veröffentlicht die Fuldaer Bischofskonferenz eine Erklärung, die über den deutschen Katholizismus im „Dritten Reich" Bilanz zieht. Dort heißt es:

Wir beklagen es zutiefst: Viele Deutsche, auch aus unseren Reihen, haben sich von den falschen Lehren des Nationalsozialismus betören lassen, sind bei den Verbrechen gegen die menschliche Freiheit und menschliche Würde gleichgültig geblieben; viele leisteten durch ihre Haltung dem Verbrechen Vorschub, viele sind selber Verbrecher geworden. Schwere Verantwortung trifft jene, die aufgrund ihrer Stellung wissen konnten, was hier bei uns vorging, die durch ihren Einfluss solche Verbrechen hätten verhindern können und es nicht getan haben, ja diese Verbrechen ermöglicht haben und sich dadurch mit den Verbrechern solidarisch erklärt haben. [...] Es ist eine Forderung der Gerechtigkeit, dass immer und überall die Schuld von Fall zu Fall geprüft wird, damit nicht Unschuldige mit den Schuldigen leiden müssen.

Die evangelische Kirche bekennt sich in der „Stuttgarter Erklärung" vom 19. Oktober 1945 mit folgenden Worten zu ihrer Verantwortung:

Durch uns ist unendliches Leid über viele Völker und Länder gebracht worden. Was wir unseren Gemeinden oft bezeugt haben, das sprechen wir jetzt im Namen der ganzen Kirche aus: Wohl haben wir lange Jahre hindurch im Namen Jesu Christi gegen den Geist gekämpft, der im nationalsozialistischen Gewaltregime seinen furchtbaren Ausdruck gefunden hat, aber wir klagen uns an, dass wir nicht mutiger bekannt, nicht treuer gebetet, nicht fröhlicher geglaubt und nicht brennender geliebt haben. Nun soll in unseren Kirchen ein neuer Anfang gemacht werden.

Jürgen Weber (Hrsg.), Auf dem Weg zur Republik 1945-1947, München [4]1994, S. 111 und 120

1. *Stellen Sie Übereinstimmungen und Unterschiede zwischen den beiden Bekenntnissen fest.*

2. *Erläutern Sie, ob der christliche Begriff von Schuld und Verantwortung noch über den juristischen hinausgeht. Prüfen Sie, ob dies die Aufarbeitung der NS-Vergangenheit nach 1945 beeinflusst hat.*

M2 Schwarz wird weiß

1946 erscheint im Münchener Satireblatt „Simplicissimus" die Karikatur „Schwarz wird weiß oder Mechanische Entnazifizierung" von Max Radler mit einem Gedicht von J. Menter:

Springt immer rein! Was kann euch schon passieren,
Ihr schwarzen Böcke aus dem braunen Haus!
Man wird euch schmerzlos rehabilitieren.
Als weiße Lämmer kommt ihr unten raus.

J. Menter, nach: Jürgen Kniep, Wiederaufbau und Wirtschaftswunder, Augsburg 2009, S. 68

1. *Beschreiben Sie die einzelnen Bildelemente und erläutern Sie die Aussage der Karikatur. Gegen wen richtet sich die Kritik?*

2. *Stellen Sie dar, welche Haltung das Gedicht von J. Menter zur damaligen Entnazifizierung einnimmt.*

◂ **Demonstrationsplakat gegen Kurt Georg Kiesinger.**
Berlin 1967/69.
Mit diesem Protestplakat empfingen Studenten Bundeskanzler Kurt Georg Kiesinger bei einem Besuch an der Freien Universität Berlin. Kiesinger war Mitglied der NSDAP gewesen. Während des Krieges hatte er im Auswärtigen Amt (AA) gedient. Nach 1945 zunächst als Mitläufer eingestuft, wurde er 1948 durch ein Spruchkammergericht vollständig entlastet. Von 1966 bis 1969 war er Bundeskanzler und von 1967 bis 1971 Vorsitzender der CDU (vgl. S. 144).

M3 Karriere der „Ehemaligen"

Nach 1949 werden viele ehemalige Nationalsozialisten in den Behörden der Bundesrepublik eingestellt. Hans-Ulrich Wehler, Bielefelder Historiker, sieht darin ein schweres politisches Versäumnis.

Schärfste Kritik [...] verdient in der Tat die Bedenkenlosigkeit, die in den Gründungsjahren des neuen Staates in der Personalpolitik wichtiger Bundesinstitutionen praktiziert wurde. Dabei darf man nicht nur an den klassischen Fall denken, wie sich ein Großteil des Mitarbeiterstabes aus dem Auswärtigen Amt in der Berliner Wilhelmstraße wieder im Bonner Auswärtigen Amt einfand. Vielmehr wurden auch beim Auf- und Ausbau des Bundeskriminalamtes, des Bundesnachrichtendienstes und des Verfassungsschutzes ehemalige Schergen der NS-Diktatur laufend eingestellt. Das effizient operierende Netzwerk dieser „Ehemaligen" vermochte nicht allein die Einstellungsentscheidungen unter Berufung auf eine ominöse, früher bereits bewiesene Sachkompetenz maßgeblich zu beeinflussen. Vielmehr gelang es ihm auch, jede gerichtliche Verfolgung und erst recht jede Entlassung zu verhindern; drang Kritik dennoch einmal vor, kam es allenfalls zu einer zeitlich begrenzten Versetzung auf einen unauffälligen Posten.
Auf diese Weise kamen Aberdutzende von leitenden Mitarbeitern des Reichssicherheitshauptamtes von Himmlers[1] und Heydrichs[2] Gnaden, der mörderischen Einsatzgruppen, der Geheimen Feldpolizei, der Gestapo-Leitstellen trotz ihrer Mitwirkung am Vernichtungskrieg, den das „Dritte Reich" gegen Juden, Slawen und jede Form des Widerstands geführt hatte, erneut auf eine sichere Beamtenstellung. In ihren neuen Ämtern bearbeiteten die Herren mit der dunklen Vergangenheit manchmal sogar dieselben Sachgebiete wie vor 1945. Was allein zählte, war die antikommunistische Grundhaltung im Zeitalter des Kalten Krieges, die alle diese Männer keineswegs zu heucheln brauchten. Wie es nahezu 60 Jahre gelang, diese braune Vergangenheit zu tarnen, zu verbergen, zu leugnen, bis endlich zaghaft die Aufklärung einsetzte, bleibt ein schwarzes Blatt in jeder Geschichte der Innenpolitik der Bundesrepublik.

Hans-Ulrich Wehler, Deutsche Gesellschaftsgeschichte, Bd. 5: Bundesrepublik und DDR 1949-1990, München 2008, S. 21 f.

1 **Heinrich Himmler** (1900-1945): nationalsozialistischer Politiker, seit 1929 „Reichsführer" der SS, 1933 Polizeipräsident von München, 1934 oberster Chef der „Geheimen Staatspolizei" (Gestapo), seit 1936 zugleich „Chef der Deutschen Polizei". Himmler unterstand ein riesiger Apparat, den er gezielt zur Verfolgung politischer Gegner, zum Aufbau der Konzentrations- und Vernichtungslager und zur Durchführung des Massenmordes an den europäischen Juden nutze. Die SS war im Krieg für zahlreiche Kriegsverbrechen verantwortlich. 1945 nahm sich Himmler in britischer Haft das Leben.

2 **Reinhard Heydrich** (1904-1942): hoher deutscher SS-Offizier (Obergruppenführer, beim Heer einem General entsprechend), Chef der Gestapo und des Sicherheitsdienstes (SD), zugleich „Stellvertretender Reichsprotektor in Böhmen und Mähren". Hauptverantwortlicher für die Planung und organisatorische Durchführung des Massenmordes an den Juden in Europa. Heydrich wurde 1942 bei einem Attentat in Prag von tschechischen Widerstandskämpfern getötet.

1. *Stellen Sie dar, was Wehler den Behörden der frühen Bundesrepublik vorwirft.*

2. *Informieren Sie sich, welche der genannten Bundesinstitutionen inzwischen ihre damalige Personalpolitik aufgearbeitet haben.*

3. *Überlegen Sie, woher die „antikommunistische Grundhaltung" (Z. 28 f.) von Beamten mit NS-Vergangenheit stammte und welche Funktion sie in der frühen Bundesrepublik erfüllte.*

Die NS-Zeit und die Nachgeborenen

Anschauung und Erklärungsversuche In den 1970er- und 80er-Jahren rückte der Nationalsozialismus ins Zentrum der öffentlichen Wahrnehmung. Dafür sorgten v.a. die Medien, die das Thema populär machten. Neben Antikriegsfilmen wurden nun auch Schicksale von Tätern und Opfern des NS und der Judenvernichtung gezeigt. Die US-Fernsehserie „Holocaust", 1979 in der Bundesrepublik ausgestrahlt, prägte diesen Begriff für den Völkermord an den Juden im deutschen Sprachgebrauch.

▲ **„Holocaust – Die Geschichte der Familie Weiss."**
Filmstandbilder, 1978.
Der vierteilige US-Fernsehfilm erzählt das Schicksal einer jüdischen Arztfamilie aus Berlin während des Nationalsozialismus. Auf Zeitzeugen und Fachleute wirkte die fiktive Darstellung zu konstruiert, fehlerhaft und verharmlosend. Dennoch erreichte die TV-Serie in der Bundesrepublik ein Millionenpublikum und löste große Betroffenheit aus.

Die Geschichtswissenschaft begann, den Nationalsozialismus in europäische Zusammenhänge einzuordnen. Der Ansatz von Ernst Nolte, der den Nationalsozialismus als Reaktion auf den **Bolschewismus** in der Sowjetunion deutete, rief heftige Kritik hervor und führte zum „Historikerstreit" der Jahre 1986/87. In dieser erbitterten Kontroverse in Fachwelt und Presse ging es um den Vorwurf, der Nationalsozialismus würde durch einen historischen Vergleich mit anderen totalitären Systemen relativiert und der Holocaust mit anderen Verbrechen gleichgesetzt.

Bolschewismus (von russisch „Bolschewiki" – „Mehrheitler"): Bezeichnung für den Kommunismus, wie er nach der Oktoberrevolution 1917 in Russland eingeführt wurde

Nach 1990: Die Aufarbeitung geht weiter Seit der deutschen Einheit von 1990 gibt es wieder eine gesamtdeutsche Erinnerung an den Nationalsozialismus. Befürchtungen, die Berliner Republik könnte das Thema zu den Akten legen, erwiesen sich als falsch. Das Bekenntnis zur Verantwortung für die deutschen Gewalttaten steht unverändert.

In Wissenschaft, Medien und Kunst ist das Interesse an der NS-Zeit größer denn je. Nach wie vor entsteht Streit um neue Erkenntnisse und Behauptungen (▸ M°). Das Bild jener Epoche wird immer differenzierter. Unternehmensgeschichten etwa klären den Beitrag der deutschen Wirtschaft an der Judenverfolgung sowie an der Ausbeutung von Zwangsarbeitern während des Krieges. Im Jahr 2000 wurde eine Stiftung „Erinnerung, Verantwortung und Zukunft" gegründet, die ehemalige Zwangsarbeiter entschädigt. Nun erst wurden die vielen Millionen Zwangsarbeiter als Opfer anerkannt.

Mahnung und Erinnerung Eine besondere Form der Aufarbeitung bieten Gedenktage, Gedenktafeln und Museen. Sie sollen die Verbrechen des Nationalsozialismus im öffentlichen Bewusstsein wachhalten. Hier spielt die symbolische Wirkung eine große Rolle.

Bundespräsident Richard von Weizsäcker sprach 1985 zum 40. Jahrestag des Kriegsendes in Europa von einer „Befreiung" der Deutschen, trotz ihrer Niederlage. Dies fand großen Anklang (▸ M1). Bundestagspräsident Philipp Jenninger (CDU) hielt 1988

◂ **„Schindlers Liste" und „Sophie Scholl – Die letzten Tage".**
Filmplakate von 1993 und 2005.
1993 gelang Steven Spielberg mit „Schindlers Liste" das eindrucksvolle Porträt des Industriellen Oskar Schindler, der rund 1200 Juden vor der Ermordung rettete. 2005 entstand der deutsche Film „Sophie Scholl – Die letzten Tage" über die Widerstandsgruppe „Weiße Rose". Er erhielt Auszeichnungen im In- und Ausland.

Leistungen der Bundesrepublik für NS-Opfer bis Ende 2010 (in Mrd. Euro)	
Bundesentschädigungsgesetz (BEG)	46,42
Weitere gesetzliche Regelungen	2,63
Härtefallregelungen	4,16
Leistungen an den Staat Israel	1,76
Globalverträge mit Staaten u. a. (z. B. Jewish Claims Conference*)	1,46
Rückerstattung geraubten Vermögens	2,02
Sonderfonds der Bundesländer außerhalb des BEG	1,72
Sonstige Leistungen	5,35
Stiftung „Erinnerung, Verantwortung und Zukunft"	2,56
Gesamt	*68,08*

◂ **Leistungen der Bundesrepublik für Opfer des Nationalsozialismus.**
- *Recherchieren Sie, wer Ansprüche nach dem Bundesentschädigungsgesetz hatte.*
- *Halten Sie es für gerechtfertigt, dass die Bundesrepublik heute noch Entschädigungsleistungen aufbringt? Diskutieren Sie.*

Quelle: Bundesministerium der Finanzen, August 2011

eine Gedenktagsrede zur Reichspogromnacht vom 9. November 1938. Wegen seiner missverständlichen Worte über die NS-Zeit erfuhr er heftige Kritik und trat zurück.

Gedenktage müssen stellvertretend an die komplexe Vergangenheit erinnern (▸ M2). So wurde der 27. Januar, der Tag der Befreiung des Vernichtungslagers Auschwitz-Birkenau, 1996 von Bundespräsident Roman Herzog zum nationalen Gedenktag und 2005 von der UNO zum internationalen Holocaustgedenktag erklärt.

* Jewish Claims Conference (claim: engl. für „Anspruch"): 1951 gegründeter Zusammenschluss von Verbänden, die jüdische Opfer des Nationalsozialismus in Entschädigungsfragen vertreten

▸ **Gedenken im Gehsteig.**
Seit 1995 verlegt der Kölner Künstler Gunter Demnig „Stolpersteine". Das sind Betonwürfel mit Messingplatten, auf denen die Namen von Menschen stehen, die von Nationalsozialisten ermordet, verschleppt oder in den Selbstmord getrieben wurden. Die Steine werden vor den früheren Wohnhäusern der Opfer in den Gehweg eingelassen. So wird bereits an über 500 Orten im öffentlichen Raum an Menschen erinnert, die einmal Nachbarn waren.

Wie schwierig es ist, eine angemessene Gedenkstätte zu gestalten, zeigt etwa die Diskussion um das Denkmal für die ermordeten Juden Europas. 1988 gründeten die Publizistin Lea Rosh und der Historiker Eberhard Jäckel eine Bürgerinitiative zur Errichtung einer Gedenkstätte. In der Öffentlichkeit wurde heftig darum gestritten, ob nicht ein Mahnmal für alle Opfer des NS-Terrors errichtet werden sollte. Nachdem ein erster Entwurf abgelehnt wurde, entschied sich der Bundestag im Juni 1999 für einen revidierten Entwurf des New Yorker Architekten Peter Eisenman (▸ M3).

Zur Erinnerung gehört auch das Gespräch mit Zeitzeugen. In wenigen Jahren werden die letzten Zeitgenossen des NS-Regimes verstorben sein. Danach gibt es das Wissen nur noch aus zweiter Hand.

▸ **Begegnung mit Zeitzeugen.**
Foto vom 16. April 2005.
Ein früherer Häftling erläutert Schülerinnen in der Gedenkstätte des ehemaligen Konzentrationslagers Sachsenhausen Fotos und Dokumente. Zu einem „Tag der Begegnung" kamen vor dem 60. Jahrestag der Befreiung des KZ Schüler und ehemalige Häftlinge zu Gesprächen und Führungen zusammen.
Das Konzentrationslager Sachsenhausen war ein „Modell- und Schulungslager" der SS im Norden von Berlin.

M1 Gedenken an das Kriegsende 1945

Der CDU-Politiker Richard von Weizsäcker (geb. 1920) ist 1981 bis 1984 Regierender Bürgermeister von Berlin (West), von 1984 bis 1994 amtiert er als deutscher Bundespräsident. Am 8. Mai 1945, vierzig Jahre nach Beendigung des Zweiten Weltkrieges in Europa, hält er eine weltweit beachtete Rede im Deutschen Bundestag. Er sagt unter anderem:

Viele Völker gedenken heute des Tages, an dem der Zweite Weltkrieg in Europa zu Ende ging. Seinem Schicksal gemäß hat jedes Volk dabei seine eigenen Gefühle. Sieg oder Niederlage, Befreiung von Unrecht und Fremdherrschaft oder Übergang zu neuer Abhängigkeit, Teilung, neue Bündnisse, gewaltige Machtverschiebungen – der 8. Mai 1945 ist ein Datum von entscheidender historischer Bedeutung in Europa. [...] Der 8. Mai ist für uns alle ein Tag der Erinnerung an das, was Menschen erleiden mußten. Er ist zugleich ein Tag des Nachdenkens über den Gang unserer Geschichte. Je ehrlicher wir ihn angehen, desto freier sind wir, uns seinen Folgen verantwortlich zu stellen.

Der 8. Mai ist für uns Deutsche kein Tag zum Feiern. Die Menschen, die ihn bewußt erlebt haben, denken an ganz persönliche und damit ganz unterschiedliche Erfahrungen zurück. Der eine kehrte heim, der andere wurde heimatlos. Dieser wurde befreit, für jene begann die Gefangenschaft. Viele waren einfach nur dafür dankbar, daß Bombennächte und Angst vorüber und sie mit dem Leben davongekommen waren. Andere empfanden Schmerz über die vollständige Niederlage des eigenen Vaterlandes. Verbittert standen Deutsche vor zerrissenen Illusionen, dankbar andere Deutsche für den geschenkten neuen Anfang.

Es war schwer, sich alsbald klar zu orientieren. Ungewißheit erfüllte das Land. Die militärische Kapitulation war bedingungslos. Unser Schicksal lag in der Hand der Feinde. Die Vergangenheit war furchtbar gewesen, zumal auch für viele dieser Feinde. Würden sie uns nun nicht vielfach entgelten lassen, was wir ihnen angetan hatten?

Die meisten Deutschen hatten geglaubt, für eine gute Sache des eigenen Landes zu kämpfen und zu leiden. Und nun sollte sich herausstellen: Das war nicht nur vergeblich und sinnlos, sondern es hatte den unmenschlichen Zielen einer verbrecherischen Führung gedient. Erschöpfung, Ratlosigkeit und neue Sorgen kennzeichneten die Gefühle der meisten. Würde man noch eigene Angehörige finden? Hatte ein Neuaufbau in diesen Ruinen überhaupt Sinn?

Der Blick ging zurück in einen dunklen Abgrund der Vergangenheit und nach vorn in eine ungewisse, dunkle Zukunft. Und dennoch wurde von Tag zu Tag klarer, was es heute für uns alle gemeinsam zu sagen gilt: Der 8. Mai war ein Tag der Befreiung. Er hat uns alle befreit von dem menschenverachtenden System der nationalsozialistischen Gewaltherrschaft. Niemand wird um dieser Befreiung willen vergessen, welche schweren Leiden für viele Menschen mit dem 8. Mai erst begannen und danach folgten. Aber wir dürfen nicht im Ende des Krieges die Ursache für Flucht, Vertreibung und Unfreiheit sehen. Sie liegt vielmehr in seinem Anfang und im Beginn jener Gewaltherrschaft, die zum Krieg führte.

Wir dürfen den 8. Mai 1945 nicht vom 30. Januar 1933 trennen. Wir haben wahrlich keinen Grund, uns am heutigen Tag an Siegesfesten zu beteiligen. Aber wir haben allen Grund, den 8. Mai 1945 als das Ende eines Irrweges deutscher Geschichte zu erkennen, das den Keim der Hoffnung auf eine bessere Zukunft barg.

[...] Bei uns ist eine neue Generation in die politische Verantwortung hereingewachsen. Die Jungen sind nicht verantwortlich für das, was damals geschah. Aber sie sind verantwortlich für das, was in der Geschichte daraus wird. [...]

Wir lernen aus unserer eigenen Geschichte, wozu der Mensch fähig ist. Deshalb dürfen wir uns nicht einbilden, wir seien nun als Menschen anders und besser geworden.

Es gibt keine endgültig errungene moralische Vollkommenheit – für niemanden und kein Land! Wir haben als Menschen gelernt, wir bleiben als Menschen gefährdet. Aber wir haben die Kraft, Gefährdungen immer von Neuem zu überwinden.

Hitler hat stets damit gearbeitet, Vorurteile, Feindschaften und Haß zu schüren.

Die Bitte an die jungen Menschen lautet: Lassen Sie sich nicht hineintreiben in Feindschaft und Haß

gegen andere Menschen,
gegen Russen oder Amerikaner,
gegen Juden oder Türken,
gegen Alternative oder Konservative,
gegen Schwarz oder Weiß.

Lernen Sie, miteinander zu leben, nicht gegeneinander.

Richard von Weizsäcker, Zum 40. Jahrestag der Beendigung des Krieges in Europa und der nationalsozialistischen Gewaltherrschaft. Ansprache am 8. Mai 1985 im Deutschen Bundestag, Bonn 1985, S. 1 f. und 16

1. *Arbeiten Sie die zentralen Thesen der Rede heraus.*

2. *Begründen Sie, warum diese Ansprache seinerzeit weltweite Beachtung fand.*

3. *Erläutern Sie die Aussage: „Die Jungen sind nicht verantwortlich für das, was damals geschah. Aber sie sind verantwortlich für das, was in der Geschichte daraus wird."*

▲ Bundespräsident Roman Herzog vor dem Mahnmal für die Opfer des Warschauer Aufstands.
Foto vom 1. August 1994.
Herzog war, bevor er 1994 zum Bundespräsidenten gewählt wurde, Richter am Bundesverfassungsgericht, ab 1987 dessen Präsident.

M2 Versöhnung mit Polen

Zum 50. Jahrestag des Warschauer Aufstandes, der niedergeschlagenen militärischen Erhebung von Polen gegen die deutschen Besatzer, erklärt Bundespräsident Roman Herzog am 1. August 1994 in Warschau:

Es ist ein bewegender Moment für mich, Ihnen über die Gräber der Toten des Warschauer Aufstandes hinweg heute die Hand zu reichen. Als Staatsoberhaupt meines Landes [...] habe ich Verständnis für die Gefühle jener, die meiner Teilnahme kritisch gegenüberstehen, und ich bekunde ihnen meinen Respekt. Was wir brauchen, ist Versöhnung und Verständigung, Vertrauen und gute Nachbarschaft. Das kann nur weiter wachsen und gedeihen, wenn unsere Völker sich dem Grauen ihrer jüngsten Geschichte in aller Offenheit stellen. [...] Der 1. August ruft uns in Erinnerung, welch unermessliches Leid von Deutschen über Polen gebracht wurde. [...] Es erfüllt uns Deutsche mit Scham, dass der Name unseres Landes und Volkes auf ewig mit dem Schmerz und dem Leid verknüpft sein wird, die Polen millionenfach zugefügt wurden. [...] Das Martyrium[1] des polnischen Volkes nahm nicht erst am 1. August 1944, sondern am 1. September 1939 [dem Beginn des Krieges] seinen Anfang. Kein Land hatte im Zweiten Weltkrieg vergleichbar hohe Opfer zu beklagen wie Polen. Millionen seiner Bürger kamen ums Leben, in den Schützengräben, im Bombenhagel, in den Gaskammern und hier in den Straßen Warschaus. Wir beziehen sie alle in unser Gedenken ein und nehmen ihren Tod als Mahnung und Verpflichtung für die Zukunft zugleich. [...] Im Laufe der letzten 40 Jahre hat die europäische Geschichte eine dramatische Wendung genommen. Die Völker haben begonnen, sich in einem vereinten Europa zusammenzuschließen. Niemand braucht auf seine nationale Identität zu verzichten, niemand auf seine Kultur und seine Geschichte. Verzichten müssen wir nur auf Feindschaft und Hass und auf einen kleinen Teil unseres nationalen Egoismus. Westlich des Eisernen Vorhangs hat diese neue Idee Wunder gewirkt. Heute steht dieser Weg auch dem polnischen Volk offen, das doch stets zu Europa gehört hat und das die Europäer 40 Jahre lang schmerzlich vermisst haben. In diesem Rahmen werden sich Polen und Deutsche die Hand reichen können, so wie es zwischen Franzosen und Deutschen längst Wirklichkeit geworden ist. Deutschland jedenfalls wird die Bemühungen Polens um Aufnahme in die Europäische Union und die NATO allezeit unterstützen, nachdrücklich und aus den besten Motiven. Wir können nichts Besseres für unsere Kinder und Enkel tun. Heute aber verneige ich mich vor den Kämpfern des Warschauer Aufstandes wie vor allen polnischen Opfern des Krieges: Ich bitte um Vergebung für das, was ihnen von Deutschen angetan worden ist.

www.bundespraesident.de/SharedDocs/Reden/DE/Roman-Herzog/Reden/1994/08/19940801_Rede.html [aufgerufen am 25.11.2011]

[1] Martyrium: schreckliche Qualen

1. *Fassen Sie die Aussagen der Rede zusammen.*
2. *Vergleichen Sie die beiden Gedenkreden M1 und M2. Zeigen Sie, inwiefern die Ansprache Herzogs auf derjenigen Weizsäckers aufbaut.*
3. *Recherchieren Sie, welche Initiativen zur deutsch-polnischen Versöhnung seit 1994 stattgefunden haben.*

M3 „Eine Verpflichtung für Gegenwart und Zukunft"

Am 25. Juni 1999 beschließt der Bundestag die Errichtung eines Denkmals für die ermordeten Juden Europas in Berlin. Kurz vor der Eröffnung des Holocaust-Mahnmals am 10. Mai 2005 nimmt Bundestagspräsident Wolfgang Thierse, Mitglied der Denkmal-Stiftung, in einem Interview mit der Zeitung „Jüdische Allgemeine" (J. A.) dazu Stellung:

Thierse: [...] Mit dieser Entscheidung [für die Errichtung des Denkmals] bekennt sich der Bundestag dazu, sich nicht nur der freundlichen, der großen Seiten unserer Geschichte zu erinnern, sondern auch der entsetzlichen. Im Sinne einer Verpflichtung für Gegenwart und Zukunft. Das ist ein Bekenntnis zur raison d'être[1] dieser Republik, die entstanden ist aus den materiellen, geistigen und moralischen Trümmern

[1] raison d'être (frz.): Daseinszweck, Existenzberechtigung

▲ **Das Denkmal für die ermordeten Juden Europas.**
Auf 19 000 m² Fläche befinden sich rund 2 700 Stelen aus Beton. Die Wege dazwischen lassen nur Platz für je eine Person. Beim Begehen sorgt dies für Isolation und hält zum Nachdenken an. Unter dem Gelände ist ein „Ort der Information" eingerichtet, der die Geschichte des Völkermordes an den europäischen Juden dokumentiert. Jährlich suchen mehrere Millionen Menschen das Mahnmal auf.

des nationalsozialistischen Deutschland. Mit der Verpflichtung, immer für Demokratie, Humanität und Toleranz einzustehen, Rassismus, Antisemitismus und Diktatur niemals wieder zuzulassen.

J. A.: Kann ein solches Signal von einer Architektur ausgehen?

Thierse: [...] Sie werden beim Gang durch das Stelenfeld sinnlich und körperlich erfahren können, was das heißt: einsam sein, bedroht sein, bedrängt sein. Wenn die Besucher so emotional berührt in den „Ort der Information" gehen, dort anhand von Einzelschicksalen erfahren, woran erinnert wird – an die millionenfache Vernichtung von Menschen –, dann kann das Denkmal gut gehen und funktionieren.

J. A.: Das Denkmal erinnert ausschließlich an die Ermordung der Juden. Ist das nicht eine Hierarchisierung[2] der Opfer?

Thierse: Das ist ein alter Streit: An wen erinnern wir und in welcher Form tun wir es? Nach langen Debatten war man sich doch einig, dass die Ermordung von sechs Millionen europäischen Juden das schlimmste, das monströseste Verbrechen der Nazis war, der eigentliche Zivilisationsbruch, der all unsere Vorstellungskraft übersteigt. Damit ist ja nicht gesagt, dass wir der anderen Opfer nicht gedenken. Der Bundestag hat sich ausdrücklich dazu verpflichtet, Erinnerungsstätten auch für die Ermordung der Sinti und Roma sowie der Homosexuellen zu errichten. Ich weiß, da bleibt immer ein Ungenügen.

J. A.: Viele Juden sagen, sie brauchen ein solches Denkmal nicht.

Thierse: Das ist richtig.

J. A.: Wer braucht dann das Denkmal?

Thierse: Es ist doch ganz klar: Das ist kein Denkmal für die überlebenden Juden. Es ist ein Denkmal für uns Deutsche, für unser kollektives Gedächtnis. Damit wir uns daran erinnern, was einmal möglich war. Eine solche verpflichtende Erinnerung geschieht dadurch, dass wir der Opfer gedenken. Verdrängen wir damit die Täter? Nein! Ein Kilometer entfernt steht die „Topographie des Terrors"[3], die zeigt, wie dieser Herrschafts- und Unterdrückungsapparat funktionierte. [...]

J. A.: Zieht das Denkmal nicht allein durch seine Existenz einen Schlussstrich unter die Geschichte?

Thierse: Warum? Wenn es so wäre, wäre es ein Argument gegen jedes Denkmal, das ja immer der „versteinerte" Ausdruck eines Diskussionsprozesses ist, der zu einem Ende gekommen ist. Aber Peter Eisenmans Werk hat eben etwas Anstößiges, Anregendes, Irritierendes. Und das Mahnmal steht ja auch in einem Kontext mit dem „Jüdischen Museum" und der „Topographie des Terrors". Das ist ein Angebot zur historischen Aufklärung im Selbstversuch.

Jüdische Allgemeine vom 6. Mai 2005

1. *Erläutern Sie die Funktion des Denkmals anhand von Thierses Ausführungen.*

2 *Arbeiten Sie die Probleme heraus, die in Zusammenhang mit dem Denkmal auftraten.*

[2] Hierarchisierung: Abstufung nach höherem und niedrigerem Rang

[3] Projekt zur Dokumentation des NS-Terrors in der ehemaligen „Prinz-Albrecht-Straße", wo sich 1933-1945 u. a. das Hauptquartier der Gestapo und der Sitz der SS-Führung befanden.

M+ Ordinary Men

In his book „Ordinary Men" (1992), the American historian Christopher Browning examines the case of Reserve Police battalion 101 deployed in occupied Poland during World War II. Like other units of the German Order Police (Ordnungspolizei), the battalion had to carry out the deportation and execution of Polish Jews. Who were these men that killed thousands of civilians? Based on interrogations and biographical research, Browning characterises individual policemen as for their motives, their behaviour, and their reflecting their deeds.

Different groups within the battalion behaved in different ways. The "eager killers" – whose numbers increased over time – sought the opportunity to kill, and celebrated their murderous deeds. The smallest group within the battalion comprised the nonshooters. With the exception of Lieutenant Buchmann, they did not make principled objections against the regime and its murderous policies; they did not reproach their comrades. They took advantage of Trapp's[1] policy within the battalion of exempting from shooting those who "didn't feel up to it" by saying that they were too weak or that they had children.
The largest group within the battalion did whatever they were asked to do, without ever risking the onus of confronting authority or appearing weak, but they did not volunteer for or celebrate the killing. Increasingly numb and brutalized, they felt more pity for themselves because of the "unpleasant" work they had been assigned than they did for their dehumanized victims. For the most part, they did not think what they were doing was wrong or immoral, because the killing was sanctioned by legitimate authority. [...]
In addition to a multilayered portrayal of the battalion, I offered a multicausal explanation of motivation. I noted the importance of conformity, peer pressure, and deference to authority, and [...] the legitimizing capacities of government. I also emphasized the "mutually intensifying effects of war and racism," as "the years of anti-Semitic propaganda ... dovetailed with the polarizing effects of war." [...]. Ordinary Germans did not have to be "of one mind" with Hitler's view of the Jews to carry out genocide.

Christopher R. Browning, Ordinary Men. Reserve Police Battalion 101 and the Final Solution in Poland, London ^{2}1993, pp. 215 et seq.

as for	in Hinblick auf
to assign	abkommandieren
capacity	Fähigkeit, Vermögen
civilian	Zivilperson

[1] Major Wilhelm Trapp, the Battalion Commander

▲ **Police Battalion 101 at Łuków, Lublin District, Poland.**
About 25 000 inhabitants of the Jewish ghetto were deported to concentration camps until November 1942. Some policemen even took souvenir photos of their cruelties.

to comprise	bestehen (aus), umfassen
condition	Bedingung, Umstand
conformity	Angepasstheit
deference to	Achtung vor
dehumanized	der menschlichen Würde beraubt
to deploy	einsetzen
to dovetail	hier: sich zusammenfügen
to emphasize	betonen, hervorheben
to exempt so. from sth.	jdn. von etw. ausnehmen
to feel up to sth.	sich etw. gewachsen fühlen
genocide	Völkermord
interrogation	Verhör, Vernehmung
multilayered	vielschichtig
mutual	gegenseitig
numb	gefühllos
objection	Einwand, Einspruch
to occupy	besetzen
onus	Last
peer pressure	Gruppenzwang
to reflect (about) sth.	über etw. nachdenken
to reproach so.	jdm. Vorwürfe machen
research	Forschung
responsibility	Verantwortlichkeit
to sanction	billigen, genehmigen
to volunteer for sth.	sich für etw. freiwillig melden

1. *Name the different conditions that made the policemen follow their orders.*

2. *Browning describes people of low rank. Compare their responsibility to the Nazi leaders accused in the Nuremberg trial of 1945/46 (see p. 117).*

3. *Imagine an interview with a former member of the Police battalion. What would you ask him? Write out a set of questions and explain your choice.*

Die Aufarbeitung der SED-Diktatur

Die Stasi-Akten ▀ Nach der friedlichen Revolution in der DDR begann auch die Aufarbeitung der SED-Diktatur.

Zur Jahreswende 1989/90 besetzten ostdeutsche Bürgerrechtler die Dienststellen des ehemaligen Ministeriums für Staatssicherheit. Sie konnten die Vernichtung der Stasi-Akten verhindern, die das vom MfS begangene Unrecht dokumentieren.

▲ **Besetzung von ehemaligen Stasi-Dienststellen.**
Foto vom Januar 1990.
Bürgerrechtler besetzten schon am 4. Dezember 1989 die erste Bezirkszentrale des MfS (zuletzt: Amt für Nationale Sicherheit, AfNS) in Erfurt. Die Landeszentrale in Ost-Berlin fiel erst am 15. Januar. Mit den Besetzungen zeigten die Bürgerrechtler auch, dass sie keine Angst mehr vor dem Überwachungsapparat hatten.

Im Oktober 1990 betraute die DDR-Volkskammer **Joachim Gauck** mit der Aufsicht über die Stasi-Akten. Nach der deutschen Einigung wurde Gauck Leiter einer Bundesbehörde für die Stasi-Unterlagen (BStU).

1991 beschloss der Bundestag das Stasi-Unterlagengesetz. Es verfügte die Öffnung der Akten. Von der Stasi überwachte Personen dürfen seither Einblick in die sie betreffenden Dokumente nehmen. Das Material dient ebenso für Anklagen, zur Enttarnung von Inoffiziellen Mitarbeitern der Stasi und – soweit erlaubt – zur historischen Forschung. Bis 2006 wurden auch Angehörige des öffentlichen Dienstes und Abgeordnete auf eine frühere Tätigkeit beim MfS hin überprüft. Die Offenlegung der Stasi-Akten war zunächst umstritten, weil die Folgen nicht absehbar waren (▸ M1). Eine Spaltung der Gesellschaft in Opfer und Täter des SED-Regimes blieb zwar aus. Doch viele fordern bis heute die Auflösung der Stasi-Unterlagen-Behörde.

Seit 1992 haben über 2,6 Millionen Menschen Einsicht in „ihre" Akte beantragt. Die Nachfrage ist weiterhin groß. Im Jahr 2000 übernahm Marianne Birthler die Leitung der Behörde, 2011 folgte Roland Jahn.

Joachim Gauck (geb. 1940): evangelischer Pastor und Bürgerrechtler aus Rostock. 1990 Mitglied der letzten DDR-Volkskammer, 1991-2000 Bundesbeauftragter für die Stasi-Unterlagen. Bei der Bundespräsidentenwahl 2010 gegen Christian Wulf (CDU) unterlegen, nach dessen Rücktritt 2012 als parteiübergreifender Kandidat erneut nominiert und zum elften Präsidenten der Bundesrepublik Deutschland gewählt.

Spitzen des Regimes vor Gericht ▀ Die DDR-Bürgerrechtler hatten auch eine Bestrafung der SED-Führung gefordert. Einige SED-Politiker wurden noch von DDR-Gerichten 1990 wegen Korruption und Wahlfälschung verurteilt. Nach der deutschen Einigung folgten Ermittlungen wegen Gewalttaten an der innerdeutschen Grenze (Mauertote, Schießbefehl), Justizunrechts (Rechtsbeugung, Freiheitsberaubung, Unrecht an Häftlingen, politische Prozesse), Gewalttaten der Stasi, Zwangsaussiedlungen und staatlich organisierten Dopings.

Dem Rechtsstaat waren enge Grenzen gesetzt. Eine Anklage war nur möglich, wenn Unrecht im Sinne beider Rechtsordnungen (Ost und West) vorlag (▸ M2).

Das Ergebnis blieb für viele Opfer unbefriedigend. Etwa 1000 Angeklagte standen vor Gericht, weniger als 300 wurden verurteilt. Der Bundestag beschloss 2007 eine geringe Opferrente für Verfolgte des DDR-Regimes.

Erinnerung an Mauer und Teilung ▀ Im Rahmen der Aufarbeitung der SED-Diktatur ist das Thema deutsche Teilung ein Feld, das Deutsche in Ost und West betrifft. Grenzmuseen, ehemalige Grenztürme, Gedenktafeln und Lehrpfade sorgen für Anschauung.

◄ **„Einer wird gewinnen".**
Karikatur von Peter Muzeniek, 1992. Im November 1992 stand Erich Honecker wegen seiner Verantwortung für den Schießbefehl vor Gericht. Drei Monate später brach man das Strafverfahren angesichts von Honeckers Krebsleiden ab.

In Berlin kennzeichnet eine Doppelreihe mit Pflastersteinen den Verlauf der ehemaligen Mauer. An ganz wenigen Stellen blieben Reste der Mauer als Mahnmal erhalten. Die Mauer erinnert dabei nicht nur an die Diktatur, sondern auch an den Kalten Krieg und die Spaltung Europas bis zum Zusammenbruch des Kommunismus.

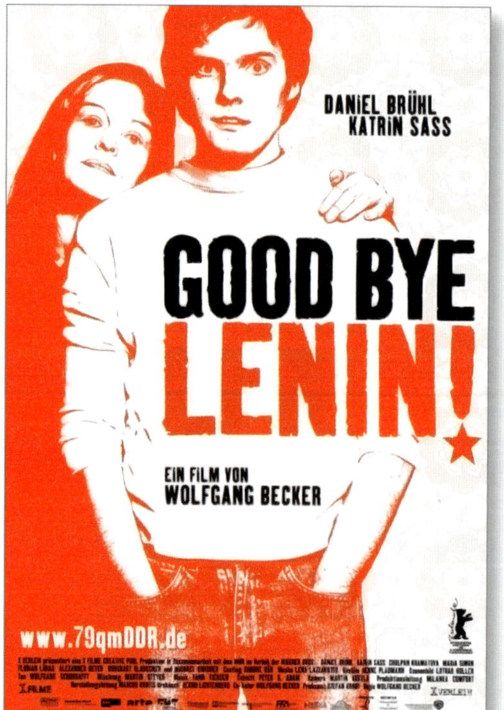

▲ **Good bye, Lenin!**
Filmplakat von 2003. Der Kinofilm handelt von einer überzeugten Kommunistin, die 1989 ins Koma fällt und erst nach der Wende aufwacht. Um sie zu schonen, spielt die Familie ihr weiterhin „DDR" vor. Die Komödie war der erfolgreichste deutsche Film 2003.

- *Finden Sie heraus, was sich hinter der Internetadresse auf dem Filmplakat verbirgt.*

Gefühlte Vergangenheit ■ Einen Gegenakzent zur kritischen Aufarbeitung setzte in den 1990er-Jahren die sogenannte „Ostalgie" (von Nostalgie: Sehnsucht nach der Vergangenheit). Dazu gehörten unterhaltsame Rückblicke in den Medien, der Handel mit DDR-Souvenirs, Marken und Mode im Retrostil, Ostalgie-Partys. Viele Ostdeutsche fragten nach dem Sinn ihres früheren Lebens. Sie erinnerten sich an die Seiten des Alltags, die von der Unterdrückung verschont worden waren. Zwischen Kritik, Verklärung und Verzerrung der Tatsachen schwanken auch viele Spielfilme über die DDR. Immerhin sorgen sie dafür, dass die Geschichte auch außerhalb Ostdeutschlands wahrgenommen wird.

Zweifache Altlast ■ Seit 1990 sind zwei deutsche Diktaturen aufzuarbeiten. Die größere Aufmerksamkeit in Politik, Medien, Kunst und Geschichtswissenschaft erfährt nach wie vor der Nationalsozialismus. Das liegt v.a. daran, dass
- unter ihm die weitaus größeren Verbrechen verübt wurden,
- er das ganze deutsche Volk betraf,
- er verantwortlich ist für den Zweiten Weltkrieg, die deutsche Teilung und die Entstehung einer zweiten Diktatur im Osten Deutschlands,
- er nicht durch die Auflehnung des Volkes, sondern von außen gestürzt wurde.

Die Erinnerung an die SED-Herrschaft ist jedoch nicht weniger wichtig, wenn man berücksichtigt, dass
- Unrecht und Opfer nicht vergessen werden dürfen,
- noch immer viele Irrtümer und Legenden über die DDR existieren,
- ehemalige kommunistische Länder in Osteuropa die Aufarbeitung in Deutschland zum Vorbild nehmen,
- zur Geschichte der SED-Diktatur auch der Widerstand gehört, der das Regime zu Fall brachte und damit die deutsche Einheit ermöglicht hat.

M1 Rechtsstaat und Stasi-Erbe

Am 14. November 1991 verabschiedet der Deutsche Bundestag das Stasi-Unterlagengesetz. Rainer Eppelmann (CDU), Pfarrer, Bürgerrechtler und Minister in der letzten Regierung der DDR, spricht dazu im Parlament:

Dieses Gesetz wird nur dann helfen können, leidvolle DDR-deutsche Geschichte aufzuarbeiten, wenn sich jeder selbstkritisch prüft, ob die Einsicht in seine Akten für ihn wirklich hilfreich ist. Der Benutzer muss wissen, dass er zwar nach dem Studium seiner Akten klüger ist, aber dass er möglicherweise ärmer wird, weil er Freunde und Kollegen verliert.
Die Öffentlichkeit wird darauf zu achten haben, dass die Praxis dieses Gesetzes nicht zu einer Atmosphäre des Abrechnens und des gegenseitigen Zerstörens führt, sondern zu mehr Gerechtigkeit, zu mehr Begreifen, zu mehr Verstehen, damit sich so etwas nie wieder bei uns und unter uns wiederholen kann.
Dieses Gesetz kann auch ein Hilfsmittel dazu sein, dass Opfer und Täter und Dritte lernen, gereinigt von der Last der Vergangenheit, neu miteinander umzugehen.

Verhandlungen des Deutschen Bundestages, Stenographische Berichte, Bd. 175, Bonn 1991, S. 4714

1. *Stellen Sie dar, welche Chancen und Gefahren in der Benutzung der Stasi-Akten liegen.*

2. *Diskutieren Sie, ob illegal gesammelte Informationen zur Aufklärung an die Öffentlichkeit gelangen sollten. Ziehen Sie auch aktuelle Beispiele heran.*

▲ **Das größte Puzzle Deutschlands.**
Foto aus Leipzig von 1994.
Eine Mitarbeiterin des Bundesbeauftragten rekonstruiert zerrissene Stasi-Unterlagen in der ehemaligen Bezirksverwaltung des MfS.

M2 Urteile in Sachen Schießbefehl

Der Journalist Roman Grafe fasst Verlauf und Ergebnisse des Prozesses gegen führende DDR-Funktionäre zusammen:

Am 25. August 1997 erging im Berliner Landgericht das Urteil in der Strafsache gegen Schabowski und andere [...]: Wegen Totschlags an DDR-Flüchtlingen erhielt Egon Krenz sechseinhalb Jahre Freiheitsentzug. Günter Schabowski und Günther Kleiber[1] wurden zu jeweils drei Jahren Haft verurteilt.
In seiner Urteilsbegründung sagte der Vorsitzende Richter Josef Hoch, die Kammer bestreite nicht, dass die DDR in ihren Entscheidungen nicht souverän gewesen sei. Jedoch habe das strenge Grenzregime stets im Interesse der DDR-Führung gelegen. Bis zuletzt, so Hoch, seien Flüchtlinge erschossen worden, weil die SED-Führung am Grenzregime festgehalten habe. Das Politbüro sei faktisch die Organisationsspitze des Staates gewesen und habe somit auch die Verantwortung für das Grenzregime gehabt. Sämtliche Staatsorgane hatten sich dem Willen der SED-Führung beugen müssen.
Der Klassenauftrag der Parteiführung an die Grenztruppen – die Unverletzlichkeit der DDR-Grenze zu gewährleisten – sei tatsächlich ein ideologischer Schießbefehl gewesen. Die Beschlüsse des Politbüros zur Grenzsicherung hätten sich in den für die Tötungen an der Grenze maßgeblichen Befehlen wiedergefunden; teilweise waren die Beschlüsse in diesen Befehlen ausdrücklich erwähnt worden.
Wer die Herrschaft über Tötungen habe, sei als Täter dafür verantwortlich. Wenn die Tötungen an der Grenze auch nicht das Ziel der Angeklagten gewesen seien, so hätten sie die Todesfälle jedoch billigend in Kauf genommen, weil es ihnen darauf angekommen sei, die Grenze undurchlässig zu machen. Richter Hoch: „Sie wollten die Grenzsicherung, auch um den Preis von Toten. Ohne die Politbüro-Beschlüsse hätte es diese Toten nicht gegeben." [...]

Roman Grafe, „Die Politbüro-Beschlüsse waren Bedingungen der tödlichen Schüsse", in: Deutschland-Archiv 33 (2000), Heft 1, S. 23-25

1. *Arbeiten Sie heraus, welche Fragen im Prozess geklärt werden mussten.*

2 *Diskutieren Sie, ob die Strafen angemessen sind.*

[1] Egon Krenz: siehe S. 98;
Günter Schabowski: geb. 1929, 1984-1989 Mitglied des Politbüros;
Günther Kleiber: geb. 1931, 1984-1989 Mitglied des Politbüros.

Historische Spielfilme auswerten

Historische *Spielfilme* legen für ihre Handlung historische Personen, Ereignisse oder Epochen zugrunde. Wie andere Spielfilme auch gehorchen sie den Regeln der Filmdramaturgie. Sie haben immer das Ziel, den Zuschauer zu unterhalten und Spannung zu erzeugen.
Im Gegensatz dazu erheben historische *Dokumentationen* nicht in erster Linie den Anspruch zu unterhalten. Sie wollen vielmehr den Zuschauern Wissen über die Vergangenheit vermitteln. Sie verwenden historische Quellen und versuchen, die Zusammenhänge herzustellen.

Umgang mit historischen Spielfilmen

Manche Spielfilme verwenden Historisches nur als Kulisse für ihre Erzählungen und berücksichtigen die historische Wahrheit nur wenig. Andere versuchen, die Geschichte mit filmischen Mitteln auf der Grundlage von Quellen möglichst exakt zu rekonstruieren. Bei Spielfilmen über historische Persönlichkeiten bilden gesicherte biografische Erkenntnisse die Basis für den Film. Lücken in der Überlieferung werden in der Regel frei ergänzt, Dialoge oder Situationen erfunden, um durch die zusammenhängende Handlung die Person näher zu charakterisieren. Als Informationsquelle für reale historische Ereignisse sind deshalb historische Spielfilme niemals uneingeschränkt zu nutzen. Die folgenden Hinweise ermöglichen die Analyse von historischen Spielfilmen wie dem gewählten Beispiel „Das Leben der Anderen“.

Checkliste „Historische Spielfilme auswerten“

Formale Kennzeichen
- ✔ Wer hat den Film in Auftrag gegeben und produziert?
- ✔ Wo wurde der Film gezeigt (Kino, Fernsehen)?

Inhalt
- ✔ Was ist das Thema des Films?
- ✔ Welche Ereignisse und Personen werden dargestellt?
- ✔ Welche filmischen Mittel werden verwendet?

Historischer Hintergrund
- ✔ Welche Fakten über das historische Geschehen lassen sich ermitteln?
- ✔ Wo stimmen historische Tatsachen und Film nicht überein?
- ✔ Wo fügt der Film den historischen Ereignissen etwas hinzu?
- ✔ Bei Spielfilmen, die sich nicht auf konkrete historische Personen und Ereignisse beziehen: Erfasst die Darstellung des vergangenen Geschehens das Wesentliche?

Absicht und Wirkung
- ✔ Welches Bild von der dargestellten Zeit und von den Personen wird vermittelt?
- ✔ Welche Zielgruppen will der Film erreichen?
- ✔ Welche Denkanstöße gibt der Film?
- ✔ Welche Bedeutung hat die Musik?

Bewertung und Fazit
- ✔ Wie werden die historischen Ereignisse filmisch umgesetzt? Sind Tendenzen erkennbar?
- ✔ Wo müssten andere Informationen ergänzt werden? Wo müsste korrigiert werden?
- ✔ Welche Kritiken (Besprechungen) zu dem Film gibt es?
- ✔ War der Film kommerziell erfolgreich? Hat er Auszeichnungen (Filmpreise) erhalten?

Allgemeine Hinweise zur Filmanalyse

Struktureinheiten von Filmen

Die beiden wichtigsten filmischen Einheiten (Abschnitte) sind:
1. *Einstellung (shot)*: Bei ihr handelt es sich um die kleinste Einheit des Films. Sie umfasst den Zeitraum von der Aufblende bis zur Abblende der Kamera. Meist ist sie nur wenige Sekunden lang, sie kann aber auch mehrere Minuten dauern.
2. *Sequenz*: Sie besteht meist aus mehreren Einstellungen und bildet eine inhaltlich zusammenhängende Einheit des Filmes.

Kameraperspektiven

Unterschieden werden muss zwischen „Vogelperspektive" (Kamera von oben), „Froschperspektive" (Kamera von unten) oder „Normalsicht" (Kamera auf Augenhöhe). Mit der „Froschperspektive" können Personen erhöht und bedrohlich dargestellt werden, die Vogelperspektive lässt die Zuschauer auf Personen herabblicken und vermindert sie in der Bedeutung.

Einstellungsgrößen

Je nach dem, was ins Bild gerückt ist, spricht man von „Panoramaeinstellung"/„Supertotale" (Landschaft, bei der Menschen nur klein zu erkennen sind), „Totale" (Personen werden in ihrer Umgebung gezeigt), „Naher Einstellung" (Personen vom Kopf bis zur Körpermitte), „Nahaufnahme" (Kopf und Teile der Schultern) oder „Detail". Die Übergänge zwischen den Einstellungsgrößen sind dabei fließend. Die Totale ordnet eine Person in ihr Umfeld ein, lässt sie unter Umständen verloren und „einsam" wirken, Nahaufnahmen erhöhen die Bedeutung einer Person, betonen ihre Individualität, erzeugen emotionale Nähe.

Hell-Dunkel-Kontraste/Farben

Ein weiteres Gestaltungsmittel sind Farben. Sie haben auf den Betrachter unterschiedliche Wirkungen. So gelten blaue Farben in der Regel als kalt, rote und braune Töne hingegen als warm und emotional.

Das *Sequenzprotokoll* ist der Ausgangspunkt für jede Filmanalyse. In ihm werden die Dauer der einzelnen Abschnitte und Besonderheiten in der Filmsprache notiert.

Unter Besonderheiten kann z. B. aufgeführt werden:
Wo gibt es auffällige Nahaufnahmen und Kamerapositionen?
Wie bewegt sich die Kamera?
Wie ist das Verhältnis von kurzen und langen Einstellungen?
Wo gibt es auffällige „Schnittstellen"?

Welche Wirkung erzielen Geräusche bzw. Musik?
Wie sind die Dialoge ausgestaltet?
Wie spricht die Gedankenstimme?
Wie umfangreich ist der Kommentar?
Was sind die Kernsätze?

Sequenz Nr.	Zeit Std:Min	Einstellungen	Besonderheiten
S 4	00:16 bis 00:18	Grubitz fährt Wiesler nach Hause. Wiesler sieht in seiner Plattenbauwohnung fern. Wiesler beobachtet morgens, wie Dreymann mit Kindern Fußball spielt. Abends sieht er Christa-Maria aus einem Auto steigen.	Musik Musik
S 5	00:18 bis 00:22	Als Dreymann das Haus verlässt, verwanzt Wiesler die Wohnung. Auf dem Dachboden richtet er eine Abhörzentrale ein. Die Nachbarin verfolgt die Aktion, Wiesler droht ihr.	Musik Kameraführung
S 6	00:22 bis 00:24	Dreymann besucht Jerska und beruhigt ihn damit, dass dessen Berufsverbot bald aufgehoben werden könnte.	
S 7	00:24 bis 00:28	Wiesler betritt die Abhörzentrale. Christa-Maria bereitet die Geburtstagsparty vor, als Dreymann erscheint. Sie schenkt ihm einen Schlips. Dreymann bittet die Nachbarin aus S 5, ihm beim Binden des Schlips zu helfen. Dreymann öffnet den ersten Gästen die Tür, Christa-Maria schluckt Tabletten.	Schlagermusik Wiesler hört alles mit (Parallelmontage)

Beispielanalyse: Das Leben der Anderen

Formale Kennzeichen

Das Drehbuch von „Das Leben der Anderen“ wurde von Florian Henckel von Donnersmarck geschrieben, der auch Regie führte. Der Film wurde 2005 mit Beteiligung des Bayerischen Rundfunks und des Fernsehsenders „arte“ gedreht. Im Jahr 2006 kam er in die deutschen Kinos. Die „Deutsche Film- und Medienbewertung“, eine von den deutschen Bundesländern gegründete Institution, verlieh ihm das Prädikat „besonders wertvoll“.

Inhalt

Die Handlung spielt in Ost-Berlin im Zeitraum vom November 1984 bis 1991. Der linientreue Stasi-Hauptmann Gerd Wiesler wird beauftragt, dem bekannten Bühnenautor Georg Dreymann Fehlverhalten nachzuweisen. Denn dessen schöne und erfolgreiche Freundin, die Schauspielerin Christa-Maria Sieland, wird auch vom Kulturminister Bruno Hempf begehrt. Die Wohnung des Paares wird rund um die Uhr überwacht. Dadurch erfährt Wiesler, dass Dreymann für ein westdeutsches Nachrichtenmagazin einen regimekritischen Artikel über die hohe Selbstmordrate in der DDR schreibt. Das Versteck der Schreibmaschine, die Dreymann verraten würde, offenbart Dreymanns psychisch labile Lebensgefährtin. Aus Angst vor einem Berufsverbot war sie zuvor eine Affäre mit dem Minister Hempf eingegangen. Stasi-Offizier Wiesler, der sich mehr und mehr in die für ihn fremde und zugleich anziehende Welt der Künstler einfühlt, deckt nicht nur Dreymann, sondern entfernt auch rechtzeitig vor einer Hausdurchsuchung die Schreibmaschine. Wiesler wird daraufhin strafversetzt.
Nach dem Ende der DDR findet Dreymann in den Stasi-Akten heraus, dass ihn seinerzeit ein Mitarbeiter des Ministeriums für Staatssicherheit geschützt hatte. Er verfasst einen Roman, der diesem Stasi-Offizier unter seinem Decknamen gewidmet ist.

▲ **Filmplakat von „Das Leben der Anderen“.**
Das Plakat zeigt den Schauspieler Ulrich Mühe (1953-2007) in der Rolle des Stasi-Hauptmanns Gerd Wiesler. „HGW XX/7“ ist sein Aktenkürzel.
Die „Hauptabteilung XX“ der Stasi war zuständig für die Überwachung von „Staatsapparat, Kultur, Kirche und Untergrund“.

Historischer Hintergrund

Bei dem Film handelt es sich um ein Gesellschaftsdrama vor dem Hintergrund realer historischer Tatsachen:
1975 hatte die DDR durch die Unterzeichnung der KSZE-Schlussakte von Helsinki formal Meinungsfreiheit zugestanden. Um den Bruch des Vertrages zu verschleiern, unterdrückte das Ministerium für Staatssicherheit Kritik mit einem abgestuften System von Belohnung und Bestrafung. Diese reichte vom Ausschluss aus der Partei über psychischen Druck bis hin zur Ausbürgerung, wie im Fall Wolf Biermanns 1976. Nachdem sich das gesellschaftliche Klima in der DDR nicht geändert hatte, wuchs unter Künstlern und Intellektuellen die Unzufriedenheit. Die Staatssicherheit verstärkte die Überwachung gerade der Kulturszene. Die DDR, die von allen Staaten des Ostblocks nach Ungarn die höchste Selbstmordrate hatte, veröffentlichte nach 1977 dazu kein statistisches Material mehr.
Einige Handlungen in dem Film sind jedoch unwahrscheinlich oder widersprechen historischen Erkenntnissen. So wären beispielsweise Vereinbarungen, wie die zwischen Wiesler und seinem direkten Vorgesetzten, die den offiziellen Dienstweg umgehen, innerhalb der strikt gegliederten Staatssicherheit unwahrscheinlich. Auch wurde kein Fall bekannt, in dem ein Spitzel die Bespitzelten derart konsequent vor dem Zugriff des Staates geschützt hätte.

Absicht und Wirkung

Der Film versucht, ein realistisches Bild der DDR zu vermitteln. Durch die Ausstattung (Kleidung, Inneneinrichtungen) wird das damalige Umfeld glaubwürdig nachgebildet. Der Film zeigt die Wechselwirkung zwischen Überwachenden und Überwachten und schildert Methoden der Stasi und ihre Folgen auf einer persönlichen Ebene. Dementsprechend sind Nahaufnahmen ein wichtiges filmisches Mittel. Bewusste Gestaltungsmittel unterstützen die Dramaturgie, z. B. optische Kontraste oder die Musik („Sonate vom guten Menschen“).

Bewertung und Fazit

Der Film weckt nicht nur Abscheu gegenüber den Methoden der Staatssicherheit bzw. Mitleid mit den Opfern. Er verdeutlicht auch, wie schwierig und uneindeutig die moralische Bewertung von Mitarbeitern der Stasi und deren Zielpersonen sein konnte. So entziehen sich zumindest zwei Hauptfiguren einer eindeutigen moralischen Bewertung: Die psychisch labile Schauspielerin Sieland ist hin- und hergerissen zwischen der Liebe zu ihrem Lebensgefährten und der Leidenschaft für ihren Beruf. Im Falle des Stasi-Offiziers Wiesler bleibt offen, ob er die Personen, die er nach seiner inneren Kehrtwende eigentlich schützen will, durch seine Eingriffe nicht letztlich manipuliert. Der Film wurde mit zahlreichen Preisen bedacht, so vor allem 2007 mit dem Oscar als „bester ausländischer Film“.

Beispielsequenz

Handlung: Christa-Maria fühlt sich als Verräterin, stürmt auf die Straße und wirft sich vor einen herannahenden Transporter.
Bildsprache: Nahaufnahme, Überblendung. Die schnelle Bildfolge zeigt, wie Christa-Maria vom Fahrzeug erfasst und auf die Fahrbahn geschleudert wird.

Handlung: Dreymann und Wiesler eilen auf die Schwerverletzte zu. Wiesler trägt eine Polyesterjacke, wie sie von vielen hauptamtlichen Stasi-Mitarbeitern getragen wurde.
Bildsprache: Totale. Dreymann und Christa-Maria Sieland sind weiß gekleidet und heben sich deutlich von der tristen, regennassen Umgebung ab.

Handlung: Wiesler, der sich nach der Wiedervereinigung als Zeitungsausträger durchschlägt, passiert eine Buchhandlung.
Bildsprache: Totale. Eine Einblendung klärt die Zeit. Die Jacke, der stramme Schritt und der zielgerichtete Blick knüpfen an sein früheres Leben bei der Stasi an.

Antidemokratische Herausforderungen für Staat und Gesellschaft

◂ Verwechslungsgefahr.
Foto von 2008.
Ein Teil der gewaltbereiten Rechtsextremisten in der Bundesrepublik übernimmt seit etwa 2001 Erscheinungsbild, Mode, Slogans und Aktionsformen der linken „Autonomen Szene". Auf den ersten Blick sind Anarchisten und Neofaschisten schwer zu unterscheiden.

Eine wehrhafte Demokratie

23. 5. 1949 – Das Grundgesetz für die Bundesrepublik Deutschland wird verabschiedet. Es enthält Regeln, die den Staat vor antidemokratischen Bedrohungen schützen.

28. 9. 1951 – Das Bundesverfassungsgericht nimmt in Karlsruhe seine Arbeit auf.

23. 10. 1952 – Das Bundesverfassungsgericht verbietet die rechtsradikale „Sozialistische Reichspartei".

17. 8. 1956 – Das Bundesverfassungsgericht verbietet die „Kommunistische Partei Deutschlands".

Linksextremistische Bedrohungen

1967/68 – In der Bundesrepublik bildet sich eine „Außerparlamentarische Opposition" (APO), die u. a. gegen die Große Koalition, den Vietnamkrieg und das Bildungssystem protestiert.

2. 6. 1967 – In Berlin wird der Student Benno Ohnesorg nach einer Demonstration gegen den Schah von Persien von einem Polizisten erschossen.

1970 – Linksextremisten gründen die Terrororganisation „Rote Armee Fraktion" (RAF). Bis zu ihrer Selbstauflösung 1993 ermordet sie 34 Personen, über 200 werden schwer verletzt.

1977 – Die RAF und eine palästinensische Terrorgruppe wollen durch Entführungen die inhaftierten RAF-Gründer freibekommen. Der Staat lässt sich nicht erpressen. Nach dem Scheitern der Terroraktionen nehmen sich in Stammheim drei Terroristen das Leben.

Gefahren durch Rechtsextremismus

1964 – Gründung der als rechtsradikal eingestuften „Nationaldemokratischen Partei Deutschlands" (NPD). Sie zieht bis 1968 in sieben Länderparlamente ein.

26. 9. 1980 – Bombenanschlag eines Rechtsterroristen auf das Münchener Oktoberfest mit 13 Toten.

1991 - 2003 – Bei Brandanschlägen auf mehrere Asylbewerberheime sterben mindestens 25 Menschen.

2000 - 2007 – Einer Mordserie fallen neun Immigranten und eine Polizistin zum Opfer. Erst 2011 werden die Täter der Terrorgruppe „Nationalsozialistischer Untergrund" in Zwickau gestellt.

Islamistischer Terror

1999 - 2001 – Die Anschläge vom 11. September 2001 auf das World Trade Center und das Pentagon werden in Hamburg von einer geheimen islamistischen Terrorzelle vorbereitet.

4. 9. 2007 – Im Sauerland wird eine Gruppe aus vier islamistischen Terroristen verhaftet, die Sprengstoffanschläge gegen Ziele in der Bundesrepublik geplant und vorbereitet hat.

2. 3. 2011 – Ein islamistischer Einzeltäter, der über das Internet radikalisiert wurde, tötet am Frankfurter Flughafen zwei US-Soldaten. Er wird 2012 zu lebenslanger Haft verurteilt.

1: *In der Bundesrepublik kann jeder, der sich durch staatliches Handeln in seinen Grundrechten verletzt sieht, das Bundesverfassungsgericht in Karlsruhe anrufen. Es entscheidet auch über die Verfassungsfeindlichkeit politischer Parteien. Foto, 2012.* – **2**: *Waffen und rechtsextremistisches Propagandamaterial, beschlagnahmt bei einer Hausdurchsuchung in Brandenburg. Foto, 2009.* – **3**: *Organisierte Kriminalität gefährdet die Demokratie. Sie setzt auf Gewalt, Geld und Einflussnahme und unterhöhlt dadurch das Recht. Foto einer Drogenrazzia gegen Mitglieder der Motorradgang „Hells Angels", München 2011.*

- *Diskutieren Sie, was Parteienverbote, Organisierte Kriminalität und politischer Extremismus mit dem Thema „antidemokratische Herausforderungen für Staat und Gesellschaft" verbindet.*
- *Das Diagramm stammt aus dem Verfassungsschutzbericht des Freistaats Bayern von 2011. Nennen Sie Beispiele für die fünf genannten Hauptgruppen und erläutern Sie, wie diese die Demokratie gefährden.*

Die Bundesrepublik Deutschland – eine „wehrhafte Demokratie“

Weimarer Republik: erste Demokratie auf deutschem Boden 1919 - 1933. Errichtet nach dem Ende des Ersten Weltkrieges und dem Sturz der deutschen Monarchien in der Novemberrevolution, benannt nach dem Tagungsort der Verfassunggebenden Nationalversammlung. Die freiheitliche Weimarer Verfassung wurde von Gegnern der Demokratie mit ihren eigenen Mitteln bekämpft und 1933 von den Nationalsozialisten außer Kraft gesetzt.

Das Scheitern einer Republik Die Väter und Mütter des Grundgesetzes fragten sich 1948/49, was die Katastrophe des Nationalsozialismus ermöglicht hatte und wie ein Staat sich gegen die Umwandlung in eine Diktatur schützen kann. Man erkannte, dass die Nationalsozialisten verfassungsrechtliche Schwächen der **Weimarer Republik** missbraucht hatten, um die Demokratie selbst abzuschaffen (▸ M1).

Schon seit März 1930 gab es in Deutschland keine Regierung mehr, die sich auf eine gewählte Mehrheit stützen konnte. Da die Regierungsbildung aufgrund der Stärke der extremistischen Parteien im Reichstag schwierig geworden war, wurden Reichskanzler und Minister vom Reichspräsidenten eingesetzt. Solche Regierungen werden „Präsidialkabinette“ genannt. Der Reichspräsident machte von Art. 48 der Weimarer Verfassung Gebrauch, der ihm das Recht gab, in Krisensituationen „die zur Wiederherstellung der öffentlichen Sicherheit und Ordnung nötigen Maßnahmen“ zu treffen. Mit dieser dehnbaren Formulierung setzte Reichspräsident Paul von Hindenburg Minderheitenregierungen seines Vertrauens ein. Sie konnten mit Notverordnungen des Präsidenten regieren, obwohl sie im Parlament keine Mehrheit hatten.

Auch Adolf Hitler war am 30. Januar 1933 auf diesem Weg zum Reichskanzler eines Präsidialkabinetts ernannt worden. Nach dem Reichstagsbrand am 27. Februar 1933 wurde auf Hitlers Veranlassung die Verordnung des Reichspräsidenten zum Schutz von Volk und Staat („Reichstagsbrandverordnung“) erlassen. Mit ihr wurden verfassungsmäßige Grundrechte (Meinungs-, Versammlungs-, Vereinigungsfreiheit) außer Kraft gesetzt und das Verbot von Parteien und Vereinen, die Pressezensur und die Verhaftung politischer Gegner scheinbar legal ermöglicht. Am 24. März 1933 wurde mit dem Gesetz zur Behebung der Not von Volk und Reich („Ermächtigungsgesetz“) die Weimarer Verfassung praktisch außer Kraft gesetzt: Die Regierung konnte nun allein Gesetze erlassen, diese mussten nicht mit der Verfassung übereinstimmen.

Lehren aus Weimar Das Grundgesetz sollte solche Schwächen nicht haben. In seinen 19 ersten Artikeln garantiert es den Bürgern einklagbare Grundrechte, während die Weimarer Verfassung lediglich Absichtserklärungen enthielt. Der Regierungschef kann nicht, wie in der Weimarer Republik, ohne Alternativvorschlag abgesetzt werden, sondern nur dann, wenn ein anderer Kandidat eine Mehrheit im Bundestag erhält. Ein „konstruktives Misstrauensvotum“ verhindert, dass gegensätzliche Oppositionsparteien den Staat nur aus gemeinsamer Ablehnung der Regierung in eine Krise stürzen können. Wegen der Erfahrung der Verführbarkeit von Wählern zu antidemokratischen Entscheidungen sieht das Grundgesetz keine bundesweiten Volksabstimmungen (Plebiszite) vor. Ein oberster Gerichtshof, das Bundesverfassungsgericht, hat die Befugnis, Gesetze der Bundesrepublik auf ihre Übereinstimmung mit der Verfassung zu überprüfen. Dieses Gericht kann von jedermann angerufen werden.

Eine Schwäche der Weimarer Reichsverfassung erwuchs gerade aus ihrem demokratischen Prinzip: Um dem Wählerwillen möglichst genau zu entsprechen, gab es für den Einzug in den Reichstag keine Stimmenbegrenzung. Parteien konnten für je etwa 100 000 Stimmen einen Abgeordneten ins Parlament entsenden. Dies führte dazu, dass dort bis zu 16 Parteien vertreten waren, was die Mehrheitsbildung extrem erschwerte. In der Bundesrepublik galt ab 1953, der Wahl zum Zweiten Deutschen Bundestag, eine Sperrklausel. Alle Stimmen, die für Parteien abgegeben werden, die weniger als fünf Prozent der Wähler überzeugen können und kein Direktmandat erringen,

Weimarer Reichsverfassung	Grundgesetz für die Bundesrepublik Deutschland
Staatsoberhaupt	
Reichspräsident	Bundespräsident
Direktwahl durch das Volk Amtszeit 7 Jahre Beliebige Wiederwahl Starke Rechte (Oberbefehl über die Streitkräfte, Auflösung des Parlaments, Ernennung und Entlassung der Regierung, Verhängung des Ausnahmezustands, Notverordnungen)	Wahl durch die Bundesversammlung Amtszeit 5 Jahre Maximal eine Wiederwahl Geringere Befugnisse, gebunden an Parlament (Ernennung und Entlassung auf Vorschlag von Bundestag bzw. Bundeskanzler) Hauptsächlich repräsentative Aufgaben
Parlament	
Reichstag	Bundestag
Verhältniswahl Keine Sperrklausel Immunität der Abgeordneten nur während der Sitzungsperiode	Mischung aus Verhältnis- und Mehrheitswahl Sperrklausel: „Fünf-Prozent-Hürde" Umfassende Immunität der Abgeordneten
Parteien	
Keine positive Erwähnung von Parteien Kein Parteienverbot möglich	Parteien sollen an Willensbildung mitwirken Möglichkeit des Verbots verfassungswidriger Parteien
Volksabstimmungen (Plebiszite)	
Gesetzgebung auch per Volksabstimmung	Volksabstimmungen nur auf Länderebene
Regierung	
Reichsregierung	Bundesregierung
Reichskanzler und Reichsminister werden durch den Reichspräsidenten ernannt und entlassen. Der Reichstag kann den Reichskanzler und jeden einzelnen Minister jederzeit abwählen.	Der Bundestag kann den Bundeskanzler abwählen, aber nur, wenn ein anderer Kandidat vorgeschlagen wird und die Mehrheit bekommt („konstruktives Misstrauensvotum").
Schutz der Verfassung	
Die Verfassung kann durch den Reichstag geändert werden. Bedingungen: a) *Anwesenheit* von mindestens 2/3 der Abgeordneten und b) Zustimmung von mindestens 2/3 der *Anwesenden* Alle Teile der Verfassung sind änderbar.	Die Verfassung kann geändert werden. Bedingungen: a) Zustimmung von mindestens 2/3 der *Mitglieder* des Bundestages und b) Zustimmung von mindestens 2/3 der *Mitglieder* des Bundesrates Grundrechte und die Wertordnung der Bundesrepublik sind von Änderungen ausgenommen.
Stellung der Grundrechte	
Grundrechte stehen im Verfassungstext weit hinten (Art. 109-165). Sie genießen keine besondere Garantie.	Grundrechte stehen am Anfang (Art. 1-19), sie sind geltendes Recht, an das auch der Staat gebunden ist. „Ewigkeitsklausel" für Art. 1 und 20

◂ Gegenüberstellung von Merkmalen der Weimarer Verfassung von 1919 und des Grundgesetzes von 1949.

- *Arbeiten Sie heraus, welche gesetzlichen Neuerungen man 1949 festlegte und warum.*

bleiben damit unberücksichtigt. Das Bundesverfassungsgericht hat diese Klausel für rechtens erklärt: Zwar soll jede Wählerstimme das gleiche Gewicht haben, aber die mögliche Gefahr, die eine Parteienzersplitterung für den Staat darstellt, rechtfertigt die Errichtung einer Fünf-Prozent-Hürde.

Das Konzept der wehrhaften Demokratie ▪ Das Grundgesetz verwendet mehrfach den Begriff der „freiheitlichen demokratischen Grundordnung". Spätere Gerichtsurteile haben diese Ordnung genauer beschrieben: Sie schließt jede Willkürherrschaft aus und bildet eine rechtsstaatliche Herrschaftsordnung nach dem Willen der jeweiligen Mehrheit. Mindeststandards dieser Ordnung sind die Achtung vor den im Grund-

Volkssouveränität: politisches Grundprinzip der Demokratie: Die Staatsgewalt geht vom Volk aus, das seinen Willen in Wahlen und Abstimmungen kundtut.

Gewaltenteilung: politisches Prinzip, das dafür sorgt, dass die drei wichtigsten staatlichen Befugnisse nicht in einer Hand sind, sondern von verschiedenen Personen frei ausgeübt werden. Diese „Gewalten“ sind die Gesetzgebung, der Gesetzesvollzug und die Rechtsprechung.

gesetz genannten Menschenrechten, vor allem vor dem Recht auf Leben und freie Entfaltung, die **Volkssouveränität**, die **Gewaltenteilung**, die Verantwortlichkeit der Regierung, die Gesetzmäßigkeit der Verwaltung, die Unabhängigkeit der Gerichte, das Mehrparteienprinzip und die Chancengleichheit für alle politischen Parteien mit dem Recht auf verfassungsmäßige Bildung und Ausübung einer Opposition.

Die Bundesrepublik Deutschland versteht sich als „wehrhafte Demokratie“. Das heißt, das diese freiheitliche demokratische Grundordnung selbst nicht zur Diskussion steht. Vielmehr wurden mit dem Grundgesetz Mittel geschaffen, diese Ordnung gegen Angriffe zu verteidigen. So können nach Art. 18 bestimmte Grundrechte (z. B. Pressefreiheit, Versammlungsfreiheit, Post- und Fernmeldegeheimnis) aufgehoben werden, wenn Personen diese zum Kampf gegen die Demokratie missbrauchen. Verfassungswidrige Parteien können nach Art. 21 verboten werden (▸ M2).

Wiederbegründung nationalsozialistischer Parteien ■ Die ersten Gerichtsverfahren über nationalsozialistische Verbrechen machten das Ausmaß von Unrecht und Schuld deutlich. Die Entnazifizierung der Westalliierten zwang die Deutschen zu einer Auseinandersetzung mit dem eigenen Verhalten im „Dritten Reich“.*

Gegen eine veränderte Sicht auf das Nazi-Regime und gegen die „Re-education“ der Deutschen zu demokratischen Bürgern liefen vor allem ehemalige NS-Funktionäre Sturm. Einige prominente NSDAP- und SS-Angehörige sowie Wehrmachtsoffiziere versuchten, auf verschiedene Kleinparteien Einfluss zu nehmen. Als diese sich jedoch zur Anerkennung der demokratischen Staatsform und zur Zusammenarbeit mit bürgerlichen Parteien bereit fanden, schlossen sich zahlreiche NS-Anhänger 1949 zur Sozialistischen Reichspartei (SRP) zusammen. Sie gewann als Sammlungsbewegung für alte Nationalsozialisten vor allem in Norddeutschland einige beachtliche Wahlerfolge. 1951 zählte sie etwa 10 000 Mitglieder, davon allein 6 500 in Niedersachsen.

Die SRP lehnte die verfassungsmäßige Ordnung der Bundesrepublik ab und reklamierte ein Widerstandsrecht gegen den Staat. Sie wollte das Deutsche Reich als antiwestliche und anti-bolschewistische Großmacht wiedererrichten. In Schriften und Reden leugnete sie deutsche Verbrechen. Ihr Aufbau ähnelte dem der NSDAP; so konnten Parteiführer ohne Beteiligung der Mitglieder weitreichende Beschlüsse durchsetzen.

Als im Mai 1951 16 SRP-Abgeordnete in den Niedersächsischen Landtag gewählt wurden, nahm das Interesse der Öffentlichkeit an dieser Partei stark zu. Im November 1951 beantragte die Bundesregierung beim Bundesverfassungsgericht die Feststellung der Verfassungswidrigkeit der SRP.

Das SRP-Verbot ■ Am 23. Oktober 1952 verbot das Bundesverfassungsgericht die SRP nach Art. 21 des Grundgesetzes. Die Gründung von Nachfolgeorganisationen wurde verboten, die Landtagsmandate ersatzlos aufgehoben. Siebeneinhalb Jahre nach dem Ende des nationalsozialistischen Regimes hatte die Bundesrepublik gezeigt, dass sie auf Grundlage ihrer Verfassung und mit rechtsstaatlichen Mitteln die Demokratie vor ihren Gegnern schützen konnte.

Die Möglichkeit, eine offen nationalsozialistische Partei zu installieren, schien damit für NS-Anhänger auszufallen. Einige Männer, die sich durch das Ende des Nazi-Regimes um ihre Karrieren betrogen sahen, verlegten sich daher auf die Unterwanderung einer bereits im Bundestag vertretenen Partei. Der Versuch eines Kreises um den

* siehe S. 116 ff.

ehemaligen Mitarbeiter von Joseph Goebbels, Werner Naumann, den FDP-Landesverband Nordrhein-Westfalen zu übernehmen, wurde aufgedeckt und vereitelt. Diesmal handelten nicht deutsche Gerichte; die Verhaftung des Naumann-Kreises nahm im Januar 1953 die britische Besatzungsmacht aufgrund alliierter Vorbehaltsrechte vor.

Kommunisten in Westdeutschland Die Kommunistische Partei Deutschlands (KPD), gegründet 1919, verstand sich als revolutionäre, marxistisch-leninistische Partei. Sie orientierte sich an der Politik der UdSSR und strebte das sowjetische Gesellschaftsmodell auch für Deutschland an. In der Weimarer Republik war die KPD eine große Partei, sie war in allen Reichstagen vertreten und hatte 1932 über 300 000 Mitglieder.

Die Nationalsozialisten verboten die KPD und verfolgten Kommunisten besonders brutal. Viele KPD-Funktionäre und -Anhänger wurden in Konzentrationslagern ermordet. Manche arbeiteten im Untergrund gegen die Nazis, anderen gelang die Flucht ins Ausland, vor allem in die Sowjetunion.

In allen Besatzungszonen war die KPD 1946 wieder zugelassen worden. In der sowjetischen Zone wurde sie mit der SPD zur Sozialistischen Einheitspartei Deutschlands (SED) vereinigt.* Bei Landtagswahlen in den westlichen Besatzungszonen 1946/47 zog die KPD in die meisten Länderparlamente ein, in einigen Ländern mit über zehn Prozent der Wählerstimmen. Bei den Wahlen zum Ersten Deutschen Bundestag 1949 erhielt die KPD 5,7 Prozent der Stimmen und 15 Abgeordnetensitze.

▲ **Die Vorsitzenden der KPD, Max Reimann, und der SED, Walter Ulbricht.**
Foto aus Ost-Berlin, Anfang der 1950er-Jahre.

Die KPD in der Bundesrepublik war finanziell und ideologisch vollkommen abhängig von der SED. Ihre Wahlkampfrichtlinien wurden in Ost-Berlin entworfen, Parteitage dort vorbereitet, sämtliche Personalfragen in der Kaderabteilung der SED entschieden. Die politischen Parolen der KPD deckten sich bis in den Wortlaut mit den Forderungen aus Ost-Berlin. Sie prangerte die Regierung Adenauer als „faschistisch" an, kämpfte gegen die Wiederbewaffnung und trat für ein „neutrales" wiedervereinigtes Deutschland ein. KPD-Funktionäre beteiligten sich an Friedensinitiativen und organisierten Volksbefragungen gegen die Wiederbewaffnung.

Die inhaltliche und personelle Verknüpfung der KPD mit der SED war zu offensichtlich. Die KPD wurde von den demokratischen Parteien in der Bundesrepublik und den Wählern als Stimme der SED und der KPdSU wahrgenommen.

Das KPD-Verbot Bei allen folgenden Landtagswahlen verlor die KPD massiv Stimmen; in die meisten Länderparlamente konnte sie keine Abgeordneten mehr entsenden. 1951 wurde in der Bundesrepublik Deutschland die Freie Deutsche Jugend (FDJ) verboten, der Jugendverband der SED, der hier hauptsächlich von KPD-Funktionären geleitet wurde. Am 22. November 1951, vier Tage nach dem SRP-Verbotsantrag, stellte die Bundesregierung beim Bundesverfassungsgericht „Antrag auf Feststellung der Verfassungswidrigkeit der KPD".

1952 rief die KPD zum „revolutionären Sturz der Regierung Adenauer" auf und gab dadurch der Verfassungsklage zusätzliche Nahrung. Das Bundesverfassungsgericht ließ sich mit seiner Entscheidung außergewöhnlich viel Zeit. Erst im August 1956 erging das Urteil, das die Partei verbot, Nachfolgeorganisationen ausschloss, das Vermögen zugunsten des Bundes einzog und alle KPD-Mandate kassierte.

* siehe S. 36 f.

M1 Mut zur Intoleranz

Im Parlamentarischen Rat wird 1948 von gewählten Vertretern der Länder über eine neue deutsche Verfassung beraten. Es stellt sich auch die Frage nach der Verteidigung der Demokratie gegen ihre Feinde. Carlo Schmid, Mitglied des SPD-Parteivorstands, nimmt in der zweiten Sitzung am 8. September 1948 dazu Stellung:

Das Erste ist, dass das Gemeinwesen auf die allgemeine Gleichheit und Freiheit der Bürger gestellt und gegründet sein muss, was in zwei Dingen zum Ausdruck kommt. Einmal im rechtsstaatlichen Postulat, dass jedes Gebot und jedes Verbot eines Gesetzes bedarf und dass dieses Gesetz für alle gleich sein muss; und zweitens durch das volksstaatliche Postulat, das verlangt, dass jeder Bürger in gleicher Weise an dem Zustandekommen des Gesetzes teilhaben muss. [...]
Das Entscheidende ist, dass jeder Hoheitsträger mittelbar oder unmittelbar auf einen Wahlakt muss zurückgeführt werden können. Der Beamte zum Beispiel muss durch einen Minister ernannt sein, der selber durch ein allgemein gewähltes Parlament bestätigt und eingesetzt worden ist.
Nun erhebt sich die Frage: Soll diese Gleichheit und Freiheit völlig uneingeschränkt und absolut sein, soll sie auch denen eingeräumt werden, deren Streben ausschließlich darauf ausgeht, nach der Ergreifung der Macht die Freiheit selbst auszurotten? Also: Soll man sich auch künftig so verhalten, wie man sich zur Zeit der Weimarer Republik zum Beispiel den Nationalsozialisten gegenüber verhalten hat? Auch diese Frage wird in diesem Hohen Hause beraten und entschieden werden müssen. Ich für meinen Teil bin der Meinung, dass es nicht zum Begriff der Demokratie gehört, dass sie selber die Voraussetzungen für ihre Beseitigung schafft.
(Zurufe: Sehr richtig! von der SPD.)
Ja, ich möchte weiter gehen. Ich möchte sagen: Demokratie ist nur dort mehr als ein Produkt einer bloßen Zweckmäßigkeitsentscheidung, wo man den Mut hat, an sie als etwas für die Würde des Menschen Notwendiges zu glauben. Wenn man aber diesen Mut hat, dann muss man auch den Mut zur Intoleranz denen gegenüber aufbringen, die die Demokratie gebrauchen wollen, um sie umzubringen.
(Lebhafte Zurufe: Sehr richtig!)

Der Parlamentarische Rat 1948-1949: Akten und Protokolle, Bd. 9, München 1996, S. 36

1. *Stellen Sie zusammen, welche Merkmale nach Carlo Schmid Kennzeichen einer Demokratie sind.*
2. *Diskutieren Sie, ob der „Mut zur Intoleranz" (Z. 30 f.) gleichbedeutend ist mit einem ungesetzlichen Vorgehen gegen Feinde der Demokratie.*

M2 Grundlagen für die wehrhafte Demokratie

Das Prinzip der wehrhaften Demokratie findet in einer Reihe von Vorschriften des Grundgesetzes seinen deutlichen Ausdruck:

- Art. 79 Abs. 3 GG bestimmt, dass wesentliche Grundsätze der Verfassung – insbesondere der Schutz der Menschenwürde, Art. 1 Abs. 1 GG und die in Art. 20 GG enthaltenen Prinzipien der staatlichen Ordnung (Demokratie, Föderalismus, Rechts- und Sozialstaatlichkeit) – unabänderlich und damit einer Änderung auch durch den Verfassungsgesetzgeber entzogen sind.
- Nach Art. 21 Abs. 2 GG können Parteien vom Bundesverfassungsgericht für verfassungswidrig erklärt werden, wenn sie darauf abzielen, die freiheitliche demokratische Grundordnung zu beeinträchtigen oder zu beseitigen oder den Bestand der Bundesrepublik Deutschland zu gefährden.
- Art. 9 Abs. 2 GG bestimmt, dass Vereinigungen, deren Zwecke oder deren Tätigkeit den Strafgesetzen zuwiderlaufen oder die sich gegen die verfassungsmäßige Ordnung oder gegen den Gedanken der Völkerverständigung richten, verboten sind.
- Nach Art. 18 GG kann das Bundesverfassungsgericht die Verwirkung bestimmter Grundrechte aussprechen, wenn diese zum Kampf gegen die freiheitliche demokratische Grundordnung missbraucht werden.
- Art. 73 Nr. 10 Buchstabe b und Art. 87 Abs. 1 S. 2 GG sind Grundlage für die Einrichtung und Tätigkeit der Verfassungsschutzbehörden des Bundes und der Länder.

Bundesministerium des Innern, Verfassungsschutzbericht 2010, S. 16 f.

1. *Schlagen Sie im Grundgesetz die angesprochenen Artikel nach. Welche Rechtsgüter werden durch sie geschützt?*
2. *Finden Sie Beispiele, in denen diese Artikel angewandt worden sind.*
3. *Erklären Sie, welche Grundrechte aufgrund von Art. 18 verwirkt werden können. Diskutieren Sie die Berechtigung eines solchen Verfassungsgrundsatzes.*

Proteste – Widerstand – Linksterrorismus

Politischer Konsens der Adenauerzeit Demokratiefeindliche Gruppierungen von links und rechts erzielten in den 1950er-Jahren keine nennenswerten politischen Erfolge. Die großen Parteien waren bereit, ehemalige Nazis einzugliedern, wenn sie sich nicht in nationalsozialistischem Sinne betätigten. Mehrere Hakenkreuzschmierereien 1959/60 wurden in der Öffentlichkeit einhellig verurteilt. Die offene Verherrlichung des Nationalsozialismus war in der Bundesrepublik ebenso wenig gesellschaftsfähig wie der Kommunismus nach Ost-Berliner oder Moskauer Vorbild.

Seit Ende der 50er-Jahre schufen sich Jugendliche Ausdrucksformen, die mit den Vorstellungen ihrer Eltern oft nicht übereinstimmten. Sie lehnten die materiellen Ziele der „Wirtschaftswunderzeit", Wachstum und Wohlstand, ab und suchten nach ideellen Werten. Ihre Auflehnung war im Wesentlichen aber unideologisch und unorganisiert. Von wenigen Ausnahmen abgesehen gab es bis in die späten 1960er-Jahre keine nennenswerten Äußerungen von Jugendprotest.

▲ **Antisemitische Schmierereien an der Kölner Synagoge.**
Foto vom Dezember 1959.
Hakenkreuzschmierereien an der gerade erst eingeweihten Synagoge lösten Empörung aus. Die Täter wurden schnell gefasst und verurteilt. Im In- und Ausland gab es 1960 eine ganze Welle von Nachahmungstaten.

Wiederbewaffnung Die Regierung Adenauer plante bereits seit 1950, die Bundesrepublik auch militärisch in das westliche Bündnissystem einzugliedern. Diese Bestrebungen widersprachen den Potsdamer Bestimmungen der Alliierten, die eine langfristige Entmilitarisierung Deutschlands vorsahen. Aber die Westmächte ließen, besonders unter dem Eindruck des Koreakrieges*, die Bundesrepublik gewähren.

Die Mehrheit der Bevölkerung sprach sich bei Meinungsumfragen gegen eine Wiederbewaffnung und den Aufbau einer Armee aus. Friedensgruppen formierten sich und führten Demonstrationen und Kundgebungen durch. Sie schlossen sich jedoch nicht zu einem Bündnis zusammen. Die politischen Mehrheitsverhältnisse im Bundestag erlaubten – gegen die Stimmen der Opposition – die Durchsetzung eines Verteidigungsbeitrags der Bundesrepublik. Am 6. Mai 1955 trat die Bundesrepublik der NATO bei, im November wurden die ersten Soldaten der neuen Bundeswehr vereidigt.

Weitaus größere Proteste gab es 1958, als eine atomare Bewaffnung der Bundeswehr diskutiert wurde. Die von Teilen der SPD initiierte Bewegung „Kampf dem Atomtod" vereinigte Friedensgruppen, Gewerkschafter, Schriftsteller und Wissenschaftler zu gemeinsamen Aufrufen und Aktionen. In der SPD wurde zu dieser Zeit der Wandel von einer Arbeiter- zu einer Volkspartei vollzogen. Die SPD-Führung wollte auch für bürgerliche Schichten wählbar sein. Als sie aus diesem Motiv politische Streiks ablehnte und die übernommenen Bündnisverpflichtungen anerkannte, brach die Anti-Atom-Bewegung zusammen.

▲ **Maikundgebung des Deutschen Gewerkschaftsbundes.**
Foto aus Frankfurt vom 1. Mai 1958.
Demonstrationen gegen die atomare Bewaffnung verliefen zumeist in den Bahnen herkömmlicher politischer Veranstaltungen.

* siehe S. 256

Sozialistischer Deutscher Studentenbund (SDS): Studentenverband, gegründet 1946, ursprünglich der SPD nahe stehend. 1961 Trennung wegen zunehmend linksradikaler Tendenzen, 1970 Auflösung.

Die Bundeswehr bekam Atomraketen, deren Sprengköpfe jedoch die Amerikaner unter Verschluss hielten.

Die Proteste gegen die Wiederbewaffnung und die atomare Aufrüstung hatten jedoch gezeigt, dass die Bürger der Bundesrepublik ihren Willen nicht allein durch Wahlen ausdrückten, sondern bereit waren, sich zusammenzuschließen, auf die Straße zu gehen und ihre Forderungen öffentlich zu äußern.

▲ **Demonstration gegen den Vietnamkrieg.**
Foto aus Berlin, August 1967.
Auf dem Flughafen Tempelhof demonstrieren am Tag der offenen Tür der US-Streitkräfte Paare mit ihren Kindern gegen den Krieg in Vietnam. Die Frau mit Kinderwagen in der Bildmitte ist Gudrun Ensslin. Etwa ein halbes Jahr später beteiligte sie sich an Brandanschlägen und ging mit der RAF in den Untergrund (siehe S. 147).

Studentischer Protest ■ In der „Kampf dem Atomtod"-Bewegung waren viele Mitglieder des SPD-nahen „**Sozialistischen Deutschen Studentenbundes**" (SDS) aktiv. Sie verübelten der Mutterpartei ihre Abkehr von pazifistischen Positionen und begannen, die SPD auch auf anderen Gebieten radikal zu kritisieren. 1961 fasste die SPD einen Unvereinbarkeitsbeschluss und schloss alle SDS-Mitglieder aus der Partei aus.

Der SDS wurde zum Sammelbecken von jungen Intellektuellen, die eine Politik links von der Sozialdemokratie vertraten (Neue Linke). Studenten fragten nach der NS-Vergangenheit ihrer Professoren, kritisierten die kapitalistische Gesellschaft und beschäftigten sich mit internationalen Befreiungsbewegungen.

Ein wichtiges Thema der Studentenbewegung, wie dieser Protest zusammenfassend genannt wird, war der Vietnamkrieg. Die USA kämpften seit 1964 an der Seite Südvietnams gegen eine kommunistische, von China und Nordvietnam unterstützte Rebellenarmee (Vietcong). Trotz hoher materieller Überlegenheit gelang es den Amerikanern nicht, die aus dem Dschungel operierenden Guerilla-Kämpfer zu besiegen. Sie bombardierten Stützpunkte des Gegners und nahmen dabei den Tod vieler Zivilisten in Kauf. Bilder aus dem Vietnamkrieg führten im Westen zu wachsender Kritik am Vorgehen der USA. Auch in der Bundesrepublik nahmen ab 1965 immer mehr Menschen an Anti-Vietnamkriegs-Demonstrationen teil.*

Kurt Georg Kiesinger (1904-1988): 1958-1966 Ministerpräsident von Baden-Württemberg, 1966-1969 Bundeskanzler, 1967-1971 Vorsitzender der CDU

Große Koalition und APO ■ Die aus den Bundestagswahlen 1965 hervorgegangene Koalitionsregierung aus CDU/CSU und FDP unter Bundeskanzler Ludwig Erhard zerbrach im Oktober 1966 an Haushaltsfragen. Nach dem Rücktritt der FDP-Minister wurde eine Große Koalition aus CDU/CSU und SPD gebildet. Bundeskanzler wurde **Kurt Georg Kiesinger** (CDU), Vizekanzler und Außenminister Willy Brandt (SPD). Dadurch bestand die Oppostion im Bundestag nur noch aus den 49 FDP-Abgeordneten, denen 447 Abgeordnete der Regierungsparteien gegenüberstanden.

Eine derart schwache Opposition im Parlament stieß bei vielen Menschen auf Kritik. Eine Regierung, die aus den beiden stärksten Parteien besteht und über eine übergroße Mehrheit verfügt, gefährdet – so befürchteten sie – die Demokratie. Sie könne ohne nennenswerte Kontrolle alles durchsetzen, was sie wolle, zumal sie auch die Zweidrittelmehrheit besitzt, die für Änderungen am Grundgesetz notwendig ist.

* siehe S. 217 und 259

Vor allem Studenten machten sich den Protest gegen die Große Koalition zu eigen. Angesichts der geringen Opposition im Parlament erklärte sich die Studentenbewegung selbstbewusst zur „außerparlamentarischen Opposition". Die Presse belegte diese Bewegung bald mit dem Kürzel „APO". Besonders stark trat die APO an der Freien Universität Berlin und an der Universität Frankfurt am Main hervor. Der West-Berliner Soziologiestudent **Rudi Dutschke** hatte ab 1966 mit dem SDS zahlreiche Demonstrationen für Reformen an den Hochschulen und gegen die Große Koalition, die Notstandsgesetze und den Vietnamkrieg organisiert. Gemeinsam mit marxistischen Studenten und Professoren organisierte er 1966 einen Anti-Vietnamkriegs-Kongress an der Universität Frankfurt, 1968 einen noch größeren Kongress in West-Berlin. In der Öffentlichkeit wurde Dutschke als Wortführer der kritischen Studenten wahrgenommen.

Rudi Dutschke (1940-1979): Vordenker der APO. Seit 1961 Student in Berlin, seit 1965 Mitglied im SDS. Organisierte maßgeblich den Protest der Berliner Studierenden. 1968 Opfer eines Attentats, an dessen Spätfolgen er 1979 starb.

Notstandsgesetze Ein weiteres Thema der APO waren die sogenannten „Notstandsgesetze". In Krisensituationen, etwa bei Naturkatastrophen, im Angriffsfall oder bei einem Putsch, könnte das Zusammentreten des Bundestages unmöglich sein und die Verabschiedung von notwendigen Maßnahmen auf dem verfassungsmäßig vorgeschriebenen Weg zu lange dauern. Gesetze und Verordnungen sollten dann auch von kleineren Gremien und in einem kürzeren Verfahren getroffen werden können.

Die Schöpfer des Grundgesetzes hatten solche Regeln nicht vorgesehen. Sie wollten eine Schwäche der Weimarer Verfassung vermeiden, deren Artikel 48 es dem Reichspräsidenten erlaubte, nahezu allein zu regieren. Paul von Hindenburg hatte dies zu undemokratischen Maßnahmen genutzt und damit den Aufstieg Hitlers und der Nationalsozialisten befördert*.

Die Alliierten machten aber die Übergabe der vollen Souveränität an die Bundesrepublik davon abhängig, dass Vorkehrungen für einen Ausnahmezustand getroffen werden. Nachdem im Bundestag bislang nie eine Mehrheit für solche Grundgesetzänderungen zustande gekommen war, hatte sich dies durch die Große Koalition geändert. Am 30. Mai 1968 verabschiedete die Regierung ein Gesetzespaket, das einzelne Bestimmungen des Grundgesetzes in genau bestimmten Ausnahmesituationen befristet außer Kraft setzt. Kritiker sahen in diesen Gesetzen den Versuch, die Verfassung auszuhöhlen oder gar eine Diktatur zu errichten.

Die Studentenbewegung führte den Protest gegen die Notstandsgesetze an und mobilisierte ihre Anhänger zu neuen, kreativen Protestformen wie „politische Spaziergänge" oder zu Provokationen wie „Sit-ins" (Sitzblockaden), „Teach-ins" (politische Informationsveranstaltungen) und „Go-ins" (Störung von Lehrveranstaltungen oder Sitzungen) (▸ M1).

▴ **Protest gegen die Notstandsgesetze an der Universität Frankfurt.**
Foto vom 24. Mai 1968.
Mit einem „Sit-in" verwehren Demonstranten Mitstudenten und Universitätsmitarbeitern den Zutritt zu einem Hörsaalgebäude.
- *Interpretieren Sie die Aufschriften auf den Transparenten.*
- *Nehmen Sie Stellung zu dieser Art von Protest.*

* siehe S. 138 f.

Mohammad Reza Pahlawi (1919 - 1980): Schah (König) von Persien 1941 - 1979. Seine Herrschaft stützte sich auf Geheimdienst und Militär. 1979 wurde sein Regime in einer „islamischen Revolution" gestürzt, Persien wurde zur „Islamischen Republik Iran".

Feindbild „Springer-Presse" ■ Der Hamburger Axel Springer (1912 - 1985) hatte seit 1946 zahlreiche Zeitungen und Zeitschriften gegründet oder erworben und einen großen Zeitungsverlag aufgebaut. Seine Blätter, besonders die Boulevardzeitung „Bild", erreichten eine Millionenauflage und beherrschten den Markt in Berlin. Springer bekämpfte in seinen Zeitungen den Kommunismus und setzte sich für die Wiedervereinigung Deutschlands, die Aussöhnung mit den Juden, den Staat Israel und die freie Marktwirtschaft ein. Sein Verlag errichtete 1966 ein Verlagshaus unmittelbar an der Berliner Mauer. In allen Blättern des Springer-Verlags wurde die DDR stets nur in Anführungszeichen genannt.

Die „Bild"-Zeitung vertrat ein konservatives Weltbild und bezog scharf, teilweise auch aggressiv Stellung gegen die wachsende Studentenbewegung. Dabei sprachen die Journalisten oft plumpe Vorurteile aus und schürten verbreitete Ängste (▸ M2). Die APO kritisierte den heftigen Antikommunismus der Springer-Blätter und warnte vor einer Konzentration der Medienmacht in West-Berlin in der Hand eines einzelnen Verlegers. Aus dieser Sorge wurde im SDS der Slogan „Enteignet Springer!" laut.

Radikalisierung der Linken ■ Vom 27. Mai bis 4. Juni 1967 waren der persische Schah **Mohammad Reza** und seine Frau auf Staatsbesuch in der Bundesrepublik. Persien (der heutige Iran) war für die Bundesrepublik ein wachsender Absatzmarkt. Das Land wurde vom Schah mithilfe des Militärs autoritär regiert, ein brutaler Geheimdienst unterdrückte jede Opposition. Die deutsche Boulevardpresse ignorierte die Missstände im Land und schwärmte unkritisch von dem „glanzvollen Kaiserpaar".

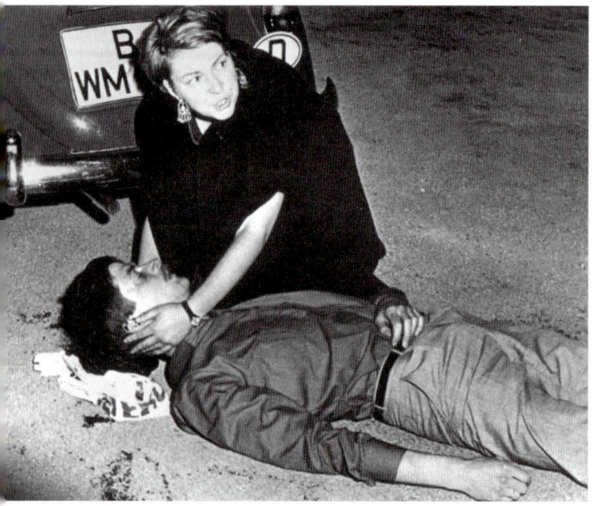

▲ **Der Tod von Benno Ohnesorg.**
Foto vom 2. Juni 1967.

Gruppen der Studentenbewegung, der SDS und in Deutschland lebende Exil-Iraner kündigten Proteste gegen den Staatsgast an. Die Polizei hatte vor dem Besuch der Staatsgäste am 2. Juni in Berlin ein hartes Durchgreifen gegen alle Demonstranten angekündigt. Am ganzen Tag und am Abend kam es zu gewalttätigen Zusammenstößen zwischen Demonstranten und der Polizei. Auch aus Persien eingeflogene Geheimdienstmänner schlugen auf Protestierende ein. Als Polizisten durch Steinwürfe verletzt wurden, ließ der Polizeipräsident die Demonstranten einkesseln und angreifen. Unter bislang nicht völlig geklärten Umständen wurde dabei der 26-jährige Lehramtsstudent Benno Ohnesorg von einem Polizeibeamten angeschossen und erlag seinen Verletzungen. Viel später stellte sich heraus, dass der Schütze seit 1955 Inoffizieller Mitarbeiter des Ministeriums für Staatssicherheit der DDR* war.

Der gewaltsame Tod eines Studenten, der von seinem Recht auf Meinungsäußerung Gebrauch machte, erschütterte die Studentenbewegung. Manche in der APO sahen die extremen Befürchtungen bestätigt: Für sie war der Polizeieinsatz in Berlin ein Zeichen für die Entwicklung einer Diktatur. Die Bundesrepublik Deutschland hatte sich in ihren Augen als „Polizeistaat" entlarvt.

In der Studentenbewegung wurde bereits vor dem Tod Ohnesorgs über Formen des Kampfes gegen den Staat diskutiert. Ein wachsender Flügel nahm für sich ein Recht auf Sachbeschädigung („Gewalt gegen Sachen") in Anspruch. Auf Flugblättern, die die linksradikale „Kommune I" in Berlin verteilte, wurden Brandstiftungen in Kaufhäusern, Kasernen und Stadien als Aktionen gegen den Vietnamkrieg angedroht (▸ M3).

* siehe S. 71

Die RAF Im April 1968 setzten in Frankfurt linksrevolutionäre Aktivisten, die aus der APO-Bewegung hervorgegangen waren, zwei Kaufhäuser in Brand. Unter den Tätern befanden sich die späteren Hauptakteure des bundesdeutschen Linksterrorismus Andreas Baader und Gudrun Ensslin. Wenig später schloss sich die Journalistin Ulrike Meinhof an. Im Untergrund baute die „Baader-Meinhof-Gruppe" die Rote Armee Fraktion (RAF) auf. Mit Gewaltakten sollte der Staat provoziert werden, seine angeblich „faschistische" Grundhaltung zu offenbaren.
Die RAF-Terroristen begingen eine Serie von bewaffneten Banküberfällen und Bombenanschlägen. Bis 1993 töteten sie 34 Menschen und verletzten über 200 zum Teil schwer. 1972 wurde der harte Kern der RAF verhaftet. Doch ihre Anhänger bildeten bald eine zweite Generation von Terroristen. Mit Entführungen und Überfällen (z. B. auf die bundesdeutsche Botschaft in Stockholm 1975) versuchte die neue RAF, die Freilassung der Inhaftierten zu erpressen, wobei sie vor dem Mord an Geiseln nicht zurückschreckte.

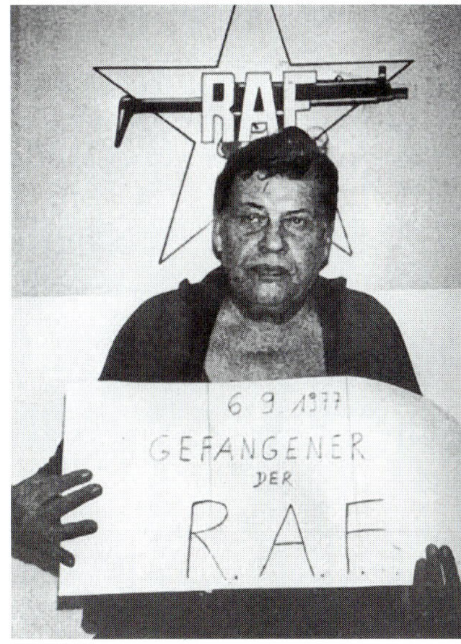

▲ **Der entführte Hanns Martin Schleyer.**
Das Foto wurde von den Terroristen verbreitet.

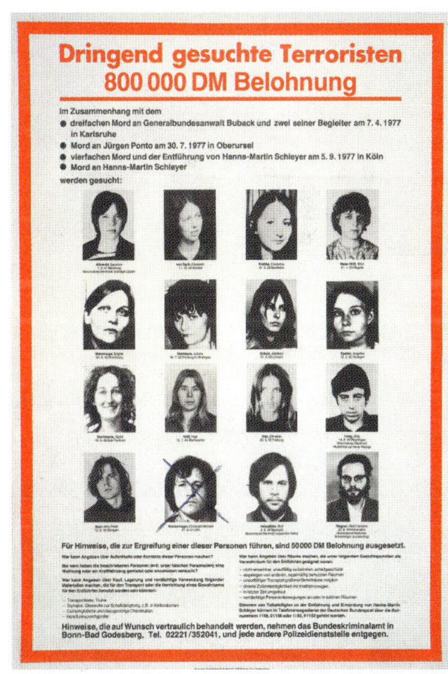

▲ **RAF-Fahndungsplakat von 1977.**

„Deutscher Herbst" 1977 1977 töteten RAF-Mitglieder Generalbundesanwalt Siegfried Buback und den Vorstandsvorsitzenden der Dresdner Bank, Jürgen Ponto. Am 5. September 1977 wurden der Arbeitgeberpräsident Hanns Martin Schleyer entführt und vier seiner Begleiter ermordet. Die Gewalttäter forderten die Freilassung von elf RAF-Terroristen aus der Haft.
Unterstützt wurde die RAF durch vier palästinensische Terroristen, die ein Linienflugzeug der Lufthansa mit 91 Personen an Bord entführten und den Piloten ermordeten. Die Bundesregierung unter Kanzler Helmut Schmidt hielt daran fest, der Staat dürfe sich nicht erpressen lassen. Ein Antiterrorkommando des Bundesgrenzschutzes (GSG 9) befreite in Mogadischu (Somalia) in der Nacht zum 18. Oktober die Geiseln.* Auf die Nachricht hin begingen Ensslin, Baader und der ebenfalls inhaftierte Jan-Carl Raspe im Gefängnis Stuttgart-Stammheim Selbstmord. Die Polizei fand den entführten Schleyer am Tag darauf erschossen im Kofferraum eines Autos.
Die Ereignisse im Herbst 1977 blieben der Höhepunkt des RAF-Terrors. Eine übergroße Mehrheit der Bundesdeutschen lehnte die Gewaltakte ab und hielt die Standfestigkeit der Regierung für richtig (▸ M4). In den 1980er-Jahren zogen sich zehn Terroristen der RAF in die DDR zurück, wo ihnen das SED-Regime Unterschlupf bot. Erst nach der Wiedervereinigung wurden sie aufgespürt und vor Gericht gestellt.

Sozialismus im vereinten Deutschland Der Zusammenbruch der sozialistischen Regime des Ostblocks war ein großer Einschnitt für den Linksradikalismus. Das Weltbild des Kommunismus wurde stark erschüttert. In Ostdeutschland blieb die Partei des demokratischen Sozialismus (PDS) zunächst ein Sammelbecken für alte SED-Funktionäre und Anhänger sozialistischer Ideen. Daraus ging 2007 die Partei „Die Linke" hervor. Sie bekennt sich zum Sozialismus, fordert aber keinen Umsturz der demokratischen Ordnung.

* siehe S. 276

M1 Lieder ohne Zwischentöne

Zur Studentenbewegung gehört auch das politische Lied. Einen der bekanntesten Protestsongs textet und komponiert 1968 der Liedermacher Franz Josef Degenhardt (1931-2011):

Manchmal sagen die Kumpanen jetzt,
was soll denn dieser Scheiß?
Wo sind deine Zwischentöne?
Du malst bloß noch schwarz und weiß.
Na schön, sag ich, das ist ja richtig,
aber das ist jetzt nicht wichtig.
Zwischentöne sind bloß Krampf
im Klassenkampf.

Auch die alten Kunden klagen,
wo bleibt Ihre Poesie?
Dinge bilderreich umschreiben,
andeuten, das können Sie.
Na schön, sag ich, das ist ja richtig,
aber das ist jetzt nicht wichtig.
Schöne Poesie ist Krampf
im Klassenkampf.

Einen Scheißhaufen zu malen,
das nutzt gar nichts. Der muss weg.
Und trotz aller schönen Künste
stinkt der Dreck nach Dreck.
Dass er daliegt, ist nicht richtig.
Dass er weg muss, das ist wichtig.
Schöne Künste sind bloß Krampf
im Klassenkampf.

Und um es genau zu sagen
ohne alle Poesie:
Weg muss der Kapitalismus,
her muss die Demokratie.
Ja, genau das ist jetzt richtig,
alles andre nicht so wichtig.
Alles andere ist Krampf
im Klassenkampf.

Und der Dichter, der poetisch
protestiert in seinem Lied,
bringt den Herrschenden ein Ständchen
und erhöht ihren (und seinen) Profit.
Und genau das ist nicht richtig,
und genau das ist nicht wichtig.
Protestieren ist bloß Krampf
im Klassenkampf.

Franz Josef Degenhardt, Spiel nicht mit den Schmuddelkindern. Balladen, Chansons, Grotesken, Lieder, Reinbek 1979, S. 113 f.

1. *Arbeiten Sie heraus, was der Künstler Degenhardt 1968 für wichtig bzw. unwichtig hält und warum.*

2. *Diskutieren Sie, ob die Begriffe, die der Song in Z. 27 f. gegenüberstellt, wirklich ein Gegensatzpaar darstellen.*

M2 Die Bild-Zeitung kommentiert den Protest

Die Bild-Zeitung bedient das Bedürfnis vieler Deutscher nach glanzvoller Berichterstattung über das persische Kaiserpaar. Die Proteste gegen den Staatsgast und die Menschenrechtsverletzungen in seinem Land werden mit scharfen Worten attackiert. Am 3. Juni 1967, dem Tag des Schahbesuchs in West-Berlin, erscheint der folgende Kommentar auf Seite 1:

Demonstrieren JA! Randalieren NEIN!

Ausgerechnet auf dem Kennedy-Platz und vor der Oper kam es gestern zu der bisher bösartigsten „Demonstration“ gegen Deutschlands Gäste aus Persien.

Mit roten Fahnen, Rauchbomben und ihrem beliebten Schlachtruf „Mörder! Mörder!“ pöbelten Berliner Berufsdemonstranten gegen den Schah.

Rote Fahnen – das Symbol, unter dem der Volksaufstand vom 17. Juni zusammengetreten und die Mauer gebaut wurde. Kommunistische Parolen vor dem Rathaus – 24 Stunden nachdem am Grenzstreifen wieder ein Mensch zusammengeschossen worden war.

Wie seit Monaten versteckten sich hinter dem Schutz westlicher demokratischer Meinungsfreiheit Rowdytum und blinde Lust am Krawallmachen. Das Häuflein Berliner „Provos“ — zum großen Teil gar keine Studenten, sondern politische Halbstarke — spuckten den Grundgesetzen und Gastfreundschaft und menschlichem Anstand ins Gesicht. Dieselben Schimpfwörter, ob es sich um den amerikanischen Vizepräsidenten, den deutschen Bundespräsidenten oder jetzt den Schah handelt — wo bleibt die politische Logik?

Aber die Krakeeler haben ja überhaupt kein politisches Ziel und keine demokratischen Argumente. Und könnten doch eines erreichen: Berlins Freunde von Besuchen abzuschrecken, die Berlin helfen, die Berlin braucht.

In München hatten auch einige Herren in vergammelter Kleidung Krach gemacht. Inzwischen hat Münchens Polizeipräsident angekündigt: Von jetzt an billigen wir kriminellen Minderheiten, die das Wort Demokratie nicht einmal buchstabieren können, keine Narrenfreiheit mehr zu. Wir werden sie einfach abschieben.

Berlin muß diesem Beispiel folgen!

Demonstrieren JA, randalieren NEIN!

BILD

1. *Stellen Sie die Vorwürfe zusammen, die der Schreiber des Zeitungsartikels gegen die Demonstranten erhebt.*

2. *Beurteilen Sie, ob solche Kommentare zur Radikalisierung des politischen Klimas beigetragen haben.*

M3 Gewalt im Flugblatt

Ein Warenhaus in Brüssel zeigt 1967 eine Ausstellung mit US-amerikanischen Konsumgütern. Bei einem Großbrand in diesem Kaufhaus sterben am 22. Mai über 320 Menschen. Zwei Tage danach werden in West-Berlin diese Flugblätter verteilt.

NEU ! UNKONVENTIONELL ! NEU ! UNKONVENTIONELL !
Warum brennst du, Konsument?
NEU ! ATEMBERAUBEND ! NEU ! ATEMBERAUBEND ! NEU !

[...] Mit einem neuen Gag in der vielseitigen Geschichte amerikanischer Werbemethoden wurde jetzt in Brüssel eine amerikanische Woche eröffnet: Ein ungewöhnliches Schauspiel bot sich am Montag den Einwohnern der belgischen Metropole:
Ein brennendes Kaufhaus mit brennenden Menschen vermittelte zum erstenmal in einer europäischen Großstadt jenes knisternde Vietnamgefühl (dabeizusein und mitzubrennen), das wir in Berlin bislang noch missen müssen.
Skeptiker mögen davor warnen, „König Kunde", den Konsumenten, den in unserer Gesellschaft so eindeutig Bevorzugten und Umworbenen, einfach zu verbrennen.
So sehr wir den Schmerz der Hinterbliebenen in Brüssel mitempfinden: Wir, die wir dem Neuen aufgeschlossen sind, können, solange das rechte Maß nicht überschritten wird, dem Kühnen und Unkonventionellen, das, bei aller menschlichen Tragik, im Brüsseler Kaufhausbrand steckt, unsere Bewunderung nicht versagen. [...] *Kommune I*

Sara Hakemi, Anschlag und Spektakel. Flugblätter der Kommune I, Erklärungen von Ensslin/Baader und der frühen RAF, Bochum 2008, S. 43 f.

1. *Die Autoren wollten ihr Flugblatt als Satire verstanden wissen. Diskutieren Sie, welche Grenzen Satire und kritische Kunst haben sollte.*

2. *Informieren Sie sich über die „Kommune I", ihre Lebensweise und die Ansichten und den Lebensweg ihrer Bewohner.*

M4 Das Verhalten der Regierung

Die Journalistin Anne Siemens hat Zeugen des RAF-Terrors interviewt, darunter den ehemaligen Bundeskanzler Helmut Schmidt. Dieser blickt auf die Geiselnahmen der RAF von 1975 und 1977 zurück:

A. S. Man erinnert sich an Sie in Zusammenhang mit der RAF als jemand, der nicht nachgegeben hat. Sie haben die Forderungen der RAF-Mitglieder, die im April 1975 die deutsche Botschaft in Stockholm überfielen, abgelehnt, haben zwei Jahre später den entführten Hanns Martin Schleyer nicht ausgetauscht und den Forderungen der RAF auch nicht nachgegeben, als die Lufthansa-Maschine „Landshut" gekidnappt wurde. Wie haben Sie damals empfunden?
Schmidt: Ich habe mir nicht erlaubt, etwas zu empfinden. Seine Emotionen muss man unter Kontrolle haben. [...]
A. S. Im Fall Schleyer gibt es die Kritik, der Krisenstab hätte der Familie gegenüber nicht mit offenen Karten gespielt. Dass ein Austausch nicht stattfinden sollte, stand von Anfang an fest – wurde der Familie aber nicht mitgeteilt. Damals wurde den Entführern gegenüber auf Zeit gespielt, um die Geisel Hanns Martin Schleyer zu finden und zugleich die inhaftierten RAF-Mitglieder nicht freizulassen.
Schmidt: Die Kritik aus der Familie war und ist völlig verständlich und moralisch in Ordnung. Den teils in der Öffentlichkeit kursierenden Vorwurf, Schleyer sei geopfert worden, weise ich allerdings zurück. [...] Wir hatten ja Grund zu der Zuversicht, ihn zu finden.
A. S. Eine frühe Spur der örtlichen Polizei Erftstadt-Liblar ging im organisatorischen Durcheinander zwischen Länderpolizei und BKA[1] verloren.
Schmidt: Das war Pech, mit tragischen Folgen. [...] Aus der Sicht von Hanns-Eberhard Schleyer [der älteste Sohn des Entführten] und seiner Familie ging es primär um den einen Mann. Mir ging es auch um Hanns Martin Schleyer, doch zugleich auch um die „Landshut"-Geiseln und um die Leute, die in Mogadischu den Versuch machen sollten, sie mit Gewalt zu befreien. Um deren Leben ging es auch. Während der Bemühungen, die Geiseln im Flugzeug zu befreien, haben wir die Suche nach Schleyer nicht etwa eingestellt. Wir haben ständig neue Ausreden erfunden gegenüber den Entführern, um sie zeitlich hinzuhalten. Das ist uns ja bis Mogadischu auch gelungen. Aber die Flugzeugerstürmung hat ihnen dann klargemacht: Diese Regierung gibt nicht nach. Daraufhin haben sie Schleyer umgebracht. Auch dieses übrigens in einer Weise, welche die moralische Qualität eindeutig erkennen lässt: Es waren gewissenlose Mörder, besessen von der politischen Idee, dass man mit Gewalt bessere Verhältnisse schaffen kann.

Anne Siemens, Für die RAF war er das System, für mich der Vater. Die andere Geschichte des deutschen Terrorismus, München 2007, S. 275, 277, 279 f.

1. *Fassen Sie die Vorwürfe zusammen, die gegen das Krisenmanagement der Bundesregierung erhoben wurden.*

2. *Recherchieren Sie Fälle, in denen andere Regierungen in Europa von Terroristen erpresst wurden. Welche Reaktionen gab es?*

3. *Diskutieren Sie, ob und wann demokratische Regierungen Zugeständnisse an Terroristen machen sollten.*

[1] BKA: Bundeskriminalamt

Rechtsextremismus

Engstirnig und rückwärtsgewandt Rechtsextremes Denken hat sich in der Bundesrepublik über die Jahrzehnte kaum verändert. Stets überwogen die gleichen Anschauungen und Ziele:

- die Forderung, das Deutsche Reich wiederherzustellen, samt der ehemaligen deutschen Ostgebiete,
- die Verharmlosung oder Leugnung der Verbrechen des Nationalsozialismus und von Deutschen im Zweiten Weltkrieg,
- Ablehnung von Demokratie und Parlamentarismus zugunsten des Führerprinzips,
- völkisches Denken: Die Nation sei keine Gemeinschaft von Staatsbürgern, sondern eine „Volksgemeinschaft“,
- Fremdenfeindlichkeit und Rassismus: Deutschland müsse vor Zuwanderung und ausländischer Kultur bewahrt werden.

▲ **Provokation von Neonazis.**
Foto aus Hamburg von 1978. Mit Eselsmasken und Plakaten leugnen Anhänger einer neofaschistischen Gruppe den Holocaust. Sie wurden festgenommen, ihr Anführer zu einer Haftstrafe verurteilt.

- *Erörtern Sie, warum das Bestreiten oder Verharmlosen der nationalsozialistischen Massenmorde zu den Hauptaktivitäten von Neonazis gehört.*

„Auschwitzlüge“ und Antisemitismus Anhänger rechtsextremer Ideen lehnten die Vergangenheitsbewältigung der Bundesrepublik ab. Sie versuchten, die Geschichte umzuschreiben (Revisionismus) und nachzuweisen, der Holocaust habe entweder gar nicht stattgefunden oder doch weit weniger Opfer gefordert. Damit erhielt der Antisemitismus eine neue Dimension – den überlebenden Juden wurde die Erinnerung an ihr Leid streitig gemacht. Der Gesetzgeber reagierte. Seit 1985 macht sich der Volksverhetzung oder Verunglimpfung strafbar, wer in Deutschland den Holocaust leugnet (▸ M1).

Rechtsradikale Parteien Nach dem Verbot der SRP 1952 dauerte es bis 1964, ehe mit der Nationaldemokratischen Partei Deutschlands (NPD) eine neue rechtsradikale Partei auftrat. 1966 bis 1969 zog sie bei Wahlen in mehrere Länderparlamente ein. Bei den Bundestagswahlen 1969 scheiterte sie jedoch knapp an der Fünf-Prozent-Hürde. Danach verschwand die NPD lange Zeit von der Bildfläche.

1983 wurde in München die Partei „Die Republikaner“ (REP) gegründet. Sie sprach national-konservative Wähler an und war vorübergehend im Europaparlament, im Berliner Abgeordnetenhaus sowie im Landtag von Baden-Württemberg vertreten.

▸ **Bombenanschlag vor dem Haupteingang zur „Wiesn“.**
Foto vom 26. September 1980.
Bei dem Sprengstoffattentat auf das Münchener Oktoberfest wurden 13 Menschen getötet und über 200 zum Teil schwer verletzt. Auch der Attentäter war unter den Toten. Er hatte Kontakte zu rechtsradikalen Gruppierungen.

Auch die rechtsextreme Deutsche Volksunion (DVU), gegründet 1987, erzielte seit Ende der 1980er-Jahre Erfolge in Bremen und Schleswig-Holstein.

Der Zuspruch zu diesen Parteien stand in Zusammenhang mit dem Streit um eine Verschärfung des Asylrechts.*

Rechte Gewalt nimmt zu In den 1980er-Jahren stiegen die Fälle rechter Gewalt stark an. Bei einem Bombenanschlag auf dem Münchener Oktoberfest am 26. September 1980 kamen zwölf Menschen ums Leben. Der Attentäter, der ebenfalls starb, hatte einen rechtsextremen Hintergrund. Zwischen 1983 und 1988 wurden rund 1300 rechtsextremistische Gewalttaten in der Bundesrepublik gezählt.

Seit der Wiedervereinigung wurde die Öffentlichkeit auch auf rechte Gewalt in Ostdeutschland aufmerksam. In einem Klima der Ausländerfeindlichkeit verübten Rechtsextreme mehrere Brandanschläge auf Asylbewerberheime und Privathäuser von Zuwanderern. Auch in den alten Bundesländern ereigneten sich Anschläge. Insgesamt kamen bei rechtsextremistisch motivierten Gewalttaten seit 1990 über 100 Menschen ums Leben.

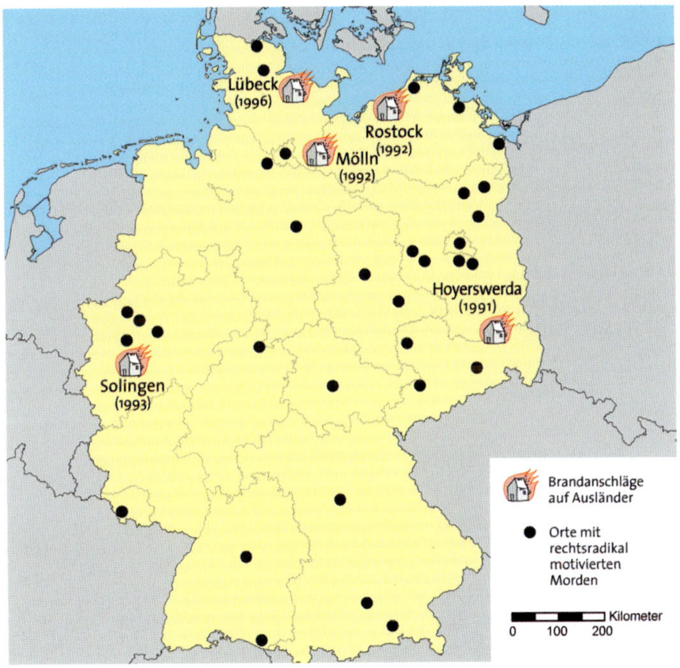

◂ **Rechtsradikale Gewalttaten in Deutschland seit 1990.**
- *Informieren Sie sich über die Geschehnisse. Welche Taten konnten bislang aufgeklärt werden?*
- *Finden Sie heraus, wie Politik, Medien und Bevölkerung auf die Gewaltakte reagierten. Nehmen Sie zu den Reaktionen Stellung.*

Rechtsextreme Jugend Hinter den Gewalttaten der 1990er-Jahre standen rechtsextreme jugendliche Skinheads, Hooligans und Neonazis. Sie bildeten nur kleine Gruppen („freie Kameradschaften") ohne überörtliche Organisation. Wenn der Staat sie verbot, wurden neue Vereinigungen unter anderem Namen gegründet.

Rechtsextreme Jugendgruppen begannen den Alltag in vielen Städten zu prägen, wo sie tagsüber Passanten einschüchterten und des Nachts Ausländer und Obdachlose verfolgten. Dadurch entstanden in manchen Gegenden „No-go-areas", in denen Menschen mit Migrationshintergrund seither um ihr Leben fürchten. Rechtsradikale bezeichnen die Gebiete, in denen Sie tonangebend sind, als „national befreite Zonen".

* siehe S. 208

▲ **Neonazi-Aufmarsch und Bürgerprotest.**
Fotos aus Wunsiedel von 2004.
In den frühen 1990er-Jahren und wieder seit 2000 wurde Wunsiedel jährlich zum Aufmarschplatz von Neonazis. Ihre Demonstrationen sollten Hitlers Stellvertreter Rudolf Heß verherrlichen und zum Märtyrer stilisieren. Heß, der 1946 in Nürnberg zu lebenslänglicher Haft verurteilt worden und 1987 im alliierten Kriegsverbrechergefängnis Berlin-Spandau gestorben war, hatte sein Grab in Wunsiedel. Die Bürger von Wunsiedel ließen sich diese Aufmärsche nicht gefallen. Ihrem Protest und ihren kreativen Blockademaßnahmen ist zu verdanken, dass Wunsiedel seit 2004 vom Ansturm der Ewiggestrigen verschont bleibt.

Für den Zusammenhalt der jugendlichen Skinheads und Neonazis sorgte kein politisches Programm, sondern:

- rechtsradikale Musik („Rechtsrock“, „White Power Music“), auf illegalen Medien und Konzerten verbreitet (▸ M2),
- das Internet, Fantasy-Literatur und gewaltverherrlichende Video-Spiele,
- spezielle Kleidung (Bomberjacken, Springerstiefel, später auch zivile Marken sowie Outfits mit Runen und verschlüsselten Symbolen),
- Parolen, die in der Öffentlichkeit provozieren (Tabubruch), sowie
- Aufmärsche und Demonstrationen.

Die Gründe für den Zulauf zu Skinhead- und Neonazi-Gruppen sind vielfältig:

- Jugendarbeitslosigkeit,
- fehlende oder unzureichende Aufklärung über NS-Vergangenheit, Pluralismus und Demokratie,
- geringe Anerkennung in der Gesellschaft,
- Suche nach Autorität, die früher von Familie, Staat oder Kirche vermittelt wurde.

▼ **Erkennungszeichen und Symbole von Neonazis heute.**
Die rechtsradikale Punkband „Skrewdriver“ organisierte das Netzwerk „Blood and Honour“, das in Deutschland 2000 verboten wurde. – Springerstiefel mit weißen Schuhbändern gelten in der Szene als Erkennungszeichen. – Die Reichskriegsflagge in der Fassung bis 1935 gilt als nicht verboten. – Mit Aufschriften auf der Kleidung verkünden Rechtsextremisten ihre Gesinnung.

M1 Grenzen der Hasspropaganda

Der Journalist und Regisseur Michael Schmidt beobachtet die Neonazi-Szene. Er verfasst Bücher und dreht Dokumentarfilme zum Thema. Über die Motive Rechtsextremer, den Holocaust zu leugnen, schreibt er:

Das Standardwerk der Holocaust-Leugnung stammt von einem 70-jährigen Landwirt. Er war SS-Sonderführer in Auschwitz. Sein Name ist Thies Christophersen. Er wird in Deutschland mit Haftbefehl gesucht, weil er ein Buch verfasst und in Umlauf gebracht hat, das die Existenz der Gaskammern in Auschwitz abstreitet. [...] Im demokratischen Deutschland gibt es ein Verbot der offenen Leugnung der Massenvernichtung im Dritten Reich, der Leugnung des Holocaust. Angeprangert wird das Verbot der „Auschwitz-Lüge" [...] von den Nazis stets als Beispiel für „Meinungsdressur" oder „die Unterdrückung der Meinungsfreiheit in der sogenannten Demokratie". [...]

[W]enn es um das Recht geht, ihre Propaganda betreiben zu dürfen, dann pochen die Nazis [...] auf demokratische Rechte, die ihnen vermeintlich zustehen. Mit dem Pochen auf Meinungsfreiheit legen sie jedoch bewusst die Demokratie falsch aus. Denn beispielsweise garantiert die demokratische deutsche Verfassung eben gerade den Schutz vor Volksverhetzung, wie dies auch in den meisten anderen demokratischen Staaten selbstverständlich ist, wo die Würde des Menschen zu den Grundrechten zählt. [...]

Und kein Nazi wird bestraft, wenn er beispielsweise öffentlich sagt: „Ich finde den Nationalsozialismus gut. Ich hasse Juden. Ich hasse Intellektuelle." Seine Meinung wird niemand verbieten, denn Meinungen kann man nicht verbieten. Wenn er jedoch sagt: „Es gab keinen Holocaust. Schluss mit den Geschichtslügen, den Erfindungen des Weltjudentums!", dann muss man ihm Einhalt gebieten können. Denn er lügt. Und zwar so, dass aus dieser Lüge neuer Hass entsteht. Und er lügt nicht versehentlich, er lügt wider besseres Wissen [...].

Warum also wird der Holocaust geleugnet?

Der Holocaust wird von den Nazis nicht abgestritten, weil sie Scham dafür empfänden. Im Gegenteil, manche sind insgeheim noch stolz auf die organisatorische Meisterleistung, die mit der Einrichtung und dem Betrieb der KZ-Anlagen verbunden war. [...] Ein Statement des Neonaziführers Ewald Althans führt uns auf die richtige Spur: „Auschwitz muss fallen, dann erst können die Leute akzeptieren, was wir wollen. Die Leute sagen alle, he, der Althans, das ist ein netter Typ. Aber Auschwitz: Das ist das Problem."

Darum! Mit der Schuld am Holocaust sind die Chancen gleich Null, für nationalsozialistische Politik jemals wieder die Sympathie breiter Bevölkerungsschichten zu gewinnen.

Michael Schmidt, Heute gehört uns die Straße ... Der Inside-Report aus der Neonazi-Szene, Düsseldorf u. a. 1993, S. 324-326

1. *Stellen Sie dar, wann und weshalb die Leugnung des Holocaust strafbar wird.*

2. *Finden Sie heraus, welche Rechtslage zur Holocaust-Leugnung in anderen Staaten herrscht (z. B. USA, Österreich, Frankreich, Polen).*

3. *Nennen Sie, ausgehend vom Text, weitere Gründe, weshalb Neonazis den Völkermord an den Juden abstreiten oder verharmlosen.*

M2 Rechtsrock

Der Berliner Journalist Toralf Staud merkt über den Musikgeschmack rechtsextremer Jugendlicher an:

Der große Boom des Rechtsrock begann nach der Wiedervereinigung. Bis 1989 waren pro Jahr nur eine Handvoll Alben erschienen, 1990 stieg ihre Zahl schon auf 15, 1992 auf 26. Die Gruppen Störkraft und Noie Werte lieferten praktisch den Soundtrack zu den ausländerfeindlichen Pogromen in Hoyerswerda und Rostock-Lichtenhagen. „Wir sind Deutschlands rechte Polizei, wir machen die Straße wirklich frei." Die britische Band No Remorse verewigte die Ereignisse hinterher in einem Lied mit dem Titel „Barbecue in Rostock".

Mit der heutigen Rechtsrock-Branche ist die damalige Szene kaum vergleichbar. Einst wurde die Musik auf Tonbandkassetten von Hand zu Hand gereicht, nach der dritten Kopie auf dem heimischen Rekorder war von den Texten nur noch wenig zu verstehen. Heute dagegen ist die Vervielfältigung dank CDs und mp3-Format unbegrenzt möglich. Und das Internet ist längst zum wichtigsten Vertriebsweg geworden, aber nicht nur das: Im Netz können sich die einst isolierten Fans von Nazi-Rock versammeln, informieren und so ihre Identität gegenseitig stärken.

Toralf Staud, Moderne Nazis. Die neuen Rechten und der Aufstieg der NPD, Köln 2006, S. 160 f.

1. *Informieren Sie sich über eine der drei genannten Bands. Untersuchen Sie ihre Liedtexte und die Biografien der Musiker.*

2. *Musik, neue Medien sowie das Internet bieten Rechtsextremen Gelegenheit, ihre Isolation zu überwinden. Diskutieren Sie über Chancen und Gefahren, die sich daraus ergeben.*

Neuere antidemokratische Strömungen

▲ **Plakate von NPD und PDS.** *Foto aus Görlitz von 2004. Die NPD greift die Hartz-Gesetze an und präsentiert sich als „soziale" Kraft. So ähneln sich die Parolen der rechts- und linksextremen Parteien, die damit erfolgreich an den sozialen Rändern der Gesellschaft auf Stimmenfang gehen.*

Die „neue" NPD ■ Seit Mitte der 1990er-Jahre konnte die NPD ihre Basis stark vergrößern. Sie gewann die jugendlichen Skinheads und Neonazis für sich (▸ M1). Nach wie vor ist die neue NPD antisemitisch, verherrlicht das Hitler-Regime und schürt Hass gegen Ausländer. Ein Verfahren zum Verbot der NPD wurde im August 2000 vom Bundesverfassungsgericht abgewiesen, da viele Straftaten auf das Konto von Verbindungsleuten (V-Leuten) des Verfassungsschutzes gingen.

2004 gelang der NPD der Einzug in den sächsischen Landtag, nach einem Wahlkampf gegen die Sozialreformen der Bundesregierung (Hartz-Gesetze) sowie deren Zuwanderungs- und Europapolitik. In Sachsen und Mecklenburg-Vorpommern wurde die NPD bereits zweimal nacheinander in den Landtag gewählt. Die NPD hat 2011 auch die Mitglieder der aufgelösten rechtsradikalen Splitterpartei DVU (Deutsche Volksunion) übernommen.

Autonome ■ In der Bundesrepublik gibt es seit den 1970er-Jahren Linksextreme, die unabhängig von Parteien oder Organisationen („autonom") handeln. Sie gehen von einer Unterdrückung durch Kapitalismus, Rassismus und Männerherrschaft aus. Autonome wollen eine Gesellschaft ohne jede Herrschaft und Unterdrückung. Nach ihrer Ansicht dienen Staat, Gesetze und Verhaltensregeln nicht dem Miteinander der Menschen, sondern produzieren Ungerechtigkeit, Faschismus und Rassismus. Politiker, Polizisten und Ämter werden als „Handlanger des Staates" angesehen, Rechtsextremisten („Faschos") sind direkte politische Gegner. Weil sie feste Regeln ablehnen und im ständigen Widerspruch zum „System" leben, befürworten Autonome den Einsatz von Gewalt. Oft findet man sie am Rande friedlicher Kundgebungen, wo sie Ausschreitungen gegen die Polizei anzetteln. Autonome verüben Anschläge, besonders auf die Infrastruktur. Dazu gehören die Sabotage von Bahnlinien, der Stromversorgung sowie Angriffe auf Fernmelde- und Datenverbindungen.

Islamischer Fundamentalismus ■ Die große Mehrheit der Muslime in Deutschland respektiert die freiheitlich-demokratische Grundordnung. Eine Minderheit missachtet dagegen die Menschen- und Bürgerrechte und hält am islamischen Recht, der Scharia, fest. Die Spanne reicht von der Unterdrückung von Frauen im Familienkreis bis zum Hassprediger, der öffentlich gegen Nicht-Muslime hetzt. Zudem existiert ein islamistischer Untergrund. Die Terroristen der al-Qaida, die die Anschläge vom 11. September 2001 in den USA verübten, hatten bis dahin jahrelang unerkannt in Deutschland gelebt.*

Gefährdete Freiheit ■ Rechts- und Linksextremismus sowie Islamismus bedrohen Staat und Gesellschaft (▸ M2). Gefahr droht v. a. von den Anschauungen, die die meisten Extremisten vertreten:

- Die Welt ist mit simplen Freund-Feind-Bildern erklärbar.
- Demokratie, Toleranz und Rechtsstaatlichkeit gelten als Schwäche. Durch Gewalt werde der Staat gezwungen, diese Haltung aufzugeben.
- Marktwirtschaft und Globalisierung sind abzulehnen oder laufen grundverkehrt. Auf Dauer könne nur eine Revolution für eine bessere Welt sorgen.

* siehe S. 284 und 279 f.

M1 „Mit Lifestyle dagegenhalten"

Der Journalist Toralf Staud untersucht, warum der Rechtsextremismus für Jugendliche attraktiv geworden ist.

Die extreme Rechte hat erkannt, dass sie die Jugend mit kulturellen Angeboten am besten erreicht. Verbote bringen wenig, dadurch wird es nur noch spannender, Nazi-Konzerte zu besuchen. Wo Rechtsextremismus zum Lifestyle geworden ist, muss man mit Lifestyle dagegenhalten. Solange die Linken cooler sind und mehr Spaß haben, ist noch nicht alles verloren. Wenn der Dorfbürgermeister sagt, Punks seien dreckig, und der Lehrer meint, bunte Haare gehörten sich nicht, dann freut sich die NPD. Sie sieht das genauso. Es kann verheerend wirken, wenn Skaterbahnen abmontiert und Sprayer aus Jugendclubs geworfen werden. Dann haben die Rechten freie Bahn. Sie geben bereits heute in vielen Gegenden Ostdeutschlands den Ton an. Wer dort jung ist und seine Ruhe haben will, braucht sich nur rechts zu geben.

Toralf Staud, a. a. O., S. 218

1. *Nennen Sie Beispiele für „kulturelle Angebote", die rechtsextreme Gruppierungen ihren Anhängern bieten.*

2. *Arbeiten Sie heraus, welche Haltung der Autor empfiehlt. Formulieren Sie eigene Ratschläge, wie man Jugendliche vom Rechtsextremismus abbringen kann.*

▲ **Gedenkfeier für die Opfer der rechtsradikalen Terrorzelle aus Jena.**
Foto aus Berlin, 23. Februar 2012.
Zehn Kerzen stehen für die ermordeten Menschen, die elfte stellvertretend für alle anderen Opfer rechtsradikaler Gewalttaten, die zwölfte für die gemeinsame Hoffnung auf eine gute Zukunft.

M2 „... wenn die Guten nichts tun"

Im November 2011 gelangt die Polizei auf die Spur dreier Jugendlicher aus Jena, Angehörige der rechten Terrorgruppe „Nationalsozialistischer Untergrund" (NSU). Es stellt sich heraus, dass die Extremisten zwischen 2000 und 2006 insgesamt zehn Menschen ermordet haben. Am 23. Februar 2012 hält Bundeskanzlerin Angela Merkel (CDU) in Berlin eine Gedenkrede für die Opfer.

Die Menschenverachtung der rechtsextremistischen Mörder ist letztlich unbegreiflich. Und doch müssen wir versuchen zu ergründen, wie und durch wen sie so geworden sind, wie sie geworden sind. Wir müssen alles tun, damit nicht auch andere junge Männer und Frauen zu solcher Menschenverachtung heranwachsen. [...]
Ich habe mich gefragt: Wie kommen Menschen dazu, so etwas zu denken und zu tun? Wer oder was prägt extremistische Täter? Wie kann es sein, dass solche Täter immer wieder Helfershelfer und Anhänger finden? Wie schützen wir Menschen vor Anfeindung und Bedrohung am besten?
Wir müssen uns eingestehen, dass wir dabei zum Teil scheitern. Wir müssen uns eingestehen, dass manchmal gerade dort, wo die Arbeitslosigkeit hoch und die Abwanderung stark ist, oft auch die vertrauten Strukturen der Jugendarbeit verloren gehen, das Freizeitangebot schwindet – und die Feinde unserer Demokratie das zu nutzen wissen. Es ist ein schlimmer Zustand erreicht, wenn Neonazis junge Menschen mit Kameradschaftsabenden einfangen können, weil niemand sonst sich um diese Jugendlichen kümmert. Es darf uns nicht ruhen lassen, wenn eine verfassungsfeindliche und rechtsextremistische Partei junge Familien mit Spielen und Festen ködern kann, weil andere das nicht bieten.
Der Kampf gegen Vorurteile, Verachtung und Ausgrenzung muss täglich geführt werden – in Elternhäusern, in der Nachbarschaft, in Schulen, Kultur- und Freizeiteinrichtungen, in religiösen Gemeinden, in Betrieben. Überall sollten wir ein feines Gehör und Gespür für die kleinen Bemerkungen, die hingeworfenen Sätze entwickeln. So manche Bemerkung nimmt man schnell mal auf die leichte Schulter – nach dem Motto: Der oder die meint das doch nicht so ernst.
Doch Intoleranz und Rassismus äußern sich keineswegs erst in Gewalt. Gefährlich sind nicht nur Extremisten. Gefährlich sind auch diejenigen, die Vorurteile schüren, die ein Klima der Verachtung erzeugen. [...]
Der irische Denker Edmund Burke hat einmal gesagt [...]: „Für den Triumph des Bösen reicht es, wenn die Guten nichts tun." Ja, Demokratie lebt vom Hinsehen, vom Mitmachen. Sie lebt davon, dass wir alle für sie einstehen, Tag für Tag und jeder an seinem Platz.

www.bundeskanzlerin.de/Content/DE/Rede/2012/02/2012-02-23-bkin-gedenkveranstaltung.html [aufgerufen am 1. 5. 2012]

1. *Nennen Sie die Forderungen, die die Bundeskanzlerin an die Öffentlichkeit sowie an jeden Einzelnen stellt.*

2. *Vergleichen Sie die Missstände, die Angela Merkel beklagt, mit denjenigen in M1.*

3. *Erläutern Sie den Satz „Demokratie lebt vom Hinsehen, vom Mitmachen". Führen Sie weitere Beispiele an, wo dieser Anspruch nicht eingelöst wurde.*

1 Aufarbeitung zweier deutscher Diktaturen

Zum Wiederaufbau Deutschlands nach dem Ende des Zweiten Weltkrieges gehörte auch die Aufarbeitung des Nationalsozialismus. Sie wurde den Deutschen zunächst von den Siegermächten verordnet. Kriegsverbrecher und Verantwortliche der Judenvernichtung wurden vor Gericht gestellt. Die Säuberung der Gesellschaft von ehemaligen NS-Angehörigen (Entnazifizierung) gelang nur unzureichend. Dabei verfolgten die Siegermächte unterschiedliche Ziele: Im Westen sollte eine Basis für Demokratie und Rechtsstaat entstehen; in der Sowjetischen Besatzungszone wurden v.a. Gegner des neuen SED-Regimes ausgeschaltet.
Die DDR erklärte schon bei ihrer Gründung 1949, der „Faschismus" in Ostdeutschland sei vollständig beseitigt.
Auch in der frühen Bundesrepublik wurde die NS-Vergangenheit verdrängt. Stattdessen erhielten ehemalige NS-Anhänger nach 1949 eine „zweite Chance", um am Aufbau des Landes mitzuwirken. Immerhin zahlte die Bundesrepublik Wiedergutmachung an viele NS-Opfer im In- und Ausland.
Erst in den 1960er-Jahren brachten neue Gerichtsverfahren und die kritischen Fragen der Jugend die bis dahin versäumte Vergangenheitsbewältigung in Gang. Für die westdeutsche Gesellschaft begann ein mühevoller Lernprozess. Die Menschen akzeptierten schließlich die Verantwortung für die NS-Verbrechen als Teil der eigenen Geschichte.
Dieser Haltung schloss sich auch die DDR nach der friedlichen Revolution von 1989 an. Im geeinten Deutschland ist es bei dem über Jahrzehnte gereiften politischen Selbstverständnis geblieben: Die NS-Zeit wird nicht vergessen.

Ein anderes Feld ist die Aufarbeitung der SED-Diktatur. Sie begann bald nachdem das Regime zu Fall gekommen war. Im Mittelpunkt standen Verbrechen der Staats- und Parteispitze der DDR: vom Schießbefehl an der innerdeutschen Grenze bis hin zu staatlich organisiertem Doping. Das Ergebnis der Aufarbeitung war nicht immer befriedigend – nur wenige Verantwortliche wurden zur Rechenschaft gezogen.
Probleme bereitete auch das gewaltige Erbe des Überwachungsstaates, die Stasi-Akten. Die Flut von Daten ließ die Grenzen zwischen Tätern und Opfern verschwimmen, weshalb bis heute viele Menschen fordern, die Akten wieder zu schließen.
Bei der Erinnerung an 40 Jahre DDR-Geschichte geht es auch um ein verlorenes Lebensgefühl nach dem Grundsatz: „Es war nicht alles schlecht." Viele Menschen wollen nicht nur an das Trauma der Diktatur, sondern auch an den Alltag zurückdenken.

Politik, Medien, Wissenschaft und Kunst in Deutschland erinnern sowohl an den Nationalsozialismus wie an die SED-Diktatur. Beide Diktaturen geben ein mahnendes Beispiel, dass Freiheit, Frieden, Recht und Toleranz nicht selbstverständlich sind.

2 Antidemokratische Herausforderungen für Staat und Gesellschaft

Die Bundesrepublik Deutschland knüpfte bei Ihrer Gründung an die Weimarer Demokratie an, zog aber auch Lehren aus ihrem Scheitern. Das Grundgesetz schreibt den Staat unveränderlich als demokratischen und sozialen Rechtsstaat fest.

Als wehrhafte Demokratie sieht das Grundgesetz Instrumente zu seinem eigenen Schutz vor: Mit Verboten können nachweislich antidemokratische Bewegungen eingedämmt werden, ein Verfassungsschutz beobachtet gegen den Staat gerichtete Bestrebungen. Bislang wurden vom Bundesverfassungsgericht zwei Parteiverbote ausgesprochen: Die SRP konnte in Inhalt und Form als eine Nachfolgepartei der NSDAP identifiziert werden. Der KPD wurde eine aktiv-kämpferische Haltung gegenüber der bestehenden Ordnung nachgewiesen.

In den späten 1960er-Jahren formierte sich eine gesellschaftskritische Studentenbewegung. Ihre radikalsten Vertreter wollten das kapitalistische Gesellschaftsmodell zugunsten eines sozialistischen Staates beseitigen (Linksextremismus). Sie orientierten sich dabei an der Sowjetunion oder an China.
Aus der zeitgenössischen politischen Diskussion (Vietnamkrieg, Notstandsgesetze, Große Koalition, Verdrängung der deutschen Geschichte) zogen manche Linksextremisten den Schluss, die Bundesrepublik Deutschland mit Gewalt zu bekämpfen. Sie gründeten terroristische Gruppen wie die „Rote Armee Fraktion", die Anschläge auf Vertreter von Staat und Gesellschaft ausübten. Eine Solidarität der Menschen mit diesen Gruppen blieb aus. Im „Deutschen Herbst" 1977 versuchten die RAF und eine befreundete ausländische Terrorgruppe, den Staat durch Geiselnahme und Flugzeugentführung zu erpressen. Der Staat blieb gegenüber den Forderungen hart. Bis gegen Ende der 1990er-Jahre setzte die RAF ihren Kampf gegen den Staat aus dem Untergrund fort, dann löste sie sich auf.

Die sozialistische Staatspartei der DDR, die SED, löste sich nach der Wiedervereinigung nicht auf. Unter verschiedenen Namen versuchte sie, Positionen sozialistischer Politik in der Bundesrepublik zu entwickeln. Seit ihrer Vereinigung mit einer westdeutschen Protestpartei ehemaliger Sozialdemokraten firmiert sie unter dem Namen Die Linke. Neben demokratischen Sozialisten, die das parlamentarische System bejahen, gibt es in der Partei nach wie vor auch Vertreter der marxistisch-leninistischen Weltanschauung.

Nach dem SRP-Verbot war jede offen nationalsozialistische Wiederbetätigung zum Scheitern verurteilt. Die 1964 gegründete NPD gab sich nach außen als national-konservative Partei, sprach aber gezielt rechtsextremistische Kreise an. Ihr gelang 1967 bis 1969 der Einzug in Landesparlamente, danach erfolgte ein rapider Bedeutungsverlust. Von Mitgliedern und Sympathisanten der Partei wurde und wird der Versuch unternommen, deutsche Geschichte umzuschreiben, nationalsozialistische Verbrechen zu leugnen und das von Deutschen erlittene Unrecht zu überhöhen. Dieser Geschichtsrevisionismus gipfelt in Bemühungen, den Holocaust am jüdischen Volk als Erfindung hinzustellen (Schlagwort „Auschwitzlüge").
Seit den 1970er-Jahren bildeten sich außerhalb der Parteien extremistische Gruppen, die sich offen auf Adolf Hitler, den Nationalsozialismus oder die SA beriefen. Von ihnen gingen mehrfach schwere Gewalttaten aus (Oktoberfestattentat 1980). Nach der deutschen Wiedervereinigung kam es vor allem in den neuen Bundesländern mehrfach zu schweren Ausschreitungen und Übergriffen gegen Ausländer, die auch Menschenleben kosteten. Neonazis haben seit Mitte der 1990er-Jahre lose Organisationsformen (sog. „Kameradschaften") gegründet, die schwer verfolgt werden können. Die rechtsextreme NPD wirbt gezielt um solche Personen. In diesem Zusammenhang steht auch die 2011 entdeckte terroristische Zelle „Nationalsozialistischer Untergrund", die u.a. für neun Mordanschläge auf ausländische Kleinunternehmer verantwortlich gemacht wird.

Wirtschaft und Arbeitswelt

Die Wiederaufbauhilfe der USA, günstige Startbedingungen und der Wille der Bevölkerung zum Neuanfang sorgten 1955 bis 1972 für ein rasantes Wirtschaftswachstum. Die Soziale Marktwirtschaft vereinte erfolgreich Wettbewerb, Mitbestimmung der Arbeitnehmer und sozialen Ausgleich. In den 1970er-Jahren ging das Wachstum zurück, hohe Arbeitslosigkeit war die Folge. Seither müssen Wirtschaft und Sozialsysteme laufend reformiert werden.

Seit den 1970er-Jahren ist die Mehrzahl der Menschen im Dienstleistungsbereich tätig. Beschäftigung erfordert immer mehr Flexibilität, Umgang mit Technik und Qualifikation.

Familie, Frauen und Jugend

In den 1960er- bis 80er-Jahren veränderte sich das Verständnis von Ehe und Familie, der Jugend und der Geschlechterrollen. Ursache war ein Wertewandel, der Individualität und Selbstbestimmung hervorhob. Daher setzten Frauen eine Gleichstellung in Ehe, Familie und Berufsleben durch. Jugendliche erhielten mehr Rechte und entwickelten eigene Ausdrucksformen. Der Wunsch nach Kindern nahm ab, neben die Ehe traten andere Formen der Partnerschaft.

Migration

Seit Ende des Zweiten Weltkrieges nahm Westdeutschland Millionen deutscher Flüchtlinge und Vertriebener auf. Auch aus der DDR flohen viele Menschen in den Westen. Bis in die 1990er-Jahre wanderten deutschstämmige Aussiedler aus Osteuropa ein.

Daneben wurde die Bundesrepublik Heimat für ausländische Beschäftigte, die mit ihren Familien blieben. Auch Flüchtlinge und Asylsuchende aus aller Welt fanden Aufnahme. Obwohl die Bundesrepublik schon in den 1960er-Jahren zum Einwanderungsland wurde, fanden Reformen für Zuwanderung und Integration erst seit den 1990er-Jahren statt.

Innerer Protest und Demokratisierung der Gesellschaft

In den 1960er-Jahren entstand eine bundesdeutsche Bürgergesellschaft. Politische Mitwirkung äußerte sich in Bürgerinitiativen und Protestbewegungen. Bis Ende der 1960er-Jahre forderte die Studentenbewegung ein besseres Bildungswesen und mehr Demokratie. Die Friedensbewegung wurde 1979-1983 zur Massenbewegung gegen den Rüstungswettlauf. Am nachhaltigsten hat die Umweltbewegung seit den 1970er-Jahren die Gesellschaft geprägt.

Strukturwandel in Bayern

Bayern wandelte sich erst nach dem Zweiten Weltkrieg vom ländlich geprägten Agrarland zum Industriestandort. In den 1970er- und 80er-Jahren führte die Entwicklung weiter zum High-Tech-Standort. Wirtschaft und Gesellschaft unterlagen einem raschen Wandel. Dabei blieben städtische Zentren und der ländliche Raum nebeneinander bestehen. Die Verbindung von Tradition und Moderne wurde zu einem Kennzeichen für die Menschen im Freistaat.

4 Gesellschaftlicher Wandel von 1949 bis in die Gegenwart

Wirtschaft und Arbeitswelt

◂ **Kurssturz an der Börse in Frankfurt.**
Foto vom 10. Oktober 2008.
Seit 2007 war in den USA der Immobilienmarkt zusammengebrochen. Durch das Platzen vieler Privatkredite gerieten Banken in die Krise. Als im September 2008 die US-Investmentbank Lehman Brothers Insolvenz anmeldete, zog dies weltweit zunächst andere Finanzdienstleister, dann auch das produzierende Gewerbe mit in den Abgrund.

„Wirtschaftswunder"

1948 – Einführung der D-Mark und der Sozialen Marktwirtschaft in Westdeutschland.
1948-1952 – Aufbauhilfe der USA (Marshall-Plan).
um 1955 – Beginn der Hochkonjunktur.
1957 – Rentenreform, Verknüpfung der Altersbezüge an die Lohnentwicklung.
1958 – Die Bundesrepublik nimmt an der Gründung der Europäischen Wirtschaftsgemeinschaft (EWG) teil.
1966/67 – Erste Rezession der bundesdeutschen Wirtschaft.
um 1970 – Die Bundesrepublik erreicht das Wohlstandsniveau der USA.

Wirtschaft in der Krise

1973 – Erste Ölkrise: Rohstoffknappheit und weltweiter Rückgang des Wachstums.
1974-1982 – Konjunkturprogramm der Bundesregierung.
1979/80 – Zweite Ölkrise.
1982 – Zwei Millionen Arbeitslose in der Bundesrepublik, erste Einschnitte im Sozialstaat.

Deutsche Einheit, Globalisierung

1.7.1990 – Wirtschafts-, Währungs- und Sozialunion zwischen West- und Ostdeutschland.
1993 – Europäischer Binnenmarkt.
1997 – Die Arbeitslosigkeit steigt auf über vier Millionen.
1999 – Einführung des Euro, 2002 auch als Bargeld.

Reform der Sozialen Marktwirtschaft

2001 – Rentenreform.
2003-2005 – Die Hartz-Gesetze treten in Kraft. Sie reformieren die staatliche Arbeitsvermittlung und Arbeitslosenunterstützung.
2005 – Wende am Arbeitsmarkt, ein stetiger Rückgang der Arbeitslosigkeit beginnt.
2008/09 – Weltweite Finanz- und Wirtschaftskrise.

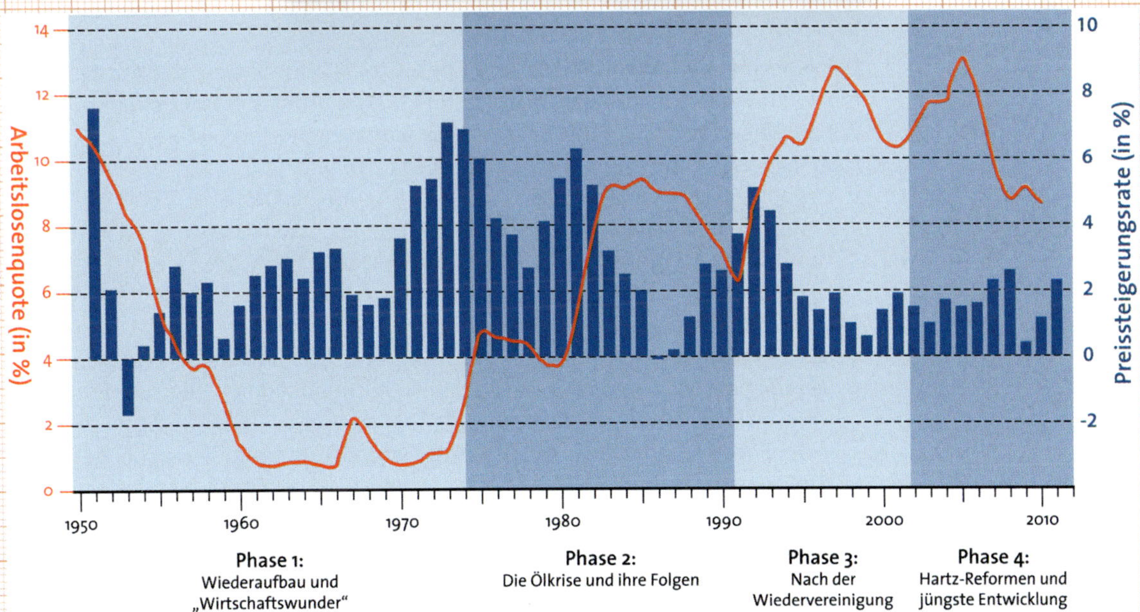

Gesellschaftsspiele aus Deutschland aus drei Jahrzehnten: **1**: *„Arm oder reich?", 1956; –* **2**: *„Öl-Magnat. Das große Spiel ums große Geld", 1975; –* **3**: *„Vertigo. Ein Strategiespiel um Industrie und Ökologie", 1992.*

- *Arbeiten Sie heraus, was die Materialien mit dem Kapitelthema verbindet.*
- *Diskutieren Sie die im Diagramm vorgenommene Einteilung der Wirtschaftsgeschichte in vier Phasen.*

Wiederaufbau und bundesdeutsches „Wirtschaftswunder“

Ludwig Erhard (1897-1977): Bundesminister für Wirtschaft 1949-1963, Bundeskanzler 1963-1966, Vorsitzender der CDU 1966/67

Unternehmen Soziale Marktwirtschaft ■ Noch vor Gründung der Bundesrepublik wurde in Westdeutschland eine neue Wirtschaftsordnung eingeführt: die Soziale Marktwirtschaft. Die staatliche Regulierung von Preisen und Löhnen wurde weitgehend aufgehoben, freier Wettbewerb sollte die Kräfte des Marktes zur Entfaltung bringen. Eine leistungsstarke Wirtschaft würde die sozialen Sicherungssysteme finanzieren. Architekt der neuen Ordnung war Wirtschaftsminister **Ludwig Erhard** (CDU).*

▸ **Gegen die Wirtschaftspolitik.** *Foto aus München von 1948. SPD und Gewerkschaften bekämpften heftig die Politik Erhards, die auch in dessen eigener Partei umstritten war. Erst als die Erfolge der Sozialen Marktwirtschaft unübersehbar waren, fand sich die Sozialdemokratie mit ihr ab.*

Der Aufschwung beginnt ■ Seit Mitte der 1950er-Jahre begann der Aufschwung. Er führte zu einer anhaltenden Hochkonjunktur, bald bekannt als „bundesdeutsches Wirtschaftswunder“. Verantwortlich dafür waren zahlreiche Faktoren.
Einerseits herrschten günstige Bedingungen im *Inland*:
- Es gab genügend qualifizierte und motivierte Arbeitskräfte.
- Trotz der Kriegsschäden besaß die Industrie eine gute Infrastruktur (Maschinen und Fabrikanlagen), die sich rasch modernisieren ließ.
- Es gab eine gewaltige Nachfrage nach Konsum- und Investitionsgütern.
- Die Arbeitnehmer übten Zurückhaltung bei den Lohnforderungen. Dadurch konnten die Unternehmen günstig produzieren und ihre Gewinne re-investieren.
- Seit 1957 wachte die von Weisungen der Politik unabhängige Deutsche Bundesbank über die Stabilität der D-Mark.
- In der Bevölkerung überwog eine positive Grundstimmung, die von der Bereitschaft zum Neuanfang und der Hoffnung auf Wohlstand bestimmt war.

Andererseits bot auch die *internationale Lage* gute Voraussetzungen:
- Die westlichen Siegermächte verzichteten auf den Großteil der Reparationen. Die USA gewährten mit dem Marshall-Plan Starthilfe für die westdeutsche Wirtschaft und stützten das westeuropäische Ausland.**
- Der Handel mit den USA erlaubte die Einfuhr moderner Technologie.

* siehe S. 40
** siehe S. 39 f.

▲ **Wiederaufbau als Aufgabe einer ganzen Generation.**
Kriegszerstörungen prägten die Städte zum Teil bis in die 1960er-Jahre. Um alle Schäden zu beseitigen und ein normales Leben wiederherzustellen, waren gewaltige Mittel und Arbeitsleistungen erforderlich. Nürnberg war im Krieg zu etwa 60 Prozent zerstört worden. Ansicht von 1945 (links) und von 1969 (rechts).

- Während des Koreakrieges (1950-1953), als viele westliche Industrieländer v.a. Rüstungsgüter produzierten, begann die Bundesrepublik den Weltmarkt mit zivilen Erzeugnissen zu beliefern (Korea-Boom).
- Der Export wurde durch den günstigen Wechselkurs zwischen US-Dollar und D-Mark erleichtert.
- Die Qualität deutscher Erzeugnisse fand überall Anerkennung. „Made in Germany" und „deutsche Wertarbeit" wurden zu Markenzeichen.
- Seit 1958 erfuhr der deutsche Außenhandel einen weiteren Impuls durch die Bildung der Europäischen Wirtschaftsgemeinschaft (EWG).

Der damalige Aufschwung war ohne Beispiel. Das **Bruttoinlandsprodukt** wuchs in den 1950er-Jahren jährlich um acht Prozent, es verdreifachte sich zwischen 1950 und 1970. Ab 1959 herrschte Vollbeschäftigung, die Arbeitslosenquote sank also unter zwei Prozent (▸ M1).

Bruttoinlandsprodukt (BIP): Gesamtwert der innerhalb eines Zeitraums hergestellten Waren und Dienstleistungen einer Volkswirtschaft

Sozialstaat: Gesamtheit der Leistungen von Bund, Ländern und Gemeinden zur Sicherung des sozialen Ausgleichs

Wachstum und Wohlfahrt ■ Der wirtschaftliche Erfolg in den 1950er- und 60er-Jahren eröffnete große Spielräume. Er ermöglichte die Versorgung der Kriegsopfer und die Beseitigung der Kriegsschäden. Er schuf auch die Voraussetzungen für einen modernen **Sozialstaat**, die Modernisierung der Infrastruktur, die Verbesserung der Arbeitsbedingungen und den Wohlstand breiter Schichten der Bevölkerung.

Das Grundgesetz legt den Staat auf eine Politik der sozialen Gerechtigkeit und Sicherheit fest. Dank steigender Steuereinnahmen konnten diese Vorgaben rasch und großzügig realisiert werden. Zwischen 1950 und 1961 beschloss der Bundestag die gesetzliche Versorgung der 4,5 Millionen Kriegsopfer (Versehrte, Hinterbliebene), die Entschädigung von Verfolgten des NS-Regimes sowie eine Finanzhilfe für Flüchtlinge, Vertriebene und Übersiedler aus der Sowjetischen Besatzungszone. Seit 1952 galt eine gesetzliche Arbeitslosenversicherung.

▲ **Feier für den einmillionsten „Käfer" im Volkswagenwerk.**
Foto aus Wolfsburg vom 5. August 1955.
140 000 Menschen, darunter viele Vertreter der Importnationen, feiern „den VW", der insgesamt 21,5 Millionen Mal gebaut wurde. Der Käfer wurde zum Symbol des deutschen Wirtschaftserfolges.

▲ Rentenversicherungsnachweis eines unterfränkischen „Dienstknechts“.
Vor der Rentenreform 1957 mussten die Arbeitnehmer ihre Versicherungsbeiträge in voller Höhe zahlen. Zum Nachweis wurden Marken in ein Versicherungsheft eingeklebt. Die Rente des Landarbeiters wurde 1957 umgestellt.

1957 fand eine grundlegende Reform der Altersversorgung statt. Die Renten stiegen im Durchschnitt um 60 Prozent und waren seither an die allgemeine Lohnentwicklung angepasst (dynamische Rente). Der im Arbeitsleben erworbene Lebensstandard sollte über den „Generationenvertrag“ gesichert werden: Die Renten wurden durch die laufenden Beiträge der Arbeitnehmer finanziert, nicht mehr aus einer angesparten Versicherungssumme. Das setzte jedoch voraus, dass die Wirtschaft weiterhin wuchs und es auch in Zukunft mehr Beitragszahler als Rentenempfänger gab.

1961 reformierte das Bundessozialhilfegesetz die Armenfürsorge. Die damalige Sozialgesetzgebung wurde von der Bevölkerung begrüßt. Auf Dauer wuchsen die Sozialausgaben jedoch stärker als die wirtschaftlichen Leistungen. Damit begann die Verschuldung der öffentlichen Haushalte.

Die Steuern flossen auch in die staatliche Förderung des Wohnungsbaus. Bis 1966 wurden über neun Millionen neue Wohnungen fertiggestellt, fast die Hälfte davon im sozialen Wohnungsbau. Der Bauboom hielt bis Anfang der 1970er-Jahre an.

Bund, Länder und Kommunen bauten das Verkehrsnetz aus. Ländliche Gebiete wurden enger an städtische Ballungsräume angeschlossen. Die Infrastrukturmaßnahmen belebten den Handel, ermöglichten die Ansiedlung neuer Unternehmen und sorgten für Arbeitsplätze.

Erleichterungen am Arbeitsplatz ■ Der Aufschwung hatte zunächst zu höheren Arbeitszeiten geführt. Bis Mitte der 1950er-Jahre lag die durchschnittliche Wochenarbeitszeit in der Industrie bei über 49 Stunden an sechs Werktagen. Der Samstag wurde erstmals 1956 für die Metallarbeiter zum arbeitsfreien Tag, der Jahresurlaub betrug zwei bis drei Wochen. Bis Ende der 50er-Jahre sank die Wochenarbeitszeit für Arbeiter wie Angestellte auf rund 44 Stunden. 1965 wurde in der Druckindustrie, 1967 in der Metallindustrie die 40-Stunden-Woche eingeführt.

DGB: Deutscher Gewerkschaftsbund, 1949 gegründet, Dachorganisation deutscher Gewerkschaften

DAG: Deutsche Angestellten-Gewerkschaft, 1949 gegründet, 2001 umbenannt in „Vereinte Dienstleistungsgewerkschaft“ (ver.di)

Vertretung der Arbeitnehmer ■ Hinter diesen Beschlüssen standen die großen Gewerkschaftsverbände (**DGB**, **DAG**). Sie repräsentierten die überwiegende Mehrzahl der Beschäftigten. Nach den maßvollen Tarifabschlüssen der 1950er-Jahre erhöhten die Gewerkschaften ihre Forderungen in den Tarifrunden mit den Arbeitgebern. Die Konjunktur erlaubte steigende Löhne, oft auch über die Tarifbestimmungen hinaus.

Die Gewerkschaften hatten großen Einfluss auf die Politik. Die Volksparteien CDU/CSU und SPD gaben sich gewerkschaftsnah, um die Arbeitnehmer als Wähler zu gewinnen. Durch Gesetze wurden die Mitsprache der Belegschaft im Betrieb, die Sicherheit am Arbeitsplatz und der Kündigungsschutz verbessert. 1969 schrieb ein Gesetz die Lohnfortzahlung im Krankheitsfall für Arbeiter und Angestellte fest. 1976 regelte das Mitbestimmungsgesetz, dass die Aufsichtsräte größerer Unternehmen (2000 Beschäftigte und mehr) zur Hälfte aus Arbeitnehmervertretern bestehen müssen.

Von der Arbeits- zur Konsumgesellschaft ■ Wirtschaftliches Wachstum, höhere Löhne und Renten sowie sinkende Preise führten zu einer spürbaren Verbesserung der Lebensverhältnisse. Zunächst kam der Wohlstand bei Unternehmern und Freiberuflern an, seit Ende der 1950er-Jahre auch bei der Masse der Bundesbürger, bei Arbeitern, Angestellten und ihren Familien. Immer mehr Bedürfnisse konnten durch den Auf-

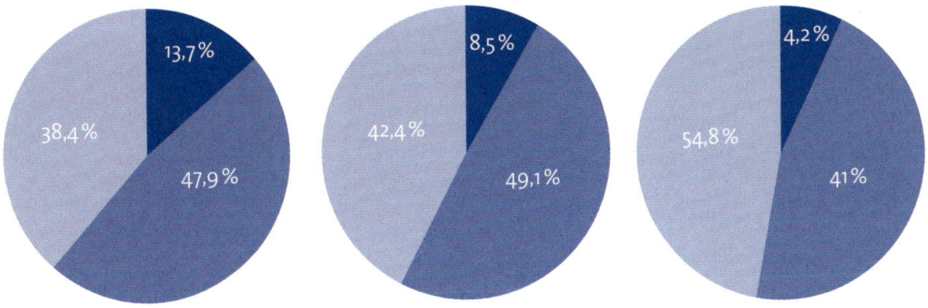

▲ **Strukturwandel der Wirtschaft in der Bundesrepublik.**
Die Diagramme zeigen jeweils den Anteil der Beschäftigten in den drei Wirtschaftssektoren:
- *primärer Sektor (Land- und Forstwirtschaft)*
- *sekundärer Sektor (Industrie und Handwerk)*
- *tertiärer Sektor (Handel, Dienstleistungen)*

Nach: Axel Schildt, Die Sozialgeschichte der alten Bundesrepublik Deutschland bis 1989/90, München 2007, S. 19 und 56

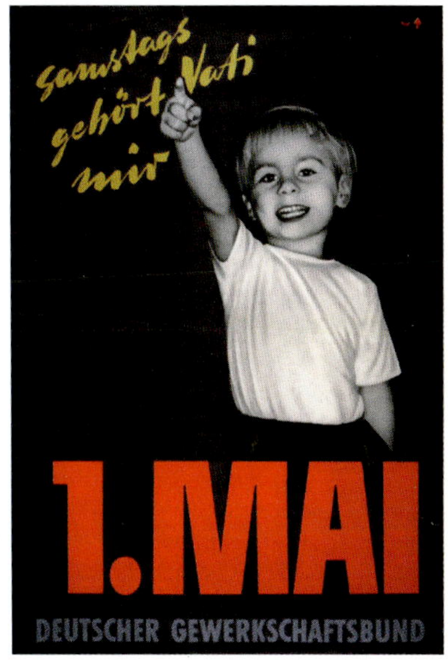

▲ **„Samstags gehört Vati mir."**
Plakat zum 1. Mai 1956. Werbekampagne des Deutschen Gewerkschaftsbundes (DGB) für den arbeitsfreien Samstag.

schwung befriedigt werden. Auf die „Fresswelle" der Anfangsjahre (Lebensmittel waren seit Beginn der 50er-Jahre ausreichend vorhanden) folgte die „Bekleidungswelle", die „Kaufwelle" (deutsche Haushalte statteten sich mit langlebigen Gebrauchsgütern und Möbeln aus), die „Reisewelle" (Italien wurde zum Traumland der Deutschen) und schließlich die „Motorisierungswelle".

Bei den Einkommen und Vermögen kam es nicht zu einer Angleichung zwischen den gesellschaftlichen Gruppen. Selbstständige verdienten etwa drei Mal so viel wie ein Arbeitnehmer. Mitte der 1960er-Jahre besaßen 1,7 Prozent der Bundesbürger 74 Prozent des Produktivvermögens (Unternehmen, Aktien). Dagegen glichen sich die Lebensstile immer weiter an: Angehörige aller Schichten nahmen am allgemeinen Massenkonsum teil, besaßen ein eigenes Kfz und unternahmen Urlaubsreisen. Um 1970 hatte die Bundesrepublik das Wohlstandsniveau der USA erreicht (▸ M2).

Wandel der Wirtschaftsstruktur Das Wachstum veränderte auch die Gewichte zwischen den Wirtschaftsbereichen. Der Anteil der Landwirtschaft schrumpfte trotz steigender Produktion immer weiter. Dagegen nahmen zunächst Industrie und Handwerk zu, ehe auch der Dienstleistungssektor anstieg und seit Mitte der 1970er-Jahre den

▲ **Strukturwandel im Kinderzimmer.**
Fotos von „Playmobil"-Figuren, die 1974 bis 1976 auf den Markt kamen.
In der „Wirtschaftswunderzeit" herrschte Geschlechtertrennung: Mädchen spielten mit dem „Kaufmannsladen" und übten Konsumverhalten ein, Jungen hatten mechanisches Spielzeug und wurden auf Handwerk oder Technik eingestimmt. In den 1970er-Jahren eroberten Dienstleistungsberufe den Spielzeugmarkt. Als Perspektive wurden den Kindern nun Feuerwehrleute und Polizisten, Pannenhelfer, Ärzte, Medienmacher und Raumfahrer vorgestellt. Die klassischen Rollenmuster – Vater ist beispielsweise Handelsvertreter, Mutter Hausfrau – hatten Konkurrenz bekommen.

▶ **Konsumwelt der Wirtschaftswunderzeit.**
Werbeanzeige Opel, um 1954. In den 50er-Jahren wurde die Elektrifizierung der Hauswirtschaft vollzogen. Die Küchenidylle zeigt den prall gefüllten „Frigidaire" mit einem beachtlichen Sortiment Alkoholika; auf dem Küchentisch ein Netz der begehrten „Südfrüchte". Prospekt „Loewe Opta", 1957. Nach der Errichtung einer vielfältigen Rundfunklandschaft lohnte sich die Anschaffung eines Radios. Die „Musiktruhe" wurde zum Einrichtungsgegenstand. Fernsehgeräte – die ARD hatte 1952 den Sendebetrieb aufgenommen – wurden erst später allgemein erschwinglich. 1955 hatten neun Prozent der Haushalte ein Fernsehgerät, 1965 bereits 58 Prozent. Prospekt „Zündapp", 1955. Die 50er-Jahre waren die große Zeit für Motorräder mit Seitenwagen. Auch Zündapp in Nürnberg baute eine preiswerte Alternative zum Automobil, den „Grünen Elefanten".

größten Anteil der Volkswirtschaft ausmachte. Dieser Strukturwandel hatte bereits vor dem Zweiten Weltkrieg begonnen und fand parallel in den westlichen Ländern statt. Die Bundesrepublik vollzog – auf einem bis dahin nicht erreichten Wohlstandsniveau – den Übergang in die postindustrialisierte Gesellschaft.

Vorausschauende Politik ■ Das „Wirtschaftswunder" war jedoch kein Selbstläufer, sondern erforderte staatliche Planungen, Eingriffe und Reformen.

Ein Problem war der Mangel an Arbeitskräften. Er sollte durch die Anwerbung von ausländischen Arbeitnehmern ausgeglichen werden. Die Zuwanderung von „Gastarbeitern" begann bereits Mitte der 1950er-Jahre und hielt bis um 1975 an.*

Noch drängender war das Problem des rückständigen Bildungswesens. Bis Anfang der 1960er-Jahre hatten v.a. Mädchen und Kinder aus ärmeren Schichten kaum Zugang zu weiterführenden Schulen und zu einem Hochschulstudium. Daher drohten Fachkräftemangel und ein Absinken des Bildungsniveaus. Der Staat reagierte mit einem umfassenden Bildungsausbau (Neuorganisation der Schulzweige, Ausbau der Hochschulen, neue Stellen für Lehrkräfte), der in den 1970er-Jahren noch fortgesetzt wurde.

Rezession: Rückgang des Wirtschaftswachstums

Um 1966/67 kam es zu einer ersten **Rezession** sowie einem Anstieg der Arbeitslosigkeit und der Inflation. Daraufhin erhielt der Staat mehr Steuerungsaufgaben zur Sicherung von wirtschaftlichem Wachstum, Geldwertstabilität, Vollbeschäftigung und Gleichgewicht im Außenhandel („magisches Viereck"). Schließlich zog die Konjunktur wieder an und die Arbeitslosigkeit sank.

* siehe S. 205 f.

M1 Das „Wirtschaftswunder“ in Zahlen

a) Wirtschaftsleistung 1950-1964: Entwicklung des Bruttoinlandsprodukts insgesamt und je Einwohner:

	in Mrd. DM	in DM je Einwohner in jeweiligen Preisen	Wachstum in % in konstanten Preisen
1950	97,9	2100	–
1952	136,6	2900	9,0
1954	157,9	3200	7,2
1956	198,8	4000	7,0
1958	231,5	4500	3,3
1960	279,8	5400	8,8
1962	360,5	6300	4,7
1964	419,6	7200	6,6

Fischer-Chronik Deutschland 1949-1999, Frankfurt am Main 1999, Sp. 1209

b) Beschäftigte, Arbeitslose, offene Stellen, Gastarbeiter (zur Jahresmitte, in 1000):

Jahr	Beschäftigte	regist. Arbeitslose	Quote in %	offene Stellen	Gastarbeiter
1950	20376	1584	11,0	142	–
1952	21300	1385	9,5	128	–
1954	22395	1225	7,6	166	72
1956	23830	765	4,4	236	98
1958	25530	780	3,7	258	127
1960	26247	271	1,3	539	279
1962	26783	154	0,7	607	629
1964	26979	169	0,8	670	902

Werner Abelshauser, Die Langen Fünfziger Jahre. Wirtschaft und Gesellschaft der Bundesrepublik Deutschland 1949-1966, Düsseldorf 1987, S. 80

c) Durchschnittliches Monatseinkommen 1950-1970:

Jahr	Arbeiter	Angestellte/ Beamte	Selbstständige	Rentner
1950	283	346	437	145
1955	474	570	754	232
1960	683	804	1154	359
1970	1272	1469	2736	737

Michael von Prollius, Deutsche Wirtschaftsgeschichte nach 1945, Göttingen 2006, S. 134

d) Wirtschaftsentwicklung der Bundesrepublik im Vergleich zum Durchschnitt der OECD (jährliches Wachstum in Prozent):

	reales Einkommen pro Kopf		Inflation		Export (Volumen)	
	OECD	BRD	OECD	BRD	OECD	BRD
1948-1952	4,70	12,17	6,85	1,2	13,98	54,89
1953-1957	3,91	7,10	2,30	1,1	8,79	16,01
1958-1962	4,29	5,16	2,83	2,0	9,05	9,15
1963-1967	3,52	2,77	3,97	2,6	7,89	11,04

Richard H. Tilly, Gab oder gibt es ein „deutsches Modell“ der Wirtschaftsentwicklung?, in: Jürgen Osterhammel, Dieter Langewiesche und Paul Nolte (Hrsg.), Wege der Gesellschaftsgeschichte, Göttingen 2006, S. 229

1. *Vergleichen Sie die Wirtschaftsleistung mit der Entwicklung der Beschäftigten und den Einkommen.*

2. *Erklären Sie die Abweichungen zwischen Westdeutschland und dem Mittelwert der OECD-Länder.*

3. *Bewerten Sie die Statistiken vor dem Hintergrund der langfristigen Wirtschaftsentwicklung (siehe S. 161). Inwiefern ist der Begriff „Wirtschaftswunder“ angemessen?*

▲ **Deutsche Urlauber vor Andenkenläden in Südtirol.**
Foto von 1958.

M2 Chancen und Grenzen der Konsumgesellschaft

Der Wirtschaftshistoriker Werner Abelshauser arbeitet Merkmale der bundesdeutschen Konsumgesellschaft heraus:

Überraschenderweise konnte die Konsumgesellschaft Bundesrepublik in vielem, was für sie charakteristisch geworden ist, an die Entwicklung der dreißiger Jahre anknüpfen [...]. Neu für die fünfziger Jahre war hingegen, dass der Konsum langlebiger Gebrauchsgüter nicht mehr auf mittlere und gehobene Einkommensklassen begrenzt war, sondern mit wachsendem Realeinkommen in nahezu allen Schichten der Bevölkerung einsickerte. Für den Besitz mancher Konsumgüter wie zum Beispiel für Fernsehgeräte, Musiktruhen oder Kühlschränke spielte in der zweiten Hälfte der fünfziger Jahre die soziale Stellung kaum noch eine bestimmende Rolle. Die „Demokratisierung des Konsums" [...] setzte sich [...] durch. Kennzeichnend für diese Entwicklung ist das Scheitern schichtspezifisch konzipierter Automobile (z. B. die „Kabinenroller" von Gutbrod, Maico oder Messerschmidt) [...] und der Siegeszug des auf technische Funktionalität und ein (Käufer-) schichtübergreifendes Image angelegten VW-Käfer [...].
Die frühe Bundesrepublik – Erfolg der Demokratie durch „Wohlstand für alle"? Das private Automobil wurde in den fünfziger Jahren zum Schlüsselbegriff für soziales Wohlbefinden, bürgerliches Freiheitsgefühl, wirtschaftliche Erwerbschancen und gesellschaftliches Prestige. Die Konsequenzen, die sich daraus für Städtebau, Siedlungspolitik, Freizeitgestaltung, Kommunikationsverhalten, Wirtschaftsstruktur, Umwelt, ja nahezu für alle Bereiche des menschlichen Lebens ergaben, revolutionierten das Alltagsleben. [...]
In dieselbe Richtung zeigten die Herausbildung des Tourismus als Kollektivphänomen und die Expansion des neuen Massenmediums „Fernsehen". Beide ebenfalls epochemachenden Entwicklungen haben in Deutschland ihren Ursprung in den dreißiger Jahren, sodass auch hier auf eigene Erfahrungen zurückgegriffen werden konnte. [...] Es gibt keinen Zweifel daran, dass die Hauptstützen der „Konsumgesellschaft" – Motorisierung, Tourismus und Massenmedien – ihre tiefen Spuren im öffentlichen Bewusstsein und im Lebensgefühl der Massen erst im Laufe der fünfziger und sechziger Jahre hinterlassen haben und daher zu Recht als Ergebnis des „Wirtschaftswunders" nach dem Zweiten Weltkrieg gesehen werden. [...]
Vor der generellen Verbesserung der wirtschaftlichen Lage traten andere Probleme der „Wirtschaftswunderzeit" zurück. [...] Je weiter die Motorisierung voranschritt und die Freiheit des Einzelnen zu erweitern versprach, desto mehr stiegen die sozialen Kosten einer „autogerechten" Welt, in der die Mehrheit der Bundesbürger nunmehr wohnen wollte, und verringerten sich in den Verdichtungsräumen des Straßenverkehrs die Entfaltungsmöglichkeiten des einzelnen Autofahrers. Ursprüngliche Lebensqualität schlug um in Umweltbelastung. Ähnliches gilt für den Massentourismus, dessen Reiz gerade durch die Folgen seiner steigenden Popularität und der Erschwinglichkeit von Pauschalreisen zwangsläufig Schaden nehmen musste, und für die elektronischen Medien, deren kulturelle Problematik im vollen Maße erst in den siebziger Jahren erkannt worden ist.
Schließlich: In dem Maße, wie die Bundesrepublik in den fünfziger Jahren zur Industriegesellschaft par excellence geworden ist, hat sie auch deren außerordentliche Probleme in Kauf nehmen müssen. Hohe Abhängigkeit vom Weltmarkt, von Energieimporten und knappen Rohstoffen, starke Umweltbelastungen durch industrielle Emissionen und Abfälle, Zersiedelung der Landschaft durch dezentrale Industrieansiedlung oder Beschäftigungskrisen durch wirtschaftlichen Strukturwandel waren noch keine dringenden Fragen der sechziger Jahre. Aber all diese Probleme, die die Bundesrepublik jenseits der „Grenzen des Wachstums" besonders hart trafen, sind in den Langen Fünfziger Jahren entstanden.

Werner Abelshauser, Deutsche Wirtschaftsgeschichte seit 1945, München 2004, S. 336-341

1. *Arbeiten Sie die Kennzeichen der Konsumgesellschaft in der Zeit des „Wirtschaftswunders" heraus.*
2. *Erläutern Sie, welche Folgen die „Demokratisierung des Konsums" (Z. 12) hatte.*
3. *Beurteilen Sie das damalige Konsumverhalten aus heutiger Sicht.*

Industriestandort in der Krise

Die Wirtschaft bricht ein In den 1970er-Jahren erfuhr die Weltwirtschaft einen dramatischen Einbruch. Auch die bundesdeutsche Wirtschaft erlebte eine Talfahrt. Sie erreichte 1975 ihren Tiefpunkt und erholte sich danach nur langsam. Der Boom der 50er- und 60er-Jahre war dahin. Es herrschten nun Wachstumsschwäche (Stagnation), Preissteigerung (Inflation), Massenarbeitslosigkeit und steigende Staatsverschuldung. Dieser Umschwung hatte zahlreiche Gründe:

- Seit 1971 war das System fester Wechselkurse beendet. Die D-Mark wurde aufgewertet, was die Ausfuhr von Waren verteuerte.
- Durch den „**Ölpreis-Schock**“ von 1973 stiegen die Kosten für Energie und wichtige Rohstoffe sprunghaft an. 1979/80 fand eine weitere Preisexplosion an den internationalen Ölmärkten statt. Die Produktionskosten stiegen, der Export schrumpfte.
- Traditionelle Industriezweige wie Bergbau, Schwerindustrie und Textilproduktion arbeiteten nicht länger rentabel. Auf dem Weltmarkt waren ihre Produkte nicht mehr konkurrenzfähig.
- Der Binnenmarkt schien nach dem Wiederaufbau und der Konsumsteigerung der früheren Jahrzehnte übersättigt (▸ M1).
- In den neuen Technologien wie Mikroelektronik, Luft- und Raumfahrt hatte man den Anschluss an die USA und Japan vorerst verpasst.
- Hohe Löhne und steigende Sozialabgaben (Lohnnebenkosten) verteuerten die Produktion. Die Arbeitgeber reagierten, indem sie Arbeitsplätze abbauten.

Ölpreis-Schock: Aus Protest gegen den Krieg Israels mit Syrien und Ägypten (1973) verringerten oder stoppten arabische Staaten die Lieferung von Erdöl an die westlichen Verbündeten Israels.

Der Staat hilft und verschuldet sich Die Wirtschaft war auf die Unterstützung des Staates angewiesen. Die Bundesbank senkte die Zinsen, um Kredite zu verbilligen. Auch die Währung wurde stabilisiert.

Die Bundesregierung aus SPD und FDP unter Kanzler Helmut Schmidt (1974-1982) beschloss ein umfangreiches Konjunkturpaket: Investitionszulagen und Staatsaufträge für Unternehmen, Beschäftigungsprogramme und Umschulungen gegen die Arbeitslosigkeit sowie Subventionen zur Stützung strukturschwacher Wirtschaftszweige.

Diese Maßnahmen entschärften die Krise, kosteten jedoch viel Geld. Wegen der hohen Arbeitslosigkeit musste der Staat die fehlenden Beiträge in den Sozialkassen (Arbeitslosen-, Kranken-, Rentenversicherung) ausgleichen.

▾ Zeichen der Krise.
Als Reaktion auf gestiegene Ölpreise verhängte die Bundesregierung in der „ersten Ölkrise“ 1973 ganztägige Fahrverbote. Unrentabel arbeitende Unternehmen der Schwerindustrie wurden seit den 1970er-Jahren verkleinert oder abgebaut. In der „zweiten Ölkrise“ 1979/80 stieg der Benzinpreis erneut rasch an.

▲ **„2 Millionen Arbeitslose."**
Einen neuen Höchststand seit 1954 meldete „Der Spiegel" am 6. Dezember 1982.

Die Ansprüche bleiben hoch Die veränderte wirtschaftliche Lage führte vorerst zu keinem Bewusstseinswandel. In den 1970er-Jahren baute die Regierung die öffentlichen Leistungen unvermindert aus. Die Soziale Marktwirtschaft sollte v. a. „sozial" sein – für Politik und Gesellschaft hatten Gerechtigkeit und Wohlstandsmehrung Vorrang vor wirtschaftlicher Ausgewogenheit (▸ M2). Die öffentliche Verschuldung stieg zwischen 1970 und 1982 von umgerechnet 24 auf 158 Milliarden Euro.

Auch die Gewerkschaften hielten an ihrer Forderung nach hohen Lohnzuwächsen fest. In den 1970er- und 80er-Jahren kam es zu langen Streiks und Auseinandersetzungen mit den Arbeitgebern.

Politische Wende und wirtschaftliche Erholung Der Streit um die Wirtschaftspolitik führte 1982 zum Bruch der Koalition aus SPD und FDP und zum Regierungswechsel. Die Regierung unter Bundeskanzler Kohl aus CDU/CSU und FDP nahm Steuerentlastungen und – erstmals seit Bestehen der Bundesrepublik – Kürzungen im Sozialbereich vor. Zugleich erholte sich die Weltwirtschaft angesichts eines Preisverfalls für Erdöl Mitte der 1980er-Jahre. Die bundesdeutsche Wirtschaft wuchs wieder, Hunderttausende neuer Arbeitsplätze wurden geschaffen. Gleichwohl nahm die Zahl der Arbeitslosen zu, da die geburtenstarken Jahrgänge (um 1955 bis 1965) inzwischen auf den Arbeitsmarkt drängten und die **Rationalisierung** im industriellen Sektor voranschritt. Trotz wachsender Konjunktur blieb eine immer größere Zahl von Personen ohne Beschäftigung (Sockelarbeitslosigkeit).

Rationalisierung: Maßnahmen zur Senkung der Produktionskosten, oft verbunden mit dem Abbau von Arbeitsplätzen

Dauerproblem Arbeitslosigkeit Der Mangel an Arbeitsplätzen erwies sich – wie in den übrigen Industrieländern – als strukturelles Problem. Dabei stieg die Zahl der Jugendarbeitslosen besonders stark, von etwa 200 000 jugendlichen Erwerbslosen 1983 auf rund 480 000 im Jahr 1988.

Auch öffnete sich die Schere zwischen Arm und Reich. Während die Einkommen von Spitzenverdienern überdurchschnittlich stiegen, wuchs der Anteil der Armen (Menschen, deren Verdienst unterhalb der Hälfte des Durchschnittseinkommens liegt) von 6,5 Prozent der Bevölkerung 1973 auf über zehn Prozent im Jahr 1992 (alte Bundesländer). Die Zahl der Sozialhilfeempfänger war von 1,5 Millionen im Jahr 1970 auf 2,1 Millionen 1980 angewachsen und erhöhte sich auf 3,6 Millionen am Ende des Jahrzehnts. In erster Linie betraf dies alleinerziehende Mütter, Eltern kinderreicher Familien, Jugendliche und Langzeitarbeitslose.

◂ **Warteschlange vor einem Arbeitsamt in West-Berlin.**
Foto von 1982.

◂ **„Ausgestorbene“ Berufe.** *Seit den 1970er-Jahren sind zahlreiche Berufe, die zuvor verbreitet waren, verschwunden oder nur noch sehr selten anzutreffen.*

- *Ermitteln Sie, weshalb die abgebildeten Berufe (Schriftsetzer, Telefonistin, Milchmann, Fahrkartenverkäuferin, Tankwart, Bedienung im Lebensmittelgeschäft) in den 1970er- und 80er-Jahren ausstarben.*

Arbeitswelt im Wandel In den 1970er- und 80er-Jahren vollzog sich ein grundlegender Wandel der Arbeitswelt. Er betraf v. a. fünf Bereiche:

- Technisierung: Individuelle Arbeit wurde durch automatische Fertigungsprozesse ersetzt (Einsatz von Robotern, Computern). Das führte entweder zum Abbau von Arbeitsplätzen oder zwang die Arbeitnehmer zum Umlernen auf die Kontrolle und Bedienung neuer Geräte.
- Rationalisierung: Viele Stellen wurden entbehrlich. Manche Berufszweige wurden angesichts des technischen Fortschritts und der veränderten Konsumgewohnheiten völlig überflüssig.
- Flexibilisierung: Das Erlernen und lebenslange Ausüben eines Berufs wurde zum Idealfall. Immer mehr Menschen mussten stattdessen umschulen oder sich weiterbilden, das Berufsfeld oder den Wohnort wechseln, um beschäftigt zu bleiben.
- Seit 1972 war Teilzeitarbeit gesetzlich geregelt. Sie wurde besonders von Frauen und Alleinerziehenden genutzt. Die Tarifparteien (Arbeitgeber und Gewerkschaften) setzten in manchen Branchen auf die Verkürzung der Arbeitszeit (40- bzw. 38,5-Stunden-Woche) und Regelungen zum Vorruhestand. Das Ziel, dadurch mehr Arbeitsplätze zu schaffen, wurde nur selten erreicht.
- Aufhebung der Geschlechtertrennung: Als Folge des Bildungsausbaus und zunehmender Chancengleichheit drängten immer mehr Frauen in traditionelle „Männerdomänen“.

▴ **Werbeaufkleber der IG Metall.** *Die Vertretung der Metallarbeiter forderte seit 1977 die 35-Stunden-Woche bei vollem Lohnausgleich. 1995 wurde die 35-Stunden-Woche in der Metallindustrie eingeführt.*

M1 Ausstattung der Haushalte mit langlebigen Konsumgütern (in Prozent)

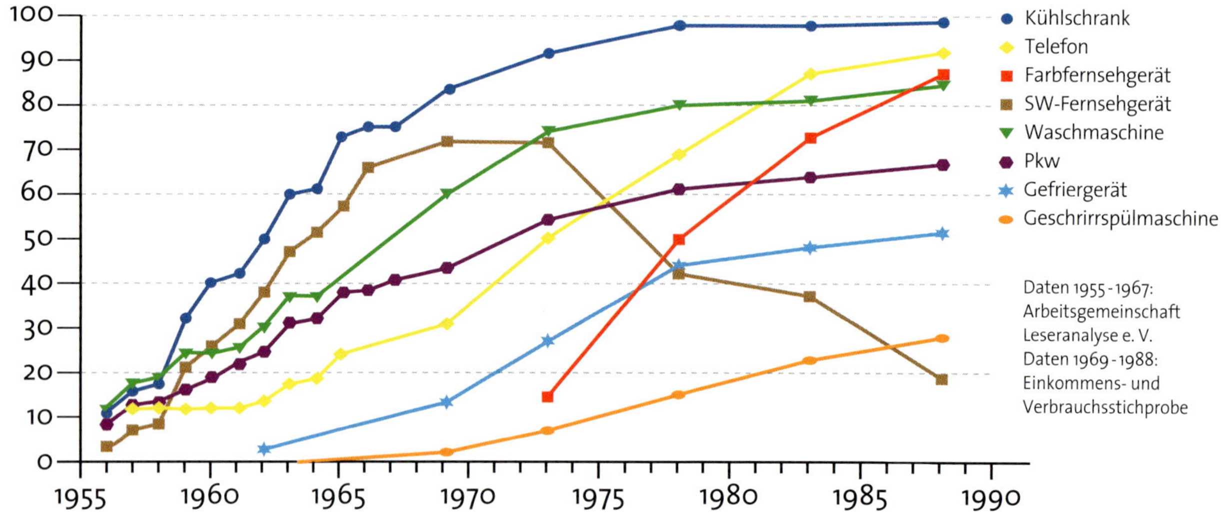

1. *Nennen Sie wirtschaftliche Folgen, die sich aus der hier dargestellten Entwicklung ergeben.*

2. *Recherchieren Sie vergleichbare Zahlen für heutige Konsumgüter: Handy, MP3-Player, Flachbild-Fernseher.*

M2 Die Grenzen des Wachstums

„Der Spiegel" blickt 1980 zurück auf ein Jahrzehnt übertriebener Erwartungen:

Die Wohlstandswoge, von der die Gesellschaften des Westens nach dem Krieg getragen wurden, läuft allmählich aus. [...]

Im Rausch ihrer neuen Reformpolitik Anfang der siebziger Jahre hatten die Sozialliberalen[1] [...] die komplizierte und gut geölte Wirtschaftsmaschinerie als einen Motor mit Selbstzündung verstanden. Ein so gearteter Wohlstandsapparat, vermuteten die Regierenden in Bonn damals, produziere Wachstum und Steuereinnahmen gleichsam vollautomatisch. Am Ende einer solchen Entwicklung erträumten sie eine Art soziales Schlaraffenland [...]: Jeder Deutsche ein Abiturient, jeder Rentner ein Wohlstandsbürger und jede Ansiedlung, im Grünen gelegen, fünfzehn Minuten von der nächsten Autobahnabfahrt entfernt.

Entsprechend protzig richteten auch Unternehmen und Branchen ihre Zukunftsprojektionen ein. Die Fahrzeugfabrikanten trieben den Normalverbraucher in die obere Mittelklasse [...], und was mehr als 15 Liter auf hundert Kilometer verbrauchte, das war schick. Die Stromversorgungsgesellschaften verkündeten eine Verdoppelung des Elektrizitätsverbrauchs in jeweils zehn Jahren, und die Ölunternehmen wollten ihre Raffineriekapazitäten während der siebziger Jahre ungefähr verdoppeln. [...]

Das Bruttosozialprodukt [...] werde sich lässig mit durchschnittlich fünf Prozent im Jahr fortentwickeln, sich folglich in fünfzehn Jahren jeweils verdoppeln. Das Reiseunternehmen Neckermann sah für das Ende der siebziger Jahre zwei Millionen Deutsche [...] in den Urlaub fliegen.

Was wirklich geschah, wirkt jammervoll dagegen: Selten noch sind die Hoffnungen vom Beginn eines Jahrzehnts an dessen Ende so enttäuscht worden wie in den siebziger Jahren. [...]

Die Ausgaben für Soziales stiegen seit 1973 um 78,3 Prozent, das Steueraufkommen um 52,5 Prozent und das Bruttosozialprodukt um nominal 51,6 Prozent. Den Wust der Ansprüche abzubauen oder gar nur abzuwehren, würde Gesetzesänderungen bedeuten, die in einer wachstumsarmen Zeit kaum realisierbar wären. Zu viele mächtige Gruppeninteressen [...] würden jede Bewegung verhindern.

Werner Meyer-Larsen, Die fetten Jahre sind vorbei, in: Der Spiegel vom 8. September 1980, S. 32, 34, 36 und 45

1. *Stellen Sie dar, welche Fehlprognosen in Politik und Wirtschaft in den 1970er-Jahren auftraten.*

2. *Begründen Sie, weshalb es in einer Demokratie schwierig ist, Einschränkungen und Kürzungen durchzusetzen.*

[1] Sozialliberale: Regierungsbündnis (Koalition) aus SPD und FDP

Einheit und Reform des Standorts Deutschland

Folgen der Einheit Die deutsche Einheit von 1990 sorgte für einen unerwarteten Aufschwung der Binnenwirtschaft. In kurzer Zeit musste die Infrastruktur der neuen Bundesländer an das Westniveau angeglichen werden. Durch die Wirtschafts- und Währungsunion kamen auf einmal 18 Millionen „neue" Verbraucher hinzu.

Dagegen brachte die Abwicklung der ostdeutschen Planwirtschaft viele Bürger in den neuen Ländern um ihren Arbeitsplatz. Bis 2005 stieg die Zahl der Arbeitslosen, sie betrug deutschlandweit zeitweise 4,8 Millionen (13 Prozent der Erwerbsfähigen).

Die Wirtschaft der Bundesrepublik stagnierte seit Mitte der 1990er-Jahre. Erst seit der Jahrtausendwende zog die Konjunktur wieder an, unterbrochen durch die Rezession von 2000/01 sowie die weltweite Finanz- und Wirtschaftskrise der Jahre 2008/09.

▲ **Baukräne am Potsdamer Platz in Berlin.**
Foto von 1996.
Das Zentrum von Berlin wurde nach dem Ende der Teilung über weite Strecken neu aufgebaut. Es sollte Unternehmen, ausländischen Botschaften sowie Regierung und Parlament als hochmoderne Metropole dienen.

Wirtschaftspolitik im vereinten Deutschland Die Politik gab im Laufe der 1990er-Jahre zahlreiche Impulse, um die Wirtschaft anzukurbeln:

- Die Einführung des Europäischen Binnenmarktes 1993 vergrößerte die Absatzchancen für deutsche Waren. Rund 40 Prozent des deutschen Exports gehen in EU-Mitgliedstaaten.
- 1999 wurde der Euro als Gemeinschaftswährung eingeführt, seit 2002 auch als Bargeld. Der Wegfall der Wechselkurse in der Eurozone verbilligte deutsche Waren und ließ die Ausfuhren deutlich steigen.
- Bund und Länder reformierten den öffentlichen Dienst. Viele Unternehmen wurden privatisiert (Bahn, Post und Telekommunikation, Energieanbieter). Öffentliche Angestellte und Beamte erhielten strengere Maßstäbe für Leistung und Wirtschaftlichkeit.
- Gewerkschaften und Arbeitgeber verständigten sich seit Mitte der 1990er-Jahre auf geringe Lohnsteigerungen oder gar Lohnverzicht („betriebliche Bündnisse für Arbeit").
- Die Bundesregierung trieb die **Deregulierung** des Arbeitsmarktes voran: Die Ausweitung von Minijobs und befristeten Arbeitsverträgen, die Lockerung des Kündigungsschutzes und die Anhebung des Rentenalters (von 60 auf 65 Jahre) sorgten für mehr Beschäftigung.

Deregulierung: Verringerung staatlicher Eingriffe in die Wirtschaft

Reform der Sozialen Marktwirtschaft Neben diesen Maßnahmen war der Umbau der Sozialsysteme dringend notwendig. Der Staat hatte sich durch immer mehr Sozialleistungen tief verschuldet. Durch die Umlage der Sozialbeiträge auf Löhne und Gehälter wurde Arbeit in Deutschland immer teurer. Doch der Einigungsprozess und die zeitweilige Blockade zwischen den politischen Parteien verzögerten eine Wende. Erst in den späten 1990er-Jahren wurde der „Reformstau" überwunden. Zunächst führte eine Rentenreform (2001) zur Entlastung der Sozialkas-

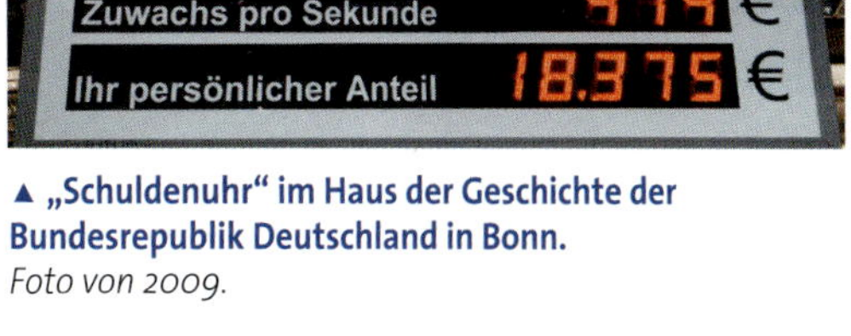

▲ **„Schuldenuhr" im Haus der Geschichte der Bundesrepublik Deutschland in Bonn.**
Foto von 2009.

▲ **Titelbild des „Stern", August 2004.**
Das Hartz-IV-Gesetz nahm drastische Einschnitte für Langzeitarbeitslose vor. Es wurde heftig kritisiert, weil vielen Betroffenen die Armut drohte.

sen. Arbeitnehmer sollen neben ihrer staatlich garantierten Grundrente in eine betriebliche und private Altersvorsorge einzahlen. Nur so lässt sich der im Berufsleben erreichte Status auch im Alter bewahren.

Eine tief greifende Reform des Arbeitsmarktes nahm die rot-grüne Bundesregierung unter Kanzler Gerhard Schröder (SPD) vor. Die „Hartz-Gesetze"* (2003 - 2005) verordneten auch Kürzungen des Arbeitslosengeldes und eine Neuregelung der Arbeitslosen- und Sozialhilfe (Hartz IV).

Das Reformpaket war höchst umstritten. Während es von einer großen Mehrheit der Parteien getragen wurde, erfuhr es heftigen Widerspruch bei den Gewerkschaften und in Teilen der Bevölkerung. Kritiker sprachen von „Sozialabbau". Wirtschaftlich zahlten sich die Reformen trotz ihrer sozialen Härten aus, insofern Arbeit in Deutschland billiger wurde und die öffentlichen Haushalte Entlastung erhielten („Sozial ist, was Arbeit schafft") (▸ M1). Der Standort Deutschland wurde durch die Hartz-Reformen modernisiert. Die Arbeitslosigkeit nahm spürbar ab und sank 2011 auf den niedrigsten Stand seit der Wiedervereinigung.

Arbeitswelt der Gegenwart Die beiden Jahrzehnte seit der deutschen Wiedervereinigung haben den Alltag der Arbeitswelt weiter verändert:

- Die Bindung an bestimmte Arbeitszeiten nimmt ab: Viele gesetzliche Feiertage wurden abgeschafft, in immer mehr Branchen gibt es Sonntagsarbeit, unbezahlte Überstunden und variablen Urlaub.
- Angesichts häufiger Arbeitsplatzwechsel lässt die Bindung an Betriebe und Unternehmen nach.
- Der Einfluss der Gewerkschaften schwindet. Ihre Opposition gegen die Hartz-Reformen war erfolglos, der politische Druck reichte nicht aus. Insgesamt sinkt die Zahl ihrer Mitglieder. Auch haben sich die Interessen der Beschäftigten gewandelt: Arbeitsplatzsicherheit ist inzwischen wichtiger als höhere Löhne und betriebliche Mitbestimmung.
- Der Niedriglohnsektor hat sich stark ausgeweitet. In diesem Bereich überwiegt die kurz- und mittelfristige Beschäftigung (▸ M2).
- Seit den 1990er-Jahren ist die **Globalisierung** der Wirtschaft überall sichtbar. Mit der Vernetzung der Märkte wächst der internationale Wettbewerb. Großunternehmen verlieren ihre Bindung an den Standort. Sie siedeln sich in Deutschland an oder verlagern die Produktion ins Ausland, wenn es die Lage erfordert. Dagegen bleibt der **Mittelstand** eher standortgebunden. Er schafft die Mehrzahl der Ausbildungs- und Arbeitsplätze.

Das größte Problem bereitet die Überalterung der Gesellschaft. Derzeit gibt es in Deutschland mehr Beschäftigung als je zuvor. Dennoch schrumpft der Anteil der Erwerbstätigen an der Gesamtbevölkerung, während derjenige der Ruheständler unaufhaltsam zunimmt. Der „Generationenvertrag" ist in Gefahr, wenn immer weniger Berufstätige immer mehr Renten finanzieren müssen.

Globalisierung: weltweite Verflechtung von Handel, Produktion und Kapital

Mittelstand: Mittelschicht einer Industriegesellschaft; wirtschaftlich: Betriebe und Unternehmen mittlerer Größe

* Benannt nach dem Manager Peter Hartz (geb. 1941). Die Bundesregierung berief ihn zum Leiter einer Kommission, die das Konzept für eine Arbeitsmarktreform ausarbeitete.

◂ **Arbeit und Sprache.**
Früher wurde mit dem Begriff „Job" minderwertige Arbeit bezeichnet (Gelegenheitsjobs, Ferienjobs). Seit den 1990er-Jahren wird der Begriff „Job" für jede Berufstätigkeit verwendet.
▪ *Diskutieren Sie, ob dieser Begriffswandel auch eine andere Einstellung zur Arbeit ausdrückt.*

M1 Das Anwachsen des Sozialstaats

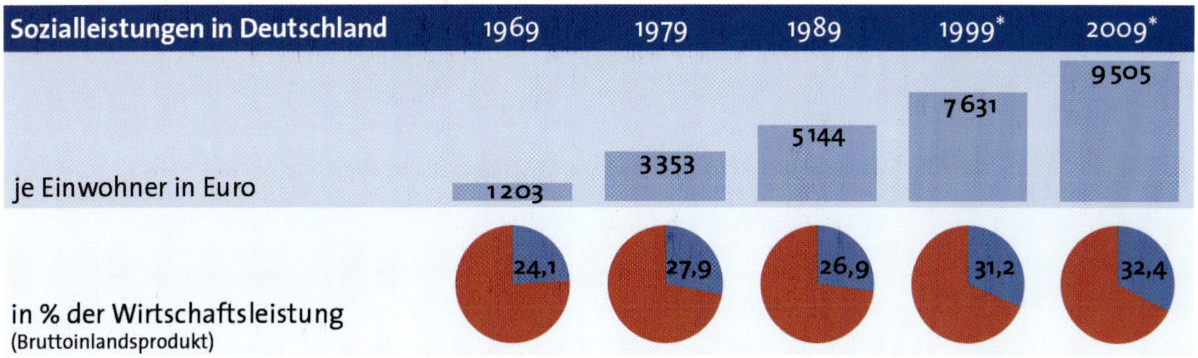

Erläutern Sie die Entwicklung der Sozialleistungen. Welche Folgen haben die Veränderungen im Verhältnis zu deren Anteil am Bruttoinlandsprodukt?

M2 Aufschwung für alle?

In der Online-Ausgabe der „Süddeutschen Zeitung" kommentiert der Journalist Guido Bohsem die Lage auf dem Arbeitsmarkt im Jahr 2011.

Der größte Wirtschaftsboom seit zwei Jahrzehnten, die niedrigste Arbeitslosigkeit – Deutschland kann sich derzeit in guten Nachrichten sonnen. Doch hat der Aufschwung eine dunkle Seite. Den Preis für die wiedergewonnene Wettbewerbsfähigkeit der Bundesrepublik haben vor allem die Arbeitnehmer gezahlt.

Seit nunmehr einem Jahrzehnt sind die Löhne in der Bundesrepublik nicht mehr gewachsen, und das hat den Boom ausgelöst. Noch schlimmer sieht es für die Menschen aus, die ohnehin wenig verdienen. Ihre monatlichen Nettogehälter sind in der letzten Dekade zum Teil deutlich geschrumpft. [...]

Verantwortlich für die Lohneinbußen am unteren Rand ist die Zunahme der sogenannten atypischen Beschäftigungsverhältnisse. Da geht es um die Verkäuferin, die nur tageweise arbeitet, weil sie keinen Vollzeitjob findet und deshalb im Monat weniger verdient als früher. Darunter fällt der Zeitarbeiter, der die gleiche Aufgabe verrichtet wie sein fest angestellter Kollege, dafür allerdings weniger Geld erhält.

Mit einiger Berechtigung kann man sagen: Es ist besser für den Einzelnen und für die Volkswirtschaft insgesamt, wenn diese Menschen einer schlecht bezahlten Arbeit nachgehen anstatt in Arbeitslosigkeit zu verharren. Doch das alleine wäre zu kurz gegriffen. Vieles, was im Niedriglohnbereich passiert, ist missbräuchlich. Da werden Vollzeitstellen massenhaft in Teilzeitstellen umgewandelt oder in Minijobs zerhackt. Und die Zeitarbeit dient manchem Unternehmen als günstiger Weg, um das teurere Stammpersonal unter Druck zu setzen oder loszuwerden.

Auch die sogenannten Besserverdienenden sind nicht verschont geblieben von der jahrelangen Lohnzurückhaltung. Sie konnten ihr Einkommen zwar halten, doch viel mehr war nicht drin. Auch sie haben damit einen nicht zu unterschätzenden Beitrag zum Aufschwung geleistet. Die gute Nachricht ist, dass sich bei ihnen in den kommenden Monaten eine Trendwende abzeichnet. Denn die hohe Auslastung der Betriebe und die Suche nach qualifiziertem Personal, Spezialisten gar, wird den Preis für die Arbeit in diesem Bereich nahezu zwangsläufig nach oben treiben.

www.sueddeutsche.de/karriere/lohnentwicklung-in-deutschland-arbeitnehmer-abgehaengt-vom-aufschwung-1.1122570 [aufgerufen am 1. Dezember 2011]

1. *Arbeiten Sie heraus, welche Faktoren den jüngsten Aufschwung der deutschen Wirtschaft ermöglicht haben.*
2. *Diskutieren Sie über das Für und Wider von Lohnerhöhungen. Argumentieren Sie dabei aus der Perspektive eines Unternehmers, eines Beschäftigten und aus gesamtwirtschaftlicher Warte.*

Familie, Frauen und Jugend in der Bundesrepublik

◂ **Inge Meysel als Hausmeisterin Anni Wiesner in „Ihr schönster Tag".**
Filmstandbild von 1962.
Die Schauspielerin Inge Meysel (1910-2004) verkörperte häufig einfache Frauen. Dies trug ihr den Beinamen „Mutter der Nation" ein. Privat vertrat Meysel fortschrittliche Positionen: Sie kämpfte für Frauenrechte, die Anerkennung gleichgeschlechtlicher Partnerschaften und das Recht auf selbstbestimmtes Sterben.

Gesellschaft der Nachkriegszeit	**1949**	Das Grundgesetz garantiert gleiche staatsbürgerliche Rechte für Mann und Frau (Art. 2, Abs. 3).
	1953	Neues Jugendstrafrecht (Grundsatz: „Erziehen statt Strafen").
	1955-1957	Die letzten deutschen Kriegsgefangenen kehren aus der Sowjetunion zurück.
	1955-1970	Geburtenstarke Jahrgänge („Babyboom") in der Bundesrepublik Deutschland.
Auf dem Weg zur Gleichberechtigung	**1958**	Das „Gesetz über die Gleichberechtigung von Mann und Frau" tritt in Kraft.
	1961	(Wieder-)Einführung des staatlichen Kindergeldes.
	1962	Die „Anti-Baby-Pille" wird in der Bundesrepublik zugelassen.
	1970	Die Volljährigkeit wird von 21 auf 18 Jahre gesenkt.
	1972	In der Bundesrepublik gibt es erstmals jährlich mehr Todesfälle als Geburten.
	1972	Gesetzliche Regelung der Teilzeitarbeit, von der v. a. Frauen Gebrauch machen.
	1974/76	Reform des Abtreibungsrechts.
	1977	Reform des Ehe- und Familienrechts. Das Scheidungsrecht wird vereinfacht.
Gesellschaft der Gegenwart	**um 1990**	In Westdeutschland beginnt der Ausbau der staatlichen Kinderbetreuung.
	1991	Erstmals leben in Deutschland ebenso viele ältere Menschen (über 65) wie Kinder und Jugendliche unter 15 Jahren.
	1995	Einführung der gesetzlichen Pflegeversicherung.
	2001	Gleichgeschlechtliche Paare können eine anerkannte Lebenspartnerschaft eingehen.

1

2

3

4

5

1: Wegen des geringen Autoverkehrs war in den 1950er-Jahren das Spielen auf der Straße sogar in Städten noch möglich. Foto aus Bonn, 1955. – 2: Werbeanzeige mit morgendlicher Familienszene, um 1957. – 3: Die feministische Zeitschrift „Emma" wurde 1977 gegründet. Titelbild, 1984. – 4: Die erste in Deutschland erhältliche „Anti-Baby-Pille", 1961. – 5: Die ersten Barbie-Puppen wurden in Deutschland 1964 verkauft. Sie machten seither alle Entwicklungen der Mode mit.

- *Arbeiten Sie heraus, was die gezeigten Materialien mit dem Kapitelthema verbindet.*
- *Diskutieren Sie den gesellschaftlichen Trend, der durch die abgebildete Statistik verdeutlicht wird.*

Alte Rollenmuster, neue Freiheiten: 1949 bis 1990

Bevölkerungswachstum Die westdeutsche Bevölkerung wuchs nach 1945 kräftig. Das lag einerseits an den zwölf Millionen Flüchtlingen und Vertriebenen sowie den Zuwanderern aus der DDR. Es lag andererseits an einem regelrechten „Babyboom" zwischen etwa 1955 und 1970. Seit 1960 wurden jährlich über 900 000 Geburten registriert. Ab 1970 sank die Geburtenrate auf den Stand von 1950 und danach immer weiter ab.

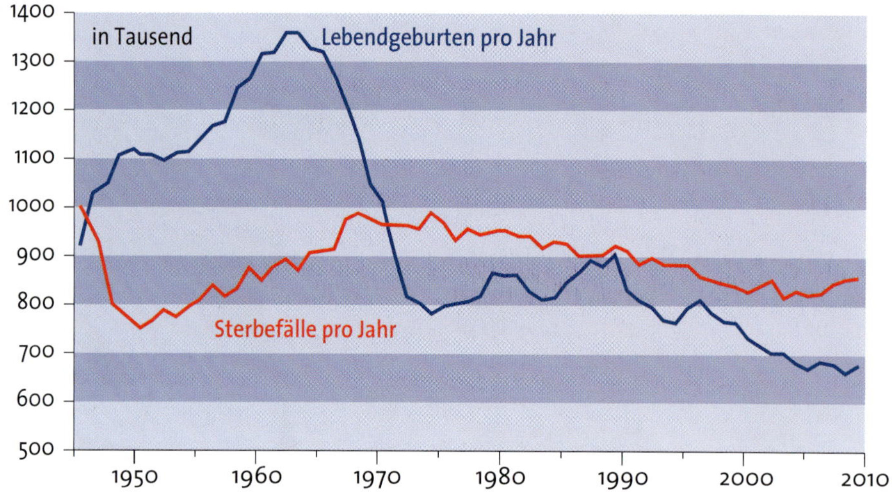

▸ **Bevölkerungsentwicklung in Deutschland 1947-2010.** *Wie in anderen Industrieländern ging die Zahl der Geburten seit den 1970er-Jahren ständig zurück. Seit 1972 unterschreitet die Zahl der Neugeborenen die der Todesfälle („Sterbeüberschuss").*

Quelle: Statistisches Bundesamt Wiesbaden, 2012

▴ **Trautes Heim, Glück allein.** *Foto aus Bonn von 1958. Das Lebensgefühl der Deutschen in den 1950er-Jahren legte Wert auf Ruhe und Gemütlichkeit in den eigenen vier Wänden.*

Rückzug ins Private Nach den Schrecken des Krieges und seinen Folgen sehnten sich die Menschen nach Sicherheit, Familienleben und privatem Glück. Der wirtschaftliche und technische Aufschwung half, diese Wünsche zu erfüllen. Immer mehr Menschen hatten seit den 1950er-Jahren sichere Arbeitsplätze. Bald kam der Komfort einer neuen Wohnung oder eines Autos hinzu. Die Mobilität stieg, während die durchschnittliche Arbeitszeit sank: Beides schuf mehr Freiräume. Ein eigenes Radiogerät sowie seit Ende der 50er-Jahre ein eigener Fernseher in den meisten Haushalten sorgten für Unterhaltung am Feierabend und am Wochenende, an der die ganze Familie teilnahm.

Ehe und Familie Bis Ende der 1960er-Jahre war Ehe die ausschließlich akzeptierte, überwiegend praktizierte Form des Zusammenlebens von Mann und Frau. Dabei wurden viele eheliche Verbindungen aus materiellen Erwägungen getroffen („Vernunftehen"). Als ebenso selbstverständlich galt die Verbindung von Ehe und Elternschaft. In den 60er-Jahren waren 95 Prozent der Bundesbürger im Alter bis zu 45 Jahren wenigstens einmal im Leben verheiratet gewesen, 94 Prozent aller Kinder wurden ehelich geboren.

In den 1950er- und 60er-Jahren waren die Rollen zwischen den Ehepartnern klar verteilt: Während der Ehemann für das Einkommen sorgen sollte, hatte sich die Frau um den Haushalt und die Erziehung zu kümmern („Kinder, Küche, Kirche") (▸ M1). Erwerbstätige Frauen waren in der Regel unverheiratet oder verwitwet. 1950 waren von den etwa 25 Prozent berufstätigen Frauen die meisten in Betrieben von Familienangehörigen oder Verwandten beschäftigt.

▶ **„Trümmerfrauen" in Berlin.**
Foto von 1945.
Durch zahlreiche Bilder wird gerade die „Trümmerfrau" als typisch für die weibliche Rolle in der Nachkriegszeit angesehen. Aber nur ein kleiner Teil der damaligen Frauen war in dieser Funktion tätig.

Frauen in der Nachkriegszeit Direkt nach Kriegsende leisteten Frauen den Wiederaufbau der zerbombten Städte. Als „Trümmerfrauen" wurden alle 15- bis 50-Jährigen eingesetzt, selbst Mütter, zum Ausgleich für den Mangel an männlichen Arbeitskräften.

Das Grundgesetz von 1949 garantierte Frauen und Männern gleiche Rechte als Staatsbürger (Art. 3, Abs. 2). Das damalige Ehe- und Familienrecht wurde jedoch nicht reformiert und gewährte den Ehemännern weiterhin Vorrechte. Bis 1958 besaß der Ehemann rechtlichen Anspruch auf den Gehorsam seiner Frau sowie ein Letztentscheidungsrecht über das in die Ehe eingebrachte Vermögen. Ebenso musste der Mann zustimmen, wollte seine Frau eine außerhäusliche Beschäftigung ausüben.

Spätheimkehrer: ehemalige Kriegsgefangene, die nach dem 31. Dezember 1946 entlassen wurden. Sie hatten Anspruch auf finanzielle Entschädigung.

Traumatische Erfahrungen Die Nachkriegsgesellschaft pflegte ein Bild der „heilen Welt" im Privaten. Tatsächlich jedoch waren viele Menschen seelisch verletzt durch den Verlust des Ehepartners, von Angehörigen oder der Heimat.

Hinzu kamen die sogenannten **Spätheimkehrer** aus sowjetischer Kriegsgefangenschaft. Die Sowjetunion hielt, anders als die Westalliierten, ihre deutschen Gefangenen jahrelang interniert und zwang sie zu schwerster körperlicher Arbeit. Von den drei Millionen Deutschen kamen über eine Million ums Leben. Die letzten Kriegsgefangenen durften nach 1955 aus der Sowjetunion zurückkehren. Für sie begann erst jetzt die Nachkriegszeit.

Kinder und Jugendliche: vaterlos und skeptisch Etwa ein Fünftel der zwischen 1920 und 1930 Geborenen wuchs ohne Vater auf, der entweder gefallen war, vermisst blieb oder sich auf unbestimmte Zeit in Kriegsgefangenschaft befand.

Diese Generation (die sogenannte „45er") war noch von der Katastrophe des Nationalsozialismus geprägt. Nach dem Krieg blieb sie skeptisch gegenüber allen politischen Parolen. Sie verhielt sich öffentlich und privat zurückhaltend, dafür arbeitete sie zielstrebig am beruflichen Erfolg und an der Verbesserung des eigenen Lebensstandards.

▲ **Jugendprotest im Film.**
Filmplakat von 1956.
In Deutschland wurden rauflustige, unangepasste Jugendliche „Halbstarke" genannt. Der gleichnamige Film mit Horst Buchholz (1933-2003) war an das Vorbild des US-Filmstars James Dean (1931-1955) angelehnt.

Umerziehung und Amerikanisierung Die Jugend in der frühen Bundesrepublik war die bevorzugte Altersgruppe für das Umerziehungsprogramm der Westalliierten (Reeducation). Kinder, Jugendliche und Heranwachsende wurden im Unterricht mit Rechtsstaat und Demokratie westlicher Prägung vertraut gemacht.

Auf die politische Umerziehung nach 1945 folgte die langfristige Übernahme der Lebensgewohnheiten der USA: Es begann die Amerikanisierung der bundesdeutschen Gesellschaft. Sie vollzog sich seit den 1950er-Jahren über die Medien, die Unterhaltungs- und Tanzmusik, über Filme, Mode und Konsum. Die Jugendlichen bildeten hier die Vorreiter. Sie wuchsen mit den neuen Idolen aus den USA und Großbritannien auf und lernten Englisch im Schulunterricht (▸ M2).

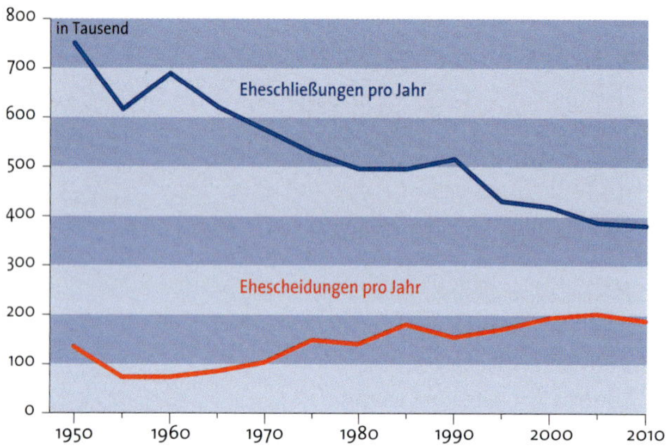

▲ **Eheschließungen und -scheidungen in Deutschland 1950-2010.**
Bundesgebiet und DDR bzw. neue Bundesländer.
Quelle: Statistisches Bundesamt Wiesbaden, 2102

Ehe, Partnerschaft und Familie In den 1960er-Jahren entstand unter jungen Menschen ein neues Verhältnis zu Sexualität und Ehe. Das Zusammenleben unverheirateter Paare stieß immer weniger auf gesellschaftliche Vorbehalte. Empfängnisverhütung wurde nicht länger als moralisch bedenklich angesehen. Die „Anti-Baby-Pille", seit 1962 in der Bundesrepublik zugelassen, wurde zum Symbol moderner Familienplanung. Für Verheiratete trat der Wunsch nach Kindern in den Hintergrund; im Vordergrund standen Liebe und Partnerschaft. Das durchschnittliche Heiratsalter stieg zwischen 1960 und 1990 deutlich an, von 25,9 auf 28,1 Jahre bei Männern und 23,7 auf 25,9 Jahre bei Frauen. Auch das unbedingte Festhalten an einer einmal geschlossenen Ehe blieb nicht länger die Norm. Die Scheidungsrate verdreifachte sich zwischen 1960 und 1990 nahezu (von 10,7 Prozent auf 30,0 Prozent der neu geschlossenen Ehen). Angesichts der zunehmenden Berufstätigkeit von Frauen, die dadurch finanziell unabhängig wurden, fiel es leichter, eine Ehe aufzulösen. Schließlich reagierte auch der Gesetzgeber, indem er das Scheidungsrecht vereinfachte: Seit 1977 können Ehen nach längerer Trennung aufgelöst werden, wobei kein „Verschulden" mehr nachgewiesen werden muss.

Wozu sollen Kinder und Jugendliche erzogen werden?	1951	1995
„zu Ordnungsliebe und Fleiß"	41 %	33 %
„zu Selbstständigkeit und freiem Willen"	28 %	65 %
„zu Gehorsam und Unterordnung"	25 %	9 %

▲ **Ergebnisse von Umfragen zu Erziehungszielen.**
Quelle: Gerhard A. Ritter, Über Deutschland. Die Bundesrepublik in der deutschen Geschichte, München ²2000, S. 113

Reform der Erziehung Der Rückgang der Geburten seit 1970 folgte aus einer veränderten Einstellung zum Kind. Paare, die sich für die Elternschaft entschieden, blieben in der Regel bei einem oder zwei Kindern, deren Betreuungsaufwand stark zunahm (▸ M3). Die elterliche Erziehung war seit den 1970er-Jahren immer weniger von Autorität und Strenge geprägt; dagegen überwogen nun Nachsicht und Fürsorge im Umgang mit Kindern. Ursache dafür war ein gesellschaftlicher Wertewandel, der die bisherigen Erziehungsideale infrage stellte.

Auch in der vorschulischen Betreuung und im Unterricht wurden andere Erziehungsmodelle eingeführt. Die sogenannte Reformpädagogik stammte aus dem frühen 20. Jahrhundert und stützte sich auf psychologische Erkenntnisse. Wichtig war die Entwicklung der Persönlichkeit von Kindern und Jugendlichen. Verantwortung und individuelle Fähigkeiten sollten durch Motivation statt durch Strenge gefördert werden.

Obwohl manche ihrer Methoden zu radikal erschienen, sorgte die Reformpädagogik dafür, dass Kinder und Jugendliche mehr Achtung und Sorgfalt erfuhren. Ebenso wurde die Betreuung in Heimen für Waisen und Schwererziehbare spürbar verbessert.

Neue Rollen in Gesellschaft und Staat Dank des materiellen Wohlstands und der Fortschritte in der Erziehung erlangten Jugendliche größere Freiheiten und mehr Mitbestimmungsmöglichkeiten.

An den Schulen wurde seit den späten 1960er-Jahren über Themen gesprochen, die in der Öffentlichkeit bis dahin tabu gewesen waren. Dazu gehörte die Aufklärung über Sexualität und Empfängnisverhütung, aber auch der Abbau von Vorurteilen gegenüber Homosexuellen sowie seit den 1980er-Jahren die Auseinandersetzung mit der Immunschwächekrankheit AIDS.

Die Anwendung körperlicher Gewalt war immer weniger gesellschaftlich akzeptiert. Das 1953 neu gefasste Jugendstrafrecht folgte dem Grundsatz „Erziehen statt Strafen". Bei Heranwachsenden zwischen 18 und 21 Jahren sollten das Gericht und die Jugendgerichtshilfe je nach persönlicher Reife des Angeklagten entscheiden, ob das mildere Jugend- oder das Erwachsenenstrafrecht anzuwenden sei. 1973 wurde die körperliche Züchtigung an Schulen untersagt und in Familien stark eingeschränkt. Völlig verboten wurde sie im Jahr 2000.

Die Teilnahme an Wahlen wurde 1970 von 21 auf 18 Jahre (aktives Wahlrecht) bzw. von 25 auf 21 Jahre (passives Wahlrecht, Wählbarkeit als Kandidat) herabgesetzt. Seit 1974 ist auch die Volljährigkeit mit 18 Jahren – anstatt mit 21 – erreicht.

▲ **Mit 18 wählen.**
Foto von 1970.
Die Herabsetzung des Wahlalters machte eine Änderung des Grundgesetzes und der Länderverfassungen erforderlich. In Bayern musste dies per Volksentscheid gebilligt werden. 54,8 Prozent stimmten dafür.

Trends in der Jugendkultur Im Laufe der 1960er-Jahre nahm das Freizeit- und Bildungsangebot zu. Jugendliche konnten ihren individuellen Neigungen nachgehen. Im Gegenzug verloren traditionelle Jugendorganisationen wie die kirchliche Jugend, die Arbeiterjugend oder die Pfadfinder an Bedeutung. Populär wurden Jugendtreffs und Jugendzentren. Großen Zulauf hatten Sport- und Tanzvereine, Theatergruppen, Chöre, Jugendorchester und -bands.

In den 1960er-Jahren grenzten sich Jugendliche verstärkt von der Elterngeneration ab. Sie entwickelten eine selbstständige Kultur mit eigener Musik, Mode und besonderem Sprachstil. Als Vorbilder dienten Idole aus Musik und Film, Sport, Literatur, Kunst und Politik, die überwiegend aus den USA und Großbritannien stammten. Diese Entwicklung hält bis heute an (▸ M⊕).

▲ **Titelbild der „Bravo".**
Ausgabe vom Mai 1972.
Das Jugendmagazin erscheint seit 1956. Millionen von Jugendlichen informierten sich darin über Stars, Mode und Musik. Besonders beliebt ist die Zeitschrift als Ratgeber für Liebe, Sex und Zärtlichkeit.

Gefahren Die Jugend erlangte mehr Selbstbestimmung. Seit den 1970er-Jahren nahmen Jugendliche daher auch die Krisen in Politik und Wirtschaft sowie die Bedrohung der Umwelt viel unmittelbarer wahr als in den Generationen zuvor (▸ M3).

Zugleich aber waren Jugendliche mehr denn je den Gefahren des modernen Alltags ausgesetzt: Die Zahl der jugendlichen Verkehrstoten stieg deutlich an, erst in den 1980er-Jahren nahm sie wieder ab. Alkoholkonsum und Drogenmissbrauch wurden zu einem Dauerproblem.

Jung und Alt In der Bundesrepublik zählten ältere Menschen zu den Gewinnern des wachsenden Wohlstands. Sie bezogen seit Ende der 1950er-Jahre steigende Renten und nahmen auch im Ruhestand am Konsum wie am gesellschaftlichen Leben teil.

Andererseits traf die zunehmende Schnelllebigkeit und Individualisierung der Gesellschaft ältere Menschen härter als jüngere. Der technische Fortschritt forderte ständige Anpassung und Aufgeschlossenheit für Neues. Aus dem gleichen Grund

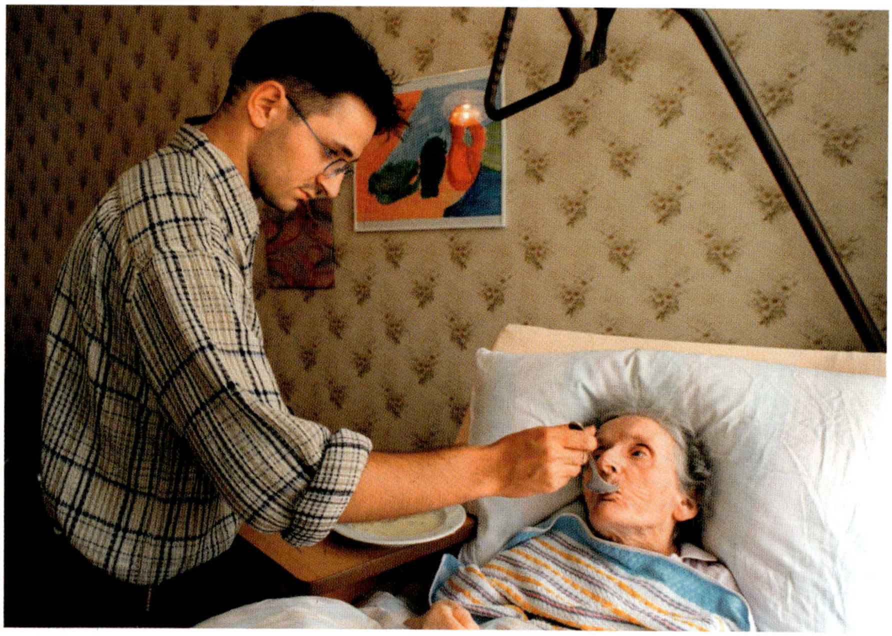

▸ **Zivildienstleistender in einem Pflegeheim.**
Foto von 2009.
Bis 2010 galt in der Bundesrepublik die allgemeine Wehrpflicht. Alternativ leisteten junge Männer Zivildienst, etwa als Krankenpfleger. Viele Jugendliche betreuen alte und kranke Menschen im Ehrenamt oder entscheiden sich für ein freiwilliges soziales Jahr. Oft ist dies die einzige Gelegenheit, mit Älteren, ihren Erfahrungen und Problemen in Berührung zu kommen.

waren auch das überlieferte Wissen und die Kompetenzen älterer Menschen immer weniger gefragt. Hinzu kam die räumliche Trennung von den übrigen Altersgruppen. In der Bundesrepublik wurde es seit den 1960er-Jahren üblich, dass junge Menschen bald nach dem Schul- oder Ausbildungsabschluss den elterlichen Haushalt verlassen.

Dagegen konnten immer mehr Menschen selbst im hohen Alter einen eigenen Haushalt finanzieren, ehe sie zuletzt in Bürger- oder Pflegeheime wechselten. Als Folge ist eine Trennung der Generationen entstanden: Während sich Alt und Jung im öffentlichen Raum wie selbstverständlich begegnen, nehmen die privaten und zwischenmenschlichen Kontakte zwischen ihnen ab.

Die Gleichstellung der Frau In der Bundesrepublik gab es seit den 1960er-Jahren – wie in den meisten westlichen Ländern – eine Frauenbewegung. Ihr Ziel war die Gleichberechtigung der Geschlechter in Arbeitswelt und Alltag. Die Abhängigkeiten und Benachteiligungen von Frauen sollten entfallen. Seit den 1970er-Jahren kam die **Emanzipation** der Frauen in Gang. Sie vollzog sich in Politik, Kultur und Gesellschaft:

Emanzipation (lateinisch „emancipare": aus der Abhängigkeit entlassen): Gleichstellung von Benachteiligten

- 1958 war nach langen Debatten das „Gesetz über die Gleichberechtigung von Mann und Frau im Bereich des Bürgerlichen Rechts" in Kraft getreten. Es hob die Vorrechte des Mannes in der Ehe auf. Die Erwerbstätigkeit der Frau musste jedoch „mit ihren Pflichten in Ehe und Familie vereinbar" sein. Diese Bestimmung entfiel erst 1977.
- Dank des massiven Ausbaus des Bildungswesens seit den 1960er-Jahren waren immer mehr Frauen gut ausgebildet und qualifiziert. Der Anteil erwerbstätiger Frauen stieg von 30,2 Prozent im Jahr 1950 auf 37,1 Prozent im Jahr 1989. Der Anteil erwerbstätiger oder arbeitssuchender Ehefrauen und Mütter wuchs im selben Zeitraum von 26 Prozent auf über 55 Prozent. Viele Frauen nutzen die Möglichkeit der Teilzeitarbeit, die seit 1972 gesetzlich geregelt war. Allerdings blieben die Löhne für Frauen geringer als für Männer (▸ M4).
- Die Rolle von Frauen wurde seit den 1960er-Jahren kontrovers diskutiert. Dem konservativen Vorurteil, eine berufliche Tätigkeit von Frauen gehe zulasten der Kinder,

▲ **Demonstrationen für und gegen straffreie Abtreibung.**
Fotos von 1973.
Die Bevölkerung nahm an der Debatte um den „Abtreibungsparagrafen" 218 großen Anteil. Im Ergebnis wurden Frauen wegen einer Abtreibung nicht länger kriminalisiert.

Slogans der Frauenbewegung

- Frauen mit und ohne Mann – Frauen mit und ohne Angst
- Küche, Keller, eig'ner Herd – ist *kein* ganzes Leben wert
- Frauen gemeinsam sind stark
- Frauen- und Mutterideal! Im Betrieb: Lohnskandal
- Wir lassen uns nicht an die Kette legen
- Ob Kinder oder keine, entscheiden wir alleine
- Gleicher Lohn für gleiche Arbeit

▪ *Erläutern Sie die Aussagen der verschiedenen Slogans.*

stand das Eintreten der Frauenbewegung für die Selbstbestimmung der Frau gegenüber. Zu den führenden Frauenrechtlerinnen gehörte **Alice Schwarzer**, die in Zeitschriften wie „Courage" oder „Emma" engagiert ihre Position vertrat.

- Besonders umstritten war die Forderung, das Abtreibungsverbot (§ 218 Strafgesetzbuch) aufzuheben. Der Gesetzgeber beschloss 1974 eine Fristenlösung (Schwangerschaftsabbruch straffrei bis zum dritten Monat). Nach einem Urteil des Bundesverfassungsgerichts wurde das Gesetz 1976 revidiert und eine Indikationenlösung verabschiedet (Schwangerschaftsabbruch straffrei bei bestimmten Notlagen und vorheriger Beratung).
- In den 1970er-Jahren rückten die Belange von Frauen ins öffentliche Bewusstsein. In vielen Städten wurden Frauenzentren eingerichtet. Zahlreiche Frauenhäuser entstanden, das erste 1976 in West-Berlin. Sie sollten Müttern und ihren Kindern Zuflucht vor häuslicher Gewalt bieten. Auch die Wissenschaften setzten sich mit der Erforschung von Frauen- und Geschlechterrollen auseinander (gender studies).

Alice Schwarzer (geb. 1942): deutsche Journalistin und Frauenrechtlerin

Nur langsam reagierte der Sozialstaat. Zwar bestand ein gesetzlicher Mutterschutz. Er stellt Schwangere sechs Wochen vor der Entbindung und bis zu vier Monate nach der Geburt von ihrer Erwerbstätigkeit frei und garantiert die Lohnfortzahlung und den Arbeitsplatz. Allerdings fehlten noch bis Ende der 1980er-Jahre viele Betreuungsmöglichkeiten für Kinder. Für Kinderkrippen und -horte, Kindergärten und Ganztagesschulen wurden nur geringe Finanzmittel bereitgestellt.

◂ **Button.**
Zeichen der Frauenbewegung aus den 1970er-Jahren.

M1 „Mutterberuf ist Hauptberuf"

Zum Muttertag 1959 hält der damalige Familienminister Franz-Josef Wuermeling (CDU) eine Rede:

Die Doppelbelastung unserer Hausfrauen und Mütter in Familie und Beruf ist keine „fortschrittliche Lösung", sondern erzwungenes Unheil. Das wird uns deutlich, wenn wir bedenken, dass und wie sich unter der helfenden Hand der Mutter im Elternhaus gerade die [...] religiöse und soziale Erziehung vollzieht. [...] Der Mutter zuliebe lernt schon das Kleinkind gut zu sein und selbstständig zu werden, sich zu beherrschen und sich Fertigkeiten anzueignen. [...] Mutterliebe und Muttersorge trägt den jungen Menschen hinweg über die Klippen des Bildungsweges und die Krisen der Reifezeit, stellt ihm das gute Beispiel vor Augen, vermittelt ihm Leitbilder und Wertmaßstäbe, weckt und stärkt die Kräfte des Gemüts, begleitet ihn mit verstehender und verzeihender Anteilnahme auf dem Weg ins Leben, auf der Suche nach dem eigenen Standort, nach tragenden Interessen, Ideen und Idealen.
Mutterberuf ist daher [...] Hauptberuf und wichtiger als jeder Erwerbsberuf. [...] Sobald die Mutter fehlt oder ihren Platz in Familie und Erziehung nicht mehr voll ausführen kann, sind gefährliche Rückwirkungen auf Geist und Gesinnung der nächsten Generation unvermeidlich. Die heimlichen und guten Verbündeten, die früher einmal die Erziehung im Elternhaus von außen her unterstützen, sind heute kaum noch so wirksam: die Großeltern, die Nachbarschaft, die Überlieferung, die guten Sitten und eine familien- und jugendfreundliche öffentliche Meinung. Stattdessen sind gegen unsere Familien eine Vielzahl von Mächten aufgestanden [...] wie Film, Funk, Fernsehen, Illustrierte, Reklamen. Gewiss können diese technischen Mächte der jungen Generation auch eine Fülle von nützlichen und förderlichen Anregungen und höchst wertvolle erweiterte Bildungsmöglichkeiten bieten. Aber bei uns und allüberall in Europa lässt sich doch feststellen, dass diese Chancen weit weniger genutzt werden, während die unguten Möglichkeiten bis zur höchsten Gefahrensgrenze ausgenutzt werden. [...] So ist die Mutter daheim, zumal der Vater weithin nicht daheim ist, heute noch vielfach wichtiger als früher.

Nach: Christoph Kleßmann (Hrsg.), Zwei Staaten, eine Nation. Deutsche Geschichte 1955-1970, Bonn [2]1997, S. 492f.

1. *Stellen Sie die Aufgaben- und Rollenverteilung für Mann und Frau dar, wie sie in der Rede skizziert wird.*

2. *Wuermeling nimmt wesentliche Veränderungen für das Umfeld moderner Familien wahr. Beschreiben Sie sie. Beurteilen Sie, ob sich dieser Wandel bis heute noch verstärkt hat.*

M2 „Amigeheul" und „Negermusik"

Der deutsche Rockmusiker Udo Lindenberg erinnert sich 1980 an seine Jugendzeit:

Damals, 1957, ich war elf, schoss aus dem Radio Elvis Presley mit „Tutti Frutti", und die ersten Takte verbannten meine bisherigen Lieblingslieder „Ave Maria", „Was hat der Hans mit der Grete getan", „Der lachende Vagabund" und sogar „Marina" schlagartig aus meinem Frischlingsherzen. Worum es ging, verstand ich nicht, aber dieser Schluckaufgesang und die elektrisierende Musik rockten mich durch, und ich rannte in die Küche, schnappte Töpfe und Kochlöffel, trommelte die letzte Minute von „Tutti Frutti" mit, und damit war die für mich damals gerade aktuelle Berufsentscheidung zwischen Seefahrer und Trommler gefallen. Elvis Presley hatte mich angezündet, und ich dachte: Jetzt ist Erdbeben. [...]
Was mit Elvis' Hüften los war, verstand ich damals auch noch nicht so gut, aber die Mädchen, die mit verdrehten Augen von ihm sprachen, stiegen sehr in meiner Achtung, weil sie einen genauso guten Musikgeschmack hatten wie ich. Erst eine Weile später kriegte ich mit, was an Rock'n'Rollern außer Musik noch wichtig ist. Elvis hatte es drauf: Mit eingebauten Kugellagern in den Gelenken und dem verträumt-trotzig-verletzbaren Erosblick hat er sogar den aufrechten Westfälinnen in meiner kleinen Heimatstadt Gronau in die Unterkleider geguckt.
Er hat uns gegen unsere Eltern, denen ja sonst alles gehörte, etwas Eigenes gegeben. Bis jetzt hatten wir immer nur zu hören bekommen: „Dafür bist du noch zu jung." Mit Elvis in den Ohren konnten wir zurückbrüllen: „Dafür seid ihr schon zu alt."
Wo kam dieses Dynamit her? Wo gab's noch mehr davon? So kriegte ich durch Elvis auch Bill Haley mit, den es schon vorher gab, und bald hatte ich eine Sammlung von Platten mit „Amigeheul" und „Negermusik", und meine Oma fiel in Ohnmacht. [...]
Ein paar Sachen an ihm sind mir fremd geblieben, vielleicht weil Amerika so weit weg war. Nachdem Elvis dann auch als „guter Amerikaner" sehr brav und sauber in die Herzen der Erwachsenen in seinem Land eingekehrt war [...], hörte er auf, die absolute Sensation für mich zu sein.

Christoph Kleßmann und Georg Wagner (Hrsg.), Das gespaltene Land. Leben in Deutschland 1945 bis 1990, München 1993, S. 294f.

1. *Vergleichen Sie Lindenbergs Erinnerungen mit Ihren Lebensumständen heute.*

2. *Beschreiben Sie die Unterschiede im Verhältnis zu den Eltern sowie Änderungen im jugendlichen Lebensgefühl und Lebensstil zwischen damals und heute.*

▲ Elvis Presley an seinem ersten „Ausgehtag" während seines Militärdienstes in Deutschland 1958.

M3 Erziehungsalltag im Wandel

Seit Ende der 1960er-Jahre hat sich die Situation für Mütter und Kinder in der Bundesrepublik grundlegend verändert. Die Soziologinnen Sibylle Meyer und Eva Schulze beschreiben Ursachen und Folgen dieser Entwicklung.

Der Wandel der Kindererziehung [...] hat zu einer Ausdehnung aller Arbeiten geführt, die mit der Betreuung und Sozialisation von Kindern zusammenhängen. Die heutige Lebenswelt ist wenig kindgerecht, ihrer objektiven Struktur nach sogar kinderfeindlich. Städtische Lebensverhältnisse sind nicht nur gefährlich, Kinder werden im Straßenverkehr oder Supermarkt regelrecht zum „Störfaktor". [...] Die Auswirkungen der veränderten Wohnumwelt auf die Kinderbetreuung haben den Betreuungsaufwand erheblich verändert. War es in den fünfziger und sechziger Jahren noch möglich, Kinder am Nachmittag unbeaufsichtigt draußen (Straße, Hof, Bolzplatz) spielen zu lassen, so führte die wachsende Gefährdung von Kindern in der Wohnumwelt dazu, dass Kinder seit den siebziger und achtziger Jahren kaum noch allein draußen spielen können, sondern die Nachmittage häufig in der Wohnung verbringen müssen. Die Präsenz der Kinder in der Wohnung wiederum bedeutet für die Mutter, dass der Betreuungsaufwand zunimmt [...].

Ein wesentlicher Faktor für den Wandel der Kinderbetreuung ist die [...] stark gesunkene Geburtenrate [...]. Wuchsen Kinder in den fünfziger und sechziger Jahren noch überwiegend mit Geschwistern auf, so ist in den siebziger Jahren der Anteil der Einzelkind-Familien gestiegen. In direktem Zusammenhang mit der Verringerung der Kinderzahl in der Familie stehen ein grundlegender Bedeutungswandel des „Kinder-Habens", gestiegene Leistungserwartungen an die Mutter und auch Einstellungsveränderungen gegenüber der Mutterrolle. Das Fehlen bzw. die reduzierte Anzahl der Geschwister führt zu einer stärkeren Angewiesenheit der Kinder auf die Erwachsenen und erhöht die Arbeitsanforderungen der Betreuungsperson. Andererseits ermöglicht die geringe Kinderzahl den Müttern überhaupt erst, den gestiegenen Leistungsanforderungen gerecht zu werden.

Bei den Müttern der siebziger und achtziger Jahre nahm bzw. nimmt die Organisation der Freizeitgestaltung ihrer Kinder einen breiten Stellenwert ein. Wegen des Mangels an Spielgefährten – sei es wegen nicht vorhandener Geschwister oder mangels Kindern in der Nachbarschaft – ergibt sich das Spielen nicht mehr spontan, sondern muss von den Eltern zunehmend aktiv organisiert werden. Solche Tätigkeiten waren für die Mütter aus den fünfziger Jahren kaum von Bedeutung. Die seit den sechziger Jahren kontinuierlich gestiegenen Leistungs- und Bildungsansprüche für Kinder und Jugendliche führten darüber hinaus dazu, dass die Eltern heute für ihre Kinder nicht irgendwelche, sondern leistungs- und bildungsorientierte Beschäftigungen auswählen, wie z. B. die Teilnahme an Sportgruppen oder musischen Aktivitäten in Musik-, Tanz- oder Malgruppen. Damit wurden Mütter zu Organisatorinnen und Transporteurinnen ihrer Kinder, die sie von Sportveranstaltung zu Theateraufführung oder Kinderkurs chauffieren.

Auch das Verhältnis zwischen Eltern und Kindern hat sich erheblich verändert. War in den fünfziger und auch noch in den sechziger Jahren in den familiären Beziehungen die elterliche Autorität ausschlaggebend, so rückt nun das Kind als „individuelle Persönlichkeit" und Partner in den Mittelpunkt, dessen Bedürfnisse und Wünsche bewusst respektiert werden sollen.

Sibylle Meyer und Eva Schulze, Frauen in der Modernisierungsfalle – Wandel von Ehe, Familie und Partnerschaft in der Bundesrepublik Deutschland, in: Gisela Helwig und Hildegard Maria Nickel (Hrsg.), Frauen in Deutschland 1945-1992, Bonn 1993, S. 166-188, hier S. 179 f.

1. *Fassen Sie den Wandel der Kindererziehung zusammen. Finden Sie weitere Bereiche, in denen ein solcher Wandel stattgefunden hat.*

2. *Diskutieren Sie, ob und inwieweit die Bundesrepublik Deutschland eine kinderfeindliche Gesellschaft ist.*

M⊕ American lifestyle

Since World War II the "American way of life" has made a huge impact on Europe and Western Germany in particular. Even more than politics and economy, US American pop culture left its mark on Western German society. Since the 1970s people in both countries grew up with much the same idols and lifestyle.

▲ *Coke or Pepsi, that is the question. Both trademarks have been competing since the 1970s to be the most popular soft drink.*

▲ *In 1977 American moviegoers queued more than a whole block away from cinemas to get tickets for a film called "Star Wars". A new dimension of box-office success was born: the "blockbuster". "Star Wars" and all of its following episodes became equally successful in Germany.*

▸ *Madonna Louise Ciccone (born 1958) started her career as singer-songwriter in 1982 with her debut album "Madonna". She epitomizes the American dream to make it from poor childhood to a megastar.*

▸ *In 1971, the first MacDonald's restaurant in Germany opened in Munich. Fast food has been criticized ever since for its allegedly poor quality. However, that did not stop millions from enjoying it.*

◂ *Since US television series "Dallas" has been aired in Germany from 1981 onwards, we know what it means to watch a "soap opera": heartbreaking drama week after week – or even day after day.*

to air	ausstrahlen, senden
allegedly	angeblich, mutmaßlich
box-office success	Kassenschlager
childhood	Kindheit
to compete	konkurrieren, im Wettbewerb stehen
to epitomize	verkörpern
to fail to do sth.	etw. nicht schaffen
impact	(hier:) Einfluss
in particular	insbesondere
to leave one's mark on sb.	bei jmdm. Spuren hinterlassen
much the same	weitgehend gleich
to queue	anstehen, Schlange stehen
to succeed	Erfolg haben

1. *Choose one of the elements of lifestyle pictured above and explain their long-lasting success in Germany.*
2. *Find examples for US cultural imports that failed to succeed in Germany.*
3. *Discuss what it means to share similar elements of lifestyle with another country.*

Mit statistischen Daten arbeiten

Als die jüngste Tochter in die Schule kam, hat Frau N. eine Halbtagstätigkeit in ihrem alten Beruf aufgenommen. Die N.s haben sich damals einen Zweitwagen zugelegt. Herr N. ist seit über zwanzig Jahren Mitglied der Gewerkschaft, sein Vater ist vor Kurzem mit 84 Jahren gestorben. – Diese Ereignisse sind für Familie N. von hoher Bedeutung. Zur Kenntnis der ganzen Gesellschaft tragen sie nur bei, wenn eine große Gruppe von Menschen nach den gleichen Merkmalen befragt wird. Dann betrachten wir nicht mehr die Einzelereignisse, sondern haben eine statistische Erhebung durchgeführt, etwa zur Berufstätigkeit von Frauen, zur Motorisierung, zur gewerkschaftlichen Organisation oder zur Lebenserwartung.
Die Aufbereitung großer Datenmengen übernimmt die Statistik, die Wissenschaft von der zahlenmäßigen Erfassung, Untersuchung und Auswertung von Massenerscheinungen. Statistiken wirken sachlich und objektiv. Doch sie sind nicht objektiver als andere Quellen. Ihre Qualität hängt davon ab, wie sorgfältig die Daten erhoben und mit welchen Absichten sie zusammengestellt wurden.

Statistik: Gegenwart und Geschichte in Zahlen

Statistische Daten werden meist zur Analyse aktueller Probleme gesammelt, etwa der Arbeitslosigkeit, der Umweltbelastung oder der Pünktlichkeit des öffentlichen Nahverkehrs. Sind die gesammelten Daten sehr alt, dann taugen sie nicht mehr zur Lösung heutiger Probleme. Sie sind dann jedoch historische Quellen für den Zeitraum, aus dem sie stammen. Eine besondere Form von statistischen Daten liefern Meinungsumfragen. Sie geben Auskunft darüber, wie Menschen über bestimmten Themen denken oder gedacht haben.

Checkliste „Statistik“

Formale Kennzeichen

- ✔ Wer hat die Statistik erstellt oder in Auftrag gegeben (Verfasser, Auftraggeber)?
- ✔ Aus welchem Anlass wurde die Statistik angefertigt und veröffentlicht (alltägliche Verwaltungspraxis, Krisenmanagement, Wahlkampf ...)?
- ✔ Passt die Darstellungsweise zum Thema (Tabelle, Kreis-, Kurven-, Säulendiagramm etc.)?

Thema der Statistik

- ✔ Welches Thema zeigt die Statistik (Überschrift)?
- ✔ Welche Zeiträume werden erfasst?
- ✔ Welche Merkmale werden mit Zahlen angegeben (z. B. Spitzenlöhne, niedrigste Löhne, Durchschnittsverdienst)?
- ✔ Welche Zusammenhänge stellt die Statistik her (Arbeitslosigkeit, Wirtschaftsdaten, politische Wahlen, Ländervergleich ...)?

Zeitreihe und Zeitpunkt

- ✔ Wird eine Zeitreihe dargestellt, also die zahlenmäßige Entwicklung eines Gegenstandes über einen längeren Zeitraum hinweg (Längsschnitt-Untersuchung)?
- ✔ Werden Zahlenwerte zu mehreren Themen an einem einzigen Zeitpunkt miteinander in Beziehung gesetzt (Querschnitt-Untersuchung)?
- ✔ Ist eine Grundrichtung der Entwicklung, ein Trend, zu erkennen, oder bleibt der beobachtete Wert ohne größere Veränderungen; gibt es unregelmäßige Schwankungen?
- ✔ Sind regelmäßig wiederkehrende Muster der Veränderung zu erkennen?

Von absoluten Werten bis zur statistischen Bearbeitung

- ✔ Auf welche Basis beziehen sich die Werte (Gesamtbevölkerung, Stichprobe, nur Frauen ...)?
- ✔ Werden absolute Werte angegeben, etwa die genaue Zahl der Arbeitslosen, oder statistische Werte, etwa der Prozentsatz der Arbeitslosigkeit in einem Land?

✔ Wurden Indexzahlen errechnet, um Veränderungen gegenüber einem bestimmten Basisjahr zu zeigen? Man nimmt dazu den Zahlenwert eines bestimmten Jahres als Hundert an und berechnet die Veränderung für andere Jahre mit dem Verfahren des Dreisatzes.

Absicht

✔ Wird die Deutung durch die Auswahl von Daten und die Darstellungsweise gelenkt (kleiner oder großer Maßstab der y-Achse, farbliche Hervorhebung, Bildelemente)?

Leitfragen

✔ Welche Aussage soll geklärt, welche These geprüft werden?
✔ Welche Ursachen, Formen und Folgen lassen sich herausarbeiten?
✔ Welches Hintergrundwissen ist zur Einordnung nützlich?

Fachbegriffe zur Analyse von Daten

Trends geben Verschärfungen oder Abschwächungen bestimmter Entwicklungen wieder.
Zyklen zeigen regelmäßig wiederkehrende Entwicklungen an.
Wendepunkte machen deutlich, wann sich eine Entwicklung grundlegend ändert.
Höhe- und Tiefpunkte von Werten zeigen zum Beispiel das Ausmaß von Schwankungen an.
Stagnation, also ein unverändertes Niveau von Werten, deutet auf hohem oder niedrigem Niveau zum Beispiel die Dauer von Prosperität oder Krise an.
Parallelität oder *Gegenläufigkeit* weisen auf die Abhängigkeit verschiedener Datenreihen hin.
Schnittpunkte entstehen etwa, wenn eine wachsende Partei einen Gegner überflügelt.
Auffälligkeiten sind vom allgemeinen Trend besonders abweichende Sachverhalte.

Anschauliche Darstellung von statistischen Daten: Diagramme

Kreisdiagramme (Kuchen-, Tortendiagramme) eignen sich gut zur Darstellung von Anteilen, die zusammen ein Ganzes (100 Prozent) ergeben.
Balkendiagramme eignen sich zur Darstellung und zum Vergleich von Werten aller Art.
Liniendiagramme werden benutzt, um die langfristige Veränderung von Merkmalen zu verdeutlichen. Eine Achse gibt dabei die Zeit an, die andere Achse den jeweiligen Zahlenwert.

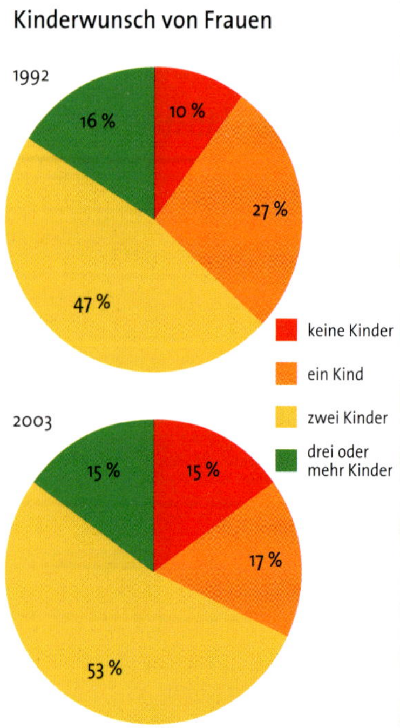

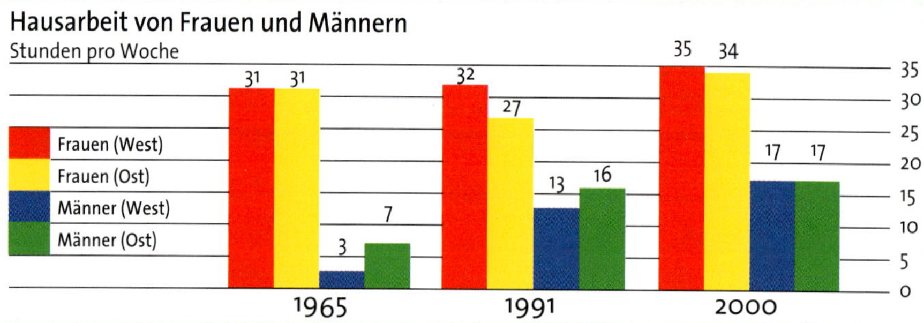

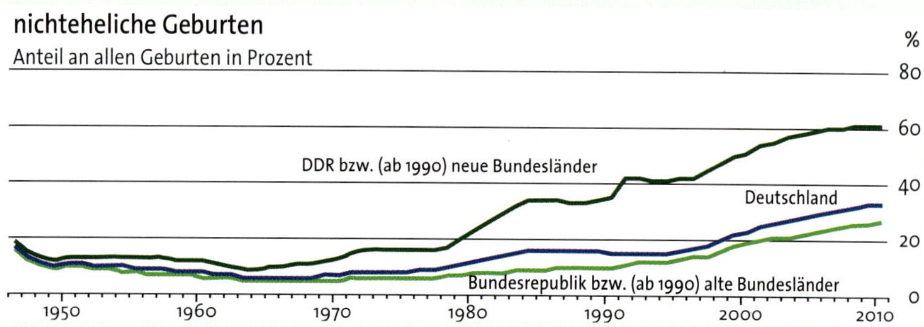

▲▶ Drei Diagramme zum Thema „Frauen und Familien in Deutschland".

- *Untersuchen Sie, ob für die Daten der jeweils gewählte Diagrammtyp passend ist. Diskutieren Sie, inwieweit der Gestalter dieser Grafiken durch die Wahl der Farben beeinflussen will.*

Löhne und Gehälter von Frauen in der Bundesrepublik						
	Arbeiter und Arbeiterinnen in der Industrie Bruttostundenlohn Vollzeit (in DM)			Angestellte in Industrie und Handel[1] Bruttomonatslohn Vollzeit (in DM)		
Jahr	Männer	Frauen	= Prozent	Männer	Frauen	= Prozent
1950[2]	1,42	0,86	60	–	–	–
1952	1,76	1,04	59	–	–	–
1954	1,88	1,12	59	–	–	–
1960	2,90	1,87	64	723	404	56
1964	4,17	2,79	67	1063	626	59 (1965)
1968	5,20	3,59	69	1244	741	59
1972	7,92	5,51	69	1857	1137	61
1976	11,08	8,02	74	2637	1681	64
1980	14,16	10,25	72	3421	2202	64
1982	15,17	11,33	75	3728	2366	63
1984	16,59	12,00	72	3996	2544	64
1986	17,85	13,04	73	4322	2764	64
1988	19,32	14,12	73	4654	2989	64
1989	20,09	14,76	73	4824	3108	64

[1] Ohne Verkehrswesen und Dienstleistungen
[2] 1950-1959 ohne Saarland und Berlin; bis 1963 ohne Berlin

Friederike Maier, Zwischen Arbeitsmarkt und Familie – Frauenarbeit in den alten Bundesländern, in: Gisela Helwig und Hildegard Maria Nickel (Hrsg.), a.a.O., S. 257-279, hier S. 272

Formale Kennzeichen

Die Angaben wurden einem wissenschaftlichen Aufsatz zur Frauenarbeit entnommen. Die Autorin nennt darin das Statistische Bundesamt als Quelle für die Daten. Diese Behörde sammelt und bewertet Daten aus vielen Bereichen der Gesellschaft, die für politische Entscheidungen nützlich sind. Diese Datenquelle ist als sehr zuverlässig einzuschätzen.
Die tabellarische Darstellung ist den Daten angemessen. Die Tabelle enthält bereits Spalten mit einer Auswertung, nämlich den jeweiligen Prozentsatz des Frauenlohns am Männerlohn.

Thema der Statistik

Die Tabelle liefert Zahlen zu Einkommensverhältnissen von Männern und Frauen. Dabei werden die Berufsgruppen der Arbeiter und Arbeiterinnen, die nach Stundenlohn bezahlt werden, von den Angestellten unterschieden, die monatlich entlohnt werden.
Die Daten sind in der damaligen Währung (DM) angegeben. Die Entwicklung der Kaufkraft und der Preise ist bei den Angaben nicht berücksichtigt (man sagt, die Werte sind „nicht preisbereinigt“).[1]

[1] vgl. etwa die Fußnote auf S. 40

Zeitreihe und Zeitpunkt

Es handelt sich um eine Zeitreihe; das untersuchte Merkmal „Lohn“ wird für den Zeitraum von 1950 bis 1989 untersucht. Dabei ist zu beachten, dass der zeitliche Abstand zwischen zwei aufeinanderfolgenden Tabellenzeilen zwischen einem und sechs Jahren schwankt.

Analyse der Daten

Die Tabelle stellt die Rohdaten bereit und weist den Betrachter durch die Spalte „= Prozent“ bereits auf die Absicht der Zusammenstellung hin. Zu einer weitergehenden Analyse der Daten leiten die folgenden Arbeitsaufträge an:

1. *Entscheiden Sie sich für einen geeigneten Diagrammtyp und zeichnen Sie ein Diagramm aus den Daten. Wählen Sie die Ihrer Meinung nach geeigneten Zahlenreihen zur Darstellung aus. Welche Symbole verwenden Sie?*

2. *Arbeiterinnen und weibliche Angestellte werden in der Tabelle getrennt betrachtet. Welches Verhältnis besteht zwischen diesen beiden Gruppen hinsichtlich ihrer Entlohnung? Bilden Sie dazu eine Hypothese.*

3. *Nennen Sie Gründe, weshalb Arbeitgeber niedrigere Löhne an Frauen zahlen.*

Familie, Frauen und Jugend im vereinten Deutschland

Ost und West Seit der deutschen Einheit von 1990 hat sich die Rolle von Familie, Frauen und Jugend weiter verändert. Für die ostdeutschen Jugendlichen endete die Bevormundung durch den Staat, die in der DDR zum Alltag gehört hatte.

Die Berufstätigkeit von Frauen nahm weiter zu. Dabei blieben Unterschiede zwischen alten und neuen Bundesländern bestehen: Nach wie vor ist der Beschäftigungsgrad von Frauen in Ostdeutschland höher als im Westen (▸ M1). Insgesamt üben immer mehr Frauen eine Arbeit in Teilzeit statt in Vollzeit aus.

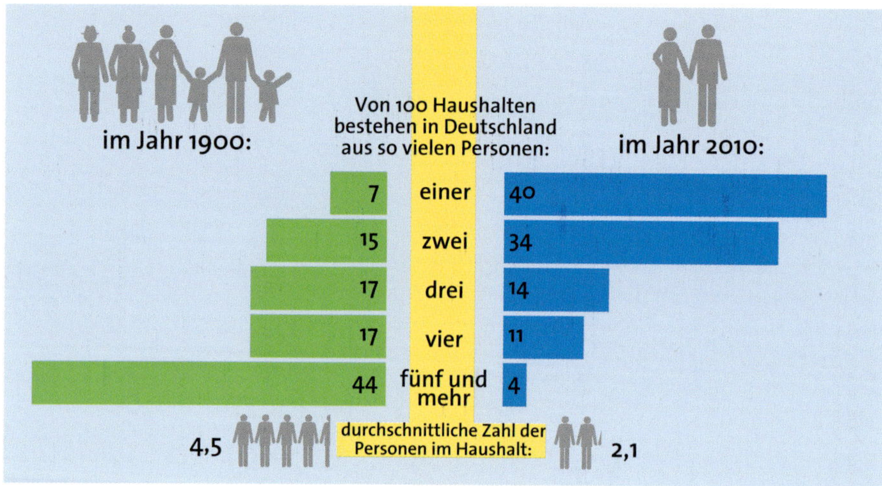

▸ Haushaltsgrößen in Deutschland 1900 und 2010.
Quelle: Wissenschaftszentrum Berlin und Statistisches Bundesamt, Wiesbaden.

- *Diskutieren Sie mögliche Ursachen und Auswirkungen der dargestellten Entwicklung.*

Familie und Zusammenleben Das Bild von Ehe, Familie und Partnerschaft ist inzwischen vielfältiger. Neben der klassischen Familie aus Eheleuten und ihren Kindern sind nichteheliche Gemeinschaften und „**Patchwork-Familien**" allgemein akzeptiert. Auch das Zusammenleben Homosexueller trifft in der Öffentlichkeit kaum noch auf Vorbehalte. Seit 2001 können gleichgeschlechtliche Paare eine eheähnliche Lebenspartnerschaft eingehen.

Patchwork-Familie (englisch „patchwork": Flickwerk): Familie, in denen die Eltern aus früheren Ehen oder Beziehungen Kinder mitbringen

Die Situation der Frauen Die Emanzipation der Frau scheint weitgehend vollzogen. An Schulen und Hochschulen gibt es seit den 1990er-Jahren mehr weibliche als männliche Absolventen. Die große Mehrheit der Frauen entscheidet sich für ein Berufsleben, entweder vor, neben oder anstelle einer Mutterschaft. Für die Wirtschaft der Bundesrepublik ist die Arbeit von Frauen unverzichtbar. Es gibt kaum noch einen Berufszweig, der allein Männern vorbehalten bleibt.

◂ Vereidigung erster Soldatinnen bei der Bundeswehr.
Foto von 2001.
Die Bundeswehr nahm bis 2001 nur Soldatinnen im Sanitäts- und Militärmusikdienst auf. Nach einem Urteil des Europäischen Gerichtshofs wurden sie auch zum Dienst an der Waffe zugelassen.

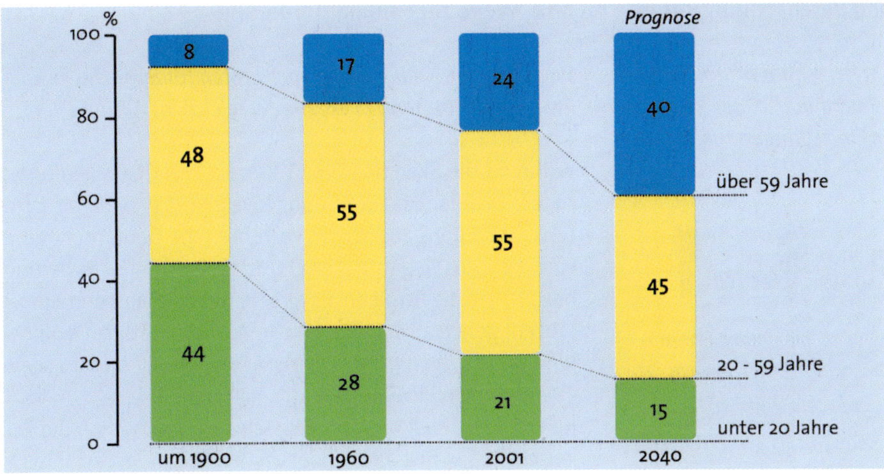

◂ **Altersstruktur der deutschen Bevölkerung im Wandel (in Prozent der Gesamtbevölkerung).**

Quelle: Politik und Unterricht 1/2, 2007, S. 40

- *Nennen Sie Faktoren, die die Hochrechnung für 2040 beeinflussen können.*

Dennoch erhalten Frauen weiterhin weniger Lohn für vergleichbare Arbeit als ihre männlichen Kollegen. Ebenso sind Frauen trotz gleichwertiger Qualifikation in Spitzenpositionen in Wirtschaft, Wissenschaft und Politik weiterhin unterrepräsentiert.

In den meisten politischen Parteien gilt mittlerweile eine „Frauenquote": Ein festgelegter Anteil der Ämter und Funktionen muss mit Frauen besetzt werden. Für die Wirtschaft bestehen keine gesetzlichen Regeln, dennoch verpflichten sich viele Unternehmen freiwillig auf einen Frauenanteil.

Zur Entlastung berufstätiger Mütter beteiligen sich der Bund, die Länder und die Gemeinden am Ausbau einer öffentlichen Kinderbetreuung. Noch in den 1990er-Jahren bestand auf diesem Gebiet großer Nachholbedarf, vor allem im internationalen Vergleich. Durch vermehrte Investitionen wurde dieser Mangel inzwischen verringert.

Alternde Gesellschaft ■ Langfristig haben sich die Gewichte zwischen Jung und Alt verschoben: 1950 gab es mehr als doppelt so viele Kinder und Jugendliche unter 15 Jahren wie Menschen über 65; 1991 lagen beide Altersgruppen gleichauf. Der Anteil der Senioren an der Bevölkerung nimmt weiter zu, zugleich steigt die Lebenserwartung.

demografischer Wandel (Demografie: Bevölkerungswissenschaft): Veränderung der Altersstruktur einer Gesellschaft

Dieser **demografische Wandel** hat schwerwiegende Folgen: Die Versorgung älterer Menschen erfordert immer höhere Sozialleistungen, die von den Erwerbstätigen finanziert werden. 1995 wurde die gesetzliche Pflegeversicherung als weitere Sozialabgabe eingeführt.

Der Staat kann die Bevölkerungsentwicklung nur bedingt beeinflussen. Er bietet Anreize wie das Kindergeld (seit 1961 ab dem zweiten Kind, seit 1975 bereits ab dem ersten) oder das Elterngeld (bis 2007: Erziehungsgeld) zur Unterstützung von Eltern oder Alleinerziehenden. Dringend notwendig bleibt der Ausbau der Kinderbetreuung (▸ M2).

Eine weiter reichende Perspektive bietet die Zuwanderung nach Deutschland, die der Gesetzgeber steuern kann. Einwanderer und ihre Familien, die die deutsche Staatsbürgerschaft erhalten, können dabei helfen, den Geburtenrückgang auszugleichen.

Gerhard Mester/Baaske Cartoons

▴ **„Kinder!! Raus!!"**

Karikatur von Gerhard Mester, 2003.

- *Erläutern Sie die Karikatur in ihren einzelnen Bildelementen.*

M1 Moderne Einstellungen und Beschäftigungsgrad

Die Balkendiagramme zeigen die Erwerbsquoten[1] von Frauen in den einzelnen Bundesländern. Farbig abgebildet ist die jeweilige Verbreitung von modernen Einstellungen zur Rolle der Frau. Stand: 2007.

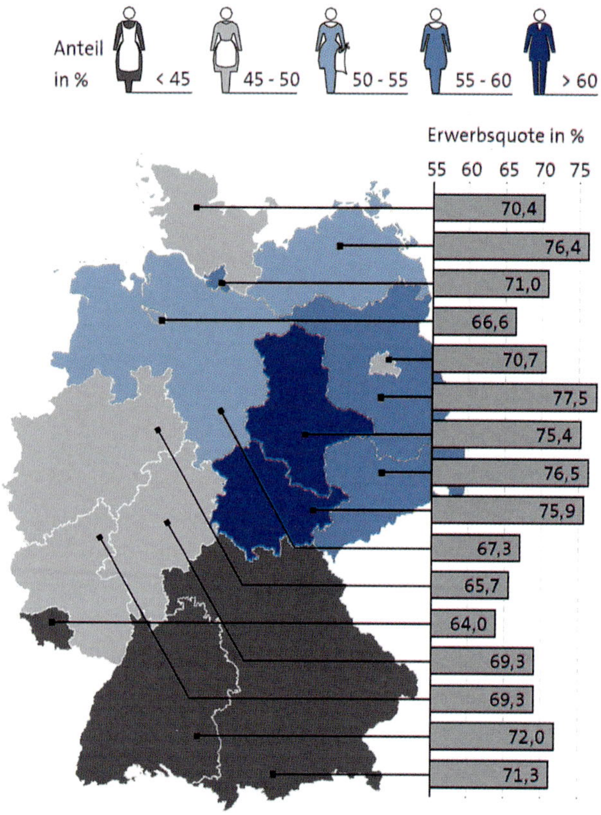

Nach: HWWI insights 2, 2010

1. *Überprüfen Sie, ob ein Zusammenhang besteht zwischen der Verbreitung moderner Einstellungen zur Rolle der Frau und dem tatsächlichen Anteil von erwerbstätigen Frauen in dem jeweiligen Bundesland.*
2. *Die Grafik zeigt den Anteil moderner Einstellungen zur Rolle der Frau mithilfe von fünf unterschiedlichen Symbolen. Erläutern Sie diese und nehmen Sie dazu Stellung.*

[1] Erwerbsquote: Anteil der Erwerbstätigen (hier: Frauen) zwischen 15 und 65 Jahren an der Gesamtbevölkerung jener Altersgruppe.

M2 Wege zur Familienförderung

Wie kann der Staat Familien am besten fördern? Die Journalistin Birgit Hofmann blickt zum Vergleich ins Ausland:

Während die Skandinavier 72 Prozent ihrer Familienförderung in Schulen und Betreuung investieren und nur ein Drittel an die Eltern auszahlen, verkehren die Deutschen diese Förderung ins Gegenteil: Zwei Drittel der Familienförderung bekommen die Familien als direkte Geldleistung und nur 38 Prozent gehen an Schulen und Betreuungsstätten. Deutschland hat zu wenig Infrastruktur für Kinder und zu viele Zuwendungen an Familien.

[In Frankreich] ist die Ganztagsschule immer schon die Regelschule, [...] fast alle Kinder ab drei Jahren gehen in eine kostenlose Vorschule. Grundschullehrer kümmern sich hier um die Kleinsten, sodass in Frankreich 80 Prozent der Frauen zwischen 25 und 50 Jahren berufstätig sind, 70 Prozent davon sogar in Vollzeitjobs. In Schweden erhält ein Elternteil ein Jahr nach der Geburt 80 Prozent seines vorherigen Gehalts vom Staat. Auch dort besuchen mehr als 80 Prozent der Kinder eine Betreuungseinrichtung, und das, bevor sie zwei Jahre alt sind. So gibt es für die Hälfte der Kleinkinder einen Krippenplatz, in Westdeutschland für nur 2,7 Prozent.

Das über Jahrzehnte zementierte Modell vom Vater als Ernährer der Familie und von der Mutter als Hausfrau und Erzieherin der Kinder hat sich bei uns zu lange gehalten [...]. Im Durchschnitt meinen 40 Prozent der Deutschen, dass Kinder sich weniger gut entwickeln, wenn ihre Mütter arbeiten gehen. Finnland liefert den Gegenbeweis: Dort arbeiten die meisten Mütter und doch haben sie mehr Zeit für Kinder und Haushalt als deutsche Mütter. Die Lösung ist einfach: Finnische Eltern können über längere Zeit Teilzeit arbeiten. In Schweden gibt es sowohl für Väter wie für Mütter die Möglichkeit, ihre Arbeitszeit um 25 Prozent zu reduzieren, bis das Kind acht Jahre alt ist. Die Beispiele belegen, dass Ehepaare, die beide arbeiten, besser verdienen und sich in der Freizeit nur mit ihren Kindern beschäftigen.

Langsam beginnt in Deutschland ein Umdenken. Jahrzehnte hat man sich in Sicherheit gewiegt, man genoss die 80er- und 90er-Jahre, in denen Urlaub und Freizeit sehr wichtig für die Menschen waren. Kinder waren Privatsache. Viel zu spät hat man erkannt, dass Arbeitsmarkt-, Bildungs- und Familienpolitik eng zusammengehören.

Nach: Südkurier vom 31. August 2005 (gekürzt)

1. *Nennen Sie die Unterschiede zwischen der Familienförderung in der Bundesrepublik und im Ausland.*
2. *Vergleichen Sie die Einstellung zu Frauenarbeit und Erziehung mit derjenigen in M1 auf S. 184.*

M[+] Family Policy in the United States

Compared to Germany, the US have a low level of political commitment to the well-being of families. Despite the fact that most mothers work for pay outside the home, families are expected to work things out for child care between themselves and the market. The following report outlines the main instruments of US family policy:

Parental Leave

The first and only federal parental leave legislation to be enacted in the United States was the 1993 Family and Medical Leave Act (FMLA). It requires that those who employ 50 or more workers offer up to 12 weeks of unpaid job-protected leave for pregnancy and childbirth or medical disabilities. [...] Because the FMLA doesn't cover small firms, an estimated one-half of workers are left ineligible. But even many eligible employees do not take leave, giving the reason that they can't afford the loss of pay.

Child Benefits/Family Allowances

Although the US reserves most of its youth subsidy for those who reach college age and offers no universal benefit for children, several tax credits and exemptions are available to families with children, although they exclude those who don't make enough to owe taxes. Families with one or more dependent children under age 17 may claim a child tax credit of $600. Taxpayers may reduce their taxable income by claiming a $2,900 exemption for each dependent. [...] Many low-income workers with at least two children receive refundable Earned Income Tax Credits of up to $3,816 per year, while parents with one child are eligible for an earned income tax credit of up to $2,353.

Child Care

For taxpayers with children, the IRS offers a credit against owed taxes equal to the percentage of a family's income spent on child care, up to a limit of $4,800. [...] Demand for child care has outstripped the increase in funding, however, and the policy infrastructure is not keeping up. [...] Only one employee in eight benefits from employer-sponsored child care [...].

Marriage/Cohabitation

Conventional wisdom to the contrary, the United States remains an anomaly with regard to marriage. Americans continue to marry at a significantly higher rate than almost all other people living in the advanced industrialized Western countries. The marriage rate is around 8.4 per 1,000, much higher than that of the European countries. [...] Federal legislation does not allow homosexual marriage and doesn't give any legal status to cohabiting partners. In 1996, the Defense of Marriage Act explicitly defined the terms "marriage" and "spouse" as applying only to one man and one woman.

Divorce

The US divorce rate is around 4.1 per 1,000, which is higher than the rates of other Western nations. Most US states provide no-fault divorce after a period of separation. [...] Single-parent households are increasingly common, partly as a result of the high divorce rate and partly due to the increase in non-marital childbearing. In 1998, single-parent households were 13.4 percent of all families and 9.3 percent of all households. The social safety net beneath these families is relatively weak. About 25 percent of female-headed households live in poverty, and many of these household heads are divorced women.

Council on Contemporary Families (ed.), Family Policy in the US, Japan, Germany, Italy and France, Miami, May 2009

to afford sth.	sich etwas leisten können
child care	Kinderbetreuung
to claim sth.	etwas beantragen
cohabitation	nichteheliche Lebensgemeinschaft
commitment	Einsatz, Engagement
disability	hier: Berufsunfähigkeit
divorce	Ehescheidung
Earned Income Tax Credit	Abzug von der Einkommensteuer auf Kreditbasis
family allowance	Familienbeihilfe
federal	staatlich
(in)eligible	(nicht) berechtigt
IRS	Internal Revenue Service, US-Steuerbehörde
marriage	Ehe
non-marital childbearing	uneheliche Schwangerschaft
to outstrip	übersteigen
to owe sth.	etwas schulden
parental leave	Elternurlaub, Elternzeit
pregnancy	Schwangerschaft
refundable	rückzahlbar
youth subsidy	Jugendförderung

1. *Compare the regulations and results of US family policy to the situation in Germany and form an opinion about that.*
2. *Find out about the growth of population in the US and discuss whether it affects the federal family policy.*

Migration in die Bundesrepublik

◂ **Flüchtlingstreck auf dem zugefrorenen Frischen Haff in Ostpreußen.**
Die Aufnahme entstand vermutlich im Februar 1945. Sie wurde als Standbild in einem Beitrag der „Deutschen Wochenschau" vom 16. März 1945 verwendet.

Flucht und Vertreibung

- **1944 - 1947** Flucht und Vertreibung von rund 14 Millionen Deutschen aus Osteuropa.
- **1949** Das Grundgesetz gewährt politisch Verfolgten ein Grundrecht auf Asyl (Art. 16, Abs. 1).
- **1950** Notaufnahmeverfahren für Flüchtlinge aus der DDR (bis 1990).
- **1951** Genfer Flüchtlingskonvention.
- **1952** Gesetzlicher Lastenausgleich für Kriegsopfer, Flüchtlinge und Vertriebene.
- **1953** Bundesvertriebenengesetz.

Die Bundesrepublik wird Einwanderungsland

- **1955** Beginn der Anwerbung von ausländischen Beschäftigten („Gastarbeiter").
- **1961** Der Bau der Mauer stoppt die Massenflucht aus der DDR in den Westen.
- **1973** Die Bundesregierung verfügt einen Anwerbestopp für „Gastarbeiter" aus Micht-EG-Staaten.
- **1985** Schengener Abkommen zum Abbau innereuropäischer Grenzkontrollen. Das Gesetz tritt 1995 in Kraft.
- **1988 - 1990** Erneute Massenauswanderung aus der DDR in die Bundesrepublik.
- **1988 - 1999** Starker Zustrom von Spätaussiedlern aus Osteuropa.

Reform der Zuwanderung

- **1993** Nach jahrelangen Debatten wird das Asylrecht reformiert.
- **1993** Neues Einwanderungsrecht für Spätaussiedler.
- **1993 / 2000** Reformen des Staatsangehörigkeitsrechts erleichtern die Einbürgerung.
- **2005** Zuwanderungsgesetz.

1

2

3

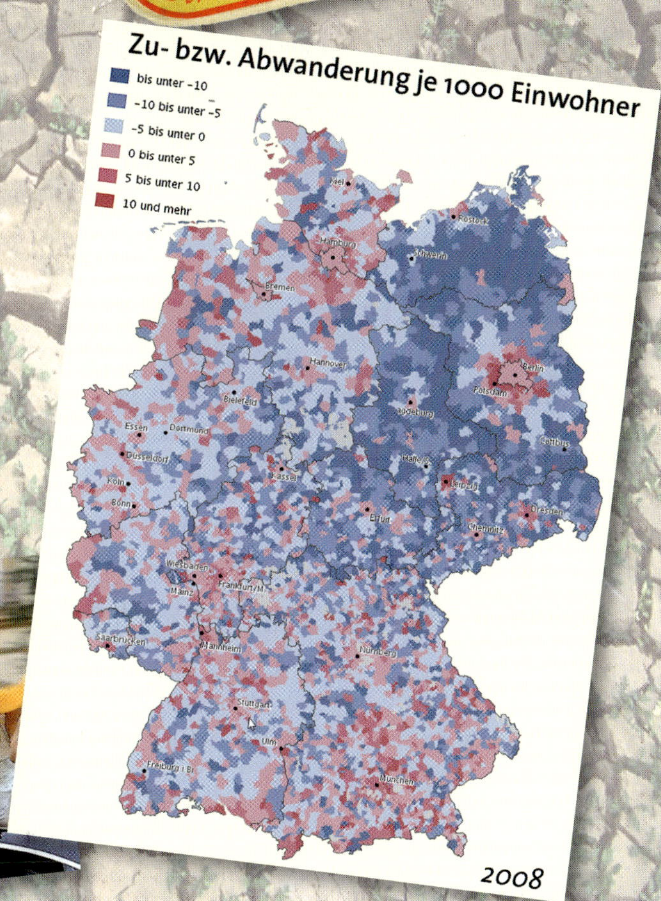

4

1: Koffer, in dem eine Familie Czerny 1945 bei ihrer Vertreibung aus dem Sudetenland ihren Besitz transportierte. – 2: Aufkleber des Grenzdurchgangslagers Friedland, einer Einrichtung für Flüchtlinge, Vertriebene und heimkehrende Kriegsgefangene, um 1955. – 3: Der deutsche Journalist Günter Wallraff schlüpfte in die Rolle eines Türken und schilderte 1985 seine Erlebnisse als „Gastarbeiter" in Deutschland. – 4. Deutsche mit Migrationshintergrund während der Fußball-WM in Deutschland. Foto, 2006.

- *Arbeiten Sie heraus, welche Arten von Migration durch die Materialien angesprochen werden.*
- *Analysieren Sie die Karte und arbeiten Sie heraus, welche Folgen die dargestellte Migration hat.*

Flüchtlinge und Vertriebene nach dem Zweiten Weltkrieg

Krieg und Heimatverlust Zu den einschneidendsten Folgen des Zweiten Weltkrieges wurde für etwa 20 Millionen Menschen in Europa der Verlust ihrer Heimat. Er traf Polen, Tschechen, Slowaken, Ukrainer, Weißrussen, Litauer, Ungarn und Deutsche. Rund 14 Millionen Deutsche aus den Ostgebieten den Deutschen Reichs sowie aus Ost- und Südosteuropa mussten ihre Heimat verlassen. Dabei kamen rund 2,3 Millionen Menschen ums Leben.

Bis Kriegsende waren mehr als sechs Millionen Menschen aus den Ostgebieten des Deutschen Reichs vor der anrückenden Roten Armee geflohen. Im Juni 1945 begann die ungeregelte Vertreibung von rund 300 000 Deutschen östlich von Oder und Neiße. Aus der Tschechoslowakei wurden gleichzeitig etwa 800 000 Menschen vertrieben. Was Deutsche zuvor ihren Nachbarn angetan hatten – Unterdrückung, Verfolgung und Vertreibung –, schlug nun mit aller Grausamkeit auf sie zurück.

▲ **Vor der Vertreibung.**
Foto aus Prag vom Mai 1945. Deutsche Bewohner wurden 1945 in zahlreichen Städten auf öffentlichen Plätzen zusammengetrieben und deportiert. Hier in Prag wurden Kleider und Koffer der zu Vertreibenden und auch deren Gesichter mit Hakenkreuzen bemalt.

Anspruch und Wirklichkeit Die alliierten Siegermächte vereinbarten auf der Potsdamer Konferenz im Juli/August 1945 eine „Ausweisung Deutscher aus Polen, der Tschechoslowakei und Ungarn" in „ordnungsgemäßer und humaner Weise". Doch in der Praxis wurde die gewaltsame Vertreibung Deutscher fortgesetzt, denn bei vielen Osteuropäern überwogen die Rachegefühle angesichts der erlittenen NS-Verbrechen. Eine „geordnete Umsiedlung" begann erst 1947. Millionen Deutsche aus Schlesien, Ostpreußen und Pommern wurden aus jahrhundertealten Siedlungsgebieten vertrieben.

Aufnahme im besetzten Deutschland Bis 1950 wurden in Westdeutschland knapp acht Millionen Vertriebene aufgenommen. In der Sowjetischen Besatzungszone (SBZ) bzw. in der DDR fanden 4,4 Millionen eine Zuflucht. Die Vertriebenen und Flüchtlinge konnten meist nur wenig Besitz retten. Für die sowjetische, britische und amerikanische Besatzungszone verschärfte dieser Zustrom die ohnehin schon katastrophale Versorgungslage; die französische Besatzungszone weigerte sich bis 1948, Flüchtlinge aufzunehmen. Auch die Einheimischen empfingen die Neuankömmlinge selten mit offenen Armen, mussten sie doch selbst Wohnraum abgeben und das Wenige, was sie zum Essen hatten, teilen.

Mangel an Unterkunft und Arbeit Da die meisten Städte zerstört waren, wurden die Vertriebenen zunächst auf die ländlichen Gebiete verteilt. Das entspannte die Wohnraumsituation kaum: Millionen mussten über Jahre in Lagern oder Notunterkünften zubringen. 3,4 Millionen Vertriebene im Westen Deutschlands wechselten bis 1963 noch einmal ihren Wohnsitz. Auch fanden viele „Neubürger" vorerst keine Beschäftigung. 1951 war jeder dritte Arbeitslose ein Vertriebener.

Entschädigung und Starthilfe Der Bund, die Länder und die Gemeinden hatten die Heimatvertriebenen einzugliedern. 1952 verabschiedete der Bundestag grundlegende Gesetze für einen „Lastenausgleich“ (Lastenausgleichsgesetz 1952, Bundesvertriebenengesetz 1953). Die Vertriebenen erhielten Anspruch auf staatliche Hilfe, entweder als individuelle Entschädigung oder als Beihilfen zum Aufbau einer neuen Existenz.

In der DDR gab es keine vergleichbaren Entschädigungen wie in der Bundesrepublik. Erst nach der deutschen Einheit erhielten rund eine Million ehemaliger Vertriebener in den neuen Bundesländern eine einmalige Zuwendung von umgerechnet 2050 Euro (Vertriebenenzuwendungsgesetz von 1994).

▲ **Demonstration von Heimatvertriebenen für die Entschädigung ihrer Vermögensverluste.**
Foto aus Bonn, 1951.

Wirtschaftliche Integration Die Integration der Heimatvertriebenen und Flüchtlinge dauerte bis zum Ende der 1950er-Jahre. Bis dahin mussten viele Zuwanderer mit schlecht bezahlten Berufen vorliebnehmen. Das erschwerte auch den Erwerb von Grundstücken und Eigenheimen. Die wirtschaftliche Hochkonjunktur verbesserte die Beschäftigungslage enorm. Dies war der entscheidende Grund für die gelungene Integration. Ihrerseits trugen die Vertriebenen zum wirtschaftlichen Aufstieg der Bundesrepublik bei.

◀ **Lastenausgleich.**
Von Krieg, Flucht und Vertreibung betroffene Personen erhielten in der Bundesrepublik Unterstützung. Das Soforthilfegesetz von 1949 und das Lastenausgleichsgesetz von 1952 sahen eine Vermögensabgabe vor: Bis 1979 zahlten Bundesbürger 26,9 Mrd. Euro in einen Ausgleichsfonds, die öffentlichen Haushalte steuerten 31,4 Mrd. Euro bei. Ausgleichsämter entschieden über die Anträge und wiesen die Mittel zu.

Politische Integration Auch politisch verschafften sich die Vertriebenen Gehör. Sie besaßen die volle Staatsbürgerschaft und damit auch das Wahlrecht. Zunächst erhielten ihre Interessenverbände und die Partei „Block der Heimatvertriebenen und Entrechteten / Gesamtdeutscher Block“ (BHE) Zulauf, besonders in Ländern wie Schleswig-Holstein, Bayern und Niedersachsen angesichts ihres hohen Flüchtlingsanteils. Seit Ende der 1950er-Jahre verlor der BHE jedoch immer mehr Wähler. Die Vertriebenen und Flüchtlinge sahen sich inzwischen von den übrigen Parteien vertreten.

Die Heimatvertriebenen bildeten in der Bundesrepublik niemals ein radikales Element. Ihre Vertretungen, die sogenannten Landsmannschaften, entschieden sich früh für eine gewaltfreie, demokratische Politik. Eine Rückgewinnung der einstigen Heimat um jeden Preis lehnten sie ab. Hingegen forderten sie, das ihnen widerfahrene Unrecht müsse international anerkannt werden (▶ M1).

◂ **Wohnsiedlungen für Flüchtlinge und Vertriebene.**
Foto aus Neugablonz, Stadtteil von Kaufbeuren, 1950 (kleines Bild) und um 1965 (Luftaufnahme).
Gelder aus dem Lastenausgleich wurden vor allem für den Wohnungsbau eingesetzt. 1950 mussten etwa 75 Prozent der Flüchtlinge und Vertriebenen zur Untermiete wohnen, 1956 besaßen bereits 63 Prozent eine eigene Wohnung.
- *Informieren Sie sich über Neugablonz und die weiteren „Vertriebenenstädte“ in Bayern.*

In der DDR durften die Vertriebenen, offiziell als „Umsiedler“ bezeichnet, nicht auf ihr Schicksal aufmerksam machen. Ab 1950 wurden dort alle landsmannschaftlichen Gruppierungen verboten.

Soziale Integration In den 1960er-Jahren verschwanden die gesellschaftlichen Grenzen zwischen Heimatvertriebenen und Eingesessenen in der Bundesrepublik. Nun wurden Heiraten zwischen beiden Bevölkerungsgruppen üblich. Die bestehenden Konfessionsunterschiede galten kaum noch als Ehehindernis. Auch sorgte der allgemeine Wohlstand dafür, dass Heimatvertriebene nicht mehr als Bürger zweiter Klasse angesehen wurden. Zur Integration gehörte ebenso die Erinnerung an Geschichte und Kultur der früheren Heimat. Viele Gemeinden gründeten Patenschaften mit den Heimatorten der Vertriebenen. Vereine und Verbände sorgten für die Pflege von Trachten, Dialekt und Brauchtum.

◂ **Reichenberger Brunnen in Augsburg.**
Buchtitel von 1994.
Der Brunnen symbolisiert die seit 1955 bestehende Patenschaft Augsburgs mit Reichenberg, dem heutigen Liberec in Tschechien.

▴ **Familie auf dem „55. Sudetendeutschen Tag“.**
Foto aus Nürnberg von 2004.
Viele aus dem Sudetenland vertriebene Deutsche hatten sich in Bayern angesiedelt. 1954 erklärte der Bayerische Ministerpräsident Hans Ehard die Schirmherrschaft Bayerns für die Sudetendeutschen und bezeichnete sie als „Bayerns vierten Stamm“ (neben Altbayern, Schwaben und Franken). Noch heute treffen sich Vertriebene und ihre Nachkommen, um ihr Brauchtum zu pflegen.

▸ **Buchauer Heimatstube.**
Foto von 1971.
Pappenheim in Mittelfranken unterhält seit 1953 eine Patenschaft mit Buchau (Bochov) in Böhmen. Eine Heimatstube erinnerte an Traditionen und Trachten im früheren Buchau.

M1 Charta der deutschen Heimatvertriebenen

Am 6. August 1950 wird auf der größten Demonstration in der Geschichte der jungen Bundesrepublik mit 150 000 Teilnehmern vor der Kulisse des kriegszerstörten „Neuen Schlosses" in Stuttgart die Charta[1] der Heimatvertriebenen verkündet:

Im Bewusstsein ihrer Verantwortung vor Gott und den Menschen, im Bewusstsein ihrer Zugehörigkeit zum christlich-abendländischen Kulturkreis, im Bewusstsein ihres deutschen Volkstums und in der Erkenntnis der gemeinsamen Aufgabe aller europäischen Völker, haben die erwählten Vertreter von Millionen Heimatvertriebenen nach reiflicher Überlegung und nach Prüfung ihres Gewissens beschlossen, dem deutschen Volk und der Weltöffentlichkeit gegenüber eine feierliche Erklärung abzugeben, die die Pflichten und Rechte festlegt, welche die deutschen Heimatvertriebenen als ihr Grundgesetz und als unumgängliche Voraussetzung für die Herbeiführung eines freien und geeinten Europas ansehen.

1. Wir Heimatvertriebenen verzichten auf Rache und Vergeltung. Dieser Entschluss ist uns ernst und heilig im Gedenken an das unendliche Leid, welches im Besonderen das letzte Jahrzehnt über die Menschheit gebracht hat.

2. Wir werden jedes Beginnen mit allen Kräften unterstützen, das auf die Schaffung eines geeinten Europas gerichtet ist, in dem die Völker ohne Furcht und Zwang leben können.

3. Wir werden durch harte, unermüdliche Arbeit teilnehmen am Wiederaufbau Deutschlands und Europas. Wir haben unsere Heimat verloren. Heimatlose sind Fremdlinge auf dieser Erde. Gott hat die Menschen in ihre Heimat hineingestellt. Den Menschen mit Zwang von seiner Heimat zu trennen, bedeutet, ihn im Geiste zu töten.

Wir haben dieses Schicksal erlitten und erlebt. Daher fühlen wir uns berufen zu verlangen, dass das Recht auf die Heimat als eines der von Gott geschenkten Grundrechte der Menschheit anerkannt und verwirklicht wird.

Solange dieses Recht für uns nicht verwirklicht ist, wollen wir aber nicht zur Untätigkeit verurteilt beiseitestehen, sondern in neuen, erläuterten Formen verständnisvollen und brüderlichen Zusammenlebens mit allen Gliedern unseres Volkes schaffen und wirken.

Darum fordern und verlangen wir heute wie gestern:

1. Gleiches Recht als Staatsbürger nicht nur vor dem Gesetz, sondern auch in der Wirklichkeit des Alltags.

2. Gerechte und sinnvolle Verteilung der Lasten des letzten Krieges auf das ganze deutsche Volk und eine ehrliche Durchführung dieses Grundsatzes.

[1] Charta: Grundsatzdokument

▲ **Verlesung der „Charta der deutschen Heimatvertriebenen".**
Foto aus Stuttgart vom 6. August 1950.
Die Kundgebung fand fast auf den Tag genau fünf Jahre nach der Unterzeichnung des Potsdamer Abkommens statt. Vorangegangen waren seit November 1949 Sitzungen einer gemeinsamen Kommission der Zentralverbände der deutschen Vertriebenen und der ostdeutschen Landsmannschaften.

- *Erläutern Sie, was die Heimatvertriebenen mit der Wahl des Termins ausdrücken wollten. Berücksichtigen Sie auch das Foto.*

3. Sinnvollen Einbau aller Berufsgruppen der Heimatvertriebenen in das Leben des deutschen Volkes.

4. Tätige Einschaltung der deutschen Heimatvertriebenen in den Wiederaufbau Europas. Die Völker der Welt sollen ihre Mitverantwortung am Schicksal der deutschen Heimatvertriebenen als der vom Leid dieser Zeit am schwersten Betroffenen empfinden. Die Völker sollen handeln, wie es ihren christlichen Pflichten und ihrem Gewissen entspricht.

Die Völker müssen erkennen, dass das Schicksal der deutschen Heimatvertriebenen wie aller Flüchtlinge ein Weltproblem ist, dessen Lösung höchste sittliche Verantwortung und Verpflichtung zu gewaltiger Leistung fordert.

Wir rufen Völker und Menschen auf, die guten Willens sind, Hand anzulegen ans Werk, damit aus Schuld, Unglück, Leid, Armut und Elend für uns alle der Weg in eine bessere Zukunft gefunden wird.

Alexander von Plato und Almut Leh (Hrsg.), „Ein unglaublicher Frühling". Erfahrene Geschichte im Nachkriegsdeutschland 1945-1948, Bonn 1997, S. 30

1. *Erläutern Sie die Forderungen der Vertriebenen. Welche dienten dem Integrationsprozess, welche standen ihm entgegen?*

2. *Überlegen Sie, welche innen- und außenpolitische Wirkung die Charta hatte.*

Karten: Geschichte im Raum

Karten ermöglichen eine Orientierung in Raum und Zeit. Sie können neben der geografischen auch die zeitliche Dimension von Ereignissen, Entwicklungen und Zusammenhängen veranschaulichen. Wir unterscheiden historische Karten und Geschichtskarten. Historische Karten wurden in einer vergangenen Epoche erstellt und zeigen Verhältnisse entsprechend dem damaligen Verständnis. Demgegenüber vermitteln Geschichtskarten den gegenwärtigen Wissensstand. Sie werfen einen Blick aus heutiger Sicht auf bestimmte Phänomene der Geschichte. Beide Kartentypen können zur Gruppe der thematischen Karten gehören, die bestimmte Informationen topografisch abbilden, etwa Verkehr, Wetter, Sprachen, Religionen, Völker oder Wahlergebnisse.

Mit Karten arbeiten

Karten sind keine „neutralen“ oder „objektiven“ Medien. Ganz im Gegenteil: Seit es Karten gibt, stellen sie subjektive Deutungen der Welt dar. Sie spiegeln das Wissen und Denken ihrer Entstehungszeit wider. So rücken mittelalterliche Weltkarten des Abendlandes ganz selbstverständlich Jerusalem in den Kartenmittelpunkt, denn hier fanden die entscheidenden Ereignisse zur Begründung des Christentums statt.
Karten können Gleichzeitiges wie Ungleichzeitiges zeigen und damit Entwicklungen veranschaulichen. Als maßstäblich verkleinerte, auf das Wesentliche reduzierte und durch vielfältige Symbole kodierte „Raummodelle“ stellen sie Sachverhalte aus Politik, Wirtschaft, Kultur oder Gesellschaft zu einer bestimmten Zeit in einem ausgewählten Raum dar.
Karten können bestimmte Darstellungsabsichten verfolgen. Sie können z. B. Ausdruck von Handelsinteressen sein oder bestimmte kulturelle oder politische Wertschätzungen zum Ausdruck bringen. Karten können Herrschaftsansprüche stellen, indem sie umstrittene Grenzverläufe in einem bestimmten Sinne darstellen oder durch Ausklammerung einem Volk oder Staat das Existenzrecht bestreiten.
Karten beeinflussen das Geschichtsbild oder die Weltsicht des Betrachters. Für die Arbeit mit Karten ist deshalb die Kenntnis des historischen und thematischen Hintergrunds genauso wichtig, wie die „Übersetzung“ der Legende und der Symbole.

Checkliste „Karten auswerten“

Formale Kennzeichen

- ✔ Um welchen Kartentyp handelt es sich?
- ✔ Wer hat die Karte entworfen oder in Auftrag gegeben?
- ✔ Wann und wo ist die Karte entstanden oder publiziert worden?

Karteninhalt

- ✔ Auf welchen Raum, welche Zeit und welches Thema bezieht sich die Karte?
- ✔ Welche Bedeutung haben die Farbflächen (Länder, Glaubensrichtungen etc.), welche die Symbole (Orte, Bodenschätze, Güter, ihre Menge, Handelswege oder Ereignisse)?
- ✔ Lässt sich durch den Vergleich mit anderen Quellen feststellen, ob bestimmte Gegebenheiten oder Entwicklungen hervorgehoben oder ausgeklammert werden?

Historischer / aktueller Kontext

- ✔ In welchen historischen / politischen Zusammenhang lässt sich die Karte einordnen?
- ✔ Welche Ursachen, Entwicklungen und Folgen lassen sich aus der Karte (nicht) ablesen?

Absicht und Bewertung

- ✔ An welche Adressaten wendet sich die Karte?
- ✔ Welche Aussageabsicht verfolgt sie?
- ✔ Auf welche wissenschaftliche oder politische Diskussion geht sie ein?
- ✔ Ist eine bestimmte Sichtweise, eine politisch-ideologische Zielsetzung erkennbar?
- ✔ Welche Fragen kann die Karte beantworten, welche nicht?

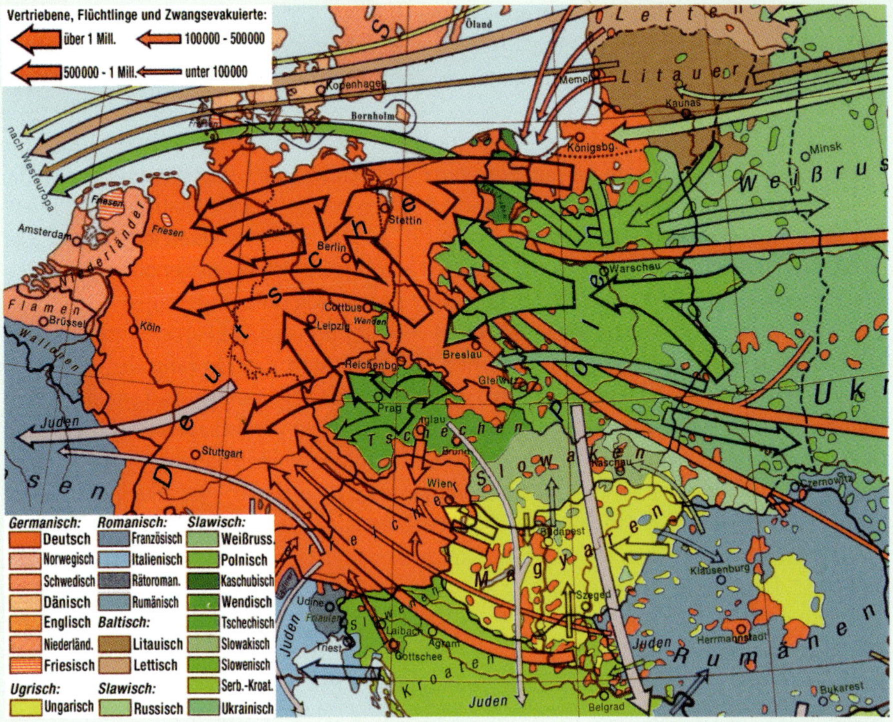

◂ **„Neue Völkerwanderung in Europa seit 1937 (Volkstums- und Sprachgebiete Stand 1923)."**
Karte von 1965 (Ausschnitt). Die Karte stammt aus dem historischen Schulbuch „Geschichte unserer Welt in Karten und Dokumenten", München 1965. Sie steht darin auf einer Doppelseite, die zusätzlich Angaben über die Toten des Ersten und des Zweiten Weltkrieges enthält.

(Für die Wiedergabe wurde die Karte hier auf einen Ausschnitt verkleinert, der etwa demjenigen der zweiten Karte entspricht).

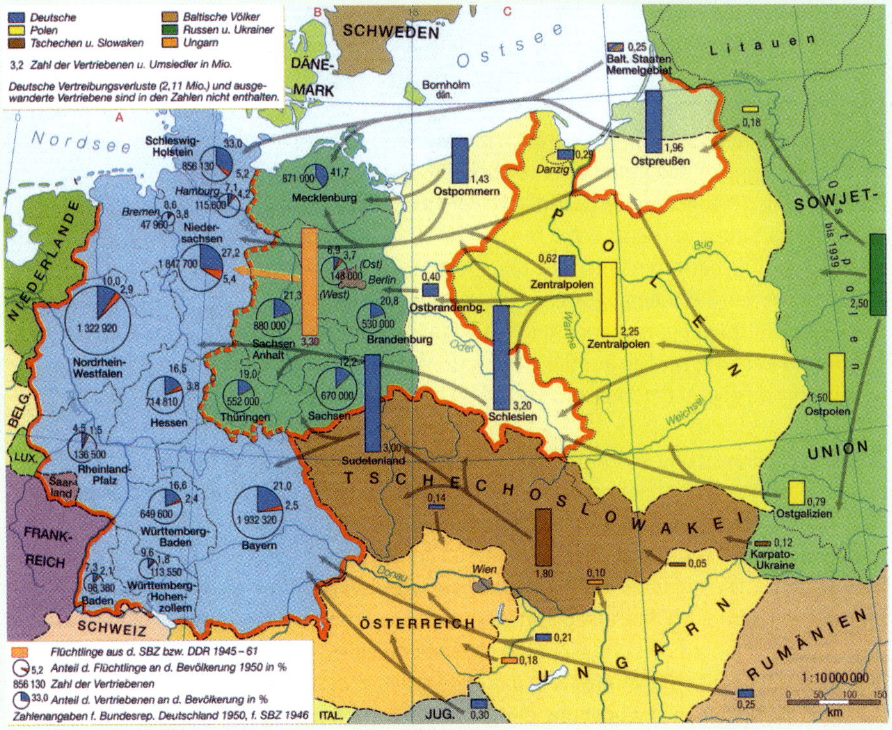

◂ **„Flüchtlinge, Vertriebene und Umsiedler 1945 bis 1950."**
Karte von 2011. Die Karte entstammt dem Kartenwerk „Putzger. Historischer Weltatlas", Berlin 2011. Sie steht auf einer Themenseite „Die Folgen des Zweiten Weltkriegs in Europa" gemeinsam mit Karten über Kriegszerstörungen in Städten und die Besatzungszonen in Deutschland.

Formale Kennzeichen Beide Karten entstammen Büchern, die im Schulunterricht eingesetzt wurden bzw. werden und die noch zahlreiche weitere Karten enthalten (Geschichtsatlanten). Die obere Karte wurde 1965, die untere 2011 veröffentlicht.

Karteninhalt Die obere Karte hat die Migration in Europa seit 1937 als Thema (Legende: „Vertriebene, Flüchtlinge und Zwangsevakuierte"); ein Enddatum wird nicht angegeben. Die Pfeile geben Ursprungs- und Zielgebiet an, ihre Breite symbolisiert die Anzahl der Migranten. Die Farben entsprechen Sprachen. Die Pfeile für „Juden" sind gesondert beschriftet. Die deutschsprachigen Gebiete sind durch die rote Färbung deutlich hervorgehoben. Hingegen sind die Grenzen der DDR nur mit einer dünnen, gepunkteten Linie eingetragen.
Die untere Karte bezieht sich auf den Zeitraum von 1945 bis 1950. Die Farben unterscheiden nicht zwischen Sprachen, sondern zwischen Nationalitäten. Der Umfang der Migration („Flüchtlinge, Vertriebene und Umsiedler") wird durch die Länge farbiger Balken und Ziffern angegeben, die Richtung durch graue Pfeile. Zusätzlich geben Kreisdiagramme an, welche Länder in Deutschland welchen Anteil an Migranten aufgenommen haben.
Die Flächenfärbungen geben die politischen Verhältnisse vor und nach 1945 erkennbar wieder. Die neuen Staatsgrenzen sind mit verschiedenen Arten von Linien eingetragen, in dicker roter Linie zusätzlich die Grenzen des Deutschen Reichs von 1937. Die Bundesrepublik und die DDR heben sich farblich voneinander ab.

Historischer / aktueller Kontext Die obere Karte will auch die Jahre der Expansion des Deutschen Reichs unter den Nationalsozialisten berücksichtigen. Durch ihre Rasse- und Kriegspolitik lösten die Nationalsozialisten eine nie gekannte Welle erzwungener Migration aus. Dazu gehören die Flucht hunderttausender und die Deportation von Millionen Juden und anderen Minderheiten sowie die Verschleppung von Millionen Zwangsarbeitern. Im Zuge der Umsiedlung sogenannter „Volksdeutscher" sollten Deutschstämmige aus ganz Europa ins Deutsche Reich übersiedeln.
In den gewählten Zeitraum fallen auch die Migrationen nach dem Zweiten Weltkrieg mit etwa 14 Millionen geflüchteter oder vertriebener Deutschstämmiger aus Osteuropa oder die Rückführung der sogenannten „Displaced Persons" (meist Zwangsarbeiter und KZ-Insassen). Kartengestaltung und Thema erwecken den Eindruck, als seien Deutsche vorrangig von Flucht und Vertreibung betroffen und nicht zuvor Auslöser von Zwangsmigration gewesen. Hervorgehoben werden die ehemaligen Grenzen von 1937, die rein völkerrechtlich noch galten (zum damaligen Zeitpunkt gab es noch keinen Friedensvertrag mit der Bundesrepublik).
Die untere Karte ist zeitlich auf die Jahre nach dem Zweiten Weltkrieg und thematisch auf eine bestimmte Form der Migration begrenzt.

Absicht und Bewertung Auf der oberen Karte dominiert die Migration der deutschen und osteuropäischen (vor allem polnischen und tschechischen) Bevölkerung Richtung Westen. Daraus ist erkennbar, dass sie sich auf die Jahre nach dem Zweiten Weltkrieg beschränkt. Die massenhaften Zwangsumsiedlungen während der nationalsozialistischen Herrschaft bleiben ausgeblendet. Die Angaben zu den „Juden" verschleiern nicht nur die millionenfachen Verbrechen, sondern auch die Tatsache, dass es sich bei diesen um nationale Minderheiten des jeweiligen Landes handelt und nicht um eine eigene Volksgruppe.
Demgegenüber setzt die untere Karte das angegebene Thema konsequent um, wobei die Art der Darstellung und die Farbgebung eine Hervorhebung Deutschlands vermeiden. Die Differenzierung der Einwandererzahlen nach den deutschen Ländern (bzw. Bundesländern) lässt ablesen, welchen Anteil in der Bundesrepublik Flüchtlinge und Vertriebene hatten. Wichtige Gesichtspunkte sind in diesem Zusammenhang die Herausforderungen an die Regierungen und Parteien, die Einwanderer zu integrieren und als Wähler für sich zu gewinnen.

Übersiedler und Flüchtlinge aus Ostdeutschland

In den Westen „rübermachen" Aus der DDR (bis 1949: SBZ), wanderten bis 1990 insgesamt 5,2 Millionen Menschen in die Bundesrepublik und nach West-Berlin ab. Bis 1961 fand eine Massenflucht von etwa 3,8 Millionen DDR-Bürgern statt, die der Bau der Mauer beendete. Angesichts des Niedergangs der SED-Diktatur in den späten 1980er-Jahren schnellten die Zahlen erneut nach oben. Mit der deutschen Einheit von 1990 fand die massenhafte Übersiedlung von Ost- nach Westdeutschland ihr Ende.

Da die Bundesregierung die DDR nicht als Ausland anerkannte, besaßen alle Ostdeutschen beim Übertritt in den Westen die deutsche Staatsbürgerschaft. Ob es sich um Flüchtlinge handelte, entschied seit 1950 ein Notaufnahmeverfahren. Lagen zwingende Gründe für das Verlassen der DDR vor, dann gewährte die Bundesrepublik Hilfe und Entschädigung. 1990 wurde das Notaufnahmeverfahren eingestellt.

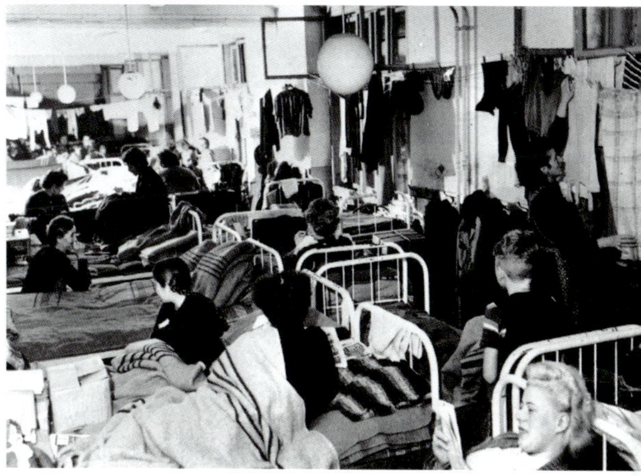

▲ **Notaufnahmelager in Berlin.**
Foto von 1955.
Die Bundesrepublik hatte anfangs große Mühe mit dem Strom an DDR-Flüchtlingen. 1950 wurde das Notaufnahmegesetz erlassen. Die Menschen mussten zunächst in Durchgangslagern zubringen, wo man ihren Fall prüfte.

Freiheit statt Sozialismus Die Massenflucht war eine Folge der kommunistischen Diktatur: die Enteignung von Unternehmern, die Zwangskollektivierung von Bauern, der Druck auf die Bevölkerung zum Eintritt in die SED oder ihr nahe Organisationen, die Verweigerung einer legalen Ausreise, die Verfolgung Andersdenkender. Daneben wollten viele Menschen zu ihren Angehörigen in den Westen. Mit dem wirtschaftlichen Erfolg der Bundesrepublik kam die Aussicht auf bessere Lebensverhältnisse als Fluchtmotiv hinzu (▸ M1).

Die DDR riegelt sich ab Der Bau der Mauer stoppte den Flüchtlingsstrom gewaltsam. Dennoch versuchten viele Menschen weiterhin, die DDR zu verlassen. Die Regierung in Ost-Berlin wies die meisten Ausreiseanträge ab. Dagegen wurden Menschen bei Fluchtversuchen getötet oder hart bestraft, Regimekritiker zwangsausgebürgert und politische Gefangene dem Westen zum Freikauf angeboten. Eine Lockerung dieser menschenverachtenden Politik begann erst, als der Zusammenbruch der SED-Diktatur bevorstand.

Flüchtlinge und Übersiedler aus der DDR hatten sehr gute Voraussetzungen, sich zu integrieren. Der Wille zum Neuanfang, Verwandte und Freunde im Westen sowie oftmals hohe fachliche Qualifikationen halfen bei der Eingliederung. Neben staatlichen Hilfen sorgten viele private Initiativen und gemeinnützige Organisationen für Unterstützung.

Bei aller Solidarität, die zwischen West- und Ostdeutschen herrschte, blieben zwischenmenschliche Spannungen nicht aus. Hier machte sich die Teilung in zwei Staaten bemerkbar, die zu unterschiedlichen Gesellschaften geführt hatte. Wer aus der DDR in den Westen ging, musste diese Kluft für sich persönlich überwinden (▸ M2).

Fritz Behrendt/Baaske Cartoons

▲ **„Freie Wahlen in der Zone? Jeden Tag aufs neu!"**
Zeichnung von Fritz Behrendt, Juli 1961.
- *Erläutern Sie die Karikatur. Berücksichtigen Sie auch die Schilder mit den Porträts von Mao Zedong, Walter Ulbricht und Nikita Chruschtschow.*

M1 Abschiedsbrief eines Übersiedlers

Dieter P. studiert in West-Berlin. 1953 geht er nach Chemnitz und wird Oberarzt in einer Kinderklinik. 1960 verlässt er die DDR. In einem Brief an einen Vorgesetzten erklärt er:

Ich habe mich entschlossen, von meiner Reise nach der Bundesrepublik nicht zurückzukehren. Die Gründe für meinen Entschluss sind so mannigfaltig, dass sie schwer zu Papier zu bringen sind. [...] In vielen Aussprachen mit Vertretern der Partei und der Stadt in unserem Krankenhaus habe ich oft versucht klarzumachen, aus welchen Gründen die Ärzte weggehen. Man hat uns angehört, viel versprochen und nichts gehalten. Die Republikflucht ist kein Problem der Abwerbung [durch den Westen], sondern [...] der Dummheit und des Unverstandes vieler kleiner Staatsfunktionäre, die uns das Leben und Arbeiten systematisch sauer machen. [...]
Ich habe mit versucht, in sieben Jahren die Not zu beheben, aber ich habe es ebenso wenig geschafft, wie die vielen anderen Kollegen, die deswegen Tag und Nacht arbeiten.
Und auch ich lasse wieder viele Patienten, die nun keinen Arzt haben, zurück, aber auch sie werden nur dann endlich entsprechend betreut werden, wenn man einsieht, dass man einen Arzt nicht in eine gedankliche Zwangsjacke stecken kann. [...] In den letzten Tagen habe ich den Perspektivplan gelesen. Die Kollegen betrachten derartige Hirngespinste [...] als eine Verhöhnung ihrer Arbeit, die mitunter sogar in einer großen Klinik so primitiv ist, dass es nicht einmal Badewannen oder Wasserleitungsrohre gibt. [...]
Ich gehe nicht leicht. Ich verlasse meine Eltern und einen großen Freundeskreis [...]. Aber ich habe mich darüber hinweggesetzt, weil ich meine Arbeitskraft nicht sinnlos vergeuden möchte, nachdem ich die Sinnlosigkeit erkannt habe. Man wird mich auf die Liste der staatsfeindlichen Elemente setzen. Das bin ich nicht. Ich liebe meine Heimat und ich achte und schätze die Menschen, die ich zurücklasse. [...]
In diesem Zusammenhang möchte ich Sie, Herr Kreisarzt, um etwas bitten. Sie kennen die Möbelnot unserer Klinik. Ich möchte, dass mein Schlafzimmer und mein Herrenzimmer dazu verwendet wird, einige Zimmer einzurichten.

Zit. nach: Damian von Melis und Henrik Bispinck (Hrsg.), „Republikflucht". Flucht und Abwanderung aus der SBZ/DDR 1945 bis 1961, München 2006, S. 238f.

1. *Schildern Sie mit eigenen Worten die Situation des Mediziners Dieter P. Was hielt ihn in der DDR? Was gab den Ausschlag für seine Abwanderung?*
2. *Erläutern Sie am hier gezeigten Beispiel, weshalb v. a. jüngere Menschen der DDR bis 1961 den Rücken kehrten.*
3. *Überlegen Sie, was Sie selbst dazu bewegen könnte, aus der Bundesrepublik auszuwandern.*

M2 „Streber" und „Störenfriede"

Ein Bundestagsausschuss beschäftigt sich 1985 mit der Situation der DDR-Übersiedler. Er zieht dazu Umfragen und Studien heran. Die Wochenzeitung „Die Zeit" stellt die Ergebnisse vor:

Auch den jüngsten Untersuchungen nach dürfte es den Landsleuten aus dem anderen Teil Deutschlands [...] nicht schlecht gehen. Schon zwölf Monate nach ihrer Ausreise stehen sie [...] zum Beispiel beim Besitz von Farbfernsehern, Telefon und Autos den Bundesbürgern nicht nach. [...]
Trotz der prekären Lage auf dem Arbeitsmarkt und mancher Vermittlungsprobleme [...] findet die Mehrzahl der Übersiedler ziemlich rasch Lohn und Brot. Ihre Arbeitsmotivation und Mobilität sind, kein Wunder, hoch; ihre Qualifikation ist [...] solide, oft sogar hervorragend. [...]
Bereits aus früheren [...] Untersuchungen geht hervor, dass jeder zweite Bundesbürger die Konkurrenz der Landsleute aus der DDR fürchtet. Ihre Arbeitsdynamik lässt sie nicht selten als „Streber" und „Störenfriede" erscheinen; ihr sicheres Auftreten und ihre zuweilen fordernde Anspruchshaltung [...] beschwören oft Missverständnisse und Ablehnung herauf. Dynamik und Selbstsicherheit können jedoch keine unangenehme Überraschung sein, wenn man bedenkt, welche Energie und Standfestigkeit meistens nötig ist, um die Ausreise aus der DDR zu erreichen. [...]
Die Bundesdeutschen aber erwarten von den Zugewanderten mehr Bescheidenheit und Dankbarkeit. Auch deshalb kommt es [...] zwischen sehr vielen Übersiedlern und ihren westlichen Verwandten rasch zu Zerwürfnissen. Auch bei diesen privaten Konflikten treten weitverbreitete Vorurteile zutage: Viele Bundesbürger betrachten die Neubürger mit großer Reserve, fürchten sie nicht nur als Arbeitsplatzkonkurrenz, sondern vermuten unter ihnen eine Menge Querulanten und sogar Spione. [...]
Natürlich gibt es auch andere Gründe für die Schwierigkeiten bei der Integration. [...] Zu schaffen macht ihnen nicht nur eine Gesellschaft, deren Ellenbogenmentalität und persönlichen Leistungsdruck sie nicht gewohnt sind. Verständnisprobleme bereiten ihnen auch die positiven und negativen Folgen der großen individuellen Freiheit.

Carl-Christian Kaiser, Fremde im eigenen Land?, in: Die Zeit vom 21. Juni 1985, S. 5

1. *Fassen Sie zusammen, welche Schwierigkeiten bei der sozialen Integration der DDR-Übersiedler auftraten.*
2. *Der Artikel stammt von 1985, als eine deutsche Wiedervereinigung nicht abzusehen war. Arbeiten Sie heraus, welche der hier genannten Probleme zwischen West- und Ostdeutschen nach 1990 fortbestanden.*

Arbeitsmigranten in der Bundesrepublik: die „Gastarbeiter"

Billige Arbeitskräfte Das wirtschaftliche Wachstum in der Bundesrepublik schuf seit Mitte der 1950er-Jahre akuten Bedarf an Arbeitskräften. Der Mangel an Personal wurde durch das Ende der Zuwanderung aus der DDR nach 1961 noch verschärft.

Die Bundesregierung suchte auf Anraten von Arbeitgebern und Gewerkschaften nach Arbeitskräften aus dem Ausland. Sie schloss Abkommen mit mehreren Staaten in Südeuropa und Nordafrika über eine Anwerbung von vorübergehend Beschäftigten. Die sogenannten „Gastarbeiter" füllten die Lücken auf dem Arbeitsmarkt – besonders im Baugewerbe, in der Eisen- und Metallindustrie und im Bergbau. Ihr Einsatz konnte auch den ständig steigenden Löhnen entgegenwirken.

Die Heimatländer der Migranten waren an der zeitweisen Entsendung von Arbeitskräften interessiert, da

- die Bundesrepublik für ihre Beschäftigung sorgte,
- die ausländischen Arbeitnehmer in die bundesdeutschen Sozialsysteme eingebunden wurden,
- die Beschäftigten einen Großteil des Verdienstes an ihre Familien in der Heimat überwiesen, wodurch dort der Lebensstandard stieg,
- die Arbeit in Deutschland das Know-how der „Gastarbeiter" verbesserte; davon profitierte nach der Rückkehr die Wirtschaft des Entsendelandes.

▲ **Der einmillionste „Gastarbeiter".**
Foto vom 10. September 1964. Der portugiesische Zimmermann Armando Rodrigues wird auf dem Bahnhof Köln-Deutz vom Bundesinnenminister begrüßt und erhält als Geschenk ein Zündapp-Motorrad.

Zeitweise oder dauernd Zwischen 1955 und 1973 kamen insgesamt etwa 6,7 Millionen Ausländer aus den Anwerbeländern in die Bundesrepublik (2,4 Millionen durch direkte Anwerbung). Sie hatten maßgeblichen Anteil am wirtschaftlichen Boom jener Zeit. Über vier Millionen von ihnen kehrten bis 1973 in ihre Heimatländer zurück, die übrigen blieben in der Bundesrepublik. Viele ließen ihre Familien nachkommen, bekamen Kinder und machten sich auf Dauer ansässig.

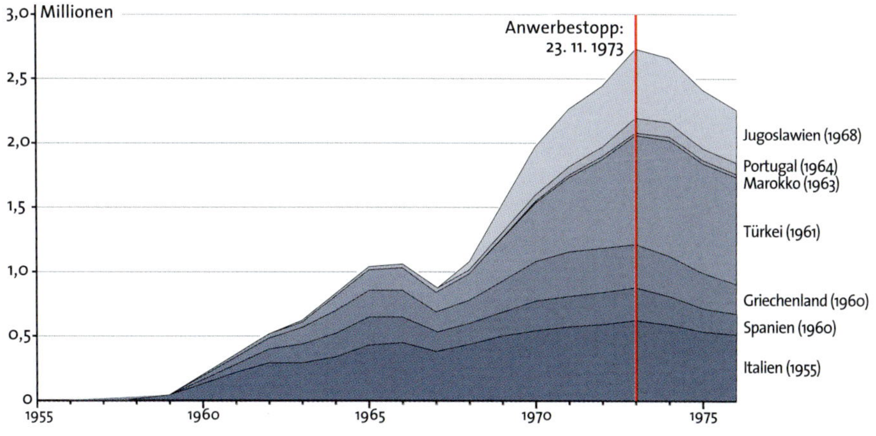

◀ **Zuzüge von ausländischen Beschäftigten in die Bundesrepublik Deutschland nach Anwerbeländern, 1955-1976.**
Angegeben ist die sogenannte „Wanderungsbilanz", das ist die Zahl der Zuzüge minus die Zahl der Fortzüge. Dieser Wert wird für jedes Jahr fortgeschrieben.
Mit unterschiedlichen Farbtönen werden die jeweiligen Herkunftsländer bezeichnet.
In Klammern ist das Jahr des Anwerbeabkommens mit dem betreffenden Land angegeben.

Anwerbestopp: Zuzugsverbot für weitere Beschäftigte aus Nicht-EG-Staaten. In der damaligen Wirtschaftskrise erließen viele westeuropäische Staaten ähnliche Gesetze.

Vom Arbeitsplatz zur neuen Heimat Der Einbruch der Wirtschaft veranlasste die Bundesregierung 1973 zu einem sofortigen **Anwerbestopp**. Die bis dahin Beschäftigten erhielten auch weiterhin ihre Arbeits- und Aufenthaltserlaubnis. Viele blieben in der Bundesrepublik. Auch erreichten ihre nachgezogenen Kinder das erwerbsfähige Alter. Damit stellte sich das Problem der langfristigen Integration der ausländischen Beschäftigten und ihrer Familien.

▲ **Broschüre der Ford-Werke mit Informationen für türkische Arbeitnehmer.**
Foto aus Köln von 1962.

Das Verhalten der Deutschen Die Eingliederung der ehemaligen „Gastarbeiter" stand vor vielen Problemen:

- Das Wirtschaftswachstum brach in den 1970er-Jahren ein. Die Konkurrenz auf dem Arbeitsmarkt wurde schärfer (▸ M1).
- Die ausländischen Beschäftigten lebten v. a. in den Ballungsräumen, wo sie in bestimmten Stadtteilen isoliert blieben.
- Besonders die türkischen Familien trennte eine große kulturelle und religiös bedingte Kluft von der deutschen Bevölkerung.
- Eine Einbürgerung war rechtlich schwierig und wurde von den Herkunftsländern (v. a. der Türkei) nicht gewünscht.

Als Integrationsmaßnahmen dienten die Aufnahme in die Sozialsysteme, der Familiennachzug sowie Bildungsangebote für „Migrantenkinder", die anfangs noch von deutschen Schulklassen getrennt unterrichtet wurden.

Das Wort „Gastarbeiter" blieb in der Bevölkerung noch in den 1970er-Jahren erhalten, obgleich die Ausländer längst dauerhaft in Deutschland lebten und arbeiteten. Besonders die Türken erfuhren viel Ablehnung. Die zweite und dritte Generation der Menschen türkischer Herkunft stößt auf geringere Vorbehalte. Oft haben Debatten über Zuwanderung und Integration aber noch immer fremdenfeindliche Untertöne (▸ M2).

▲ **„Gastarbeiter."**
Karikatur von Vangelis Pavlidis, 1983.

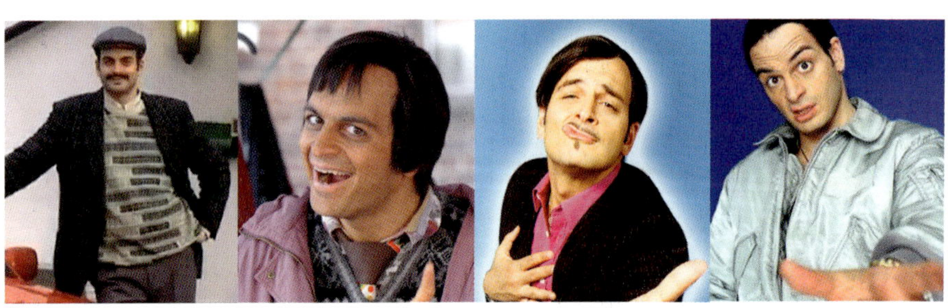

▲ **Kaya Yanar in „Was guckst Du?!".**
Der Schauspieler Kaya Yanar wurde 1973 in Frankfurt am Main als Sohn türkischer Eltern geboren. Seine TV-Comedy-Sendung „Was guckst Du?!" hat seit 2001 großen Erfolg. Darin werden Klischees und Missverständnisse zwischen Deutschen und Nichtdeutschen humorvoll dargestellt.

M1 Arbeitslosenquote bei Deutschen und Ausländern, 1967-1985

Jahr	Arbeitslosenquote (in Prozent)	
	Deutsche	Ausländer
1967	2,1	1,6
1968	1,5	0,6
1969	0,9	0,2
1970	0,7	0,3
1971	0,8	0,6
1972	1,1	0,7
1973	1,2	0,8
1974	2,6	2,9
1975	4,7	6,8
1976	4,6	5,1
1977	4,5	4,9
1978	4,3	5,3
1979	3,9	4,7
1980	3,8	5,0
1981	5,5	8,2
1982	7,5	11,9
1983	9,1	14,7
1984	9,1	14,0
1985	9,3	13,9

Nach: Andreas Treichler, Arbeitsmigration und Gewerkschaften, Münster 1998, S. 43

1. *Beschreiben Sie die Entwicklung der Arbeitslosigkeit von Ausländern. Nennen Sie Gründe für die Abweichungen zur Arbeitslosenquote der Deutschen.*

2. *Diskutieren Sie über den verbreiteten Vorwurf, Ausländer nehmen den Einheimischen die Arbeitsplätze weg. Ziehen Sie dazu die vorliegenden Daten heran.*

M2 Deutschland als neue Heimat

Der Volkskundler Max Matter beschreibt die Entwicklung der türkischen Minderheit in der Bundesrepublik seit dem Anwerbestopp für „Gastarbeiter".

Der sogenannte Anwerbestopp von 1973 traf von allen nationalen Wandergruppen die Türken am stärksten, waren sie doch die zuletzt eingereisten und hatten sie ihre Sparziele noch lange nicht erreicht. Wer nun für längere Zeit Deutschland verließ, durfte danach nicht mehr einreisen. Als Folge der verschärften ausländerrechtlichen Bestimmungen kehrte man aber nicht zurück, sondern viele holten nun ihre Familien nach. Dazu musste man über genügend Wohnraum verfügen. Man zog aus den Arbeiterwohnungen aus und versuchte preisgünstige Wohnungen zu mieten. Dies führte zu Konzentrationen in Stadtteilen mit einem hohen Altwohnungsbestand, die deutscherseits vielfach beargwöhnt, von Türken positiv gewertet wurden. Die räumliche Nähe erleichterte die Ausbildung von Netzwerken. Man schuf das, was später von den einen „Türkenghetto", von den andern etwas beschönigend „ethnische Kolonie" genannt wurde. Das heißt, man baute allmählich türkische Lebensformen und -zusammenhänge innerhalb und gegenüber der deutschen Gesamtgesellschaft auf und aus. [...]
Es wäre sicher falsch, die Tatsache, dass sich in Deutschland eine türkische Infrastruktur, von Lebensmittelläden über Restaurants, Versicherungen, Fahrschulen, Reisebüros bis hin zur medizinischen Versorgung und Rechtsberatung und vielem anderen mehr, aufgebaut hat, allein als Versuche der Abkapselung und als Aufbau einer Gesellschaft in der Gesellschaft oder gar einer Gegengesellschaft zu deuten.
Dass es aber solche Tendenzen gibt, ist unbestreitbar. [...] Auch Fragen nach einem nationalen oder ethnischen Selbstverständnis (als Türke, als Ausländer in Deutschland, als Deutschland-Türke, d.h. „Almancı", als Mensch, dessen Lebensmittelpunkt in Deutschland liegt usw.), können nicht leicht beantwortet werden, denn diese Selbstverständnisse sind nicht starr, sondern von vielerlei Faktoren, wie etwa politischen, ökonomischen und gesellschaftlichen Entwicklungen im Herkunfts- wie im Zuzugsland abhängig, aber auch durch den eigenen Lebensverlauf geprägt.

Max Matter, Türkisches Leben in Deutschland zwischen Integration und „Parallelgesellschaft", in: Hartmut Heller (Hrsg.), Neue Heimat Deutschland, Erlangen 2002, S. 241-259, hier S. 243 f. und 248

1. *Arbeiten Sie heraus, weshalb die Beschäftigten aus der Türkei eine Sonderrolle in der Bundesrepublik einnahmen.*

2. *Informieren Sie sich über die politischen Beziehungen der Türkei zur Bundesrepublik Deutschland seit 1973. Inwieweit haben sie die Situation der Türken in Deutschland beeinflusst?*

Zuwanderung von Asylbewerbern

Zuflucht für politisch Verfolgte Für Flüchtlinge unter den Einwanderern gelten besondere Regelungen, verankert im Grundgesetz und in internationalen Vereinbarungen. Das Grundgesetz sichert politisch Verfolgten in Deutschland ein Recht auf Asyl zu (Art. 16, Abs. 1). Die Genfer Konvention von 1951 bestimmt den Schutz von Flüchtlingen. Sie verbietet den Unterzeichnerstaaten, darunter der Bundesrepublik, Flüchtlinge in Gebiete zurückzuweisen, in denen ihr Leben oder ihre Freiheit bedroht sind. Als Flüchtlinge gelten jene Menschen, die ihr Heimatland aus begründeter Furcht vor Verfolgung verlassen haben, ob wegen ihrer Rasse, Religion, politischen Überzeugung oder der ethnischen Zugehörigkeit.

Die bittere Wahrheit über Ausländer und Hartz IV

90% der Libanesen und 26% der Türken bekommen bei uns Stütze vom Staat!

Die ganze Liste – Seite 2

Bild

▲ Asyl macht Schlagzeilen.
Titelblatt von November 2010. Auch nach der Reform des Asylrechts blieben (angebliche) Fälle von „Asylmissbrauch" ein Reizthema in der Presse.

- *Bewerten Sie die Motive der Zeitungsmacher, solche Schlagzeilen zu drucken. Tragen sie zur Lösung gesellschaftlicher Spannungen bei, oder schaffen sie neue Probleme?*

Europa und die Welt Bis 1970 kamen fast nur Flüchtlinge aus kommunistisch regierten Ländern Europas in die Bundesrepublik, seit Ende der 1970er-Jahre dann in wachsender Zahl aus Ländern der „Dritten Welt".

Nach dem 1985 geschlossenen Abkommen von Schengen, dem neben den Staaten der Europäischen Union auch Island, Norwegen und die Schweiz beitraten, werden solche Menchen nicht als Flüchtlinge anerkannt, die über sichere Drittstaaten einreisen, in denen ihnen keine Verfolgung droht.

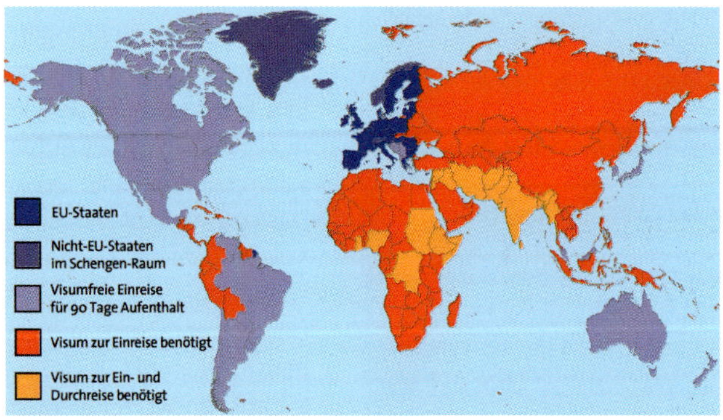

◄ Voraussetzungen zur Einreise in den Schengen-Raum.

- *Untersuchen Sie, nach welchen Kriterien die Einstufung der Länder erfolgte. Nehmen Sie Stellung zu dieser Regelung.*
- *Deutschland ist von Ländern des Schengen-Abkommens umgeben. Arbeiten Sie heraus, was dies für die Einreise von Flüchtlingen bedeutet.*

Asylrecht und Asylmissbrauch Die seit 1989 deutlich steigende Zahl der Zuflucht suchenden Asylbewerber stellte Bund, Länder und Gemeinden bei der Unterbringung und Versorgung der Menschen vor große Probleme. Die Gewährung des Grundrechts auf Asyl und sein wirklicher oder angeblicher Missbrauch wurden zu einem heftig diskutierten Thema. Fremdenangst und Ausländerfeindlichkeit eskalierten in den Jahren 1991/92 in Deutschland, als es zu Gewalttaten und Mordanschlägen durch jugendliche Extremisten kam (▸ M1).

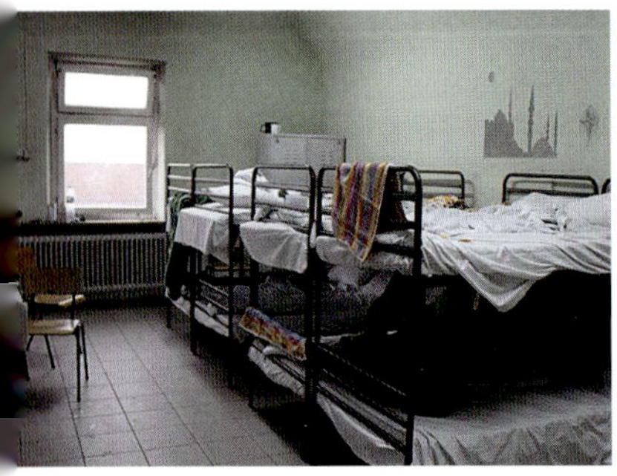

▲ Aufnahmeeinrichtung für Asylbewerber in Zirndorf.
Foto von 2011.
Vom Erstaufnahmelager Zirndorf in Mittelfranken werden Asylbewerber nach einigen Monaten auf andere Gemeinschaftsunterkünfte verteilt. Während ihres Asylverfahrens dürfen sie den zugewiesenen Aufenthaltsort nicht verlassen und erhalten statt Essensgeld eine zentrale Verpflegung.

Reform des Asylrechts Der Deutsche Bundestag beschloss 1993 eine Reform des Grundrechts auf Asyl. Damit sollte die Zuwanderung nach Deutschland gesteuert und begrenzt werden. Politisch Verfolgte erhielten das Recht auf Asyl, wie vom Grundgesetz vorgesehen. Wer jedoch aus „sicheren Drittstaaten" nach Deutschland einreiste, konnte sich nicht mehr auf das Asylrecht berufen. Kriegs- und Bürgerkriegsflüchtlinge erhielten eine befristete Aufenthaltserlaubnis, wovon in den 1990er-Jahren mehrere Hunderttausend Menschen, vor allem aus dem zerfallenden Jugoslawien, Gebrauch machten (▸ M2).

M1 Ausländerkritik und Fremdenfeindlichkeit

Zustimmung (in Prozent) zu den folgenden Aussagen:	Gesamt	West	Ost	Schulabschluss Einfach, ohne Lehre	Mittel	Abitur
Mit dem Zahlenverhältnis von Deutschen und Ausländern im eigenen Wohngebiet bin ich unzufrieden	16	17	12	23	15	9
In einer Diskussion würde ich vielleicht sagen, dass ich gegen Ausländer bin	7	6	9	12	7	3
Ausländische Arbeitnehmer sollten in ihre Heimatländer zurückgeschickt werden	5	4	8	9	4	9
Asylsuchende sollten grundsätzlich nicht mehr aufgenommen werden	15	15	18	28	17	6
Ich bin gegen die Aufnahme deutschstämmiger Aussiedler	30	28	37	37	29	20
Die deutsche Ausländerpolitik ist zu „ausländerfreundlich“	47	45	58	50	47	21

Ulrich Herbert, Geschichte der Ausländerpolitik in Deutschland, München 2001, S. 306 (nach einer Meinungsumfrage des Instituts Emnid aus dem Jahr 1995)

1. *Erläutern Sie das Verhältnis zwischen der Schulbildung der Befragten und ihren jeweiligen Antworten.*
2. *Beurteilen Sie, ob sich mit einer Umfrage tatsächlich Ausländerkritik und Fremdenfeindlichkeit ermitteln lassen.*

M2 Asylsuchende und Asylberechtigte seit 1975

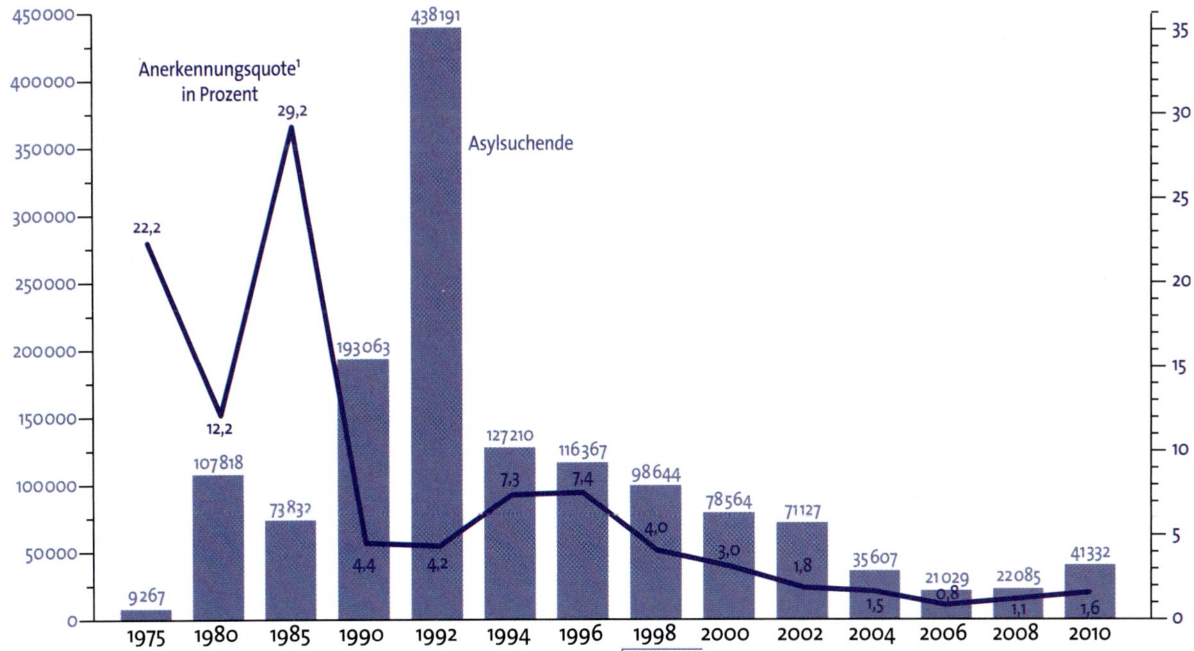

Nach: Bundesamt für die Anerkennung ausländischer Flüchtlinge, Nürnberg

[1] Die Anerkennungsquote ist der Anteil der im jeweiligen Berichtsjahr bewilligten Anträge auf Asyl.

1. *Erklären Sie, warum nach der Reform des Asylrechts 1993 die Anerkennungsquote nur noch wenig schwankt.*
2. *Informieren Sie sich, warum aus völkerrechtlichen und humanitären Gründen weitaus mehr Menschen Schutz genießen als anerkannte Asylbewerber.*

Aussiedler und Spätaussiedler

Auswanderer von einst Deutsche, deren Vorfahren bereits vor Generationen in die östlichen Teile Europas ausgewandert waren, gelten als Aussiedler. Insgesamt wurden zwischen 1950 und Ende 1988 rund 1,6 Millionen Aussiedler, vor allem aus Polen, der Sowjetunion und Rumänien, aufgenommen (▸ M1).

Beginnend mit der Neuen Ostpolitik unter Bundeskanzler Willy Brandt (1969-1974) erleichterten Abkommen mit osteuropäischen Staaten die Übersiedlung von „Angehörigen deutscher Volkszugehörigkeit" (**Art. 116 GG**). Die meisten Aussiedler kamen aus der Sowjetunion bzw. aus der späteren Gemeinschaft Unabhängiger Staaten (von 1950 bis 2005 etwa 2,5 Millionen), aus Polen (etwa 1,4 Millionen) und aus Rumänien (430 000). Ihre „Rückkehr" nach Deutschland nach vielen Generationen schuf eine ganz besondere Einwanderungssituation (▸ M2).

Art. 116 GG: Deutsche nach dem Grundgesetz sind Inhaber der deutschen Staatsangehörigkeit; ebenso Flüchtlinge oder Vertriebene deutscher Volkszugehörigkeit, deren Ehegatten oder Nachkommen, die im Gebiet des Deutschen Reichs nach dem Stand von 1937 Aufnahme gefunden haben.

Spätaussiedler Nach dem Ende der kommunistischen Diktaturen in Europa 1989/90 wuchs die Zahl der Zuwanderer noch einmal stark an. So zogen von 1987 bis 1999 insgesamt 2,7 Millionen sogenannte „Spätaussiedler" in die Bundesrepublik. Seit Ende der 1990er-Jahre gingen diese Zahlen zurück. Dafür war auch die Neufassung des Einwanderungsrechts 1993 verantwortlich. Danach mussten Spätaussiedler Deutschkenntnisse sowie einen tatsächlichen Vertreibungsdruck nachweisen. Seither galt eine jährliche Aufnahmequote. Als Aussiedler bzw. Spätaussiedler galt nur noch, wer vor 1993 geboren wurde.

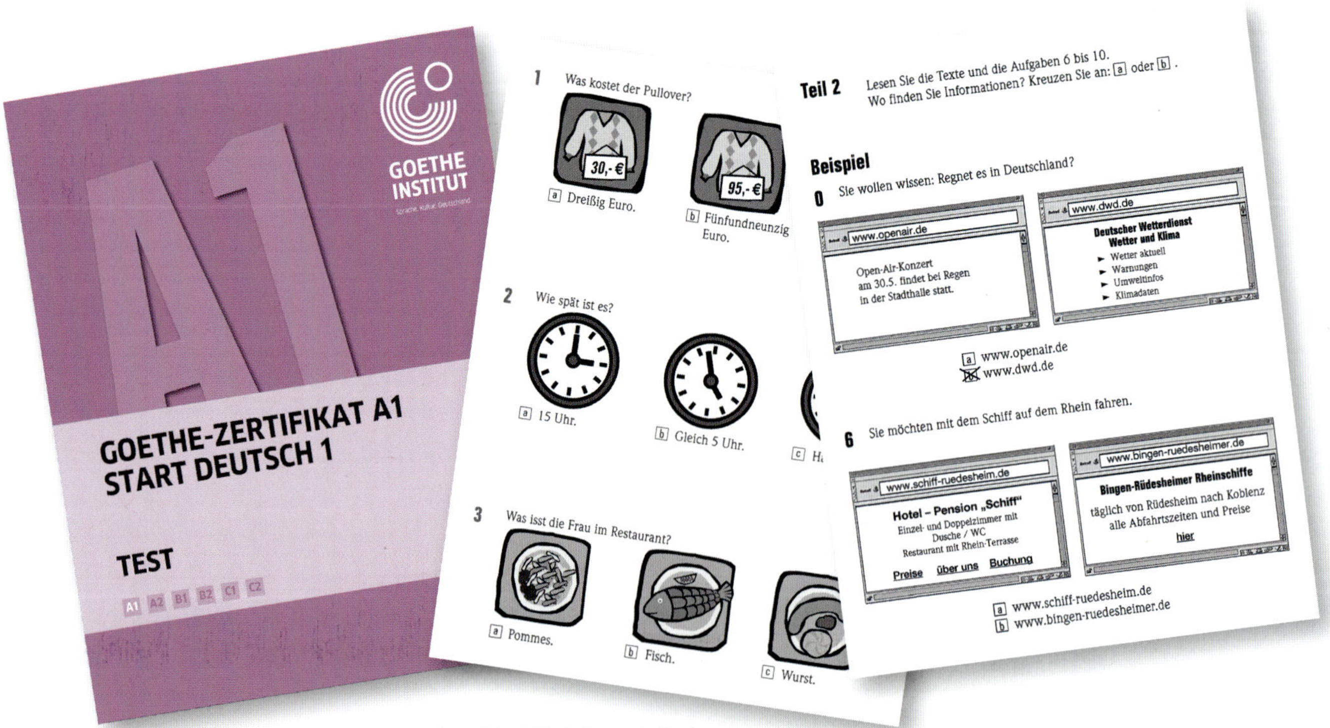

▲ **Sprachtest für Spätaussiedlerbewerber.**
Seit 1996 müssen Auslandsdeutsche, die nach Deutschland übersiedeln wollen, bereits im Herkunftsland an einer Sprachprüfung teilnehmen, die nicht wiederholt werden kann. Dieser Test wird auch von den Goethe-Instituten abgenommen. Die Bestehensquote der Sprachprüfungen ist seit Jahren rückläufig.

M1 Aussiedler in der Bundesrepublik Deutschland, 1950-1992

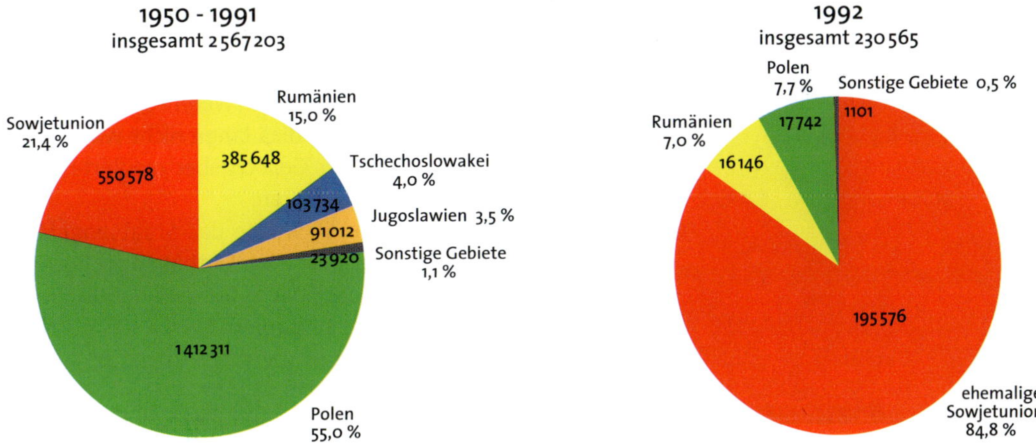

1. *Erklären Sie die deutlichen Abweichungen vor und nach 1992.*

2. *Informieren Sie sich über die ehemaligen deutschen Siedlungsgebiete in Osteuropa. Was führte jeweils zur Migration Deutscher in diese Regionen?*

M2 Rückkehr nach Generationen

Der Migrationsforscher Klaus J. Bade schildert 1992 die Situation der Aussiedler aus Osteuropa:

Die Gründe für den Massenexodus[1] der Aussiedler aus dem Osten indes waren [...] in den Grundzügen verwandt: Wirtschaftliche Motive spielten eine wichtige, aber oft überschätzte Rolle. Hauptgründe für die Ausreisebemühungen waren die unterschiedlich stark ausgeprägte Unterdrückung, die Einengung bzw. Nichtakzeptanz ethnischer, religiöser und sprachlich-kultureller Minderheiten [...], die die für den Zweiten Weltkrieg und die Verbrechen in den besetzten Gebieten haftbar gemachten Deutschen besonders trafen. Der mehr oder weniger lange anhaltenden Unterdrückung der Sprachkultur wegen müssen viele, insbesondere jüngere Aussiedler das Hochdeutsche als Fremdsprache lernen. [...] Hinzu kamen wachsende Nationalitätenspannungen, die Sorge vor politischen Rückschlägen und in der Sowjetunion auch die Einsicht in die Vergeblichkeit der Bemühungen um eine Rückkehr in die alten Siedlungsgebiete z. B. an der Wolga. [...] Die Absicht, als „Deutsche unter Deutschen" zu leben, führte die Aussiedler aus dem Osten 1989/90 bemerkenswerterweise nicht in die an wachsender Auszehrung leidende DDR, sondern allein in die Bundesrepublik. Das hatte sicher auch mit der materiellen Anziehungskraft des Westens, vor allem aber damit zu tun, dass Kommunismus und Sozialismus gleichgesetzt wurden mit der selbsterlebten Unterdrückung oder doch Unfreiheit. [...]

Die Aussiedler werden [...] am Ziel ihrer Wünsche als vermeintliche Boten einer düsteren Vergangenheit beargwöhnt – gerade wegen der Orientierung an jenem „Deutschtum", das in ihren Herkunftsgebieten lange Anlass für Verfolgung, Vertreibung und Unterdrückung war. Hinzu kommt, dass sie mit ihrem harten Akzent, ihren mangelhaften Sprachkenntnissen und fremd wirkenden Lebensformen hierzulande häufig selbst für „Polen" oder „Russen" gehalten werden. [...] Zu Orientierungs- und Identitätskrisen führen nicht selten politische Unmündigkeit und Gewohntsein an allzuständige Führung von oben, Unerfahrenheit im pluralistischen Denken und unterschiedliche Meinungspositionen, Mangel an Eigeninitiative, Furcht, kritische Fragen zu stellen, und allgemeine Irritierung durch die Freiheits-, Gestaltungs- und Gefährdungsspielräume von Demokratie und Marktwirtschaft. [...] Die „Neubürger" werden am Ziel ihrer Wünsche lange Fremde bleiben – als „Deutsche unter Deutschen" im Besitz aller staatsbürgerlichen Rechte, aber dennoch in einer echten und in vieler Hinsicht sogar besonders komplizierten Einwanderungssituation.

Klaus J. Bade (Hrsg.), Deutsche im Ausland – Fremde in Deutschland. Migration in Geschichte und Gegenwart, München 1992, S. 407-409

[1] Exodus (griech.-lat.): Auszug, Auswanderung

1. *Stellen Sie die Gründe für die Auswanderung der Russlanddeutschen nach ihrer Bedeutung zusammen.*

2. *Stellen Sie die Schwierigkeiten der Aussiedler in Deutschland den Erwartungshaltungen und Erfordernissen in deren neuem Umfeld gegenüber.*

3. *Erörtern Sie, welche Maßnahmen Ihnen im Sinne einer Integration der Aussiedler sinnvoll erscheinen.*

Deutschland als Einwanderungsland

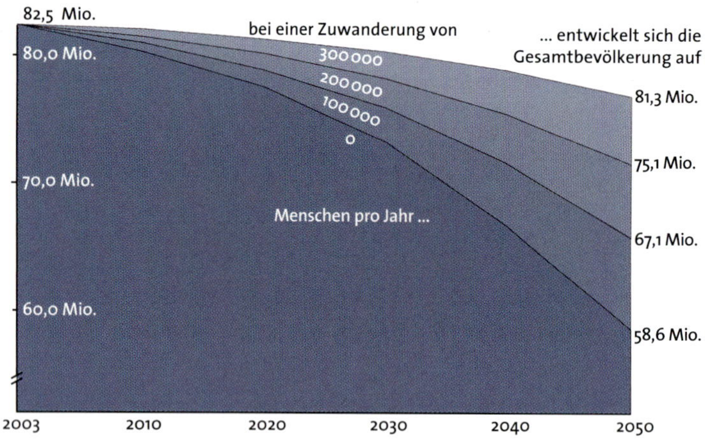

▲ **Bevölkerungsentwicklung in Deutschland bei unterschiedlicher Zuwanderung.** *Hochrechnung bis 2050.*

Quelle: Politik und Unterricht 1/2, 2007, S. 22

- *Erläutern Sie die dargestellten Vorhersagen.*
- *Formulieren Sie Einwände gegen diese Hochrechnung: Inwieweit ist sie inhaltlich anfechtbar?*

Neue Regelungen Die Bundesrepublik ist seit den 1960er- und 70er-Jahren Einwanderungsland, auch wenn Politik und öffentliche Meinung dies lange nicht wahrhaben wollten. Der Gesetzgeber reagierte erst in den 1990er-Jahren.

1993 wurde das Staatsangehörigkeitsrecht geändert. Seither können sich Ausländer, die über 15 Jahre in der Bundesrepublik leben, einbürgern lassen; das gleiche gilt für Ausländer zwischen 16 und 23 Jahren, wenn sie wenigstens acht Jahre in Deutschland gelebt und davon sechs Jahre lang eine Schule besucht haben.

Seit Anfang 2000 erhalten in Deutschland geborene Kinder ausländischer Eltern automatisch die doppelte Staatsangehörigkeit, bis zum 23. Lebensjahr müssen sie sich für eine Nationalität entscheiden. Dieses Gesetz hat die Einbürgerung erleichtert. Es macht die deutsche Staatsangehörigkeit nicht mehr allein von der Abstammung abhängig, sondern auch – wie in den meisten westlichen Ländern – vom tatsächlichen Aufenthalt in Deutschland.

Weitreichende Veränderungen brachte das Zuwanderungsgesetz von 2005. Das Gesetz machte die Integration zur Staatsaufgabe.

Neue Begriffe Es genügt nicht mehr, zwischen In- und Ausländern zu unterscheiden. Um die Menschen verschiedener Herkunft angemessen zu beschreiben, spricht man inzwischen von Personen mit Migrationshintergrund. Das sind

- Ausländer in Deutschland
  - zugewanderte Ausländer
  - in Deutschland geborene Ausländer
- Deutsche mit Migrationshintergrund
  - seit Gründung der Bundesrepublik zugewanderte Deutsche (Spätaussiedler, eingebürgerte Ausländer)
  - Personen mit einem zugewanderten oder ausländischen Elternteil

Wege der Integration In der deutschen Öffentlichkeit sind die Chancen der Zuwanderung inzwischen allgemein anerkannt (▸ M1). Die gezielte Anwerbung von Fachkräften dient dem Wirtschaftsstandort Deutschland. Die Zuwanderer und ihre Familien helfen, der Überalterung der Gesellschaft entgegenzuwirken.

Um zu vermeiden, dass Zuwanderer Fremde bleiben und soziale Randgruppen oder **Parallelgesellschaften** bilden, müssen Bildung und Förderung ein Mindestmaß an Zugehörigkeit schaffen. Seit 2005 erhalten Zuwanderer das Angebot von Integrationskursen, die über Deutschlands Geschichte, Kultur und Staatsordnung informieren (Orientierungskurs) und grundlegende Sprachkenntnisse vermitteln (Sprachkurs). Für Neuzuwanderer ohne ausreichende Deutschkenntnisse sind diese Kurse Pflicht.

Parallelgesellschaft: Bevölkerungsgruppe, die die Regeln und Normen der gesellschaftlichen Mehrheit ignoriert und nach eigenen Wertvorstellungen lebt.

M1 Ein Team für Deutschland

Für die Fußballweltmeisterschaft 2010 in Südafrika nominierte der Deutsche Fußball-Bund 23 Spieler, elf davon mit Migrationshintergrund:

Serdar Taşçı, geboren in Deutschland, Sohn türkischer Eltern, Großeltern aus der Türkei eingewandert

Mario Gomez, geboren in Deutschland, Mutter Spanierin, Vater Deutscher

Denis Aogo, geboren in Deutschland, Mutter Deutsche, Vater Nigerianer

Miroslav Klose, geboren in Polen, Sohn eines deutschstämmigen Aussiedlers, 1985 eingebürgert, besitzt auch die polnische Staatsbürgerschaft

Lukas Podolski, geboren in Polen, Aussiedler, seit 1987 in der Bundesrepublik, besitzt die deutsche und die polnische Staatsbürgerschaft

Jérôme Boateng, geboren in Deutschland, Mutter Deutsche, Vater Ghanaer

Sami Khedira, geboren in Deutschland, Mutter Deutsche, Vater Tunesier

Foto: DFB

Piotr Trochowski, geboren in Polen, übersiedelte 1989 mit seinen Eltern in die Bundesrepublik

Marko Marin, geboren in Jugoslawien, übersiedelte 1991 mit seinen Eltern in die Bundesrepublik

Mesut Özil, geboren in Deutschland, Sohn türkischer Eltern, besaß bis 2007 die türkische und die deutsche Staatsbürgerschaft, entschied sich dann für die deutsche

Cacau, geboren in Brasilien, seit 1999 in Deutschland, ließ sich 2009 einbürgern

1. *Führen Sie aus, weshalb diese Fußballer jeweils für die deutsche Nationalmannschaft spielen können.*

2. *Vergleichen Sie mit anderen Fußballnationalteams in Europa und deren Anteil an Zuwanderern.*

3. *Finden Sie weitere Beispiele für eine gelungene Integration von Menschen mit Migrationshintergrund in Deutschland. Suchen Sie nach Gegenbeispielen, in denen Integrationsansätze misslungen sind.*

Innerer Protest und Demokratisierung der Gesellschaft

◂ **Ostermarsch mit Kindern.**
Foto aus München von 1982.
Kritik an der Aufrüstung des Westens hat in den frühen 1980er-Jahren viele Menschen bewegt. Dabei wurde das politische Bewusstsein ganzer Familien geprägt.

Studentenbewegung	1962	Spiegel-Affäre: Proteste wegen Verletzung der Pressefreiheit zwingen Verteidigungsminister Strauß (CSU) zum Rücktritt.
	1967	Bildung einer Außerparlamentarischen Opposition (APO).
	1968	Höhepunkt der Studentenproteste.
	1969	Bundeskanzler Willy Brandt (SPD) verspricht: „Wir wollen mehr Demokratie wagen."
Friedensbewegungen	1952-1956	Proteste gegen die Einführung der Bundeswehr und der Wehrpflicht.
	1956-1958	Bewegung gegen deutsche Atomwaffen („Kampf dem Atomtod").
	1979-1983	Friedensbewegung gegen die Stationierung von US-Mittelstreckenraketen.
	1991	Proteste gegen den Golfkrieg („Kein Blut für Öl").
	2003	Proteste gegen den Irakkrieg.
Umweltbewegung, Umweltpolitik	1973	Ölkrise: die Öffentlichkeit erkennt die Grenzen wirtschaftlichen Wachstums.
	seit 1975	Bürgerinitiativen und Großdemonstrationen fordern mehr Umweltschutz.
	1983	Die Grünen ziehen erstmals in den Deutschen Bundestag ein.
	1986	Reaktorkatastrophe von Tschernobyl.
	2011	Reaktorunglück von Fukushima. Der Bundestag beschließt den Ausstieg aus der Nutzung der Kernenergie.

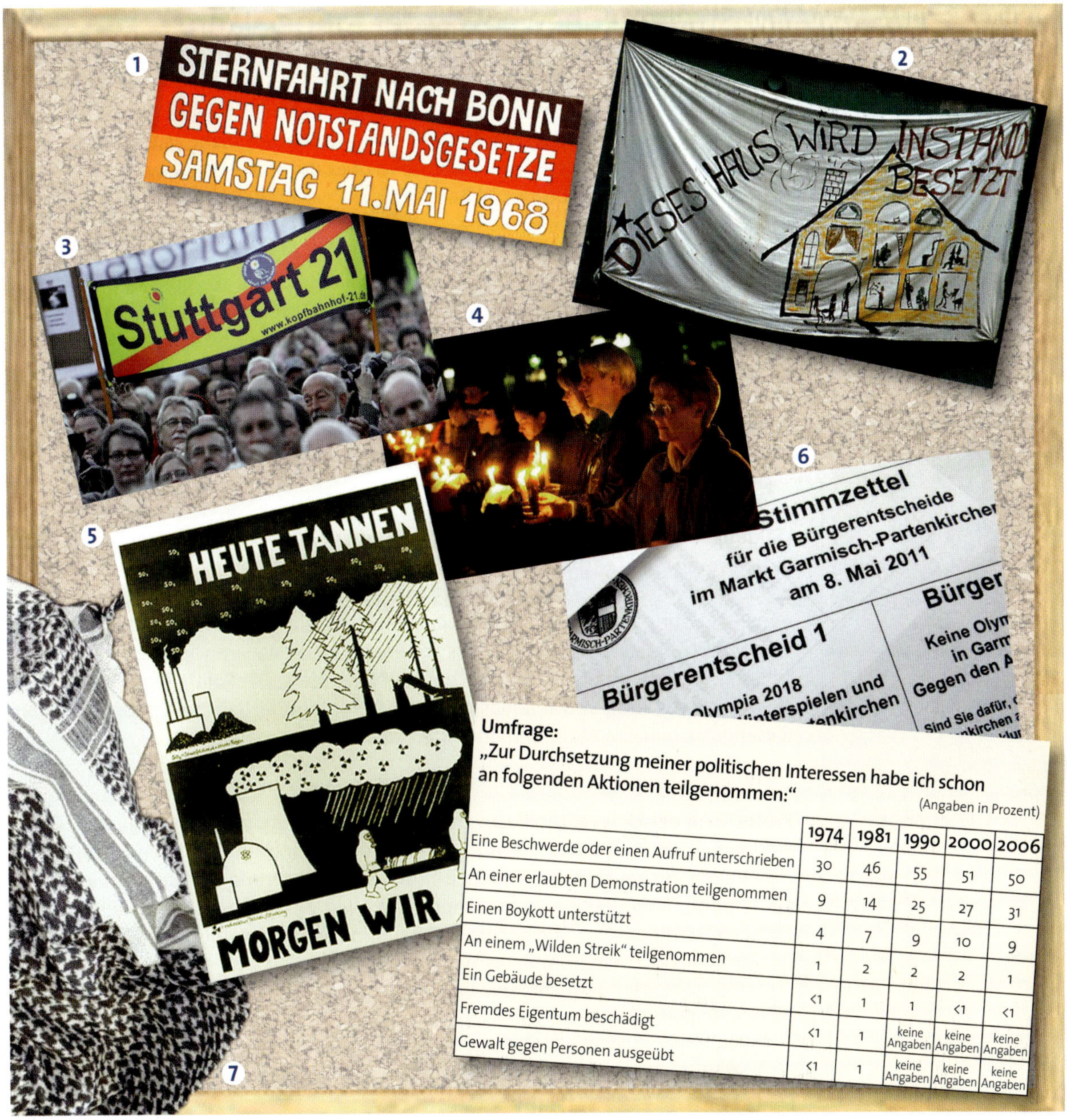

Umfrage:
„Zur Durchsetzung meiner politischen Interessen habe ich schon an folgenden Aktionen teilgenommen:"
(Angaben in Prozent)

	1974	1981	1990	2000	2006
Eine Beschwerde oder einen Aufruf unterschrieben	30	46	55	51	50
An einer erlaubten Demonstration teilgenommen	9	14	25	27	31
Einen Boykott unterstützt	4	7	9	10	9
An einem „Wilden Streik" teilgenommen	1	2	2	2	1
Ein Gebäude besetzt	<1	1	1	<1	<1
Fremdes Eigentum beschädigt	<1	1	keine Angaben	keine Angaben	keine Angaben
Gewalt gegen Personen ausgeübt	<1	1	keine Angaben	keine Angaben	keine Angaben

1: Zu einer Kundgebung gegen die geplanten Notstandsgesetze kamen etwa 30 000 Demonstranten. Flugblatt, 1968. – 2: Bezahlbarer Wohnraum ist seit den 1970er-Jahren ein Thema für Bürgerproteste. Manche leerstehenden Häuser wurden besetzt. Foto aus Göttingen, 1981.– 3: Eine Bürgerinitiative gegen den Umbau des Stuttgarter Hauptbahnhofs erreichte eine Volksabstimmung, die jedoch zugunsten des Projekts ausging. Foto, 2011. – 4: Nach ausländerfeindlichen Gewalttaten trafen sich Menschen zu Demonstrationen gegen Fremdenfeindlichkeit. Foto, 1993.– 5: Die Umweltbewegung nahm sich vieler ökologischer Themen an. Flugblatt aus Freiburg, 1980er-Jahre. – 6: Die Bürger von Garmisch-Partenkirchen stimmten mehrheitlich für eine Beteiligung ihrer Stadt an den Olympischen Winterspielen 2018. Stimmzettel, 2011. – 7: Das „Palituch" wurde in den 1970er-Jahren als Zeichen der Solidarität mit den Palästinensern getragen. Heute ist es für die meisten ein unpolitisches Kleidungsstück.

- *Arbeiten Sie heraus, was die Materialien mit dem Kapitelthema verbindet.*
- *Diskutieren Sie, was sich aus den Umfragedaten über das politische Engagement der Deutschen ablesen lässt.*

Die Studentenbewegung der 1960er-Jahre

Bürgergesellschaft: Gesellschaft aus verantwortlich handelnden, politisch und sozial engagierten Bürgerinnen und Bürgern

Mehr Demokratie ■ In den 1960er-Jahren entwickelte sich die bundesdeutsche Gesellschaft zu einer **Bürgergesellschaft**. Die Bevölkerung begann, sich für Freiheit und Gerechtigkeit aktiv einzusetzen. Die Menschen forderten mehr Mitbestimmung in politischen Entscheidungen, mehr Kontrolle über die staatliche Gewalt sowie mehr Chancengleichheit in Bildung und Berufsleben.

Die „Spiegel-Affäre“ ■ Schon 1962 sorgte ein Politskandal für großen Protest. Das Hamburger Nachrichtenmagazin „Der Spiegel“ hatte einen kritischen Artikel über die NATO veröffentlicht. Die Bundesregierung ließ Mitarbeiter und den Herausgeber des Magazins wegen Verdachts auf Landesverrat verhaften und die Redaktionsräume polizeilich durchsuchen. Das harte Durchgreifen und die Verletzung der Pressefreiheit stießen in der Öffentlichkeit auf massiven Widerspruch. Verteidigungsminister **Franz Josef Strauß** musste zurücktreten. Das Magazin wurde vollständig rehabilitiert.

Franz Josef Strauß (1915-1988): Mitbegründer der CSU, 1956-1962 Verteidigungsminister, 1961-1988 Vorsitzender der CSU, 1966-1969 Bundesfinanzminister, 1978-1988 Bayerischer Ministerpräsident

„Bildungsnotstand“ ■ Zu einem langfristigen Streitthema wurde das damalige Bildungswesen. Die Lehrpläne waren veraltet, es fehlte an Schulen und Personal. Auf besondere Kritik stieß auch die mangelnde „Bildungsgerechtigkeit“. Der Zugang zu höherer Bildung war sehr stark abhängig von den sozialen Voraussetzungen und vom Geschlecht. Mädchen und Kinder aus ärmeren Schichten waren auf weiterführenden Schulen und Hochschulen deutlich unterrepräsentiert. Die Politik reagierte auf den „Bildungsnotstand“, und veranlasste seit Mitte der 1960er-Jahre einen umfassenden Bildungsausbau. Die Maßnahmen griffen jedoch erst allmählich.

Proteste an der Universität ■ Um 1965 entstand eine Studentenbewegung in Großstädten wie West-Berlin, Frankfurt, Hamburg oder München. Studierende verlangten neben dem Ausbau der Studienplätze eine Demokratisierung der Hochschulen.*

Die Studierenden wählten anfangs den Weg des gewaltlosen Protests. Durch Sitzstreiks (engl. sit-ins) und spontane Diskussionsveranstaltungen (teach-ins) machten sie auf ihre Ziele aufmerksam. Dabei übernahmen sie Protestformen der US-amerikanischen Bürgerrechtsbewegung, die damals die Gleichstellung der Afroamerikaner in den USA durchsetzte.

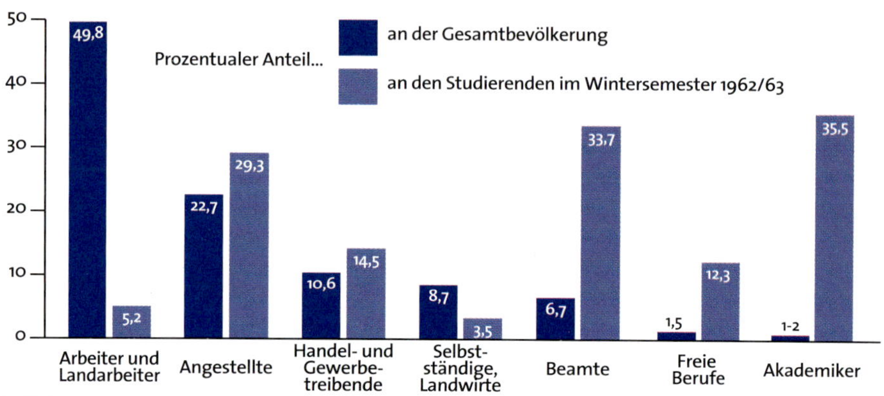

▸ **Herkunft der Studierenden aus sozialen Schichten, 1962.**
Quelle: Die Fischer-Chronik Deutschland '49-'99, Sp. 377 f.

* siehe S. 146

Blumen statt Krieg Aus Amerika stammte auch die **Hippie**-Bewegung, die eine alternative Lebenseinstellung vertrat. Junge Menschen fanden sich in freien Wohngemeinschaften, sogenannten Kommunen, zusammen. Sie wünschten sich Frieden, freie Liebe, freien Drogenkonsum und zwanglose Umgangsformen. Ihre Kritik galt der übrigen Gesellschaft, die in ihren Augen von Gewalt, Technik und Konsum bestimmt war. Ein Motto der Hippies hieß „Flower Power": Die „Macht der Blumen" sollte dabei helfen, Krieg, Gewalt und eine engstirnige Moral zu überwinden (▸ M⁺).

Hippies (englisch „hip": angesagt): Anhänger einer Bewegung für Naturnähe, Pazifismus und eine Befreiung von gesellschaftlichen Zwängen. Von Kritikern oft als „Aussteiger", „Langhaarige" und „Gammler" bezeichnet.

Konfrontation statt Gespräch Der Protest gegen den Vietnamkrieg* und die Gesellschaftskritik der Hippies beeinflussten die Studentenbewegung in der Bundesrepublik. Hier wurde der Generationenkonflikt noch verschärft, weil viele junge Menschen Aufklärung über das Verhalten ihrer Eltern und Großeltern im Nationalsozialismus forderten. Eine solche Aussprache fand aber kaum statt.

Unverständnis und Wut über die „Verstocktheit" der Älteren radikalisierten einen Teil der Studentenbewegung. Er fand sich im „Sozialistischen Deutschen Studentenbund" (SDS) zusammen. Seine Anhänger lehnten die westliche Demokratie ab und forderten eine kommunistische Revolution. Ein Merkmal war auch der Hass auf die US-Regierung und ihre Politik im Ausland (Anti-Amerikanismus).**

▲ **Protestaktion an der Universität Hamburg.**
Foto von 1967.
Talare sind Amtsgewänder, die Professoren bei festlichen Anlässen tragen. Viele Studierende sahen darin ein Sinnbild für veraltete Strukturen und fehlende Mitspracherechte.

Die APO Unterstützung erhielt die Studentenbewegung durch die „Außerparlamentarische Opposition" (APO). Diese bundesweite Bewegung aus Studierenden, Intellektuellen und Teilen der Gewerkschaften protestierte gegen das Fehlen einer starken Opposition im Deutschen Bundestag. Dort bildeten CDU/CSU und SPD von 1966 bis 1969 eine Große Koalition. Das Regierungsbündnis unter Bundeskanzler Kurt Georg Kiesinger erschien vielen als Übermacht, für die es keine demokratische Kontrolle gebe.

Besonders umstritten waren die – schon länger debattierten – Notstandsgesetze. Sie sollten im Falle eines inneren und äußeren Notstandes die Handlungsfähigkeit der Regierung sichern, indem sie die Einschränkung von Grundrechten erlaubten, darunter das Brief-, Post- und Fernmeldegeheimnis sowie die Unverletzbarkeit der Wohnung. Die Befürworter warnten, ohne Notstandsgesetze gebe es keine Regeln für einen Krisenfall. Die Gegner fürchteten eine Aushöhlung der Freiheitsrechte.

Die APO sowie der SDS organisierten Massenproteste. Im Mai 1968 stimmte der Bundestag schließlich für die Gesetzesvorlage. Die Regierungsparteien hatten sich durchgesetzt, doch der Vorwurf mangelnden Dialogs zwischen Politik und Bevölkerung blieb bestehen (▸ M1).

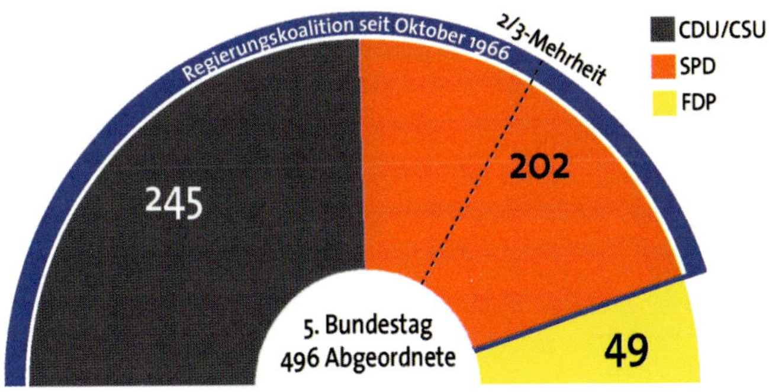

▲ **Sitzverteilung im Deutschen Bundestag 1965-1969**
Die 1966 gebildete Koalition aus CDU/CSU und SPD stellte mehr als 90 % der Abgeordneten. Die Opposition war mit unter 10 % sehr schwach.
- *Erläutern Sie, warum viele Bürger dadurch die Demokratie gefährdet sahen.*

* siehe S. 258 f.
** siehe S. 144-146

Aus Protesten wird Gewalt Seit 1967 heizte sich die Stimmung immer mehr auf. Die Zeitungen und Zeitschriften des Springer-Verlags beschimpften die protestierenden Studenten als Krawallmacher und Chaoten.* Im Juni 1967 besuchte der persische Schah Reza Pahlavi die Bundesrepublik. Er und sein Unrechtsregime im Iran standen in der Kritik. In West-Berlin eskalierten Demonstrationen gegen ihn, als die Polizei gewaltsam einschritt. Der Student Benno Ohnesorg wurde dabei erschossen. Daraufhin kam es bundesweit zu Ausschreitungen. Zeitungsredaktionen des Springer-Verlags wurden in Brand gesetzt, Kaufhäuser gingen in Flammen auf.*

▲ **Straßenunruhen in Paris.**
Foto vom Mai 1968.
Der „Pariser Mai" begann mit Studentenprotesten gegen Hochschulschließungen. Nach harten Reaktionen der Polizei brachen Straßenkrawalle aus.

Ihren Höhepunkt erreichten die Unruhen im April 1968 nach dem Mordanschlag eines Einzeltäters auf Rudi Dutschke in Berlin. Dutschke überlebte schwer verletzt, doch die Gewalt löste eine Welle von Demonstrationen in allen größeren Städten der Bundesrepublik aus. Die Bilanz: über 400 Verletzte und zwei Tote.

Damals fanden auch in den USA, Frankreich, Italien und anderen Ländern Studenten- und Arbeiterproteste statt, die in noch größere Gewalt umschlugen. Nur mit Mühe stellten die Regierungen die öffentliche Ordnung wieder her. Zur selben Zeit wurden Reformversuche in der kommunistischen Tschechoslowakei („Prager Frühling") durch den Einmarsch sowjetischer Truppen gewaltsam unterbunden.

Ende und Nachwirkungen Mit dem Ende der Großen Koalition nach den Bundestagswahlen 1969 zerfielen auch die Studentenproteste und die APO. Ein großer Teil ihrer jugendlichen Anhänger fand eine politische Heimat in der SPD. Der harte Kern der Aktivisten spaltete sich in verschiedene linksradikale Gruppen. Dazu zählte die Terrororganisation „Rote Armee-Fraktion" (RAF), die v.a. in den 1970er-Jahren Staat und Gesellschaft durch blutige Gewalttaten herausforderte.**

Das Erbe von „1968" Die Unruhen der Jahre 1967 bis 1969 überschatteten die „68er-Bewegung", wie die Studentenbewegung später genannt wurde. Die bundesdeutsche Studentenbewegung scheiterte an ihrem Ziel, die Gesellschaft radikal zu verändern, weil

- eine Mehrheit der Bürger die Ideen des Kommunismus und der **Anarchie** ablehnten,
- die Bewegung immer mehr zu Intoleranz und Gewalt neigte,
- sie unglaubwürdig erschien, da sie einseitig die USA und den Westen kritisierte, nicht dagegen die Diktaturen in der Sowjetunion oder in China,
- viele Menschen den Verlust von Ordnung und Werten befürchteten.

Anarchie (griech: Herrschaftslosigkeit): gesellschaftliche Ordnung ohne jede Herrschaft, ohne Autoritäten und ohne Staat. Sie beruft sich auf die Freiheit aller Einzelnen und ihren freiwilligen Zusammenschluss.

Dennoch verhalf die Studentenbewegung auch großen Fortschritten zum Durchbruch:

- Die Bevölkerung wurde politisch mobilisiert. In den 1970er-Jahren stieg die Wahlbeteiligung auf über 90 Prozent, die Mitgliedschaft in politischen Parteien wuchs um mehr als 60 Prozent an.
- Das Bildungswesen wurde nachhaltig verbessert.
- Die NS-Vergangenheit blieb nicht länger verschwiegen.
- Alternative Lebens- und Erziehungsmodelle wurden gesellschaftlich anerkannt.***

* siehe S. 246
** siehe S. 147
*** siehe S. 182 f.

M1 Innere Ordnung und Demokratie

Vor der Abstimmung des Deutschen Bundestages über die Notstandsgesetze am 30. Mai 1968 spricht der damalige Außenminister und Vizekanzler Willy Brandt (SPD). Er macht sich für die Gesetzesvorlage stark, geht aber zugleich auf die Bedenken in der Bevölkerung ein.

Es gibt eine Kritik an der Notstandsgesetzgebung, die ich für reine Demagogie[1] halte. Diese stützt sich in der Bevölkerung zum Teil auf einen Mangel an Vertrautheit mit Tatsachen, und daran sind wir vielleicht nicht immer ganz schuldlos gewesen.

Es gibt zugleich eine andere Kritik, die ich ernst nehme und respektiere. Ich meine zahlreiche Männer unseres geistigen und wissenschaftlichen Lebens, aus denen eine ehrliche Sorge spricht. Manche von ihnen meinen, es könnte sich quer durch die Parteien eine Art „Partei der Ordnung" im Sinne bloßer Beharrung bilden, die alle Unzulänglichkeiten des Bestehenden zementieren und in Versuchung geraten könnte, sich zu diesem Zweck auch der Vorsorgegesetze [= Notstandsgesetze] zu bedienen [...].

Aus dieser Argumentation spricht Misstrauen gegen die demokratische Verlässlichkeit unserer Parteien. Wir haben keinen Grund, dieses Misstrauen einfach zurückzuweisen. Ich halte es für besser, wenn wir uns nach den Gründen dafür fragen. [...]

Wir sind [...] Zeugen einer erregenden, manchmal anstrengenden Unruhe der jungen Generation, die inzwischen über alle nationalen Grenzen hinausgewachsen ist. Sie findet in jedem Land andere Anlässe des Protestes. [...] Sie lehnt ab, sich von Erfahrungen leiten zu lassen, die für sie Geschichte sind. Sie sucht nach Maßstäben und Werten, die über Wohlstandskategorien hinausgehen. Sie möchte Technik in den Dienst ihres noch unformulierten Willens stellen.

Ich sympathisiere mit dieser Strömung in der jungen Generation. Das weiß man. Ich wünsche, dass sie ihren Idealen näher kommen möge, als andere imstande waren, im Laufe jüngerer deutscher Geschichte die Ideale ihrer Jugend zu verwirklichen. [...]

Ich [gehöre] zu denen, die meinen, dass wir uns fragen müssen, was in unserem Staat nicht stimmt, noch nicht stimmt, wenn zuweilen ganze Gruppen von tiefem Misstrauen erfüllt sind, wenn man dem Wort des anderen nicht mehr glaubt, wenn alle allen alles oder viele vielen vieles zutrauen. [...]

Dies und anderes hat mich [...] in der Überzeugung bestärkt, dass vieles doch noch notleidend ist im Verhältnis zwischen Staat und Teilen der geistigen Schichten, wohl auch der jungen Generation, wohl auch der Arbeiterschaft. Ich fürchte wirklich, dass uns weder die Bewältigung der Vergangenheit noch die Vorbereitung auf die Zukunft schon gut genug gelungen ist. [...]

Um die Vorsorgegesetze ist ein Kampf geführt worden, der Respekt verdient. Für Notzeiten, die hoffentlich niemals eintreten, ist das Menschenmögliche getan. Mein bescheidenes Votum[2] [...] wäre nun, an die Arbeit zu gehen, um diesen Staat so zu gestalten, dass er der Mitarbeit aller seiner Bürger sicher sein kann.

Verhandlungen des Deutschen Bundestages, Stenographische Berichte, Bd. 66, Bonn 1969, S. 9625-9631

▲ **Sit-in gegen die geplanten Notstandsgesetze.**
Foto aus Nürnberg vom 15. Mai 1968.
Demonstranten legten mit einem Sitzstreik an der St.-Lorenz-Kirche den Straßenbahnverkehr in Nürnberg lahm.

1. *Fassen Sie die Haltung Brandts zusammen. Welche Fehler der Politik räumt er ein? Was möchte er verbessern?*
2. *Brandt spricht eine „Strömung in der jungen Generation" an (Z. 28f.) und hofft auf die Verwirklichung ihrer Leitbilder. Nennen Sie Jugend- und Protestbewegungen in der deutschen und europäischen Geschichte und bewerten Sie, inwieweit sie an ihr Ziel gelangt sind.*

[1] Demagogie (altgriechisch *„demos agein"*: das Volk verführen): Aufwiegelung der öffentlichen Meinung, politische Hetze

[2] Votum: Urteil, Beitrag zu einer Abstimmung

M⁺ Summer of Love

In 1967 the Hippie-Movement came to public awareness. All across the USA and Western Europe young people gathered to attend music concerts, discuss politics and express a way of life without racism, taboos or moral restraint. It became known as the "Summer of Love" with San Francisco as its center. The Californian city almost collapsed under the rush of hundreds of thousands who had to be accommodated and supplied with food and medicine.

▸ **Golden Gate Park, San Francisco, center of the 1967 "Summer of Love".**
Free food, free drugs and free love were available, a Free Clinic (whose work continues today) was established for medical treatment, and a Free Store gave away basic things to anyone who needed them.

The song "San Francisco" was performed by Scott McKenzie (1939-2012), a Florida-born singer. Released May 13, 1967, it was an instant hit; more then seven million copies were sold worldwide. The song became an anthem of the Hippie-Movement and was a catalyst for young people from all over the United States to join the "Summer of Love" in San Francisco.

If you're going to San Francisco
Be sure to wear some flowers in your hair
If you're going to San Francisco
You're gonna meet some gentle people there

For those who come to San Francisco
Summertime will be a love-in there
In the streets of San Francisco
Gentle people with flowers in their hair

All across the nation such a strange vibration
People in motion
There's a whole generation with a new explanation
People in motion people in motion

For those who come to San Francisco
Be sure to wear some flowers in your hair
If you come to San Francisco
Summertime will be a love-in there

1. *Listen to the original recording of "San Francisco" and describe the music (melody, instrumentation, voice).*

2. *Find out why this song could become the most popular expression of the young generation's feelings. Which songs best express the mood of today's people?*

▴ **Scott McKenzie.**
Album cover and photo, 1967.

40 years later, the online version of the "San Francisco Chronicle" asked contemporary witnesses to look back:

Lawrence Ferlinghetti (born 1919, poet, painter and publisher): Word had gotten around the country, and they all came to San Francisco, just out of high school, still in high school, college kids. It was about that time that things began to fall apart. Really heavy drugs came in. [...] That movement changed the whole country. All the main aspects of the hippie counterculture were ingested into the middle class – the music, the clothes, the psychedelic colors, the anti-war movement.

Stewart Brand (born 1938, writer and environmental activist): [The Summer of Love was] mass delusion. [...] It was a permission-to-try-everything period where people encouraged each other to try things and to say things that were indefensible, if you looked at them closely, like "Mao is a great leader".

Carolyn Garcia (born 1946, writer, former wife of Jerry Garcia, guitarist of the band "The Greatful Dead"):
It was like a farmer unloading a truckload of onions. Once the onions start to move, there's no stopping them. That's kind of how it felt, that the streets were just filling up with people, vegetables yearning to be free. They came there to change. People wanted to have an alternative to whatever American culture was telling them they had to do at that time.

Angela Alioto (born 1949, politician, civil rights attorney):
The Summer of Love really stressed the principles of St. Francis of Assisi, the guy who loved the environment, loved animals, loved the sick and poor and was against war. [...] Other people say [...] that was a dirty, filthy, drug-ridden summer. [...] And I just look at them and say you weren't here. You didn't see hundreds, thousands of people caring about each other and singing and dancing with flowers in their hands.

to accommodate sb.	jmdn. einquartieren, unterbringen	filthy	schmutzig, verdreckt
anthem	Hymne	to gather	sich versammeln, zusammenkommen
to attend	besuchen, teilnehmen (an)	gentle	sanft, sanftmütig
attorney	Rechtsanwalt	indefensible	unhaltbar
awareness	Bewusstsein	to ingest sth.	etw. aufnehmen, sich einverleiben
catalyst	Katalysator, Auslöser	permission	Erlaubnis
contemporary witness	Zeitzeuge	psychedelic	das Bewusstsein erweiternd, psychedelisch
counterculture	Gegenbewegung	publisher	Verleger
delusion	Einbildung, Illusion	restraint	Einschränkung, Hemmung
drug-ridden	von Drogen beherrscht	rush	Andrang, Ansturm
to encourage	ermutigen	to stress	betonen, unterstreichen
environment, -al	Umwelt, auf die Umwelt bezogen	truckload	Wagenladung
to fall apart	auseinanderfallen	to yearn for sth.	sich nach etw. sehnen

1. *Name the positive and negative aspects of the Summer of Love according to the witnesses' memories.*

2. *Compare the Summer of Love of 1967 to mass events of your time. Find out differences and parallels.*

Friedensbewegungen in der Bundesrepublik

Wehrpflicht: Verpflichtung für männliche Staatsangehörige zwischen 18 und 45 Jahren zur Ableistung eines Wehr- oder Ersatzdienstes. Seit 2011 ist die W. ausgesetzt.

▲ **Vereidigung der ersten Wehrpflichtigen.**
Foto von 1957.
Nach Gründung der Bundeswehr meldeten sich einige Hundert Freiwillige. 1956 trat die allgemeine Wehrpflicht in Kraft, 1957 wurden die ersten Rekruten (Geburtsjahrgang 1938/39) eingezogen.

▲ **Anhörung vor dem Prüfungsausschuss.**
Foto aus Düsseldorf von 1957.
Bereits das Grundgesetz von 1949 sah die Möglichkeit vor, den Dienst an der Waffe zu verweigern. Nach Einführung der allgemeinen Wehrpflicht musste jeder Wehrdienstverweigerer den Ernst seiner Gewissensentscheidung schriftlich sowie in einer mündlichen Anhörung glaubhaft machen.

Verantwortung zum Frieden ▀ Die Ablehnung von Krieg als Mittel der Politik prägte die Bundesrepublik von Beginn an. Angesichts der Schuld Deutschlands am Zweiten Weltkrieg galt der Grundsatz: „Vom deutschen Boden darf nie wieder Krieg ausgehen."

Doch die Westintegration der Bundesrepublik machte die Schaffung einer eigenen Armee erforderlich. Sie war Bedingung für die Aufnahme in das westliche Verteidigungsbündnis unter Führung der USA, die NATO. Zwischen 1952 und 1956 erhoben sich landesweite Proteste gegen die Gründung der „Bundeswehr" und die Einführung einer allgemeinen **Wehrpflicht**. Zu den Gegnern der Wiederbewaffnung gehörten Mitglieder der SPD, der Gewerkschaften und der evangelischen Kirche. Sie warnten vor den Kosten der Aufrüstung, vor einem neuen Krieg und einer Verschärfung der deutschen Teilung.

Bundeswehr und Demokratie ▀ Der Bundestag verabschiedete im Februar 1954 eine Grundgesetzänderung zur Einführung von Streitkräften. Im November 1955 begannen die ersten Soldaten der Bundeswehr ihren Dienst. Weitere Gesetze folgten 1956. Dabei wurden Vorkehrungen für eine rechtsstaatliche Kontrolle geschaffen:

- Jeder Wehrpflichtige hat das Recht zur Kriegsdienstverweigerung.
- Die Bundeswehr dient nur zur Landesverteidigung und zur Hilfe bei Katastrophen.
- Einsätze der Bundeswehr müssen von einer Bundestagsmehrheit gebilligt werden.

Gegen Atomwaffen ▀ Die Bundesrepublik verzichtete auf die Herstellung von Massenvernichtungswaffen. Gleichwohl gab es Pläne in Absprache mit den USA, die Bundeswehr mit Atomwaffen auszurüsten. Seit 1956 wurden atomare Kurzstreckenraketen in Westdeutschland stationiert. Sie waren Teil einer Strategie der NATO, einen Angriff der Sowjetunion mit dem Einsatz von Atomwaffen zu beantworten.

Bei Bekanntwerden der Pläne erhoben sich heftige Proteste: Deutschland werde in einem Krieg zum nuklearen Gefechtsfeld mit Millionen von Opfern. Unter dem Schlagwort „Kampf dem Atomtod" riefen 1958 Mitglieder von SPD, FDP, Gewerkschaften und Kirchen, Schriftsteller und Wissenschaftler zu Widerstand und Streiks auf und versuchten die Atombewaffnung zu stoppen. Die Bewegung hatte teilweise Erfolg: Die NATO beschloss, die Bundeswehr würde keine Atomwaffen erhalten. Diese blieben zwar in Westdeutschland, jedoch unter Aufsicht der USA.

Abschreckung und NATO-Doppelbeschluss ▀ Die Supermächte USA und Sowjetunion setzten ihr Wettrüsten in den 1960er- und 70er-Jahren fort. In Parteien und Medien, in Schulen, Kirchen und Verbänden wurde die Gefahr eines dritten Weltkrieges häufig diskutiert. Dabei ging es v. a. um den Zweck und das Risiko von Atomwaffen: Dienten sie allein der Abschreckung, um einen Krieg zu verhindern? Wer garantierte, dass sie im Ernstfall nicht doch zum Einsatz kamen?

Seit Ende der 1970er-Jahre nahmen die Spannungen zwischen den Supermächten erneut zu. Die Sowjetunion rüstete ihre Verbündeten mit neuen Mittelstreckenraketen aus. Um das Gleichgewicht wiederherzustellen, beschloss die NATO 1979, Verhandlungen über eine Rüstungskontrolle zu beginnen; sollte dies fehlschlagen, würde man nachrüsten (NATO-Doppelbeschluss). Als die Verhandlungen bis 1982 kein Ergebnis brachten, wurde die Stationierung neuer Raketen auch in der Bundesrepublik fällig.

◂ **Friedensbewegung West.**
Anhänger der Friedensbewegung, darunter die Politiker Petra Kelly und Gerd Bastian sowie der Literatur-Nobelpreisträger Heinrich Böll blockieren ein US-Waffenlager in Mutlangen. – Die Sängerin Nicole landet e1982 mit dem Schlager „Ein bisschen Frieden" einen kommerziell erfolgreichen Hit.

▴ **Friedensbewegung Ost.**
Foto aus Ost-Berlin von 1983. Auch in der DDR regte sich eine Friedensbewegung, die den Rüstungswettlauf kritisierte und zum Dialog mit dem Westen aufrief. Das Foto zeigt die Friedensaktivistin Bärbel Bohley (siehe S. 96) während einer kirchlichen Friedensaktion. Die damalige SED-Diktatur wagte nicht, dagegen vorzugehen.

Gegen Nachrüstung Angesichts der Nachrüstung bildete sich seit 1979 eine neue Friedensbewegung. Sie wurde schnell zu einer Massenbewegung aus allen Teilen der Gesellschaft. Millionen von Menschen forderten ein Ende des Wettrüstens, eine atomwaffenfreie Zone in Europa, die Kürzung der gewaltigen Militärausgaben und neue Gespräche zwischen Ost und West (▸ M1). Ein radikaler Flügel der Friedensbewegung verlangte den Austritt der Bundesrepublik aus der NATO.

Die Proteste nahmen verschiedene, aber durchwegs gewaltlose Formen an: Mit Plakataktionen, Flugblättern und **Petitionen** wurde zum politischen Handeln aufgefordert, durch Menschenketten und Musikkonzerte für die Verbreiterung der Friedensbewegung gesorgt, die bald alle gesellschaftlichen Gruppen erfasste. Mahnwachen, Friedensgebete und -gottesdienste betonten die Abrüstungsbereitschaft. Hunderttausende strömten zu den Friedensdemonstrationen im ganzen Land (▸ M2).

Der Rüstungswettlauf endet Der Bundestag beschloss im November 1983 die Stationierung der Raketen. Die Friedensbewegung hielt ihren Protest aufrecht, wurde jedoch seit Mitte der 1980er-Jahre von der Weltpolitik überholt: Die Sowjetunion unter Michail Gorbatschow stoppte plötzlich das Wettrüsten und einigte sich mit den USA auf den beiderseitigen Abbau von Atomwaffen. Der Kalte Krieg wurde beigelegt.

Proteste gegen die Golfkriege Seither ist die Friedensbewegung in Deutschland nur noch vereinzelt in Aktion getreten, so 1991 anlässlich des Zweiten Golfkrieges. Der irakische Diktator **Saddam Hussein** besetzte das kleine Nachbarland Kuwait. Eine Gruppe von Staaten unter Führung der USA zwang den Irak zum Rückzug. Deutschland beteiligte sich finanziell. Kriegsgegner protestierten gegen die Intervention, die ihrer Ansicht nach nur wegen wirtschaftlicher Interessen stattfand („Kein Blut für Öl").

Der Dritte Golfkrieg (Irakkrieg) von 2003 sorgte dagegen für weltweite Proteste. Die US-Regierung behauptete, der Irak besitze Massenvernichtungswaffen. Um deren Einsatz zuvorzukommen, marschierten amerikanische und britische Truppen im Irak ein. Viele Länder und ihre Regierungen, darunter die Bundesregierung, verweigerten ihre Mitwirkung, da die Anschuldigungen gegen den Irak nicht bewiesen seien.*

Saddam Hussein (1937-2006): Staatspräsident des Irak 1979-2003, 2006 hingerichtet

* siehe S. 285 f.

▲ **Menschenkette gegen die Stationierung von Mittelstreckenraketen in der Bundesrepublik.**
Foto vom 22. Oktober 1983.
1979 hatte die NATO beschlossen, eine Bedrohung durch sowjetische Mittelstreckenraketen mit eigener Aufrüstung zu beantworten. Am 22. November 1983 stimmte der Deutsche Bundestag der Stationierung amerikanischer Pershing-II-Raketen in der Bundesrepublik zu. Gegen die damit verbundene Gefahr eines Atomkriegs organisierte die Friedensbewegung Massenproteste. Das Foto zeigt einen Teil der insgesamt über 108 Kilometer langen Menschenkette zwischen Plochingen und Ulm.

M1 Frieden schaffen ohne Waffen

Aufruf der „Aktion Sühnezeichen/Friedensdienste" zur zweiten bundesweiten Friedenswoche vom 15. bis 21. November 1981:

Seit dem Ende des Zweiten Weltkrieges, der mehr als 50 Millionen Menschenleben kostete, hat es 127 Kriege gegeben, an denen 88 Staaten beteiligt waren. Ihre Gesamtdauer betrug mehr als 368 Jahre. Sie forderten 32 Millionen Opfer. Etwa eine Million Menschen in Asien und Lateinamerika hungern, viele davon ständig an der Grenze zum Tode. Sie sterben nicht erst am Krieg, sie sterben schon an der Rüstung die weltweit jährlich 500 Milliarden Dollar verschlingt. Das sind mehr als 100 Millionen DM stündlich. Wir leben in einem Land, das sich einst schwor: „Nie wieder Krieg!", einem Land mit den dritthöchsten Militärausgaben, einer schnell wachsenden Zuwachsrate an Rüstungsexporten und der größten Atomwaffendichte der Erde, einem Land, das – so Helmut Schmidt – nur um den Preis seiner Zerstörung zu verteidigen ist. Die Bundesregierung befürwortet jedoch den Plan der USA, neue Mittelstreckenraketen hier zu stationieren, obwohl diese Waffen die Wahrscheinlichkeit eines Atomkrieges vergrößern.

Bisher gilt der Satz: Die Angst, die ich meinem Gegner mache, sichert meinen Frieden. Dagegen wächst die Erkenntnis: Die Angst, die ich dem Gegner nehme, gewährleistet meine eigene Sicherheit. Deshalb treten wir für kalkulierte einseitige Abrüstungsschritte ein.

Wir dürfen den Frieden nicht einigen wenigen „Experten" überlassen. Nur durch die Beteiligung möglichst vieler Menschen dieses Landes an der Meinungsbildung in Fragen von Rüstung und Abrüstung ist eine Veränderung der augenblicklichen Situation denkbar. Das heißt: Wir müssen uns stärker unseres Friedensauftrages bewusst werden, über Formen und Möglichkeiten nicht-militärischer Friedensstärkung nachdenken, uns der Frage stellen, wie Frieden ohne Waffen geschaffen werden kann. In diesem Sinne muss es zu einem gemeinsamen Handeln aller Menschen kommen.

Plakat der „Aktion Sühnezeichen/Friedensdienste", Berlin 1981

1. *Arbeiten Sie die Argumente der Friedensbewegung heraus. Sind diese eher an den politischen Realitäten oder an der Vorstellung von einer besseren Welt orientiert?*

2. *Diskutieren Sie die Verknüpfung zwischen Hunger und Aufrüstung in der Welt, die hier hergestellt wird.*

▲ **Button zur Großdemonstration gegen die Nachrüstung.**
Am 10. Oktober 1981 organisierte die westdeutsche Friedensbewegung in der Bundeshauptstadt Bonn eine Großkundgebung gegen den NATO-Doppelbeschluss und für ein atomwaffenfreies Europa. 300 000 Demonstranten kamen in den Bonner Hofgarten.

M2 Gewaltlos gegen Gewalt

Die Wochenzeitung „Die Zeit" blickt im Dezember 1983 auf die Friedensbewegung in der Bundesrepublik, ihre Vorbilder und Ausdrucksformen.

Die Vorbilder der Jüngeren sind die Leitfiguren des bürgerlichen Widerstands von Gandhi[1] bis zu Martin Luther King[2]. Am 10. Oktober 1981 standen denn auf der Bonner Rednertribüne nicht die letzten noch lebenden Zeugen des Widerstands gegen die Nazi-Diktatur, sondern Coretta King[3], Harry Belafonte[4] und andere Repräsentanten der amerikanischen Friedensbewegung. [...]

Nicht äußere Formen, nicht taktische Spielregeln waren das Faszinierende, sondern die mutige Milde [...] des neuen Pazifismus, der bewusst die Niederlage des Gegners, also auch seine Demütigung, vermeidet. Und er gibt den sich ohnmächtig fühlenden Einzelnen ein neues Selbstvertrauen.

[...]

Es gibt in der Tat schon spezifisch deutsche Formen des Pazifismus.

Erstens: die konsequente Friedfertigkeit der vielen Initiativen. Der fidele Ernst dieser Bewegung [...] ließ sich ebenso in Mutlangen[5] bewahren wie bei den Großdemonstrationen der letzten Wochen. Je gegensätzlicher die Standpunkte heraustraten, desto toleranter wurde die Form der Auseinandersetzung. Dieser Widerstand, der weder feierlich noch ingrimmig einherkommt, läuft gerade nicht in die Phalanx[6] von Wasserwerfern und Behelmten hinein. Er verweigert diese Ehrenbezeugung, und kommt der Erwartung, Staatsfeind zu werden, einfach nicht nach. Die Heiterkeit bei den Demonstrationen, die Geduld bei Diskussionsabenden, die Gesprächsbereitschaft bei Friedensseminaren – war es dieser unaggressive Stil, der in diesem Jahr wie eine ansteckende Gesundheit gewirkt hat?

Zweitens: der innerpolitische Effekt. Eine große Partei, die SPD, wurde von unten her, in den Ortsverbänden überzeugt, die Gewerkschaften wurden für die Ziele der Friedensbewegung gewonnen. [...]

Drittens: die Friedensarbeit der Kirchen als moralische Basis einer weiten Bürgerbewegung. Mehrere tausend Friedenswochen wurden im November von den Landeskirchen der Evangelischen Kirche in Deutschland initiiert, jede mit einer Vielzahl von Gottesdiensten, Gesprächskreisen, Fachvorträgen, Podiumsdiskussionen, Liederabenden, eigenen Theaterstücken, Zeitungen, mit Demonstrationen und Fahrten zu den Militärlagern am Ort. Ein generationsübergreifender Erwachsenenbildungsprozess ist seither im Gange, in Kirchen, Dorfkneipen, Gemeindesälen, Klassenräumen; autodidaktisch, unterhalb der Medienöffentlichkeit, aber mit höherer politischer Relevanz, ein Zeitgespräch der Gesellschaft, viel facettenreicher und komplexer oft als manch arrangierte Diskussion sogenannter Entscheidungsträger.

Viertens: die Solidarität. Die einhundertacht Kilometer lange Menschenkette von Stuttgart bis Neu-Ulm, dieser inständige Versuch, Nähe handgreiflich zu fühlen, darin deutet sich eine weitere Errungenschaft der Friedensbewegung an, die Kraft, der solitären Lebensform viele kleine Versuche einer solidarischen Lebensform entgegenbauen zu können.

Auch andere Spielarten des Pazifismus gibt es seit Kurzem in der Bundesrepublik: die Aufkündigung von Katastrophenmedizin[7] und von Feindbilderziehung, die Verweigerung von Wehrdienst und Steuern. Die vielgesichtige Bürgerbewegung in unserem Land steckt freilich noch in den Kinderschuhen. Aber auch für sie könnte gelten, was [...] Johann Gottfried Herder[8] einst als geschichtliche Erfahrung weitergab: „Ohne Begeisterung geschah nichts Großes und Gutes auf der Erde. Die man für Schwärmer hielt, haben dem menschlichen Geschlecht die nützlichsten Dienste geleistet. Trotz allen Spottes, trotz jeder Verfolgung und Verachtung drangen sie durch, und wenn sie nicht zum Ziele kamen, so kamen sie doch weiter und brachten weiter."

Hans-Eckehard Bahr, Widerstand mit Witz und Wut, in: Die Zeit vom 23. Dezember 1983, S. 37

1. *Fassen Sie die Merkmale der Friedensbewegung der frühen 1980er-Jahre zusammen, wie der Text sie beschreibt.*

2. *Begründen Sie, weshalb gewaltfreier Widerstand in Deutschland damals als neuartig empfunden wurde.*

3. *Diskutieren Sie über die Berechtigung und Wirksamkeit von gewaltfreiem Widerstand. Führen Sie dazu Beispiele aus Geschichte und Gegenwart an.*

1 Mahatma Gandhi (1869-1948): indischer Pazifist, Anführer der Befreiung Indiens von britischer Kolonialherrschaft
2 Martin Luther King (1929-1968): US-amerikanischer Priester und Bürgerrechtler
3 Coretta King (1927-2006): Bürgerrechtlerin, Ehefrau von Martin Luther King
4 Harry Belafonte (geb. 1927): US-amerikanischer Sänger und Schauspieler, Bürgerrechtler und Botschafter für das Kinderhilfswerk UNICEF
5 Mutlangen: Standort von Pershing-II-Raketen, 1983/84 Ort von regelmäßigen Friedensdemonstrationen (siehe Abb. S. 223 oben)

6 Phalanx: einsatzbereite Einheit von Soldaten oder Polizisten
7 Katastrophenmedizin: (hier) Vorbereitung auf medizinische Hilfe bei einem Atomkrieg
8 Johann Gottfried Herder (1744-1803): deutscher Theologe, Philosoph und Dichter

Umweltproteste und Umweltpolitik

Umwelt und Politik Die Hinwendung zur Natur hat in Deutschland eine jahrhundertelange Tradition. Aber erst in den 1970er- und 80er-Jahren entstand in der Bundesrepublik aus dem Bemühen um den Schutz der Umwelt eine politische Bewegung.

WHO (World Health Organization): Weltgesundheitsbehörde der Vereinten Nationen, 1948 gegründet, Sitz in Genf

FAO (Food and Agriculture Organization of the United Nations): UN-Organisation für Ernährung und Landwirtschaft, 1945 gegründet, Sitz in Rom

Ein Umweltbewusstsein entsteht Die fortschreitende Industrialisierung und die zunehmende Motorisierung belasteten die Umwelt immer stärker. Die Folgen dieser Entwicklung wurden lange Zeit übersehen. Eine Art neues Umweltbewusstsein begann während der 1960er-Jahre. Damals wurden auf Länderebene (zuerst in Nordrhein-Westfalen) erste Umweltschutzgesetze beschlossen. Auch Internationale Organisationen wie **WHO** oder **FAO** schlugen Richtlinien vor, um die Verschmutzung von Boden, Luft und Gewässern zu verringern.

▲ **Baden verboten.**
Sichtbares Zeichen für eine zunehmend belastete Umwelt waren z. B. Badeverbote: Seen und Teiche, die Generationen zum Schwimmen gedient hatten, stellten plötzlich eine Gefährdung dar.

Der Fortschritt hat Grenzen Seit Anfang der 1970er-Jahre wiesen Fachleute auf die Begrenztheit der Öl- und übrigen Rohstoffvorkommen hin. Als 1973 die Ölförderung drastisch gesenkt wurde und die Preise sprunghaft anstiegen, brach die Wirtschaft weltweit ein. Die Krise machte den Glauben an stetiges Wachstum und Fortschritt zunichte.

Langsam begann ein Umdenken in den westlichen Industrieländern. Die Bedeutung der Ökologie wurde erkannt, der Raubbau an Natur und Umwelt sollte gezähmt werden. Aus Kostengründen, teils auch aus Verantwortungsbewusstsein setzten Wirtschaft und Verbraucher seither auf Sparsamkeit, Wiederverwertung (Recycling) und Umweltverträglichkeit.

Waldsterben: Mitte der 1970er-Jahre wurde die Erkrankung großer Forstbestände in Mittel- und Nordeuropa festgestellt. Die Schäden haben vielfältige Ursachen wie Luftverschmutzung oder Klimaveränderungen.

Warnungen Zum Bewusstseinswandel trug auch bei, dass die Öffentlichkeit in den 1970er- und 80er-Jahren von verheerenden Umweltschäden und -katastrophen erfuhr:
- das Vordringen der Wüsten in Nord- und Zentralafrika mit Hungersnöten als Folge,
- das **Waldsterben** in Mittel- und Nordeuropa,
- das Abschmelzen der Pole und die Erderwärmung, eine Folge der Abgasproduktion der Industrieländer (Treibhauseffekt),
- das Aussterben von immer mehr Tierarten,
- die Zerstörung des tropischen Regenwaldes in Südamerika,
- Tankerunglücke, die die Meere mit Ölteppichen verpesteten,
- Verseuchungen durch Unfälle in Chemiefabriken, etwa im italienischen Seveso (1976) oder in Bhopal in Indien (1984),

◄ **Müllkippen.**
Foto von 1974.
Seit den 1960er-Jahren wurden riesige Flächen zur Abfallbeseitigung verwendet. Das Anwachsen der Müllkippen war eine Folge der „Wegwerfgesellschaft" und ihres Überflusses. Erst in den 1980er-Jahren hielten Mülltrennung und Wiederverwertung Einzug, um den Müll zu verringern und Abfälle umweltgerecht zu entsorgen.

- Unfälle in Atomkraftwerken, v.a. die Reaktorunglücke in Harrisburg in den USA (1979) und in Tschernobyl in der UdSSR (1986), zuletzt auch im japanischen Fukushima (2011).

Umweltengagement Der Umweltschutz veranlasste viele Menschen zu politischem Engagement. Organisationen und Verbände wie der „Bund Umwelt- und Naturschutz in Deutschland" (BUND), „Robin Wood" oder „Greenpeace" erhielten immer mehr Mitglieder oder Spenden.

Verstärkt wurden Bürgerinitiativen gegründet. Eine „BI" widmet sich einem konkreten Ziel, meist aus dem unmittelbaren Lebensbereich. Ihre Mitglieder erheben etwa bei Verkehrsprojekten Einspruch oder fordern den Bau von Schulen und Kindergärten. Mitte der 1970er-Jahre waren etwa 1,8 Millionen Menschen in rund 20 000 Bürgerinitiativen tätig. Jede fünfte befasste sich mit Umweltproblemen.

Umweltproteste Neben den vielen Einzelaktionen entstanden bundesweite Bewegungen, die für den Schutz der Umwelt protestierten. Dazu gehörten etwa Demonstrationen
- gegen den Bau des Rhein-Main-Donau-Kanals durch das Altmühltal (1971-1985),
- gegen die Startbahn West für den Frankfurter Flughafen (1980-1982),
- gegen die atomare Wiederaufbereitungsanlage in Wackersdorf in der Oberpfalz (1985-1989),
- gegen den Transport und die Endlagerung von Atommüll in der Bundesrepublik (seit 1995).

Nicht immer verliefen die Kundgebungen friedlich. Oft gerieten Demonstranten und Polizei aneinander.

Eine neue Partei Umweltschützer, Kernkraftgegner und Teilnehmer der Friedensbewegung gründeten 1977 die Partei „Die Grünen" – zunächst in Niedersachsen, seit 1980 als bundesweite Partei. Sie pflegten einen neuen Stil von Politik und verstanden sich als Gegenentwurf zu den übrigen Parteien (▶ M1).

▲ **„Pfingstkrawalle" am Bauzaun von Wackersdorf.**
Foto vom Mai 1986.
Gewaltbereite Jugendliche („Autonome", siehe S. 154) hatten sich unter die friedlich demonstrierenden Atomkraftgegner gemischt und lieferten sich heftige Kämpfe mit der Polizei.

▲ **Blockade eines Castor-Transports.**
Foto vom November 2002.
Ein Aktivist hat sich an die Schienen gekettet, auf denen Atommüll für das Zwischenlager Gorleben erwartet wird. Polizisten entketten den Blockierer.

▲ **Umwelt und Gerechtigkeit.**
Seit 1978 ließ eine Initiative in Bangladesch diese Taschen produzieren. Der Aufdruck klagt die Überflussgesellschaft an und wirbt für Solidarität mit den Entwicklungsländern. Über fünf Millionen Stück wurden in Deutschland verkauft.

▲ **„Atomkraft? Nein danke."**
Aufkleber, 1980er-Jahre.
Das bekannteste Symbol der Anti-Atomkraft-Bewegung wurde 1975 in einer dänischen Bürgerinitiative entworfen.

▲ **Berichterstattung über die Reaktorkatastrophe in Tschernobyl am 26. April 1986.**
Standbilder aus der ARD-Tagesschau vom 28. April bis 2. Mai.
Die Sowjetunion hat zunächst versucht, den schweren Unfall zu vertuschen, später seine Folgen herunterzuspielen. Einzelheiten zur radioaktiven Gefahr wurden nur ganz allmählich bekannt. Dies schuf in der Bevölkerung eine lang anhaltende Verunsicherung.

▲ **Plakat zur Europaparlamentswahl, 1979.**

Die Grünen
- knüpften an die **Basisdemokratie** der Bürgerinitiativen an;
- achteten konsequent auf die Gleichstellung von Mann und Frau;
- vereinbarten eine Trennung von Parteiamt und Mandat (Sitz im Parlament).

Das Eintreten für Umweltfragen und Abrüstung verhalf den Grünen rasch zum Erfolg. 1982 schaffte die Partei in Niedersachsen erstmals den Einzug in ein Landesparlament, 1983 gelang ihr der Sprung in den Bundestag. Der Aufstieg der Grünen blieb nicht ohne Wirkung. Auch die übrigen Parteien haben seither den Umweltschutz als politisches Thema übernommen.

Basisdemokratie: Form der Demokratie, in der Entscheidungen nicht von gewählten Vertretern, sondern von den Stimmberechtigten direkt getroffen werden

Umweltpolitik Proteste, Bürgerinitiativen, der Erfolg der Grünen und ein breites Interesse der Öffentlichkeit haben dazu geführt, dass Umweltfragen zu einem festen Bestandteil der Politik geworden sind. Seit den 1970er-Jahren wurden Umweltministerien auf Länderebene, seit 1986 auch auf Bundesebene eingeführt. Die Aufgaben der Umweltpolitik sind bis heute stark angewachsen: Es geht u. a. um Landschafts- und Naturschutz, Tierhaltung, Verbraucherschutz, Abgasnormen, Müll- und Abwasserentsorgung, Reaktorsicherheit sowie alternative Energien.

Die Umweltpolitik hat, oft auf Druck von Bürgerprotesten, zu großen Veränderungen in Deutschland geführt: Das Waldsterben konnte verlangsamt werden, Boden-, Luft- und Gewässerverschmutzung wurden deutlich reduziert, die Bundesrepublik beendet mittelfristig die Nutzung der Kernenergie. Viele Fragen des Umweltschutzes sind jedoch nur international oder global zu lösen, etwa das Problem des Klimawandels.

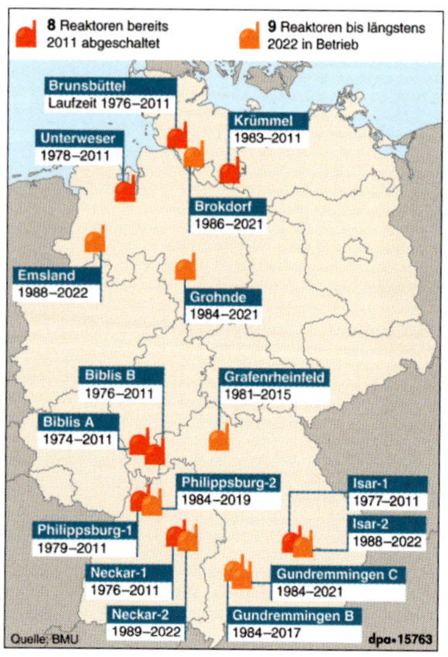

◀ **Ausstieg aus der Kernenergie in Deutschland.**
Noch 2010 wurde eine Laufzeitverlängerung der Kernkraftwerke bis in die 2030er-Jahre beschlossen. Durch den Reaktorunfall im japanischen Fukushima am 11. März 2011 alarmiert, leitete die Bundesregierung dann jedoch eine Wende in der Energiepolitik ein: Sie beschloss, bis zum Jahr 2022 alle deutschen Kernkraftwerke stillzulegen. Das Ausstiegsvorhaben erhielt im Bundestag eine große überparteiliche Mehrheit.

▶ **Gründungsparteitag der Grünen.**
Foto aus Karlsruhe vom 13. Januar 1980.
Seit Mitte der 1970er-Jahre waren bei Kommunal- und Landtagswahlen „Grüne" oder „Bunte Listen" angetreten. Diese schlossen sich – nach zum Teil heftigen Diskussionen – mit anderen Bürgerbewegungen und politischen Gruppen zu einer bundesweiten Partei zusammen.

M1 „Ein völliger Umbruch"

Aus dem ersten Bundesprogramm der Grünen vom März 1980:

Wir sind die Alternative zu den herkömmlichen Parteien. Hervorgegangen sind wir aus einem Zusammenschluss von grünen, bunten und alternativen Listen und Parteien. Wir fühlen uns verbunden mit all denen, die in der neuen demokratischen Bewegung mitarbeiten: den Lebens-, Natur- und Umweltschutzverbänden, den Bürgerinitiativen, der Arbeiterbewegung, christlichen Initiativen, der Friedens- und Menschenrechts-, der Frauen- und Dritte-Welt-Bewegung. Wir verstehen uns als Teil der grünen Bewegung in aller Welt.

[...] Die ökologische Weltkrise verschärft sich von Tag zu Tag: Die Rohstoffe verknappen sich, Giftskandal reiht sich an Giftskandal, Tiergattungen werden ausgerottet, Pflanzenarten sterben aus, Flüsse und Weltmeere verwandeln sich in Kloaken, der Mensch droht inmitten einer späten Industrie- und Konsumgesellschaft geistig und seelisch zu verkümmern, wir bürden den nachfolgenden Generationen eine unheimliche Erbschaft auf.

Die Zerstörung der Lebens- und Arbeitsgrundlagen und der Abbau demokratischer Rechte haben ein so bedrohliches Ausmaß erreicht, dass es einer grundlegenden Alternative für Wirtschaft, Politik und Gesellschaft bedarf. Deshalb erhob sich spontan eine demokratische Bürgerbewegung. Es bildeten sich Tausende von Bürgerinitiativen, die in machtvollen Demonstrationen gegen den Bau von Atomkraftwerken antreten, weil deren Risiken nicht zu bewältigen sind und weil deren strahlende Abfälle nirgends deponiert werden können; sie stehen auf gegen die Verwüstung der Natur, gegen die Betonierung unserer Landschaft, gegen die Folgen und Ursachen einer Wegwerfgesellschaft, die lebensfeindlich geworden ist.

Ein völliger Umbruch unseres kurzfristig orientierten wirtschaftlichen Zweckdenkens ist notwendig. [...] Ausgehend von den Naturgesetzen und insbesondere von der Erkenntnis, dass in einem begrenzten System kein unbegrenztes Wachstum möglich ist, heißt ökologische Politik, uns selbst und unsere Umwelt als Teil der Natur zu begreifen. [...]

Unsere Politik ist eine Politik der aktiven Partnerschaft mit der Natur und dem Menschen. Sie gelingt am besten in selbstbestimmten und selbstversorgenden überschaubaren Wirtschafts- und Verwaltungseinheiten. [...] Es geht um eine Gesellschaft, die demokratisch ist, in der die Beziehungen der Menschen untereinander und zur Natur zunehmend bewusster gehandhabt werden. [...]

Irmgard Wilharm, Deutsche Geschichte 1962-1983, Bd. 2, Frankfurt am Main 1985, S. 226 f.

1. *Geben Sie die Ziele der Grünen wieder.*

2. *Vergleichen Sie das Programm mit den übrigen Protestbewegungen in diesem Kapitel. Welche Einflüsse sind erkennbar?*

3. *Erläutern Sie, was 1980 das Neue am Programm der Grünen gegenüber den „herkömmlichen Parteien" (Z. 1) gewesen ist.*

Strukturwandel in Bayern seit 1945

◂ **Bayerische Kontraste.**
Foto von 2004.
Im oberbayerischen Raisting errichtete die Deutsche Bundespost (spätere Telekom) ab 1963 eine Erdfunkstelle für die Übermittlung von Daten, Nachrichten und Rundfunksignalen. Seit 2005 nutzt sie ein Privatunternehmen. Die riesigen Satellitenschüsseln sind längst ein Teil der Kulturlandschaft.

Vom Agrarland zum Industriestandort

1945 - 1950 – Bayern nimmt über zwei Millionen Flüchtlinge und Vertriebene auf, damals ein Viertel seiner Bevölkerung.

1950 – Der Freistaat Bayern erhält bis 1986 Hilfen des Länderfinanzausgleichs.

um 1950 – Beginn der Mechanisierung und Rationalisierung der bayerischen Landwirtschaft.

um 1950 – Ansiedlung neuer Industrien in Bayern, der Ausbau der Infrastruktur setzt ein.

um 1960 – Der Ausbau des Schul- und Hochschulwesens in Bayern beginnt.

1963 – Eröffnung der Ölraffinerie in Ingolstadt.

1966 – Das Atomkraftwerk Gundremmingen in Schwaben geht ans Netz, drei weitere AKW folgen.

1970 – Einweihung des Nationalparks Bayerischer Wald.

1970 – Bayerisches Landwirtschaftsförderungsgesetz: Hilfe zur Selbsthilfe für Bayerns Bauern.

1970/71 – Ende der Kohleförderung in Oberbayern.

1970/71 – Die ersten 50 Fachoberschulen in Bayern nehmen den Schulbetrieb auf.

High-Tech-Land Bayern

1981 - 2001 – Bayernweites Programm zur Dorferneuerung.

1982 – Jeder zweite Beschäftigte in Bayern arbeitet im Dienstleistungsbereich.

um 1990 – Bayern wird High-Tech-Standort.

1992 – Einweihung des neuen Flughafens München im Erdinger Moos.

1994 – „Offensive Zukunft Bayern“: staatliche Fördermittel für Forschung und neue Unternehmen.

2000 – Das Großprojekt „Fränkisches Seenland“ (1974 begonnen) kommt zum Abschluss.

1

2

3

4
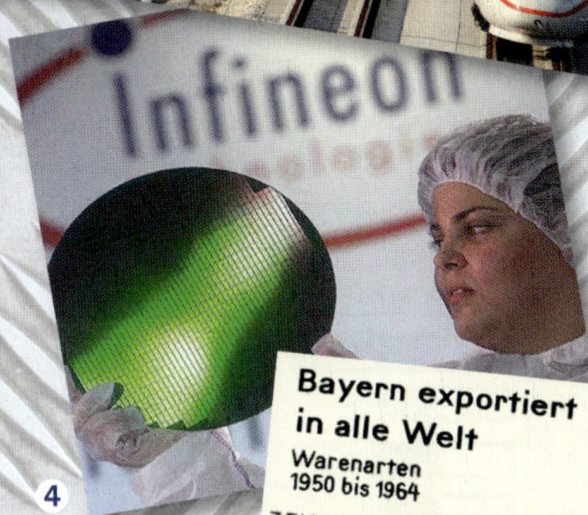

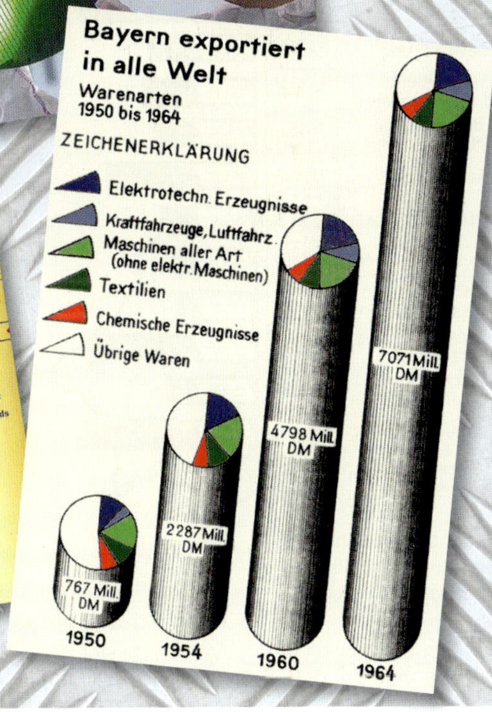

5

1: Für die Mischung aus Fortschritt und Tradition steht ein Schlagwort von Bundespräsident Herzog von 1998: „Laptop und Lederhose". Foto, 2010. – 2: Die neue Schnellfahrstrecke Nürnberg – München verringert die Fahrzeiten, war aber wegen ihrer Kosten und der Eingriffe in die Umwelt umstritten. Foto, 2006. – 3: Von der Einführung von Traktoren profitierten auch bayerische Maschinenbauunternehmen. Emailschild aus Freising, um 1952.– 4: Infineon produziert weltweit Halbleiterprodukte. Unternehmenssitz ist Neubiberg. Foto, 2008.– 5: Die Landwirtschaft setzt vermehrt auf regionale Spezialitäten.

- *Arbeiten Sie heraus, was die Materialien mit dem Kapitelthema verbindet. Informieren Sie sich über die in 3 und 4 genannten Firmen.*
- *Diskutieren Sie, was die Daten zu bayerischen Exporten über die Entwicklung der Industrie aussagen.*

Vom Agrarland zum High-Tech-Standort

Späte Industriegesellschaft Als Strukturwandel bezeichnet man grundlegende Veränderungen eines Landes als Folge wirtschaftlicher Umbrüche. In Bayern setzte nach dem Zweiten Weltkrieg ein ganz wesentlicher Strukturwandel ein: die Umgestaltung des Landes zum Industriestandort. Bis dahin war Bayern überwiegend Agrarland gewesen – Industrie gab es v. a. in den Großstädten München, Nürnberg und Augsburg sowie in Teilen der Oberpfalz und Oberfranken. Noch um 1950 war der Freistaat Bayern weit weniger industrialisiert als die meisten anderen Länder der Bundesrepublik.

Neuanfang nach 1945 Der Krieg und seine Folgen bedeuteten für die Entwicklung Bayerns einen tiefen Einschnitt. Zumal die Wirtschaft des Freistaats stand vor einem Neuanfang. In dem zerstörten Land waren neben der einheimischen Bevölkerung auch über zwei Millionen Flüchtlinge und Vertriebene zu versorgen. Die Teilung Europas brachte Bayern in eine Randlage, da die Märkte und Verbindungen zu Ostdeutschland, der Tschechoslowakei und Ungarn wegbrachen.

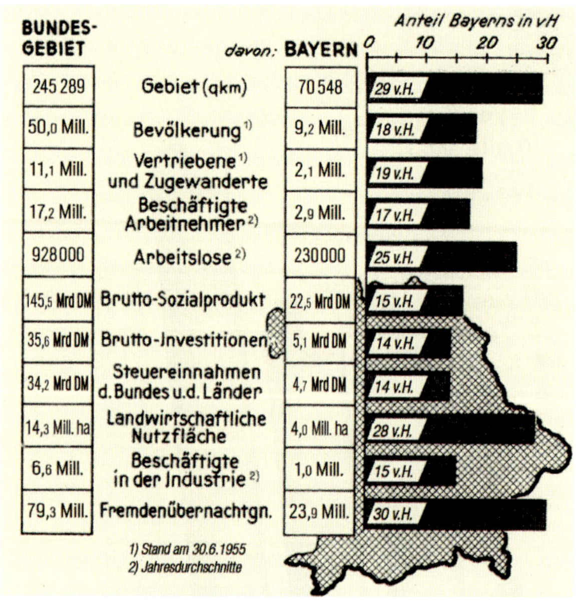

▲ **Wirtschaftliche Kennzahlen der Bundesrepublik und Bayerns (1955) im Vergleich.**

Nach: Dirk Götschmann, Wirtschaftsgeschichte Bayerns, 19. und 20. Jahrhundert, Regensburg 2010, S. 450

Vom Agrarland zum Industriestandort Seit Mitte der 1950er-Jahre wurde aus der Notlage nach Kriegsende eine für Bayern sehr vorteilhafte wirtschaftliche Entwicklung:

- Flüchtlinge und Vertriebene bildeten ein großes Potenzial an Arbeitskräften, brachten Leistung und Sachverstand ein und schufen eine hohe Nachfrage nach Gütern und Wohnungsbau.
- Um der Enteignung oder Verstaatlichung in Ostdeutschland zu entgehen, verlagerten traditionelle Unternehmen ihre Produktion nach Bayern (Bsp. Siemens, Loewe, Auto-Union: später „Audi").
- Bayerns Randlage nahm die Bundesregierung zum Anlass, verstärkt Militär in Bayern zu stationieren. Bundeswehr und NATO wurden zum wichtigen Arbeitgeber und sorgten für den Ausbau der Infrastruktur.
- In bislang wenig industrialisierten Gebieten wurden neue Industriezweige angesiedelt (Chemie, Elektro, Feinmechanik, Optik, Maschinen- und Automobilbau, Rüstungs- und Flugzeugindustrie).
- Die wachsende Industrie suchte nach weiteren Arbeitskräften. In Bayern wurde dieser Bedarf mit bisherigen Beschäftigten aus der Landwirtschaft gedeckt. Diesen Strukturvorteil gab es anderswo in der Bundesrepublik nicht.

Von Mitte der 1950er-Jahre bis um 1970 wurde aus dem traditionellen Agrarland Bayern ein moderner Industriestandort. Die Industrie wurde in Bayern nicht überhastet eingeführt, sondern konnte bleibende Strukturen bilden.

Anschub von außen Wachstum und Wandel in Bayern seit 1945 waren auch das Ergebnis umfangreicher Förderungen im bundesdeutschen oder internationalen Rahmen:

- Der Marshall-Plan der US-Regierung zum wirtschaftlichen Wiederaufbau in Westeuropa,

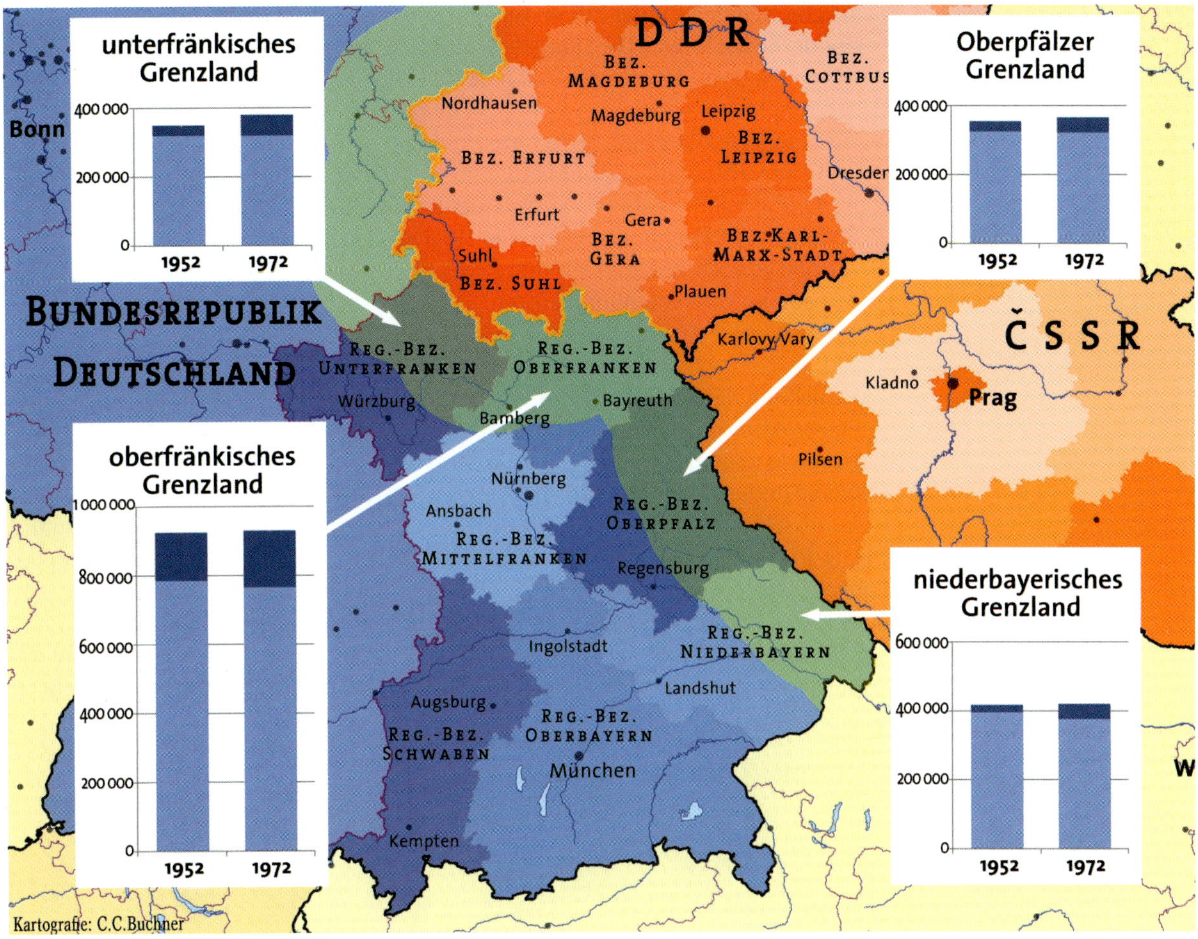

▲ Strukturentwicklung im bayerischen Grenzland.
Gemeinden in einem Streifen von 50 km bis zur Zonengrenze bzw. Grenze zur ČSSR (grün) empfingen Mittel aus der Zonenrand- und Grenzlandförderung. Das betraf Regionen in vier bayerischen Regierungsbezirken.
Die Diagramme zeigen die Bevölkerungsentwicklung und den Anteil von Beschäftigten in der Industrie.

- *Beschreiben Sie die hier abgebildete Entwicklung.*

- der 1950 eingeführte Länderfinanzausgleich innerhalb der Bundesrepublik zwischen leistungsstarken „Geber-“ und schwächeren „Nehmerländern“; der Freistaat Bayern empfing noch bis 1986 Unterstützung als „Nehmerland“,
- die Zonenrand- und Grenzlandförderung des Bundes für strukturschwache Gebiete entlang der Ost- und Nordgrenze Bayerns (seit 1952),
- die Förderung strukturschwacher Gebiete durch die 1957 gegründete Europäische Wirtschaftgemeinschaft.

Die meisten Fördermittel wurden für den Ausbau der Infrastruktur in Bayern verwendet (Straßen, Schienenwege, Städtebau).

Maßnahmen der Landespolitik ■ Auch die Bayerische Staatsregierung brachte die wirtschaftliche Modernisierung voran:

- Finanzielle Unterstützung: Der bayerische Staat gab seit den 1950er-Jahren Investitionshilfen. Dabei nahm er zunächst sogar hohe Schulden in Kauf. Der Staat wurde Anteilseigner oder Inhaber vieler neuer Unternehmen. Das Hauptaugenmerk galt der Förderung des Mittelstandes.
- Energiepolitik: Die Rohstoffarmut Bayerns führte zu hohen Energiekosten. Zu deren Senkung wurden zunächst die einheimischen Wasser- und Dampfkraftwerke aufgerüstet. Pipelines von den Mittelmeerhäfen über die Alpen bis nach Ingolstadt

sorgten seit den 1960er-Jahren für eine direkte Ölzufuhr (▸ M1). Bald folgte Erdgas aus der Sowjetunion. Die Staatsregierung setzte – auf Wunsch der Industrie – auch auf den Bau von Atomkraftwerken. Seit 1966 gingen insgesamt vier AKW in Bayern ans Netz.

- Landesentwicklung: Seit 1970 gab es das Staatsministerium für Landesentwicklung und Umweltfragen. Durch Planungen von Verkehr, Städtebau und Wirtschaftsförderung nahm es eine vorausschauende Erschließung des Landes vor.
- Bildungs- und Forschungspolitik: Der Staat investierte seit den 1960er-Jahren in den Ausbau von Schulen, die Gründung oder Verbesserung von Hochschulen sowie die Ansiedlung von Forschungszentren.

Verschiebung der Sektoren Das Wachstum der Industrie veränderte die Beschäftigungsstruktur. In Bayern schrumpfte der Anteil der in der Landwirtschaft Tätigen zwischen 1950 und 1989 von mehr als einem Drittel auf 6,9 Prozent. Das Produzierende Gewerbe (Industrie und Handwerk) wuchs von 35 auf rd. 42 Prozent. Auch der Dienstleistungssektor stieg stetig an. 1982 überholte er den Beschäftigungsanteil der Industrie. 1990 arbeiteten 51,6 Prozent aller Erwerbstätigen in Branchen der Felder Handel, Banken, Versicherungen, Verkehr, in Verwaltung oder Sozialdiensten. Dort stiegen auch Löhne und Gehälter stärker als in den übrigen Wirtschaftssektoren.

In allen drei Bereichen nahm harte körperliche oder gefährliche Arbeit ab dank des Einsatzes von Maschinen. Der Anteil qualifizierter Arbeitskräfte nahm immer mehr zu.

▸ Erwerbstätige nach Wirtschaftsbereichen.

- *Interpretieren Sie die dargestellte Entwicklung.*

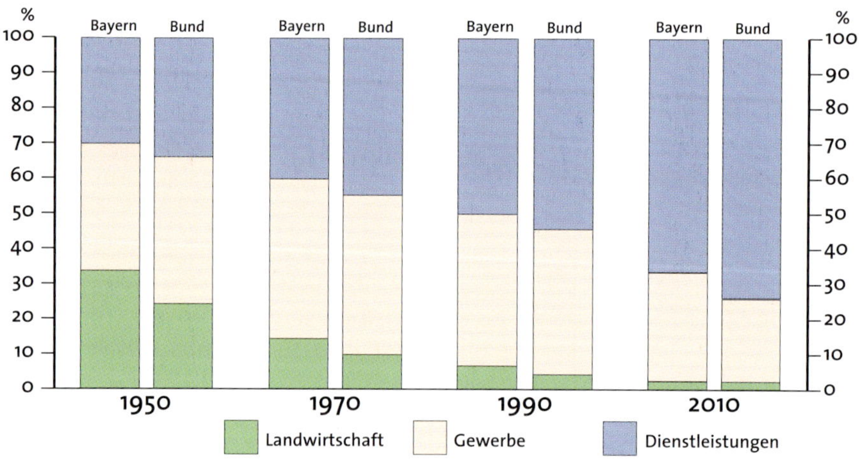

Bayern wird High-Tech-Standort In den 1970er- und 80er-Jahren trat eine weitere Veränderung ein. Klassische Industriezweige wie Bergbau, Textil, Glas oder Keramik waren rückläufig oder wurden völlig aufgegeben. Die Arbeitskräfte konnten aber oft umgeschult und in neue Unternehmen vermittelt werden, die zu den Wachstumsbranchen in Bayern gehörten (Maschinen- und Fahrzeugbau, Elektrotechnik, Feinmechanik, Optik, chemische Industrie, Luft- und Raumfahrt, Mikroelektronik, Film und Fernsehen). Bis um 1990 schaffte Bayern den Sprung vom Industrie- zum **High-Tech-Standort**. Die Wirtschaft Bayerns wurde modernisiert, mit weit geringerer Arbeitslosigkeit als im übrigen Bundesgebiet.

Das Wachstum zog immer mehr Menschen an. Im Freistaat stieg die Bevölkerung von 1970 bis 2000 von 10,5 auf 12,2 Millionen, überwiegend das Ergebnis von Zuwanderung.

High-Tech-Standort: Region, die von der Entwicklung und Produktion moderner Spitzentechnologie geprägt ist

◂ **Bau des Olympiaparks in München.**
Foto von Anfang 1972. München war Austragungsort der Olympischen Sommerspiele 1972. Das Olympische Dorf und die Wettkampfstätten wurden in modernem Stil und mit großem Aufwand auf einem zuvor brachliegenden Gelände errichtet. Die Spiele erwiesen sich als dauerhafte Fördermaßnahme und zeigten München als moderne Weltstadt.

Die Gegenwart Seit den 1990er-Jahren zählt Bayern zu den wirtschaftlich stärksten und wohlhabendsten Regionen in Deutschland und Europa. Bayern rückte seit dem Fall der kommunistischen Diktaturen in Osteuropa und der Osterweiterung der EU in eine Zentrallage – vorteilhaft für Verkehr und Handel.

Der Übergang von der Industrie- zur Informations- und Dienstleistungsgesellschaft wurde in Bayern durch staatliche Hilfen gefördert. Aus dem Verkauf von Staatsanteilen an Unternehmen stammten Gelder für die Entwicklung neuer Technologien, den Ausbau von Hochschulen und Kliniken, die Kulturpflege, für Forschung und wirtschaftliche Starthilfen.

München und Nürnberg, die beiden größten Städte Bayerns, bilden zwei Zentren für Wirtschaft und Kapital, Bildung, Kultur und Kommunikation. Beide Städte verfügen über ein dichtes Netz an Verkehr und öffentlicher Versorgung, über internationale Flughäfen, Hochschulen, Messezentren und einen großen Einzugsbereich ihres Umlandes (Metropolregion).

▾ **Nürnberger Skyline.**
Zur Silhouette gehört seit 2000 nicht mehr nur die mittelalterliche Kaiserburg, sondern auch der „Business-Tower“, Bayerns zweitgrößtes Bürogebäude. Die dort ansässige Versicherung führt aber weiterhin einen Turm der alten Burg in ihrem Logo.

▲ **Weihe der ersten bayerischen Großraffinerie in Ingolstadt durch den Bischof von Regensburg, Rudolf Graber (1903-1992).**
Foto vom 25. November 1963.
Die wachsende bayerische Industrie war immer stärker auf die Einfuhr von Energie angewiesen. Um die Kosten zu senken, errichteten Unternehmer Raffinerien, in denen Rohöl zu Heizöl, Kerosin und Benzin verarbeitet wird.

M1 An der Schwelle zum „Kunststoffzeitalter"

Seit 1963 gelangt Erdöl über eine Pipeline vom Mittelmeer über die Alpen nach Bayern. In Ingolstadt wird im Dezember jenes Jahres das erste Raffineriezentrum zur Ölverarbeitung eröffnet. Der damalige Wirtschaftsminister Otto Schedl (CSU) hält eine Ansprache:

Mit dem heutigen Tag beginnt ein neuer Abschnitt in der wirtschaftlichen Geschichte unseres Landes: Bayern ist – fast über Nacht – als Energiemarkt interessant geworden und Bayerns Energiemarkt hat sich in einen Käufermarkt verwandelt mit allen damit verbundenen Vorteilen.
Sie werden es verstehen, meine Damen und Herren, dass mich diese Tatsache mit tiefer Befriedigung erfüllt, denn ich sehe in ihr die Erfüllung einer großen Aufgabe [...]. Ich konnte nur darauf vertrauen, dass meine Erkenntnis, die erhebliche Verkürzung der Zufahrtswege würde naturnotwendig zu einer starken Senkung der Kosten im Energiebereich führen, richtig sei [...].
Die Petrochemische Industrie[1] steht in einem fortgeschrittenen Anfangsstadium ihrer Entwicklung [...]. Die praktischen Ergebnisse dieser Entwicklung sind in dem stürmischen Vordringen der Kunststoffe in Technik und Wirtschaft ebenso wie im täglichen Leben für alle sichtbar. Die auf Erdölbasis gewonnenen Kunststoffe ersetzen nicht nur in einer Reihe von Anwendungsgebieten Stahl und Eisen und andere altvertraute Werkstoffe, sie schaffen sich auch ihre ureigenen Anwendungsbereiche. Sie sind heute bereits ein bedeutender Faktor in der Weltwirtschaft. Sie können morgen das Gepräge der Weltwirtschaft und unseres äußeren materiellen Lebens so nachhaltig beeinflussen und bestimmen, dass wir vielleicht an der Schwelle eines ganz neuen Zeitabschnittes stehen. Möglicherweise gleiten wir, von uns selbst kaum bemerkt, vom Eisenzeitalter in ein Kunststoffzeitalter hinüber. [...]
In dieser Situation war es für mich eine Selbstverständlichkeit, dafür zu sorgen, dass Bayern, dessen Bodenschätze karg sind, bei der gewissermaßen stattfindenden Neuverteilung der Welt nicht wieder einmal zu kurz kommt. Mit dem Aufbau des Raffinationszentrums Ingolstadt ist sichtbar geworden, dass wir bei dieser Neuverteilung nicht geschlafen, sondern laut und deutlich, überall vernehmlich und mit ausgezeichnetem Erfolg „Hier" gerufen haben. [...]

Karl-Ulrich Gelberg, Ellen Latzin (Bearb.), Quellen zur politischen Geschichte Bayerns in der Nachkriegszeit, Bd. 2, München 2005, S. 201-204

1. *Zählen Sie die wirtschaftlichen Vorteile auf, die sich durch die Ingolstädter Raffinerie für Bayern ergeben.*

2. *Schedl spricht von einer „Neuverteilung der Welt" (Z. 31 f.). Erläutern Sie diese Aussage und nehmen Sie dazu Stellung.*

3. *Diskutieren Sie, welche Technologien gegenwärtig vor dem Durchbruch stehen. Sind Deutschland oder Bayern weiterhin führend auf diesen Gebieten?*

[1] Petrochemische Industrie: Wirtschaftszweig, der chemische Stoffe aus Erdöl oder Erdgas herstellt

Landwirtschaft und ländlicher Raum im Wandel

Ursprünglich ländlich ■ Der ländliche Raum, der Bereich jenseits städtischer Besiedlung, prägt Bayern ganz besonders. 1957 stellte der bayerische Landwirtschaftsminister Joseph Baumgartner (1904-1964) fest: alles, was als „typisch bayerisch" gilt – Trachten, Feiertage, Dialekte, sogar die Ernährungsweise – stammt aus dem Dorf. Doch der Wandel Bayerns zum Industrie- und High-Tech-Standort hat v. a. den ländlichen Raum grundlegend verändert.

Dörfliche Welt im Aufbruch ■ Nach 1945 änderte sich die Sozialstruktur vieler Dörfer, Märkte und Kleinstädte. Die etwa zwei Millionen Flüchtlinge und Vertriebenen in Bayern wurden überwiegend auf dem Land untergebracht, wo die Kriegszerstörungen nur gering waren. Die Gemeinden waren danach nicht wiederzuerkennen: Einwohnerzahl und Wohnfläche stiegen beträchtlich, Menschen verschiedener Herkunft lebten nun dicht beieinander.

Landwirtschaft im Umbruch ■ Die bestimmende Wirtschaftsform im ländlichen Raum war seit jeher die Landwirtschaft (neben Forstwirtschaft und Fischerei). Seit 1950 verlor der Agrarbereich immer mehr Arbeitskräfte an die Industrie. Von 1949 bis 2004 schrumpfte die Zahl der Höfe in Bayern auf ein Drittel (130 000). Bei einer steigenden Produktivität änderte die Landwirtschaft ihr bisheriges Profil:

- Wandel der Beschäftigung: Industrie und Dienstleistungsberufe boten seit 1950 bessere Löhne als die Landwirtschaft. Der lohnabhängige Landarbeiter als solcher verschwand. Es gab immer mehr Landwirte im Nebenerwerb sowie Mithelfende auf den Höfen.
- Wandel der Betriebsführung: In den 1950er- und 60er-Jahren wurden die Höfe mechanisiert, Maschinen ersetzten jetzt Zugtiere. Die Betriebe spezialisierten sich und übernahmen neue Methoden des Anbaus und der Viehhaltung.

▲ **Zunftzeichen an einem Maibaum.**
Foto von 2010.
Der Maibaum in der Mitte bayerischer Dörfer und Städte zeigt oft eine Berufswelt, die längst der Vergangenheit angehört.

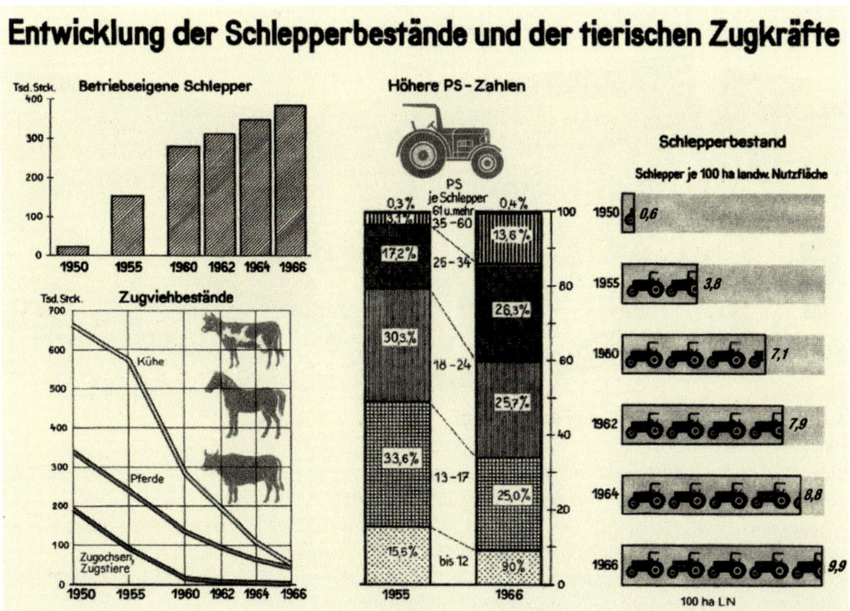

◄ **Mechanisierung der bayerischen Landwirtschaft 1950-1966.**
Nach: Dirk Götschmann, Wirtschaftsgeschichte Bayerns, 19. und 20. Jahrhundert, Regensburg 2010, S. 560.

- Wandel der Bedeutung für Wirtschaft und Gesellschaft: Obwohl die Landwirtschaft mehr denn je produzierte, verlor sie ihre Rolle als „Ernährer“ der Bevölkerung. Heimische Erzeugnisse mussten mit Lebensmitteln aus anderen Staaten der Europäischen Wirtschaftsgemeinschaft (EWG, seit 1957) konkurrieren. Viele kleinere Betriebe überlebten nur dank staatlicher Hilfen (▸ M1).

Landwirtschaft der Gegenwart Die bayerische Landwirtschaft konnte sich seit den 1980er- und 90er-Jahren auf dem in- und ausländischen Markt behaupten. Dabei blieb auch der für Bayern typische bäuerliche Familienbetrieb erhalten, v. a. dank massiver staatlicher Unterstützung. Daneben wählten die Landwirte folgende Wege:

- neue Formen der Vermarktung, die auf die Exklusivität der Produkte setzten (z. B. Frankenwein, Alpenmilch, Rottaler Obst),
- alternative, ökologische Landwirtschaft,
- Nutzung der Höfe für Tourismus, Kultur und Sport,
- Nutzung der Flächen für Solarenergie oder die Produktion von Biotreibstoff.

Veränderung des ländlichen Raums Nicht nur die Landwirtschaft, auch das dörfliche Leben insgesamt war seit den 1960er-Jahren im Umbruch:

- Der Ausbau der Infrastruktur band den ländlichen Raum stärker an die Städte und hob allmählich das Versorgungsniveau auf dem Land (Schulen, Krankenhäuser, Geschäfte, Sozialeinrichtungen).
- Die Entdeckung der ländlichen Lebensqualität führte zu mehr Fremdenverkehr, bald auch zu starken Zuzügen neuer Wohnbevölkerung. Oft prallten damit unterschiedliche Lebensstile aufeinander.
- Industrie und Forschung siedelten sich in ländlichen Gegenden an (▸ M2).
- Großprojekte von Staat und Wirtschaft veränderten den Charakter des ländlichen Raums. Dazu gehörten Bauprojekte wie der Autobahnbau, der Flughafen München-Erding, der Rhein-Main-Donau-Kanal oder die Schiffbarmachung weiterer Flüsse. Andererseits entstanden große Naturparks und Landschaftsschutzgebiete, die damit vor Umbau und Zersiedelung bewahrt blieben.

▲ **Landwirtschaft und ländlicher Raum heute.**
Fotos von 2010 und 2011.
– Das Dorf, früher selbstverständlicher Lebensraum, ist manchen bereits zu einer fernen, fremden Welt geworden: Besuchergruppe im Freilichtmuseum Glentleiten in Oberbayern.
– Die ländliche Naturnähe lässt sich heute als „Wellness-Angebot“ vermarkten: Foto aus dem Werbeprospekt eines Bauernhofs im Bayerischen Wald, der auf Tourismus umgestellt hat.
– An die Stelle der billigen Massenproduktion tritt mehr und mehr das Bewusstsein für Qualität und regionale Besonderheiten: Anlieferung von Bio-Milch an eine Molkerei.

◂ **Das Fränkische Seenland – eine neue Landschaft.**
Foto von 2008.
Zwischen 1974 und 2000 wurden südlich von Nürnberg sieben künstliche Seen angelegt. Sie dienen der Versorgung des wasserarmen Nordbayern und dem Hochwasserschutz. Zugleich wurde mit ihnen ein neues Naherholungsgebiet geschaffen.

Zwischen Fortschritt und Tradition ▪ Zum ländlichen Raum gehören heute 85 Prozent der Fläche Bayerns. Hier leben noch immer 60 Prozent der Bevölkerung, trotz des Wachstums der Städte. Erhalt und Förderung des ländlichen Raums sind seit den 1970er-Jahren erklärtes Ziel der Landespolitik – quer durch alle Parteien. Die Staatsregierung unterstützt Projekte zur Dorferneuerung, zur Landschafts- und Denkmalpflege, zur Stärkung des Heimatbewusstseins sowie soziale Projekte in den ländlichen Gemeinden.

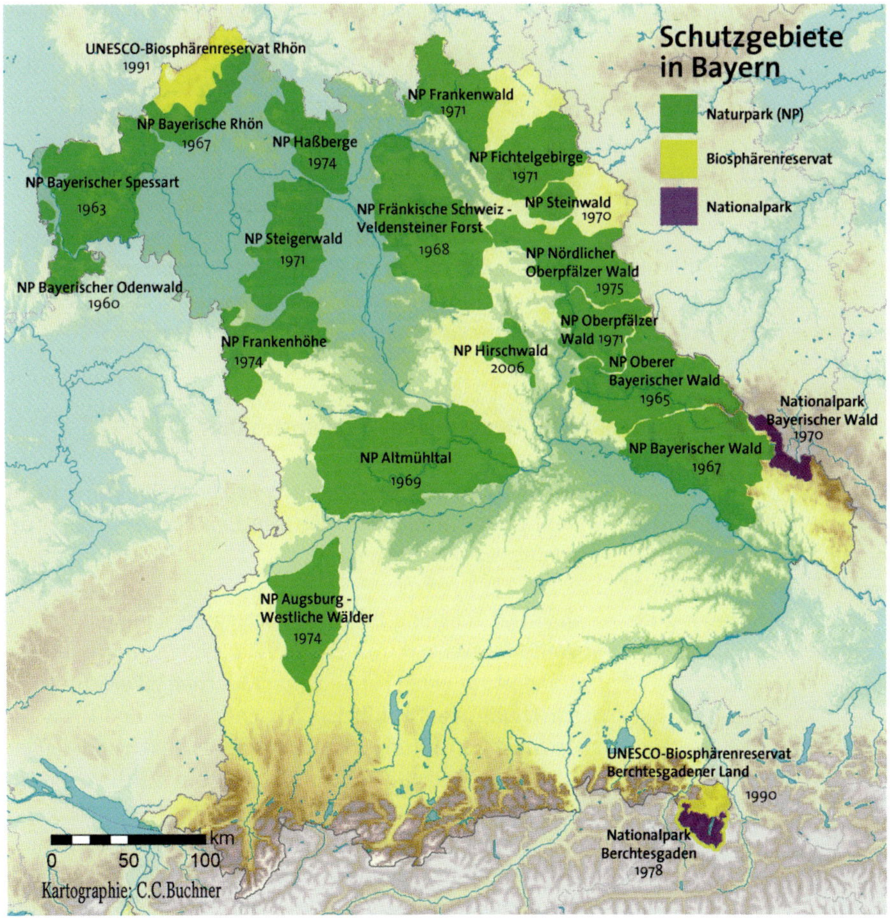

◂ **Natur- und Landschaftsschutzgebiete in Bayern.**
- *Informieren Sie sich über die unterschiedlichen Arten von Naturschutzgebieten und die damit verbundenen Einschränkungen der Landnutzung.*

M1 Hilfe zur Selbsthilfe

Angesichts des „Bauernsterbens“ in Bayern, der Schließung vieler bäuerlicher Betriebe, legt Landwirtschaftsminister Hans Eisenmann (CSU) 1970 den Entwurf für ein Gesetz zur Förderung der Landwirtschaft im Freistaat Bayern vor. Im Landtag erläutert Eisenmann die Bedeutung des geplanten Gesetzes.

Es begann mit der Abwanderung von Arbeitskräften und mit der Aufgabe von Betrieben. Seit 1950 sind in Bayern die landwirtschaftlichen Erwerbstätigen um 618 000 [...] d.h. um 44% und die landwirtschaftlichen Betriebe über 0,5 ha um rund 100 000 [...] d.h. um 21% zurückgegangen. Die Zahl der in der Landwirtschaft Tätigen wird sich in den nächsten Jahren durch die Steigerung der Arbeitsproduktivität weiter vermindern. Die Konkurrenz im Großwirtschaftsraum der EWG, das Ungleichgewicht auf den Agrarmärkten und die Preis-Kosten-Schere können diesen Prozess noch beschleunigen. [...] Was soll aus unserer Landwirtschaft werden? [...] Wir brauchen für die bayerische Landwirtschaft eine agrarpolitische Konzeption, deren Ziel es sein muss

- der Landwirtschaft ihre Stellung in der Industriegesellschaft zu sichern und
- den ländlichen Raum als Kulturlandschaft[1] zu erhalten.

Die Staatsregierung lehnt [...] die Vorstellungen der EG-Kommission[2] ab. Diese hätten in Bayern zur Folge:

- die Verminderung der Zahl der landwirtschaftlichen Betriebe von jetzt 375 000 auf 50 000 industriell organisierte Großfarmen,
- die Stilllegung nahezu der Hälfte der landwirtschaftlichen Nutzfläche und damit
- die Entvölkerung und Verödung weiter Teile des Landes.

Ein derartig radikaler Strukturwandel ist finanziell nicht realisierbar und gesellschaftspolitisch bedenklich. [...] Die bayerische Agrarpolitik stellt deshalb der Großbetriebslandwirtschaft als Alternative die Partnerschaft der Voll-, Zu- und Nebenerwerbsbetriebe gegenüber. [...]
Damit sich die Zusammenarbeit zwischen allen Betriebsformen entfalten und festigen kann, sind hauptberufliche Geschäftsführer notwendig. Deswegen sieht der vorliegende Gesetzentwurf die langfristige finanzielle Sicherung der Selbsthilfeeinrichtung vor, die in Form der Maschinenringe[3], Erzeugerringe und Betriebshilfsringe zur Rationalisierung der Produktion gegründet werden. Diese Einrichtungen erhalten einen Rechtsanspruch auf eine staatliche Förderung von mindestens 2/3 der Personal- und 1/3 der Sachkosten.
In der Regel wird der Maschinenring den Ansatzpunkt für die überbetriebliche Zusammenarbeit darstellen, weil die Maschinen in den meisten bayerischen Gebieten das Betriebsmittel sind, an dem die Kostensenkung am schnellsten wirksam wird. In anderen Gebieten kann es der für die pflanzlichen oder tierischen Produkte als Unterbau zur Erzeugergemeinschaft gegründete Erzeugerring sein. Beide, Erzeuger- und Maschinenringe, sollen sich jedoch weiterentwickeln zum umfassenden Betriebshilfsring, dessen Tätigkeit sich nicht mehr auf ein bestimmtes Betriebsmittel beschränkt, sondern auch die gegenseitige Arbeitsaushilfe bei Arbeitsspitzen, Krankheit und für den Urlaub umfasst. [...]
Die Partnerschaft zwischen den Betrieben stellt große Anforderungen an das Können, das wirtschaftliche Denken und die geistige Beweglichkeit unserer Bauern. Die in diesem Gesetz vorgesehene Förderung ist daher ein Angebot an alle Betriebsinhaber, die zur Selbsthilfe bereit sind und die ihren landwirtschaftlichen Betrieb auch in Zukunft erhalten wollen.

Nach: Alfred Schuh und Otto Bauer (Hrsg.), Hans Eisenmann. Ein Leben für seine bayerische Heimat, Pfaffenhofen 1988, S. 36-40

[1] Kulturlandschaft (lateinisch colere: anbauen, pflegen): land- und forstwirtschaftlich genutztes Gebiet
[2] EG-Kommission: Zentralausschuss der Europäischen Gemeinschaft mit Sitz in Brüssel, der Bestimmungen für die Mitgliedstaaten beschließt und die gemeinsamen Finanzen verwaltet
[3] Maschinenring: Organisationsform, bei der Betriebe gemeinsam Maschinen und Fahrzeuge anschaffen, unterhalten und für ihre Arbeit nutzen

1. *Fassen Sie die Entwicklung der bayerischen Landwirtschaft zusammen, wie Eisenmann sie darstellt.*

2. *Erläutern Sie den Vorschlag der EG-Kommission und seine Ablehnung durch die bayerische Staatsregierung.*

3. *Der hier vorgelegte Entwurf wurde im September 1970 vom Landtag verabschiedet. Arbeiten Sie heraus, welche Umstellungen das Gesetz für die Bauern vorsah.*

M2 Deutschlands modernstes Dorf

Der Historiker Stephan Deutinger beschreibt die Entwicklung des Dorfes Garching bei München zum hochmodernen Forschungs- und Industriestandort.

1956 trat Garching mit einem Schlag ins Rampenlicht der Weltöffentlichkeit. Auf der Suche nach einem geeigneten Standort für einen [...] im Raum München zu errichtenden Forschungsreaktor führten Wissenschaftler und Vertreter der Staatsverwaltung Erkundungsfahrten durch und stießen [...] auf ein Gelände in den Isarauen nordöstlich von München, das die Anforderungen in jeder Hinsicht erfüllte. [...]
Das „Atom-Ei“, wie der Reaktor ob seiner weithin sichtbaren, ellipsenförmigen, silbrig-schimmernden Hülle bald genannt wurde, sollte sich schnell zum Wahrzeichen Garchings ent-

▲ Garching bei München.
Fotos von 1957 und 2008, Wappen von Garching.
Das Dorf Garching hatte am Ende des Zweiten Weltkriegs nur einige Hundert Einwohner. Der 1957 in Betrieb genommene Forschungsreaktor hat das Leben im Ort grundlegend verändert. Aus Stolz auf diese Einrichtung führt die Gemeinde das „Atom-Ei" seit 1967 im Wappen.

wickeln. Alle Stationen seiner Entstehung und Inbetriebnahme, vom Richtfest am 11. Januar 1957 über das Eintreffen der ersten Uranstäbe [...] bis zur offiziellen Übergabe an die Technische Hochschule München am 3. Februar 1958, wurden sorgsam inszeniert [...].

Der Gemeinderat Garchings, dessen amtlicher Name 1959 den Zusatz „bei München" erhielt, bestätigte [...] am 18. Dezember 1959 die ihm vorgelegten Pläne für das Institut für Plasmaphysik. [...] In rascher Folge kam [...] innerhalb weniger Jahre eine Forschungseinrichtung um die andere hinzu. [...] Mitte der sechziger Jahre arbeiteten bereits 1200 Menschen in Garching im Wissenschafts- und Forschungsbereich. [...] Die oft gebrauchte Wunschformel, Forschung schaffe Arbeit und Brot, will heißen, die Grundlage für Arbeitsplätze, schien hier endlich einmal aufzugehen. [...] Bis 1955 hatte es nur die Molkerei, ein Kieswerk und einige Handwerksbetriebe gegeben. Zehn Jahre später waren zahlreiche Industriebetriebe in der Gemeinde zu verzeichnen, im Ortsteil Hochbrück war jetzt ein 60 Hektar großes Industriegebiet anzutreffen. [...]

Bei aller Betonung des positiven Charakters der Entwicklung Garchings nach außen – nach innen musste man sich nun immer mehr eingestehen, dass man durch die im Beziehungsfeld von Bevölkerungszuwachs, Wissenschaftskonzentration und Industrieansiedlung sich herausbildende Eigendynamik überrollt wurde. Schulhaus, Rathaus, Friedhof, Straßen, Kanalisation etc. – die gemeindliche Infrastruktur musste in ihren Dimensionen an die steigenden Anforderungen angepasst werden. Von den wissenschaftlichen Einrichtungen, die außer Wissen nichts produzierten, fielen jedoch keine Steuern für die Gemeinde ab. Das Problem der „Nachfolgelasten" wurde zum beherrschenden Punkt auf der Tagesordnung des Gemeinderats. [...]

Zahlreiche Wissenschaftler, Techniker und Angestellte hatten sich in der Nähe ihrer Institute niedergelassen. Vom Bildungshintergrund und Lebenszuschnitt hoben sie sich deutlich von der übrigen Bevölkerung ab. Ebenso wie die in einiger Entfernung vom eigentlichen Ort aus dem Boden gewachsene „Forschungsstadt" selbst wurden die dort Tätigen als Fremdkörper empfunden. Am konventionellen öffentlichen Leben Garchings nahmen sie kaum Anteil; die traditionellen Faschingsbälle beispielsweise mieden sie. Dafür begannen sie, die Elternversammlungen in den örtlichen Schulen zu dominieren. Zudem entwickelten sie ein eigenes Vereinsleben. 1966 war bereits ein „Sportverein Plasmaphysik e.V." gegründet worden, später kam eine „Ortsgruppe Plasmaphysik des Deutschen Alpenvereins" hinzu. Um dieser Entfremdung gegenzusteuern, führte die Gemeinde sogenannte „Bürgerwochen" durch, die die Einwohner des einstigen Dorfes wieder zueinanderführen sollte.

Stephan Deutinger, Vom Agrarland zum High-Tech-Staat, München / Wien 2001, S. 213, 215, 217, 219, 221 und 225 f.

1. *Fassen Sie die Schwierigkeiten zusammen, die sich aus der Ansiedlung der Forschungsinstitute ergaben.*

2. *Bewerten Sie, ob Garching seinen ursprünglichen Charakter bewahrt hat. Begründen Sie Ihr Urteil.*

3. *Finden Sie andere Beispiele für die Ansiedlung von Forschung und Hochtechnologie im ländlichen Raum. Wie verlief die Umstellung für die jeweilige Gemeinde?*

1 Wirtschaft und Arbeitswelt

Bald nach dem Zweiten Weltkrieg setzte in Westdeutschland der wirtschaftliche Aufstieg ein. Verantwortlich waren das Hilfsprogramm der USA (Marshall-Plan), eine große Nachfrage im Inland wie auf dem Weltmarkt (Korea-Boom), der Wille zum Wiederaufbau in der Bevölkerung und moderne Produktionsanlagen. Das Experiment einer Sozialen Marktwirtschaft, angestoßen von Wirtschaftsminister Ludwig Erhard, schien aufzugehen. Von 1955 bis 1972 wuchs die bundesdeutsche Wirtschaft fast ununterbrochen („Wirtschaftswunder"). Die Erträge flossen auch in den Ausbau des Sozialstaats. Wohlstand und soziale Sicherheit für breite Schichten förderten die Akzeptanz der jungen Demokratie. Die Gewerkschaften setzten höhere Löhne, kürzere Arbeitszeiten, betriebliche Mitbestimmung und mehr Sicherheit am Arbeitsplatz durch.
Seit den 1970er-Jahren ging das Wachstum zurück. Hohe Arbeitslosigkeit und eine steigende Staatsverschuldung waren die Folge. Der kurze Boom nach der Deutschen Einheit 1990 änderte daran nichts. Erst die „Hartz-Gesetze" führten zu einer Wende auf dem Arbeitsmarkt. Die steigende Beschäftigung entlastet auch den Sozialstaat.
Die Modernisierung und Rationalisierung der Wirtschaft hat seit den 1960er-Jahren zu einem Strukturwandel geführt. Immer mehr Menschen sind seitdem im Dienstleistungsbereich beschäftigt. Arbeitsverhältnisse werden flexibler, beruflicher Erfolg erfordert immer mehr Qualifikation.

2 Familie, Frauen und Jugend in der Bundesrepublik

Der Zweite Weltkrieg hinterließ viele Familien zerrüttet oder vaterlos. Die westdeutsche Gesellschaft pflegte zunächst die alten Rollenbilder von Mann und Frau. Verheirateten Frauen blieben „Kinder, Küche, Kirche". Ein Babyboom setzte ein, der bis um 1970 anhielt. Seitdem gibt es jährlich mehr Todesfälle als Geburten.
Das Gleichstellungsgesetz von 1958 entband die Frau erstmals vom Einspruch des Ehemanns bei Berufswahl und Vermögensfragen. Seit den 1960er-Jahren forderte eine Frauenbewegung die völlige Gleichberechtigung in Ehe, Familie und Arbeit. Der Bildungsausbau seit Mitte der 1960er-Jahre verhalf Mädchen zu besseren Berufschancen. Immer mehr Ehefrauen und Mütter drängten in außerhäusliche Beschäftigung. Der Gesetzgeber vereinfachte die Regelung des Schwangerschaftsabbruchs sowie das Scheidungsrecht (1976/77). Die Scheidungsrate blieb hoch, eine Folge der wirtschaftlichen Unabhängigkeit von Frauen und eines gewandelten Verständnisses der Ehe.
In den 1960er-Jahren änderten sich die Erziehungsstile. Ein Wertewandel vollzog sich, der Freiheit und Individualität statt Anpassung betonte. Jugendliche wurden seit den 1970er-Jahren rechtlich aufgewertet (Herabsetzung der Volljährigkeit und des Wahlalters). Eine eigene Teenager- und Jugendkultur entstand, oft geprägt von kulturellen Einflüssen aus den USA (Amerikanisierung). Als Kehrseite der gestiegenen Selbstständigkeit Jugendlicher wurden Alkohol- und Drogenmissbrauch zum Dauerproblem.
Die Überalterung der Gesellschaft bedroht langfristig den Sozialstaat (Generationenvertrag). Sie hält den Staat seit den 1980er-Jahren zu aktiver Familienförderung an.

3 Migration in die Bundesrepublik

In Westdeutschland fanden nach 1945 rund 14 Millionen Flüchtlinge und Vertriebene eine neue Heimat. Sie stammten aus den Ostgebieten des Deutschen Reichs und aus deutsch besiedelten Regionen in Osteuropa. Ihre Eingliederung gelang v.a. dank des wirtschaftlichen Erfolges der Bundesrepublik, an dem die Neubürger beteiligt waren. Während der Teilung Deutschlands kamen über fünf Millionen Deutsche aus der DDR in den Westen. Mit dem Mauerbau von 1961 schränkte das SED-Regime den Strom von Flüchtlingen und Übersiedlern gewaltsam ein, ohne ihn ganz stoppen zu können.
In der Phase des „Wirtschaftswunders" (1955-1972) warb die Bundesregierung auf Anraten der Industrie ausländische Arbeitskräfte zur befristeten Beschäftigung an. Bis zum Anwerbestopp von 1973 kamen rund sieben Millionen „Gastarbeiter" aus Südeu-

ropa, der Türkei und Nordafrika. Zahlreiche Beschäftigte und ihre Familien blieben auf Dauer in Deutschland. Die Bundesrepublik wurde in den 1960er-Jahren zum Einwanderungsland. Bis Ende der 1990er-Jahre nahm die Zahl der Flüchtlinge und Asylsuchenden aus aller Welt ständig zu. Seit dem Fall der kommunistischen Diktaturen in Osteuropa zogen von dort erneut viele Deutschstämmige in die Bundesrepublik (Aussiedler und Spätaussiedler). Der Gesetzgeber reagierte auf den Migrationsdruck. 1993 wurden das Asylrecht und das Zuzugsrecht für Spätaussiedler reformiert. Es folgten ein neues Staatsbürgerschaftsrecht (1993 und 2000) sowie ein Zuwanderungsgesetz (2005), das die Integration von Migranten zur Staatsaufgabe macht.

4 Innerer Protest und Demokratisierung der Gesellschaft

Die bundesdeutsche Gesellschaft entwickelte sich seit den 1960er-Jahren zu einer Bürgergesellschaft mit immer mehr öffentlichem Engagement. Politische Parteien und Bürgerinitiativen fanden großen Zulauf. Ebenso entstanden Protestbewegungen.
Seit Mitte der 60er-Jahre forderte eine Studentenbewegung Ausbau und Demokratisierung der Hochschulen. Sie protestierte gegen den Vietnamkrieg, forderte Bildungsreformen, Aufklärung über die NS-Vergangenheit und eine Erneuerung der Gesellschaft. Eine Außerparlamentarische Opposition (APO) übte scharfe Kritik an der Großen Koalition im Bundestag aus CDU/CSU und SPD (1966-1969), deren Machtkonzentration und Gesetzgebung. Die Studentenbewegung hatte Vorbilder im Ausland, etwa die Bürgerrechtsbewegung sowie die Hippie-Kultur in den USA oder die Studenten- und Arbeiterproteste in Frankreich. 1967/68 radikalisierten sich die Proteste. Die neugewählte Regierung unter Bundeskanzler Willy Brandt (1969-1974) nahm manche Forderungen auf und versprach mehr Demokratie und soziale Gerechtigkeit.
Friedensbewegungen traten in Westdeutschland seit den 1950er-Jahren auf. Bis 1956 demonstrierten Bürgerinnen und Bürger gegen die Einführung einer Armee mit allgemeiner Wehrpflicht. Der Protest gegen die Wiederbewaffnung war vergeblich. Hingegen konnte die Bewegung „Kampf dem Atomtod" bis 1958 die geplante Atombewaffnung der Bundeswehr verhindern. Ihren Höhepunkt erlebte die Friedensbewegung 1979-1983, als neue US-Mittelstreckenraketen in der Bundesrepublik stationiert wurden (NATO-Doppelbeschluss). Auch nach dem Ende des Kalten Krieges riefen internationale Konflikte wie der Golfkrieg (1991) oder der Irakkrieg (2003) Proteste hervor.
Eine Umweltbewegung entstand in der Bundesrepublik, seit in den 1970er-Jahren Zweifel an der Industriegesellschaft entstanden. Ein ökologisches Denken forderte die Rettung der Natur sowie ein Gleichgewicht zwischen Mensch und Umwelt. Neben einzelnen Umweltschutzaktionen wurden Proteste gegen Bau- und Verkehrsprojekte sowie gegen die Nutzung der Kernkraft laut. Daraus ging um 1980 die Partei der Grünen hervor. Ihr politischer Erfolg machte den Umweltschutz in Deutschland zum Dauerthema.

5 Strukturwandel in Bayern seit 1945

Wie kaum ein anderes Bundesland hat der Freistaat Bayern eine rasante Veränderung in Wirtschaft und Gesellschaft durchlaufen. Zwischen 1950 und 1970 wandelte sich Bayern vom Agrarland zum Industriestandort, später als im übrigen Deutschland. Bayern erhielt große Hilfen aus dem In- und Ausland zum Ausbau der Infrastruktur. Die Industrie zog immer mehr Menschen von der Landwirtschaft ab, die bis dahin weite Teile Bayerns geprägt hatte. Seit 1970 wurde die Wirtschaft in Bayern erneut modernisiert. Hochtechnologie und Forschung machten Bayern bis 1990 zu einem High-Tech-Standort. Es zählt heute zu den wirtschaftlich stärksten und modernsten Regionen Europas.
Trotz Wachstum und Fortschritt blieb das Nebeneinander von städtischen Zentren und ländlichen Gebieten erhalten, das die Eigenart Bayerns ausmacht. Die Landespolitik unterstützte die bäuerliche Landwirtschaft, die Dorferneuerung, die Kulturpflege sowie den ländlichen Tourismus und legte große Naturschutzgebiete an.

Die Welt verändert ihr Gesicht

Die politische Entwicklung nach dem Ende des Zweiten Weltkriegs hat eine nie zuvor gekannte Abhängigkeit der Staaten voneinander und von globalen Verhältnissen bewirkt. Die Welt, wie sie heute besteht, ist ohne eine Kenntnis der Ereignisse in diesem Zeitabschnitt nicht zu verstehen.

Globale Machtblöcke bestimmen die Politik

Der Krieg gegen Deutschland und Japan hatte weltweit ganz unterschiedliche Staaten zu einer Koalition zusammengeschlossen. Mit deren Sieg entfiel das gemeinsame Ziel, und die grundlegenden Unterschiede in Ideologie und Herrschaftspraxis traten deutlich zutage. Die meisten Staaten in der Welt gehörten einem von zwei Machtblöcken an, teils aus freiem Entschluss, teils gezwungen.

Die Spaltung der Welt in Blöcke bestimmte das politische Handeln der Staaten. Dass es nicht zu einem neuen globalen Krieg kam, lag an der Fähigkeit beider Seiten, den Gegner mehrfach zu zerstören. Umso erbitterter wurden begrenzte Kriege um Macht, Ressourcen und Ideologien geführt.

Wirtschaftlich wie politisch unterlag in diesem Wettstreit der Systeme 1989/90 der östliche Machtblock. In einer Welt, in der sich nicht mehr zwei hochgerüstete Bündnisse feindlich gegenüberstehen, suchen die alten Mächte nach ihrer Position im globalen Gefüge der Staaten. Andere Kräfte, die sich im Zuge der früheren Blockpolitik nicht entfalten konnten, treten auf die Tagesordnung der Weltpolitik.

Herausforderung Terrorismus

Zur Zeit des Ost-West-Konflikts bezogen die Großmächte im arabisch-israelische Gegensatz eindeutig Position: Der Westen stand auf Seiten Israels, die kommunistische Welt unterstützte die arabischen Staaten. Nachdem sowjetische Truppen in Afghanistan gegen Muslime kämpften, entstand eine islamische Strömung, die beide Systeme gleichermaßen ablehnt. Nach dem Untergang des Sowjetimperiums eröffneten militante Gruppen im Namen eines rückwärts gewandten Islam einen „asymmetrischen Krieg" gegen den Westen und seine Werte, der auch mit terroristischen Mitteln geführt wird.

Weltmacht USA

Hauptgegner in diesem Krieg war die einzige verbliebene Weltmacht, die USA. Nachdem sie 2001 empfindlich getroffen wurden, reagierten sie mit einem „Krieg gegen den Terror". In ihm mischten sich die Motive: Vergeltung, Schutz vor weiteren Angriffen, aber auch Neuordnung der Verhältnisse im Mittleren Osten. Europa wurde aufgefordert, in diesem Krieg Stellung zu beziehen. Es antwortete mit Solidarität zu den USA, aber auch mit Kritik und eigenen Konzepten einer künftigen Weltpolitik.

5 Internationale Entwicklungen nach 1945

Ost-West-Konflikt und Kalter Krieg

◂ **Mit Atomkraft über die Weltmeere.**
Foto von 1964.
Die amerikanische „U.S.S. Enterprise" war der erste von einem Atomreaktor angetriebene Flugzeugträger. Zusammen mit zwei ebenfalls nuklearen Schiffen umrundete sie 1964 in 65 Tagen die Welt. Beim Auslaufen aus dem Mittelmeer bildeten alle Matrosen auf dem Deck die Einsteinsche Formel über die Umwandlung von Masse in Energie nach, die Grundlage jeder Nutzung der Atomkraft. Die Inszenierung geschah einzig für dieses Luftbild, das um die Welt ging.

Blockbildung und atomares Patt

1945 – Die USA werfen zwei Atombomben auf Japan ab. 1949 wird auch die Sowjetunion Atommacht.

1945-1948 – Sowjetisierung Ostmitteleuropas. Die USA verstärken ihr Engagement in Westeuropa.

1949 – Die USA, Kanada und zehn westeuropäische Staaten gründen die NATO.

1950-1953 – Der Koreakrieg endet mit der Teilung des Landes in einen prowestlichen und einen kommunistischen Staat.

1955 – Gründung des Warschauer Pakts zwischen der Sowjetunion und ihren Satellitenstaaten.

1956 – Der sowjetische Parteichef Chruschtschow verkündet die Abkehr vom Stalinismus und das Prinzip der „friedlichen Koexistenz".

Globale Rivalität

1958-1961 – Die zweite Berlin-Krise führt zur faktischen Anerkennung des sowjetischen Machtbereichs in Deutschland durch die Westmächte. Berlin wird durch eine Mauer geteilt.

1959/60 – Die kommunistische Volksrepublik China kündigt der Sowjetunion die Gefolgschaft auf.

1962 – Die Kuba-Krise bringt die Welt an den Abgrund eines Atomkrieges.

1965-1975 – Die US-Politik scheitert im Vietnamkrieg, ganz Vietnam wird kommunistisch.

1968 – Truppen des Warschauer Pakts schlagen den „Prager Frühling" in der ČSSR nieder.

Entspannung und „neue Eiszeit"

1968 – Der Atomwaffensperrvertrag soll die unkontrollierte Verbreitung von Kernwaffen verhindern.

1972 – Der SALT I-Vertrag begrenzt erstmals das atomare Wettrüsten zwischen den USA und der UdSSR.

1975 – Die erste Konferenz über Sicherheit und Zusammenarbeit in Europa (KSZE) endet mit der Schlussakte von Helsinki.

1979 – NATO-Doppelbeschluss zur Nachrüstung von Mittelstreckenraketen in Europa. Die Sowjetunion marschiert in Afghanistan ein.

1983 – Die Genfer Verhandlungen über Mittelstreckenwaffen (INF) werden abgebrochen.

Zusammenbruch des Ostblocks, neue Weltordnung

1985 – Michail Gorbatschow wird Staats- und Parteichef der Sowjetunion und beginnt seine Reformpolitik aus Glasnost und Perestroika.

1986-1987 – Wiederaufnahme und Abschluss der INF-Verhandlungen in Genf. Erstmals wird der Abbau von Raketen beschlossen.

1989/90 – Fall der Berliner Mauer, friedliche Revolutionen in Osteuropa.

1991 – Die Sowjetunion und der Warschauer Pakt lösen sich auf.

1999-2007 – Die meisten Staaten Ostmitteleuropas treten der NATO sowie der EU bei.

Die ersten Worte auf dem Mond: Der Adler ist gelandet!

Bild Zeitung heute Mond Zeitung

Der Mond ist jetzt ein Ami

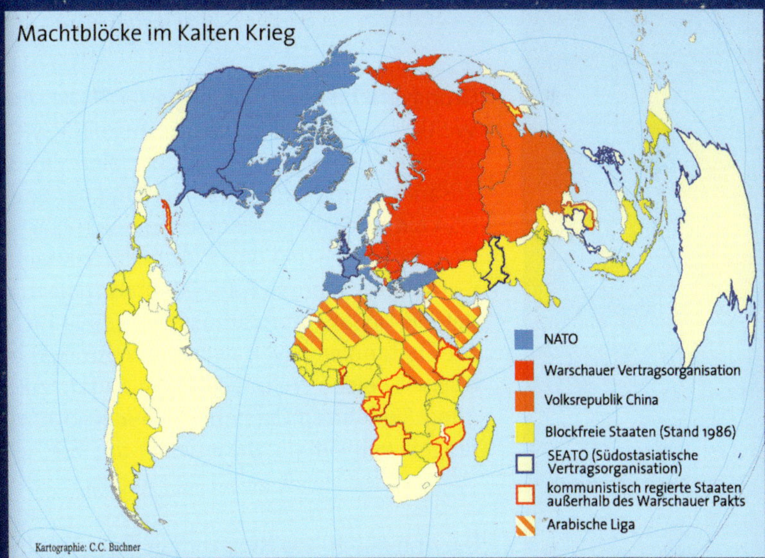

1: *Im „Rennen um das Weltall" hatte die Sowjetunion zunächst die größeren Erfolge: 1957 wurde mit „Sputnik 1" der erste künstliche Satellit in die Erdumlaufbahn geschossen, vier Wochen später brachte „Sputnik 2" die Hündin „Laika" ins All. Das sowjetische Plakat um 1960 feiert diese Erfolge; die untere Aufschrift bedeutet „Sieg". Spätestens mit der ersten bemannten Mondlandung hatten die USA die Führung im „space race" übernommen. Titelseite der „Bild"-Zeitung vom Tag der Mondlandung, 16. Juli 1969.* – 2: *Ein militärischer Aspekt des Kalten Krieges war die nukleare Hochrüstung. Foto eines US-amerikanischen Atomtests in Nevada, 1951.* – 3: *Im Sport wurden Erfolge einer Mannschaft als Zeichen der Überlegenheit des jeweiligen politischen Systems gewertet. Zu den umkämpften Sportarten gehörte Eishockey, in dem die Sowjetunion jahrzehntelang dominierte. Bei den Olympischen Winterspielen 1980 gelang der US-Mannschaft überraschend der Sieg über die UdSSR. Die Goldmedaille wurde in den USA als „miracle on ice" gefeiert.*

- *Beurteilen Sie, warum Weltraumfahrt und Sport so wichtige „Schlachtfelder" des Kalten Krieges waren.*
- *Die Karte zeigt die Machtblöcke zur Zeit des Kalten Krieges. Diskutieren Sie, in welchen Regionen der Welt besonders heftige Konflikte auftraten. Informieren Sie sich, welche Länder heute zur NATO gehören und welche Staaten heute eine kommunistische Regierung haben.*

Die Spaltung der Welt

Wettstreit der Visionen Der Ost-West-Konflikt im 20. Jahrhundert war eine globale Auseinandersetzung zwischen zwei politischen Weltanschauungen: Auf der einen Seite stand das Modell eines Staates, dessen Politik auf der demokratischen Mitbestimmung aller Bürger beruht und dessen Wirtschaft das Prinzip eines freien Marktes verfolgt. Dem gegenüber stand eine sozialistische Staats- und Gesellschaftsordnung nach den politischen und ökonomischen Lehren des **Marxismus-Leninismus**. Sie beruhte auf der uneingeschränkten Herrschaft einer „Partei der Arbeiterklasse" und der umfassenden Verstaatlichung aller Produktionsmittel.

Marxismus-Leninismus: Weltanschauung, nach der durch eine Revolution und die Herrschaft einer revolutionären kommunistischen Partei eine vollkommen gerechte Gesellschaftsordnung errichtet werden kann

Über ein Jahrhundert lang waren sozialistische Ideen nur theoretisch diskutiert worden. Seit 1917 gab es aber einen Staat, der für sich in Anspruch nahm, den Sozialismus praktisch zu verwirklichen: Die kommunistische Partei in Russland hatte unter Wladimir Iljitsch Lenin in der Oktoberrevolution die Macht übernommen. An die Stelle des Zarenreichs war die Union der Sozialistischen Sowjetrepubliken (UdSSR) getreten. Das Sowjetregime behauptete, in Russland habe die Arbeiterklasse unter Führung einer revolutionären Partei im eigenen Land die volle Macht übernommen. Die Kommunisten gingen davon aus, dass sich dieses Gesellschaftsmodell weltweit durchsetzen werde. Seither ging in den Industrieländern die Furcht vor einer sozialistischen Revolution um, die ihre Gesellschaftsordnungen und ihre Machtgrundlagen bedroht.

Dagegen wurden vor allem die USA zum Vorreiter des Selbstbestimmungsrechts der Völker, der parlamentarischen Demokratie und eines reformierten Kapitalismus, der auch den sozial Schwachen ein menschenwürdiges Dasein sichert.

▲ **Die Anti-Hitler-Koalition.** *Sowjetisches Poster, Ende 1944. Während des Krieges betonte die UdSSR stets ihre Treue zum Bündnis, obwohl grundlegende politische Differenzen bereits offen zutage traten.*

Grundverschiedene Bündnisparter Die USA hatten sich nach dem Ende des Ersten Weltkrieges aus der europäischen Politik wieder zurückgezogen. Ihr Eingreifen in den Zweiten Weltkrieg zwang sie aber, die isolationistische Haltung endgültig aufzugeben. Zusammen mit Großbritannien und der Sowjetunion unter Josef Stalin bildeten die USA ein Kriegsbündnis gegen die Verursacher des Krieges in Europa und Asien, das Deutsche Reich und Japan (Anti-Hitler-Koalition).

1945 war Europa vom Nationalsozialismus befreit und der Krieg in Ostasien beendet. Die UdSSR trat zwar 1945 den Vereinten Nationen (UNO) bei, die von den USA und Großbritannien zuvor als neue Weltfriedensorganisation gegründet worden waren. Aber die beiden Weltmächte USA und UdSSR schufen keine gemeinsame Friedensordnung. Sie führten vielmehr die beiden entstehenden feindlichen Machtblöcke an und rangen weltweit um die Erweiterung ihres jeweiligen Einflussbereichs.

Die Anti-Hitler-Koalition zerfällt Angesichts ihrer miteinander unvereinbaren politischen Interessen konnten sich die beiden Weltmächte nicht über die Probleme der Nachkriegszeit verständigen (▸ M1).

Das Kriegsende in Europa und Ostasien wurde zu einem Wettlauf um die Einflusszonen der Siegermächte. Bereits auf der Konferenz der Alliierten in Jalta am Schwarzen Meer (Februar 1945) hatten die USA, Großbritannien und die UdSSR ihre Interessenbereiche gegeneinander abgrenzen müssen. Auf der Potsdamer Konferenz, die im Juli 1945 begann, wurde Deutschland in vier Besatzungszonen geteilt. Sowjetische Truppen standen in Berlin sowie im östlichen Teil Deutschlands, nachdem zuvor schon ganz Osteuropa von der Roten Armee besetzt worden war. Mit der Anwesenheit ihrer

Truppen hielt die Sowjetunion in diesen Ländern das Machtinstrument zur Bestimmung der zukünftigen Entwicklung in Händen.

Im Fernen Osten versuchte Stalin erfolglos, Einfluss auf die Besetzung und Kontrolle Japans zu gewinnen. In Korea kam es im Dezember 1945 zur Teilung in einen sowjetisch beherrschten Norden und einen von den Amerikanern kontrollierten Süden. In China, das die USA traditionell zu ihren Verbündeten zählten, flammte 1946 der Bürgerkrieg zwischen den Kommunisten unter **Mao Zedong** und der Nationalregierung unter Chiang Kai-shek wieder auf. In einem Bürgerkrieg setzten sich schließlich die Kommunisten durch. Mao, der massive Hilfe aus Moskau erhalten hatte, rief am 1. Oktober 1949 in Peking die Volksrepublik China aus.

In Vorderasien weigerte sich die Sowjetunion zunächst, ihre Truppen vereinbarungsgemäß aus dem Iran zurückzuziehen. Außerdem forderte sie Küstengebiete der Türkei sowie die türkischen Meerengen, um einen Zugang zum Mittelmeer zu haben. Die USA antworteten mit der demonstrativen Entsendung ihrer Flotte ins Mittelmeer. In Griechenland, Ägypten, in der gesamten arabischen Welt, in Indien und im Fernen Osten förderte die Sowjetunion mit Geld und Waffen „nationale Befreiungsbewegungen", die sich gegen die Regierungen auflehnten. Auch die Unterstützung der kommunistischen Parteien in Frankreich und Italien wurde als Beleg dafür gewertet, dass Stalin das Nachkriegschaos für seine Zwecke nutzen wollte.

Mao Zedong (1893-1976): chinesischer Revolutionär, rief 1949 die Volksrepublik China aus, war dort bis zu seinem Tod mächtigster Politiker. Betrieb rücksichtslos die Kollektivierung, Industrialisierung und Militarisierung Chinas.

▲ **Die Ausdehnung des sowjetischen Herrschaftsbereichs in Europa.**

Josip Broz, gen. Tito (1892-1980): Partisanenführer der jugoslawischen Kommunisten im Zweiten Weltkrieg; 1945-1953 Ministerpräsident, 1953-1980 Staatspräsident Jugoslawiens

Winston Churchill (1874-1965): Premierminister Großbritanniens 1940-1945 und 1951-1955

Harry Truman (1884-1972): US-Präsident (Demokrat) von 1945 bis 1952

Die Sowjetisierung Ostmitteleuropas Entscheidend für das immer schlechter werdende Verhältnis zwischen den Siegermächten war die Sowjetisierung der Staaten Ostmitteleuropas. Im Gegensatz zu den Abmachungen von Jalta ließ die Rote Armee in Polen, Rumänien, Ungarn und Bulgarien keine demokratische Entwicklung zu. Durch Unterdrückung und Einschüchterung der Bevölkerung, durch Schauprozesse und Wahlterror sowie die Zwangsvereinigung der sozialdemokratischen mit den kommunistischen Parteien festigten die Kommunisten in diesen Ländern ihre Alleinherrschaft.* Schnell wurde die Kollektivierung der Landwirtschaft und die Einbeziehung der zentral gesteuerten Industrie in den sowjetischen Wirtschaftsbereich vollzogen. Stalins Gefolgsleute sorgten durch innerparteiliche „Säuberungsaktionen" dafür, dass der Machtanspruch Moskaus nicht durch nationale Abweichler infrage gestellt wurde.

Vor dem Krieg waren die kommunistischen Parteien in all diesen Ländern bedeutungslose Splitterparteien gewesen. Nach 1945 entwickelten sie sich durch sowjetische Bevorzugung zu Massenparteien in der Hand einer kleinen Gruppe von Aktivisten. Deren bedingungslose Unterordnung unter den Willen Stalins war die Voraussetzung für ihr politisches Überleben. Als letztes Land wurde im Frühjahr 1948 die Tschechoslowakei durch einen kommunistischen Staatsstreich mit sowjetischer Unterstützung in das politisch-ökonomische Herrschaftssystem der UdSSR einbezogen. Nur Jugoslawien unter **Tito** konnte sich der sowjetischen Kontrolle entziehen. **Winston Churchill** sah diese Entwicklung schon früh und prägte 1946 das Wort vom „Eisernen Vorhang", der in Europa den sowjetischen Machtbereich vom Rest der Welt abriegle (▸ M2).

Die USA reagieren: Eindämmung und Wiederaufbau Die Vereinigten Staaten hielten es für notwendig, auf die Sowjetisierung zu antworten. Sie stabilisierten die nicht unter kommunistischer Führung stehenden Länder wirtschaftlich, politisch und militärisch. US-Präsident **Harry Truman** erhob im März 1947 die „Eindämmung" (*containment*) des Kommunismus und der Sowjetunion zum Grundprinzip seiner Außenpolitik (Truman-Doktrin, ▸ M3). Als Antwort darauf gründete Stalin Ende September 1947 das Kommunistische Informationsbüro (Kominform), das die weltweite Steuerung aller kommunistischen Parteien unter Führung der Kommunistischen Partei der Sowjetunion (KPdSU) zur Aufgabe hatte (▸ M4).

Zur Stützung der nicht-kommunistischen Länder in Europa rief die US-Regierung im Frühjahr 1948 das Europäische Wiederaufbauprogramm (*European Recovery Program*, ERP) ins Leben, nach seinem Initiator George Marshall auch „Marshall-Plan" genannt. Der Marshall-Plan bot den kriegszerstörten Ländern Europas wirtschaftliche Hilfe beim Wiederaufbau.** Den Ländern in seinem Machtbereich verbot Stalin die Beteiligung an diesem Wiederaufbauprogramm (▸ M5) und bildete stattdessen den Rat für Gegenseitige Wirtschaftshilfe (RGW).

Die Gründung der NATO Wegen des großen militärischen Übergewichts der sowjetischen Landstreitkräfte in Europa gaben die britische und französische Regierung den Anstoß zu einem längerfristigen militärischen Engagement der USA in Europa. Nur ein gemeinsames Verteidigungssystem unter Mitwirkung der USA schien der Bedrängnis Westeuropas durch die Sowjetunion standhalten zu können. Die Berlin-Blockade von 1948/49*** verstärkte das Gefühl der Bedrohung im Westen noch weiter.

* siehe S. 36 f.
** siehe S. 39 f.
*** siehe S. 41

Am 4. April 1949 gründeten zehn europäische Staaten (Belgien, Dänemark, Frankreich, Großbritannien, Island, Italien, Luxemburg, Niederlande, Norwegen, Portugal) sowie die USA und Kanada die NATO. Die Hauptaufgabe der Atlantischen Allianz sollte der Schutz sämtlicher Bündnismitglieder gegen einen bewaffneten Angriff sein.* Mit der Gründung der NATO gewährten die USA den Staaten Westeuropas dauerhaft militärischen Beistand.

Die Sowjetunion hatte dagegen schon seit 1945 bilaterale (zweiseitige) Abkommen über Freundschaft, Zusammenarbeit und gegenseitigen Beistand mit allen Staaten ihres Machtbereichs geschlossen. Als die Bundesrepublik Deutschland 1955 der NATO beitrat, gründeten die UdSSR und ihre Verbündeten in Osteuropa den Warschauer Pakt. Die beiden deutschen Teilstaaten waren seitdem vollständig in das westliche bzw. östliche Bündnissystem integriert. War die deutsche Teilung durch den Kalten Krieg verursacht worden, so standen sich Bundesrepublik und DDR nun selbst als verfeindete Staaten gegenüber.

Nikita Chruschtschow (1894-1971): 1958-1964 Regierungschef der Sowjetunion, leitete außenpolitisch eine Periode der Liberalisierung ein, wurde vom Politbüro gestürzt

„Friedliche Koexistenz" und atomares Gleichgewicht ■ Auf den Tod des Diktators Stalin im Jahr 1953 folgte eine neue Phase der Ost-West-Beziehungen. Der neue sowjetische Staats- und Parteichef **Nikita Chruschtschow** verkündete 1956 die Doktrin von der „friedlichen Koexistenz". Die unterschiedlichen Gesellschaftssysteme in Ost und West sollten vorerst nebeneinander bestehen und auf einen Krieg verzichten.

Diese Forderung trug der Tatsache Rechnung, dass beide Seiten inzwischen über Nuklearwaffen verfügten. Die USA waren seit 1945 zunächst der einzige Staat gewesen, der Atomwaffen besaß. Im August 1949 war auch der Sowjetunion die Zündung einer Atombombe gelungen. 1955 hatte die Sowjetunion mit den USA bei der Herstellung einer Wasserstoffbombe gleichgezogen. Am 4. Oktober 1957 sandte die Sowjetunion den ersten künstlichen Satelliten („Sputnik") in den Weltraum. Der „Sputnik-Schock" führte der westlichen Öffentlichkeit schlagartig die Fortschritte des Ostblocks bei der Raketentechnik vor Augen (▸ M⁰). Bald darauf verfügte die Sowjetunion über Raketen, die direkt auf die USA zielen konnten. Die USA hatten ihre atomare Überlegenheit verloren und waren nun auf dem eigenen Territorium angreifbar. Zwischen den Weltmächten trat eine strategische Pattsituation ein.

Die Entwicklung der Raketen als Trägersysteme wurde vor allem durch die Weltraumfahrt vorangetrieben. Der Wettlauf um die Vorherrschaft im Weltraum, der u.a. zur ersten bemannten Mondlandung der Amerikaner am 21. Juli 1969 führte, war ein weiteres Feld, auf dem der Kalte Krieg ausgetragen wurde. Dabei diente der technologische Vorsprung als Indiz für die Überlegenheit des jeweiligen Gesellschaftssystems. Unterdessen wuchs das Atomwaffenarsenal auf beiden Seiten stetig an. Mit den vorhandenen Sprengköpfen konnte die Menschheit mehrfach ausgelöscht werden („overkill capability"). Die Hochrüstung führte zu einem „Gleichgewicht des Schreckens". Es bewahrte die USA und die Sowjetunion davor, gegeneinander Krieg zu führen. Dennoch hielten zahlreiche Krisen und Konflikte in den 1950er- und 60er-Jahren den Ost-West-Gegensatz wach.

▲ **„Das Veto der Bombe."** *Titelbild der Münchener Satire-Zeitschrift „Simplicissimus" vom Mai 1956.*

- *Erläutern Sie die „Aussage" der Bombe.*

* siehe S. 49 und 143

M1 „Drahtbericht aus Moskau"

Am 22. Februar 1946 skizziert der Berater des US-amerikanischen Botschafters in Moskau, George F. Kennan, in einem Telegramm nach Washington wesentliche Grundsätze der späteren US-Außenpolitik:

Die UdSSR lebt immer noch inmitten feindseliger „kapitalistischer Einkreisung", mit der es auf die Dauer keine friedliche Koexistenz geben kann. [...]
Die Erfordernisse ihrer eigenen Position sind es, die die sowjetische Führung dazu zwingen, ein Dogma[1] zu verkünden, nach dem die Außenwelt böse, feindselig und drohend, aber zugleich von einer schleichenden Krankheit befallen und dazu verurteilt ist, von immer stärker werdenden inneren Kämpfen zerrissen zu werden, bis sie schließlich von der erstarkenden Macht des Sozialismus den Gnadenstoß erhält und einer neuen und besseren Welt weicht. [...] Wo es Erfolg versprechend scheint, wird man versuchen, die äußeren Grenzen der Sowjetmacht zu erweitern. Im Augenblick beschränken diese Bemühungen sich auf gewisse Punkte in der Nachbarschaft, die man hier für strategisch notwendig hält [...].
Die Russen werden sich offiziell an solchen internationalen Organisationen beteiligen, die ihnen Gelegenheit geben, sowjetische Macht auszuweiten und die Macht der anderen auszuschalten oder zu verwässern. Moskau sieht die UNO nicht als einen Mechanismus für eine stabile Weltgemeinschaft, die auf gemeinsamen Zielen und Interessen aller Nationen aufgebaut ist, sondern als eine Arena, in der man die eigenen Ziele mit Aussicht auf Erfolg verfolgen kann. [...]
Alles in allem haben wir es mit einer politischen Kraft zu tun, die sich fanatisch zu dem Glauben bekennt, dass es mit Amerika keinen dauernden Modus vivendi[2] geben kann, dass es wünschenswert und notwendig ist, die innere Harmonie unserer Gesellschaft, unsere traditionellen Lebensgewohnheiten und das internationale Ansehen unseres Staates zu zerstören, um der Sowjetmacht Sicherheit zu verschaffen.
Sie [die Sowjetunion] arbeitet nicht nach festgelegten Plänen. Sie geht keine unnötigen Risiken ein. Der Logik der Vernunft unzugänglich, ist sie der Logik der Macht in hohem Maße zugänglich. Daher kann sie sich ohne Weiteres zurückziehen – und tut das im Allgemeinen –, wenn sie irgendwo auf starken Widerstand stößt. Wenn also dem Gegner genügend Hilfsmittel zur Verfügung stehen und er die Bereitschaft zu erkennen gibt, sie auch einzusetzen, wird er das selten tun müssen. Wenn die Situation richtig gehandhabt wird, braucht es zu keiner [...] Kraftprobe zu kommen. [...]
Viel hängt von der Gesundheit und Kraft unserer eigenen Gesellschaft ab. Der Weltkommunismus ist wie ein bösartiger Parasit, der sich nur von erkranktem Gewebe nährt. Das ist der Punkt, in dem Innen- und Außenpolitik einander begegnen.

George F. Kennan, Memoiren eines Diplomaten, Stuttgart 51969, S. 553 ff.

[1] Dogma: unveränderliche Lehre
[2] Modus vivendi (lateinisch): erträgliches Zusammenleben zwischen an sich verfeindeten Personen oder Mächten

1. *Arbeiten Sie heraus, worin Kennan den Unterschied zwischen „Logik der Vernunft" und „Logik der Macht" sieht (Z. 32 f.).*
2. *Nennen Sie mögliche außenpolitische Konsequenzen der US-Regierung aus Kennans Analyse.*

M2 Der „Eiserne Vorhang" in Europa

In Gegenwart von und nach Absprache mit US-Präsident Truman spricht der Oppositionsführer im britischen Unterhaus, Winston Churchill, am 5. März 1946 über die sowjetische Politik in Osteuropa:

Ein Schatten ist auf die Erde gefallen, die erst vor Kurzem durch den Sieg der Alliierten hell erleuchtet worden ist. Niemand weiß, was Sowjetrussland und die kommunistische internationale Organisation in der nächsten Zukunft zu tun gedenken oder was für Grenzen ihren expansionistischen[1] und Bekehrungstendenzen gesetzt sind, wenn ihnen überhaupt Grenzen gesetzt sind. [...] Von Stettin an der Ostsee bis hinunter nach Triest an der Adria ist ein „Eiserner Vorhang" über den Kontinent gezogen. [...] Die kommunistischen Parteien, die in allen diesen östlichen Staaten Europas bisher sehr klein waren, sind überall großgezogen worden, sie sind zu unverhältnismäßig hoher Macht gelangt und suchen jetzt überall die totalitäre Kontrolle an sich zu reißen. [...] Welches auch die Schlussfolgerungen sind, die aus diesen Tatsachen gezogen werden können, eines steht fest, das ist sicher nicht das befreite Europa, für dessen Aufbau wir gekämpft haben. Es ist nicht ein Europa, das die unerlässlichen Elemente eines dauernden Friedens enthält.
Ich glaube nicht, dass Sowjetrussland den Krieg will. Was es will, das sind die Früchte des Krieges und die unbeschränkte Ausdehnung seiner Macht und die Verbreitung seiner Doktrin. Was wir aber heute, solange noch Zeit vorhanden ist, in Erwägung ziehen müssen, das sind die Mittel zur dauernden Verhütung des Krieges und zur Schaffung von Freiheit und Demokratie in allen Ländern.

Keesings Archiv der Gegenwart 1946, S. 669 f.

[1] expansionistisch: auf Ausdehnung bedacht

1. *Finden Sie heraus, was ein „Eiserner Vorhang" im allgemeinen Sprachgebrauch bedeutet. Zeigen Sie mithilfe eines Atlas auf, wo Churchill einen „Eisernen Vorhang" in Europa sieht.*

2. *Prüfen Sie, ob sich die Einschätzung Churchills mit derjenigen Kennans (M1) deckt.*

M3 Die Truman-Doktrin

In seiner Rede vor dem US-Kongress am 12. März 1947 fordert Präsident Truman die Bereitstellung von 400 Millionen Dollar zur Unterstützung Griechenlands und der Türkei. Dadurch soll verhindert werden, dass kommunistische Kräfte im griechischen Bürgerkrieg die Macht an sich reißen. Die republikanische Kongressmehrheit hat Trumans Haushaltsplan, darunter auch die Militärausgaben, zuvor stark gekürzt. Nach der Rede bewilligt der Kongress umgehend die geforderten Gelder.

Eins der ersten Ziele der Außenpolitik der Vereinigten Staaten ist es, Bedingungen zu schaffen, unter denen wir und andere Nationen uns ein Leben aufbauen können, das frei von Zwang ist. Das war ein grundlegender Faktor im Krieg gegen Deutschland und Japan. Wir überwanden mit unserem Sieg Länder, die anderen Ländern ihren Willen und ihre Lebensweise aufzwingen wollten. [...]

In einer Anzahl von Ländern waren den Völkern kürzlich gegen ihren Willen totalitäre Regimes aufgezwungen worden. Die Regierung der Vereinigten Staaten hat mehrfach gegen Zwang und Einschüchterung bei der Verletzung des Jalta-Abkommens in Polen, Rumänien und Bulgarien protestiert. Und weiter muss ich feststellen, dass in einer Anzahl anderer Staaten ähnliche Entwicklungen stattgefunden haben. Im gegenwärtigen Abschnitt der Weltgeschichte muss fast jede Nation ihre Wahl in Bezug auf ihre Lebensweise treffen. Nur allzu oft ist es keine freie Wahl. Die eine Lebensweise gründet sich auf den Willen der Mehrheit und zeichnet sich durch freie Einrichtungen, freie Wahlen, Garantie der individuellen Freiheit, Rede- und Religionsfreiheit und Freiheit vor politischer Unterdrückung aus. Die zweite Lebensweise gründet sich auf den Willen einer Minderheit, der der Mehrheit aufgezwungen wird. Terror und Unterdrückung, kontrollierte Presse und Rundfunk, fingierte Wahlen und Unterdrückung der persönlichen Freiheiten sind ihre Kennzeichen.

Ich bin der Ansicht, dass es die Politik der Vereinigten Staaten sein muss, die freien Völker zu unterstützen, die sich der Unterwerfung durch bewaffnete Minderheiten oder durch Druck von außen widersetzen. Ich glaube, dass wir den freien Völkern helfen müssen, sich ihr eigenes Geschick nach ihrer eigenen Art zu gestalten. [...]

▲ **„Churchill und seine Vorläufer."**
Karikatur aus der sowjetischen Zeitschrift „Krokodil", März 1946. Auf den Flaggen steht: „Eiserner Vorhang über Europa" und „Die Angelsachsen sollten die Welt beherrschen". Die Personen in Churchills Schatten sind Adolf Hitler und NS-Propagandaminister Josef Goebbels.

- *Erläutern Sie, wie diese sowjetische Karikatur Churchill sieht. Berücksichtigen Sie dabei die Aufschrift der Flaggen.*

Die Saat der totalitären Regimes gedeiht in Elend und Mangel. Sie verbreitet sich und wächst in dem schlechten Boden von Armut und Kampf. Sie wächst sich vollends aus, wenn in einem Volk die Hoffnung auf ein besseres Leben ganz erstirbt. Wir müssen diese Hoffnung am Leben erhalten. Die freien Völker der Erde blicken auf uns und erwarten, dass wir sie in der Erhaltung der Freiheit unterstützen.

Ernst Schräpler und Herbert Michaelis (Hrsg.), Ursachen und Folgen. Vom deutschen Zusammenbruch 1918 und 1945 bis zur staatlichen Neuordnung in der Gegenwart, Bd. 25, Berlin o. J., S. 148 ff.

1. *Stellen Sie dar, inwiefern die Rede eine grundlegende Neuorientierung der US-Außenpolitik anzeigt.*

2. *Die USA müssten nach Truman den freien Völkern helfen, „sich ihr eigenes Geschick nach ihrer eigenen Art zu gestalten" (Z. 30 f.). Erörtern Sie, wie sich diese Verpflichtung zum Prinzip des „Selbstbestimmungsrechts der Völker" verhält, das die USA vertreten.*

3. *Diskutieren Sie, ob die Großmächte ein Recht haben, sich in die Belange „freier Völker" einzumischen.*

M4 Die Welt ist in zwei Lager geteilt

Bei der Gründung des Kommunistischen Informationsbüros (Kominform) am 30. September 1947 entwickelt der sowjetische Delegierte Andrej Shdanow auf Veranlassung Stalins die folgende Theorie:

Die Sowjetunion und die demokratischen Länder betrachteten als Hauptziele des Krieges die Wiederherstellung und Festigung der demokratischen Systeme in Europa, die Liquidierung des Faschismus, Verhütung der Möglichkeit einer neuen Aggression Deutschlands und allseitige dauernde Zusammenarbeit der Völker Europas. Die USA, und in Übereinstimmung mit ihnen Großbritannien, setzten sich im Krieg ein anderes Ziel: Beseitigung ihrer Konkurrenten auf dem Weltmarkt (Deutschland und Japan) und Festigung ihrer eigenen Vormachtstellung. Die Meinungsverschiedenheiten in der Zielsetzung des Krieges und der Aufgaben der Nachkriegsgestaltung haben sich in der Nachkriegszeit vertieft. Es bildeten sich zwei einander entgegengesetzte politische Richtungen heraus: auf dem einen Pol die Politik der UdSSR und der demokratischen Länder, die auf Untergrabung des Imperialismus und Festigung der Demokratie gerichtet ist, auf dem anderen die Politik der USA und Großbritanniens, die auf Stärkung des Imperialismus und Drosselung der Demokratie abzielt. Da die UdSSR und die Länder der neuen Demokratie ein Hindernis bei der Durchführung der imperialistischen Pläne des Kampfes um die Weltherrschaft und der Zerschlagung der demokratischen Bewegung sind, wurde ein Kreuzzug gegen die UdSSR und die Länder der neuen Demokratie proklamiert, der auch durch Drohungen mit einem neuen Krieg vonseiten der besonders eifrigen imperialistischen Politiker der USA und Englands bestärkt wird. Auf diese Weise entstanden zwei Lager: das imperialistische, antidemokratische Lager, dessen Hauptziel die Weltherrschaft des amerikanischen Imperialismus und die Zerschlagung der Demokratie ist, und das antiimperialistische und demokratische Lager, dessen Hauptziel die Untergrabung des Imperialismus, die Festigung der Demokratie und die Liquidierung der Überreste des Faschismus ist.

Keesings Archiv der Gegenwart 1947, S. 1207 f.

1. *Nennen Sie die Länder, die die Sowjetunion zu den demokratischen zählt. Erläutern Sie den sowjetischen Demokratiebegriff.*
2. *Erklären Sie, inwiefern Shdanows Ausführungen eine Antwort auf Truman-Doktrin und Marshall-Plan sind.*
3. *Beurteilen Sie die Bedeutung der sogenannten Zwei-Lager-Theorie für das Verhältnis zwischen Moskau und den kommunistischen Parteien Osteuropas.*

M5 „Wir sind keine Bauern auf dem Schachbrett"

In Jugoslawien kommt, ohne Hilfe aus Moskau, der Partisanenführer Josip Tito an die Macht. Unter seiner Führung gelingt die schwierige Union der jugoslawischen Teilrepubliken. Über sein Verhältnis zur UdSSR schreiben 1998 zwei Historiker:

Tito stellte zwar jederzeit seine Loyalität zu den sozialistischen Idealen zur Schau, doch von Anfang an war sein Verhältnis zu Moskau gespannt. [...] Der Diktator im Kreml erwartete bedingungslosen Gehorsam von seinen Satelliten. In Titos Augen hatte sich Jugoslawien jedoch das Recht erworben, über sein Schicksal selbst zu bestimmen. In der Außenpolitik bestand Belgrad auf einem eigenen Kurs. [...]
In den ersten Monaten des Jahres 1948, als sich die Kluft vertiefte, warf Moskau Belgrad ideologische Abweichung vor. Tito wollte auf keine Fall nachgeben und erklärte im März: „Wir sind keine Bauern auf dem Schachbrett."

◂ Schmähung aus Moskau.
Titelbild der sowjetischen Satire-Zeitschrift „Krokodil" vom September 1949. Die Aufschrift der Schlangen lautet übersetzt: Terror – Sabotage – Spaltung – Verrat.

Am 28. Juni, nur vier Tage nach Beginn der Berliner Blockade, schloss Moskau Jugoslawien aus dem Kominform aus und forderte die anderen kommunistischen Parteien auf, Tito zu isolieren. Gegen Jugoslawien wurde eine Wirtschaftsblockade verhängt, Belgrad blieb standhaft. In den folgenden zwölf Monaten wandte Tito sich zögernd und notgedrungen an den Westen. Nach einer katastrophalen Ernte im Jahr 1949 unterzeichnete Jugoslawien mit den Vereinigten Staaten ein Handelsabkommen und öffnete seine Grenzen für Waren aus dem Westen. Jugoslawien gehörte zwar offiziell nicht den Marshall-Plan-Ländern an, erhielt aber rund 150 Millionen Dollar. Im Kalten Krieg blieb Jugoslawien der einzige unabhängige kommunistische Staat in Europa.

Jeremy Isaacs und Taylor Downing, Der Kalte Krieg, München 1999, S. 74

- *Führen Sie ein fiktives Streitgespräch zwischen Vertretern der Sowjetunion, Jugoslawiens und der Vereinigten Staaten um 1949.*

M⁺ A Satellite shook the Nation

The launching of man's first artificial moon by the U.S.S.R. shocked most citizens in the western world. If the Russians could accomplish this task, what would be next? The famous U.S. magazine "Life" dedicated much of its october 1957 issue to Sputnik and the space race.

WHY DID U.S. LOSE THE RACE? CRITICS SPEAK UP

SEN. GEORGE SMATHERS (D.): "Government ineptness, smugness have produced false sense of security. The President says we aren't competing with Russia on satellites. But we cannot afford to be second best; the stakes are our survival."

SEN. HENRY JACKSON (D.): "Up to '55 the President had not been adequately briefed on probable Soviet superiority in missiles. Our program still has no top missile boss. Russia has dealt a devastating blow to U.S. prestige as world's technical leader."

DR. I. M. LEVITT, director of Fels Planetarium: "The Pentagon ignored the fact that the Air Force 'Jupiter C' rocket was capable of launching a satellite if its last stage had been fired. This was a horrible mistake, for which the U.S. scientists are not to blame."

HARRY STINE, a rocketeer fired by Martin Co. for speaking out: "Russia listens to men with vision. But we lost five years because no one would heed rocket men. We're a smug, arrogant people who just sat dumb, fat and happy, underestimating Russia."

TREVOR GARDNER, Air Force assistant secretary from '53 to '56: "We started too late, did not have enough money, faced interservice squabbles. Government separated military and satellite research work. Our military felt nonmilitary satellites a waste."

DR. ELMER HUTCHISSON, director of American Institute of Physics: "In Russia scientists and teachers are esteemed, youngsters taught physics from the fifth grade. Unless we give children more scientific schooling our way of life is doomed."

WE ARE SERIOUS, BUT WITH SMILES

U.S. reaction to Sputnik, which is Russian for "fellow traveler," took many forms. To calm customers' nerves bartenders concocted Sputnik cocktails with vodka as the base. To cash in, toy manufacturers came out with a variety of items.

Underneath the levity the U.S. was plainly worried. President Eisenhower said, that the U.S. satellite would be better scientifically than Sputnik. But Sputnik proved that there were great military, as well as scientific, advances in the U.S.S.R. Getting their heavy satellite up meant that Russia had developed a more powerful rocket than any the U.S. has yet fired and substantiated Soviet claims of success with an intercontinental missile. Putting Sputnik into a precise orbit meant Russia had solved important problems of guidance necessary to aim its missiles at U.S. targets. The satellite could also be the forerunner of a system of observation posts which would watch the U.S. unhindered and with deadly accuracy. As one of his first acts on succeeding Charles Wilson. Secretary of Defense Neil McElroy ordered a hard review of the U.S. missile program.

1. *Name the different reactions of the Western World to the Soviet success in space.*

2. *Work out, how politicians and scientists explained the defeat ot the U.S. and what they asked for.*

to accomplish	bewältigen, erreichen, schaffen
to blame so. for sth.	jemandem die Schuld an etwas geben
capable	fähig, geeignet
claim	Behauptung, Anspruch
to compete	im Wettbewerb stehen, konkurrieren
to concoct	zusammenbrauen
to dedicate	widmen
defeat	Niederlage
devastating	vernichtend, verheerend
doomed	dem Untergang geweiht
to esteem so.	jemanden hochschätzen, achten
to heed	beachten
ineptness	Unfähigkeit, Unbeholfenheit
interservice squabbles	Gezänk zwischen Dienststellen
to launch	in Betrieb nehmen, hochschießen
levity	Leichtfertigkeit
review	Überprüfung
smug, -ness	selbstgefällig, Selbstzufriedenheit
stakes	Wetteinsätze; das, was auf dem Spiel steht

Krisen und Konflikte im Zeichen des Kalten Krieges

Der Koreakrieg (1950-1953) Korea war seit etwa 1910 von Japan wie eine Kolonie behandelt worden. Nach der Kapitulation Japans im September 1945 hatten sowjetische und amerikanische Truppen Korea besetzt und in zwei Bestzungszonen geteilt. In der nördlichen Zone wurde ein kommunistischer Einparteienstaat gegründet, im Süden entstand ein von den USA gestützter, autoritär regierter Teilstaat. Der überraschende Überfall des Nordens am 25. Juni 1950 erfolgte zwar ohne sowjetische Soldaten, aber mit Billigung Stalins. Die Truppen eroberten bis September fast die ganze Halbinsel.

Truppen der UNO unter dem Kommando der USA landeten in Korea und eroberten ganz Südkorea zurück. Darüber hinaus setzten sie ihre Aktionen nach Nordkorea fort und stießen bis zur chinesischen Grenze vor. China war jedoch nicht bereit, ein westlich orientiertes vereinigtes Korea vor seiner Haustür zu dulden, und startete eine erfolgreiche Gegenoffensive. Erst nach zweijährigen Waffenstillstandsverhandlungen wurde der ursprüngliche Grenzverlauf zwischen den beiden Landesteilen bestätigt. Die Zivilbevölkerung in Nord- und Südkorea hatte durch den Krieg schreckliche Verluste erlitten.

Stellvertreterkrieg: Krieg, in dem verfeindete Mächte einander nicht direkt angreifen, sondern auf dem Gebiet eines dritten Staates gegeneinander kämpfen. Die Mächte unterstützen dabei fremde Armeen mit Geld und Waffen oder greifen mit eigenen Soldaten in den Krieg ein.

Der Koreakrieg war der erste **Stellvertreterkrieg** zwischen den Großmächten. Nach dem Überfall Nordkoreas billigte die amerikanische Öffentlichkeit die dauernde militärische Präsenz in Europa. Innerhalb eines Jahres (1951) erhöhte der Kongress die Verteidigungsausgaben auf über 48 Milliarden Dollar.

Kalter Krieg in Europa Im Zusammenhang mit der machtpolitischen Konfrontation der Blöcke sind auch Ereignisse der 1950er- und 60er-Jahre in Europa zu bewerten. 1953 wurde der Arbeiter- und Volksaufstand gegen das DDR-Regime mit dem Einsatz der in Ostdeutschland stationierten Roten Armee beendet.* Die Westmächte griffen nicht ein, ebenso wenig wie 1956 beim Aufstand der Ungarn gegen das kommunistische Regime, der ebenfalls von den Sowjets niedergeschlagen wurde.

In der Zweiten Berlin-Krise 1958-1961 drängte der sowjetische Staats- und Parteichef Chruschtschow auf eine Neuregelung des Status von Berlin. Dabei wollte er den Abzug der westlichen Alliierten erreichen. Bald drohte er mit einem separaten Friedensvertrag zwischen der Sowjetunion und der DDR – ein Verstoß gegen die Vereinbarungen der Siegermächte. Zusätzlich belastet wurde das Verhältnis zwischen Washington und Moskau durch den Abschuss eines amerikanischen Spionageflugzeugs über dem Gebiet der Sowjetunion. Beide Seiten konnten sich nicht einigen, auch ein Gipfeltreffen im Juni 1961 blieb erfolglos. Die Welt befürchtete einen Atomkrieg angesichts des Streits um Berlin. Die USA unter Präsident **John F. Kennedy** lenkten schließlich ein, indem sie lediglich für West-Berlin eine Bestandsgarantie aussprachen. Faktisch erkannte der Westen damit die alleinige Vormacht der Sowjetunion über die DDR und Ost-Berlin an. Moskau gab daraufhin der DDR-Führung im August 1961 freie Hand für den Bau der Berliner Mauer.** Sie wurde weltweit zum Symbol des Kalten Krieges.

John F. Kennedy (1917-1963): US-Präsident seit 1961 (Demokratische Partei), wurde bei einem Attentat in Dallas getötet

* siehe S. 75 und 83 f.
** siehe S. 54-56

▲ **Reichweite der sowjetischen Atomraketen auf Kuba und der amerikanischen Atomraketen in der Türkei.**

Die Kuba-Krise ■ Das Zurückweichen der USA vor den sowjetischen Drohungen in der Berlin-Krise des Sommers 1961 veranlasste den sowjetischen Staats- und Parteichef Nikita Chruschtschow zur Fortsetzung seines Konfrontationskurses in unmittelbarer Nachbarschaft der amerikanischen Weltmacht.

Die Karibikinsel Kuba stand wirtschaftlich und politisch unter amerikanischem Einfluss. Nach einem jahrelangen Guerillakrieg gegen das korrupte Regime des Diktators Batista übernahm der kommunistische Revolutionär **Fidel Castro** 1959 die Macht in Havanna. Die Enteignung des gesamten US-Besitzes (Zucker-, Erdöl-Raffinerien, sonstige Unternehmen, Banken) beantworteten die USA mit einem Handelsboykott und dem Abbruch der diplomatischen Beziehungen. Unterstützung fand Castro bei Chruschtschow, der im Sommer 1960 ein Militärabkommen mit Kuba abschloss. Der sowjetische Parteichef wollte die Gelegenheit nutzen, um sich in Lateinamerika eine Operationsbasis in der westlichen Hemisphäre* zu schaffen. Im April 1961 scheiterte eine von US-Präsident John F. Kennedy geförderte Invasion von Exilkubanern zur Entmachtung Castros, dessen Position dadurch erheblich gestärkt wurde.

Zu diesem Zeitpunkt verfügten die USA und die Sowjetunion über atomare Mittelstreckenraketen mit mehreren tausend Kilometern Reichweite. Die Vereinigten Staaten besaßen einen strategischen Vorteil, da sie solche Raketen 1959 in den NATO-Staaten Italien und der Türkei stationiert hatten. Von dort aus war der Süden der UdSSR ohne lange Vorwarnzeit erreichbar. Die Sowjetunion konnte das Gebiet der USA nur mit Bombern oder Interkontinentalraketen erreichen. Chruschtschow wollte die Gelegenheit nutzen, um die strategische Situation zugunsten der Sowjetunion zu verschieben. Auch bildete Kuba eine Basis für die Ausbreitung des Kommunismus in Lateinamerika, die er sich sichern wollte. 1961 begann die UdSSR deshalb, heimlich Atomraketen auf Kuba zu stationieren (▸ M1). Mit einer Entdeckung dieser Maßnahme hatte in Moskau niemand gerechnet, es gab auch keinen Plan dafür.

Seit Mitte Oktober 1962 hatte die US-Regierung jedoch durch Luftaufnahmen ihres Geheimdienstes den Beweis in Händen, dass auf Kuba sowjetische Mittelstreckenraketen in Stellung gebracht wurden. Die USA waren nun unmittelbar bedroht.

Fidel Castro (geb. 1926): kubanischer Politiker, eroberte 1959 die Macht auf Kuba und regierte bis 2008 mit diktatorischen Mitteln

* Die westliche Hemisphäre (griech.: Halbkugel) umfasst Länder mit ähnlichen Werten wie die der USA.

▲ **Modell einer sowjetischen Atomraketenanlage auf Kuba.**
Modell (66 x 69 x 10 cm), im Deckel Foto vom Oktober 1962. Auf Grundlage des sehr genauen, farbigen Aufklärungsfotos ließ der US-Auslandsgeheimdienst CIA zu Ausbildungszwecken dieses transportable Modell anfertigen.

Auf mehreren Sitzungen eines Beraterstabes wurden die Möglichkeiten der Reaktion Amerikas besprochen. Während Militärvertreter für Luftangriffe und eine Invasion plädierten, ordnete Kennedy eine Seeblockade an. In einer Fernsehansprache am 22. Oktober informierte er die Weltöffentlichkeit über die Existenz sowjetischer Atomwaffen auf Kuba und seine Forderung, sie wieder abzubauen. Der Bau der Raketenbasen wurden jedoch unvermindert fortgesetzt. Zudem bewegten sich 18 sowjetische Frachter auf die Blockadelinie amerikanischer Zerstörer zu. Castro forderte Moskau sogar zu einem Atomschlag auf, falls die USA eine Invasion der Insel unternehmen würden.

Zuspitzung und Entschärfung in letzter Minute ■ Der US-Geheimdienst meldete, dass die auf Kuba bereits vorhandenen Raketen in Kürze einsatzbereit seien. Überdies wurde ein US-Spionageflugzeug über Kuba abgeschossen, wofür nach US-Militärstrategie eigentlich ein Vergeltungsschlag vorgesehen war. Am 26. Oktober hatte Chruschtschow in einem Schreiben an Kennedy mitgeteilt, der Verzicht der USA auf eine Eroberung Kubas sei Voraussetzung für den Abzug der Raketen. Am folgenden Morgen forderte er jedoch zusätzlich den Abbau der US-Raketen in der Türkei. Am Abend des 27. Oktober – die Raketen waren noch immer auf Kuba, aber kein sowjetisches Schiff hatte versucht, die Blockade zu durchbrechen – richtete sich Kennedy in einem Brief an Chruschtschow. Er versprach darin offiziell nur den Verzicht auf eine Invasion Kubas. Über diplomatische Kanäle fügte er gleichzeitig jedoch die Zusicherung eines Abzugs der Raketen aus der Türkei hinzu. Am 28. Oktober erklärte sich der sowjetische Parteichef öffentlich zum Rücktransport der Raketen bereit und ließ die Transportschiffe abdrehen. Wenige Monate später zog Kennedy die in der Türkei stationierten US-Raketen ab (▸ M2).

Das amerikanische Krisenmanagement hatte funktioniert, weil es das Nachgeben der Sowjetunion nicht ausnutzte und an einer Politik des Ausgleichs bei Anerkennung der jeweiligen Interessen festhielt. Beide Seiten hatten so ihr Gesicht gewahrt. Nachdem die Welt am Rande eines Atomkrieges gestanden hatte, wurde 1963 eine direkte Fernschreiberverbindung zwischen der amerikanischen und sowjetischen Regierung eingerichtet, der sogenannte „heiße Draht".

▲ **Knapp am Atomkrieg vorbei.**
Erst 2002 erfuhr die Welt: Dieses sowjetische U-Boot hätte am 27. Oktober 1961 beinahe Atomtorpedos eingesetzt. Die Funkverbindung nach Moskau war abgebrochen, die Besatzung glaubte, der Krieg sei bereits ausgebrochen. Der Kapitän hat den Abschuss in letzter Minute eigenmächtig verhindert.

Der Vietnamkrieg (1957-1975) ■ Der Vietnamkrieg war ein weiterer Stellvertreterkrieg im Rahmen des Ost-West- Konflikts. Er fiel in eine Phase, in der die Sowjetunion und die USA nach der Kuba-Krise bemüht waren, die machtpolitische Konfrontation abzubauen. Das globale Ringen um Einflusszonen aber hörte deshalb nicht auf. Es entfachte in Vietnam einen Krieg, in dem die USA für die Regierung Südvietnams Partei ergriff, während die Sowjetunion und die Volksrepublik China hinter dem kommunistischen Nordvietnam standen, aber selbst nicht militärisch eingriffen.

Eine internationale Konferenz hatte 1954 Vietnam in zwei Hälften geteilt und freie Wahlen beschlossen, die jedoch der diktatorisch regierende Präsident Südvietnams, Ngô Dinh Diêm, verhinderte. Die in Nordvietnam regierenden Kommunisten unterstützten die prokommunistischen Guerillakämpfer in Südvietnam (**Vietcong**), die bis 1962 mit brutaler Gewalt einen Großteil der ländlichen Gebiete Südvietnams unter ihre Kontrolle brachten. Um die Ausweitung des kommunistischen Gesellschaftssystems auf Südvietnam zu verhindern, stützten die USA die Regierung Diêms, die allerdings nicht die Mehrheit der Bevölkerung hinter sich hatte. Als Begründung nutzte die US-

Regierung die „Domino-Theorie". Sie war 1954 vom damaligen US-Präsidenten Dwight D. Eisenhower entwickelt worden und besagte, dass mit dem Übergang Südvietnams zum Kommunismus auch andere Staaten in Südostasien, etwa Kambodscha und Laos, wie Dominosteine fallen könnten. Der amerikanische Kongress gab schließlich im August 1964 Präsident Lyndon B. Johnson unbeschränkte Vollmacht zur Kriegsführung in Vietnam. Der Krieg sollte elf Jahre andauern.

Vietcong: Untergrundorganisation aus verschiedenen politischen Gruppen, die 1960 den bewaffneten Kampf gegen die Regierung Südvietnams aufnahm

Der Kriegsverlauf seit dem Eingreifen der USA Der Vietcong verteidigte die Kontrolle über ländliche Gebiete Südvietnams und griff amerikanische Militärstützpunkte an. Er erhielt Nachschub an Waffen und Gerät, auch an bewaffneten Kämpfern und nordvietnamesischen Truppen über den nach dem nordvietnamesischen Präsidenten benannten Ho-Chi-Minh-Pfad, ein verzweigtes Netz von Dschungelpfaden, das von Nordvietnam über Laos und Kambodscha Südvietnam erreichte. Auf diese Nachschubwege konzentrierten sich zunächst die Luftangriffe der amerikanischen Truppen, die zunehmend auch in Bodenkämpfe verwickelt wurden. Obwohl die US-Regierung chemische Kampfstoffe, mehr Bomben als im Zweiten Weltkrieg und bald auch mit 543 000 Mann (1968) doppelt so viele Soldaten wie Nordvietnam und der Vietcong einsetzte, gewann sie militärisch nicht die Oberhand.

Die Zivilbevölkerung Südvietnams litt unsäglich unter dem Bomben- und Dschungelkrieg. Bilder toter und verstümmelter Vietnamesen gingen um die Welt. Flächenbombardements und Napalmbomben verwüsteten weite Landstriche, die chemischen Kampfstoffe entlaubten riesige Waldgebiete. Etwa drei Millionen Vietnamesen kamen um, darunter eine Million Soldaten. 1969 dehnten die USA die Kampfhandlungen auf Kambodscha aus, 1971 auf Laos. Die Berichte in den Medien steigerten die öffentliche Kritik und den Widerstand gegen den Krieg, vor allem in den USA selbst. Waffenstillstandsverhandlungen zogen sich jedoch in die Länge; obwohl bereits 1968 begonnen, wurden sie erst 1973 abgeschlossen. Die US-Truppen zogen sich daraufhin ganz zurück, sodass nordvietnamesische Truppen bis 1975 den Süden erobern konnten. Der Norden und der Süden des Landes wurden offiziell am 24. Juni 1976 als sozialistische Republik Vietnam wiedervereinigt. Auch in den Nachbarstaaten Laos und Kambodscha ergriffen 1975 kommunistische Regime die Macht. Insofern bestätigte sich die Domino-Theorie der USA. Der Krieg hatte die kommunistische Expansion nicht aufgehalten, nur verzögert.

▲ **Demonstration gegen den Vietnamkrieg vor dem Pentagon.**
Foto vom 21. Oktober 1967.
Der Vietnamkrieg politisierte in den USA, später auch in Europa, zehntausende Jugendliche. Mit Buttons an der Kleidung (kleines Bild) gaben viele junge Männer zu verstehen, dass sie sich ihrer Einberufung entziehen werden: „Zum Teufel, nein, wir gehen nicht!"

Der Schaden für die US-Politik war enorm: Die amerikanische Bevölkerung war tief gespalten und traumatisiert angesichts der Verluste sowie der Kriegsgräuel, die in ihrem Namen verübt wurden. Auch büßten die USA viel Ansehen in der westlichen Öffentlichkeit ein.

Die Sowjetunion griff nicht als kämpfende Partei in den Vietnamkrieg ein. Sie verlegte sich auf massive militärische und finanzielle Unterstützung des Vietcong. Außerdem versuchten die Sowjets, Einfluss auf die weltweit wachsende Anti-Vietnamkriegs-Bewegung zu nehmen. Durch Brandmarkung der amerikanischen Kriegsführung wollte man sich als „Friedenslager" darstellen und politisch Kapital schlagen. Schließlich war der Sowjetunion auch bewusst, dass die Amerikaner sich in Vietnam selbst schadeten.

Leonid Iljitsch Breschnew (1907-1982): Chef der KPdSU 1964-1982; sowjetischer Staatschef 1977-1982

Die gewaltsame Unterdrückung des „Prager Frühlings" Auf der Gegenseite zeigte der Ostblock im „Prager Frühling" von 1968 erste Risse. In der Tschechoslowakei versuchte Alexander Dubček Anfang 1968, einen „Kommunismus mit menschlichem Antlitz" einzuführen und oppositionelle Parteien zuzulassen. Der Reformkurs wurde von der Bevölkerung begeistert aufgenommen. Der sowjetische Parteichef **Leonid Breschnew** fürchtete allerdings Auswirkungen auf andere Staaten des Ostblocks und sah die absolute Vorherrschaft seines Landes in Gefahr. Als die tschechoslowakische Regierung trotz aller Einschüchterungsmaßnahmen ihre Demokratisierungspolitik fortsetzte, marschierten Truppen der Warschauer Vertragsorganisation am 20. August 1968 in die ČSSR ein. Die DDR unterstützte die Aktion propagandistisch. Die führenden Köpfe des „Prager Frühlings" wurden verhaftet, die Abhängigkeit der „sozialistischen Bruderrepublik" von Moskau wiederhergestellt. Breschnew rechtfertigte die Intervention des Warschauer Pakts im Nachhinein mit der sogenannten Breschnew-Doktrin. Danach sei die Sowjetunion berechtigt, Abweichungen vom „Weg des Sozialismus" notfalls mit militärischer Gewalt zu unterdrücken (▸ M3). Wie schon beim Aufstand in Ungarn 1956 nahmen die USA und ihre europäischen Verbündeten das Vorgehen der Sowjets in deren Einflussbereich tatenlos hin.

Die Niederschlagung der Reformbewegung in der Tschechoslowakei machte allen Satellitenstaaten deutlich: Die Sowjetunion wird keinem Staat in ihrem Machtbereich eine Politik erlauben, die von den Vorstellungen Moskaus abweicht.

▲ **Niederschlagung des „Prager Frühlings" in Bratislava.**
Foto vom 21. August 1968.
Im Rahmen des „Prager Frühlings" gab es Massendemonstrationen nicht nur in der tschechoslowakischen Hauptstadt Prag, sondern auch in anderen großen Städten des Landes. Das Bild entstand nach dem Einmarsch der Truppen der Warschauer Vertragsorganisation in Bratislava. Ein Einzelner stellt sich vor einen sowjetischen Panzer. Er entblößt dabei seine Brust von seinem karierten Handwerkeranzug.

- *Oft wurde nur der markierte Ausschnitt gezeigt. Erläutern Sie, wie sich dadurch die Wirkung des Bildes verändert.*
- *Das Bild wurde zu einem Symbol für die „Macht der Ohnmächtigen". Stellen Sie dar, wodurch der Mann als unterdrückt und hilflos erscheint.*
- *Erörtern Sie, ob es angemessen ist, die Wirkung von Nachrichtenbildern durch Ausschnitte zu verändern.*

M1 Sowjetische Interessen auf Kuba

Die Historikerin Daniela Spenser fasst die Gründe zusammen, die die Führung der Sowjetunion dazu bewogen hat, ab 1961 Nuklearwaffen auf Kuba zu stationieren:

Als Chruschtschow die Entscheidung traf, Nuklearwaffen auf Kuba zu stationieren, hatte er nicht die Absicht einen Weltkrieg zu entfesseln. In seinen Memoiren schreibt er: „Wir wollten, dass Kuba revolutionär und sozialistisch bleibt, und wir wussten, dass es dazu Hilfe benötigte [...]. Um den Kubanern gegen die Bedrohung durch die US-Amerikaner beizustehen, hatten wir keine andere Möglichkeit, als unsere Raketen auf der Insel zu stationieren, die aggressiven Kräfte der Vereinigten Staaten vor ein Dilemma zu stellen: Wenn ihr in Kuba einmarschiert, müsst ihr mit einem atomaren Angriff auf eure Städte rechnen." [...]
Chruschtschow glaubte fest an die Überlegenheit der UdSSR über den Westen und den unaufhaltsamen Vormarsch des Kommunismus. Entspannungspolitik zur Stabilisierung der Ost-West-Beziehungen hielt er zwar für ebenso notwendig wie Aufrüstung, doch vor allem meinte er, dass der Sozialismus auf dem Weg sei, die USA militärisch, politisch und ökonomisch zu überholen [...].
Darüber hinaus handelte Chruschtschow in dem Bewusstsein, dass die UdSSR zu einer nuklearen Supermacht geworden war und damit die USA auf militärischer Ebene offenbar eingeholt hätte. Diese veränderte Realität veranlasste ihn, Revolution, Sozialismus und internationale Beziehungen neu zu durchdenken. Wenn die Drohung mit Nuklearwaffen den USA zur Eindämmung des Kommunismus diente, warum sollte sie dann nicht umgekehrt der Sowjetunion dazu dienen, den US-Imperialismus einzudämmen, befreundete Staaten in der kolonialen Welt vor der Bedrohung mit einem Atomkrieg zu schützen und den Kapitalismus zum Rückzug zu zwingen? Mittels atomarer Aufrüstung wollte Chruschtschow erreichen, dass die USA die UdSSR als ebenbürtigen weltpolitischen Gegenspieler anerkannten; der nukleare Gleichstand sollte die Sowjetunion in den Stand versetzen, nationale Befreiungsbewegungen vor Interventionen der USA und der europäischen Kolonialmächte zu schützen.

Daniela Spenser, Die Kubakrise 1962 und ihre Folgen für das kubanisch-sowjetische Verhältnis, in: Bernd Greiner, Christian Th. Müller und Dierk Walter (Hrsg.), Krisen im Kalten Krieg. Studien zum Kalten Krieg, Bd. 2, Bonn 2009, S. 298 f.

1. *Fassen Sie Chruschtschows Motive zusammen.*
2. *Bewerten Sie Chruschtschows Aussage im Gesamtkontext. Berücksichtigen Sie, dass es sich um persönliche Erinnerungen handelt.*

M2 Krisenmanagement um Kuba

Als die UdSSR 1962 Mittelstreckenraketen auf Kuba in Stellung bringt, verhängen die USA eine Seeblockade. Daraufhin schreibt der sowjetische Staatschef Chruschtschow am 26. Oktober 1962 an US-Präsident Kennedy:

Wie können Sie [...] diese völlig falsche Interpretation geben, die Sie jetzt verbreiten, dass einige Waffen in Kuba Offensivwaffen sind, wie Sie sagen? Alle Waffen dort – das versichere ich Ihnen – sind defensiver Art; sie sind ausschließlich zu Verteidigungszwecken in Kuba gedacht. [...]
Unsere Schiffe werden wahrscheinlich bald die Zone erreichen, in der Ihre Kriegsmarine patrouilliert. Ich versichere Ihnen, dass die Schiffe, die gegenwärtig nach Kuba unterwegs sind, die harmlosesten, friedlichsten Ladungen an Bord haben. [...] Lassen Sie uns deshalb vernünftig sein, Herr Präsident. Ich versichere Ihnen, dass die Schiffe, die nach Kuba unterwegs sind, keinerlei Rüstungsgüter an Bord haben. Die Waffen, die zur Verteidigung Kubas notwendig sind, sind bereits dort. Ich will nicht behaupten, dass es überhaupt keine Waffenlieferungen gegeben hat. Nein, es hat solche Lieferungen gegeben. Aber nun hat Kuba die notwendigen Verteidigungswaffen bereits erhalten. [...]
Wenn der Präsident und die Regierung der Vereinigten Staaten zusichern würden, dass die Vereinigten Staaten sich selbst nicht an einem Angriff auf Kuba beteiligen werden und andere von einem solchen Vorgehen abhalten; wenn Sie Ihre Kriegsmarine zurückrufen würden – das würde sofort alles ändern. Ich spreche nicht für Fidel Castro, aber ich glaube, er und die Regierung Kubas würden vermutlich eine Demobilisierung verkünden und würden das kubanische Volk aufrufen, ihre friedliche Arbeit aufzunehmen. Dann würde sich auch die Frage der Waffen erübrigen; denn wo keine Bedrohung ist, stellen Waffen für jedes Volk nur eine Belastung dar. [...]
Lassen Sie uns deshalb staatsmännische Klugheit beweisen. Ich schlage vor: Wir erklären unsererseits, dass unsere Schiffe mit Kurs auf Kuba keine Waffen an Bord haben. Sie erklären, dass die Vereinigten Staaten weder mit eigenen Truppen eine Invasion in Kuba durchführen werden noch andere Truppen unterstützen werden, die eine Invasion in Kuba planen könnten. Damit hätte sich die Präsenz unserer Militärexperten in Kuba erübrigt.

Kennedys Antwort vom 27. Oktober 1962:

Sehr geehrter Herr Vorsitzender, ich [...] begrüße Ihre Absichtserklärung, eine sofortige Lösung des Problems anzustreben. [...]

Wie ich Ihren Brief verstanden habe, enthalten Ihre Vorschläge [...] folgende Schlüsselelemente:
1) Sie würden sich bereit erklären, diese Waffensysteme unter angemessener Beobachtung und Überwachung der Vereinten Nationen abzuziehen, und sich verpflichten, geeignete Sicherheitsvorkehrungen vorausgesetzt, die weitere Einfuhr solcher Waffensysteme nach Kuba zu unterbinden.
2) Wir unsererseits würden uns bereit erklären [...]
a) die Quarantäne-Anordnungen, die derzeit gelten, umgehend aufzuheben; und
b) Garantien gegen eine Invasion Kubas zu geben. Ich bin zuversichtlich, dass andere Länder der westlichen Hemisphäre bereit wären, das Gleiche zu tun. Wenn Sie Ihren Vertretern entsprechende Anweisungen erteilen, gibt es keinen Grund, weshalb wir nicht in der Lage sein sollten, diese Vereinbarungen innerhalb einiger Tage zustande zu bringen und sie der Welt bekannt zu geben. Die Wirkung, die eine solche Klärung für den Abbau der Spannungen in der Welt hätte, würde es uns ermöglichen, auf eine umfassendere Vereinbarung über „andere Rüstungen" hinzuarbeiten, wie Sie es in Ihrem zweiten Brief vorschlagen, den Sie veröffentlicht haben. Ich möchte noch einmal erklären, dass die Vereinigten Staaten sehr daran interessiert sind, die Spannungen abzubauen und den Rüstungswettlauf zu beenden; und sollte Ihr Brief signalisieren, dass Sie bereit sind, Gespräche über eine Entspannung bezüglich der NATO und des Warschauer Paktes zu führen, sind wir gerne bereit, mit unseren Verbündeten über jeden sachdienlichen Vorschlag nachzudenken.

Bernd Greiner, Kuba-Krise. 13 Tage im Oktober, Nördlingen 1988, S. 319 ff. und 382 f.

1. *Nennen Sie die Formulierungen, mit denen die sowjetische Seite ein Nachgeben andeutet.*

2. *Arbeiten Sie heraus, welche Strategien US-Präsident Kennedy verfolgt, um die Situation zu entschärfen.*

M3 Breschnew-Doktrin

Der sowjetische Parteichef Leonid Breschnew definiert 1968 das Verhältnis der UdSSR zu den übrigen Staaten des Warschauer Pakts. Die Parteizeitung „Prawda" fasst zusammen:

Die Völker der sozialistischen Länder, die kommunistischen Parteien haben ihre uneingeschränkte Freiheit, und sie müssen sie haben, die Entwicklungswege ihres Landes zu bestimmen. Jedoch darf keine Entscheidung von ihrer Seite entweder dem Sozialismus in ihrem Land oder den Grundinteressen der anderen sozialistischen Länder, der ganzen internationalen Arbeiterbewegung, die den Kampf für den Sozialismus führt, Schaden zufügen. Das bedeutet, dass jede kommunistische Partei vor ihrem Volk und auch vor den sozialistischen Ländern, vor der ganzen sozialistischen Bewegung verantwortlich ist. Wer das vergisst, wer nur die Selbstständigkeit und Unabhängigkeit der kommunistischen Parteien hervorhebt, verfällt in Einseitigkeit und weicht seinen internationalen Pflichten aus. [...]
Man kann die Souveränität einzelner sozialistischer Länder nicht den Interessen des Weltsozialismus, der revolutionären Bewegung der Welt entgegenstellen. [...] Man muss unterstreichen, dass, selbst wenn ein sozialistisches Land danach strebt, eine „nichtblockgebundene" Position einzunehmen, es allein dank der Stärke der sozialistischen Gemeinschaft und vor allem seiner Hauptkraft, der Sowjetunion, dank der Macht ihrer bewaffneten Kräfte, tatsächlich seine nationale Unabhängigkeit bewahren kann. [...] Getreu ihrer internationalen Pflicht gegenüber den Brudervölkern der Tschechoslowakei und zum Schutz ihrer eigenen sozialistischen Errungenschaften sind die Sowjetunion und andere sozialistische Staaten entschieden gegen die antisozialistischen Kräfte in der Tschechoslowakei aufgetreten. [...] Die Kommunisten der Bruderländer konnten natürlich nicht zulassen, dass [...] die sozialistischen Staaten tatenlos zusehen, wie ein Land der Gefahr einer antisozialistischen Umwälzung ausgesetzt wird.

Boris Meissner, Die „Breshnew-Doktrin". Das Prinzip des „proletarisch-sozialistischen Internationalismus" und die Theorie von den „verschiedenen Wegen zum Sozialismus". Dokumentation, Köln 1969, S. 64 ff.

1. *Arbeiten Sie heraus, wie das Eingreifen der Sowjetunion in der Tschechoslowakei gerechtfertigt wird.*

2. *Vergleichen Sie die Vorstellungen Breschnews mit den westlichen Vorstellungen von Souveränität. Welche Grenzen sind der Souveränität eines Landes jeweils gesetzt?*

3. *Weisen Sie nach, in welchen Textpassagen die Führungsrolle der Sowjetunion deutlich wird.*

Karikaturen analysieren

Karikaturen (von ital. caricare für „überladen", „übertreiben") sind gezeichnete historische Quellen: Sie nehmen zu aktuellen politischen oder gesellschaftlichen Ereignissen, Entwicklungen, Zuständen oder Personen kritisch Stellung. Mit den Mitteln der Parodie, der Ironie, der Komik und des Witzes heben sie zentrale Aspekte bewusst hervor, vereinfachen sie oder stellen sie verzerrt dar. Die Öffentlichkeit soll auf politische oder soziale Missstände und Fehlentwicklungen aufmerksam gemacht, zum Nachdenken und Diskutieren angeregt werden.

Karikaturen analysieren

Worüber die Zeitgenossen lachten oder sich ärgerten, was ihnen gefiel oder was sie ablehnten, erfassen wir nicht auf Anhieb. Um die Aussage einer Karikatur zu entschlüsseln, bedarf es daher der genauen Interpretation und Analyse. In der Regel legen kurze Texte den gezeichneten Figuren Worte in den Mund oder bieten als plakative Unterschriften Hilfen für Deutung und Reflexion. Neben dem Text sind auch Daten wichtige Erschließungshilfen. Generell setzen die Zeichner nicht nur die Kenntnis des dargestellten Sachverhalts voraus, sondern auch die für Karikaturen typische Symbol- und Bildersprache:

- Symbole und Metaphern (Krone und Zepter für Monarchie, Waage für Gerechtigkeit)
- Personifikation und Allegorie („Uncle Sam" für die USA, „Germania" oder der „Deutsche Michel" mit Zipfelmütze für die Deutschen, Engel oder Taube als Friedensbringer)
- Tiervergleiche (der „russische Bär", der „gallische Hahn")
- visualisierte Redensarten („alle sitzen in einem Boot", „den Gürtel enger schnallen")
- historische Bildzitate („Der Lotse geht von Bord", „Die Freiheit führt das Volk")

Checkliste „Karikaturen analysieren"

Formale Kennzeichen
✔ Wer hat die Karikatur geschaffen oder in Auftrag gegeben?
✔ Wann und wo ist sie entstanden bzw. veröffentlicht worden?

Bildinhalt
✔ Wen oder was zeigt die Karikatur?
✔ Was wird thematisiert?
✔ Welche Darstellungsmittel werden verwendet und was bedeuten sie?

Historischer Hintergrund
✔ Auf welches Ereignis, welchen Sachverhalt oder welche Person bezieht sich die Karikatur?
✔ Auf welche politische Diskussion spielt sie an?
✔ Wozu nimmt der Karikaturist konkret Stellung?

Absicht und Wirkung
✔ An welche Adressaten wendet sich die Karikatur?
✔ Welchen Standpunkt nimmt der Karikaturist ein?
✔ Welche Aussageabsicht verfolgt er?
✔ Inwiefern unterstützt ein eventueller Text die Wirkung der Zeichnung?

Bewertung und Fazit
✔ Wie lässt sich die Aussage der Karikatur insgesamt einordnen und bewerten?
✔ Wurde das Thema aus heutiger Sicht sinnvoll und überzeugend gestaltet?
✔ Welche Auffassung vertreten Sie zu der Karikatur?

Beispiele: Zwei Karikaturen zur Kuba-Krise

Kennzeichnung der Personen:
Nikita Chruschtschow ist durch seinen kahlen Kopf charakterisiert, John F. Kennedy durch sein markantes Profil und seine Frisur.

Verbildlichung der Situation:
Die politische Krise der beiden Supermächte wird in das allgemein verständliche Bild des Armdrückens übersetzt.

Ironisches Spiel mit der Gefahr:
Die Bedrohung wird durch die Bomben („H" für Wasserstoff) verdeutlicht, auf denen beide sitzen. Jeder der Kontrahenten sitzt auf der Waffe des anderen.

1

Pointe der Zeichnung:
Beide Gegner haben den Finger am Zündknopf und sind bereit, den anderen – und damit sich selbst – in die Luft zu sprengen.

▲ **„Einverstanden, Herr Präsident, wir reden miteinander."**
Karikatur von Leslie G. Illingworth, veröffentlicht in der britischen Zeitung „Daily Mail" am 29. Oktober 1962.

2

Verbildlichung der Gefahr:
Die Kriegsgefahr wird durch ein riesiges Monster angedeutet.

Verwendung einer Metapher:
Ein Gefäß, das zerstörerisches Unheil enthält, ist seit der Antike bekannt: Aus der „Büchse der Pandora" des griechischen Mythos kam alles Leid über die Menschheit. Hier verrät die Aufschrift die Art der Gefahr.

▶ **„Lassen Sie uns ein Schloss für dieses Ding finden!"**
Karikatur von Herblock (d. i. Herbert L. Block), veröffentlicht in der US-Zeitung „Washington Post" am 1. November 1962.

Formale Kennzeichen Die Karikaturen stammen von westlichen Karikaturisten. Beide sind unmittelbar nach dem Ende der Kuba-Krise in Tageszeitungen erschienen, Zeichnung 1 am Tag nach dem Einlenken Chruschtschows, Zeichnung 2 vier Tage später.
Die britische Zeichner *Leslie Gilbert Illingworth* (1902-1979) und der US-Amerikaner *Herbert Lawrence Block* (1909 - 2001) gehörten seit den 1950er-Jahren zu den bekanntesten Karikaturisten ihrer Länder.* Illingworth galt als poltisch konservativ, Herblock war Anhänger der Demokratischen Partei.

Bildinhalt (1) Der sowjetische Staats- und Parteichef Nikita Chruschtschow und der US-Präsident John F. Kennedy sitzen beim Armdrücken, dem Gegner fest ins Auge blickend. Chruschtschow trägt einen zerknitterten Anzug, Kennedy ist sehr elegant gekleidet. Jeder der Politiker sitzt auf einer Bombe, die der jeweils andere zünden kann. Die Zeigefinger beider Personen schweben nah über den Auslöseknöpfen. Die Zeichnung deutet die Kraftanstrengung des Wettkampfs an. Beide Politiker schwitzen, Chruschtschow stark, Kennedy nur mäßig. Die Bildunterschrift liefert die Lösung der Situation: Einer der Kontrahenten bietet Verhandlungen an. Durch die Anrede „Herr Präsident" ist deutlich, dass der Satz Chruschtschow in den Mund gelegt wird.
(2) John F. Kennedy und Nikita Chruschtschow knien auf dem Deckel einer Truhe, die einen Spaltbreit geöffnet ist. Sie bemühen sich heftig, den Kasten geschlossen zu halten, und geraten dabei ins Schwitzen. Beide stemmen sich dem Truheninhalt entgegen, einem Ungeheuer, dessen gewaltige Pranke bereits aus dem Schlitz herausgreift. Die Dramatik wird durch hervorquellenden Rauch unterstrichen. Die Aufschrift „Atomkrieg" auf der Kiste verdeutlicht, um welche Gefahr es sich handelt. Die Bildunterschrift versteht sich als Aufruf zur Verhinderung des Krieges. Der geöffnete Mund Kennedys verdeutlicht, dass er diesen Satz ausspricht.

Historischer Hintergrund Die Kuba-Krise 1962 war der bis dahin gefährlichste Konflikt zwischen den Machtblöcken (s. Seite 257 f.). Hätte jede der beteiligten Seiten auf ihrer anfänglichen Position beharrt, wäre es unweigerlich zum Krieg gekommen. Nur das zuvor nicht übliche direkte Gespräch zwischen den Staatsmännern machte eine Lösung möglich, in der beide Seiten ihr Gesicht wahren konnten.

Absicht und Wirkung Karikatur 1 betont den Aspekt der militärischen Stärke und politischen Entschlossenheit der USA. Obwohl ein Krieg für beide Seiten verheerende Folgen hätte, drohen ihn doch beide Seiten an. Chruschtschows Verhalten wird als „Einknicken" vor der Härte Kennedys, ja, als Niederlage dargestellt. Karikatur 2 zeigt die Politiker dagegen nicht als Gegner. Beide arbeiten vielmehr am gleichen Ziel, der Verhinderung des Atomkriegs. Hier wird die Vernunft einer gemeinsamen, durch Verhandlung gefundenen Lösung betont. Die Initiative liegt aber auch in dieser Zeichnung aufseiten Kennedys.

Bewertung und Fazit Beide Karikaturen heben unterschiedliche Aspekte der Kuba-Krise hervor: Erst die militärische Bedrohung, die durch die Seeblockade Kubas ausgesprochen wurde, hat die Sowjetunion von ihrem Ziel der Stationierung von Raketen auf Kuba abgebracht. Die Entscheidung, durch einen diplomatischen Ausweg den offenen Krieg zu verhindern, war jedoch dem direkten Kontakt beider Staatsmänner und ihrer Einsicht in den Ernst der Situation zu verdanken.

* siehe S. 46, M⊕

Entspannung und Verschärfung

Versuche zur Annäherung Der Ost-West-Konflikt ließ freilich auch Raum für Verständigung. Das „Gleichgewicht des Schreckens" hielt nicht nur den militärischen Rüstungswettlauf in Gang, sondern förderte im Laufe der 1960er-Jahre auch die Bereitschaft zu Rüstungskontrollverhandlungen. 1963 wurde das Atomteststoppabkommen unterzeichnet, das oberirdische Kernwaffentests untersagte, um Mensch und Umwelt vor weiterer radioaktiver Verseuchung zu schützen. 1968 einigten sich die USA, die Sowjetunion, Großbritannien, Frankreich und China auf die Nichtverbreitung von Kernwaffen (Atomwaffensperrvertrag). Bis zum Jahr 2006 traten diesem Abkommen 189 Staaten bei.

▲ **Entspannung privat.**
Foto vom 19. Juni 1973. Richard Nixon war 1972 als erster US-Präsident in die Sowjetunion gereist. Im Folgejahr stattete Staats- und Parteichef Breschnew den USA einen Gegenbesuch ab. In der Ära Nixon (1969-1974) machte die Entspannungspolitik große Fortschritte.

Zu Beginn der 1970er-Jahre, mit Amtsantritt von Präsident Richard Nixon (1914-1994), standen die Zeichen auf Entspannung. Die Sowjetunion suchte die Kooperation mit Amerika, um das kostspielige Wettrüsten einzuschränken und an der fortschrittlichen Technologie des Westens teilzuhaben. Nicht zuletzt war Bewegung in die Ost-West-Beziehungen geraten, seit sich die USA und China erstmals annäherten.

Vor dem Hintergrund dieser Interessenlage schlossen Washington und Moskau eine Reihe von Verträgen zur Rüstungsbegrenzung und Rüstungskontrolle sowie zum wirtschaftlichen Austausch. Das Klima der Ost-West-Beziehungen schien sich zu bessern, insbesondere in Europa wuchs die Hoffnung auf einen gesicherten Frieden im Rahmen des Status quo.

Von besonderer Bedeutung war der 1972 abgeschlossene **SALT I**-Vertrag über die Begrenzung der vorhandenen nuklearen Abwehr- und Angriffssysteme und über die Kontrolle des Rüstungswettlaufs. Der bizarren Logik der Rüstungsstrategen im Atomzeitalter folgend sollte sich aus der erstmals festgeschriebenen gegenseitigen Vergeltungsfähigkeit ein Zugewinn an globaler Sicherheit ergeben. Doch weder die Zahl noch die Zerstörungskraft der atomaren Sprengköpfe wurden festgelegt, und viele Bestimmungen waren bewusst vage gehalten. So war letztlich die Tatsache des Vertragsabschlusses wichtiger als dessen Inhalt. Auch der 1979 von US-Präsident Jimmy Carter (geb. 1924) und Breschnew in Wien unterzeichnete **SALT II**-Vertrag schrieb lediglich eine leicht abgesenkte Obergrenze für die Trägersysteme vor, ließ jedoch die Zahl der nuklearen Sprengköpfe und anderer Waffensysteme (U-Boote) für beide Seiten offen.

SALT I und II (Strategic Arms Limitation Talks): Verträge zwischen den USA und der UdSSR zur beiderseitigen Begrenzung der Anzahl von Interkontinentalraketen

Phase der Entspannung Seit 1972 hatten sich 35 Länder zu einer Konferenz über Sicherheit und Zusammenarbeit in Europa (KSZE) zusammengefunden.* Am 1. August 1975 endete sie mit der Unterzeichnung der sogenannten Schlussakte von Helsinki (▸ M1). Die Unterzeichnerstaaten (die USA, Kanada und alle europäischen Länder außer Albanien) gingen damit die politisch-moralische Verpflichtung ein, ihre Beziehungen auf friedlicher Basis unter Verzicht auf Gewaltandrohung, im Rahmen der gegebenen Grenzen und bei Respektierung der Menschenrechte im Inneren zu entwickeln. Die Sowjetunion erhielt mit der Anerkennung der Grenzen in Europa ihren Anspruch auf

* siehe S. 62

Vorherrschaft im Ostblock bestätigt. Die Westmächte pochten vor allem auf verbesserte Freizügigkeit für die Menschen im sozialistischen Teil Europas. Seither mussten die kommunistischen Diktaturen Reiseerleichterungen und Familienzusammenführung gewähren und den Austausch von Informationen verbessern. Auch wenn sie weiter an der Praxis der Verfolgung Andersdenkender festhielten, konnten sie nicht länger verhindern, dass sich in der Tschechoslowakei (**Charta 77**), in Polen (**Solidarność**) und später auch in der DDR Bürgerrechtler auf die Prinzipien von Helsinki beriefen. Bereits auf der ersten KSZE-Folgekonferenz in Belgrad (Oktober 1977 - März 1978) kam es zum Streit zwischen der Sowjetunion und den USA unter Präsident Carter über die Umsetzung der Menschenrechte – ein Signal für die Krise, in welche die Ost-West-Beziehungen mittlerweile wieder geraten waren.

Charta 77: Petition gegen Menschenrechtsverletzungen, veröffentlicht im Januar 1977; gleichzeitig der Name für die in den 1970er- und 1980er-Jahren aktive Bürgerrechtsbewegung in der Tschechoslowakei, die zum Zentrum der Opposition gegen das kommunistische Regime wurde

Solidarność: dt. „Solidarität", Bezeichnung für eine polnische Gewerkschaft, die 1980 entstand und großen Einfluss auf die politische Wende von 1989 hatte

Rückfall in den Kalten Krieg ▀ Die Annäherung zwischen Ost und West kam Ende der 1970er-Jahre rasch an ihr Ende, als die UdSSR eine neue Phase massiver Aufrüstung einläutete. Mit einer aktuellen Generation von Interkontinentalraketen, zusätzlichen atomgetriebenen U-Booten und den neuen Mittelstreckenraketen SS-20 versuchte die Sowjetunion, ihre militärische Position, insbesondere in Europa, zu stärken. Auf Anraten des deutschen Bundeskanzlers Helmut Schmidt einigte sich die NATO im Dezember 1979 auf den sogenannten NATO-Doppelbeschluss. Er sah die Aufrüstung im Bereich der Mittelstreckenraketen, zugleich aber Verhandlungen mit der Sowjetunion vor.* In der amerikanischen Innenpolitik gewannen allerdings die Gegner der Entspannung wieder an Einfluss. Den SALT II-Vertrag von 1979 über weitere Maßnahmen zur Rüstungskontrolle ließ der Senat scheitern, zudem kündigte US-Präsident Carter die Erhöhung des Verteidigungshaushalts ab 1981 an.

Am 27. Dezember 1979 marschierten sowjetische Truppen in Afghanistan ein. Dort sollte die prokommunistische Regierung gegen eine islamisch-fundamentalistische Oppositionsbewegung geschützt werden. Der Westen befürchtete, Moskau werde die Ölvorkommen am Persischen Golf unter seine Kontrolle bringen. Die US-Regierung reagierte mit einer Reihe von Sanktionen (Stopp von Weizenlieferungen und Gütern der Hochtechnologie, Landeverbot für sowjetische Flugzeuge in den USA, Boykott der Olympischen Spiele 1980 in Moskau).

Noch entschiedener setzte seit Anfang 1981 der neue US-Präsident **Ronald Reagan** (1911 - 2004) auf eine Politik der Stärke gegenüber der Sowjetunion, die er öffentlich als „Reich des Bösen" bezeichnete. Mit einem gigantischen Rüstungsprogramm wollte er die Sowjetunion zu Verhandlungen zwingen (▸ M2). Entwickelt werden sollte auch ein weltraumgestütztes Raketenabwehrsystem (*Strategic Defense Initiative*, SDI), das bald den Spottnamen „Krieg-der-Sterne-Programm" erhielt. Der US-Verteidigungshaushalt wuchs bis 1985 um 60 Prozent auf knapp 287 Milliarden Dollar an. Dieser Kurs, der einen neuen Tiefstand der amerikanisch-sowjetischen Beziehungen markierte, fand die Zustimmung eines Großteils der Amerikaner, die Reagan im November 1984 ein zweites Mal zum Präsidenten wählten.

Ronald Reagan (1911 - 2004): amerikanischer Politiker (Republikaner), US-Präsident 1981 - 1989

* siehe S. 222 f.

M1 KSZE-Schlussakte von Helsinki

Die Schlussakte vom 1. August 1975 stellt ausdrücklich kein völkerrechtlich verbindliches Abkommen, sondern eine Absichtserklärung dar:

I. Souveräne Gleichheit, Achtung der der Souveränität innewohnenden Rechte
Die Teilnehmerstaaten werden gegenseitig ihre souveräne Gleichheit und Individualität sowie alle ihrer Souveränität innewohnenden und von ihr umschlossenen Rechte achten, einschließlich insbesondere des Rechtes eines jeden Staates auf rechtliche Gleichheit, auf territoriale Integrität sowie auf Freiheit und politische Unabhängigkeit. Sie werden ebenfalls das Recht jedes anderen Teilnehmerstaates achten, sein politisches, soziales, wirtschaftliches und kulturelles System frei zu wählen und zu entwickeln sowie sein Recht, seine Gesetze und Verordnungen zu bestimmen. [...]
II. Enthaltung von der Androhung oder Anwendung von Gewalt
Die Teilnehmerstaaten werden sich in ihren gegenseitigen Beziehungen sowie in ihren internationalen Beziehungen im Allgemeinen der Androhung oder Anwendung von Gewalt, die gegen die territoriale Integrität oder politische Unabhängigkeit irgendeines Staates gerichtet oder auf irgendeine andere Weise mit den Zielen der Vereinten Nationen und mit der vorliegenden Erklärung unvereinbar ist, enthalten. [...]
III. Unverletzlichkeit der Grenzen
Die Teilnehmerstaaten betrachten gegenseitig alle ihre Grenzen sowie die Grenzen aller Staaten in Europa als unverletzlich und werden deshalb jetzt und in der Zukunft keinen Anschlag auf diese Grenzen verüben. [...]
V. Friedliche Regelung von Streitfällen
Die Teilnehmerstaaten werden Streitfälle zwischen ihnen mit friedlichen Mitteln auf solche Weise regeln, dass der internationale Frieden und die internationale Sicherheit sowie die Gerechtigkeit nicht gefährdet werden. [...]
VI. Nichteinmischung in innere Angelegenheiten
Die Teilnehmerstaaten werden sich ungeachtet ihrer gegenseitigen Beziehungen jeder direkten oder indirekten, individuellen oder kollektiven Einmischung in die inneren oder äußeren Angelegenheiten enthalten, die in die innerstaatliche Zuständigkeit eines anderen Teilnehmerstaates fallen. [...]
VII. Achtung der Menschenrechte und Grundfreiheiten
Die Teilnehmerstaaten werden die Menschenrechte und Grundfreiheiten, einschließlich der Gedanken-, Gewissens-, Religions- oder Überzeugungsfreiheit für alle ohne Unterschied der Rasse, des Geschlechts, der Sprache oder der Religion achten.

Helmut Krause und Karlheinz Reif (Bearb.), Die Welt seit 1945 (Geschichte in Quellen, Bd. 6), München 1980, S. 691 ff.

1. *Stellen Sie gegenüber: Welche Teile des Dokuments entsprechen vorwiegend den sowjetischen, welche den westlichen Interessen?*

2. *Begründen Sie, warum die KSZE-Schlussakte große Bedeutung für die Oppositionsbewegungen in den osteuropäischen Staaten hatte.*

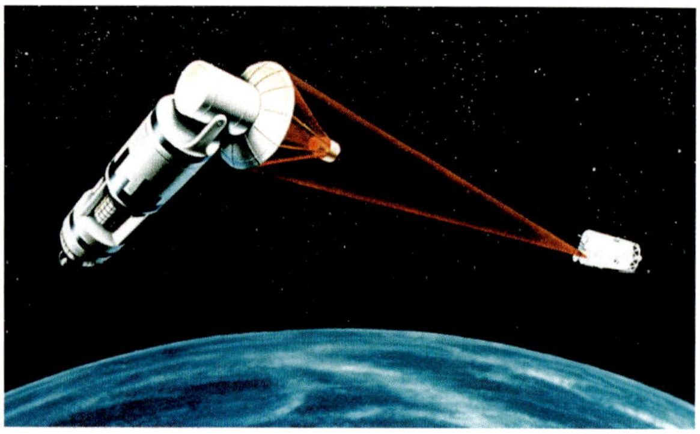

▲ **„Strategic Defense Initiative", SDI.**
Grafische Darstellung der Raketenabwehr, 1983.
Das SDI-Programm sah u. a. die Entwicklung von Satelliten vor, die sowjetische Interkontinentalraketen bereits im Anflug auf die USA mit Laserstrahlen ausschalten sollten.

M2 Ronald Reagan und die Politik der Stärke

US-Präsident Ronald Reagan rechtfertigt im Januar 1984 seine Politik in einer Fernsehansprache:

Die Geschichte lehrt uns, dass Kriege beginnen, wenn Regierungen glauben, dass der Preis einer Aggression niedrig ist. Um den Frieden zu erhalten, müssen wir und unsere Verbündeten stark genug sein, jeden potenziellen Aggressor überzeugen zu können, dass Krieg keinen Vorteil, sondern nur die Katastrophe bringen würde. [...]
Die Abschreckung ist von entscheidender Bedeutung für die Erhaltung des Friedens und den Schutz unserer Lebensform, aber die Abschreckung ist nicht Anfang und Ende unserer Politik gegenüber der Sowjetunion. Wir müssen und werden die Sowjets in einen Dialog einbinden, der so ernsthaft und konstruktiv wie möglich ist und der der Förderung des Friedens in den Unruhegebieten der Welt dienen, den Stand der Rüstungen verringern und ein konstruktives Arbeitsverhältnis schaffen wird. [...] Stärke und Dialog gehen Hand in Hand.

Europa-Archiv 39 (1984), S. D 109 ff.

■ *Untersuchen Sie, weshalb die außen- und militärpolitische Strategie Reagans unter den NATO-Mitgliedern umstritten war.*

Das Ende der Bipolarität

Wende in der Sowjetunion Im Rüstungswettlauf mit der überlegenen Wirtschaftsmacht USA konnte die Sowjetunion nicht mithalten. Sie hatte stets wesentlich mehr Mittel in den Militärsektor gelenkt, als ihre Wirtschaft verkraften konnte. Der Lebensstandard der Bevölkerung sank immer weiter ab. Der Wendepunkt kam erst mit Michail Gorbatschow, dem neuen Generalsekretär der KPdSU seit März 1985.* Mit einer Politik der „Offenheit" (Glasnost) und der „Umgestaltung" (Perestroika) versuchte er, der ökonomischen Krise seines Landes Herr zu werden. Gorbatschows Reformen wollten den Sozialismus keineswegs abschaffen, sondern ihn menschlicher und leistungsfähiger machen. Er ordnete Wahlen zum Kongress der Volksdeputierten an (März 1989). Erstmals seit 1917 konnten die Bürger zwischen mehreren Kandidaten frei und geheim entscheiden. Im März 1990 wurde Gorbatschow in das neu geschaffene Amt eines Präsidenten der UdSSR gewählt.

▲ **Titelblatt des Time-Magazine vom 1. Januar 1990.** *Gorbatschow wird als „Man of the Decade" (Mann des Jahrzehnts) gefeiert.*

Abkehr von der Weltmachtpolitik Auch in der Außenpolitik verkündete Gorbatschow seit 1985 ein „neues Denken". Es führte zu einem völligen Bruch mit der bisherigen Militär- und Sicherheitspolitik der Sowjetunion. Zum ersten Mal gab die sowjetische Führung zu, dass die inneren Probleme des Landes wesentlich durch die Hochrüstungspolitik zur Demonstration des eigenen Weltmachtanspruchs verursacht waren. Gorbatschow machte eine Reihe von Vorschlägen zur Beendigung des Wettrüstens, betonte den Gedanken der „gemeinsamen Sicherheit" und forderte die einvernehmliche Ausgestaltung des „europäischen Hauses". Um die gesellschaftliche und wirtschaftliche Erneuerung in die Wege zu leiten, betonte er den Wunsch nach enger wirtschaftlicher Zusammenarbeit mit den westlichen Industrieländern.

Innerhalb weniger Jahre wandelten sich die sowjetisch-amerikanischen Beziehungen grundlegend. Nach mehreren Gipfeltreffen Gorbatschows mit US-Präsident Reagan unterzeichneten beide in Washington am 8. Dezember 1987 den **INF-Vertrag** über eine weltweite Beseitigung aller landgestützten Mittelstreckenraketen. Erstmals wurde ein wirklicher Abrüstungserfolg erzielt. Die Sowjetunion musste 1500, die USA 500 Systeme verschrotten. So wurde der Rüstungswettlauf zwischen den beiden Supermächten und damit die Ära des Ost-West-Konflikts beendet (▸ M2).

Moskau stellte zudem seine Unterstützung sozialistischer Staaten in der Karibik, in Afrika und Asien ein (1986), zog seine Streitkräfte aus Afghanistan ab (1988/89) und kündigte vor der UNO einseitige Truppenverringerungen an (1989). Der wichtigste Schritt war jedoch die Anerkennung der nationalen Unabhängigkeit der bisherigen Ostblockstaaten (1987/88). Der neuen sowjetischen Führung war es ernst mit ihrem Wunsch, ihr Land politisch und wirtschaftlich in die Weltgemeinschaft zu integrieren.

INF-Vertrag (Intermediate Range Nuclear Forces): Abkommen der Supermächte über die Beseitigung aller Mittelstreckenraketen mit einer Reichweite zwischen 500 und 5500 km

* siehe S. 97, 99 und 223

Von der Sowjetunion zur Gemeinschaft Unabhängiger Staaten In der Sowjetunion verstand es Gorbatschow zunächst meisterhaft, sich an die Spitze der inneren Demokratisierungsprozesse zu stellen. Dafür erhielt er auch den Beifall der westlichen Öffentlichkeit. Allerdings hatte er kein Konzept für den dringend notwendigen Umbau der sowjetischen Planwirtschaft. Die Versorgungslage wurde immer schlechter, Streiks und Demonstrationen sorgten zunehmend für Unruhe. Hinzu kamen Nationalitätenprobleme. Die Unionsrepubliken strebten nach größerer Selbstständigkeit, die ihnen Gorbatschow auch einräumen wollte. Um Reformen zu verhindern, putschte eine Gruppe altkommunistischer Politiker im August 1991 gegen den Staatschef. Unter Federführung des Geheimdienstes KGB setzten die Verschwörer Gorbatschow gefangen. Nach zwei Tagen gaben die Putschisten auf. Nach dem misslungenen Staatsstreich wurde die Kommunistische Partei in Russland verboten. Zahlreiche Sowjetrepubliken lösten sich von Moskau. Ende 1991 gründeten 15 nunmehr unabhängige Republiken die Gemeinschaft Unabhängiger Staaten (GUS) und erklärten die UdSSR für aufgelöst. Russland als bedeutendstes Mitglied der GUS übernahm deren Sitz in der UNO. Fünf Tage später trat Gorbatschow als Präsident der Sowjetunion zurück (▶ M1).

▶ **Die neue Freiheit der Bündnispartner.**
Karikatur von Nicholas Garland für die britische Tageszeitung „The Independent" vom 12. Mai 1989.
- *Interpretieren Sie die Karikatur und berücksichtigen Sie dabei die Checkliste des Methodenbausteins auf S. 263.*

Der Ostblock löst sich auf Die Reformanstöße ab Mitte der 1980er-Jahre stärkten auch die oppositionellen Bürgerrechtsbewegungen in den Staaten des Warschauer Paktes. Als die sowjetische Außenpolitik ab 1989 die Entwicklung wieder bremsen wollte, war das Ende der kommunistischen Parteidiktaturen schon nicht mehr aufzuhalten. Vorreiter waren Polen und Ungarn, wo unter Mitwirkung kommunistischer Reformkräfte 1989 bzw. 1990 freie Wahlen stattfanden. Auch die DDR, die Tschechoslowakei, Bulgarien, Rumänien und Albanien befreiten sich von ihren kommunistischen Regierungen. Im Juni und Juli 1991 wurden der Rat für Gegenseitige Wirtschaftshilfe (RGW) und die Warschauer Vertragsorganisation aufgelöst.* Seit 1999 sind Polen, Ungarn und die Tschechische Republik, seit 2004 die baltischen Staaten, Bulgarien, Rumänien, die Slowakei und Slowenien Mitglieder der NATO und seit 2004 bzw. 2007 auch Mitglieder der Europäischen Union.

* siehe S. 68

M1 Das Ende der Sowjetunion

Der Staatspräsident der untergehenden Sowjetunion, Michail Gorbatschow, hält am Tag vor seinem Rücktritt am 25. Dezember 1991 eine Abschiedsrede:

Der Prozess der Erneuerung des Landes und der grundlegenden Veränderungen in der Weltgemeinschaft hat sich komplizierter erwiesen, als man voraussagen konnte. Trotzdem muss man das Vollbrachte gebührend einschätzen. Die Gesellschaft wurde frei. Und das in politischer und geistiger Hinsicht. Und das ist die größte Errungenschaft. [...] Es wurde ein totalitäres System beseitigt, das ein weiteres Aufblühen und Wohlergehen des Landes verhinderte. Es wurde ein Durchbruch zu demokratischen Veränderungen vollzogen. Freie Wahlen, eine freie Presse, Religionsfreiheit, wirkliche Machtorgane und ein Mehrparteiensystem wurden zur Realität. Die Menschenrechte wurden als oberstes Prinzip anerkannt. Es wurde mit dem Übergang zu einer vielseitigen Wirtschaft begonnen. Alle Formen des Eigentums werden als gleichberechtigt anerkannt, im Rahmen der Bodenreform ist die Bauernschaft wiedererstanden. Farmen wurden gegründet, Millionen Hektar Land werden an Land- und Stadtbewohner übergeben. Die wirtschaftliche Freiheit des Produzenten wurde gesetzlich verankert. Das Unternehmertum, die Gründung von Aktiengesellschaften und die Privatisierung gewannen immer mehr an Kraft. Es muss daran erinnert werden, dass der Übergang zur Marktwirtschaft im Interesse des Menschen erfolgt. [...]
Wir leben in einer anderen Welt: Der „Kalte Krieg" ist vorbei. Das Wettrüsten wurde gestoppt. Die wahnsinnige Militarisierung unseres Landes, die unsere Wirtschaft, das gesellschaftliche Bewusstsein und die Moral zugrunde richtete, wurde beendet. Die Gefahr eines Weltkrieges wurde beseitigt. [...] Wir öffneten uns der Welt und verzichteten auf die Einmischung in fremde Angelegenheiten sowie auf den Einsatz von Truppen außerhalb unseres Landes. Und man antwortete uns mit Vertrauen, Solidarität und Respekt. Wir wurden zu einer der wichtigsten Stützen bei der Umgestaltung der modernen Zivilisation auf friedlicher und demokratischer Basis. Die Völker und Nationen haben die reale Freiheit erhalten, den Weg ihrer Entwicklung selbst zu bestimmen.

Zit. nach: Die Sowjetunion 1953-1991, hrsg. von der Bundeszentrale für politische Bildung (Informationen zur politischen Bildung, Heft 236), Bonn 1992, S. 38

1. *Prüfen Sie, ob sich aus der Bilanz, die Gorbatschow zieht, neue politische Visionen ableiten lassen.*

2. *Überlegen Sie, welche Kritikpunkte am Reformkurs die alte sowjetische Führungselite vorbringen könnte.*

M2 „Wir sind nicht länger mehr Gegner"

Anfang 1992 verpflichten sich US-Präsident George Bush sen. (geb. 1924) und der russische Präsident Jelzin (1931-2007) auf gemeinsame außenpolitische Prinzipien:

Erstens, dass Russland und die Vereinigten Staaten sich nicht länger als potenzielle Gegner betrachten. Von heute an wird ihre Beziehung durch Freundschaft und Partnerschaft charakterisiert sein [...].
Zweitens, dass wir daran arbeiten werden, irgendwelche Überreste von Kalter-Kriegs-Feindseligkeit zu beseitigen, eingeschlossen Schritte zur Verringerung unserer strategischen Arsenale[1].
Drittens, das wir alles in unserer Macht Stehende tun werden, um gegenseitiges Wohlbefinden unserer Völker zu fördern und die Bindungen so weit als möglich auszubauen, die unsere Völker jetzt vereinen. Offenheit und Toleranz sollten das Markenzeichen der Beziehungen zwischen unseren Völkern und Regierungen sein.
Viertens, dass wir aktiv freien Handel, Investitionen und wirtschaftliche Zusammenarbeit zwischen unseren beiden Ländern fördern.
Fünftens, dass wir jede Anstrengung unternehmen, die Förderung der von uns geteilten Werte der Demokratie, der Herrschaft des Rechts, der Respektierung der Menschenrechte einschließlich der Rechte von Minderheiten, der Respektierung von Grenzen und der friedlichen Veränderung weltweit zu unterstützen.
Sechstens, dass wir aktiv zusammenarbeiten, die Ausbreitung von Massenvernichtungswaffen und dazugehöriger Technologie zu verhindern und die Ausbreitung von konventionellen Waffen auf der Grundlage von zu vereinbarenden Prinzipien zu beschränken [...].
Mit der Annahme dieser Prinzipien beginnen die Vereinigten Staaten und Russland heute eine neue Ära in ihren Beziehungen. In dieser neuen Ära streben wir nach Frieden, einem anhaltenden Frieden, der auf dauerhaften gemeinsamen Werten beruht.

Süddeutsche Zeitung vom 3. Februar 1992, S. 27

1. *Nennen Sie die wichtigsten Gründe für das Ende des Kalten Krieges zwischen den beiden Weltmächten.*

2. *Erörtern Sie, ob sich in der Erklärung überwiegend westliche Vorstellungen finden.*

3. *Gegenwärtig bedrohen neue Konflikte den Frieden. Beurteilen Sie, inwiefern eine Verständigung zwischen den USA und Russland diesen Gefahren vorbauen kann.*

[1] Arsenal: Waffenlager, Waffenvorräte

Internationaler Terrorismus

◂ **Befreit aus langer Geiselhaft.**
Foto aus Frankfurt vom 21. Januar 1981.
Die US-Botschaft in Teheran war 1979 von iranischen Studenten gestürmt worden, die vom Revolutionsführer Chomeini aufgestachelt worden waren. 444 Tage lang wurden 52 Diplomaten mit Duldung des iranischen Staates als Geiseln festgehalten. Erst im Gegenzug für die Freigabe von acht Milliarden Dollar iranischer Auslandsvermögen durch US-Banken kamen die Geiseln in ihre Heimat zurück.

Wurzeln und Vorbilder	**1793/94**	In Frankreich errichtet die Revolutionsregierung ein Terrorsystem. Wer im Verdacht steht, gegen die Revolution eingestellt zu sein, wird verfolgt und unterdrückt.
	1860-1900	In Russland verüben Anarchisten Sprengstoffattentate auf Mitglieder der Zarenfamilie und Vertreter das Staates. 1881 wird Zar Alexander II. getötet.
	1917-1921	Die Bolschewiki verfolgen mit „Rotem Terror" Gegner der Oktoberrevolution.
Terrorismus als „antiimperialistischer Kampf"	**1959**	Gründung der palästinensischen Guerilla-Organisation Fatah in Kuwait.
	1967	Gründung der marxistischen Palästinensergruppe PFLP.
	1967	Die Fatah übernimmt die Kontrolle über die palästinensische Dachorganisation PLO und sorgt für eine Militarisierung des Kampfes gegen Israel.
	1968	Die PFLP entführt ein israelisches Flugzeug und erpresst die Freilassung von Gefangenen. Danach starke Zunahme der Zahl von Flugzeugentführungen.
	21. 7. 1972	Die irische Organisation IRA zündet in Belfast 22 Bomben und tötet elf Menschen.
	5. 9. 1972	Während der Olympischen Spiele in München nehmen palästinensische Terroristen israelische Sportler als Geiseln. Alle Geiseln kommen ums Leben.
	Herbst 1977	Die deutsche RAF entführt den Arbeitgeberpräsidenten Hanns-Martin Schleyer, um inhaftierte Terroristen freizupressen. Mit der gleichen Forderung entführen Terroristen der PFLP eine Lufthansa-Maschine. Nach Befreiung aller Geiseln wird Schleyer ermordet.
Staatsterrorismus	**1978/79**	Sturz des Schahs und Errichtung der Islamischen Republik Iran unter Ajatollah Chomeini.
	1979-1981	Die Botschaft der USA in Teheran wird mit Duldung der Staatsführung besetzt.
	seit 1982	Bildung der Untergrundorganisation Hisbollah durch starke Unterstützung aus dem Iran.
	1986	Ein Anschlag auf die Berliner Diskothek „La Belle" im Auftrag Libyens tötet drei Personen.
	1988	Ein US-Flugzeug wird gesprengt und stürzt auf den schottischen Ort Lockerbie. Für den Anschlag mit 270 Toten wird Libyen verantwortlich gemacht.
	1992-1994	Hisbollah verübt Anschläge auf israelische Einrichtungen in Buenos Aires und London.
Internationaler islamistischer Terror	**11. 9. 2001**	Selbstmordanschläge in den USA kosten insgesamt 3000 Menschenleben.
	Okt. 2001	Die Bundesregierung beschließt Gesetze zur Terrorbekämpfung (verlängert 2007 u. 2011).
	nach 2001	Westeuropäer ziehen vermehrt in „Terrorcamps" in Afghanistan und Pakistan.
	2004/05	Bei al-Qaida-Anschlägen in Madrid und London sterben über 140 Menschen.
	2007	Die Bundespolizei vereitelt Sprengstoffanschläge einer deutschen islamistischen Zelle.
	2011	Ein über das Internet radikalisierter Islamist tötet in Frankfurt zwei US-Soldaten. Nur das Versagen seiner Waffe verhindert weitere Opfer.

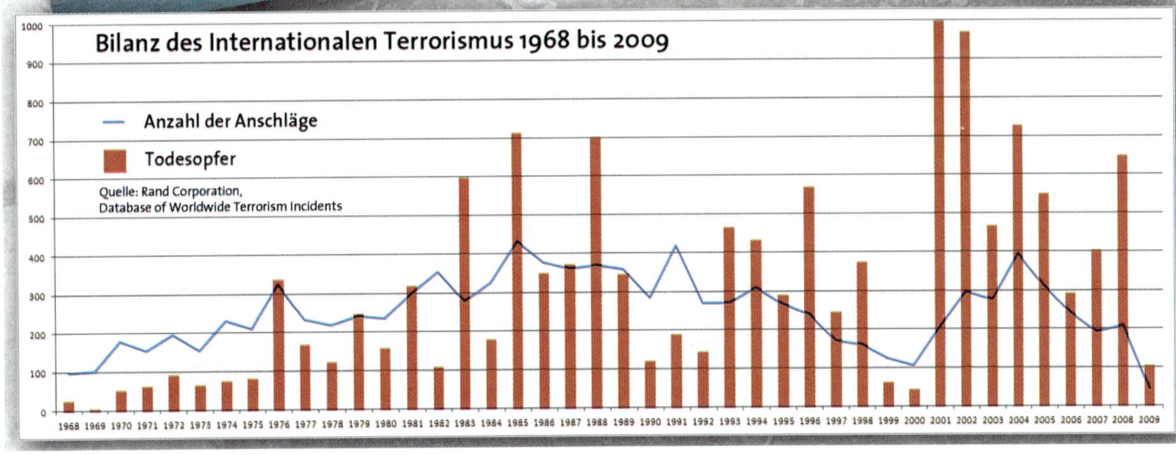

1: *1988 stürzte eine Boeing 747 nach einer Bombenexplosion auf den schottischen Ort Lockerbie. 270 Menschen starben. Der Anschlag wird dem libyschen Geheimdienst angelastet. Foto vom 22. Dezember 1988.* – **2**: *In Nordrhein-Westfalen scheiterte im Jahr 2006 ein Sprengstoffanschlag auf zwei Züge. Mehrere Täter wurden später im Libanon gefasst und verurteilt. BKA-Fahndungsplakat, August 2006.* – **3**: *Auf einem mit Sprengstoff beladenen Boot näherten sich am 12. Oktober 2000 zwei Selbstmordattentäter im Hafen von Aden (Jemen) dem amerikanischen Kriegsschiff „U.S.S. Cole". Sie sprengten ein Loch in die Bordwand und töteten 17 Seeleute. Die Organisation al-Qaida bekannte sich. Foto, Oktober 2000.* – **4**: *Im Norden Nigerias verüben von den Taliban beeinflusste Terroristen Anschläge auf Christen. Über 300 Kirchen wurden bereits zerstört. Foto aus Madalla, 2011.*

- *Diskutieren Sie mögliche Motive für die dargestellten terroristischen Angriffe und entwicklen Sie Konzepte zum Schutz gegen solche Taten.*
- *Das Diagramm zeigt die jährliche Anzahl internationaler Terroranschläge und ihre Todesopfer. Analysieren Sie die dargestellte Entwicklung und finden Sie eine mögliche Begründung.*

Vom „terreur" zum Terrorismus

Geschichtliche Wurzeln Der Begriff „Terrorismus" geht auf die Zeit der Französischen Revolution zurück. 1791 war die Monarchie durch eine Republik ersetzt worden. Die Königsherrschaft hatte aber im ganzen Land noch Anhänger. Maximilien Robespierre, radikaler Revolutionsführer, wollte die Republik stärken, indem er Gegner der Revolution töten ließ. Im ganzen Land errichtete er eine „Herrschaft des Terrors". Er erklärte, man müsse die Menschen durch Vernunft leiten, notfalls aber auch durch Gewalt unterdrücken: „Bezwingt durch Terror die Feinde der Republik, und ihr habt Recht, denn ihr seid die Gründer der Republik!"

Diese Haltung ist bis heute ein Grundmotiv von terroristischen Bestrebungen: Durch die Anwendung von Gewalt soll eine Veränderung der Gesellschaft zu einem angenommenen „besseren Zustand" erreicht werden. In diesem Sinne handelten z. B. russische Anarchisten, die seit etwa 1880 mit Pistolen und Dynamit gegen Vertreter der Zarenherrschaft vorgingen und 1881 auch Zar Alexander II. ermordeten. Ihr Versuch, auf diese Weise eine radikale Umwandlung der Gesellschaft zu erzielen, schlug jedoch fehl.

Nationaler Befreiungskampf Nach dem Zweiten Weltkrieg brachen in vielen Staaten des britischen und französischen Kolonialreichs antikoloniale Aufstände aus, die letztlich auch erfolgreich waren (**Dekolonisation**). Sie wurden von Gruppen geführt, die sich als „Befreiungsorganisationen" verstanden.

- Die vietnamesische Befreiungsorganisation Viet Minh hatte vor 1945 gegen die japanische Besatzung der französischen Kolonie Indochina gekämpft. Als die Franzosen nach dem Krieg zurückkehren wollten, setzte die Viet Minh den Kampf gegen die alte Kolonialmacht fort und erzwang 1954 den Abzug französischer Truppen.
- Die 1928 gegründete Muslimbruderschaft bekämpfte seit Anfang der 1940er-Jahre mit Bombenanschlägen und Attentaten den britischen Einfluss in Ägypten.
- Die Minderheit der Tamilen im Norden von Sri Lanka wurde durch die Mehrheit der Singhalesen diskriminiert. In den 1960er-Jahren gründeten sich Untergrundbewegungen, die sich 1976 zu den „Liberation Tigers of Tamil Eelam" zusammenschlossen.
- Die Nationale Befreiungsfront FLN im französisch beherrschten Algerien und die EOKA im britisch kontrollierten Zypern sind weitere Beispiele für antikoloniale, nationalistische Rebellengruppen der 1950er-Jahre.

Dekolonisation: Prozesse, durch die die Herrschaft von Kolonialmächten beendet wird und unabhängige Staaten entstehen. Blütezeit der D. waren die beiden Jahrzehnte nach dem Zweiten Weltkrieg.

Terrorismus wird „links" Seit den 1960er-Jahren wird die nationalistische Motivation vieler Befreiungsbewegungen erweitert: Angeregt durch den Erfolg der chinesischen Kommunisten 1949 unter Mao Zedong und der Revolution in Kuba 1959 unter Fidel Castro* strebten viele Befreiungsbewegungen nicht mehr nur **Autonomie**, sondern für ihren befreiten Staat auch eine marxistische Gesellschaft an. Dies war der Fall bei der Untergrundbewegung ETA, die für das Volk der Basken ein von Frankreich und Spanien autonomes und zugleich sozialistisches Baskenland erkämpfen wollte. Die Mitte der 1970er-Jahre gegründete Kurdische Arbeiterpartei PKK kämpfte mit terroristischen Mitteln vor allem von der Türkei aus für die nationale Unabhängigkeit der Kurden. Auch die Irisch-Republikanische Armee (IRA), die für eine Loslösung Nordirlands von Großbritannien kämpfte, vertrat ein sozialistisches Gesellschaftsmodell.

Autonomie: Zustand der Unabhängigkeit, Entscheidungsfreiheit und Selbstbestimmung. Der Begriff wird auf Personen, Gemeinschaften und Staaten angewandt.

* siehe S. 249 und 257 f.

In mehreren Staaten Südamerikas gelangten in den 1960er- und 70er-Jahren Offiziere durch Putsch an die Macht. Auch in diesen Ländern formierten sich militante Befreiungsbewegungen. Sie bekämpften die Militärdiktaturen und forderten zugleich die Revolution zugunsten der Landlosen. Ihr Kampf nahm in jedem Land unterschiedliche Formen an. Er wurde meist mit militärischen Mitteln, aber auch mit Anschlägen und Terrorakten geführt. Oft operierten kleine, lose organisierte **Guerillas**, griffen einzelne Ziele an und zogen sich danach in sichere Gebiete zurück. Die Rebellen genossen oft Ansehen bei der einheimischen ländlichen Bevölkerung, für die sie zu kämpfen vorgaben. Terroristen in Europa nahmen sich den Guerillakampf zum Vorbild (▸ M1). Im Kalten Krieg wurden viele Befreiungsbewegungen weltweit von der Sowjetunion oder ihren Bündnispartnern unterstützt.

Guerilla (span: kleiner Krieg): Kampfgruppen, die in Bürgerkriegen als bewaffnete Banden operieren, durch Teile der Zivilbevölkerung unterstützt werden, sich Waffen beim Gegner beschaffen, sichere Rückzugsgebiete besitzen und mit Einzelaktionen aus dem Untergrund auch übermächtige Gegner angreifen

Nahost-Konflikt ■ Sofort nach der Gründung des Staates Israel 1948 griffen die arabischen Staaten der Region das Land an. Israel siegte und konnte territoriale Gewinne erzielen. Hunderttausende arabische Einwohner wurden zu Flüchtlingen. Palästinensische Kampfgruppen, darunter die 1959 gegründete Fatah unter der Führung von **Yassir Arafat**, griffen von Syrien und dem Libanon aus immer wieder Ziele in Israel an.

Im Juni 1967 kam Israel einem ägyptischen Angriff zuvor und eroberte im Sechstagekrieg die Sinaihalbinsel, das Westjordanland mit der Altstadt von Jerusalem, den Gaza-Streifen und die Golanhöhen. Die Niederlage von Ägypten, Syrien und Jordanien verschaffte den radikalen Gruppen erheblichen Zulauf. Die Fatah schloss sich der Palästinensischen Befreiungsorganisation (PLO) an, einer Dachorganisation aller palästinensischen Unabhängigkeitsbewegungen. Die militante Fatah erlangte in ihr die Oberhand und verlagerte den Schwerpunkt von politischen zu terroristischen Aktionen. Ziel der einzelnen Gruppierungen innerhalb der PLO war zu dieser Zeit der bewaffnete Untergrundkampf gegen den jüdischen Staat.

Yassir Arafat (1929-2004): palästinensischer Freiheitskämpfer und Politiker; Mitbegründer und Führer der Fatah, ab 1969 Vorsitzender der PLO, seit den späten 1980er-Jahren Abkehr vom Terrorismus und Anerkennung Israels; 1994 Friedensnobelpreis, 1996-2004 Präsident der „Palästinensischen Autonomiegebiete“

Terrorismus wird international ■ Seit den späten 1960er-Jahren wurde Terrorismus auch außerhalb der eigentlichen Konfliktgebiete verstärkt wahrgenommen. Die Entführung von Verkehrsflugzeugen wurde eine bevorzugte Kampftaktik verschiedener Gruppen. 1968 entführte die sozialistische Volksfront zur Befreiung Palästinas (PFLP) ein Flugzeug der israelischen Linie „El Al“ nach Algerien und erpresste die Freilassung von 16 in Israel verurteilten arabischen Terroristen. Die Zahl der Flugzeugentführungen stieg danach dramatisch an.

Der Kampf der terroristischen Gruppen hatte neue Formen angenommen: Erstens wurden nun unbeteiligte Personen außerhalb der Krisengebiete zu Opfern. Zweitens zielten die Anschläge nicht auf die Überwindung eines Gegners oder dessen militärische Schwächung. Vielmehr wollten Terroristen durch hochsymbolische Aktionen auf ihre Forderungen aufmerksam machen, Unterstützer mobilisieren und das eigene Lager stärken. Daraus resultiert drittens die hohe Bedeutung, die Terroristen einer öffentlichen Verbreitung ihrer Taten durch die Medien beimessen.

▲ **Machtdemonstration und Medieninszenierung.**
Foto vom 12. September 1970.
Terroristen der PFLP entführten am 6. und 9. September 1970 fünf Flugzeuge, die nach New York unterwegs waren. Vier der Maschinen mit insgesamt 310 Geiseln wurden auf einen Wüstenflughafen in Jordanien gelenkt. Am 12. September sprengten die Terroristen vor herbeigerufenen Journalisten die leeren Flugzeuge. Die Geiseln wurden später im Austausch gegen Häftlinge freigelassen.

München 1972 Die Strategie, den Terror in die Staaten des Westens zu tragen, wurde bei den Olympischen Sommerspielen in München 1972 offenkundig. Es sollten „heitere Spiele" werden, um ein demokratisches Deutschland zu präsentieren und die Erinnerung an die Olympischen Spiele in Berlin 1936 in der Hintergrund treten zu lassen. Bewusst hatte man auf starke und auffällige Sicherheitsmaßnahmen verzichtet.

▲ **Geiselnahme im Olympischen Dorf.**
Foto vom 5. September 1972. Einer der Terroristen auf dem Balkon des Quartiers der israelischen Sportler. Livebilder der Geiselnahme wurden wegen der Medienpräsenz bei den Spielen in alle Welt gesendet.

Daher konnten am Morgen des 5. September acht palästinensische Terroristen mühelos über den Zaun des Olympischen Dorfes klettern und in das Appartment der israelischen Olympiamannschaft eindringen. Dort ermordeten sie zwei Sportler und nahmen elf als Geiseln. Die Gruppe, die sich „Schwarzer September" nannte, verlangte die Freilassung von 232 Gesinnungsgenossen aus israelischen Gefängnissen, der deutschen RAF-Terroristen Andreas Baader und Ulrike Meinhof* sowie eines japanischen Attentäters.

Israels Regierung lehnte die Erfüllung der Forderung und jede Verhandlung ab. Ein Nachgeben würde für alle Zukunft das Leben israelischer Staatsbürger im Ausland gefährden. Die Erpresser verlangten daraufhin, mit ihren Geiseln nach Kairo ausgeflogen zu werden. Die Bundesregierung ging zum Schein auf diese Forderung ein und ließ Terroristen und Sportler zum Flughafen Fürstenfeldbruck bringen. Dort kam es beim Versuch der bayerischen Polizei, die Geiseln zu befreien, zu einer Katastrophe. Die Entführer bemerkten, dass sie in eine Falle gelockt worden waren, eröffneten das Feuer und töteten alle Geiseln. Auch ein Polizist sowie fünf der Attentäter kamen beim Schusswechsel ums Leben. Die unterbrochenen Olympischen Spiele wurden nach einer Trauerfeier fortgesetzt (▸ M2).

Lehren aus München Terroristen hatten inmitten der westlichen Welt zugeschlagen und die Olympischen Spiele als Bühne missbraucht. Die deutschen Sicherheitsbehörden waren auf einen derartigen Angriff in keiner Weise vorbereitet. Als Konsequenz wurde noch im September 1972 die Antiterroreinheit „Grenzschutzgruppe 9" (GSG 9) gegründet. Sie hatte ihren größten Erfolg 1977 bei der Befreiung aller Geiseln aus der entführten Lufthansa-Maschine „Landshut".**

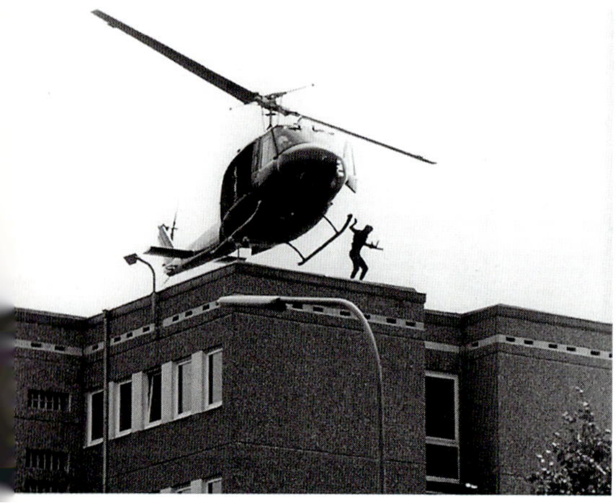

▲ **GSG 9 bei der Ausbildung.**
Foto von 1978.

Die Forderungen der Geiselnehmer zeigten auch die internationale Vernetzung verschiedener terroristischer Gruppen. Ulrike Meinhof spendete dem „Schwarzen September" aus der Haft heraus Beifall. Palästinensische Organisationen hatten seit mehreren Jahren Kontakt zu europäischen Terrorgruppen aufgenommen. In Ausbildungslagern im Libanon, im Jemen und in Jordanien waren bereits zahlreiche Mitglieder der RAF, der ETA und der IRA ausgebildet und mit Waffen ausgerüstet worden.

Seit den 1970er-Jahren gab es keine geografische Begrenzung des Terrors mehr. Einzelne Gruppen verbanden sich miteinander zu flexiblen, dezentralen Netzwerken. Anschläge konnten jederzeit und überall erfolgen. Die drei überlebenden Attentäter von München wurden schon am 29. Oktober 1972 von Gesinnungsgenossen durch die Flugzeugentführung einer Lufthansa-Maschine freigepresst. Zunehmend wurde deutlich, dass es gegen Terror keinen effektiven Schutz gibt.

* siehe S. 147
** siehe S. 149, M3

M1 Ein Lehrbuch für Terroristen

Carlos Marighella (1911-1969) organisiert den bewaffneten Kampf gegen die brasilianische Militärdiktatur. Er verfasst 1969 ein „Minihandbuch des Stadtguerillero“, das vielen Terrorgruppen, darunter auch die RAF, als Vorbild dient.

Das Berufsmilitär und die Polizei, die der Regierung dient, verfügen über moderne Waffen und Fahrzeuge und können sich frei zu jedem beliebigen Ort bewegen, wobei sie alle Mittel der bestehenden Staatsmacht zur Verfügung haben. Der Stadtguerillero verfügt nicht über solche Mittel – seine Praxis ist die des Untergrunds. Oft liegt ein Haftbefehl gegen ihn vor oder er ist schon verurteilt – und daher gezwungen, gefälschte Ausweise zu benutzen. Der Stadtguerillero hat dennoch einen Vorteil gegenüber dem Berufsmilitär und der Polizei. Militär und Polizei handeln auf der vom Volk verhassten Seite des Feindes, während der Stadtguerillero eine gerechte Sache, nämlich die Sache des Volkes vertritt. [...] Der bewaffnete Kampf hat [...] zwei wesentliche Ziele, die mit unaufhörlicher Verschärfung zu verfolgen sind:
a) die physische Beseitigung von Führern und untergeordneten Personen innerhalb der Streitkräfte und der Polizei;
b) die Enteignung der Regierung, der großen Kapitalisten, Großgrundbesitzer und Imperialisten. [...]
Existenzbasis und unabdingbare Voraussetzung seines Handelns und seines Überlebens ist das Schießen. [...] Will er nicht selbst getötet werden, so muss der Stadtguerillero als erster schießen, ohne das Ziel zu verfehlen. [...]
Um Aktionen durchführen zu können, muss der Stadtguerillero in kleinen Gruppen organisiert sein. Sie umfasst nicht mehr als 4 bis 5 Männer und heißt Feuergruppe. [...] Die Feuergruppe plant und führt die Aktionen der Stadtguerilla aus, verschafft und versteckt ihre Waffen und studiert und korrigiert die angewandten Taktiken. [...] Das bedeutet, dass [...] jede Feuergruppe einen Banküberfall, eine Entführung, eine Hinrichtung – sei es die eines Agenten der Diktatur, einer genau identifizierten Person der Reaktion oder eines nordamerikanischen Spions – beschließen und durchführen und jede Art von Propaganda und Nervenkrieg gegen den Feind führen kann, ohne vorher das strategische Kommando zu konsultieren. [...] Was zählt, ist der wachsende Umfang der Guerilla-Aktivität, die die Regierungsmacht aufreibt und sie zwingt, sich in eine Defensivstellung zurückzuziehen.

Conrad Detrez (Hrsg.), Zerschlagt die Wohlstandsinseln der Dritten Welt, Reinbek 1971, S. 46 f. und 75 f.

1. *Beschreiben Sie, welche Handlungen nach Marighella ein „Stadtguerillero“ vornimmt.*

2. *Arbeiten Sie heraus, welche Rechte, die in einer Demokratie allein dem Staat zukommen, ein Guerillero in die eigene Hand nehmen soll.*

3. *Diskutieren Sie, warum Menschen in Westeuropa sich dieses Konzept zum Vorbild nehmen konnten.*

M2 Das Leben braucht Versöhnung

Auf der Trauerfeier am 5. September 1972 im Olympiastadion spricht der Chef des IOC, Avery Brundage, den berühmten Satz „The games must go on“. Der deutsche Bundespräsident Gustav Heinemann sagt in seiner Ansprache:

Wo vor Kurzem noch frohe Gelöstheit herrschte, zeichnen jetzt Ohnmacht und Erschütterung die Gesichter der Menschen. Fassungslos stehen wir vor einem wahrhaft ruchlosen Verbrechen. In tiefer Trauer verneigen wir uns vor den Opfern des Anschlages. Unser Mitgefühl gilt ihren Angehörigen und dem ganzen Volk Israel. Dieser Anschlag hat uns alle getroffen. [...]
Wer sind die Schuldigen an dieser Untat? Im Vordergrund ist es eine verbrecherische Organisation, die glaubt, dass Hass und Mord Mittel des politischen Kampfes sein können. Verantwortung tragen aber auch jene Länder, die diese Menschen nicht an ihrem Tun hindern. Allen Menschen in allen Teilen der Welt ist in den letzten Stunden vollends klargeworden, dass Hass nur zerstört. Die Opfer auch dieses Anschlages rufen uns abermals auf, unsere ganze Kraft für die Überwindung des Hasses einzusetzen. Gerade angesichts der neuen Opfer gilt es jetzt, dem Fanatismus, der die Welt aufgeschreckt hat, den Willen zur Verständigung entgegenzusetzen.
Die olympische Idee ist nicht widerlegt. Wir sind ihr stärker verpflichtet als zuvor. Bei dem, was wir erleben mussten, besteht keine Trennungslinie zwischen Nord und Süd, keine zwischen Ost und West. Hier besteht eine Trennungslinie zwischen der Solidarität aller Menschen, die den Frieden wollen, und jenen anderen, die in tödliche Gefahr bringen, was das Leben lebenswert macht. Das Leben braucht Versöhnung. Versöhnung darf nicht dem Terror zum Opfer fallen. Im Namen der Bundesrepublik appelliere ich an alle Völker dieser Welt: Helft mit, den Hass zu überwinden. Helft mit, der Versöhnung den Weg zu bereiten.

Bulletin des Presse- und Informationsamtes der Bundesregierung 1972, S. 1523

1. *Arbeiten Sie heraus, welche Verantwortlichen für das Münchener Attentat Heinemann benennt.*

2. *Erklären Sie, warum der Bundespräsident zur „Versöhnung“ aufruft. An wen richtet sich der Aufruf?*

3. *Informieren Sie sich über die Geschichte der „olympischen Idee“.*

Bedrohungen in der Gegenwart

▲ **Mitglieder der Hisbollah auf einer „Märtyrerehrung".**
Foto aus Beirut von 1996.
Mit geschwärzten Gesichtern und Bombenattrappen demonstrieren diese Männer ihre Bereitschaft, selbst zu „Märtyrern" im Dschihad zu werden.

Selbstmordattentate Frühere Terrorgruppen waren darauf bedacht, dass ihre Mitglieder bei Anschlägen weder gefangen genommen noch verletzt oder getötet werden. Allenfalls wurden Hungerstreiks als politische Druckmittel eingesetzt, etwa von der IRA und der RAF.

Eine gefährlichere Stufe erreichte der Terrorismus, als Anfang der 1980er-Jahre Mitglieder radikaler Gruppen bei Anschlägen ihr eigenes Leben als Waffe einsetzten. So explodierten in Beirut im Oktober 1983 innerhalb weniger Minuten zwei mit Sprengstoff beladene Lastwagen, die von ihren Fahrern ungebremst in Gebäude der US-Army und der französischen Armee gesteuert worden waren. Die Attentäter gehörten der Hisbollah an. Die Zahl der Opfer überstieg fast alle bisherigen Terrorakte, über 300 Menschen starben.

Der Anschlag führte zum Rückzug der internationalen Friedenstruppen aus dem Libanon, ein Ziel, das seine Urheber beabsichtigt hatten. Er verschaffte der Hisbollah großen Zulauf und machte sie zur unangefochtenen Kraft in der Region. Die Hisbollah pries die Täter als **Märtyrer** und forderte Muslime zur Nachahmung auf. Selbstmordattentate wurden seither immer häufiger: In den 1980er-Jahren wurden durchschnittlich fünf Selbstmordanschläge pro Jahr registriert, 2001 waren es 81, 2005 bereits 460.

Geografische Ausweitung Die meisten Selbstmordanschläge wurden zur Unterstützung nationalistischer Bewegungen ausgeführt. In Sri Lanka verstehen sie sich als Teil des Unabhängigkeitskampfes der tamilischen „Befreiungstiger", in Israel als Krieg der palästinensischen Gruppen gegen des jüdischen Staat, in Kurdistan als Kampfstrategie der PKK für einen autonomen Staat. Einige Gruppen agieren jedoch auch außerhalb ihrer eigentlichen Interessengebiete und verstehen sich als Bestandteile eines weltweiten Kampfes. Zu diesen Terroristen gehören die neunzehn Selbstmordattentäter, die am 11. September 2001 vier Flugzeuge in den USA entführten und damit Anschläge in New York und Washington ausführten.*

Die dahinterstehende Ideologie des Islamismus will den Islam weltweit ausbreiten. Aus Schriften und Reden ihrer Anführer gehen seine Ziele hervor: Er erstrebt die Vertreibung der Nicht-Muslime aus den islamischen Staaten, die „Befreiung" aller Länder, die früher einmal zum islamischen Herrschaftsbereich gehörten (Israel, aber auch Spanien und Indien) sowie die Errichtung islamischer Staaten in allen Ländern, in denen heute Muslime leben. Regierungen von Staaten mit mehrheitlich muslimischer Bevölkerung, die nicht der strengen Koranauslegung des Islamismus folgen oder gar mit westlichen Ländern freundschaftliche Beziehungen unterhalten, gelten als „abgefallen" vom wahren Islam und dürfen ebenso bekämpft werden.

Mit dieser Ideologie lässt sich eine globale Ausweitung des terroristischen **Dschihad** begründen. In das Schema passt neben dem Anschlag auf die USA 2001 auch das bislang schlimmste Attentat in Europa: 2004 wurden in Madrid gleichzeitig zehn Bombenexplosionen ausgelöst und dabei 191 Menschen getötet. Die Täter sprengten sich drei Wochen später bei einer Razzia in die Luft (▸ M1).

Märtyrer (griechisch „Zeuge"): Mensch, der wegen seines Glaubens getötet und dafür von Gott belohnt wird

Dschihad: wörtl. „Einsatz für die Sache Gottes". Von den meisten Muslimen als innere Anstrengung bei der Hingabe an Gott verstanden, von anderen als bewaffneter Kampf zum Schutz und zur Ausbreitung des Islam.

* siehe S. 284

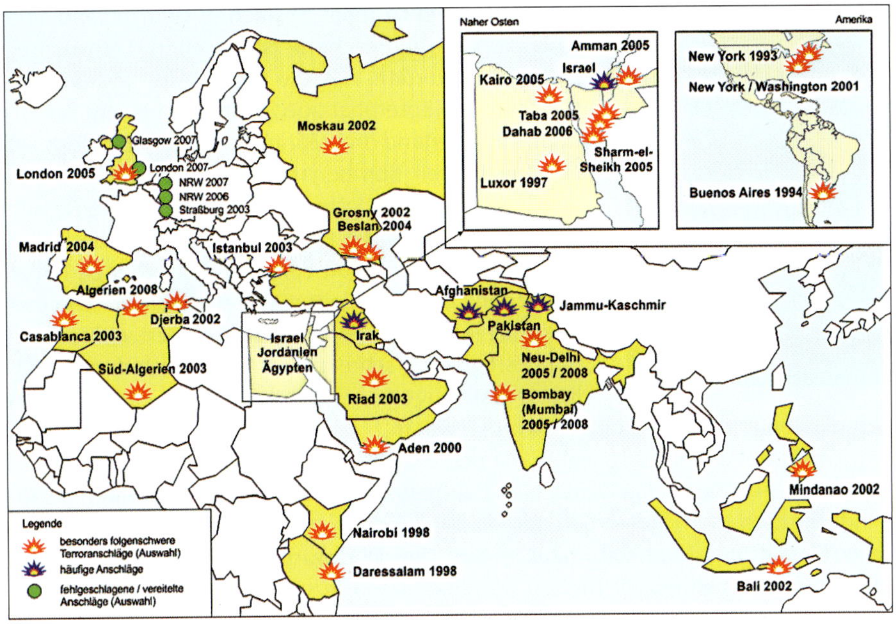

◄ **Anschläge mit islamistischem Hintergrund.**
Für die verzeichneten Terroranschläge sind verschiedene Gruppen verantwortlich.

„Home-grown"-Terrorismus Ein zunehmende Gefahr sehen Sicherheitsbehörden in Personen, die inmitten der westlichen Gesellschaft zum Islamismus gelangen. Manche Emmigranten der zweiten oder dritten Generation, die hier aufgewachsen sind, sind von der westlichen Gesellschaft enttäuscht oder abgestoßen. Wenn sie daraufhin das demokratische Wertesystem im Ganzen ablehnen, können sie in den Sog extremer Ideologien geraten. Darüber hinaus gibt es Personen ohne Migrationshintergrund, die teils aus religiösen, teils aus politischen Gründen zum Islam übertreten (Konvertiten). In den meisten Fällen führt eine Radikalisierung oder ein Glaubenswechsel nicht zum Terrorismus. Allerdings gibt es Netzwerke, die sich auf die Beeinflussung und Aufhetzung solcher Personen verstehen und deren radikalste Mitglieder auch zu Taten bereit sind.

Dies war der Fall bei den Anschlägen auf Londoner Transportmittel am 7. Juli 2005. Vier Selbstmordattentäter sprengten nahezu gleichzeitig drei U-Bahn-Züge und einen Bus in die Luft. Dabei kamen 52 Menschen ums Leben, 700 wurden verletzt. Drei der Täter waren in Großbritannien als Söhne pakistanischer Einwanderer geboren und aufgewachsen, ein vierter war im Kindesalter mit den Eltern aus Jamaica immigriert. Alle standen im Berufsleben oder waren Schüler; zwei der Täter waren verheiratet und hatten Kinder. Keiner von ihnen war jemals polizeilich in Erscheinung getreten. Ihre Wandlung zum Terrorismus hatte sich schrittweise vollzogen, wobei die Gemeinde, der sie sich angeschlossen hatten, und ein „Islamisches Kulturzentrum", das sie regelmäßig besuchten, eine Rolle spielten.

▲ **Von einem Selbstmordattentäter gesprengter Bus.**
Foto aus London vom 7. Juli 2005.
Die al-Qaida hat sich später zu den Anschlägen in London bekannt und sie mit der britischen Außenpolitik begründet.

▲ **Chemikalienvorräte der „Sauerland-Gruppe".**
Foto vom September 2007. Die Polizei hatte die Zutaten für den Bombenbau lange vor dem Zugriff unbemerkt gegen harmlose Stoffe ausgetauscht.

Die „Sauerland-Gruppe" Auch in Deutschland sind Fälle von einheimischem islamischen Terrorismus bekannt geworden, z.B. die sogenannte „Sauerland-Gruppe": Im September 2007 wurden in einem Ferienhaus im Sauerland drei Männer verhaftet, die dort seit Monaten einen Bombenanschlag vorbereiteten. Das Bundeskriminalamt hatte die Gruppe observieren lassen und ermittelt, dass sie sich Chemikalien beschafft und mit der Herstellung von Sprengstoff begonnen hatte. Durch den Zugriff der Polizei ist vermutlich ein schwerer Anschlag in der Bundesrepublik verhindert worden. Die Bundesregierung schreibt den Erfolg auch den gesetzlichen Regelungen zur Terrorbekämpfung zu, die 2001 beschlossen und 2007 verlängert worden waren.

Nach ihrer Verhaftung legten die drei Männer und ein Helfer umfassende Geständnisse ab. Alle sind in Deutschland aufgewachsen, zwei von ihnen waren als Jugendliche zum Islam konvertiert. Ihre Radikalisierung erfolgte im Umfeld der islamischen Einrichtung „Multikulturhaus" in Neu-Ulm. Dort warben extremistische Prediger unter Jugendlichen gezielt für den Dschihad. Das Haus war 2005 vom Bayerischen Innenministerium geschlossen, sein Trägerverein verboten worden.

2006 durchliefen die Islamisten ein militärisches Trainingscamp in Pakistan, das von der Gruppe „Islamische Dschihad-Union" betrieben wurde. Dort sei der Entschluss gefallen, Anschläge in Deutschland zu begehen. Sie sollten in zeitlicher Nähe zu einer Bundestagsabstimmung über die Verlängerung des Einsatzes der Bundeswehr in Afghanistan stattfinden. Durch die Bomben sollte Druck auf die Politik ausgeübt und ein Rückzug der Truppen erzwungen werden. 2009 wurden die Haupttäter zu Freiheitsstrafen von elf bis zwölf Jahren, der Helfer der Gruppe zu fünf Jahren Gefängnis verurteilt.

▲ **Islamistische Webseiten.**
Screenshots, 2008-2010.

Neue Erkenntnisse und Entwicklungen In Afghanistan, Pakistan, Algerien und im Jemen unterhalten Gruppen wie al-Qaida terroristische Ausbildungslager. Etwa 220 Personen in Deutschland, so vermutet der Verfassungsschutz, haben seit 1990 dort eine paramilitärische Ausbildung durchlaufen, die Hälfte davon soll zurückgekehrt sein. Andere Deutsche haben in bewaffneten Konflikten an der Seite muslimischer Rebellen gekämpft. In der islamistischen Szene genießen Rückkehrer hohes Ansehen, besonders bei Jugendlichen, und tragen zu einer Radikalisierung bei.

Die Camps, die radikale Muslime zum Erlernen des Dschihad aufsuchen, werden nicht mehr nur von al-Qaida und verwandten Gruppen aus dem arabischen Raum betrieben. Zunehmend sind Organisationen aus Usbekistan aktiv, einem ölreichen, diktatorisch regierten Nachfolgestaat der Sowjetunion. Gruppen wie die „Islamische Dschihad-Union" werben gezielt um die ethnisch und sprachlich verwandten Türken. Anzeichen sprechen dafür, dass eine neue Generation von Terroristen innerislamische nationale Grenzen durchbricht.

Der erste islamistische Mordanschlag in der Bundesrepublik wurde am 2. März 2011 am Frankfurter Flughafen verübt. Ein in Frankfurt aufgewachsener Kosovo-Albaner tötete zwei US-Soldaten der ISAF-Truppe und verletzte zwei andere schwer. Der Täter steht für eine neue Entwicklung, da er keiner Organisation angehörte, sondern sich ausschließlich über das Internet radikalisiert hat (▸ M2).

M1 Typologie des Terrorismus

Unterschiede und Gemeinsamkeiten zwischen dem nationalen Terrorismus der 1960er- bis 90er-Jahre und dem internationalen Terrorismus seit Ende des 20. Jahrhunderts verdeutlicht diese Tabelle:

	Nationaler Terrorismus	Internationaler Terrorismus
Auftreten:	innerstaatlich, dort oft regional orientiert meist mit Bekennertum	außerstaatlich, länderübergreifend zunehmend mit Bekennertum
Zielsetzung:	Erpressung der Regierung Verunsicherung der Bevölkerung Systemwechsel	Nötigung von Regierungen oder internationalen Organisationen Einschüchterung der Bevölkerung Systemvernichtung
Anschlags-ziele:	bekannte Vertreter des „Systems" gezielte Opferauswahl Nebenschäden werden in Kauf genommen	Symbole des Systems, Infrastruktur willkürliche, zufällige Opferauswahl möglichst hohe Opferzahlen
Mittel:	herkömmliche Anschläge organisierter, bewaffneter Kampf meist verdeckte Operationen	terroristische Massenmorde Selbstmordattentate psychologische Kriegsführung über die Medien
Strukturen:	hierarchische Gliederung stationäre lokale Terrorzellen relativ kleine Unterstützerszene (sog. „Eliten") allenfalls lose Verbindungen zu ausländischen Gruppen	horizontale Netzwerke mobile Aktivisten, „Schläferzellen" relativ große Szene von Sympathisanten allenfalls lose Verknüpfung der Netzwerke untereinander

1. *Ordnen Sie die im Kapitel genannten Gruppen und deren Anschläge in das Schema ein.*

2. *Untersuchen Sie, ob es neben diesen Formen weitere Arten von Terrorismus gibt.*

M2 Dschihad und Internet

Das Internet ist eine wesentliche Grundlage für die Entwicklung des „Home-grown"-Terrorismus. Islamistische Netzwerke versuchen, Muslime in westlichen Ländern mit ihren Internetauftritten zu erreichen. Der Verfassungsschutz berichtet:

Al-Qaida will mittels Online-Magazinen gezielt potenzielle Rekruten in westlichen Ländern ansprechen. So hat al-Qaida auf der arabischen Halbinsel (AQAH) mittlerweile mehrere Ausgaben des englischsprachigen jihadistischen Online-Magazins Inspire herausgegeben. [Sie] hat mit Inspire ein Medium geschaffen, das sich auf sprachlich hohem Niveau in erster Linie an im Westen lebende Sympathisanten des globalen Jihad richtet. Darin rät AQAH nicht nur zur Ausreise in Jihadgebiete, sondern empfiehlt, Anschläge unmittelbar in westlichen Ländern zu begehen, insbesondere auch, um diese wirtschaftlich zu schädigen.
Inspire beinhaltet zahlreiche Anregungen für Anschläge in westlichen Innenstädten in Eigeninitiative und für Einzelpersonen. Die Vorschläge dürften mit ihren drastischen brutalen Schilderungen auf das Interesse gewaltbereiter Islamisten stoßen. Beispielsweise werden unter dem Titel „Ultimative Mähmaschine" Muslime dazu aufgerufen, aufzuwachen und den USA das zurückzuzahlen, was den US-Amerikanern zustehe. Dazu gibt es Ratschläge, wie man den „individuellen Jihad" im Westen kostengünstig finanzieren könne. So könne man einen Pickup-Geländewagen, an dem man „vorne und hinten auf beiden Seiten Stahlklingen, am besten vom Metzger," anbringt, „mit hoher Geschwindigkeit" in eine Menschenmenge steuern und anschließend, falls eine Waffe vorhanden sei, um sich schießen, um weitere Menschen zu töten. Da es nach einem solchen Anschlag schwierig sei, zu entkommen und später nicht erkannt zu werden, wird geraten: „Es ist eine Einbahnstraße. Du kämpfst so lange weiter, bis du als Märtyrer stirbst". [...]
Auf den Kämpfern, die Kenntnisse in Mikrobiologie oder Chemie haben, laste eine größere Verantwortung. Diese werden ermutigt, Massenvernichtungswaffen zu entwickeln. [...]
Hier scheint sich eine strategische Änderung von al-Qaida anzudeuten. Vor allem durch eine Vielzahl kleiner Anschläge soll ein möglichst großer wirtschaftlicher Schaden entstehen. Al-Qaida bezeichnet dies als „Strategie der tausend Schritte".

Bayerisches Staatsministerium des Innern, Verfassungsschutzbericht 2010, München 2011, S. 46-48

1. *Beurteilen Sie, wer für derartige Propaganda besonders anfällig ist und welche Wirkung sie haben kann.*

2. *Entwickeln Sie kreative Strategien für eine Bekämpfung islamistischer Werbung im Internet.*

Neue Weltordnung – die Rolle der USA nach 9/11

◄ **Militärische Auszeichnung für Verbündete.**
Foto aus Afghanistan vom 13. Mai 2010.
Für die Lebensrettung deutscher Soldaten wurde 14 US-Fliegern die höchste deutsche Tapferkeitsauszeichnung verliehen. Die Verantwortung für Frieden und Sicherheit in der Welt wurde nach den Anschlägen vom 11. September 2001 neu verteilt.

Vor 9/11	**Dez. 1979**	Sowjetischer Einmarsch in Afghanistan, gegen den sich ein breiter militärischer Widerstand formiert (Mudschahidin).
	1988	Abzug der sowjetischen Truppen wegen zunehmender Unregierbarkeit des Landes.
	seit 1988	Radikale Rebellen (Mudschahidin), die den islamistischen Kampf außerhalb Afghanistans fortsetzen wollen, schließen sich zur Organisation al-Qaida zusammen.
	1990	Irakische Truppen fallen in Kuwait ein.
	1990-1991	Eine US-geführte Militärintervention erzwingt den Rückzug des Irak aus Kuwait.
	seit 1990	Ein internationales Handelsembargo gegen den Irak verschlechtert die Lebensbedingungen der Bevölkerung.
	1994	In Afghanistan treten erstmals die fundamentalistischen Taliban-Milizen in Erscheinung. Sie übernehmen bis 1996 die Kontrolle und errichten eine religiöse Diktatur.
Die Anschläge und die Folgen	**11. 9. 2001**	In den USA werden symbolische Ziele von Terroristen mit Flugzeugen angegriffen; etwa 3000 Menschen sterben. Die USA machen al-Qaida dafür verantwortlich.
	7. 10. 2001	Beginn von Bombenangriffen auf Afghanistan zur Ausschaltung der al-Qaida-Stützpunkte im Land.
	Dez. 2001	Entmachtung der Taliban und Einsetzung einer Übergangsregierung in Afghanistan.
	Nov. 2002	Eine UN-Resolution zwingt den Irak, internationale Waffeninspektoren zuzulassen.
	Anfang 2003	Die USA gewinnen Länder, die ein militärisches Vorgehen gegen Irak unterstützen.
	März 2003	Beginn des Angriffs auf den Irak (Operation „Iraqi Freedom“).
Neue Wege und Instrumente der Weltpolitik	**März 2003**	Vereidigung der ersten Richter am neu eingerichteten Europäischen Strafgerichtshof in Den Haag.
	Dez. 2003	Die Europäische Union legt eine eigene Sicherheitsstrategie vor.
	Juli 2006	Die Europäische Union führt erstmals einen militärischen Auslandseinsatz durch: Sicherung demokratischer Wahlen im Kongo.
	Nov. 2008	Wahl von Barack Obama (Demokratische Partei) zum Präsidenten der USA.
	Dez. 2009	Verleihung des Friedensnobelpreises an Barack Obama.
	2. 5. 2011	Osama bin Laden wird bei einem US-Auslandseinsatz in Pakistan getötet.
	Okt. 2011	Präsident Obama kündigt den Abzug der US-Truppen aus dem Irak bis Ende 2011 an.

1

2

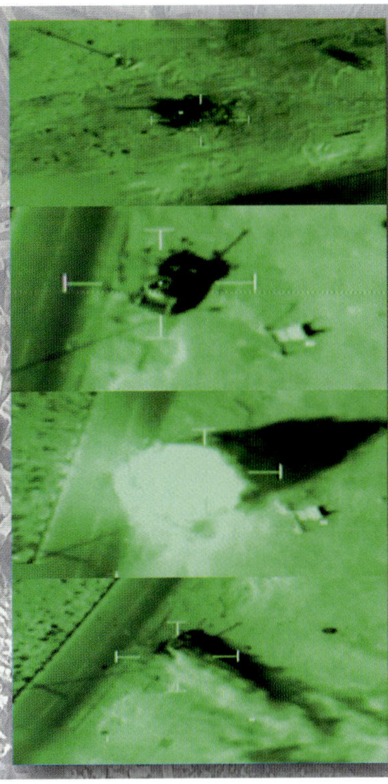

3

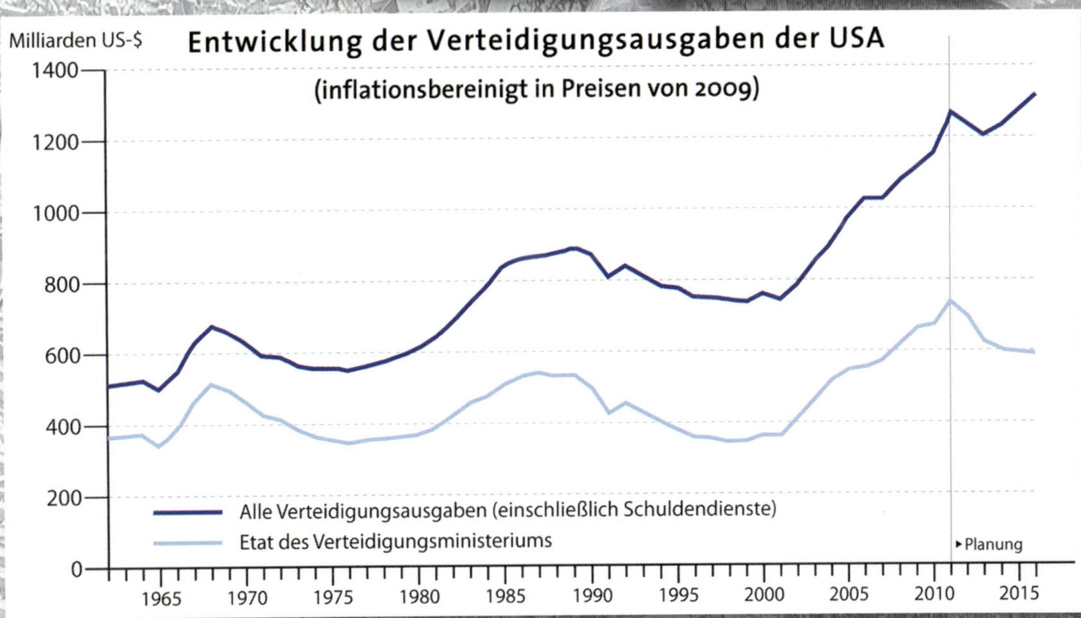

1: Nach den Anschlägen von 2001 haben die USA neue Sicherheitsgesetze erlassen. Scharfe Kontrollen des Flugverkehrs verstärken den Eindruck einer „Festung Amerika". Foto aus New York, 2006. – 2: Amerikas politisches und militärisches Vorgehen führt in vielen muslimischen Ländern zu Kritik. Dabei kommt es auch zu Flaggenverbrennungen. Foto aus Pakistan, 2010. – 3: Die seit 2001 geführten Kriege wurden in den Medien zensiert übertragen. Der vermittelte Eindruck einer „chirurgischen Kriegsführung" ohne zivile Opfer und eigene Verluste entspricht nicht der Realität. Fotos vom Luftangriff auf einen Panzer in Libyen, 2011.

- *Arbeiten Sie heraus, was die gezeigten Materialien mit dem Kapitelthema verbindet.*
- *Erläutern Sie vor dem Hintergrund des Kapitels „Ost-West-Konflikt und Kalter Krieg" die Wendepunkte im Diagramm. Diskutieren Sie Gründe und mögliche Folgen der Entwicklung seit 2001.*

Der 11. September 2001 – ein Wendepunkt?

▲ Anschlag auf das World Trade Center in New York.
Zeitschriftencover, September 2001.
Die Türme standen für alles, was islamistische Kräfte an Amerika hassen: Sie verkörperten Macht, Reichtum und die weltweite Vorherrschaft des Kapitalismus.

Die Anschläge Am 11. September 2001 verübten Selbstmordattentäter innerhalb von zwei Stunden vier Anschläge auf Einrichtungen in den USA.

- Um 8:46 und 9:03 Uhr flogen zwei entführte Flugzeuge in beide Türme des World Trade Center in New York und brachten sie in der Folge zum Einsturz.
- Um 9:37 Uhr flog ein entführtes Flugzeug in das Pentagon, das US-Verteidigungsministerium. Es entstand ein Großbrand, Teile des Bauwerks brachen zusammen.
- Um 10:03 Uhr stürzte ein Flugzeug 250 km nordwestlich von Washington ab, nachdem Passagiere und Besatzung sich gegen die Entführer zur Wehr gesetzt hatten. Die Maschine sollte in eine US-Einrichtung in Washington gesteuert werden, vermutlich in das Kapitol, den Sitz des US-Parlaments.

Fast 3000 Menschen starben, etwa doppelt so viele wurden verletzt. Amerika und die ganze Welt waren schockiert. Nie zuvor waren die USA in ihrem eigenen Land angegriffen worden. In diesem Zusammenhang kam es zu zwei Anti-Terror-Kriegen: in Afghanistan und im Irak.

Die Angreifer: al-Qaida Die US-Regierung beschuldigte die Organisation al-Qaida, die Angriffe geplant und durchgeführt zu haben. Diese geht zurück auf muslimische Freiwillige („Mudschahidin"), die seit 1979 gegen den sowjetischen Einmarsch in Afghanistan kämpften.* Ein Organisator dieses Krieges war **Osama bin Laden**, Sohn eines Unternehmers aus Saudi-Arabien. Er warb in aller Welt Kämpfer gegen die sowjetischen Truppen an. Sie wurden in Ausbildungslagern in Afghanistan trainiert.

Nach dem Abzug der Sowjets aus Afghanistan 1988/89 wollten einige Mudschahidin den Kampf auf andere Ziele ausdehnen. Aus einer Namensliste von Kämpfern (al-Qaida: Basis, Liste) formte bin Laden ein terroristisches Netzwerk, das vor allem den Westen, besonders die USA, mit Anschlägen bedrohte. Bis zum Jahr 2001 erstreckte sich bin Ladens Organisation, laut einer Zählung des US-Außenministeriums, über etwa 55 Staaten.

Osama bin Laden (1957 oder 1958-2011): islamistischer Terrorist, Gründer des Netzwerks al-Qaida; 2011 von einer US-Spezialeinheit in Pakistan aufgespürt und getötet

„Heiliger Krieg" Die Ideologie des Terrornetzwerkes ist die des „Dschihad", (eigentlich „Anstrengung", auch „heiliger Krieg"). Demnach sei es eine religiöse Pflicht für alle Muslime, die Welt von den Ungläubigen zu befreien. Al-Qaida wählte dazu den Weg der Gewalt.

Der Kampf des Netzwerks gilt vor allem der Anwesenheit westlicher Diplomaten, Unternehmen und Militärs in islamisch geprägten Ländern. Daneben wurden aber auch Ziele in den USA und befreundeten Ländern ausgewählt: 1993 gab es bereits einen Anschlag auf das World Trade Center. Andere Terrorakte waren von den Behörden rechtzeitig aufgedeckt und vereitelt worden.

* siehe S. 267 und 269

Krieg in Afghanistan US-Präsident George W. Bush verlangte am 20. September 2001 die Auslieferung Osama bin Ladens und stellte ein Ultimatum an Afghanistan (▸ M1). Dort hatte bin Laden sein „Hauptquartier" und genoss den Schutz der herrschenden **Taliban**. Als die Taliban-Führung den Forderungen nicht nachkam, bildeten die USA mit anderen NATO-Staaten eine Anti-Terror-Koalition. Mit Billigung des **UN-Sicherheitsrates** begannen Bombenangriffe auf Afghanistan, danach marschierten NATO-Truppen ein. Bis Ende 2001 waren die Taliban vertrieben. Nun begann der Wiederaufbau des Landes (▸ M2).

Ende 2001 wurde eine Übergangsregierung eingesetzt. Eine Afghanistan-Schutztruppe (ISAF, *International Security Assistance Force*) wurde gebildet, die seit 2003 unter Führung der NATO steht. Auch deutsche Soldaten sind daran beteiligt. Aufgabe der ISAF ist es, die Regierung bei der Sicherung des Landes und beim Wiederaufbau zu unterstützen und die Demokratisierung zu fördern. Immer wieder kam es jedoch zu Terrorangriffen der gestürzten Taliban und anderer islamistischer Kämpfer.

Ende 2010 wurde beschlossen, die Verantwortung bis 2014 schrittweise in die Hände afghanischer Kräfte zu legen. Die Bundesrepublik hat 2012 mit dem Abbau ihres Afghanistan-Kontingents begonnen.

Taliban: Kampfgruppe, von afghanischen Flüchtlingen in Pakistan gegründet; beeinflusste ihre Mitglieder in islamistischen Koranschulen, errang 1996 die Macht in Afghanistan und errichtete eine Zwangsherrschaft; 2001 entmachtet und nach Pakistan abgedrängt, weiterhin aktiv

UN-Sicherheitsrat: mächtigste Einrichtung der Vereinten Nationen (UN). In ihm sind fünf ständige und zehn nichtständige Mitglieder der Vereinten Nationen vertreten. Der Weltsicherheitsrat kann für alle Staaten bindende Entscheidungen zur Wahrung oder Wiederherstellung des Friedens fällen.

Gefahrenherd Irak Die US-Regierung sprach seit 2001 vom Krieg gegen den Terror. Nicht nur al-Qaida galt als Feind der USA, auch Staaten wie Nordkorea, Libyen und der Irak wurden dazu erklärt. US-Präsident Bush bezeichnete die Diktaturen in diesen Ländern als „Achse des Bösen", von der eine Gefährdung des Weltfriedens ausginge.

Seit 1979 regierte im Irak Saddam Hussein. Seine Armee war von den USA bis in die 1980er-Jahre militärisch aufgerüstet worden, da man in der Region ein Gegengewicht zum Iran schaffen wollte. Als irakische Truppen im Jahr darauf den Iran angriffen, erhielt Saddam noch US-amerikanische und europäische Unterstützung. 1990 besetzte der Irak das Nachbarland Kuwait. Diese Aggression nahmen die USA nicht mehr hin: Eine US-geführte Allianz befreite im sog. Zweiten Golfkrieg mit Billigung der Vereinten Nationen das reiche Land, dessen Hauptexportgüter Öl und Ölprodukte sind.*

Saddam Hussein konnte aufgrund der Formulierung der UN-Resolution nicht abgesetzt werden. Das Regime in Bagdad wurde weiterhin als Gefahr angesehen: Die UN verhängten eine Handelssperre und verlangten, der Irak solle seine Waffenproduktion offenlegen. Das Regime in Bagdad kam dem nicht nach.

1998 wurden die UN-Waffeninspektoren vom Irak ausgewiesen. Mit der UN-Resolution 1441 vom November 2002 wurde das Regime in Bagdad gezwungen, erneut Waffenkontrollen zuzulassen. Zwar gab es den Verdacht, der Irak besitze Massenvernichtungswaffen, doch die Inspektoren hatten bis März 2003 keine eindeutigen Belege geliefert. Dagegen legte der US-Geheimdienst angebliche Beweise vor. Die Frage, wie man den Irak zur Abrüstung bewegen könne, spaltete die internationale Gemeinschaft.

▲ **Ein falscher Kriegsgrund.** *Foto vom 5. Februar 2003. US-Außenminister Colin Powell bemühte sich vergeblich, den UN-Sicherheitsrat von der Existenz irakischer Massenvernichtungswaffen zu überzeugen. Er plädierte in seiner Rede auch für den Sturz von Diktator Saddam Hussein.*

„Operation Irakische Freiheit" Neben den USA stimmten etwa 30 Staaten im UN-Sicherheitsrat für ein Eingreifen im Irak. Diese „Koalition der Willigen" unter Führung der USA griff im März 2003 den Irak an (*Operation Iraqi Freedom*). Die Kriegsziele lau-

* siehe S. 223

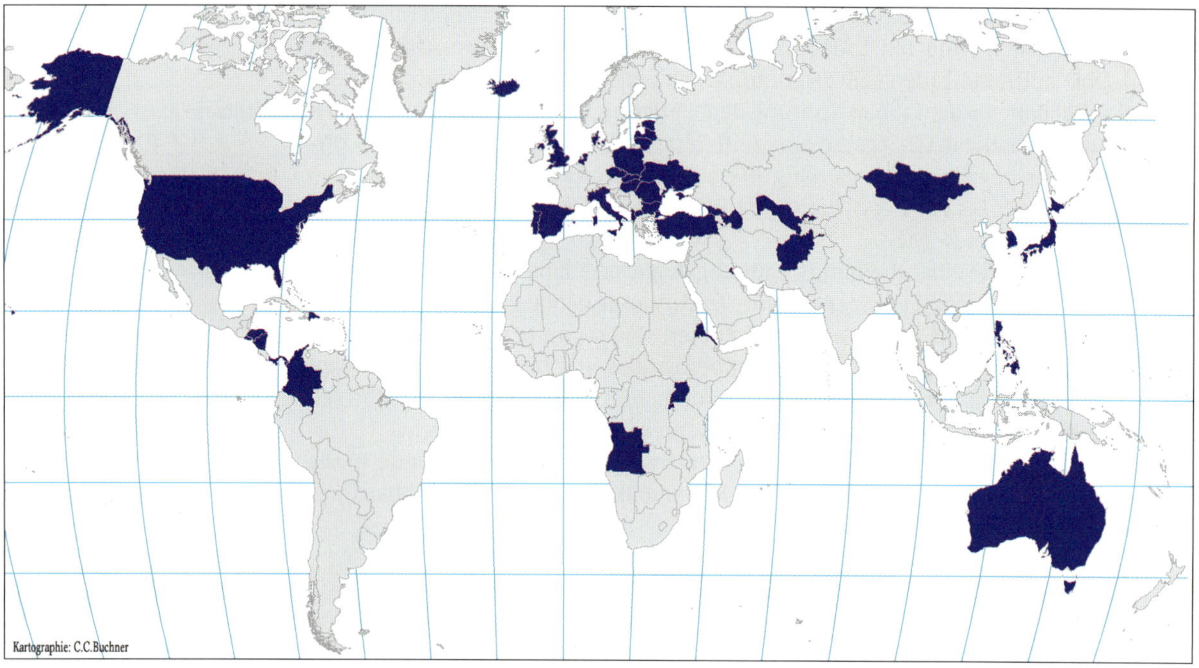

▲ **„Koalition der Willigen."**
Länder, die 2003 einen Angriff auf den Irak befürworteten.

teten: Aufspüren der vermuteten Massenvernichtungswaffen und Sturz des Diktators Saddam Hussein. In wenigen Wochen war das Land erobert und das Regime entmachtet. Besatzungszonen wurden eingerichtet, die von den USA sowie von multinationalen Truppen unter britischer und polnischer Führung kontrolliert wurden. Eine Übergangsregierung wurde installiert. Im Dezember 2003 wurde Saddam Hussein von US-Soldaten aufgespürt. Ein irakisches Gericht verurteilte ihn wegen Kriegsverbrechen und Verbrechen gegen die Menschlichkeit zum Tode.

Gegen den Krieg protestierten Menschen in der ganzen Welt, vor allem, da die USA den Beweis für irakische Massenvernichtungswaffen schuldig blieben.* Sie verurteilten ihn als **Präventivschlag** und Verstoß gegen das Völkerrecht (▸ M3).

▲ **Gesucht: Pik As.**
Spielkarten, 2003.
Porträts der meistgesuchten Iraker, darunter Saddam und seine Söhne, ließ die US-Armee auf ein Kartenspiel drucken und an Soldaten ausgeben.

Befreier oder Besatzer? Die alliierten Streitkräfte wurden zwar als „Befreier" begrüßt, als „Besatzer" aber abgelehnt. Die politische Neuordnung des Irak erwies sich als äußerst schwierig. Es kam wiederholt zu Bombenattentaten auf US-Soldaten, auf UN-Einrichtungen und Mitglieder der irakischen Übergangsregierung.

Im Juni 2004 verabschiedete der UN-Sicherheitsrat einstimmig eine neue Irak-Resolution. Sie sollte den Übergang des Irak zu demokratischen Verhältnissen regeln und sah eine befristete „Sicherheitspartnerschaft" zwischen der neuen irakischen Regierung und der von den USA geführten multinationalen Truppe vor. Auch nach der Verkündung einer neuen Verfassung und den Wahlen vom 15. Dezember 2005 blieb die Sicherheitslage im Irak äußerst schwierig. Zu den Anschlägen gegen US-Soldaten und ihre Verbündeten kamen nun Terrorakte zwischen sunnitischen und schiitischen Muslimen. Extremisten beider Gruppen ließen das Land nicht zur Ruhe kommen.

Präventivschlag: militärische Aktion, um dem Angriff eines Gegners zuvorzukommen. Nach Völkerrecht ist militärische Gewalt nur im Fall eines erfolgten Angriffs erlaubt.

* siehe S. 223

▲ **Präsident George W. Bush spricht zur Nation.**
Foto vom 20. September 2001.

M1 „Krieg gegen den Terror"

Am 20. September gibt US-Präsident George W. Bush vor dem Kongress die folgende Stellungnahme zu den Anschlägen ab:

Am 11. September haben Feinde der Freiheit eine kriegerische Handlung gegen unser Land begangen. [...] Amerikaner haben Überraschungsangriffe erlebt – aber nie zuvor Angriffe auf Tausende Zivilisten. Alles das wurde uns an einem einzigen Tag angetan – und die Nacht brach über eine andere Welt herein, eine Welt, in der die Freiheit selbst Angriffen ausgesetzt ist. [...]
Die von uns gesammelten Beweise weisen alle auf eine Reihe lose verbundener Terrororganisationen hin, die als al-Qaida bekannt sind. [...] Die Terroristen praktizieren eine Randform des islamischen Extremismus, die von muslimischen Gelehrten und der großen Mehrheit der muslimischen Geistlichen abgelehnt wird – eine Randbewegung, die die friedlichen Lehren des Islam entstellt. [...]
Es gibt Tausende dieser Terroristen in mehr als 60 Ländern. Sie werden [...] in Lager wie beispielsweise in Afghanistan gebracht, wo sie in der Taktik des Terrors ausgebildet werden. Sie werden in ihre Heimatländer zurückgeschickt oder in Verstecke in Ländern auf der ganzen Welt, wo sie Übel und Zerstörung planen. [...]
In Afghanistan sehen wir al-Qaidas Vision der Welt. [...] Frauen dürfen keine Schule besuchen. Man kann für den Besitz eines Fernsehers ins Gefängnis kommen. Religion kann nur unter dem Diktat der Führung ausgeübt werden. Ein Mann kann in Afghanistan verhaftet werden, weil sein Bart nicht lang genug ist. [...]
Heute Abend fordern die Vereinigten Staaten von Amerika Folgendes von den Taliban:
Liefern Sie den Vereinigten Staaten alle führenden Mitglieder der al-Qaida aus, die sich in Ihrem Land verstecken. [...]
Schließen Sie sofort und dauerhaft jedes terroristische Trainingslager in Afghanistan und liefern Sie jeden Terroristen [...] an die zuständigen Behörden aus.
Ermöglichen Sie den Vereinigten Staaten uneingeschränkten Zugang zu den Trainingslagern der Terroristen, sodass wir sicherstellen können, dass sie nicht weiter operieren.
Über diese Forderung kann nicht verhandelt oder diskutiert werden. Die Taliban müssen handeln, und sie müssen sofort handeln. Sie werden die Terroristen aushändigen oder sie wird das gleiche Schicksal wie die Terroristen ereilen.
Ich möchte mich heute Abend auch direkt an die Muslime aller Welt wenden: Wir respektieren Ihren Glauben. Er wird von vielen Millionen Amerikanern in Freiheit ausgeübt sowie von vielen weiteren Millionen in Ländern, die Amerika zu seinen Freunden zählen darf. Die Lehren des Islam sind gut und friedvoll, und diejenigen, die Böses im Namen Allahs begehen, schänden den Namen Allahs. [...]
Unser Krieg gegen den Terrorismus beginnt mit der al-Qaida, aber er wird dort nicht enden. Er wird nicht eher zu Ende sein, bis jede weltweit tätige terroristische Gruppe gefunden, am weiteren Vorgehen gehindert und besiegt worden ist. [...]
Wie werden wir diesen Krieg führen und gewinnen? Wir werden alle uns zur Verfügung stehenden Mittel einsetzen – alle Mittel der Diplomatie, alle nachrichtendienstlichen Mittel, alle polizeilichen Instrumente, alle Möglichkeiten der finanziellen Einflussnahme und alle erforderlichen Waffen des Krieges, um das Netzwerk des weltweiten Terrors zu zerschlagen und zu besiegen. [...]
Jede Nation in jeder Region muss nun eine Entscheidung treffen. Entweder sind sie auf unserer Seite oder auf der Seite der Terroristen. Von diesem Tag an wird jeder Staat, der weiterhin Terroristen unterstützt oder ihnen Unterschlupf gewährt, von den USA als feindliches Regime betrachtet. [...]
Dies ist nicht nur ein Kampf Amerikas. Und es geht hier nicht nur um die Freiheit Amerikas. Dies ist der Kampf der gesamten Welt. Dies ist der Kampf der gesamten Zivilisation. Es ist der Kampf aller, die an Fortschritt und Pluralismus, Toleranz und Freiheit glauben.

Blätter für deutsche und internationale Politik, 46 (2001), H. 11, S. 1398 ff.

1. *Stellen Sie die Forderungen und Ankündigungen Bushs zusammen. Berücksichtigen Sie dabei die Adressaten US-Bürger – Taliban – al-Qaida – Muslime in aller Welt – andere Nationen.*

2. *Analysieren Sie den Zusammenhang zwischen den Terroranschlägen vom 11. September 2001 und den Forderungen an Afghanistan.*

3. *Diskutieren Sie, ob es andere Möglichkeiten gäbe, auf die Anschläge zu reagieren.*

M2 Bundeswehreinsatz in Afghanistan

Seit Ende 2001 beteiligt sich die Bundeswehr im Rahmen der NATO an der Sicherheitsunterstützungsgruppe ISAF. Die Bundesregierung hat über die Grundlagen und das Ausmaß des Einsatzes Infografiken veröffentlicht:

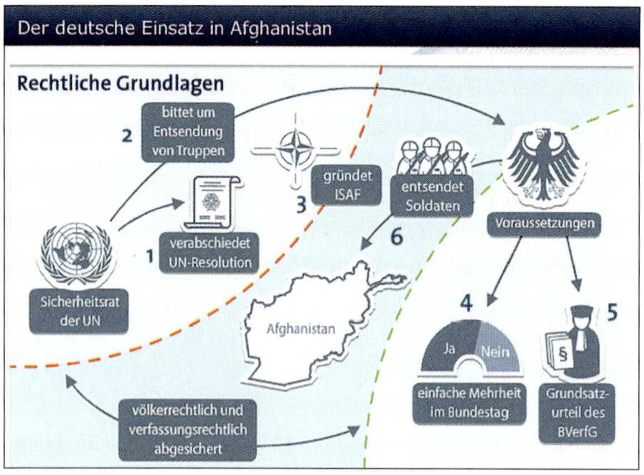

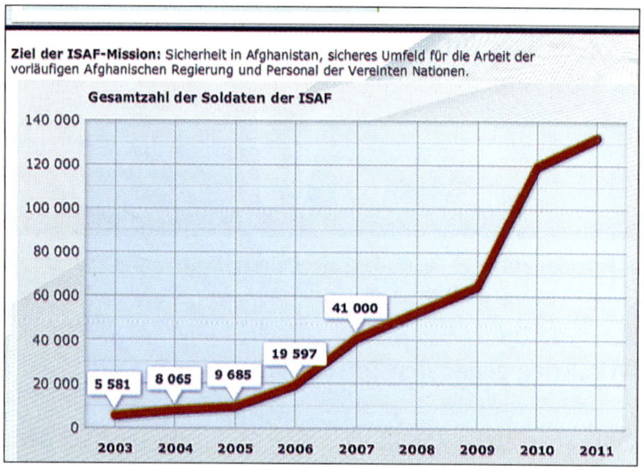

1. *Arbeiten Sie heraus, welche Schritte vor dem Bundeswehreinsatz in Afghanistan nötig waren.*

2. *Erläutern Sie die Probleme, die der ISAF-Einsatz zu bewältigen hat. Nehmen Sie vor diesem Hintergrund Stellung zum geplanten Abzug aller Truppen bis 2014.*

M3 „Etwas läuft grundverkehrt ..."

Der ehemalige US-Vizepräsident Al Gore sagt am 7. August 2003 vor Studenten der New York University über George W. Bushs Politik:

Die Richtung, in die unsere Nation geführt wird, beunruhigt mich zutiefst. [...] Zu den Annahmen, die wir heute als irrig erkennen, gehören auf jeden Fall folgende:

1) Saddam Hussein trug Mitverantwortung für den Angriff auf uns am 11. September 2001, weshalb die Invasion seines Landes und sein gewaltsamer Sturz eine angemessene Antwort auf diesen Angriff darstellen.

2) Saddam arbeitete eng mit Osama bin Laden zusammen und unterstützte Mitglieder der Terroristengruppe al-Qaida, indem er ihnen Waffen und Geld, Stützpunkte und Ausbildung zukommen ließ. [...]

3) Saddam stand im Begriff, den Terroristen Giftgas und biologische Waffen zu geben, tödliche Bakterien, mit denen sie Millionen Amerikaner töten könnten. Es war also schlichtweg ein Diktat des gesunden Menschenverstandes, unser Militär in den Irak zu schicken, um unsere Lieben und uns selbst vor einer schweren Bedrohung zu schützen.

4) Saddam stand kurz davor, Atombomben zu bauen und sie den Terroristen zu geben. [...]

5) Unsere GIs[1] würden mit offenen Armen empfangen werden. [...]

6) Auch wenn der Rest der Welt den Krieg überwiegend ablehnte, würde er doch nach unserem Sieg rasch einschwenken und uns sodann mit jeder Menge Geld und Soldaten aushelfen. [...]

Natürlich ist inzwischen allgemein bekannt, dass jede einzelne dieser Annahmen schlechterdings grundfalsch war.

Blätter für deutsche und internationale Politik, 48 (2003), H. 3, S. 1136 f.

1. *Erklären Sie, warum die US-Regierung die von Al Gore aufgezählten Behauptungen aufgestellt hatte.*

2. *Diskutieren Sie mögliche Konsequenzen aus den Feststellungen Al Gores.*

[1] GI: Abk. für „Government issue", Aufschrift auf der staatlich gelieferten Ausrüstung für Soldaten. Sie wurde übertragen auf die amerikanischen Soldaten selbst.

Die USA, Europa und die neue Weltordnung

Neue Weltlage Seit dem Zerfall der Sowjetunion galten die USA als einzige Supermacht. Ihr Führungsanspruch gründete sich auf Demokratie, wirtschaftliche Stärke und militärische Überlegenheit. Doch der Wegfall des Ost-West-Gegensatzes führte zu neuer Unübersichtlichkeit: Viele Konflikte bedrohen seither die internationale Sicherheit und die globalen Wirtschaftsbeziehungen. In den 1990er-Jahren setzten die USA auf Wunsch der Vereinten Nationen ihre Militärmacht ein, um in internationalen Krisen einzugreifen („Weltpolizist").

▲ **Die USA in der Kritik.**
Titelbild vom 19. Mai 2004. 2004 wurden Misshandlungen irakischer Gefangener im Gefängnis Abu Ghraib in Bagdad bekannt. Der Kampf der USA für Freiheit und Demokratie verlor in den Augen der Öffentlichkeit an Glaubwürdigkeit.

Neue Außenpolitik der USA Seit dem 11. September 2001 sahen sich die USA direkt herausgefordert. Präsident George W. Bush formulierte daraufhin ein neues politisches Konzept, das als „Bush-Doktrin" bekannt wurde. Sie wurde in ihrer politischen Bedeutung mit der Truman-Doktrin vom März 1947 verglichen.*

Bei einer Bedrohung durch Massenvernichtungswaffen würden die USA militärisch vorgehen, nötigenfalls auch präventiv. Obwohl die Invasion im Irak völkerrechtlich umstritten war, marschierten US-Truppen im März 2003 im Irak ein.

Das einseitige Vorgehen der Weltmacht führte zu politischen Zerwürfnissen mit westlichen Bündnispartnern, vor allem mit Frankreich und Deutschland. Als Reaktion auf die Kritik sprach US-Verteidigungsminister Donald Rumsfeld 2003 vom „alten Europa", das die neue Weltlage nicht wahrhaben wolle. Das „neue Europa", die vormaligen Ostblockstaaten sowie die Regierungen Großbritanniens, Spaniens und Italiens nahmen dagegen am Irakkrieg teil.**

Gegensätzliche Ideen zur Weltpolitik Die unterschiedlichen Haltungen der Staaten gehen auf abweichende geschichtliche Erfahrungen zurück.

Die USA setzen auf ihre eigene politische und militärische Stärke. Bündnisse mit anderen Staaten, die UN und das Völkerrecht sind für das Vorgehen der Supermacht weniger maßgeblich. Diesen **Unilateralismus** der USA hielten viele westliche Partner der USA für zu gefährlich (▸ M1).

Für Staaten wie Frankreich und Deutschland haben internationale Institutionen, etwa die Vereinten Nationen, sowie das Völkerrecht zentrale Bedeutung. Ein ausgeprägter **Multilateralismus** soll für stabile internationale Beziehungen sorgen.

Unilateralismus (wörtl. „Einseitigkeit"): außenpolitische Position, die sich an den eigenen Interessen eines Staates orientiert. Ein so handelnder Staat setzt allein auf die eigene politische und militärische Stärke. Bündnisse spielen nur eine geringe Rolle.

Multilateralismus (wörtl. „Vielseitigkeit"): Position von Staaten, die ihre Interessen durch Verhandlung und Kooperation mit Partnern im gegenseitigen Einvernehmen lösen wollen. Die Interessen der Partner werden prinzipiell gleichberechtigt berücksichtigt. So erfolgen etwa die Entscheidungen in der NATO.

Sicherheitsstrategie der EU Der Irak-Krieg hatte die Uneinigkeit Europas in Fragen der Außen- und Sicherheitspolitik gezeigt. Um künftig gemeinsam aufzutreten, einigte sich die EU im Dezember 2003 auf eine Europäische Sicherheitsstrategie (ESS), die fünf zentrale Sicherheitsrisiken benennt:

- Terrorismus,
- die Verbreitung von Massenvernichtungswaffen,
- regionale Konflikte,
- das Scheitern von Staaten,
- die organisierte Kriminalität.

* siehe S. 250 und 253, M3
** siehe S. 285 f.

Herausforderungen heute Der internationale Terrorismus sowie die unkontrollierte Herstellung und Verbreitung von Massenvernichtungswaffen bedrohen den Weltfrieden. In dieser Einschätzung sind sich alle westlichen Länder einig.

Im Jahr 2003 musste der Iran zugeben, über 18 Jahre lang ein geheim gehaltenes Nuklearprogramm verfolgt zu haben. Hierzu gehört der Bau einer Anlage zur Urananreicherung, in der auch Material für Kernwaffen hergestellt werden kann. Im Westen bestehen Zweifel, ob die Regierung des Iran damit ausschließlich friedliche Zwecke verfolgt.

Barack Obama (geb. 1961): US-amerikanischer Politiker (Demokratische Partei), seit 2009 Präsident der USA

Rückkehr zum Dialog? Im November 2008 wurde **Barack Obama** zum US-Präsidenten gewählt. Er versprach, die US-Truppen aus dem Irak abzuziehen und das seit 2001 bestehende Gefangenenlager für Terrorverdächtige in Guantanamo aufzulösen. Langfristig sollten alle Atomwaffen weltweit abgeschafft werden. Obama sprach sich auch für eine neue Verständigung der USA mit der islamischen Welt aus (▸ M2). Diese Ankündigungen trugen dazu bei, dass Obama 2009 der Friedensnobelpreis verliehen wurde. Der Abzug der US-Truppen aus dem Irak war im Dezember 2010 beendet. 50 000 US-Soldaten bleiben vorerst im Land, um irakische Sicherheitskräfte auszubilden. Die US-Truppen in Afghanistan wurden dagegen verstärkt, die Zahl der Luftangriffe und der zivilen Opfer ist stark angestiegen (▸ M⁺).

Die neue NATO Seit den 1990er-Jahren hat sich das westliche Verteidigungsbündnis den Bedrohungen der Gegenwart angepasst. Seit 1999 können Militäroperationen auch außerhalb der Mitgliedstaaten (*out of area*) stattfinden. Dadurch wurde ein Einsatz wie in Afghanistan erst möglich. Zwischen 1999 und 2004 setzten die USA eine Erweiterung des Bündnisses nach Osteuropa durch, sehr zum Missfallen Russlands. Die NATO behält ihre Atombewaffnung, unterstützt aber die weltweite Abrüstung. Ihr neues Sicherheitskonzept von 2010 sieht auch eine Verteidigung im Cyberspace vor.

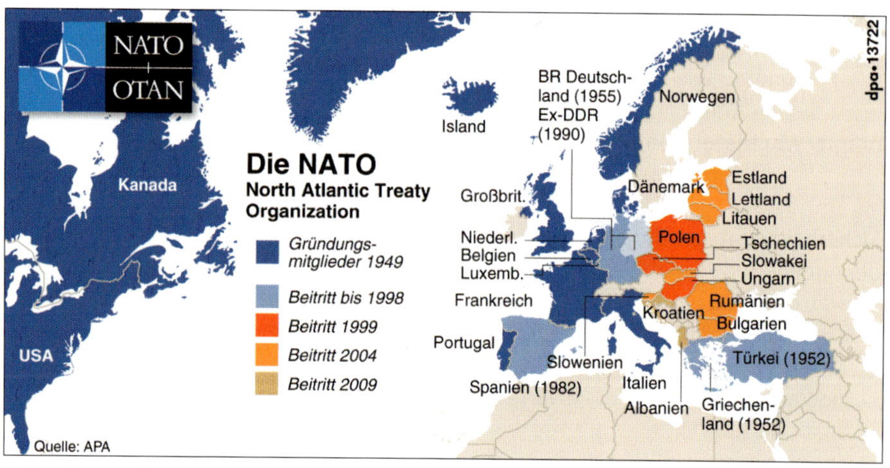

▴ **Erweiterung der NATO nach dem Ende des Kalten Krieges.**
Seit 2004 reicht das Vertragsgebiet der NATO bis an die russische Grenze. Geplant ist ein Raketenabwehrschild, der Nordamerika und Europa vor atomaren Lenkwaffen schützen soll. Diese Schritte führten zu neuen Spannungen mit Russland, das das internationale Gleichgewicht bedroht sieht.

- *Vergleichen Sie die Übersicht der neuen NATO-Staaten mit der Karte der „Koalition der Willigen" von 2003 (S. 286). Stellen Sie eine Vermutung über mögliche Zusammenhänge an und begründen Sie sie.*

M1 Deutsche Reaktion

Bundeskanzler Gerhard Schröder (SPD) widerspricht der Irak-Politik der USA. In einer TV-Ansprache am 18. März 2003 sagt er:

Liebe Mitbürgerinnen und Mitbürger, die Welt steht am Vorabend eines Krieges. Meine Frage war und ist: Rechtfertigt das Ausmaß der Bedrohung, die von dem irakischen Diktator ausgeht, den Einsatz des Krieges, der Tausenden von unschuldigen Kindern, Frauen und Männern den sicheren Tod bringen wird? Meine Antwort in diesem Fall war und ist: Nein!
Der Irak ist heute ein Land, das von der UNO umfassend kontrolliert wird. Was der Weltsicherheitsrat an Abrüstungsschritten verlangt hat, wird mehr und mehr erfüllt. Deshalb gibt es keinen Grund, diesen Abrüstungsprozess jetzt abzubrechen. [...] Mich berührt tief, dass ich mich mit dieser Haltung einig weiß mit der übergroßen Mehrheit unseres Volkes, aber auch mit der Mehrheit im Weltsicherheitsrat und den Völkern dieser Welt. Ich habe Zweifel, ob der Frieden in den nächsten Stunden noch eine Chance bekommt. So wünschenswert es auch ist, dass der Diktator sein Amt verliert, das Ziel der Resolution 1441 ist die Entwaffnung des Irak von Massenvernichtungswaffen.
Was immer in den nächsten Tagen oder gar Wochen geschieht: Sie können sich darauf verlassen, dass meine Regierung unbeirrt jede noch so kleine Chance für den Frieden in der Welt nutzen wird. Die Vereinten Nationen bleiben der Rahmen dafür. Und Sie können darauf vertrauen, dass wir alles unternehmen werden, um jedes erdenkliche Maß an Sicherheit in unserem Land zu gewährleisten [...].

Presse- und Informationsamt der Bundesregierung, Pressemitteilung vom 18. März 2003: Erklärung des Bundeskanzlers Gerhard Schröder (SPD) zur aktuellen Lage in Bezug auf den Irak

1. *Fassen Sie Schröders Argumente zusammen und entwerfen Sie eine Erwiderung aus Sicht der US-Führung.*
2. *Diskutieren Sie, ob es Bedrohungen gibt, die einen Krieg rechtfertigen können.*

M2 Politik nach George W. Bush

Der Amerikaexperte Peter Rudolf wird von der Süddeutschen Zeitung (SZ) zur Politik von Präsident Obama interviewt:

SZ: Sich von anderen Präsidenten abzugrenzen war Obama ein großes Anliegen – vor allem von seinem Vorgänger George W. Bush. Ist ihm das gelungen?
Rudolf: Nur zum Teil. Er spricht nicht vom „Krieg gegen den Terror", wie es Bush getan hat, sondern vom „Krieg gegen al-Qaida". Also gegen eine bestimmte extremistische Gruppe.
SZ: Am Begriff „Krieg" hält der Friedensnobelpreisträger in diesem Zusammenhang weiter fest. Warum?
Rudolf: Würde er das nicht tun, wären bestimmte Praktiken rechtlich nicht begründbar, zum Beispiel die gezielten Tötungen von Terroristen [...].
SZ: Woran lässt sich dann der Wandel festmachen?
Rudolf: Zum Beispiel an der Abrüstungspolitik. Unter anderem hat er auch das Ziel einer „atomwaffenfreien Welt" ausgerufen. Außerdem hat der US-Präsident sämtlichen Folterpraktiken eine klare Absage erteilt. [...]
SZ: Damit er in der Afghanistan-Politik nicht scheitert, [...] schickt er 30 000 weitere Soldaten an den Hindukusch. Wie bewerten Sie sein Vorgehen auf diesem wichtigen außenpolitischen Feld?
Rudolf: Obama hat im Wahlkampf betont, dass Afghanistan ein notwendiger Krieg ist, der nicht verloren werden dürfe. Jetzt ist es für Obama wichtig, dass rasch Fortschritte erkennbar werden. Die erneute Truppenaufstockung [...] soll die Dynamik der Aufstandsbewegung brechen. [...]
SZ: Nicht militärische Stärke, sondern Signale der Versöhnung dominierten Obamas Rhetorik – vor allem Richtung muslimische Welt. [...] Konnte Obama bei den Muslimen Vertrauen zurückgewinnen?
Rudolf: Meinungsumfragen zeigen, dass sich die Wahrnehmung der USA in der muslimischen Welt kaum verbessert hat. [...]
SZ: Auch in der Iran-Politik hat er nicht viel erreicht. Er ging auf Teheran zu, Erfolg hatte er aber bisher nicht. Mancher Kritiker warf ihm deshalb außenpolitische Naivität vor.
Rudolf: Obama hielt es von Beginn an für unwahrscheinlich, dass Iran auf das amerikanische Entgegenkommen reagieren würde. Dennoch entschlossen sich die USA zu dem Schritt – in der Hoffnung, dass [...] das iranische Regime innenpolitisch in die Defensive gerät.
SZ: Welche Grundorientierung lässt sich aus Obamas Außenpolitik herauslesen?
Rudolf: Es geht um die Erneuerung der amerikanischen Führungsrolle, aber in einem neuen Sinne: als Führungsmacht, die eng mit anderen wichtigen Staaten kooperiert. Dahinter steht die Überzeugung, dass es nach wie vor eines Staates bedarf, der in vielen Bereichen vorangeht. Dieser Staat kann aus Obamas Sicht in zahlreichen Fällen nur die USA sein.

süddeutsche.de, 20. Januar 2010. Interview: Peter Lindner [aufgerufen am 1. Mai 2012]

- *Arbeiten Sie die neuen Elemente der Außenpolitik Barack Obamas heraus. Was davon sind politische Maßnahmen, was dagegen Ankündigungen?*

M⁺ Nobel Peace Prize for Barack Obama

After he had won the election in November 2008, Barack Obama's presidency began on January 20, 2009. On October 9, 2009, the Norwegian Nobel Committee announced the winner of the Nobel Peace Prize for this year:

The Norwegian Nobel Committee has decided that the Nobel Peace Prize for 2009 is to be awarded to President Barack Obama for his extraordinary efforts to strengthen international diplomacy and cooperation between peoples. The Committee has attached special importance to Obama's vision of and work for a world without nuclear weapons.
Obama has as President created a new climate in international politics. Multilateral diplomacy has regained a central position, with emphasis on the role that the United Nations and other international institutions can play. Dialogue and negotiations are preferred as instruments for resolving even the most difficult international conflicts. The vision of a world free from nuclear arms has powerfully stimulated disarmament and arms control negotiations. Thanks to Obama's initiative, the USA is now playing a more constructive role in meeting the great climatic challenges the world is confronting. Democracy and human rights are to be strengthened.
Only very rarely has a person to the same extent as Obama captured the world's attention and given its people hope for a better future. His diplomacy is founded in the concept that those who are to lead the world must do so on the basis of values and attitudes that are shared by the majority of the world's population.
For 108 years, the Norwegian Nobel Committee has sought to stimulate precisely that international policy and those attitudes for which Obama is now the world's leading spokesman. The Committee endorses Obama's appeal that "Now is the time for all of us to take our share of responsibility for a global response to global challenges."

Announcement of the Norwegian Nobel Prize Committee, Oslo, October 9, 2009

▲ Nobel Peace Prize Medal.
The latin inscription translates: "For peace and brotherhood between peoples".
- *Find out which other US-presidents have received the Nobel Peace Prize before, and for which reasons.*

1. *Name the reasons of the Nobel Prize Committe to honour President Barack Obama with the Nobel Peace Prize.*

2. *Find out what the text on the bumper stickers in the cartoon has to do with US politics (one word is even mentioned in the Committee's text).*
What is the cartoonist's opinion about Obama's attitude towards war?

3. *Discuss whether it was appropriate to award Obama the Nobel Prize at that time.*

▲ "Wartime Peace Prize."
Cartoon by Adam Zyglis for "The Buffalo News", New York, October 9, 2009.

appeal	Aufruf, Appell	emphasis	Nachdruck, Betonung
appropriate	angemessen	to endorse	bekräftigen, befürworten, billigen
attitude	Haltung	to honour	ehren
to award so. sth.	jmdm. etwas verleihen	negotiation	Verhandlung
to be to do sth.	etwas sollen	to prefer	bevorzugen
bumper	Stoßstange	to regain	zurückgewinnen, wiedererlangen
climate, climatic	Klima, klimatisch	to resolve	lösen, klären, beseitigen
disarmament	Abrüstung, Entwaffnung	to stimulate	anregen
effort	Anstrengung	to strengthen	kräftigen, stärken

1 Ost-West-Konflikt und Kalter Krieg

Im Kampf gegen Hitler-Deutschland hatten sich die demokratischen Staaten Großbritannien, Frankreich und die USA mit der sozialistischen Sowjetunion verbündet. Schon während des Zweiten Weltkrieges wurde deutlich, dass die Vorstellungen der Alliierten unvereinbar waren. Nach ihrem Sieg brachen die Gegensätze vollends auf. Die UdSSR installierte in Ostmitteleuropa kommunistische Regierungen (Sowjetisierung). Die USA befürchteten die weitere Ausdehnung des sowjetischen Machtbereichs und stärkten die demokratischen Staaten mit Wirtschaftshilfe. 1949 wurde die NATO gegründet, die ihnen auch militärischen Schutz bot. Das östliche Lager schloss sich im Warschauer Pakt zusammen. Durch Atomwaffen auf beiden Seiten erschien ein direkter Krieg zu riskant. In Stellvertreterkriegen kämpften die Blöcke am Rande ihrer Machtbereiche um Einfluss (Korea-, Vietnamkrieg). In Europa blieb es beim Kalten Krieg: Ein Eiserner Vorhang durchtrennte Europa. Dahinter unterdrückte die Sowjetunion jeden Versuch, selbstständige Politik zu betreiben (Ungarnaufstand, „Prager Frühling"). Seit Anfang der 1970er-Jahre suchten beide Blöcke Entspannung. Gespräche über Rüstungsbegrenzung (SALT) und Erleichterungen für die Menschen (KSZE) führten zu zeitweiser Annäherung. Als dadurch in mehreren Staaten Ostmitteleuropas die Opposition ermutigt wurde, stoppte die Sowjetunion den Prozess. Die Supermächte setzten eine erneute Rüstungsspirale in Gang. Die marode Wirtschaft des Ostblocks konnte die Kosten dafür nicht aufbringen. Nur eine veränderte Politik versprach wirtschaftliche Besserung. Michail Gorbatschow leitete die Abkehr der UdSSR vom Weltmachtstreben und die Demokratisierung ein. Damit begann das Ende der Sowjetunion, da die Unionsrepubliken auf ihre Autonomie pochten und die ehemaligen Satellitenstaaten eigene Wege gingen. Der Ostblock löste sich auf.

2 Internationaler Terrorismus

Gruppen, die gegen die Kolonialherrschaft kämpften, verstanden sich als „Befreiungsarmeen" . Mit ihren Zielen verband sich oft der Kampf für eine sozialistische Gesellschaft. Das Konzept des Guerillakampfes wurde in Westeuropa von Gruppen übernommen, die gegen den Kapitalismus kämpften. Im Streit zwischen Israel und seinen arabischen Nachbarn (Nahostkonflikt) kämpfte die PLO aus dem Untergrund, verbündete sich mit Terrorgruppen in Europa und beging gemeinsame Anschläge, auch außerhalb des Nahen Ostens. Geiselnahmen und Flugzeugentführungen wurden über die Medien weltweit verbreitet. Seit den 1980er-Jahren verübten islamische Gruppen Selbstmordattentate mit vielen Opfern. Die Ideologie des Islamismus vermag mit fanatischen religiösen Parolen Menschen in Waffen zu verwandeln. Höhepunkt waren die Anschläge vom 11. September 2001 in den USA, ausgeführt vom Terrornetzwerk al-Qaida. Islamistischer Terror erwächst heute aus unabhängigen Zellen, in denen oft Konvertiten mitwirken und die sich zum Teil über das Internet radikalisieren.

3 Neue Weltordnung – die Rolle der USA nach 9/11

Am 11. September 2001 wurden die USA auf eigenem Territorium angegriffen. Die Regierung unter George W. Bush erklärte den „Krieg gegen den Terror". In Afghanistan stürzten NATO-Truppen das Taliban-Regime, das die al-Qaida schützte. Zu einem „Schurkenstaat" wurde auch der Irak erklärt, der sich Waffenkontrollen entzog. Der Verdacht, Irak besitze Massenvernichtungswaffen, veranlasste 30 Staaten unter Führung der USA zu einem Präventivschlag, in dessen Verlauf Saddam Hussein entmachtet wurde. Am Irakkrieg übten viele Staaten Kritik. Die Haltung der USA, gegen Bedrohungen auch vorbeugend zuzuschlagen, beantworteten die Europäer mit einer eigenen Sicherheitsstrategie (ESS), die auf Friedenserhaltung setzt und Militäreinsätze von einem UN-Mandat abhängig macht. Der 2008 gewählte US-Präsident Barack Obama versprach einen Wandel der Außenpolitik, u. a. den Rückzug aus dem Irak. Die USA setzten auch die Erweiterung der NATO nach Osteuropa durch, was das Verhältnis zu Russland erneut belastet.

Die hervorgehobenen Seitenzahlen verweisen auf die Kurzporträts bzw. Begriffserläuterungen in der Randspalte

akg-images, Berlin: S. 8, 21 (2), 33, 47, 70, 86, -/ AP, Frankfurt – S. 95, -/ Erich Lessing: S. 17, -/ Ladislav Bielik: S. 244/245, -/ Pirozzi: S. 24; alimdi.net / Thomas Müller, Deisenhofen: S. 98; ©Robert Altman, New York: S. 220; Lothar Altmann, Vom neuen zum modernen Bayern. Begleitband zur gleichnamigen Ausstellung der Bayerischen Staatsregierung, Schnell & Steiner 2007, Würzburg, S. 4: S. 241; ©Andechser Molkerei Scheitz, Andechs: S. 238; APO – Archiv im Universitätsarchiv der Freien Universität, Berlin: S. 121; Archiv FLM Glenleiten, Großweil: S.238; Axel Springer Verlag / BILD vom 21.07.1969, Berlin: S. 247; Axel-Springer-Verlag / BILD vom 23.11.2010, Berlin: S. 208; Baaske Cartoons / Behrend, Müllheim: S. 50, 203, -/ Mester: S. 191; Badische Zeitung / © Armin E. Möller, Freiburg: S. 226; Bauer Media Group, Hamburg: S. 181; Bayerisches Landesamt für Verfassungsschutz, München: S. 137; Bayerisches Staatsministerium für Ernährung, Landwirtschaft und Forsten, München: S. 231; bpk, Berlin: S. 74, 120, -/ Hans Hubmann: S. 33, -/ Kunstbibliothek, SMB, Phototek Willy Römer / Willy Römer: S. 25; Bridgeman Art Library, Berlin: S. 8; British Cartoon Archive / University of Kent / Nicholas Garland, Canterbury: S. 270, -/ Leslie Gilbert Illingworth: S. 46, 264; Buena Vista International GmbH, München: S. 134, 135 (3); ©Bundesamt für Kartographie und Geodasie, Frankfurt: S. 195; Bundesarchiv / Sig.: Bild 146-1990-009-13 / Fotograf: o. Ang., Koblenz: S. 62; Bundesarchiv / Sig.: Bild 146-1994-041-06 / Fotograf: o. Ang., Koblenz: 163; Bundesarchiv / Sig.: Bild 183-19204-1399 / Allg. Deutscher Nachrichtendienst / ZB / Fotograf: o. Ang., Koblenz: S. 36; Bundesarchiv / Sig.: Bild 183-24000-0454 / Allg. Deutscher Nachrichtendienst / ZB / Fotograf: Junge, Heinz, Koblenz: S. 43; Bundesarchiv / Sig.: Bild 183-69281-0005 / Allg. Deutscher Nachrichtendienst / ZB, Fotograf: Zimontkowski, Koblenz: S. 71; Bundesarchiv / Sig.: Bild 183-71043-0003 / Allg. Deutscher Nachrichtendienst / ZB / Fotograf: o. Ang., Koblenz: S. 26; Bundesarchiv / Sig.: Bild 183-B0628-0015-035 / Allg. Deutscher Nachrichtendienst / Fotograf: Junge, Heinz, Koblenz: S. 251; Bundesarchiv / Sig.: Bild 183-K0630-0001-027 / Allg. Deutscher Nachrichtendienst / ZB / Fotograf: Anders, Koblenz: S. 77; Bundesarchiv / Sig.: Bild 183-R68588 / Allg. Deutscher Nachrichtendienst / ZB / Fotograf: Loescher, P. & Petsch, Koblenz: S. 26; Bundesarchiv / Sig.: Bild 183-S33882 / Allg. Deutscher Nachrichtendienst / ZB / Fotograf: o. Ang., Koblenz: S. 26; Bundesarchiv / Sig.: Bild 183-Z0624-320 / Allg. Deutscher Nachrichtendienst / ZB / Fotograf: Murza, Koblenz: S. 86; Bundesarchiv / Sig.: Plakat 004-009-021 / Grafiker: Atelier Dreyer, Koblenz: S. 38 ; Bundesbeauftragter für die Unterlagen des Staatssicherheitsdienstes der DDR, Berlin: S. 91, 93, 129, - / Jens Rötzsch: S. 131; Bundeskriminalamt, Wiesbaden: S. 273; Bundeszentrale für politische Bildung, Bonn: S. 55, -/ Alexander von Plato, Almut Leh, Ein unglaublicher Frühling, Erfahrene Geschichte im Nachkriegsdeutschland 1945-1948, Bonn 1997, S. 108: S. 117; Bündnis 90 / Die Grünen, Bundesgeschäftsstelle, Berlin: S. 228; Cagle Cartoons / ©Adam Zyglis 2009 – S. 292;Cinetext, Frankfurt: S. 123, -/ RR: S. 130, -/ X Verleih – S. 123; Corbis, Düsseldorf – S. 245, 266, -/ ©Patrick Chauvel / Sygma: S. 218; -/ Handout Reuters: S. 119; Courtesy of the National Archives, ARC-ID 594360, Washington D.C.: S. 245, 259; Daily Star / Bill Caldwell: S. 102; Frank + Marc Darchinger, Bonn und Berlin: S. 177, 178; David King Collection, London: S. 253; ddp images / AP, Hamburg: S. 160, 245, 276, -/ AP / Hermann J. Knippertz: S. 159, 173, - / dapd / Norbert Millauer: S. 231; Department of Defense, Washington D.C.: S. 286; DER SPIEGEL, Hamburg; S. 29, 115, 170; DER SPIEGEL, Nr. 37/2010, S. 70, Hamburg: S. 113; Deutsches Filmmuseum, Frankfurt: S. 179; Deutsches Historisches Museum, Berlin: S. 30/31, 48 (2), 69, 75, 85 (2), 92, 99, 113, 147, -/ Otto Häckel: S. 25; Deutsches Museum, München: S. 25; DIE ZEIT Geschichte, Nr. 1/2009, Cover, Hamburg: S. 36; DIZ / Süddeutscher Verlag, Bilderdienst, München: S. 40, 83, 162, 217, -/ G. Pfeiffer: S. 168, -/ Haase, Alfred: S. 214, -/ imagebroker: S. 237, -/ Karwasz, Karl-Berd: S. 152, -/ Werek: S. 235; Domkapitel, Aachen: S. 18; Dormitio Abtei, Jerusalem: S. 18; dpa-infografik, Frankfurt: S. 290, -/ Globus-Grafik: S. 177, 228; dpa Picture-Alliance, Frankfurt – S. 54, 63, 75, 94, 97, 103, 146, 185, 197, 199, 224, -/ A0009: S. 91, -/ akg-images: S. 54, 165, -/ Alfred Hennig: S. 144, -/ Andreas Gebert: S. 115, -/ Arne Dedert: S. 213; -/ Chris Hoffmann: S. 169, -/ CSU Archives / Everett Collection: S. 250, -/ CTK Photo: S. 196, -/ Egon Steiner: S. 63, 183, -/ EPA: S. 273, -/ Everett Collection: S. 9, -/ Fank Leonhardt: S. 152, -/ Gero Breloer: S. 169, -/ Hannes Hemann: S. 169, -/ Hannibal Hanschke: S. 155, -/ Heinz Jürgen Göttert: S. 143, -/ Horst Ossinger: S. 227, -/ Istvan Bajzat: S. 150, -/ Joachim Barfknecht: S. 144, -/ KAP: S. 249, -/ Karin Hill: S. 223, -/ Keystone Archives Heritage: S. 250, -/ Manfred Rehm: S. 145, -/ Markus Führer: S. 152, -/ Michael Maor: S. 118, -/ null: S. 150, -/ Ossinger: S. 205, -/ Paul Zinken: S. 137, -/ Peter Roggenthin: 198, -/ Rainer Jensen, Frankfurt: S. 106, -/ Ramzi Haidar / epa AFP: S. 245, 278, -/ Rene Petow: S. 182, -/ Rohwedder: S. 222, -/ Roland Holschneider: S. 90, -/ Roland Scheidemann: S. 114, -/ Rolf Kruse: S. 145, -/ Sanden: S. 58, -/ Sebastian Widmann: S. 112/113, 136, -/ Thomas Uhlemann: S. 89, - / Tim Brakemeier: S. 126, -/ Uli Deck: S. 137, 280, -/ United Archives / TopFoto: S. 250, -/ UPI: S. 141, 143, -/ Wolfgang Kumm: Einband, 31, 103, -/ Wolfgang Weihs: S. 102, -/ Andreas Altwein: 113, -/ ZB / Bernd Gartenschläger: S. 137, -/ ZB / Günter Gueffroy: S. 63, -/ ZB / Karlheinz Schindler: S. 173, -/ ZB / Michael Hanschke: S. 124, -/ ZB / Wolfgang Kumm: S. 129; Günter Drommer, 50 Jahre DDR. Der Alltag der DDR – erzählt in Fotografien aus dem Archiv des ADN, Berlin 1993, S. 182: S. 72; Emma Frauenverlags GmbH, Köln: S. 177; ©Ems-Vechte-Welle / Redaktion, Lingen: S. 124; ©Eurovision / European Broadcasting Union, Genf: S. 223; Filmmuseum, Potsdam: S. 119; ©Ford-Werke AG, Köln: S. 206; Forschungs- und Gedenkstätte Normannenstraße, ASTAK e.V., Berlin: S. 92; Friedrich-Naumann-Stiftung für die Freiheit / Archiv des Liberalismus, Potsdam: S. 43, 99; Gallinard / ©C. Hélie: S. 9; Getty Images / AFP, München: S. 115, 283, -/AFP / Fabian Bimmer: S. 195; Giraudon, Paris: S. 21; Paul Glaser, Berlin: S. 79; ©Goecke / Nürnberger Zeitung, Nürnberg: S. 208; ©Goethe-Instiut, München: S. 210; Dirk Götschmann,Wirtschaftsgeschichte Bayerns. 19. und 20. Jahrhundert, Friedrich Pustet KG 2010, Regensburg: S. 231, 232, 237, 241; Gruner + Jahr AG & Co. KG, Hamburg: S. 174, 289; Haus der Bayerischen Geschichte, Augsburg: S. 181, -/ D. Henthorn: S. 164; Haus der Geschichte der Bundesrepublik Deutschland, Bonn: S. 42, 48, 68, 114, 177, 195, 215, -/ Michael Jensch, Axel Thünker: S. 31, 34, -/ Peter Muzeniek: S. 130; Harald Hauswald, Berlin: S. 86; Historisches Museum der Stadt Frankfurt, Frankfurt: S. 25; Holocaust – Die Geschichte der Familie Weiß, DVD erhältlich im Handel, polyband.de: S. 112/113, 122 (3); Institut für Zeitungsforschung, Dortmund: S. 52, 64; IPON / Stefan Boness, Berlin; S. 108; Kunstmuseum im Ehrenhof, Düsseldorf: S. 21; ©Peter Leibing, Hamburg: S. 31, 55; Library of Congress, Prints & Photographs Division, [LC-DIG-ppmsca-19978]: S. 264; Library of Congress, Prints & Photographs Division, [LC-USZ62-127331]: S. 46; Life Magzine, New York: S. 36, 255, 256; Mediengruppe Main-Post, Würzburg: S.34; ©Melodie-Film GmbH, 1962, Berlin: S. 176; Mit freundlicher Genehmigung von PLAYMOBIL. PLAYMOBIL ist ein eingetragenes Markenzeichen der geobra Brandstetter GmbH & Co.KG, Zirndorf: S. 159, 165 (4); Musée National de Versailles et des Trianons, Château de Versailles, Paris: S. 21, 22; National Air and Space Museum, Washington D.C.: S. 258; National Gallery of Art, Washington D.C.: S. 22; Pfr. Niko Natzschka / Martin-Luther-Kirche, Würzburg: S. 230; Neues Deutschland vom 18.06.1963, Berlin: S. 67; John O'Hara / SF: S. 221; Ostphoto Jürgens, Berlin: S. 72; Picture Press, Hamburg: S. 83; Presse- und Informationsamt der Bundesregierung, Berlin: S. 288 (2); Presse- und Informationsamt der Bundesregierung / Sig.: B 145 Bild-001 65267 / Fotograf: Reineke, Engelbert, Berlin; S. 104; Presse- und Informationsamt der Bundesregierung / Sig.: B 145 Bild-P109963 / Fotograf: o. Ang., Berlin: S. 170; Presse- und Informationsamt der Bundesregierung / Sig.: B 145 Bild-F054217-0020 / Fotograf: Wienke, Ulrich, Berlin: S. 276; ProSiebenSat.1 Media AG, Unterföhring: S. 206; ©RCA photography: S. 247; Reuters / Stringer, Berlin: S. 273; © Richter Publizistik, 2011, Bonn: S. 279; Robert-Havemann-Gesellschaft e. V., Berlin: S. 67, 223; Annegret Schüle, Industrie und Holocaust, hrsg. von der Stiftung Gedenkstätten Buchenwald und Mittelbau-Dora, Cover: S. 115; Sven Simon, Berlin: S. 61; SLA-MANN, Bern: S. 8; SLUB / Deutsche Fotothek / Rössing, Roger, Renate, Dresden: S. 171; Solinger Tagblatt / Uli Preuss, Solingen: S. 33; Staatsbibiothek, Bamberg: S. 32; Stadtarchiv Mannheim - Institut für Stadtgeschichte / Plakatsammlung 476, Mannheim: S. 38, - / Plakatsammlung 463: S. 38; Stift Heiligenkreuz / Johannes Gleissner, Heiligenkreuz: S. 18; Stiftung Auto Museum, Wolfsburg: S. 163; Sudetendeutsches Archiv, München: S. 198; ©The Nobel Foundation, Stockholm: S. 292; Time Magazine Inc., New York: S. 245, 269, 284; Tourismusverband Ostbayern e.V. / Alfred Rainer, Regensburg: S. 238; Wolfgang Trees, Charles Whiting und Thomas Omansen, Drei Jahre nach Null. Geschichte der britischen Besatzungszone 1945-1948. Ein Bild-/Textband, Düsseldorf 1978, S. 179: S. 116; Ullstein-Bild, Berlin: S. 57, 64, 87, 97, 171, 179, 194, 195, 203, 222, -/ AP: S. 227, 273, 285, -/ C. T. Fotostudios: S. 216, -/ CARO / Andreas Teich: S. 174, -/ ddp: S. 279, -/ dpa: S. 219, 272, -/ imagebroker.net / Siepmann: S. 226, -/ Mehner: S. 101, 229, -/ Metzlaff: S. 183, -/ Minehan: S. 152, -/ Oskar Poss: S. 171, -/ P.S.I. Bonn: S. 154, -/ Paul Georg Herrmann: S. 171, -/ Reuters: S. 190, -/ Rondholz: S. 183, -/ Sven Simon: S. 159, -/ Viennareport: S. 223, -/ Wiezorreck: S. 67, -/ Wilhelm Zeckai: S. 92, -/ Wolfgang Albrecht: S. 171, -/ Wolfgang M. Weber: S. 227; United Archives GmbH / Erich Andres, Köln: S. 171; United States Holocaust Memorial Museum, Wahington D.C.: S. 128; Universitätsbibliothek, Heidelberg: S. 17; © U.S. Army: S. 39; © U.S. Department of Engery / National Nuclear Security Administration: S. 247; © U.S. Navy: S. 258, - / U.S. federal government: S. 246; Verein der Verfolgten des Naziregimes, Stuttgart: S. 49; ©Günter Wallraff, Ganz unten. Verlag Kiepenheuer & Witsch 1990, Köln: S. 195; We live in East Germany, Hodder Wayland 1985, London: S. 81; White House Photo / Eric Draper, Washington D.C.: S. 287; © Klaus Peter Wittemann, Göttingen: S. 215; www.oskar-lafontaine.de: S. 104; www.wikipedia.org / Alain Darles: S. 12, -/ Aleph: S. 106-/ Bibi Saint-Pol: S. 14, -/ Brunswyk: S. 124, -/ Carol Gerten-Jackson: S. 21, -/ El-major: S. 239, -/ Executive Office of the President of the United States: S. 267, -/ Federal Bureau of Investigation: S. 284, -/ Jean-Christophe Benoist: S. 14, -/ Linsengericht: S. 16, -/ Roi Boshi: S. 67, -/ Rudolf Klein, Schoden: S. 113, 118, -/ Schreibkraft: S. 127, -/ Sese Ingolstadt: S. 231, -/ U.S. Air Force: S. 268; Bill Young / SF – S. 221

EU-Mitgliedsstaat
EU-Beitrittskandidat
NATO-Mitgliedsstaat
NATO-Beitrittskandidat
Norwegen
Oslo
Schweden
Stockholm
Finnland
Helsinki
Estland
Tallinn
Lettland
Riga
Litauen
Vilnius
Russland
Moskau
Kasachstan
Irland
Dublin
Vereinigtes Königreich
London
Nordsee
Ostsee
Dänemark
Kopenhagen
Niederlande
Amsterdam
Belgien
Brüssel
Luxembg.
Deutschland
Berlin
Polen
Warschau
Weissrussland
Minsk
Ukraine
Kiew
Atlantischer Ozean
Frankreich
Paris
Tschechien
Prag
Slowakei
Bratislava
Österreich
Wien
Schweiz
Bern
Ungarn
Budapest
Slowenien
Kroatien
Bosnien und Herzegowina
Sarajewo
Serbien
Belgrad
Montenegro
Albanien
Tirana
Mazedonien
Skopje
Rumänien
Bukarest
Moldawien
Chisinau
Bulgarien
Sofia
Griechenland
Athen
Schwarzes Meer
Georgien
Tiflis
Armenien
Jerewan
Aserbaidschan
Baku
Iran
Türkei
Ankara
Syrien
Damaskus
Irak
Bagdad
Libanon
Beirut
Zypern
Nikosia
Israel
Jerusalem
Jordanien
Amman
Saudi-Arabien
Ägypten
Kairo
Portugal
Lissabon
Spanien
Madrid
Italien
Rom
Malta
Valletta
Mittelmeer
Marokko
Rabat
Algerien
Algier
Tunesien
Tunis
Libyen
Tripolis
Kartografie: C.C.Buchner